IT 세상을 만나는

컴퓨터 개론 2판

인공지능, 빅데이터, 확장현실까지

조성호 지음

JN428263

한빛아카데미
Hanbit Academy, Inc.

지은이 **조성호** zoch@hs.ac.kr

중학교 때 아버지에게 애플 II 컴퓨터를 선물 받은 것을 계기로 한국외국어대학교 전산학과에 진학한 후 고려대학교 컴퓨터학과에서 석사와 박사 학위를 취득했다. 현재 한신대학교 소프트웨어융합학부 교수로 재직 중이다. 기계만 보면 직접 만져보고 뜯어봐야 직성이 풀린다. 또 컴퓨터, 사진, 자동차, 음악 등에 관심이 많으며, 프로그램으로 무언가 만드는 일을 좋아한다. 저서로는 『쉽게 배우는 운영체제(2판)』(한빛아카데미, 2023), 『스티브 잡스는 왜 오징어 게임을 죽였을까?』(생능북스, 2023), 『WONDER C 놀랄 만큼 재미있는 C언어 기초』(인피니티북스, 2021)가 있다.

IT 세상을 만나는 컴퓨터 개론 2판

초판발행 2024년 2월 12일
3쇄발행 2025년 7월 30일

지은이 조성호 / **펴낸이** 전태호
펴낸곳 한빛아카데미(주) / **주소** 서울시 서대문구 연희로2길 62 한빛아카데미(주) 2층
전화 02-336-7112 / **팩스** 02-336-7199
등록 2013년 1월 14일 제2017-000063호 / **ISBN** 979-11-5664-007-3 93000

총괄 박현진 / **책임편집** 김성무 / **기획 · 편집** 안비단 / **교정** 박민정 / **진행** 안비단
디자인 박정우 / **전산편집** 송여경 / **삽화** 김주리, 임의영 / **제작** 박성우, 김정우
영업 김호철, 김태진, 김성삼, 이정훈, 임현기, 이성훈, 김주성, 심지연

이 책에 대한 의견이나 오탈자 및 잘못된 내용은 출판사 홈페이지나 아래 이메일로 알려주십시오.
파본은 구매처에서 교환하실 수 있습니다. 책값은 뒤표지에 표시되어 있습니다.
홈페이지 www.hanbit.co.kr / 이메일 question@hanbit.co.kr

Published by HANBIT Academy, Inc. Printed in Korea
Copyright © 2024 조성호 & HANBIT Academy, Inc.
이 책의 저작권은 조성호와 한빛아카데미(주)에 있습니다.
저작권법에 의해 보호를 받는 저작물이므로 무단 복제 및 무단 전재를 금합니다.

지금 하지 않으면 할 수 없는 일이 있습니다.
책으로 펴내고 싶은 아이디어나 원고를 메일(writer@hanbit.co.kr)로 보내주세요.
한빛아카데미(주)는 여러분의 소중한 경험과 지식을 기다리고 있습니다.

지은이 머리말

끊임없이 발전하는 IT 세상을 가장 쉽게 설명했습니다.

스파게티를 만드는 방법을 모른다고 해서 스파게티 맛을 즐길 수 없는 것은 아닙니다. 그러나 컴퓨터 비전공자라도 지금의 세상에 적응하고 발전하기 위해서는 정보통신 기술을 이해하고 응용해야만 합니다. 그래서 『IT 세상을 만나는 컴퓨터 개론(2판)』에서는 우리 주변에서 쉽게 접할 수 있는 멀티미디어, 운영체제, 컴퓨팅 사고, 가상현실, 알고리즘, 네트워크, 정보 보안과 같은 다양한 주제를 다룹니다. 단순한 이론 설명에 그치지 않고 기술이 실생활에서 어떻게 응용되고 있는지를 설명합니다.

이 책의 이전 판을 집필했을 때 다양한 분야의 사람들이 읽기를 바랐기 때문에 고민을 많이 했습니다. 컴퓨터 전공과목의 서론 부분을 짜깁기하는 수준을 넘어서 친절하게 컴퓨터 이론을 설명하는 책을 만들고자 했습니다. 그 결과로 이전 판인 『초연결 사회를 위한 컴퓨터 개론』에는 다른 책에서 볼 수 없는 다양한 모형이 등장합니다. 컴퓨터의 작동 원리를 설명하는 '요리사 모형', 휴대폰 통신 기술인 CDMA를 설명하는 '판 모형', 데이터 압축을 설명하는 '과일 모형', TCP/IP를 설명하는 '택배 모형'을 만들어 어려운 주제에 누구나 쉽게 접근하도록 했습니다. 『IT 세상을 만나는 컴퓨터 개론(2판)』에서는 이와 같은 모형을 더욱 정교하게 다듬어 핵심 내용으로 구성했습니다.

이번 개정의 핵심은 '발전과 변화'입니다. 1판에서 다루었던 다양한 정보통신 기술뿐 아니라 최근 눈부신 성장을 이룩한 인공지능, 빅데이터, 확장현실 분야를 깊이 있게 다루었습니다. 정보통신 기술로 촉발된 4차 산업혁명이 우리 삶을 끊임없이 바꾸고 있습니다. 현대 사회에서 컴퓨터는 새로운 가능성을 여는 동시에 기존의 경계를 무너뜨립니다. 특히 챗GPT로 대표되는 생성형 인공지능은 콘텐츠 제작 방식을 송두리째 바꿔놓고 있습니다. 우리 주변을 돌아보면 클라우드 컴퓨팅, 빅데이터, 사물 인터넷과 같은 기술을 접할 수 있습니다. 데이터를 클라우드에 저장하고, 데이터에 숨겨진 나의 성향을 토대로 상품과 콘텐츠를 추천받고, 사물 인터넷으로 버스나 전철이 언제 도착하는지 알 수 있는 세상입니다. 이러한 변화를 이 책에 담으려고 노력했습니다.

이 책이 나오기까지 노력을 아끼지 않은 안비단 님을 비롯하여 한빛아카데미(주)에 감사 인사를 드립니다. 개정판 역시 1판과 마찬가지로 마음을 다하여 집필했습니다. 이 책을 통하여 다양한 분야의 사람들이 정보통신 기술의 기초부터 시작하여 다가올 미래의 모습까지 이해할 수 있기를 바랍니다.

지은이 **조성호**

이 책의 사용 설명서

[개정 반영 내용]

『IT 세상을 만나는 컴퓨터 개론(2판)』은 다음과 같은 내용 위주로 개정을 진행했습니다.

- 최근 급격히 발전한 인공지능과 빅데이터 보강
- 기술의 변화를 반영하여 학생들에게 친숙한 예시로 설명
- 캐릭터 삽화와 말풍선으로 친절하게 해설

[강의 보조 자료]

한빛아카데미 홈페이지에서 '교수회원'으로 가입하신 분은 인증 후 교수용 강의 보조 자료를 제공받을 수 있습니다. 한빛아카데미 홈페이지 상단의 〈교수전용공간〉 메뉴를 클릭하세요.

http://www.hanbit.co.kr

[연습문제 해답 안내]

본 도서는 대학 강의용 교재로 개발되었으므로 연습문제 해답은 제공하지 않습니다.

[무엇을 다루는가]

- **1부 컴퓨터의 기초(1~3장)**: 인공지능 시대의 일상생활 가까이에 다가온 정보통신 기술을 소개하고 그 중심에 있는 컴퓨터에 대하여 이야기합니다.
- **2부 하드웨어와 멀티미디어(4~5장)**: 컴퓨터를 구성하는 하드웨어의 특징과 멀티미디어 데이터에 대하여 살펴봅니다. 그리고 확장현실을 구현하는 데 꼭 필요한 3차원 이미지가 어떻게 만들어지는지 이해합니다.
- **3부 소프트웨어(6~10장)**: 컴퓨터를 사용하는 데 필요한 소프트웨어와 문제를 해결하는 소프트웨어를 소개합니다.
- **4부 통신과 보안(11~14장)**: 컴퓨터나 무선 기기가 어떻게 통신하는지 살펴보고 통신 기술과 통신 서비스의 발달로 더욱 중요해진 보안 기술에 대하여 알아봅니다. 마지막으로 최근 주목받는 정보통신 기술을 살펴보고 미래 IT 세상을 준비하는 자세에 대하여 생각해 봅니다.

이 책의 구성 요소

| Preview |

각 장에서 다루는 내용을 간략하게 설명하고, 로드맵에서 큰 맥락으로 정리하여 학습 내용을 미리 이해할 수 있습니다.

Preview

정보통신 기술이 발달함에 따라 우리의 일상생활이 더욱더 편리해지고 있다. 인공지능, 빅데이터, 확장현실과 같은 미래 기술은 빠르게 발전하고 있다. 세계적인 기업들은 미래 기술을 융합하는 한편 많은 사람이 모이는 플랫폼에서 서비스를 제공한다. 정보통신 기술이 4차 산업혁명 이후의 세상을 이끌어가고 있다.

- 정보통신 기술과 플랫폼
  - 일상생활 속의 정보통신 기술
  - 플랫폼의 세상
- 미래 기술 살펴보기
  - 인공지능과 딥러닝
    - 자연어 처리
    - 이미지 처리
  - 확장현실
  - 로봇
  - 드론
  - 문화 기술

| 본문 |

실생활에서 경험할 수 있는 컴퓨터 개론의 주요 개념을 친숙한 모형으로 설명합니다.

1 멀티프로세싱의 개요

CPU의 클록 속도를 높이면 컴퓨터의 성능이 좋아지지만, 발열 문제로 CPU의 속도를 5GHz 이상 높이기는 어렵다. 그 대신 CPU를 여러 개 사용하여 컴퓨터의 성능을 향상하는 방법을 멀티프로세싱multi processing이라 부른다. CPU가 1개인 경우 요리사가 1명인 것과 같아 한 번에 하나의 작업만 할 수 있지만, CPU가 4개라면 요리사가 4명인 것과 같아 4가지 작업을 동시에 처리할 수 있어 성능이 오른다. 한마디로 멀티프로세싱은 여러 작업을 동시에 처리하는 방법이다.

(a) CPU 1개 (b) CPU 4개

그림 4-32 멀티프로세싱

| 그림 |

사진과 삽화로 본문의 설명을 시각화하고, 캐릭터 삽화와 말풍선으로 그림의 내용을 한 번 더 해설합니다.

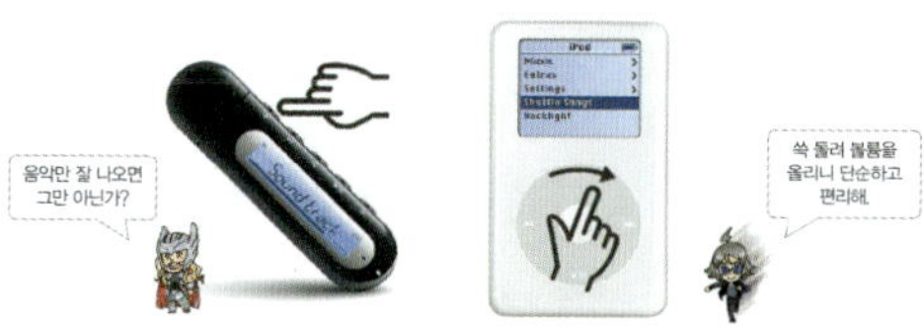

(a) 일반 MP3 플레이어 (b) 아이팟

그림 2-15 볼륨 조절 인터페이스

| TIP & 여기서 잠깐 |

컴퓨터 개론의 주요 용어에 대한 팁과 함께 참고로 알아둘 만한 흥미로운 내용을 정리합니다.

여기서 잠깐 **팹과 파운드리**

과거에는 프로세서의 설계와 생산을 같은 회사에서 처리했다. 반도체 생산 설비인 'fabrication facility'를 줄여 팹(fab)이라 부르는데, 팹을 구축하기 위해서는 많은 자본과 고도의 기술이 필요하다. 따라서 인텔과 같은 몇몇 대형업체만이 프로세서를 직접 생산할 수 있었다.

그러나 반도체 설계와 생산 기술은 별개의 문제이다. 설계된 반도체를 위탁받아 생산하는 회사들을 파운드리(foundry) 부른다. 세계 최고의 파운드리 회사가 한국의 삼성과 대만의 TSMC이다. 또한 반도체를 직접 생산하지 않고 설계만 하는 회사를 팹리스(fabless)라 부른다. 대표적인 팹리스 기업이 퀄컴이며 엔비디아와 애플도 설계한 프로세서를 파운드리에 맡겨서 생산하고 있다.

| 요약 |

각 장이 끝날 때마다 핵심 개념과 주요 기술에 관한 설명을 요약하여 정리합니다.

요약

01 컴퓨터는 2진수를 사용하며 최소 단위는 비트이다. 비트를 8개 묶은 것이 바이트이며 큰 묶음의 단위로 킬로바이트(KB), 메가바이트(MB), 기가바이트(GB), 테라바이트(TB), 페타바이트(PB)가 있다. 워드는 컴퓨터가 한 번에 처리할 수 있는 데이터 크기를 나타내는 단위이다.

02 1초 동안의 반복 횟수를 나타내는 단위가 헤르츠(Hz)이다. 네트워크에서 전송량은 bps로 나타낸다. 디스크 원반이 1분 동안 회전하는 수를 rpm으로 나타낸다.

03 수를 10진수, 2진수, 8진수, 16진수로 표현할 수 있다. 16진수는 0에서 F까지 숫자 16개를 사용하는데 10은 A, 11은 B, 12는 C, 13은 D, 14는 E, 15는 F로 표기한다.

| 연습문제 |

각 장의 핵심 개념을 제대로 이해했는지 객관식 문항을 통해 테스트할 수 있습니다.

연습문제

01 컴퓨터 하드웨어의 5대 구성 요소가 아닌 것은 무엇인가?

① 저장 장치 ② 입력 장치 ③ 전원 장치 ④ 출력 장치

02 컴퓨터 지시할 명령과 명령의 결과를 받는 방법들을 모아 놓은 것은 무엇인가?

① 파운드리 ② 프로그램 ③ 정보 기술 ④ 유틸리티

03 컴퓨터의 데이터 처리와 작업 배분처럼 주방장 역할을 하는 하드웨어는 무엇인가?

① CPU ② I/O ③ GPU ④ 메인메모리

목차

PART 02 하드웨어와 멀티미디어

CHAPTER 04 | 컴퓨터의 구조

CHAPTER 05 | 멀티미디어와 확장현실

PART 03 소프트웨어

CHAPTER 06 | 인공지능과 빅데이터

CHAPTER 07 | 컴퓨팅 사고와 알고리즘

PART 01

컴퓨터의 기초

CONTENTS

CHAPTER 01

일상생활과 미래 기술

학습목표

- 정보통신 기술의 발전에 따른 일상생활의 변화를 알아본다.
- IT 분야에서 플랫폼의 의미를 이해한다.
- 인공지능, 확장현실, 로봇, 사물 인터넷, 문화 기술 등 미래 기술의 현주소를 살펴본다.
- 4차 산업혁명에 따른 직업의 변화를 알아본다.

Preview

정보통신 기술이 발달함에 따라 우리의 일상생활이 더욱더 편리해지고 있다. 인공지능, 빅데이터, 확장현실과 같은 미래 기술은 빠르게 발전하고 있다. 세계적인 기업들은 미래 기술을 융합하는 한편 많은 사람이 모이는 플랫폼에서 서비스를 제공한다. 정보통신 기술이 4차 산업혁명 이후의 세상을 이끌어가고 있다.

- 정보통신 기술과 플랫폼
  - 일상생활 속의 정보통신 기술
  - 플랫폼의 세상
- 미래 기술 살펴보기
  - 인공지능과 딥러닝
    - 자연어 처리
    - 이미지 처리
  - 확장현실
  - 로봇
  - 드론
  - 문화 기술
- 4차 산업혁명
  - 4차 산업혁명의 정의
  - 4차 산업혁명 시대의 직업

01 | 정보통신 기술과 플랫폼

1 일상생활 속의 정보통신 기술

이 책에서는 클라우드 컴퓨팅, 인공지능과 딥러닝, 빅데이터, 사물 인터넷, 로봇과 드론, 혼합현실, 메타버스, P2P, 블록체인, 대체 불가능 토큰과 같은 최신 정보통신 기술을 비롯해 컴퓨터의 구조, 운영체제, 데이터베이스, 네트워크, 보안에 대해 알아본다. 실생활에서 사용되는 다양한 정보통신 관련 기술에 대하여 살펴보자.

데이터를 보관하는 클라우드

지금은 스마트폰을 새로 구매하더라도 기존 스마트폰의 데이터를 일일이 옮길 필요가 없다. 기존 스마트폰에 저장된 전화번호, 사진, 파일 등을 그대로 옮기는 것은 물론이고 환경 설정도 똑같게 할 수 있다. 스마트폰의 모든 데이터와 설정이 클라우드에 보관되어 있기 때문이다. 구글의 웹 브라우저인 크롬도 마찬가지이다. 어떤 컴퓨터에서든 자신의 구글 아이디로 로그인만 하면 동일한 작업 환경을 이용할 수 있다. 이처럼 하드웨어와 소프트웨어가 클라우드 안에 담겨 있어 사용자가 필요한 서비스만 이용하는 컴퓨팅 환경을 **클라우드 컴퓨팅**cloud computing이라 부른다.

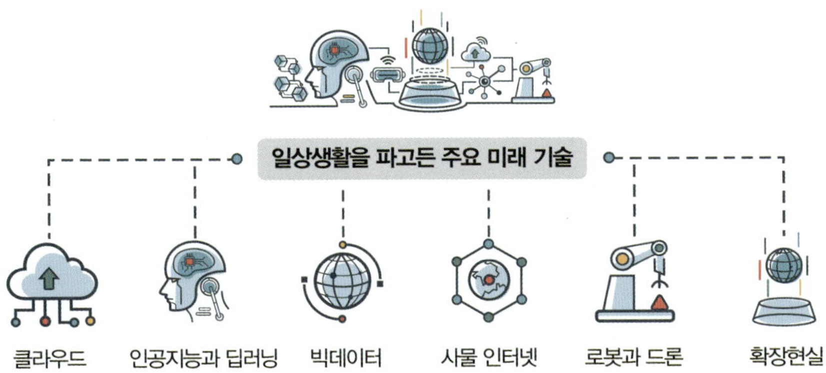

그림 1-1 주요 미래 기술

스마트폰 속의 인공지능

스마트폰으로 알람을 맞춰두면 아침에 그날의 주요 뉴스와 날씨를 들으며 잠에서 깰 수 있다. **딥러닝**deep learning 기술을 사용하여 만들어진 것이 애플의 시리Siri나 삼성의 빅스비bixby라는 인공지능 비서이다. **인공지능**Artificial Intelligence(AI) 알고리즘 중 하나인 딥러닝 기술은 다양한 분야에 사용되고 있다. 딥러닝 기술을 이용한 사진 수정 프로그램을 이용하면 여름에 찍은 사진의 배경을 눈 내리는 겨울로 바꿀 수 있다.

맞춤 추천 동영상 콘텐츠

오늘날 사람들은 버스나 지하철을 타고 이동하면서 넷플릭스, 티빙 등의 **OTT**Over-The-Top 서비스를 이용한다. 셋톱박스를 넘는 서비스라는 의미의 OTT는 방송 시간이나 플랫폼에 국한되지 않고 방송 시간이나 플랫폼의 제한 없이 TV, 노트북, 스마트폰으로 언제든 동영상 콘텐츠를 즐길 수 있는 서비스이다. 유튜브나 넷플릭스를 실행하면 첫 화면에 자신이 좋아하는 주제의 콘텐츠가 먼저 나타난다. 유튜브나 넷플릭스는 사용자의 **빅데이터**big data를 분석하여 개인의 취향에 맞는 콘텐츠를 추천해준다.

인터넷에 연결된 사물

이제는 지하철역에서 하염없이 열차를 기다리는 것이 아니라 전광판으로 열차의 위치와 도착 시간을 알 수 있으며, 또한 집 밖에서 스마트폰으로 집 안의 CCTV를 통해 반려동물이 잘 있는지 살펴볼 수 있다. 이처럼 버스, 기차, CCTV 등의 온갖 사물thing이 인터넷에 연결된 것을 **사물 인터넷**Internet of Thing(IoT)이라고 한다.

그림 1-2 일상생활 속의 정보통신 기술

똑똑해진 기계

공장에서 로봇이 제품을 만드는 것은 당연한 일이 되었다. 그리고 과거에는 전문가만 다루었던 드론을 이제는 일반인도 쉽게 이용할 수 있다. 가까운 미래에는 자율주행 자동차가 승객이 운전하지 않아도 목적지까지 알아서 데려다줄 것이다.

전 세계를 연결하는 통신 기술

인터넷 세상에서는 전 세계가 하나로 연결된다. 페이스북과 인스타그램과 같은 **SNS**Social Network

Services를 통하여 서로의 일상을 공유하고 의견을 나누는 세상이다. P2PPeer-to-Peer 기술로 만들어진 카카오톡이나 라인과 같은 메신저를 사용하여 대화를 나누고 선물을 보내기도 한다. 여러 나라에 흩어져 있는 사람들과 회의하기 위해 한자리에 모일 필요가 없다. 이제는 메타버스metaverse에 모여서 발표도 하고 의견을 교환할 수 있다.

인터넷 세상에서는 언어장벽과 국가 간의 경계를 넘어 정보와 문화가 교류된다. 한류 문화의 대표적인 그룹인 BTS의 모든 일상이 인터넷으로 중계된다. 2020년에 BTS의 멤버인 슈가가 부상으로 MAMA 시상식에 참석하지 못하게 되었다. 시상식 주관사인 엠넷Mnet은 혼합현실Mixed Reality(MR) 기술을 이용했다. 시청자들은 슈가가 가상의 문을 열고 무대에 등장하여 다른 멤버들과 함께 공연을 펼치는 모습을 볼 수 있었다.

그림 1-3 **혼합현실 기술을 통해 한 무대에 모인 BTS** © 엠넷

안전한 거래

은행에 직접 가지 않아도 온라인상에서 예금이나 이체를 할 수 있다. 블록체인block chain 기술로 거래 데이터를 P2P 네트워크에 분산하여 관리한다. 블록체인 기술은 온라인 금융 거래뿐만 아니라 게임, 암호화폐, 인증 등에도 사용된다. BTS 소속 기획사는 BTS의 사진이나 공연 영상을 대체 불가능 토큰Non-Fungible Token(NFT)으로 만들어 판매할 예정이다. 대체 불가능 토큰은 블록체인 기술을 사용하여 위조, 변조, 복제할 수 없게 만든 디지털 인증서이다.

2 플랫폼의 세상

플랫폼은 기차역의 승강장이며 기차를 이용하려는 사람들이 모이는 장소이다. 다시 말해 서비스를 제공자와 이용자가 만나는 공간이다. 플랫폼에 많은 사람이 모이면 새로운 산업이 생겨난다. 기업들은 광고판을 통하여 제품을 홍보하려 하고, 주변에 다양한 식당들이 생기고, 백화점이나 영화관도 들어선다.

IT에서 플랫폼platform이란 많은 이용자를 바탕으로 다양한 서비스가 결합되는 비즈니스 환경을 의미한다. 카카오톡을 보면 플랫폼을 쉽게 이해할 수 있다. 채팅 프로그램으로 시작한 카카오는 사용자가 늘어나자 광고, 은행, 만화, 게임, 택시 서비스 등으로 확장했다. 네이버는 검색 포털 사이트로 시작하여 많은 사용자가 몰리자 메일, 블로그, 쇼핑, 웹툰 서비스 등으로 확장했다.

그림 1-4 IT 분야에서 플랫폼의 의미

현재 IT를 선도하는 미국 기업을 확인하고 싶다면 미국 주식을 살펴보면 된다. [그림 1-5]는 핀비즈닷컴FINVIZ.com 웹 사이트의 첫 화면 중 일부로, 상위 500개 기업의 현황을 한눈에 보여준다. 그림에서 시가총액이 클수록 사각형의 크기도 커진다. 따라서 사각형의 크기가 큰 기업들이 현재 미국에서 각광받는 기업이다.

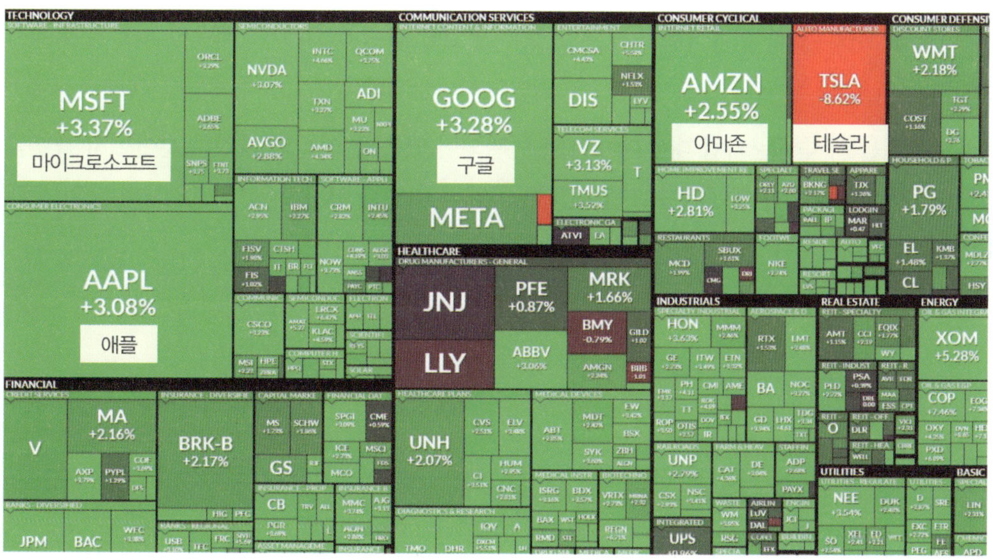

그림 1-5 미국 주요 기업의 주식 상황 © 핀비즈닷컴

현재 IT 산업을 선도하는 업체의 대부분이 플랫폼 형태로 기술을 확장했다.

- 현재 시가총액 1위의 기업은 애플(AAPL)이다. 그림에서도 가장 크게 나타난다. 애플은 개인용 컴퓨터인 애플 II를 만들어 컴퓨터 대중화의 길을 열었고, 아이폰으로 스마트폰 시장을 개척했다. 애플은 스마트폰, 컴퓨터, 노트북, 태블릿 컴퓨터를 제조하고 판매한다. 컴퓨터에 들어가는 M2라는 CPU를 개발했으며, 자체 운영체제인 맥OS와 iOS를 보유하고 있다. 또한 앱 플랫폼인 앱스토어, 음악 플랫폼인 아이튠즈, 클라우드 컴퓨팅 플랫폼인 아이클라우드를 운영 중이다. 한마디로 애플은 컴퓨터 하드웨어부터 소프트웨어까지 모두 가진 기업이다.
- 마이크로소프트(MSFT)는 개인용 컴퓨터 시장에서 가장 많이 사용하는 윈도우 운영체제와 관련 소프트웨어를 판매한다. 운영체제도 다른 응용 프로그램을 실행하기 위한 플랫폼이다. 마이크로소프트는 클라우드 컴퓨팅 플랫폼인 애저Azure도 운영하고 있다.
- 웹 검색 엔진으로 시작한 구글(GOOG)은 인공지능과 빅데이터 분야의 최강자이다. 구글은 웹 브라우저 점유율이 1위인 크롬과 스마트폰용 운영체제인 안드로이드를 보유하고 있으며, 앱 플랫폼인 구글 플레이와 동영상 공유 플랫폼인 유튜브를 운영 중이다.
- 아마존(AMZN)은 세계최대의 온라인 쇼핑몰을 운영하는 회사이다. 아마존의 실제적인 이익은 시장에서 1위를 차지하는 클라우드 컴퓨팅 플랫폼인 AWSAmazon Web Services에서 발생한다. 우리나라를 포함한 전 세계의 많은 기업이 AWS를 사용하여 웹 서비스를 제공하고 있다.
- 테슬라(TSLA)는 전기 자동차를 생산하는 기업이다. 현재의 전기 자동차는 통신과 인공지능을 이용한 움직이는 컴퓨터에 가깝다. 인공지능을 이용한 자율주행 분야에서 선두를 달리는 기업이 테슬라이다.
- 세계 최대의 SNS 플랫폼을 운영하는 페이스북은 2021년에 회사명을 메타(META)로 변경했다. 페이스북과 인스타그램을 운영하면서 막대한 광고 수입을 올리고 있으며, 메타버스를 미래 먹거리로 선택했다.

시가총액의 상위를 차지하는 기업 대부분이 IT와 연관되어 있을 뿐 아니라 다양한 분야에서 플랫폼 서비스를 제공하고 있다. 이 책에서는 IT를 선도하는 해외 기업뿐 아니라 국내 기업들의 사업 모델과 강점에 대해서도 다룬다.

02 | 미래 기술 살펴보기

1 인공지능과 딥러닝

인공지능Artificial Intelligence(AI)은 기계가 학습과 추리를 통해 인간과 동일한 작업을 수행하게 하는 기술이다. 한마디로 인간처럼 행동하고 사고하는 기계를 만드는 기술이 인공지능이다. 다양한 정보를 체계적으로 모아 놓은 것을 데이터베이스database라고 하며, 빅데이터big data는 엄청난 양의 데이터에서 가치 있는 정보를 추출하는 기술이다. 인공지능이 학습하기 위해서는 데이터가 필요하다. 적은 데이터를 가지고 학습하면 부정확한 결과를 얻게 되지만 충분히 많은 데이터를 가지고 학습하면 정확한 결과를 얻을 수 있다. 따라서 인공지능과 빅데이터는 깊은 연관이 있다.

인공지능의 개념은 1956년에 확립되었지만, 당시 기술로는 한계가 있었다. 그러나 컴퓨터의 연산 능력이 향상되면서 딥러닝이 등장했다. 딥러닝deep learning은 인간 뇌의 신경망과 유사한 구조를 가진 인공신경망을 이용한다. 인간의 뇌가 학습하는 것과 같이 인공신경망에 데이터를 학습시켜 결과를 얻는다.

2016년 3월, 구글의 인공지능 관련 자회사인 딥마인드DeepMind의 바둑 인공지능 알고리즘인 알파고AlphaGo가 이세돌을 이기면서 딥러닝이 주목을 받기 시작했다. 알파고는 딥러닝과 클라우드 컴퓨팅을 결합하여 만든 바둑 인공지능 알고리즘으로, 세계 최고 바둑기사들의 경기 결과를 학습한 후 알파고끼리 수만 번 싸워서 학습한 결과물이다. 인간은 하루에 바둑을 10경기 이상 하기 어렵지만, 알파고는 하루에도 수백 번의 바둑 경기를 소화하면서 실력을 향상했다.

그림 1-6 〈스타크래프트 2〉에서 알파스타가 인간을 이기는 장면 © 딥마인드

바둑은 다음 수를 둘 때까지 10분의 시간이 있지만, 〈스타크래프트 2〉와 같은 실시간 전략 게임은

컴퓨터가 계산할 시간이 적어 인공지능이 사람을 이기기 어렵다고 알려졌다. 그러나 2019년 1월에 알파스타가 〈스타크래프트 2〉에서 인간을 10 대 1로 이겼다. 2023년 11월에 딥마인드는 또 다른 인공지능이 세상에 없던 물질 38만 가지를 찾았다고 발표했다. 기존의 과학자들이 연구와 실험을 통해 새로운 물질을 그만큼 찾으려면 800년이 걸린다. 그런데 인공지능이 획기적으로 짧은 시간 동안 해낸 것이다.

TIP 인공지능은 머신러닝과 딥러닝으로 구분되며, 인공지능에 대한 자세한 이야기는 6장에서 다룬다.

1.1 자연어 처리

현재 가장 활발히 연구되는 인공지능 분야는 자연어 처리이다. 일반적으로 인간이 컴퓨터에 명령을 내릴 때는 키보드, 마우스, 터치스크린과 같은 주변 장치를 사용한다. 자연어 처리의 목적은 컴퓨터가 주변 장치의 도움 없이 인간의 언어를 직접 이해하게 하고, 나아가 인간처럼 대화할 수 있는 인공지능을 만드는 것이다.

번역 소프트웨어

케이팝, 영화, 드라마, 예능 프로그램 등 우리나라의 다양한 콘텐츠가 세계로 뻗어나가고 있다. [그림 1-7]은 유튜브에 실린 BTS의 뮤직비디오에 팬들이 남긴 댓글로, 세계 각국의 언어로 쓰여 있다. '한국어(으)로 번역' 기능을 사용하면 인공지능이 댓글을 우리말로 번역해준다. 간혹 어색한 부분도 있지만 내용을 쉽게 파악할 수 있다.

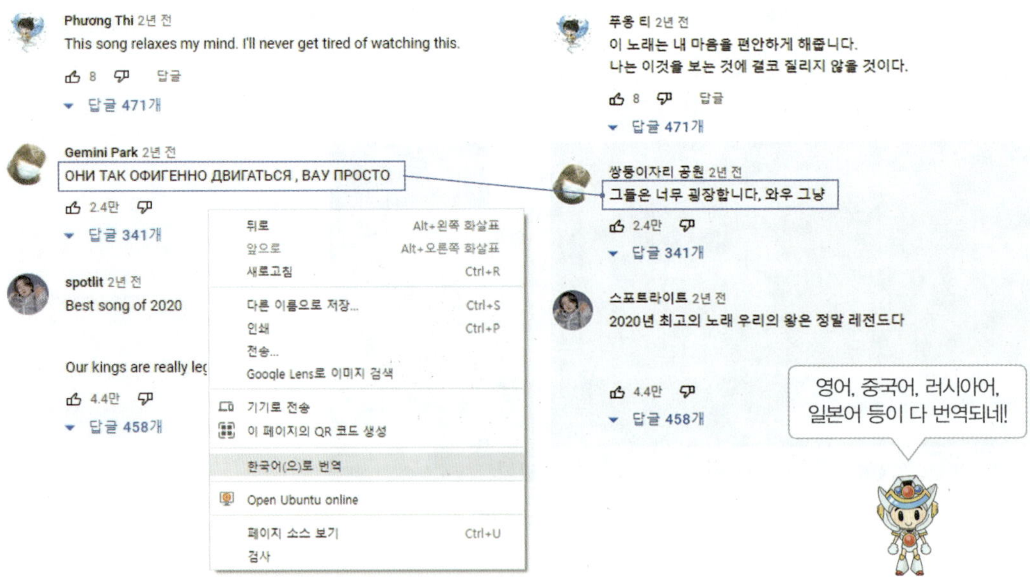

그림 1-7 유튜브의 댓글 번역

대표적인 번역 소프트웨어는 구글 번역과 네이버 파파고이다. 인공지능이 접목된 번역 소프트웨어는 단순히 문자를 번역하는 수준을 넘어 손으로 쓴 문자와 음성을 인식하여 번역하기에 이르렀다. 모르는 언어로 적힌 표지나 메뉴판도 바로 읽을 수 있기 때문에 이제는 번역 앱이 해외여행의 필수품이 되었다.

(a) 음성 인식 번역 (b) 손 글씨 번역 (c) 이미지 번역

그림 1-8 **다양한 기능을 갖춘 번역 앱**

인공지능 비서

스마트폰이나 스피커에 탑재된 인공지능 비서는 사용자가 하는 말을 인식하고 답을 한다. "오늘 스케줄은 뭐야?"라고 물으면 스케줄을 알려줄 뿐만 아니라 비가 올 예정이니 우산을 챙겨가라고 한다. 뉴스 헤드라인을 읽어주고, 분위기에 맞는 음악을 들려주고, 이메일을 대신 전송하기도 한다.

인공지능의 대화 엔진은 기본적으로 텍스트를 기반으로 한다. 따라서 인공지능 비서에는 사람의 음성을 인식하여 텍스트로 변환하는 음성 인식 모듈Speech-To-Text(STT)과 만들어진 텍스트를 음성으로 합성하는 음성 합성 모듈Text-To-Speech(TTS)이 사용된다.

그림 1-9 **인공지능 비서**

인공지능 챗봇

인공지능 챗봇chatbot이란 인공지능 기술을 이용하여 대화로 문제를 해결하는 프로그램이다. 콜센터 및 보험 상담, 은행 업무와 같이 단순하거나 반복적인 일을 사람 대신 처리한다. 2022년 11월에 초기 배타 서비스를 시작한 오픈AIOpenAI의 챗GPTChat Generative Pre-trained Transformer는 폭발적인 인기를 얻고 있는 인공지능 챗봇이다. 챗GPT는 사용자의 의도를 파악하여 마치 사람과 이야기하는 듯한 경험을 제공하기 때문에 다양한 분야에서 활용되고 있다.

인공지능 변호사

법률 업무에도 인공지능을 이용한다. 인공지능 변호사는 법률과 판례를 찾고 간단한 서류를 작성할 수 있다. 변호사나 사무장은 직접 정보를 찾는 대신 인공지능 변호사가 제공하는 법률 정보를 참고하면 된다. 국내 기업인 유렉스U-LEX는 인공지능을 이용한 법률정보 서비스를 제공한다. 또한 북유럽의 에스토니아는 소액 재판에 인공지능 판사를 도입하겠다고 선언했다.

그림 1-10 **저작권 관련 법률 정보** © 유렉스

1.2 이미지 처리

이미지는 형태가 일정하지 않은 비정형 데이터이며, 이러한 비정형 데이터로부터 특징을 추출하고 분석하는 것은 형태가 일정한 정형 데이터를 분석하는 것보다 훨씬 어렵다. 그러나 이미지 처리 분야에서 딥러닝을 이용하면서 많은 발전이 이루어지고 있다.

이미지 검색

구글 렌즈에 사진을 업로드하면 유사한 사진을 검색하고 사진 관련 정보도 찾아준다. 예를 들어 인터넷 서핑을 하다가 발견한 사진 속의 인물이 누군지 알고 싶을 때 구글 렌즈를 활용할 수 있다. [그림 1-11]과 같이 이미지를 구글 렌즈에 드래그하여 넣거나 파일을 올리면 인물의 이름을 알려주고 관련 사진을 보여준다.

그림 1-11 **구글 렌즈를 이용한 이미지 검색**

자동 초점

예전 카메라의 자동 초점auto focus 기능은 가까이 있는 물체에 초점을 맞추는 수준이었다. 최신 카메라는 가까이 있는 물체가 아니라 사람의 얼굴을 자동으로 인식하여 초점을 맞춘다. 이제는 자동 초점 알고리즘이 진화하여 사람의 눈동자까지 추적하는 카메라가 등장했다. 또한 사람뿐 아니라 개, 고양이, 곤충까지 자동으로 초점을 맞추어 주는 시스템도 개발되었다.

그림 1-12 **눈동자 포커스 기능과 동물 안면 인식 기능** © 소니

색 처리

네이버는 이미지에 간편하게 색을 입히는 서비스인 웹툰 AI 페인터Webtoon AI Painter를 선보였다. 인공지능이 색을 추천하고 다양한 형태의 그림자까지 생성하기 때문에 그림에 쉽게 색을 입힐 수 있다.

그림 1-13 **웹툰 AI 페인터** © 네이버웹툰

이미지컬러라이저ImageColorizer 웹사이트에서는 인공지능 기술을 이용하여 흑백 사진을 컬러 사진으로 바꾸는 서비스를 제공한다. 흑백 사진에 색을 입히려면 사진 속 사물의 특징을 파악하여 고유의 색을 찾아야 한다. 이미지컬러라이저의 인공지능 알고리즘은 사진에서 사람의 피부와 머리카락, 옷, 나무, 잎을 찾아 고유한 색을 입히는 작업을 수행한다. 그 결과 매우 자연스러운 색상의 컬러 사진이 완성된다. 인공지능 알고리즘을 사용하여 얼굴이나 체형까지 실시간으로 변형할 수 있는 다양한 이미지 처리 프로그램도 개발되었다.

그림 1-14 **이미지컬러라이저의 흑백 사진 변환**

안면 인식

영화나 드라마에서 CCTV를 이용하여 범죄자를 찾거나 차량을 조회하는 장면을 본 적이 있을 것이다. 주차장 입구에 설치된 카메라나 과속 단속 카메라가 자동차 번호판을 자동으로 인식하는 기술은 이미 수년 전에 상용화되었으며, 특정 자동차의 번호를 입력하면 그 자동차가 찍힌 CCTV 영상을 자동으로 찾는 시스템도 개발되었다.

그림 1-15 **자동 안면 인식**

자동차 번호판에 비해 사람의 얼굴을 인식하는 것은 매우 어려운 기술이다. 그러나 이미지 인식 기술이 발전하면서 CCTV 영상에서 특정인을 찾는 것이 가능해졌다. 안면 인식 기술은 사람의 감정도 이해할 수 있는 수준에 이르렀다. 아마존의 얼굴 인식 시스템인 레코그니션Rekognition은 얼굴 사진에서 행복, 당황, 안정 등의 다양한 감정을 평가할 수 있다.

그림 1-16 **안면 인식 시스템** © 아마존

의료 영상판독

의료 분야에서는 인공지능으로 엑스레이나 MRI 촬영 기록을 판독하여 병을 진단할 수 있다. 가천대학교 길병원에서는 IBM 왓슨Watson을 도입하여 위암, 대장암, 폐암, 유방암, 자궁경부암, 난소암, 전립선암, 방광암 등의 진단에 활용한다. 또한 의료용 인공지능을 개발하는 국내 기업인 루닛Lunit은 흉부 엑스레이 영상 분석 시스템을 개발하여 국내외 병원에 공급하고 있다.

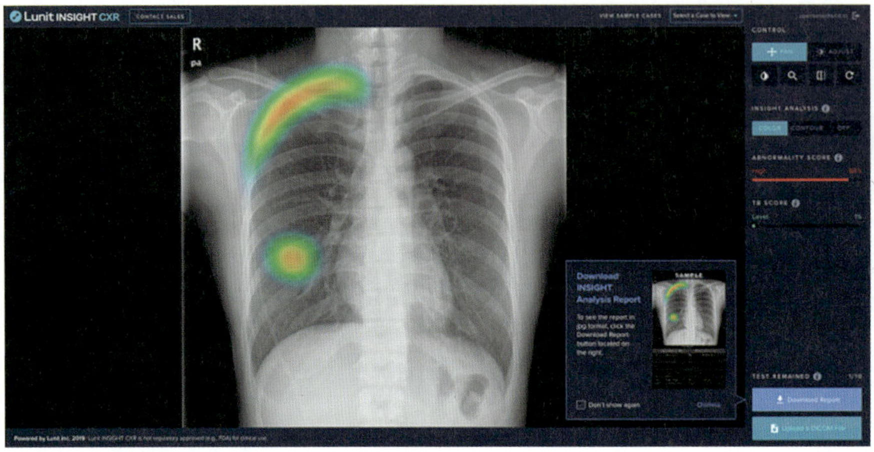

그림 1-17 인공지능을 이용한 흉부 엑스레이 영상 분석 © 루닛

2 확장현실

확장현실eXtended Reality(XR)이란 컴퓨터 그래픽Computer Graphic(CG)과 디스플레이로 만든 가상현실과 증강현실을 모두 포함하는 용어이다. 가상현실Virtual Reality(VR)이란 실제와 유사한 인공적인 환경을 제공하는 기술이다. 가상현실과 유사한 기술인 증강현실Augmented Reality(AR)은 가상의 정보를 실제 환경에 합성하여 원래 존재하는 것처럼 보이게 하는 기술이다. [그림 1-18]는 삼성전자가 영국에서 개최한 행사이다. 이 행사에서 삼성전자는 스마트폰으로 사진을 찍으면 BTS 멤버와 사진을 함께 찍는 것처럼 보이는 증강현실 기술을 선보였다.

그림 1-18 증강현실을 이용한 사진 촬영

메타버스

메타버스metaverse는 현실의 상호 작용을 가상 세계에 구현한 기술을 통칭하는 용어로 초월을 의미하는 'meta'와 세계를 의미하는 'universe'의 합성어이다. 확장현실이 발전하여 탄생한 메타버스의 핵심은 현실과 가상 세계를 혼동할 만큼의 몰입감이다. 대면 활동이 제한되었을 때 메타버스가 비대면 회의나 입학식, 졸업식 등에 활용되었다. 세계적으로 많이 사용되는 메타버스 플랫폼은 게임 플랫폼인 로블록스, 비디오 게임인 〈마인크래프트〉, 아바타 서비스를 제공하는 제페토 등이다.

그림 1-19 **제페토 캐릭터** © 네이버제트

여기서 잠깐 **메타버스의 미래**

메타버스의 미래에 대해서는 의견이 갈린다. 페이스북은 사명을 메타로 바꾸고 메타버스에 대대적인 투자를 시작했으나, 메타버스가 수익 모델이 되기까지는 오래 걸릴 것으로 예상되어 메타의 주식이 폭락했다. 네이버의 제페토도 계속 적자 폭을 키우는 상황이다. 반대로 어도비의 '크리에이티브의 미래: 크리에이터 경제의 수익 창출' 보고서에 따르면 메타버스가 지속적으로 성장하여 새로운 일자리를 창출할 것으로 기대하고 있다.

가상현실과 엔터테인먼트 콘텐츠

1995년에 개봉된 픽사의 《토이 스토리》는 세계 최초로 3D 그래픽을 화면 전체에 적용한 장편 애니메이션 영화이다. 속편인 《토이 스토리 3》는 1조 원 이상의 흥행 수익을 올렸다. 영화 역사상 최고의 흥행작은 3조 원 이상의 흥행 수익을 기록한 3D 그래픽 영화 《아바타》이다. 2009년 작인 《아바타》는 편광 안경을 써야 3D 영상을 즐길 수 있었다. 최근에는 3D 영상을 볼 수 있는 헤드 마운티드 디스플레이Head Mounted Display(HMD)가 개발되었다. 헤드 마운티드 디스플레이로 3D 게임을 즐길 수 있을 뿐 아니라 의자를 연동하여 3D 영상을 온몸으로 느낄 수 있는 가상현실 체험관도 등장했다.

그림 1-20 **헤드 마운티드 디스플레이를 이용하여 게임을 즐기는 모습**

증강현실과 헤드업 디스플레이

증강현실을 이용한 콘텐츠 중 가장 유명한 것이 나이앤틱Niantic의 게임 〈포켓몬 고〉이다. 〈포켓몬 고〉는 특정 위치를 스마트폰으로 비추어 캐릭터와 아이템을 획득하는 게임이다. 자동차에 적용된 헤드업 디스플레이Head-Up Display(HUD)도 증강현실 관련 기술이다. 헤드업 디스플레이는 자동차 유리창에 현재 속도, RPM, 차간 거리 등 주행 정보를 보여준다. 원래는 비행기 조종사에게 헬멧을 통해 비행 정보를 보여주던 기술을 자동차에 적용한 것이다.

(a) 〈포켓몬 고〉 (b) 자동차의 헤드업 디스플레이

그림 1-21 증강현실

이 밖에도 증강현실을 이용한 다양한 응용 프로그램이 개발되고 있다. 예를 들어 낯선 도시에서 식당이나 카페를 찾아주는 앱은 스마트폰 GPS와 증강현실 기술을 결합한 것으로, 주변 가게의 위치와 평점, 연락처를 한눈에 볼 수 있다.

그림 1-22 GPS와 증강현실을 결합한 안내 시스템

확장현실과 협동 작업

확장현실 기술은 물리적으로 떨어져 있는 사람들끼리 협력하여 작업할 수 있는 환경을 제공해준다. [그림 1-23]은 엔비디아NVIDIA의 확장현실 플랫폼인 클라우드XRCloudXR을 이용하여 여러 사람이 협업하여 자동차를 디자인하는 모습이다. 서로 다른 공간에 있는 디자이너들이 헤드마운트 디스플레이와 무선 조이스틱을 이용하여 디자인을 완성해간다.

확장현실은 건축 설계, 제품 디자인, 의료 분야와 같이 공동 작업이 필요한 곳에 사용된다. 확장현실 기술을 의료 분야에 적용하면 가상의 신체 정보를 구현하여 가상으로 해부를 하거나, 어려운 수술 전에 의사들이 모여 가상 수술을 진행하면서 문제점을 미리 파악할 수 있다.

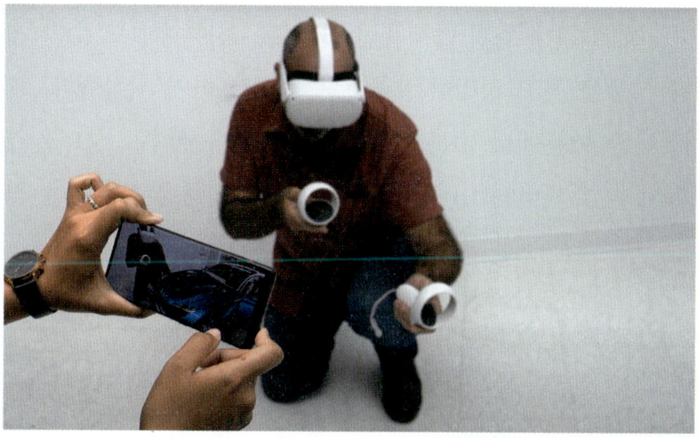

그림 1-23 **확장현실을 통한 협동 디자인 작업** © 엔비디아

3 로봇

로봇robot은 스스로 작업하는 능력을 갖춘 기계이다. 로봇이 사용하는 알고리즘은 대부분 머신러닝machine learning 알고리즘을 사용하기 때문에 인공지능과 로봇은 깊은 연관이 있다. 로봇의 궁극적인 목표는 인간과 똑같은 사이보그를 개발하는 것이므로 고도의 인공지능 알고리즘이 필요하다. 초기 로봇은 제품생산 자동화와 공장 자동화를 위한 산업용 로봇이 대부분이었으나, 점차 애완용 로봇, 물류 로봇, 배달 로봇, 로봇 청소기와 같이 그 활용 범위를 넓히고 있다.

산업용 로봇

로봇은 제품 조립, 물품 분류, 배송 등에 사용된다. 제조 산업에서 로봇을 사용하면 시간과 비용이 절감되고, 생산성이 향상되며, 불량률이 감소한다. 예를 들어 자동차 공장의 경우 다양한 자동차 모델을 제작하는 데 수만 가지의 부품이 필요하다. 과거에는 라인을 따라 한 가지 모델만 생산했었다. 이제는 조립할 부품을 로봇이 알아서 배달하므로 한 라인에서 여러 모델을 생산할 수 있다.

그림 1-24 **자동차를 조립하는 산업용 로봇**

물류와 공장 자동화에도 로봇을 사용한다. 세계 최대 쇼핑 플랫폼인 아마존은 하루에만도 수만 개의 상품을 배송하는데, 2016년부터 배송 상품을 찾고 정리하는 데 로봇을 사용하기 시작했다. 그 결과 상품 하나를 찾아 포장하는 시간이 1시간 30분에서 30분으로 단축되고 배송 실수도 줄어들었다. 우리나라의 쿠팡은 축구장 46개 면적의 물류 센터에 1,000여 대의 로봇이 상품을 분류하는 첨단 물류 시스템을 구축했다.

그림 1-25 **쿠팡의 물류 자동화 로봇** © MBN 뉴스

일상생활 속의 로봇

초기에는 공장 자동화를 위한 산업용 로봇이 대부분이었으나 이제는 애완용 로봇, 서빙 로봇, 로봇 청소기 등으로 활용 범위가 넓어지고 있다. 그중에서 일반인에게 처음 선보인 것은 1999년에 소니가 출시한 강아지 로봇 아이보$_{\text{AIBO}}$이다. 아이보에는 음성 인식 기능이 탑재되어 있어 언어에 반응하며 다양한 동작을 보여준다. 반려동물을 닮은 로봇을 펫봇$_{\text{pet-bot}}$이라 부른다.

가장 흔히 볼 수 있는 가정용 로봇은 로봇 청소기이다. 집 안을 돌아다니며 청소하는 로봇 청소기는 집의 전체 구조와 장애물을 파악하여 청소한 부분과 청소하지 않은 부분을 기억하고, 배터리 충전이 필요할 때는 어댑터가 있는 곳을 스스로 찾아간다. 더 나아가 가정용 로봇은 음식을 만들거나 아이를 돌보는 등 인간의 삶을 돕는 형태로 발전하고 있다.

또한 식당에서 볼 수 있는 서빙 로봇은 조리된 음식을 손님이 앉은 테이블까지 운반하거나 뷔페에서 접시를 치우러 다닌다. 치킨을 만드는 로봇과 커피를 만드는 로봇도 등장했다.

(a) 서빙 로봇

(b) 커피를 만드는 로봇

그림 1-26 일상생활 속의 로봇

이족보행 로봇과 웨어러블 로봇

혼다가 개발한 이족보행 로봇 아시모Asimo는 인간을 대신하여 안내 서비스를 제공한다. 또한 보스턴 다이내믹스Boston Dynamics의 이족보행 로봇은 산길을 걷는 것은 물론 공중제비도 가능하다. 사람도 하기 힘든 공중제비를 로봇이 해낸 것이다. 최근에 테슬라는 이족보행 로봇 옵티머스Optimus의 시제품을 공개했다. 테슬라의 CEO인 일론 머스크Elon Musk는 앞으로 2만 달러 이하의 로봇을 만들어 로봇 대중화의 길을 열겠다고 선언했다.

(a) 이족보행 로봇 © 보스턴다이내믹스

(b) 웨어러블 로봇 © 슈트X

그림 1-27 다양한 로봇

슈트X suitX 등의 기업은 웨어러블 로봇 wearable robot 개발에 박차를 가하고 있다. 사람이 웨어러블 로봇을 착용하면 근력을 강화하여 무거운 물체를 쉽게 들어 올릴 수 있다. 웨어러블 로봇이 발전하면 아이언맨이 입었던 슈트가 현실화될 것이다. 이족보행 로봇이나 웨어러블 로봇은 재난 현장에 투입되어 인명을 구조하거나 사람의 힘으로 하기 힘든 작업을 수행한다.

4 드론

드론 drone 은 로봇 기술을 응용한 무인 비행 물체이다. 과거에는 사용자가 조종해야만 드론을 움직일 수 있었지만, 드론에 무선 인터넷 통신, 인공지능, 각종 센서가 탑재되면서 다양한 서비스를 무인으로 수행할 수 있게 되었다. 드론은 로봇으로 분류되기도 하고, 네트워크로 연결된 기계이기 때문에 사물 인터넷으로 분류되기도 한다.

촬영용 드론

과거에는 높은 공중에서 내려다본 모습을 사진이나 영상으로 담을 때 사람이 직접 헬리콥터에 타고 찍었지만, 지금은 촬영용 드론을 사용하면 된다. 또한 드론은 사진이나 영상을 실시간으로 전송할 수 있어 도로에서의 법규 위반 차량 색출, 위험 지역 탐색, 인명 구조 등에도 활용된다.

농업용 드론

농업에도 드론이 사용된다. 사람이 넓은 농장을 돌아다니면서 농약을 뿌리는 것은 매우 힘든 작업인데, 농업용 드론은 공중에서 농약을 살포하여 일손을 덜어준다. 또한 드론은 농약을 이미 뿌린 곳과 뿌려야 할 곳을 인지하기 때문에 빈틈이 없게 작업할 수 있다.

(a) 촬영용 드론 (b) 농업용 드론

그림 1-28 드론

공연용 드론

2018년 평창올림픽에서는 드론의 움직임을 프로그래밍하는 기술을 개발한 인텔이 드론 쇼를 선보였다. 이 드론 쇼에 사용된 드론 1,218대를 단 한 사람이 제어하여 기네스북의 '최다 무인 항공기 공중 동시 비행' 부문에 올랐다. 삼차원 좌표를 입력하면 드론이 알아서 움직이기 때문에 컴퓨터 한 대로 많은 드론을 작동할 수 있다. 부산 광안리 해변에서는 매주 토요일 밤에 드론 공연이 열리는데, 광안리 드론라이트쇼 홈페이지에서 드론 쇼 공연 모습과 공연 일정을 확인할 수 있다.

(a) 드론 공연

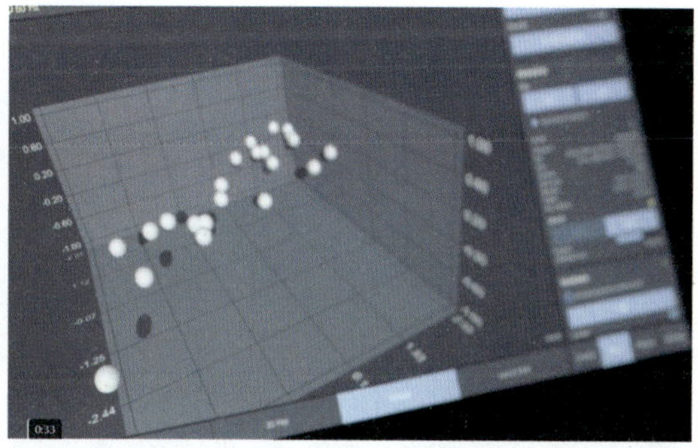

(b) 드론 공연 설계 © 인텔

그림 1-29 드론 쇼

배달 드론

드론을 상품이나 음식 배달에 사용하기 위한 연구가 진행되고 있다. 아마존은 드론을 이용한 택배 서비스인 프라임에어Prime Air 시연에 성공했다. 국내에서는 도미노피자가 세종시와 제주시 등에서 드론을 이용한 피자 배달 서비스를 시작했다.

(a) 아마존의 프라임에어

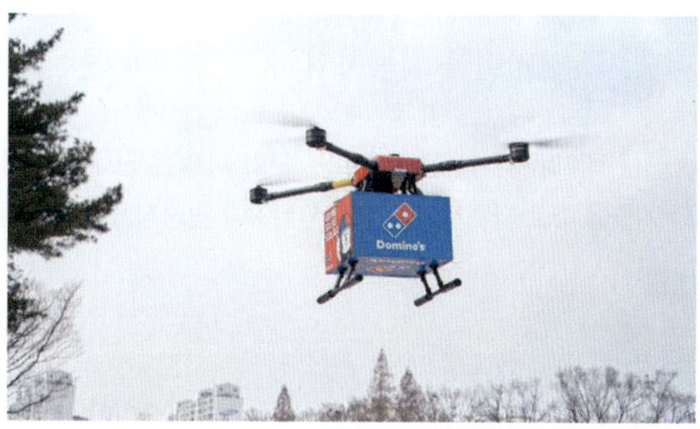

(b) 도미노피자의 배달 드론

그림 1-30 배달 드론

그러나 드론 배달 사업은 초기의 기대와는 달리 난항을 겪고 있다. 드론이 물건을 전달하기 위하여 지상에 착륙할 때 사람을 피해야 하기 때문에 많은 센서와 인공지능 알고리즘을 사용하지만 아직은 완벽한 안전을 보장할 수 없다. 따라서 운동장, 공원, 해변과 같이 넓은 공간으로의 배달에만 한정적으로 드론이 사용되고 있다.

군사용 드론

군사용 드론은 인명 피해 없이 목표물을 정확히 공격할 수 있다. 전쟁터에서 수색하는 데 드론을 사용할 뿐만 아니라, 위치 정보만 입력하면 공격이 가능한 드론도 이미 실전 배치된 상태이다. 최근 러시아와 우크라이나의 전쟁에서는 드론으로 적의 탱크, 지대공 미사일, 지휘소 등을 파괴하기도 했다.

(a) 탐색 드론

(b) 미사일 요격 드론

그림 1-31 군사용 드론

5 문화 기술

문화 콘텐츠 기술, 즉 문화 기술Culture Technology(CT)은 문화 상품의 부가가치를 높이기 위해 사용되는 유무형의 기술을 말한다. 공연, 이미지, 음악, 문학 등 다양한 분야에 확장현실, 인공지능, 사물 인터넷, 드론 기술을 접목하여 새로운 문화 콘텐츠가 만들어지고 있다.

TIP 네이버 지식사전에 따르면 '문화 기술'은 국내에서 만들어진 단어로 세계적으로 통용되지는 않는다. 이 책에서는 문화 기술을 따로 다루지 않고 증강현실이나 인공지능과 같이 문화 분야에 사용되는 기술을 중심으로 설명한다.

공연

과거에는 공연에 참가하는 모든 사람이 한자리에 모여서 공연을 했다. 확장현실 기술을 이용하여 서로 다른 공간에 있는 사람들을 하나의 공연에서 볼 수 있게 되었다. 인터넷 연예 전문 매체인 디스패치는 2022년에 디페스타D'FESTA라는 비대면 공연을 열었다. 디스패치는 케이팝 가수 아홉 팀의 공연을 마치 하나의 페스티벌이 진행되는 것처럼 구현했다.

그림

인공지능을 활용하여 사진을 고흐가 그린 그림처럼 바꿀 수 있다. 더 나아가 인공지능은 사람이 입력한 문장을 가지고 사진이나 그림을 만들어 준다. [그림 1-32]는 이미지 생성 인공지능인 미드저니Midjourney가 만들어낸 것이다. (a)는 'photograph beautiful Caucasian model black and white(아름다운 백인의 흑백 사진)'라고 입력하여 얻은 결과이다. (b)는 'pixar style low angle shot cute woman with a dog(개를 들고 있는 귀여운 여성의 픽사 스타일 이미지)'라고 입력하여 얻은 결과이다.

(a) 인공지능이 만든 흑백 사진

(b) 인공지능이 만든 그림

그림 1-32 인공지능이 만든 이미지

[그림 1-33]은 2022년 8월 미국 콜로라도 주립 박람회 미술대회에서 디지털 아트 부문 1위를 차지한 〈스페이스 오페라 극장〉이다. 챗GPT나 미드저니와 같은 인공지능을 작동시키기 위하여 입력하는 문장들을 프롬프트prompt라 부르는데, 이 그림은 프롬프트를 수백 번 입력하여 만들어졌다. 직접 그린 것이 아니니 미술 작품이라 볼 수 없다는 의견과 인공지능도 포토샵과 같이 그림을 그리는 도구일 뿐이니 미술 작품으로 볼 수 있다는 의견이 대립되어 논쟁이 뜨겁다.

그림 1-33 〈스페이스 오페라 극장〉

음악

죽은 가수들의 목소리를 인공지능에 학습시켜서 새로운 음악을 만들어낼 수 있다. [그림 1-34]의 (a)는 프랭크 시나트라Frank Sinatra의 목소리를 학습한 인공지능이 브리트니 스피어스의 〈Toxic〉을 부르는 영상이다. (b)의 〈Daddy's Car〉는 인공지능이 비틀스 스타일로 만든 새로운 노래이다. 소니는 인공지능에 비틀스의 노래를 학습시켰고, 학습 후 인공지능이 이 노래를 작곡했다. 유튜브에서 '노래 제목 + AI'로 검색하면 두 곡 모두 들어볼 수 있다.

(a) 프랭크 시나트라를 학습한 인공지능의 〈Toxic〉 (b) 비틀스를 학습한 인공지능의 〈Daddy's Car〉

그림 1-34 인공지능이 생성한 음악

인공지능으로 인하여 작곡도 쉬운 세상이 되었다. 아이바AIVA는 작곡을 도와주는 인공지능이다. 팝, 록, 재즈와 같은 장르를 결정하면 자동으로 음악을 만들어준다. 아이바가 만든 영화음악이 실제로 영화에 사용되었다.

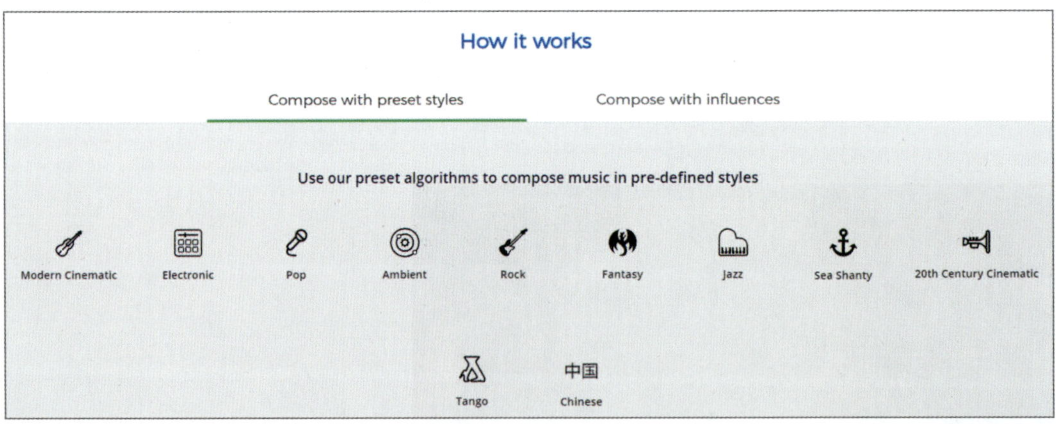

그림 1-35 아이바의 장르 선택 화면

아마존은 딥러닝 기반의 작곡 시스템인 딥컴포저DeepComposer를 선보였다. 키보드로 기본 멜로디를 입력하면 인공지능이 알아서 곡을 완성해준다.

문학

인공지능 번역기가 번역한 문장이 현재로서는 완벽하지 않기 때문에 문학에 인공지능을 적용할 수 있을지 의문이 들 것이다. 그러나 문학에도 인공지능이 사용된다. [그림 1-36]은 인공지능 작가인 슈도라이트sudowrite이다. 슈도라이트는 다양한 소설을 학습하여 새로운 소설을 만들어준다. 아직까지 완벽한 수준의 소설을 만들지 못하지만, 작가들이 글을 쓰다가 막히면 슈도라이트가 만드는 소설을 읽으면서 영감을 얻는다고 한다.

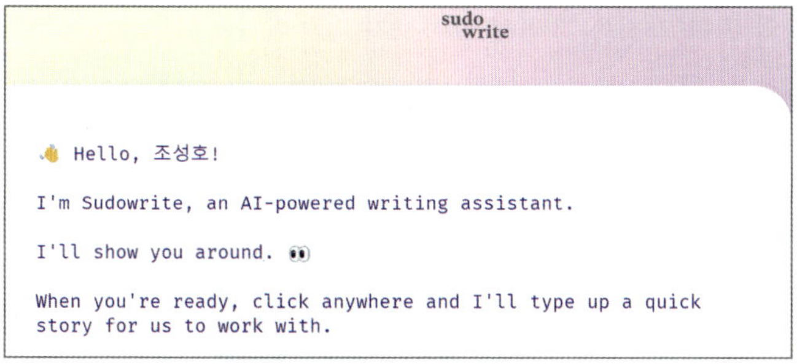

그림 1-36 슈도라이트

문학까지는 아니지만 자동으로 기사를 작성하는 인공지능 시스템이 개발되었다. 자연어 처리 기술을 응용하여 만드는 기사를 로봇 저널리즘robot journalism이라고 부른다. 로봇 저널리즘은 스포츠, 재난, 금융 분야에서 기존 언론인을 대체할 수 있을 정도로 발전했다. 증권, 금융 분야에서는 [그림 1-37]과 같이 자동으로 기사를 작성하는 로봇 기자가 활발히 활동 중이다.

그림 1-37 인공지능이 작성한 증권 기사 © 파이낸셜뉴스

03 | 4차 산업혁명

1 4차 산업혁명의 정의

오늘날은 4차 산업혁명 시대이며, [그림 1-38]은 1차 산업혁명부터 4차 산업혁명까지의 변천사를 간략히 보여준다. 18세기부터 지금까지의 변화 과정을 자세히 알아보자.

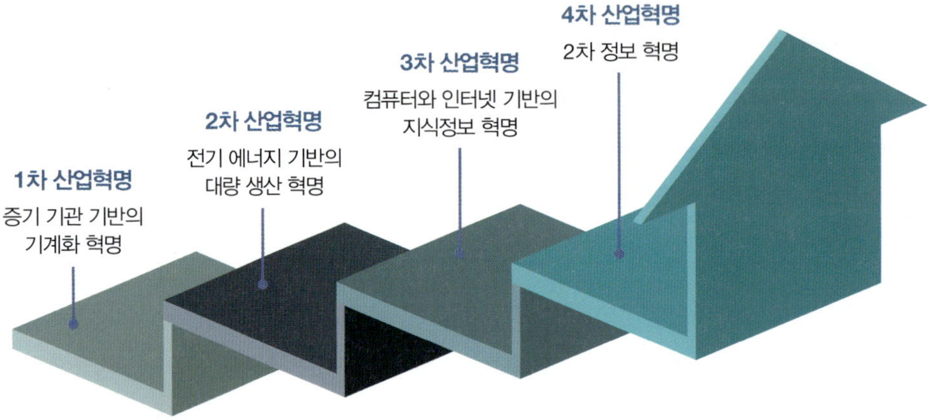

그림 1-38 **산업혁명 변천사**

3차 산업혁명 이전

1차 산업혁명 및 2차 산업혁명 이후 내연 기관, 전기, 자동화 기계의 발명으로 인하여 대량생산 체제가 구축되었다. 1차 산업혁명 이전에는 대부분 농경 생활이었고 자급자족 체제였다. 1차 산업혁명으로 각종 산업용 기계가 개발되고, 2차 산업혁명으로 증기 기관과 전력이 보급되어 24시간 쉬지 않고 제품을 생산할 수 있게 되었다.

그림 1-39 **2차 산업혁명 당시 모습**

대량 생산 체제 이전에 가내 수공업으로 물건을 만들 때는 시간도 오래 걸리고 인력도 많이 필요했다. 예를 들어 옷 한 벌을 만들려면 사람이 옷감을 만들고 바느질을 해야 했다. 대량 생산 체제에서는 빠른 시간에 많은 물량을 만들어낼 수 있어 옷을 비롯한 공산품의 가격이 낮아졌다.

3차 산업혁명과 그 이후

1960년대 말에 인터넷이 등장하고 1990년대에는 웹 브라우저가 개발되어 전 세계가 인터넷을 사용하기 시작했는데, 이때를 3차 산업혁명의 시작으로 본다. 인터넷이 없을 때는 상품의 가격을 한 번에 비교할 방법이 없어 이 가게 저 가게를 돌아다녀야 했다. 그러나 인터넷이 발달하면서 상업이 온라인으로 옮겨가 상품 구매 시 사용 후기를 보고 가격을 비교하는 일이 일상이 되었다. 택배 시스템의 발달로 하루 이틀이면 상품이 배달되기 때문에 굳이 오프라인에서 비싸게 구매할 필요가 없다. 미래학자 앨빈 토플러Alvin Toffler가 《제3의 물결》과 《권력 이동》에서 말했듯이 가격 정보가 생산자에서 소비자에게로 이동함으로써 소비자가 권력을 가지게 되었다.

머니투데이의 2019년 9월 5일 자 기사에 따르면, 미국에서 2018년 한 해 동안 오프라인 상점 3,800곳이 폐점했고 2019년 1월부터 3월까지 4,300곳이 폐점했다고 한다. 신용 평가 기업인 무디스는 이를 '소매업의 종말'이라고 말했다. 이러한 현상은 미국뿐 아니라 전 세계로 확산하면서 물건 구매와 유통 방식을 바꾸고 홍보와 마케팅 방식까지 뒤흔들었다.

이러한 변화를 가속화한 것은 스마트폰이다. 개인용 컴퓨터는 이동이 불가능하지만, 스마트폰은 언제나 우리 손안에 있다. 스마트폰 이전에는 집에서 살 물건과 가격을 확인한 후 오프라인 가게를 방문하여 실물을 보곤 했다. 이제는 가게 앞에서도 상품 후기와 가격을 알 수 있는 세상이 되었다. 더 나아가 스마트폰에 달린 카메라와 GPS 센서로 기존 컴퓨터에서는 불가능했던 일들도 가능해졌다. 사진을 찍어 바로 전달하거나, SNS에 올리거나, 현 위치에서 가장 가까운 맛집을 찾거나, 가격이 싼 주유소를 찾을 수 있게 되었다.

1769년에 탄생한 증기 자동차가 대중화되는 데에는 200년이 걸렸지만, 1940년대에 개발된 컴퓨터가 집집마다 보급되는 데에는 50년밖에 걸리지 않았다. 게다가 2007년에 선보인 스마트폰은 불과 10년 만에 대중화되었다. 이처럼 기술 개발 속도가 빨라짐에 따라 우리 사회도 급변하고 있다.

4차 산업혁명

4차 산업혁명의 정의는 다양하다. 예를 들어 나무위키에는 '인공지능으로 자동화와 연결성이 극대화되는 산업 환경의 변화'로 정의되어 있고, 위키백과에는 '빅데이터 분석, 인공지능, 로봇 공학, 사물 인터넷, 무인 운송 수단, 3D 프린팅, 나노 기술의 6대 분야 기술 혁신'으로 정의되어 있다. 이 책에서는 4차 산업혁명 시대를 '융합 기술을 기반으로 하는 초연결 사회'로 정의한다.

스마트폰, 노트북, 데스크톱 컴퓨터뿐 아니라 자동차, 청소기, 냉장고, 스마트 워치 등 일반 기계들도 인터넷에 연결되어 새로운 서비스들을 만들어간다. 집에 있는 모든 제품을 원격에서 조정할 수 있는 스마트 홈, 스스로 운전하는 자율주행 자동차, 사람을 이해하고 말로 내린 명령을 처리하는 인공지능 비서, 청소나 요리를 할 수 있는 로봇, 지갑이나 신용카드 없이도 거래가 가능한 핀테크FinTech 등은 모두 인터넷에 연결됨으로써 가능해진 기술이다. 이처럼 모든 사물이 인터넷으로 연결되는 세상을 **초연결 사회**hyper-connected society라고 한다.

그림 1-40 자율주행 자동차의 융합 기술

4차 산업혁명 시대에는 다양한 기술이 융합되어 초연결 사회를 이룬다. 예를 들어 자율주행 자동차는 차선을 인식하여 운전하고 장애물을 만나면 멈춘다. 여기에는 이미지 인식 기술이 적용되는데, 이미지를 인식하는 인공지능은 빅데이터를 기반으로 만들어진다. 또한 무선통신으로 다른 차에 교통 상황을 알리고, 응급 상황이 발생하면 구급차를 부른다. 여기에는 사물 인터넷 기술이 이용되며, 실시간으로 발생하는 데이터는 클라우드에서 처리된다. 차량의 현재 상태는 헤드업 디스플레이를 통해 운전자에게 전달되고, 통행료는 핀테크로 자동 결제된다.

2 4차 산업혁명 시대의 직업

4차 산업혁명은 인기 직업의 순위에도 변화를 가져왔다. [표 1-1]은 미국 구직 사이트 글래스도어Glassdoor가 발표한 2015년 인기 직업 순위이다. 이는 급여, 만족도, 채용 건수를 기준으로 순위를 매긴 자료이며, IT 관련 직업은 2위의 소프트웨어 개발자, 7위의 데이터베이스 관리자, 9위의 데이터 과학자이다.

표 1-1 2015년 미국의 인기 직업 순위 © 글래스도어

순위	직업	연봉 중간값	만족도	채용 건수
1	의사 보조	$111,376	4.1	45,484
2	소프트웨어 개발자	$98,074	4.3	104,828
3	사업개발자	$94,907	4.1	11,616
4	인적자원 관리자	$96,443	4.2	8,073
5	재무 관리자	$122,865	4.2	9,728
6	마케팅 관리자	$100,130	4.3	14,647
7	데이터베이스 관리자	$97,835	4.0	9,790
8	제품 관리자	$113,363	3.9	10,294
9	데이터 과학자	$104,476	4.1	3,449
10	영업 관리자	$121,657	4.0	3,982
11	솔루션 아키텍트	$121,657	4.2	3,982
12	기계 엔지니어	$73,015	4.0	16,065

[표 1-2]는 2022년의 미국 인기 직업 순위이다. 5위의 전략 관리자strategy manager와 10위의 제품 관리자product manager를 제외한 모든 직업이 IT와 연관되어 있다.

표 1-2 2022년 미국의 인기 직업 순위

순위	직업	연봉 중간값	만족도	채용 건수
1	엔터프라이즈 아키텍트	$144,997	4.1	14,021
2	풀 스택 개발자	$101,794	4.3	11,252
3	데이터 과학자	$120,000	4.1	10,071
4	데브옵스 엔지니어	$120,095	4.2	8,548
5	전략 관리자	$140,000	4.2	6,977
6	머신러닝 개발자	$130,489	4.3	6,801
7	데이터 엔지니어	$113,960	4.0	11,821
8	소프트웨어 개발자	$116,638	3.9	64,155
9	자바 개발자	$107,099	4.1	10,201
10	제품 관리자	$125,317	4.0	17,725
11	백엔드 개발자	$112,384	4.2	6,221
12	클라우드 개발자	$118,999	4.0	10,689

1위인 엔터프라이즈 아키텍트enterprise architect란 회사 전체의 전산 시스템 인프라를 계획하고 구축할 수 있는 전문가이다. 2위 풀 스택full stack 개발자란 데이터베이스, 서버, 클라이언트, 시스템 엔지니어링, 네트워크의 모든 작업을 처리할 수 있는 개발자를 의미한다. 3위 데이터 과학자란 데이터를 분석하고 처리하는 직업을 의미한다. 4위 데브옵스DevOps 엔지니어란 프로세스, 툴, 방법론을 도입하여 코딩뿐 아니라 코드의 배포, 유지관리 및 업데이트에 이르는 모든 소프트웨어 개발을 담당할 수 있는 엔지니어를 의미한다. 11위 백엔드backend 개발자란 웹사이트나 웹 애플리케이션 또는 모바일 솔루션의 프로세스와 관련된 서버 측server-side과 데이터베이스를 관리하는 엔지니어를 의미한다.

4차 산업혁명 시대에 들어서면서 로봇, 인공지능, 키오스크가 단순노동을 대신하고 있다. 동시에 IT 관련 직업의 인기가 치솟고 있다. 이러한 시대에 발맞추기 위해 4차 산업혁명과 관련된 기술이 세상을 어떻게 변화시키고 있는지 이해해야 한다.

요약

01 IT에서 플랫폼이란 많은 이용자를 바탕으로 다양한 서비스가 결합되는 비즈니스 환경을 의미한다. 클라우드 컴퓨팅은 하드웨어와 소프트웨어를 클라우드 안에 숨기고, 사용자가 필요한 서비스만 이용하는 컴퓨팅 환경이다. 사물 인터넷(IoT)은 버스, 기차, CCTV와 같은 사물이 인터넷에 연결된 것이다.

02 블록체인 기술로 거래 데이터를 P2P 네트워크에 분산되어 관리한다. 블록체인은 온라인 금융 거래뿐만 아니라 게임, 암호화폐, 인증 등에 적용된다. 대체 불가능 토큰(NFT)은 블록체인 기술을 사용하여 위조, 변조, 복제할 수 없게 만든 디지털 인증서이다.

03 인공지능(AI)은 기계가 학습과 추리를 통해 사람과 동일한 작업을 수행하게 하는 기술이다. 딥러닝은 최신 인공지능 알고리즘인데, 인공신경망에 데이터를 학습시켜 결과를 얻는다.

04 다양한 정보를 체계적으로 모아 놓은 것을 데이터베이스라고 한다. 빅데이터는 엄청난 양의 데이터에서 가치 있는 정보를 추출하는 기술이다. 인공지능은 충분히 많은 데이터를 학습해야 하기 때문에 빅데이터와 깊은 연관이 있다.

05 확장현실(XR)은 컴퓨터 그래픽과 디스플레이로 만든 가상현실과 증강현실을 모두 포함한다. 가상현실(VR)은 실제와 유사한 인공적인 환경을 제공하는 기술이다. 증강현실(AR)은 가상현실과 유사한 기술로, 가상의 정보를 실제 환경에 합성하여 원래 존재하는 것처럼 보이게 하는 기술이다.

06 로봇은 스스로 작업하는 능력을 갖춘 기계이다. 생산 공장에서 인간을 대신하여 조립, 용접 등 노동을 수행하는 로봇과 주변 환경을 스스로 인식하여 행동을 조절하고 결정하는 로봇이 있다. 드론은 로봇 기술을 응용한 무인 비행 물체이다.

07 문화 기술은 문화 상품의 부가가치를 높이기 위해 사용되는 유무형의 기술을 말한다.

08 4차 산업혁명의 핵심은 융합이다. 4차 산업혁명 시대를 '융합 기술을 기반으로 하는 초연결 사회'로 정의한다.

연습문제

01 다양한 사물을 인터넷에 연결하여 부가가치를 높이는 기술은 무엇인가?

① 빅데이터 ② 가상현실 ③ 블록체인 ④ 사물 인터넷

02 엄청난 양의 데이터에서 가치 있는 정보를 추출하는 기술은 무엇인가?

① 빅데이터 ② 가상현실 ③ 인공지능 ④ 사물 인터넷

03 다양한 정보를 체계적으로 모아 놓은 것은 무엇인가?

① 블록체인 ② 데이터베이스 ③ 대체 불가능 토큰 ④ 사물 인터넷

04 블록체인 기술을 사용하여 위조, 변조, 복제할 수 없게 만든 디지털 인증서는 무엇인가?

① 대체 불가능 토큰 ② 가상현실 ③ 메타버스 ④ 플랫폼

05 다음 중 나머지 3가지를 포함하는 최상위 개념은 무엇인가?

① 가상현실 ② 증강현실 ③ 확장현실 ④ 혼합현실

06 방송 시간이나 플랫폼에 국한되지 않고 TV, 노트북, 스마트폰에서 자유롭게 동영상 콘텐츠를 즐길 수 있는 서비스를 가리키는 단어는 무엇인가?

① NFT ② VR ③ OTT ④ IoT

07 전철역의 안내판은 다음 열차의 위치 정보를 표시하고 열차가 언제 도착하는지 보여준다. 어떤 기술과 가장 관련 있는가?

① AI ② VR ③ OTT ④ IoT

08 언제 어디서나 컴퓨팅 파워 또는 소프트웨어에 접근할 수 있다. 가장 관련 있는 미래 기술은 무엇인가?

① 클라우드 컴퓨팅 ② 가상현실 ③ 인공지능 ④ 사물 인터넷

09 쇼핑몰 상품 추천이나 유튜브 맞춤 동영상, 넷플릭스 추천 동영상과 가장 관련 있는 기술은 무엇인가?

① 가상현실 ② 빅데이터 ③ 클라우드 컴퓨팅 ④ 사물 인터넷

10 많은 이용자를 바탕으로 다양한 서비스가 결합하는 비즈니스 환경은 무엇인가?

① 플랫폼 ② 가상현실 ③ 빅데이터 ④ 대체 불가능 토큰

11 기계가 학습과 추리를 통해 사람과 동일한 작업을 수행할 수 있는 기술은 무엇인가?

① 클라우드 컴퓨팅 ② 가상현실 ③ 인공지능 ④ 사물 인터넷

12 스마트폰에 있는 데이터와 설정을 별 어려움 없이 새로운 스마트폰으로 옮길 수 있었다. 가장 관련이 깊은 기술은 무엇인가?

① 클라우드 컴퓨팅 ② 가상현실 ③ 인공지능 ④ 사물 인터넷

13 자동차 유리창이나 안경에 정보를 표시하는 기술과 가장 가까운 기술은 무엇인가?

① 메타버스 ② 가상현실 ③ 증강현실 ④ 인공지능

14 알파고에서 사용하여 유명해진 최신 인공지능 알고리즘을 가리키는 용어는 무엇인가?

① 머신러닝 ② 딥러닝 ③ 자가 학습 ④ 자연어 처리

15 사물을 인터넷으로 연결하여 부가가치를 생성하는 기술을 의미하는 용어는 무엇인가?

① CT ② IoT ③ AR ④ NFT

16 문화 상품의 부가가치를 높이기 위해 사용되는 유무형의 기술을 의미하는 용어는 무엇인가?

① CT ② IoT ③ AR ④ NFT

17 거래 데이터를 P2P 네트워크에 분산하여 관리하는 기술로 암호화폐, 금융, 인증, 게임, 온라인 거래 등에 사용되는 기술의 이름은 무엇인가?

① 클라우드 컴퓨팅 ② 블록체인 ③ 인공지능 ④ 사물 인터넷

18 자율주행 자동차가 운행 중 도로에 있는 사람을 인식하여 자동차를 세웠다. 가장 관련 있는 미래 기술은 무엇인가?

① 대체 불가능 토큰 ② 가상현실 ③ 인공지능 ④ 문화 기술

19 구글 크롬에 로그인하면 어디서건 똑같은 작업 환경을 사용할 수 있다. 가장 관련 있는 미래 기술은 무엇인가?

① 클라우드 컴퓨팅 ② 가상현실 ③ 인공지능 ④ 사물 인터넷

20 NFT가 사용하는 기술과 가장 관련 있는 미래 기술은 무엇인가?

① 클라우드 컴퓨팅 ② 가상현실 ③ 인공지능 ④ 블록체인

21 자율주행 자동차가 갑자기 사고가 발생하여 자동으로 응급 구조 신호를 보냈다. 어떤 기술과 가장 관련 있는가?

① CT ② IoT ③ AR ④ NFT

22 음성을 인식하여 텍스트로 변환하는 음성 인식 모듈의 기술과 가장 관련 있는 기술은 무엇인가?

① 클라우드 컴퓨팅 ② 가상현실 ③ 인공지능 ④ 사물 인터넷

23 다음 중 미래 기술에 대한 설명으로 틀린 것은 무엇인가?

① 기계가 학습과 추리를 통해 사람과 동일한 작업을 수행하는 기술을 인공지능이라고 한다.

② 교통 전광판, 스마트 홈, 스마트 자동차, 스마트 시티 등 다양한 기계를 인터넷에 연결하여 부가가치를 생성하는 기술을 가상현실이라고 한다.

③ 클라우드 컴퓨팅은 하드웨어와 소프트웨어를 클라우드 안에 숨기고 사용자가 필요한 서비스만 이용하는 컴퓨팅 환경을 가리킨다.

④ 실제 환경에 가상의 정보를 합성하여 원래 존재하는 사물처럼 보이도록 하는 기술을 증강현실이라고 한다.

24 인터넷의 발달로 온라인 서비스가 활성화된 시기는 언제인가?

① 1차 산업혁명 ② 2차 산업혁명 ③ 3차 산업혁명 ④ 4차 산업혁명

25 다음 중 산업혁명에 대한 설명으로 맞는 것은 무엇인가?

① 증기 기관과 전력 보급으로 24시간 쉬지 않고 제품을 생산할 수 있게 된 시기를 1차 산업혁명이라고 한다.

② 농경사회에서 기계 개발로 생산량이 급격히 늘어난 시기를 2차 산업혁명이라고 한다.

③ 인공지능으로 자동화와 연결성이 극대화되는 산업 환경의 변화 시기를 3차 산업혁명이라고 한다.

④ 융합 기술을 기반으로 하는 초연결 사회가 열린 시기를 4차 산업혁명이라고 한다.

26 융합 기술을 기반으로 하는 초연결 사회와 가장 관련 있는 단어는 무엇인가?

① 1차 산업혁명 ② 2차 산업혁명 ③ 3차 산업혁명 ④ 4차 산업혁명

27 다음 중 4차 산업혁명 시대의 미래 기술과 가장 거리가 먼 것은 무엇인가?

① 인공지능 ② 인터넷 ③ 클라우드 컴퓨팅 ④ 가상현실

28 다음 중 4차 산업혁명과 가장 거리가 먼 직업은 무엇인가?

① 플랫폼 개발자 ② 컴퓨터비전 엔지니어

③ 데이터과학자 ④ 영업 전략 개발자

29 다음 중 4차 산업혁명과 가장 거리가 먼 설명은 무엇인가?

① 빅데이터 분석, 인공지능, 로봇 공학, 사물 인터넷, 무인 운송 수단, 3D 프린팅, 나노 기술 등 6대 분야의 기술 혁신

② 융합 기술을 기반으로 하는 초연결 사회

③ 인터넷 발달로 생산자 중심 사회에서 소비자 중심 사회로 이동

④ 인공지능으로 자동화 연결성이 극대화되는 산업 환경 변화

CHAPTER 02

컴퓨터의 개요

학습목표

- 컴퓨터의 개념과 동작 방식을 이해한다.
- 소프트웨어의 종류를 파악하고 컴퓨터에서 알고리즘이나 사용자 인터페이스의 역할을 이해한다.
- 컴퓨터를 구성하는 주요 하드웨어에 대해 알아본다.
- 컴퓨터의 탄생부터 인터넷 보급까지 컴퓨터의 초기 역사를 살펴본다.

Preview

스마트 워치, 스마트 TV, 스마트 자동차처럼 컴퓨터를 탑재한 기계가 늘어나고 있다. 컴퓨터가 다른 기계와 다른 점은 무엇일까? 이 장에서는 컴퓨터를 구성하는 소프트웨어와 하드웨어가 동작하는 방식을 이해하고, 컴퓨터가 어떻게 지금의 모습을 갖추게 되었는지 살펴본다.

- 컴퓨터의 구성과 동작
  - 컴퓨터의 개념
    - 프로그램
  - 컴퓨터 하드웨어의 구성
    - 필수 장치와 주변 장치
    - 메인 보드
  - 컴퓨터의 동작 방식
  - 임베디드 시스템
    - 컴퓨터와 계산기의 차이
- 소프트웨어
  - 응용 프로그램과 시스템 소프트웨어
  - 알고리즘
  - 사용자 인터페이스
    - 그래픽 사용자 인터페이스
  - 사용자 경험 인터페이스
    - 애플
- 하드웨어
  - 프로세서
    - CPU
    - GPU
    - AP
  - 입력 장치
  - 출력 장치
  - 특수 용도 컴퓨터
- 컴퓨터의 초기 역사
  - 컴퓨터의 탄생
  - 일괄 처리 시스템
  - 대화형 시스템
  - 다중 사용자 시스템
  - 개인용 컴퓨터
  - 인터넷과 WWW

01 | 컴퓨터의 구성과 동작

1 컴퓨터의 개념

컴퓨터computer는 계산을 수행하는 장치이다. 컴퓨터는 크게 하드웨어와 소프트웨어로 구성된다. 소프트웨어는 하드웨어를 제어하여 작업을 수행하도록 하는 명령을 모아 놓은 것이다. 소프트웨어는 하드웨어에 명령을 내림으로써 필요한 작업을 수행하여 데이터를 정보로 바꾼다.

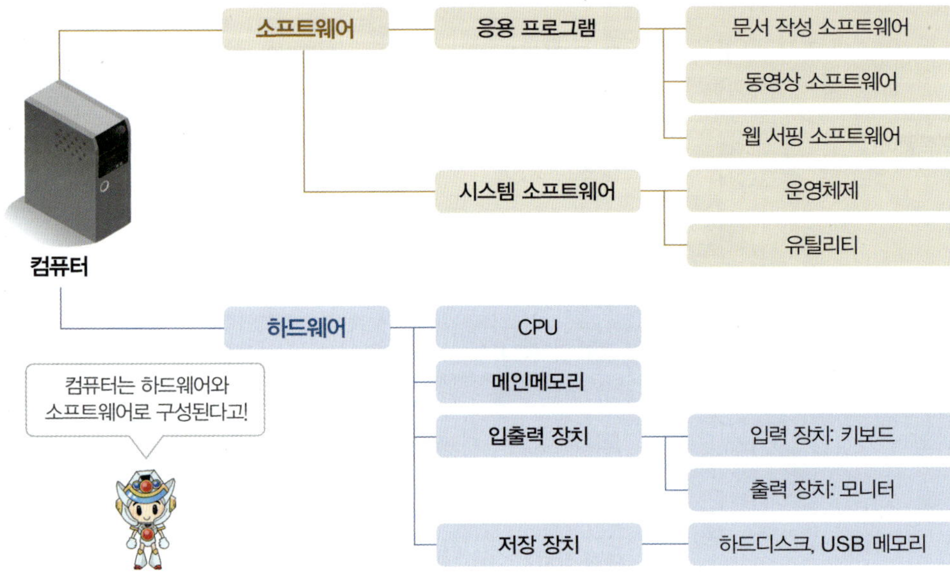

그림 2-1 **컴퓨터의 구성 요소**

컴퓨터가 사용하는 자료를 데이터data라고 부른다. 컴퓨터는 데이터를 입력받아 처리process한 후 출력하거나 저장한다. 컴퓨터가 데이터를 처리하면 의미 있는 자료가 되는데, 이를 정보information라고 한다. 따라서 **정보 기술**Information Technology(IT)은 데이터를 가공하여 가치 있는 정보로 만드는 모든 기술을 의미한다. 일반적으로 정보 기술과 통신 기술은 밀접한 연관 관계가 있기 때문에 정보 기술과 통신 기술을 합쳐 **정보통신 기술**Information and Communication Technology(ICT)이라고 한다.

컴퓨터 프로그램의 개념

컴퓨터는 단순한 기계이다. 사람에게 청소하라고 명령하는 경우에는 "저쪽에 먼지가 쌓여 있다"는 말로도 충분하다. 그러나 로봇 청소기에 명령할 때는 "앞으로 1미터 직진하고 오른쪽으로 90도 회전한 후, 다시 앞으로 30센티미터 직진해. 거기서 흡입 장치를 켜고 먼지를 빨아들여!"라고 해야 한다. 컴퓨터에 작업을 명령하려면 이렇게 구체적으로 설명해야 한다.

그림 2-2 컴퓨터와 프로그램

프로그램을 우리말로 옮기면 '계획' 혹은 '차례'이다. 예를 들어 연주회 프로그램에는 누가 어떤 곡을 연주하는지 순서대로 적혀있다. 컴퓨터 **프로그램**program에는 컴퓨터에 지시할 명령과 명령의 결과를 받는 방법이 모여 있다.

그림 2-3 프로그램의 개념

프로그래밍programming이란 프로그램을 만드는 작업이다. 다시 말해 컴퓨터에 어떤 작업을 어떤 순서로 시킬지 결정하는 작업이 바로 프로그래밍이다. 머릿속에 있는 생각을 문장으로 만들 때 한국어를 사용한다. 마찬가지로 컴퓨터 프로그램을 만들 때 사용하는 언어가 **프로그래밍 언어**programing language이다. 전 세계에 많은 인종과 다양한 언어가 있듯이, 프로그래밍 언어도 다양하다. 그중에서 많은 사람이 사용하는 프로그래밍 언어로 파이썬Python, C 언어, 자바Java가 있다.

2 컴퓨터 하드웨어의 구성

컴퓨터의 하드웨어는 중앙 처리 장치Central Processing Unit(CPU), 메인메모리main memory, 입력 장치, 출력 장치, 저장 장치로 구성된다. CPU(중앙 처리 장치)는 명령어를 해석하여 실행하는 장치로, 인간에 비유하면 두뇌에 해당한다. 또한 메인메모리는 작업에 필요한 프로그램과 데이터를 저장하는 장소이다.

컴퓨터에서의 모든 작업은 CPU와 메인메모리의 협업으로 이루어진다. 그래서 CPU와 메모리는 컴퓨터를 구성하는 **필수 장치**basic device이고, 그 외의 장치들은 **주변 장치**peripheral device라 부른다. 초기 컴퓨터에는 CPU와 메인메모리뿐이었다. 이후에 여러 가지 주변 장치가 개발되었다. 키보드·마우스·터치스크린과 같은 입력 장치, 모니터·프린터와 같은 출력 장치, 하드디스크·SSD·USB 메모리와 같은 저장 장치 모두가 주변 장치이다.

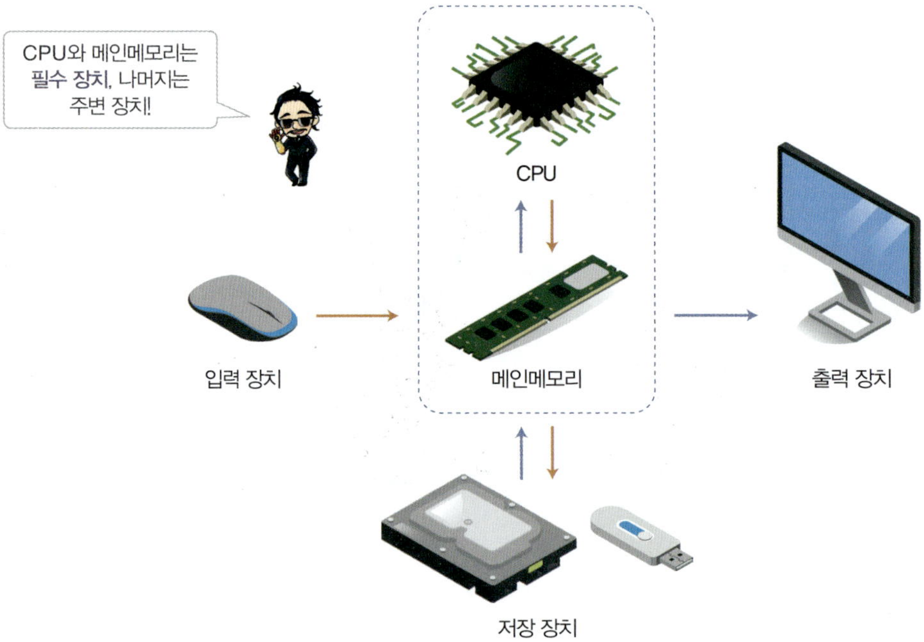

그림 2-4 컴퓨터 하드웨어의 구성

메인보드main board는 CPU와 메인메모리 등 다양한 부품을 연결하고 전원을 공급해주는 커다란 판이다. 컴퓨터의 본체를 열면 [그림 2-5]와 같은 메인보드와 부품들을 볼 수 있다. 메인보드에서 각 장치를 연결하여 데이터가 지나다니는 통로를 **버스**bus라 부른다. 교통수단인 버스가 정해진 경로로 다니듯이 메인보드의 버스는 일정한 경로를 따라 각 장치에 데이터를 전송하거나 부품에 전원을 공급한다. 메인보드는 각 부품의 전원을 공급하며 각종 부품을 꽂을 수 있는 단자port가 마련되어 있다. 그래픽카드, 사운드카드, 랜카드 등은 메인보드에 기본으로 장착되어 있기도 하고, 단자를 통해 따로 장착하기도 한다.

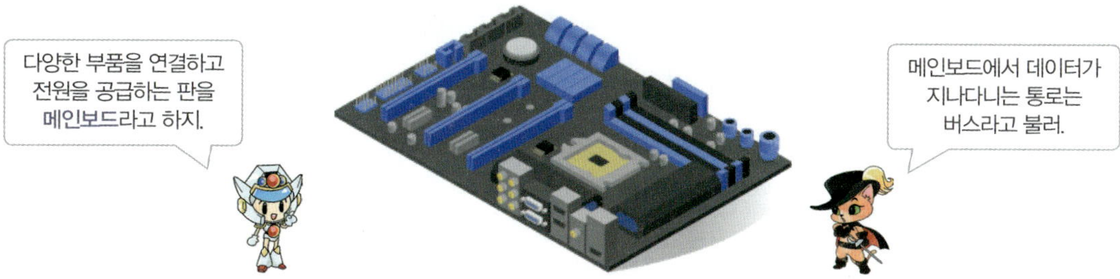

그림 2-5 컴퓨터의 메인보드

3 컴퓨터의 동작 방식

컴퓨터 동작 방식은 요리와 많이 닮았다. 같은 재료라 할지라도 어떻게 조리하느냐에 따라 결과는 달라진다. 밀가루를 어떻게 조리하느냐에 따라 식빵, 짜장면, 스파게티, 칼국수가 된다. 따라서 요리의 핵심은 레시피이다.

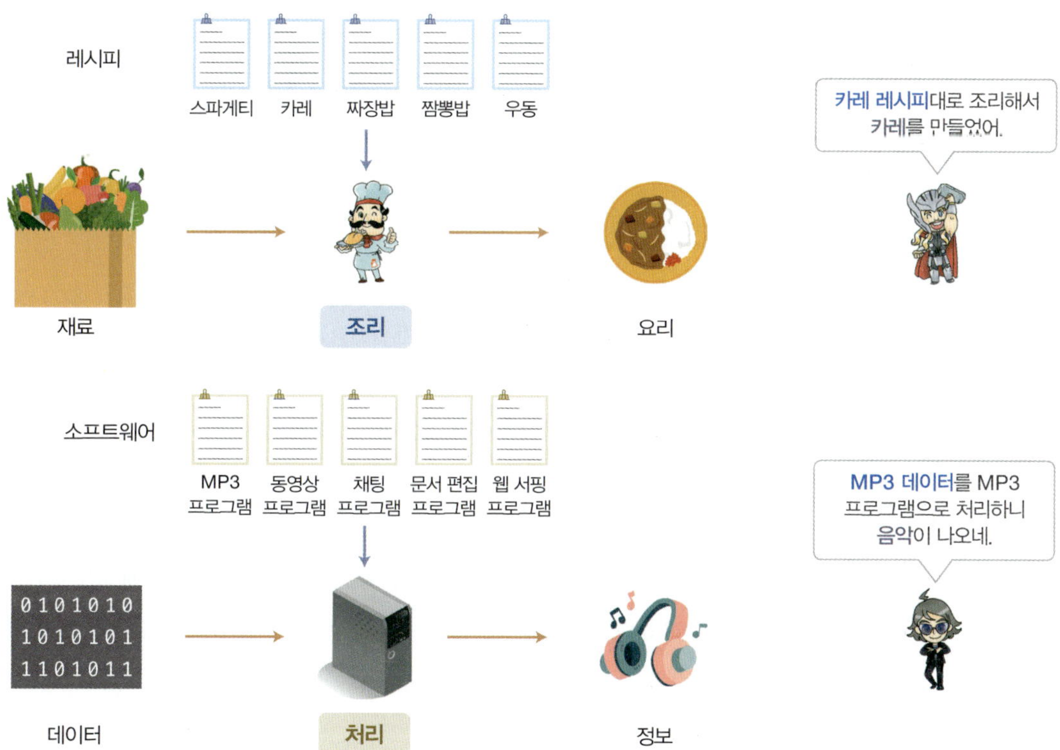

그림 2-6 요리에 비유한 컴퓨터의 동작 방식

소프트웨어는 정해진 절차에 따라 하드웨어를 사용하여 데이터를 처리한다. MP3 데이터를 MP3 프로그램이 처리하면 음악이 되고, 동영상 데이터를 동영상 프로그램이 처리하면 화면에 움직이는 영상이 나타난다. 문서 작성 소프트웨어는 키보드에서 들어오는 데이터를 문서로 만든다. 요리의 레시피에 해당하는 것이 소프트웨어이며 컴퓨터 작업의 핵심이다.

컴퓨터의 작업은 주방에서 요리를 하는 것과 닮았다. 주방에는 요리를 총괄하는 '주방장'과 조리를 도와주는 '보조 요리사'와 재료 손질과 관리를 맡는 '주방 보조'가 있다. 또한 조리를 하는 작업대와 재료를 보관하는 창고가 있다.

주방장은 요리를 하면서 보조 요리사에게 조리 작업을 나누어 주고, 주방 보조에게는 재료를 손질하라고 지시한다. 컴퓨터에서 주방장과 같은 역할을 담당하는 것이 CPU이다. 또한 이미지와 관련된 데이터의 처리는 보조 요리사에 해당하는 그래픽 처리 장치Graphical Processing Unit(GPU)에 보낸다. 저장 장치로부터 데이터를 가져오거나 내보내는 일은 주방 보조인 입출력 관리자가 맡는다.

그림 2-7 요리에 비유한 컴퓨터 하드웨어

주방에서 요리에 쓸 재료는 창고에 보관해 두었다가, 필요할 때 작업대로 가져와서 조리를 한다. 어떤 요리사도 창고에서 직접 칼질하지 않는다. 컴퓨터도 마찬가지이다. 저장 장치에 데이터를 보관해 두었다가 필요할 때마다 메인메모리로 불러와서 작업한다. 다시 말해 CPU의 모든 작업은 메인메모리에서 이루어지며, **메인메모리는 CPU의 유일한 작업 공간**이다. 메인메모리에 있는 모든 데이터는 전원이 꺼지면 사라지기 때문에, 중요한 데이터는 저장장치에 보관된다. 그래서 메인메모리를 주기억장치라 부르고 저장 장치를 보조기억장치라 부른다. 지금까지 설명한 요리와 컴퓨터의 닮은 점을 정리하면 [표 2-1]과 같다.

표 2-1 요리와 컴퓨터의 동작 비교

요리	컴퓨터	설명
주방장	CPU	컴퓨터 내의 모든 작업을 관장한다.
조리대	메인메모리	계산이 이루어지는 공간이다.
재료 창고	저장 장치	데이터를 보관하는 공간이다.
주방 기기	입출력 장치	데이터를 입력하거나 출력하는 도구이다.
레시피	소프트웨어	데이터를 처리하여 정보를 생성한다.

4 임베디드 시스템

컴퓨터는 원래 미사일 탄도를 계산하기 위해 개발되었다. 그런데 계산기라 부르지 않고 컴퓨터라 부르는 이유는 프로그래밍을 할 수 있기 때문이다. 계산기와 같은 기계는 만들어졌을 당시의 기능으로만 작동한다. 기계의 성능을 높이거나 새로운 기능을 추가하기 위해서는 새로 제작해야 한다. 그러나 컴퓨터는 프로그램을 변경하면 성능을 높이거나 새로운 기능을 추가할 수 있다. 이것이 계산기와 컴퓨터의 가장 큰 차이이다. 따라서 **컴퓨터란 프로그래밍을 할 수 있는 기계**를 의미한다.

핵심 컴퓨터의 정의

프로그래밍을 할 수 있는 기계

컴퓨터가 탑재된 시계를 스마트 워치라 부른다. 일반적인 시계는 시간을 표시하는 것 이외에는 다른 기능이 거의 없다. 스마트 워치는 전화를 걸고 받을 수 있고, 문자도 보내고 받을 수 있다. 또한 앱app을 설치함으로써 길을 찾거나 게임도 즐길 수 있으며 친구와 채팅도 할 수 있다. 프로그램을 설치할 때마다 새로운 기능이 추가된다. 이렇게 기계가 기능을 무한하게 확장할 수 있는 이유는 프로그램 때문이다.

TV에 컴퓨터를 탑재한 스마트 TV에서는 인터넷도 가능하고, 채팅도 할 수 있으며, 넷플릭스로 영화도 볼 수 있다. 스마트 자동차는 원격으로 시동을 걸고, 차선을 따라 자율주행을 하고, 장애물이 나타나면 알아서 멈춘다. 이렇게 스마트 워치, 스마트 TV, 스마트 자동차 등에 탑재된 컴퓨터를 **임베디드 시스템**embedded system 혹은 임베디드 컴퓨터라 부른다. 임베디드 시스템은 CPU 성능이 낮고 메모리 크기가 작으며 디스플레이 크기가 작아 특정한 작업만을 수행하는 컴퓨터이다. 임베디드 시스템과 비교하여 일반적인 컴퓨터는 웹 서핑, 문서 작성, 영화 감상, 게임 등 다양한 작업에 사용되기 때문에 범용 컴퓨터general purpose computer라 부른다.

그림 2-8 임베디드 시스템을 사용하는 스마트 워치와 스마트 TV

02 | 소프트웨어

1 응용 프로그램과 시스템 소프트웨어

우리가 몸을 움직여 행동하는 데에는 규칙과 절차가 필요하다. 예를 들어 누군가에게 정보를 전달하려면 언어를 배워야 하고, 일을 하거나 사회생활을 할 때도 여러 가지 규칙과 절차를 따른다. 이와 마찬가지로 컴퓨터는 하드웨어만으로 작동하지 않으며, 하드웨어를 움직이는 소프트웨어가 있어야 한다.

소프트웨어는 응용 프로그램과 시스템 소프트웨어로 나뉜다. 아래아 한글이나 MS 워드는 문서 작성을 돕는 프로그램이고, 곰플레이어나 팟플레이어는 동영상 데이터를 모니터 화면에 보여주는 프로그램이다. 이렇게 특정한 작업을 위해 사용하는 프로그램들을 통칭하여 **응용 프로그램**application program이라 부른다. **앱**app은 'application program'의 줄임말이다. 구글의 구글 플레이나 애플 앱 스토어를 통해 스마트폰에 설치하여 사용하는 소프트웨어를 앱이라 부른다. **시스템 소프트웨어**system software는 컴퓨터 하드웨어와 응용 프로그램을 관리하기 위해 만들어진 소프트웨어를 의미한다. 대표적인 시스템 소프트웨어로 운영체제와 유틸리티 프로그램이 있다.

따라서 소프트웨어는 응용 프로그램과 시스템 소프트웨어(운영체제 + 유틸리티 프로그램)로 나눌 수 있다. 또한 여러 종류의 프로그램을 통칭하는 단어가 소프트웨어이다.

TIP 여러 개의 프로그램을 통칭하는 단어가 소프트웨어이기 때문에 프로그램이 소프트웨어보다 작은 개념이다. 보통의 경우 '문서 작성 소프트웨어'와 '아래아한글 프로그램'이라 한다. 그러나 둘을 혼용해도 상관없다. 예를 들어 문서 작성 프로그램이나 아래아한글 소프트웨어라 해도 된다.

컴퓨터에는 다양한 응용 프로그램이 설치되어 있다. 모든 응용 프로그램은 키보드, 마우스, 모니터, 메모리와 같은 하드웨어를 사용한다. 만약 프로그램이 하드웨어를 먼저 차지하기 위해 싸운다면 컴퓨터는 엉망이 될 것이다. 또는 특정 프로그램이 하드웨어를 고의로 망가뜨리려 한다면 컴퓨터는 작동을 멈추게 된다. 이러한 혼란을 막기 위하여 컴퓨터 전체를 관리하고 운영하는 소프트웨어를 운영체제라 부르며 약자로 OS라 쓴다.

운영체제Operating System(OS)는 컴퓨터를 관리하기 위한 기본적인 규칙과 절차를 규정한 소프트웨어이다. 그래서 컴퓨터 내의 모든 하드웨어와 응용 프로그램은 운영체제가 관리한다. 응용 프로그램에 특정 하드웨어가 필요할 때는 운영체제의 허락을 받은 후에야 사용할 수 있다. 그래서 컴퓨터나 스마트폰 전원을 켰을 때 가장 먼저 실행되는 소프트웨어가 운영체제이다.

그림 2-9 **운영체제의 역할**

운영체제가 먼저 실행되어 하드웨어를 장악한 이후에 응용 프로그램들이 실행될 수 있는 환경을 만들어 준다. 대표적인 운영체제로는 유닉스unix, 윈도우Windows, 안드로이드Android가 있다.

하드웨어를 관리하면서 동시에 다양한 응용 프로그램들이 작동할 수 있는 환경을 만들어야 하기 때문에 운영체제의 작업은 매우 많다. 운영체제만으로는 컴퓨터의 모든 작업을 관리하기가 힘들기 때문에 운영체제는 컴퓨터 관리의 일부를 다른 소프트웨어에 맡긴다. 이렇게 운영체제의 작업을 도와주는 소프트웨어를 **유틸리티**utility라 부른다. 대표적인 유틸리티로 바이러스를 막아주는 백신 프로그램이 있다.

2 알고리즘

자동차, 청소기, TV 등 우리 주변에 있는 전자 기기에는 대부분 컴퓨터가 탑재된다. 일반 진공청소기와 로봇 청소기를 생각해 보자. 일반 진공청소기는 사용자가 가구나 책상을 피해 가며 청소한다. 그러나 로봇 청소기는 센서를 이용하여 방 크기를 알아내고, 가구나 책상 등 장애물 위치를 파악한 후 청소기가 지나가는 경로를 계산한다. 계산된 경로에 따라 모터와 바퀴를 사용하여 몸통을 움직이며 청소하는 것이다.

방 크기는 가로 3m와 세로 5m이고, 왼쪽에는 책상이 있으며, 가운데는 테이블이 있다는 것을 사람이 직접 로봇 청소기에 말해줄 수 없다. 그 대신 프로그래머가 방 크기를 재는 방법, 장애물을 인식하는 방법, 이동할 경로를 찾는 방법을 프로그램 형태로 만들어 로봇 청소기에 알려준다. 로봇 청소기는 이렇게 프로그래밍을 한 대로 작동한다.

로봇 청소기가 경로를 찾도록 프로그램 형태로 만들어진 것을 알고리즘이라 부른다. **알고리**

즘algorithm은 **문제를 해결하기 위한 절차나 방법을 모은 것**이다. 로봇 청소기가 공간의 크기를 계산하고, 장애물 위치를 파악하여 청소할 곳을 찾는 방법을 모은 것이 알고리즘이다. 또한 내비게이션이 서울에서 부산까지 가는 가장 빠른 길을 찾는 방법을 모은 것도 알고리즘이다. 이렇게 어떤 문제를 해결하기 위한 절차나 방법이 알고리즘이다.

그림 2-10 알고리즘에 따라 작동하는 로봇 청소기

요리에 비유하면 알고리즘은 레시피에 해당한다. 아무리 좋은 재료라도 레시피가 잘못되면 맛없는 음식이 만들어진다. 마찬가지로 아무리 성능 좋은 컴퓨터라 할지라도 제대로 된 알고리즘 없이는 문제를 해결할 수 없다. 따라서 알고리즘이 프로그램의 핵심이다. 사실 프로그램이란 프로그래밍 언어를 사용하여 알고리즘을 기계가 이해할 수 있는 언어로 바꾼 것일 뿐이다.

과거의 컴퓨터는 알고리즘에 정의되지 않은 문제를 해결하지 못했다. 현재는 인간처럼 학습하여 문제를 스스로 해결할 수 있는 인공지능 알고리즘이 개발되었다. 이제는 바둑 인공지능 알고리즘인 알파고가 인간을 이기는 세상이 되었다. 다시 말해 똑똑한 컴퓨터 알고리즘이 특정 분야에서 인간을 능가하기 시작했다.

3 사용자 인터페이스

자동차를 움직이는 모든 힘은 엔진에서 나오지만 엔진만으로는 자동차를 조작할 수 없다. 방향을 바꾸고, 속도를 올리고, 자동차를 세우기 것과 같이 자동차에 명령을 내리는 장치가 필요하다. 또한 정상적인 운전을 위해서는 자동차의 속도는 얼마인지, 기어는 연결되어 있는지, 헤드라이트는 켜졌는지 등의 정보를 운전자가 알아야 한다. 핸들, 액셀, 브레이크, 계기판과 같이 엔진을 조작하여 자동차를 움직이고 그 결과를 운전자에게 알려주는 장치를 인터페이스interface라 부른다. 자동차 인터페이스를 사용한다는 것은 계기판을 통해 차의 상태를 파악하고 핸들, 액셀, 브레이크를 사용하여 운전한다는 것을 의미한다.

운영체제에서 핵심적인 작업을 모아놓은 것을 **커널**kernel이라 부른다. 커널을 자동차에 비유하면 엔진에 해당된다. 사용자가 작업을 수행하기 위해서는 키보드, 마우스, 터치스크린을 사용하여 커널에 명령을 내려야 한다. 커널은 하드웨어를 사용하여 사용자에게서 받은 명령을 처리한 후, 그 결과를 모니터, 스피커, 프린터 등 출력 장치를 통해 사용자에게 알려준다. 이와 같이 커널에 명령을 내리거나 결과를 받는 역할을 하는 소프트웨어를 **사용자 인터페이스**User Interface(UI)라 부른다.

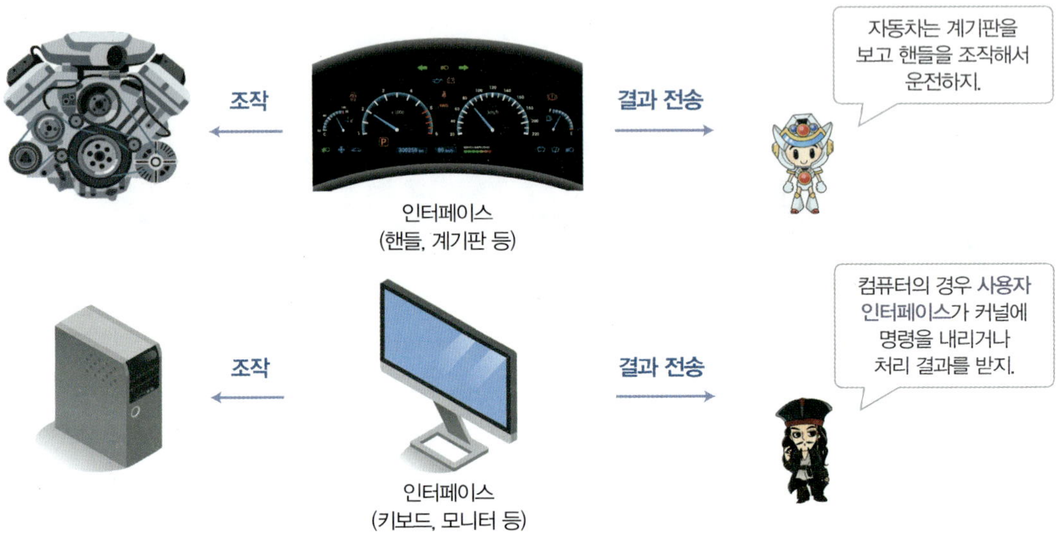

그림 2-11 자동차의 인터페이스와 컴퓨터의 사용자 인터페이스

[그림 2-12]는 사용자, 운영체제, 하드웨어의 관계를 나타낸다. 운영체제는 핵심 기능을 담당하는 커널과 사용자나 응용 프로그램으로부터 받은 명령을 처리하고 그 결과를 알려주는 사용자 인터페이스의 두 부분으로 나뉜다.

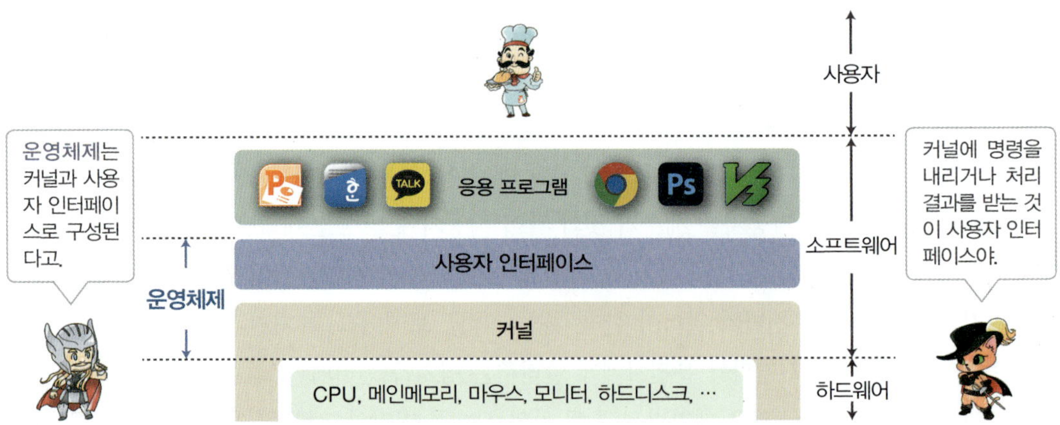

그림 2-12 사용자 인터페이스의 역할

우리는 자동차의 엔진보다는 겉모습이나 인터페이스를 통하여 차를 판단한다. 같은 엔진을 사용했더라도 승용차가 트럭보다 빠르고 운전이 쉽다고 생각한다. 마찬가지로 같은 커널을 사용할지라도 사용자 인터페이스에 따라서 쉬운 운영체제와 어려운 운영체제로 나뉜다.

전문가들은 화려한 사용자 인터페이스보다는 빠르게 반응하는 간편한 인터페이스를 선호한다. 그래서 전문가들이 사용하는 운영체제인 리눅스Linux는 일반인들이 사용하기 불편하다. 스마트폰 운영체제인 안드로이드를 보자. 구글이 리눅스 커널을 가져다가 일반인들이 사용하기 편리한 사용자 인터페이스로 바꾼 것이 안드로이드 운영체제이다. 같은 리눅스 커널을 사용하지만 안드로이드는 남녀노소 누구나 쉽게 이용할 수 있는 운영체제이다. 이와 같이 일반인에게는 커널보다는 사용자 인터페이스에 의해 운영체제의 인상이 좌우되는 경향이 있다.

문자 기반 인터페이스와 그래픽 사용자 인터페이스

초기 컴퓨터에는 입력 장치로 키보드만 있었고 마우스는 없었다. 따라서 모든 명령을 문자로 내리고 결과도 문자로 받아야 했다. 이후 기술이 발달하여 마우스가 개발되었고, 사용자 인터페이스에 그래픽을 이용하게 되었다. 현재와 같이 마우스를 사용할 수 있는 인터페이스를 **그래픽 사용자 인터페이스**Graphical User Interface(GUI)라 부른다.

윈도우 운영체제에도 기존의 문자 기반 인터페이스가 남아있다. 검색 화면에서 'cmd'를 입력하면 명령 프롬프트 창이 뜨는데 이것이 문자 기반 인터페이스이다. 키보드만 사용한 문자 기반 인터페이스를 경험해보지 못한 사람은 그래픽 사용자 인터페이스가 얼마나 혁신적인지 이해하지 못할 것이다.

(a) 초기 컴퓨터의 인터페이스

```
Microsoft Windows [Version 10.0.19044.2130]
(c) Microsoft Corporation. All rights reserved.

C:\Users\admin>cd ..

C:\Users>dir
 C 드라이브의 볼륨에는 이름이 없습니다.
 볼륨 일련 번호: 0E0C-B0BD

 C:\Users 디렉터리

2022-03-10  오후 02:42    <DIR>          .
2022-03-10  오후 02:42    <DIR>          ..
2022-07-06  오후 07:59    <DIR>          admin
2022-01-26  오전 10:00    <DIR>          Public
               0개 파일                   0 바이트
               4개 디렉터리  128,678,068,224 바이트 남음

C:\Users>
```

(b) 윈도우의 명령 프롬프트

그림 2-13 문자 기반 인터페이스

4 사용자 경험 인터페이스

많은 사람이 애플 제품에 열광하는 이유 중 하나는 인터페이스이다. 마우스만 비교해도 인터페이스 차이를 알 수 있다. 윈도우 운영체제에 사용되는 일반적인 마우스는 왼쪽 버튼과 오른쪽 버튼이 있고 두 버튼 사이에 휠이 달려 있다. 왼쪽 버튼과 오른쪽 버튼이 하는 일이 다르며, 화면을 위아래로 움직일 때는 휠을 돌린다.

반면에 애플의 마우스는 매끈한 조각품처럼 생겼고 버튼과 휠이 없다. 그런데도 일반 마우스보다 더 많은 일을 한다. 마우스 전체를 누르면 버튼처럼 사용할 수 있고 마우스 위에서 손가락을 위아래로 움직이면 휠처럼 사용할 수 있다. 마우스 위 전체 면이 터치패드인 셈이다. 또한 손가락을 움직이면 화면을 위아래뿐만 아니라 양옆으로도 움직일 수 있다.

(a) 일반 마우스 (b) 애플 마우스

그림 2-14 마우스의 인터페이스

과거 일반적인 MP3 플레이어는 소리를 크게 하거나 작게 할 때 버튼을 눌러서 작동했다. 볼륨을 낮추거나 높이려면 버튼을 여러 번 눌러야 했다. 반면에 애플이 만든 MP3 플레이어인 아이팟은 가운데에 도넛 모양의 터치패드가 있다. 볼륨을 높일 때는 도넛에 손가락을 살짝 대고 시계 방향으로 원을 그리면 된다. 볼륨을 낮출 때는 시계 반대 방향으로 원을 그리면 된다. 곡을 이동할 때는 도넛 모양의 좌우를 누르면 된다. 아이팟은 직관적이고 편리한 인터페이스를 사용했기 때문에, 출시 2년 만에 전 세계 MP3 플레이어 시장을 장악했다.

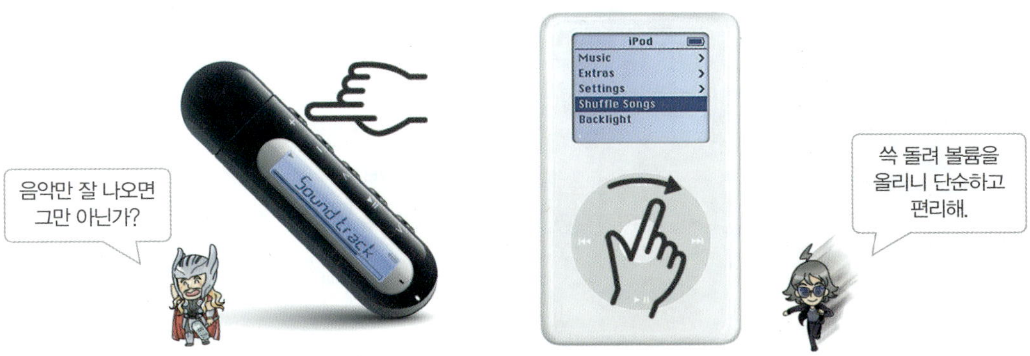

(a) 일반 MP3 플레이어 (b) 아이팟

그림 2-15 볼륨 조절 인터페이스

스마트폰도 마찬가지이다. 애플의 아이폰이 출시될 당시에도 터치스크린을 사용한 스마트폰은 있었다. 하지만 일반 스마트폰에서는 한 번에 손가락 1개만 인식했다. 반면에 아이폰은 손가락 여러 개를 동시에 인식하는 터치스크린을 사용했다. 손가락 1개만 인식하는 일반 스마트폰에서 사진 크기를 조절할 때는 옆에 있는 버튼을 눌러야 했다. 위쪽 버튼을 누르면 사진이 커지고 아래쪽 버튼을 누르면 사진이 작아지는 식이었다. 사진을 회전해야 할 때는 화면 아래쪽에 있는 회전 버튼을 따로 눌러야 했다.

아이폰의 터치스크린은 손가락 여러 개를 동시에 인식한다. 손가락 2개를 대고 벌리면 사진이 확대된다. 사진을 작게 할 때는 반대로 오므리면 된다. 사진을 회전시킬 때는 손가락 2개를 회전하고 싶은 방향으로 돌리면 그만이다. 더 나아가 손가락 1개로 화면을 넘기면 한 화면씩 이동하지만, 손가락 2개로 화면을 넘기면 바로 마지막 화면으로 갈 수 있다. 지금은 일반화된 스마트폰의 터치스크린 인터페이스를 처음 도입한 것이 애플이다.

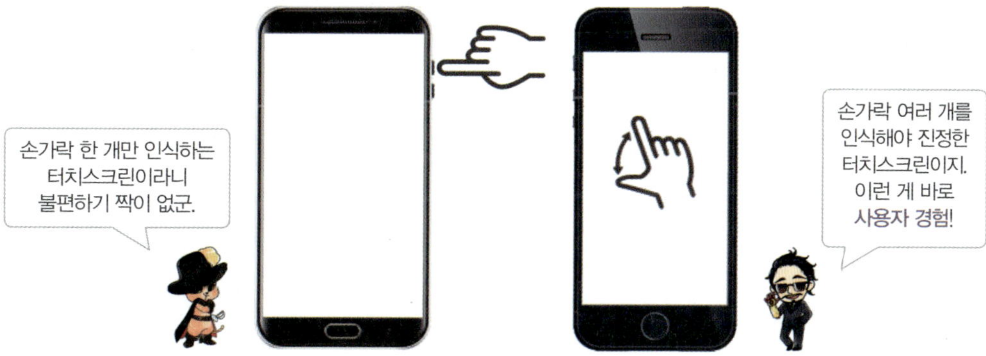

(a) 일반 스마트폰 (b) 아이폰

그림 2-16 터치스크린 인터페이스

애플 제품이 비싸도 잘 팔리는 이유는 잘 만든 사용자 인터페이스 때문이다. 제품을 사용하는 방법을 따로 설명하지 않아도 조작이 가능한 인터페이스를 **사용자 경험**user experience(UX) 인터페이스라고 한다. 사용자 경험(UX)이라는 단어를 처음 대중에 알린 사람이 애플의 스티브 잡스이다. 애플 제품의 사용 설명서는 매우 짧다. 설명서 없이도 사용할 수 있을 만큼 쉽게 만들었다는 의미이다. 또한 애플의 TV 광고를 보면 기술 이야기는 거의 하지 않는다. 다만 흔들림 없이 촬영할 수 있는 카메라나 선을 없앤 에어팟을 활용하는 모습을 보여준다. 애플에 있어 기술은 제품을 편리하게 사용할 수 있도록 도와주는 도구일 뿐이다.

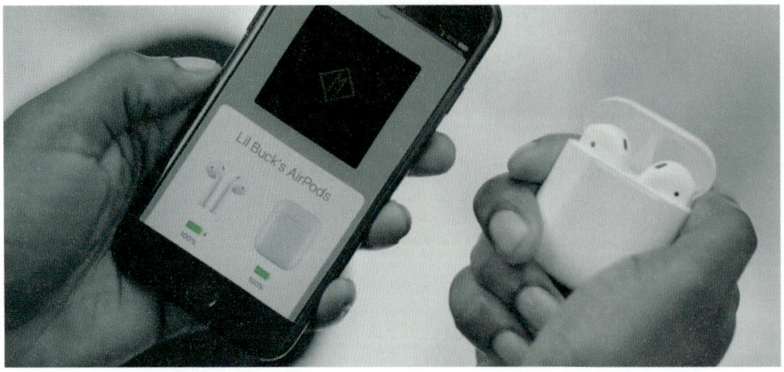

그림 2-17 애플의 에어팟 광고

오늘날에는 컴퓨터뿐 아니라 TV, 전기밥솥, 정수기와 같은 가전제품에도 사용자 경험 인터페이스가 적용된다. 주로 디자인 전문가가 사용자 경험 인터페이스를 연구하고, 심리학 전공자가 인터페이스 개발 팀에 합류하기도 한다.

03 | 하드웨어

컴퓨터 하드웨어는 프로세서, 메인메모리, 입력 장치, 출력 장치, 저장 장치로 구성된다. 이 절에서는 프로세서, 입력 장치, 출력 장치의 종류와 특징을 간략하게 살펴본다. 메인메모리와 저장 장치의 종류와 특징을 이해하려면 배경 지식이 필요하므로 4장에서 다룬다.

1 프로세서

프로세서processor는 주어진 명령에 따라 데이터를 처리processing하고, 각종 주변 장치에 데이터의 입출력 명령을 내린다. 컴퓨터에 사용되는 프로세서로는 CPU, GPU, AP가 있다.

CPU

CPUCentral Processing Unit는 컴퓨터 중심부에서 데이터를 처리하는 프로세서이다. CPU는 컴퓨터 내에서 대부분의 작업을 처리하기 때문에 CPU는 컴퓨터 성능을 좌우한다. 많이 사용하는 CPU 제품으로는 인텔과 AMD 제품이 있다.

GPU

GPUGraphic Processing Unit는 그래픽 작업만 전문으로 하는 그래픽 전용 프로세서이다. 과거에는 그래픽 작업이 많지 않아 CPU가 처리했기 때문에 GPU가 필요 없었다. 현재에는 3D 게임이나 동영상의 발달로 그래픽과 관련한 계산 작업이 많아졌다. CPU가 기본 계산 작업과 데이터 관리, 대용량 그래픽 계산까지 감당하기가 어려워지면서 GPU가 등장했다. 또한 인공지능 알고리즘의 계산이나 암호화폐의 채굴에 그래픽카드가 사용되면서 GPU의 성능이 CPU를 능가하기 시작했다. 고성능 GPU가 내장된 그래픽카드 제품으로 엔디비아NVIDIA와 AMD가 있다.

(a) CPU

(b) GPU가 내장된 그래픽카드

그림 2-18 CPU와 GPU

AP

스마트폰 경쟁이 치열해지면서 작고 얇은 스마트폰에 고성능 컴퓨터 부품을 넣기가 어려워지고 있다. **AP** Application Processor는 CPU, GPU, 무선통신 시스템을 하나의 칩chip으로 구현한 제품이다. 하나의 칩으로 구현했기 때문에 단일 칩 시스템System On Chip(SOC)이라고도 한다. AP는 부피를 줄이고 전력 소모를 최소화하도록 구현했기 때문에 스마트폰이나 임베디드 시스템에 사용하기 적합하다. 스마트폰 사양specification에는 CPU 대신 AP가 적혀있다. 대표적인 AP 제품으로 퀄컴의 스냅드래곤Snapdragon, 삼성의 엑시노스Exynos, 애플의 A 시리즈가 있다.

그림 2-19 퀄컴의 스냅드래곤과 삼성의 엑시노스

여기서 잠깐 **팹과 파운드리**

과거에는 프로세서의 설계와 생산을 같은 회사에서 처리했다. 반도체 생산 설비인 'fabrication facility'를 줄여 팹(fab)이라 부르는데, 팹을 구축하기 위해서는 많은 자본과 고도의 기술이 필요하다. 따라서 인텔과 같은 몇몇 대형업체만이 프로세서를 직접 생산할 수 있었다.

그러나 반도체 설계와 생산 기술은 별개의 문제이다. 설계된 반도체를 위탁받아 생산하는 회사들을 파운드리(foundry) 부른다. 세계 최고의 파운드리 회사가 한국의 삼성과 대만의 TSMC이다. 또한 반도체를 직접 생산하지 않고 설계만 하는 회사를 팹리스(fabless)라 부른다. 대표적인 팹리스 기업이 퀄컴이며 엔비디아와 애플도 설계한 프로세서를 파운드리에 맡겨서 생산하고 있다.

2 입력 장치

입력 장치는 데이터를 받아들이는 장치를 말한다. 키보드, 마우스, 스캐너 등 기본 입력 장치와 센서 입력 장치가 있다.

기본 입력 장치

컴퓨터의 기본 입력 장치로 키보드, 마우스, 마이크, 스캐너, 카메라, 조이스틱 등이 있다.

그림 2-20 다양한 입력 장치

- 키보드는 문자 데이터를 받아들이고, 마이크는 소리를 받아들인다.
- 스캐너와 카메라는 이미지를 받아들이는 장치인데, 스캐너는 주로 종이에 인쇄된 내용을 이미지로 바꾼다.
- 마우스와 조이스틱은 모니터 화면상에서 포인터를 움직이거나 클릭click하여 명령을 내리는 장치이다.
- 마우스와 유사한 장치로 노트북에서 많이 사용하는 터치패드touch pad가 있다.
- 마우스와 조이스틱을 대체하는 입력 장치로는 터치스크린이 있다. 스마트폰과 태블릿이 보급되면서 급부상한 입력 장치이다. 작업을 세밀하게 할 수 있도록 터치펜을 추가하기도 한다. 메뉴 주문이나 광고에 쓰는 키오스크kiosk에도 터치스크린을 사용한다.

그림 2-21 키오스크

센서

스마트폰이나 사물 인터넷 기기는 다양한 센서를 사용하는데, 센서도 입력 장치에 해당한다. 빛 센서, 이미지 센서, 지문 인식 센서, GPS 센서, 자이로 센서가 대표적이다.

- 빛 센서는 주변 밝기를 측정하는 센서이다. 스마트폰은 빛 센서가 측정한 밝기에 따라 화면 밝기를 자동으로 조정한다. 또한 스마트폰을 가방이나 옷에 넣으면 빛 센서가 이를 감지하여 화면을 끈다.
- 이미지 센서는 디지털카메라에 사용하던 센서로, 사진과 동영상을 촬영한다. 노트북과 스마트폰에 카메라가 탑재되면서 디지털카메라 시장을 잠식했다. 스마트폰 카메라를 사용하면 사진을 찍어 바로 인스타그램이나 페이스북에 올리거나 카카오톡이나 이메일로 쉽게 전송할 수 있다. 또한 스마트폰 카메라가 보편화되면서 바코드나 QR 코드를 많이 사용하게 되었다. QR 코드를 사용하면 제품의 정보를 획득하거나 정품 인증도 간편하게 할 수 있고, 개인 간 거래도 편리하다.
- 지문 인식 센서는 생체 인식 센서의 한 종류로, 사용자 인증과 보안에 사용된다. 대부분의 스마트폰과 일부 노트북에서 지문 인식 센서를 사용한다. 지문 인식 센서는 암호를 대신하여 스마트폰 잠금 해제나 사용자 인증, 신용카드 거래 등에 사용된다. 지문 인식보다 보안을 강화한 홍채 인식 센서도 개발되었다. 또 다른 생체 인식 센서로 스마트 워치에 달린 혈압 인식 센서와 심박 인식 센서가 있다. 혈압 인식 센서와 심박 인식 센서는 혈압과 맥박을 측정하거나 수면의 상태를 파악하여 알려준다.

(a) 스마트폰의 이미지 센서 (b) 지문 인식 센서 (c) 혈압 인식 센서

그림 2-22 센서

- GPS Global Positioning System 센서는 인공위성에서 들어오는 신호를 받아 기기의 위치를 파악한다. 인공위성에서 오는 신호는 매우 약하기 때문에 터널이나 건물 안에서는 신호를 잡지 못하는 단점이 있다. GPS 신호를 잡지 못할 때는 주변에 있는 무선통신 기지국이나 와이파이 장치의 도움을 받아 위치를 계산한다. GPS는 내비게이션의 길찾기 기능 이외에도 맛집이나 최저가 주유소 검색에 사용된다. 요즘은 디지털카메라에도 GPS 센서가 부착되어 있어 사진을 찍은 위치를 저장할 수 있다.

- 자이로 센서는 자이로스코프gyroscope를 이용하여 움직임을 감지한다. 스마트폰에서는 주로 상하좌우 동작을 감지한다. 스마트폰을 가로나 세로로 놓으면 방향에 따라 화면이 바뀌는 것도 자이로 센서 때문이다. 자이로 센서는 세그웨이 같은 두 바퀴 이동 장치에서 수평을 잡아 주는 중요한 역할을 한다. 자이로 센서와 유사한 센서로는 가속도 센서가 있다. 가속도 센서는 물체 이동 속도를 감지한다.

TIP 센서 입력 장치로 자율주행 자동차에 사용되는 레이다와 라이다가 있다. 레이다와 라이다에 대한 내용은 14장에서 자세히 다룬다.

그림 2-23 **자이로 센서를 이용한 이동 장치**

3 출력 장치

출력 장치에는 화면을 출력하는 모니터, 문서를 출력하는 프린터, 소리를 출력하는 스피커와 헤드폰이 있다.

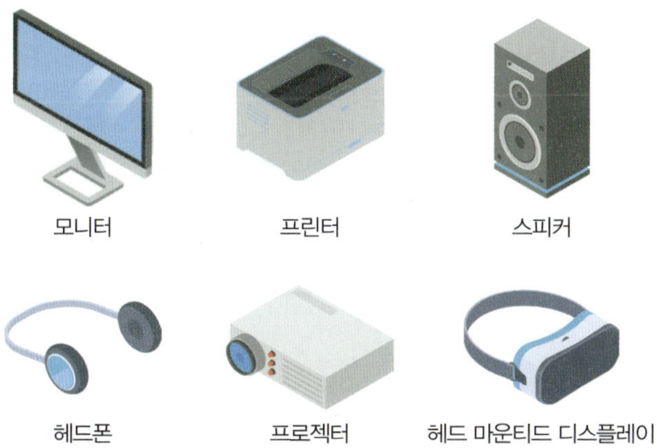

그림 2-24 **다양한 출력 장치**

모니터

모니터는 색을 내는 방식에 따라 PDPPlasma Display Panel, LCDLiquid Crystal Display, OLEDOrganic Light Emitting Diodes로 나뉜다. 컴퓨터용 모니터는 LCD가 대부분이며, 최신 기술인 OLED는 고가의 TV나 스마트폰에 사용된다.

헤드 마운티드 디스플레이

모니터를 대신하는 장치로 개발된 헤드 마운티드 디스플레이(HMD)는 머리에 착용하며, 작은 화면으로도 큰 화면과 같은 몰입감이 있다. 헤드 마운티드 디스플레이는 크게 고글형과 안경 형태로 나뉜다.

고글형 헤드 마운티드 디스플레이는 외부를 전혀 볼 수 없는 대신에 왼쪽과 오른쪽 눈에 서로 다른 화면을 보여줌으로써 3차원 화면을 구현할 수 있다는 장점이 있다. 고글형은 가상현실 제품으로 분류되며 현실 세계와 격리되는 디스플레이기 때문에 장시간 착용하면 어지럼증을 유발하기도 한다. 안경형 헤드 마운티드 디스플레이는 현실의 화면에 부가적인 정보를 삽입하는 형태이며 증강현실 제품으로 분류된다.

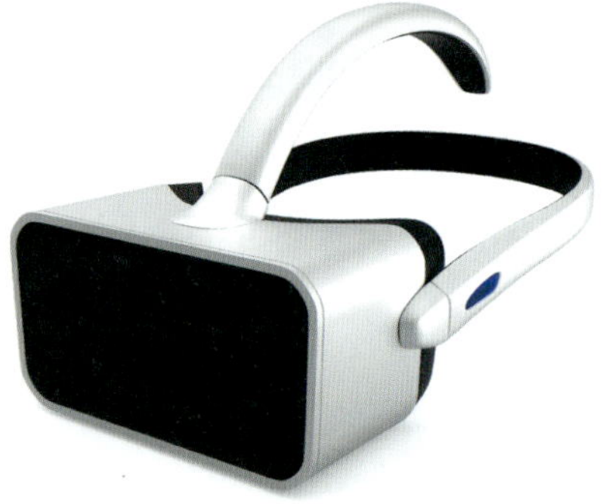

(a) 고글형 헤드 마운티드 디스플레이

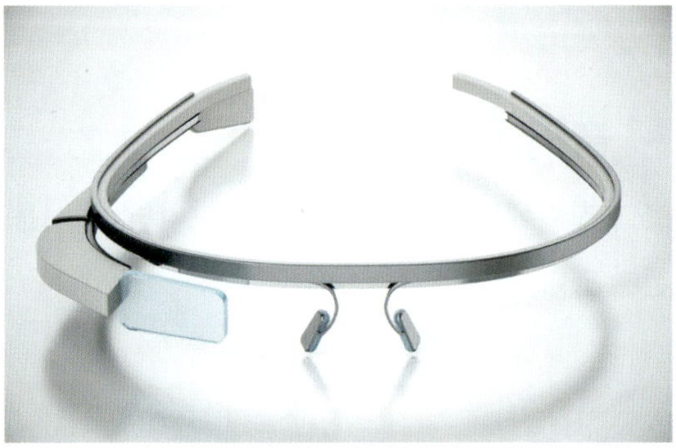

(b) 안경형 헤드 마운티드 디스플레이

그림 2-25 헤드 마운티드 디스플레이

스피커

소리나 음악을 출력하는 스피커는 보통 좌우 한 쌍 형태로 구성된다. 과거에는 선으로 연결하는 형태였으나 최근에는 블루투스를 이용하여 무선으로 음악을 전송하는 스피커가 대중화되었다.

그림 2-26 우퍼를 따로 구성한 스피커

프린터

일반적으로 사용하는 프린터는 레이저 프린터와 잉크젯 프린터이다. 레이저 프린터는 인쇄 품질은 우수하지만 유지 비용이 많이 들어 흑백 인쇄에 많이 사용한다. 컬러 인쇄 품질이 좋은 잉크젯 프린터는 레이저 프린터보다 유지 비용이 저렴하여 컬러 인쇄에 많이 사용된다.

(a) 레이저 프린터　　(b) 잉크젯 프린터

그림 2-27 프린터

레이저 프린터와 잉크젯 프린터는 문서만 출력할 수 있으나 입체물을 출력하는 3D 프린터도 있다. 초기의 3D 프린터는 단색의 열경화 수지로만 출력했으나 점차 다양한 색상과 재질을 사용할 수 있게 되었다. 3D 프린터는 의족과 같은 의료 보조기 제작, 자동차 부품 등의 기계 부품 제작, 건축물 제작 등에 활용된다. 스포츠 용품 회사인 아디다스는 3D 프린터를 이용하여 이전에 없던 구조의 신발을 개발했다.

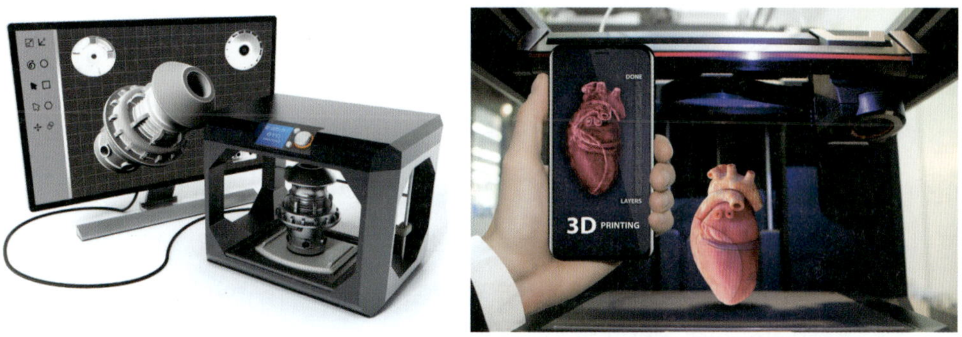

(a) 3D 프린터　　(b) 3D 프린터로 제작한 심장 모형

그림 2-28 3D 프린터

4 특수 용도 컴퓨터

세계 최초의 컴퓨터인 에니악Electronic Numerical Integrator and Calculator(ENIAC)은 3층 건물 크기였다. 기술이 발전하고 반도체가 소형화되어 컴퓨터의 크기는 점점 작아졌다. 오늘날에는 개인용 컴퓨터를 책상 위에 올려놓고 사용하며, 휴대가 가능한 노트북이나 태블릿 컴퓨터도 널리 보급되었다. 사실 스마트폰도 통신 기능이 있는 초소형 컴퓨터이다. 이처럼 일반인이 사용하는 것 외에도 다양한 용도의 컴퓨터가 있다.

교육용 컴퓨터

대표적인 교육용 컴퓨터 키트인 레고의 마인드스톰mindstorm에는 소형 컴퓨터와 통신, 모터, 적외선 센서 등이 모듈 형태로 제공된다. 각종 모듈을 조합하여 선을 따라 움직이거나 장애물을 피하는 자동차와 로봇 등을 만들 수 있다. 프로그램을 입력하여 다양하게 작동하는 자동차나 로봇을 만들 수 있어 센서의 작동 원리와 프로그래밍 교육에 사용된다.

그림 2-29 마인드스톰

임베디드 시스템 개발용 컴퓨터

영국의 라즈베리 재단이 만든 라즈베리파이Raspberry Pi는 초소형 초저가 컴퓨터이다. 2012년에 출시된 초기 모델은 CPU, GPU, 메인메모리, 임베디드 리눅스 운영체제까지 갖추었으나 가격은 35달러에 불과했다. 신용카드 크기의 작은 몸체에 컴퓨터의 기본 기능을 모두 구현한 것이다. 개발도상국의 컴퓨터 교육에 활용하기 위해 개발된 라즈베이파이는 가격이 저렴하여 급속히 보급되었다.

(a) 라즈베리파이

(b) 라즈베리파이로 실습하는 모습

그림 2-30 라즈베리파이

아두이노Arduino는 크기가 작은 마이크로 컨트롤러로, 하드웨어에 익숙지 않은 사람들에게 쉽게 기계를 제어할 수 있게 도와주는 교육용 컨트롤러이다. 예를 들어 센서로부터 입력되는 값을 읽어서 선을 따라 자동으로 이동하는 자동차를 만든다고 가정해보자. 다양한 칩을 연결하여 이러한 컨트롤러를 직접 만들기는 어렵다. 그러나 프로그래밍이 가능한 아두이노를 사용하면 자동차뿐 아니라 다양하게 작동하는 기계를 만들 수 있다.

(a) 아두이노

(b) 아두이노로 만든 자동차

그림 2-31 아두이노

양자 컴퓨터

현재 우리가 사용하는 컴퓨터는 반도체에서 전자가 이동하는 성질을 이용한 것이다. 반도체를 사용한 컴퓨터에서는 0과 1의 2진수를 사용하지만 컴퓨터의 성능을 높이는 데 한계가 있다. 현대 컴퓨터의 성능을 확장하기 위해서는 물리적인 크기가 커져야 할 뿐 아니라 발열을 해결해야 한다. 예를 들어 기상의 변화를 예측하는 슈퍼컴퓨터에는 1,000개 이상의 CPU가 있으며 크기는 3층 건물과 맞먹는다.

반면에 양자 컴퓨터quantum computer는 양자역학의 원리를 이용하여 계산을 수행한다. 기존의 컴퓨터와 달리 양자 컴퓨터는 0과 1이 공존하는 경우를 허용한다. 양자 컴퓨터는 중첩의 특성을 이용하여 여러 개의 계산이 동시에 이루어지는 병렬 계산이 가능하다. 이러한 병렬 계산의 특징 때문에 암호 해독과 같은 문제에서 기존의 슈퍼컴퓨터보다 훨씬 빠르게 계산할 수 있다. 그러나 양자 컴퓨터가 기존의 컴퓨터를 대신한다는 의미는 아니다. 양자 컴퓨터의 처리 방식이 기존의 컴퓨터 처리 방식과는 완전히 다르기 때문에 특정 분야에서만 컴퓨터를 대체할 것으로 예상된다.

그림 2-32 양자 컴퓨터

04 | 컴퓨터의 초기 역사

컴퓨터를 이해하기 위하여 컴퓨터의 초기 역사를 간략하게 살펴보려 한다. 이 절에서 언급하는 초기 역사는 컴퓨터의 탄생부터 인터넷의 보급까지이다. 주목할 점은 주변기기의 개발이 컴퓨터의 발전과 깊이 연관이 있다는 것이다. 인터넷 보급 이후 최근까지 컴퓨팅 환경의 변천사는 14장에서 자세히 다룬다.

1 컴퓨터 탄생(1940년대)

컴퓨터는 미사일 발사각을 계산할 목적으로 만들어졌다. 당시의 미사일은 한 방향으로만 움직였기 때문에 발사각과 방향을 정확히 맞추지 않으면 미사일이 엉뚱한 곳에 떨어졌다. 컴퓨터가 탄생하기 전에는 발사각과 방향을 사람이 직접 계산했는데, 그렇다 보니 오류가 발생하고 시간이 오래 걸려 사람을 대신할 기계가 필요했다.

최초의 컴퓨터인 에니악은 펜실베이니아대학의 교수 존 모클리John Mauchly와 프레스퍼 에커트Presper Eckert가 만들었다. 에니악은 30톤 규모의 거대한 계산기로, 주판으로는 7시간이나 걸렸던 미사일 탄도 계산을 단 3초 만에 끝냈다.

그림 2-33 최초의 컴퓨터 에니악

에니악은 백열전구처럼 생긴 진공관 18,000개를 빼곡히 집어넣고 전선을 여러 잭에 꽂아 회로를 연결한 기계였다. 에니악에는 키보드, 마우스, 모니터 같은 주변 장치가 없었기 때문에 진공관을 통해서만 계산 결과를 확인할 수 있었다. 에니악은 진공관이 켜지면 1, 진공관이 꺼지면 0으로 인식했다. 이것이 지금까지도 컴퓨터가 2진법을 사용하는 이유다.

에니악을 계산기라 부르지 않고 컴퓨터라 부르는 이유는 프로그래밍으로 그 기능을 바꿀 수 있기 때문이다. 에니악이 만들어질 당시에는 키보드나 모니터가 없었기 때문에 지금과 같은 방식으로 프로그램을 만들 수 없었다. 애니악은 선을 연결하여 논리회로를 구성하는 것으로 프로그래밍을 대신했었는데, 이러한 방식을 하드 와이어링hard wiring이라 부른다. 하드 와이어링 방식에서 다른 계산이나 수식을 사용하려면 전선을 다시 연결해야 하는 불편함이 있었다.

2 일괄 처리 시스템(1950년대)

기술이 발달하면서 컴퓨터에 진공관 대신 트랜지스터를 사용하게 되었고, 트랜지스터 여러 개를 하나로 만든 ICIntegrated Circuit 칩이 개발되었다. IC 칩은 진공관과 전선으로 만들어야 했던 논리회로를 매우 작은 크기로 구현한 것이다. IC 칩을 사용하면서 현대적인 모습의 컴퓨터가 만들어졌으며, 이 시기부터 컴퓨터는 미약하게나마 CPU와 메인메모리도 갖추었다.

(a) 진공관　　(b) 트랜지스터　　(c) IC 칩

그림 2-34 진공관의 발전

입출력 장치

컴퓨터가 발전하면서 입력 장치로 천공카드 리더punch card reader를 사용했고, 출력 장치로 라인 프린터line printer를 사용했다. 시험을 볼 때 컴퓨터용 사인펜을 사용하여 OMR 카드에 답을 표시한 경험이 있을 것이다. 천공카드 리더가 OMR의 원조이다. OMROptical Mark Reader은 OMR 카드에 특수한 펜으로 표시하면 기계가 위치를 읽어 데이터를 수집하는 장치이다. 천공카드는 OMR과 유사한 시스템으로, 특수 펜으로 표시하는 대신 구멍을 뚫어 문자나 숫자를 표현한다. 현대 컴퓨터에서는 자판을 두드려 문자를 입력하지만, 당시에는 카드에 구멍을 뚫어 문자를 입력했다. 라인 프린터는 한

번에 한 줄씩 출력한다고 해서 '라인 프린터'라고 한다. 당시 라인 프린터는 현대의 프린터와 같이 그림을 출력할 수는 없었고 문자나 숫자만 출력할 수 있었다.

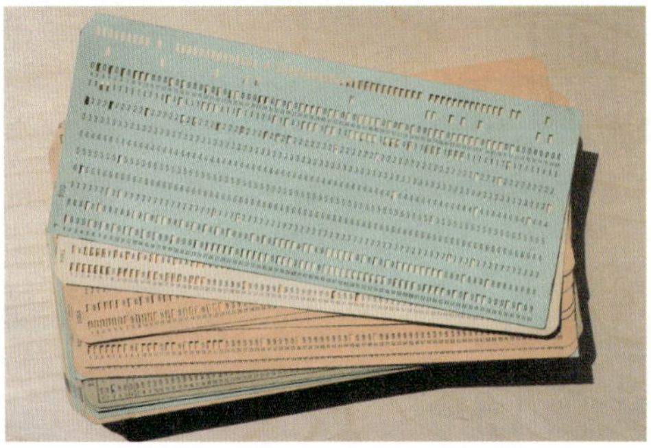

(a) 천공카드

(b) 천공카드 리더

그림 2-35 **천공카드 시스템**

당시에는 모든 내용을 천공카드로 입력하고 프린터로만 결과를 확인할 수 있었다. 입력한 내용에 오류가 있더라도 출력하기 전에는 알 수 없었기 때문에 매우 불편했다. 그러나 이러한 단점에도 불구하고 현재의 프로그래밍과 유사한 방식으로 다양한 소프트웨어를 개발할 수 있게 되었다. 하드와이어링 시스템의 경우 다른 작업을 할 때마다 전선을 일일이 다시 연결해야 하지만, 천공카드 리더는 구멍만 다시 뚫으면 다른 작업을 할 수 있었다.

일괄 처리 시스템

요즘에는 음악을 들으면서 문서를 작성하는 등 여러 작업을 동시에 할 수 있지만, 이 시기의 컴퓨터는 한 번에 한 가지 작업만 처리하는 단순한 시스템이었다. 하나의 작업을 읽어 실행시키면 컴퓨터는 정해진 순서에 따라 실행한 후 결과만 보여주었다. 따라서 지금과 달리 모든 작업을 한꺼번에 처리해야 했으며, 프로그램 실행 중간에 사용자에게서 데이터를 입력받거나 수정하는 것은 불가능했다. 이러한 시스템을 **일괄 처리 시스템**batch processing system 혹은 일괄 작업 시스템batch job system이라 부른다.

그림 2-36 **프로그래밍한 대로 라면을 끓이는 자판기**

일괄 처리 시스템은 라면 자판기에 비유할 수 있다. 라면 자판기는 처음에 프로그래밍된 대로만 라면을 끓이기 때문에 달걀을 빼라거나, 면을 더 오래 끓이라거나,

물을 더 많이 넣으라는 등의 요구를 할 수 없다. 일괄 처리 시스템은 천공카드에 명시된 대로만 작업하고 결과는 라인 프린터로 알려주는 단순한 시스템이다.

3 대화형 시스템(1960년대 초반)

1960년대 초반에 키보드와 모니터가 등장했다. 키보드는 타자기 자판과 유사했으며, 초기 모니터는 컬러가 아닌 단색으로 녹색 혹은 주황색이었다. 키보드와 모니터의 등장은 일괄 처리 시스템을 획기적으로 바꾸어 놓았다.

일괄 처리 시스템에서 천공카드를 수천 장 뚫어서 프로그래밍한 후 카드를 읽어 실행시켰는데, 라인 프린터에 'ERROR'가 표시되면 그야말로 낭패였다. 그럴 때는 오류를 찾아 천공카드를 다시 뚫어 실행하는 과정을 반복했다. 그래서 일괄 처리 시스템은 매우 비효율적이었다.

키보드와 모니터가 개발되면서 작업이 진행되는 중간에 사용자에게 입력을 받을 수 있게 되었다. 또한 중간 결과를 출력하여 프로그램에 이상이 있는지, 프로그램을 정상적으로 진행하고 있는지 확인할 수 있게 되었다. 프로그램 진행 중간에 사용자에게 입력을 받고 입력된 값에 따라 작업 흐름을 바꿀 수도 있었다.

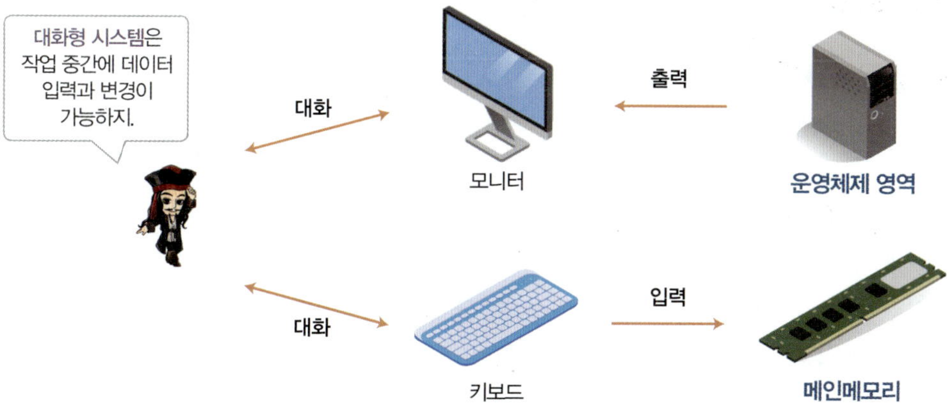

그림 2-37 **대화형 시스템**

이러한 시스템은 컴퓨터와 사용자가 대화를 통해 작업한다고 하여 대화형 시스템interactive system이라고 한다. 일괄 처리 시스템으로는 계산 위주의 작업만 할 수 있었지만 대화형 시스템의 등장으로 문서 작성 프로그램이나 게임 등 다양한 응용 프로그램을 만들 수 있게 되었다.

4 다중 사용자 시스템(1960년대 후반)

1960년 후반에 컴퓨터의 크기는 작아지고 계산 능력이 좋아졌다. 그러나 컴퓨터는 여전히 고가였고 허가받은 몇몇 사람만 사용할 수 있었기 때문에 값비싼 컴퓨터를 효율적으로 사용하기 위한 연구가 진행되었다. 그 결과 동시에 여러 작업을 수행하는 시스템이 개발되었는데, 이를 다중 프로그래밍이라 부른다. **다중 프로그래밍**multiprogramming은 하나의 CPU로 여러 작업을 동시에 실행할 수 있는 기술이다. 다중 프로그래밍 기술은 여러 작업을 동시에 처리할 수 있어 한 번에 한 개의 작업만 하는 일괄 처리 시스템에 비하여 훨씬 효율적이다.

CPU가 1개인 컴퓨터에서 어떻게 여러 개의 프로그램이 동시에 실행되는 것처럼 보이는지 이해하기 위해서 영화 필름을 생각해 보자. 영화 필름은 한 장 한 장의 정지된 사진이 모여 있는 것이다. 이 사진들을 빠른 속도로 재생하면 마치 사진이 움직이는 것처럼 보인다. 마찬가지로 컴퓨터가 CPU의 작업 시간을 잘게 쪼개어 실행하면 여러 작업을 동시에 실행하는 것처럼 보인다.

그림 2-38 영화 필름 재생

예를 들어 파워포인트, 크롬, 아래아한글 프로그램을 동시에 열어 작업할 때 CPU를 각 작업에 1초씩 할당하면 세 가지 작업이 모두 끊어지면서 실행될 것이다. 그러나 CPU를 0.1초씩 나누면 운영체제는 파워포인트에 0.1초, 크롬에 0.1초, 아래아한글에 0.1초를 돌아가면서 배정하고, 세 프로그램은 0.3초 만에 다시 CPU를 얻어 작업할 수 있다. 이렇게 각 프로그램에 매우 짧은 시간 동안 CPU를 배분하면 모든 작업이 동시에 실행되는 것처럼 보인다.

이처럼 시간을 잘게 쪼개어 여러 작업에 CPU를 나누어 줌으로써 모든 작업을 동시에 실행하는 것처럼 보이게 하는 것을 **시분할 시스템**time sharing system이라고 한다. 또한 시분할 시스템에서 잘게 나눠진 CPU 시간 하나를 타임 슬라이스time slice라 부른다. 슬라이스 치즈처럼 시간을 잘게 나누었다는 의미이다.

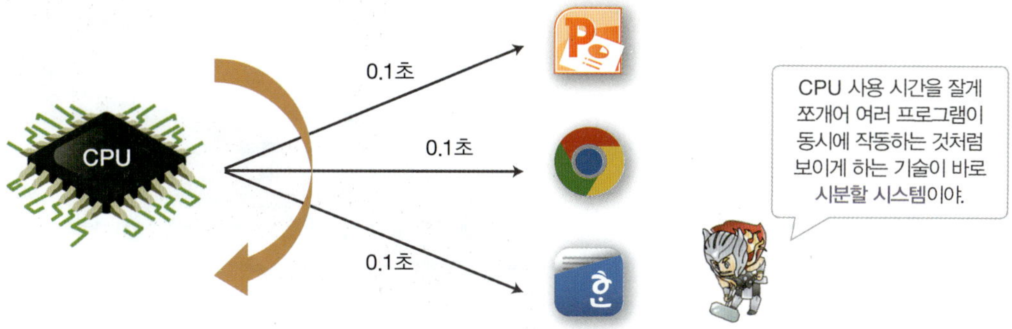

그림 2-39 시분할 시스템

시분할 시스템에서 작업을 여러 개 동시에 실행할 수 있다는 것은 여러 사람이 동시에 작업하는 것이 가능해졌다는 의미이다. 따라서 시분할 시스템은 하나의 컴퓨터에서 여러 명이 작업할 수 있는 다중 사용자 시스템multi-user system을 가능하게 했다. 비싼 컴퓨터를 한 사람 혹은 하나의 작업이 독점하는 것이 아니라 여러 사람이 동시에 사용할 수 있는 환경이 만들어진 것이다. 1960년대 후반에 다중 작업과 다중 사용자를 지원하는 운영체제로 **유닉스**UNIX가 개발되었다. 유닉스는 현대 운영체제의 시초라고 할 수 있다.

5 개인용 컴퓨터(1970년대 후반)

사람마다 의견은 다르지만, 일반적으로 개인용 컴퓨터가 만들어진 1970년대를 IT의 시작점으로 본다. 에니악 컴퓨터가 만들어진 1940년대가 아닌 개인용 컴퓨터가 보급되기 시작한 1970년대를 IT의 시작점으로 보는 이유가 있다. 개인용 컴퓨터가 보급되기 이전의 컴퓨터는 에어컨이 설치된 전산실에서 소수의 허가받은 사람만 만질 수 있는 기계였다. 크고 비싸고 복잡하여 일반인은 구경조차 하기 힘든 물건이었다. 그러나 개인용 컴퓨터가 보급되기 시작하면서 컴퓨터는 누구나 소유할 수 있는 기계가 되었다. 1장에서 설명했듯이 많은 사람이 모여야 새로운 산업이 발전한다. 다시 말해 컴퓨터 플랫폼이 만들어지면서 다양한 산업이 발전하기 시작했다.

최초로 보급된 개인용 컴퓨터 애플 II

스티브 잡스는 1977년 **개인용 컴퓨터**Personal Computer(PC)인 애플 II를 1977년에 발표한다. 최초의 개인용 컴퓨터는 1974년 Altair 8800이었으나, 대중적으로 성공한 PC가 애플 II이며, 1970년대를 IT 역사의 시작점으로 본다. 개인용 컴퓨터가 보급되기 이전의 컴퓨터는 크고 비싸며 복잡하여 일반인은 구경조차 하기 힘들었다. 허가받은 소수의 사람만 에어컨이 설치된 전산실에서 컴퓨터를 만질 수 있었다. 그러나 개인용 컴퓨터가 보급되면서 누구나 컴퓨터를 소유할 수 있게 되었고, 많은 사람이 이용하는 '컴퓨터'라는 플랫폼이 생겨나 컴퓨터 관련 산업이 다양하게 발전했다.

애플 II는 저장 장치로 카세트테이프를 사용했다. 음악을 저장했던 카세트테이프에 소프트웨어를 저장한 것이다. 카세트테이프 이후에는 속도가 빠른 플로피디스크를 저장 장치로 사용했고, 하드디스크가 보급되면서 소프트웨어 복사는 더 빠르고 쉬워졌다. 그러다 보니 애플 II를 가지고 싶어하는 사람들도 늘어났다. 개인용 컴퓨터를 소유한 사람이 늘어나면서 게임 외에도 문서 작성 프로그램, 스프레드시트 프로그램, 그림 제작 프로그램, 음악 제작 프로그램 등 다양한 소프트웨어가 개발되기 시작했다. 다양한 소프트웨어를 개발하고 여러 작업에 응용하면서 컴퓨터는 게임기가 아닌 현재 모습으로 발전하게 되었다.

그림 2-40 애플 II와 플로피디스크

IBM의 개방 정책과 애플의 폐쇄 정책

애플 II가 성공하면서 개인용 컴퓨터 시장이 급성장하자 대형 컴퓨터를 만들던 IBM이 개인용 컴퓨터 시장에 뛰어들었다. 1981년에 IBM은 애플보다 성능이 더 좋은 IBM XT를 출시했다. 그러나 지원되는 게임과 업무용 소프트웨어가 많은 애플 II에 비해 IBM XT의 경우 이용할 수 있는 소프트웨어가 턱없이 부족했다. 이에 시장에서 고전하던 IBM은 개방 정책으로 돌파구를 마련했다.

애플은 지금까지도 애플에서 지정한 곳에서만 제품을 생산하도록 제한하는 폐쇄적인 정책을 사용한다. IBM의 개방 정책에 따라 삼성이나 LG 같은 회사에서도 개인용 컴퓨터를 만들 수 있게 되었다. 이렇게 만든 컴퓨터를 IBM 호환 컴퓨터라고 한다. 개방 정책으로 하드웨어 가격은 싸지고 소프트웨어는 풍부해지면서 IBM 호환 컴퓨터 판매가 급증했다.

컴퓨터에는 꼭 필요한 두 가지가 있다. 바로 CPU와 운영체제이다. IBM 호환 컴퓨터는 CPU로 인텔을 사용하고 운영체제로 마이크로소프트의 MS-DOS를 사용한다. IBM 호환 컴퓨터를 어느 제조사에서 만들었든지 상관없이 인텔 CPU와 MS-DOS는 꼭 필요했다. 그래서 인텔과 마이크로소프트가 세계적인 기업으로 성장할 수 있었다.

매킨토시와 윈도우

IBM 호환 컴퓨터가 인기를 누리면서 애플의 컴퓨터 판매량은 급감했다. 스티브 잡스는 줄어드는 판매량을 만회하고자 1984년 매킨토시Macintosh라는 컴퓨터를 판매하기 시작했다. 매킨토시를 만들기 몇 해 전, 스티브 잡스는 제록스 연구소를 방문하여 마우스와 그래픽 사용자 인터페이스를 보고 감명을 받았다. 그는 그래픽 사용자 인터페이스를 적용하여 운영체제를 만들었는데 이것이 매킨토시에 탑재된 맥OS이다.

당시 IBM 호환 컴퓨터들은 문자 기반 사용자 인터페이스를 기반으로 하는 MS-DOS를 사용했었다. 마이크로소프트의 빌 게이츠Bill Gates가 맥OS의 그래픽 사용자 인터페이스를 보고 따라 만든 것이 윈도우Windows이다. 1985년에 출시된 윈도우 1.0은 운영체제라고 보기 어려울 만큼 부족한 점이 많았으나, 1992년에 윈도우 3.1이 출시된 이후 윈도우가 대중화되었다.

6 인터넷과 WWW(1990년대)

1960년대에 미국 국방부는 서로 호환되지 않는 근거리 네트워크를 하나로 묶는 프로젝트에 착수했다. 이때 만들어진 네트워크는 훗날 대중에게 개방되어 오늘날의 인터넷이 되었다. 마우스가 대중화된 것은 1990년대로, 그 전에 개인용 컴퓨터에는 마우스가 없었다. 다시 말해 1990년대 이전에는 문자 기반 사용자 인터페이스를 사용했다. [그림 2-41]은 1990년대 초반에 시작된 PC통신 서비스인 하이텔 화면이다. **문자 기반 사용자 인터페이스**에서는 키보드로 숫자나 문자를 입력하여 원하는 위치로 이동해야 했는데, 상당히 불편했다.

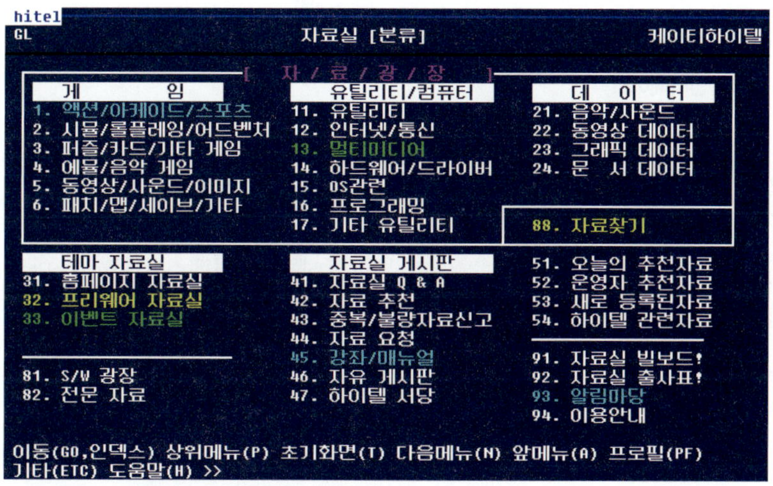

그림 2-41 하이텔의 문자 기반 인터페이스

1990년대 초반에 그래픽 사용자 인터페이스GUI가 개발되면서 지금처럼 마우스를 사용하여 컴퓨터를 작동시킬 수 있게 되었다. 그러나 그래픽 사용자 인터페이스가 개발되고 일반인에게 인터넷을 개방했다고 해서 지금과 같은 인터넷 세상이 열린 것은 아니다.

당시 전미슈퍼컴퓨터응용연구소National Center for Supercomputing Applications(NCSA)의 천문학, 물리학 연구자들은 자신들의 연구를 세상에 알리고 싶었다. 그러나 문자를 입력하여 메뉴를 선택하는 방식으로는 연구 결과를 제대로 표현할 수 없었다. 그래서 이들은 그래픽을 표시할 수 있는 웹 브라우저web browser를 만들었는데 이것이 모자이크Mosaic이다. 모자이크는 한 화면에 문자와 그림을 한꺼번에 표현할 수 있는 프로그램이었다. 일반 통신이 글로만 구성된 책이라면, 웹 브라우저는 그림책과 같다. [그림 2-41]의 하이텔과 [그림 2-42]의 모자이크를 비교하면 차이를 알 수 있을 것이다.

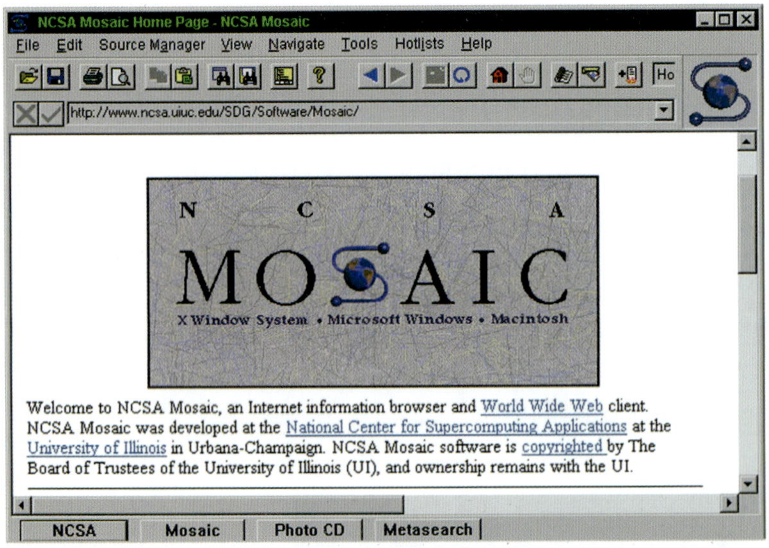

그림 2-42 모자이크의 그래픽 사용자 인터페이스

웹 브라우저의 또 다른 특징은 밑줄로 표시된 단어를 클릭하면 연결된 페이지로 이동할 수 있다는 것이다. 클릭 한 번으로 연결된 문서나 자료로 이동하는 참조 고리를 하이퍼링크hyperlink라 부른다. 웹 브라우저로 볼 수 있는 웹 페이지를 하이퍼텍스트hypertext라 부르는데, 하이퍼텍스트 안에는 다른 하이퍼텍스트나 자료를 연결하는 하이퍼링크가 담겨 있다. 프로그램은 파이썬, C 언어, 자바와 같은 프로그래밍 언어로 만든다고 설명하였다. 마찬가지로 하이퍼텍스트를 만들 때 사용하는 언어가 HTMLHyperText Markup Language이다. 따라서 HTML이 정한 문법에 따라서 만든 것이 하이퍼텍스트(웹 페이지)이다.

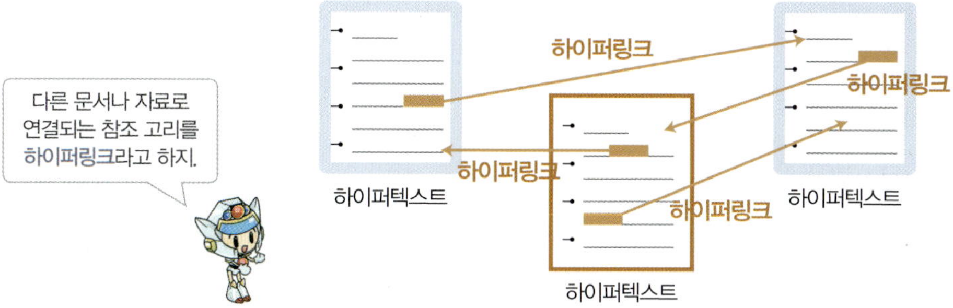

그림 2-43 **하이퍼텍스트와 하이퍼링크**

모자이크를 만든 팀이 따로 회사를 차려 1994년 넷스케이프를 출시했다. 마이크로소프트의 익스플로러나 구글의 크롬은 넷스케이프를 따라 만든 웹 브라우저이다. 현대 웹 브라우저의 원조가 모자이크인 셈이다.

웹 브라우저를 이용한 서비스가 월드 와이드 웹World Wide Web인데, 이를 줄여 WWW라고 한다. 웹 브라우저가 보급되면서 이메일, 개인 홈페이지, 회사 홈페이지, 전자상거래, 온라인 교육이 웹 브라우저를 통해 이루어지기 시작했다. 웹 플랫폼이 만들어진 것이다. 나아가 일상생활이 온라인에서 이루어지는 3차 산업혁명이 시작되었다.

요약

01 컴퓨터란 프로그래밍이 가능한 기계를 의미하며 하드웨어와 소프트웨어로 구성된다. 스마트 워치, 스마트 TV, 스마트 자동차 등에 탑재된 컴퓨터를 임베디드 시스템이라 부른다.

02 컴퓨터 프로그램에는 컴퓨터에 지시할 명령들과 명령의 결과를 받는 방법들이 모여 있다. 어떤 문제를 해결하기 위한 절차나 방법이 알고리즘이며 알고리즘이 프로그램의 핵심이다.

03 운영체제에서 핵심 기능을 담당하는 부분을 커널이라 부르며, 커널에 명령을 내리거나 결과를 받는 역할을 하는 소프트웨어를 사용자 인터페이스라 부른다. 현재와 같이 마우스를 사용할 수 있는 인터페이스를 그래픽 사용자 인터페이스라 부른다. 제품을 사용하는 방법을 따로 설명하지 않아도 조작이 가능한 인터페이스를 사용자 경험 인터페이스라고 한다.

04 CPU와 메모리는 컴퓨터를 구성하는 필수 장치라 부르고, 그 외의 장치들은 주변 장치라 부른다. 메인보드는 CPU와 메모리 등 다양한 부품을 연결하고 전원을 공급해주는 커다란 판이며 각 장치를 연결하여 데이터가 지나다니는 통로를 버스라 부른다.

05 CPU는 컴퓨터 중심부에서 데이터를 처리하는 프로세서이며, GPU는 그래픽 작업만 전문으로 하는 그래픽 전용 프로세서이다. AP는 CPU, GPU, 무선통신 시스템을 하나의 칩에 구현한 제품이다.

06 일괄 처리 시스템은 하나의 작업을 읽어 실행시키면 정해진 순서에 따라 실행한 후 결과만 보여주었다. 키보드와 모니터의 개발로 컴퓨터와 사용자가 대화를 통해 작업하는 방식이 대화형 시스템이다. 여러 작업을 동시에 수행할 수 있는 다중 프로그래밍 기술이 개발되었는데, CPU 시간을 잘게 쪼개어 여러 개의 프로그램이 동시에 작동하는 것처럼 보이게 하는 것이 시분할 시스템이다.

07 웹 브라우저의 개발로 일반인들이 웹에 몰려들었다. 웹 브라우저로 볼 수 있는 웹 페이지를 하이퍼텍스트라 부르며, 다른 하이퍼텍스트나 자료를 연결하는 것을 하이퍼링크라 부른다.

연습문제

01 컴퓨터 하드웨어의 5대 구성 요소가 아닌 것은 무엇인가?

① 저장 장치 ② 입력 장치 ③ 전원 장치 ④ 출력 장치

02 컴퓨터 지시할 명령과 명령의 결과를 받는 방법들을 모아 놓은 것은 무엇인가?

① 파운드리 ② 프로그램 ③ 정보 기술 ④ 유틸리티

03 컴퓨터의 데이터 처리와 작업 배분처럼 주방장 역할을 하는 하드웨어는 무엇인가?

① CPU ② I/O ③ GPU ④ 메인메모리

04 컴퓨터의 주요 작업이 실행되는 공간으로 주방의 도마에 해당하는 하드웨어는 무엇인가?

① CPU ② 저장 장치 ③ GPU ④ 메인메모리

05 컴퓨터의 필수장치에 해당하는 하드웨어는 무엇인가?

① CPU ② 저장 장치 ③ GPU ④ 입력 장치

06 컴퓨터의 그래픽만 전적으로 처리하는 하드웨어는 무엇인가?

① CPU ② 저장 장치 ③ GPU ④ 메인메모리

07 스마트 워치, 스마트 TV, 스마트 자동차 등에 탑재된 컴퓨터를 가리키는 단어는 무엇인가?

① 파운드리 ② 프로그램 ③ 임베디드 시스템 ④ 유틸리티

08 다음 중 종류가 다른 하나는 무엇인가?

① 모니터 ② 스피커 ③ 프린터 ④ 마우스

09 다음 중 시스템 소프트웨어에 해당하는 소프트웨어는 무엇인가?

① 운영체제 ② 문서 편집 프로그램
③ 음악 재생 프로그램 ④ 웹 브라우저

10 다음 중 종류가 다른 소프트웨어는 무엇인가?

① 문서 편집 프로그램 ② 백신
③ 음악 재생 프로그램 ④ 웹 브라우저

11 다음 중 컴퓨터를 관리하기 위한 기본적인 규칙과 절차를 규정한 소프트웨어는 무엇인가?

① 운영체제 ② 문서 편집 프로그램
③ 음악 재생 프로그램 ④ 웹 브라우저

12 다음 중 응용 소프트웨어가 아닌 것은 무엇인가?

① 문서 작성 프로그램 ② 리눅스
③ 동영상 재생 프로그램 ④ 포토샵

13 다음 중 유틸리티에 해당하는 소프트웨어는 무엇인가?

① 리눅스 ② 백신
③ 음악 재생 프로그램 ④ 웹 브라우저

14 다음 중 종류가 다른 하나는 무엇인가?

① 터치스크린 ② 마이크 ③ 모니터 ④ 스캐너

15 다음 중 CPU, GPU, 무선통신 시스템을 하나의 칩에 구현한 제품은 무엇인가?

① I/O ② GPS ③ AP ④ WiFi

16 다음 중 위치 정보를 파악하는 센서는 무엇인가?

① GPS 센서 ② 이미지 센서 ③ 자이로 센서 ④ 가속도 센서

17 다음 중 기기의 움직임을 감지하는 센서는 무엇인가?

① GPS 센서 ② 이미지 센서 ③ 자이로 센서 ④ 지문 인식 센서

18 제품을 사용하는 방법을 따로 설명하지 않아도 조작이 가능한 인터페이스는 무엇인가?

① UI ② GUI ③ UX ④ GPU

19 다음 중 컴퓨터의 동작에 대한 설명으로 맞는 문장은 무엇인가?

① 컴퓨터 중심부에서 데이터를 처리하기 때문에 프로세서를 GPU라고 한다.

② 컴퓨터가 일반 계산기와 다른 점은 계산 속도가 다르다는 것이다.

③ 그래픽을 사용하는 사용자 인터페이스를 GUI라고 한다.

④ 운영체제는 크게 커널과 응용 프로그램으로 나눌 수 있다.

20 어떤 문제를 해결하고자 전략을 세우는 것은 무엇인가?

① 프로그래밍 ② 테스트 ③ 알고리즘 ④ 디버깅

21 운영체제의 핵심 기능을 담당하는 부분은 무엇인가?

① 파운드리 ② 사용자 인터페이스

③ 임베디드 시스템 ④ 커널

22 운영체제에 명령을 내리거나 결과를 받는 역할을 하는 부분은 무엇인가?

① 파운드리 ② 사용자 인터페이스

③ 임베디드 시스템 ④ 커널

23 나머지 3개와 종류가 가장 다른 것은 무엇인가?

① 파운드리 ② 라즈베리파이 ③ 마인드스톰 ④ 아두이노

24 그래픽 사용자 인터페이스를 가리키는 약자는 무엇인가?

① UI ② GUI ③ UX ④ GPU

25 0과 1의 중첩을 허용하는 특성 때문에 특정 분야에서 기존 컴퓨터보다 우수한 성능을 보일 것으로 예상되는 컴퓨터는 무엇인가?

① 임베디드 컴퓨터 ② 양자 컴퓨터 ③ 슈퍼컴퓨터 ④ 워크스테이션

26 모든 작업을 한 번에 하나씩 한꺼번에 처리하는 시스템은 무엇인가?

① 대화형 시스템 ② 일괄 처리 시스템

③ 시분할 시스템 ④ 실시간 시스템

27 **키보드와 모니터가 개발되어 사용자에게 입력을 받을 수 있게 된 시스템은 무엇인가?**

① 대화형 시스템　　② 일괄 처리 시스템
③ 시분할 시스템　　④ 실시간 시스템

28 **작업을 여러 개 조금씩 처리하여 마치 동시에 실행되는 것처럼 보이게 하는 시스템은 무엇인가?**

① 대화형 시스템　　② 일괄 처리 시스템
③ 시분할 시스템　　④ 실시간 시스템

29 **다음 중 틀린 문장은 무엇인가?**

① 작업을 한 번에 한 개씩 처리하는 시스템을 일괄 처리 시스템(batch processing system)이라고 한다.
② 작업 여러 가지를 조금씩 처리하여 마치 동시에 실행되는 것처럼 보이게 하는 시스템을 시분할 시스템(time sharing system)이라고 한다.
③ 작업이 진행되는 중간에 사용자에게 입력을 받거나 중간 결과를 보여 줄 수 있는 시스템을 대화형 시스템(interactive system)이라고 한다.
④ 여러 사람이 동시에 작업을 진행할 수 있는 시스템을 임베디드 시스템(embedded system)이라고 한다.

30 **다음 중 가장 먼저 등장한 컴퓨팅 시스템은 무엇인가?**

① 다중 프로그래밍　　② 시분할 시스템
③ 대화형 시스템　　④ 다중 사용자 시스템

31 **초기 컴퓨터에서 사용하던 방식으로 선을 연결하여 프로그래밍을 하는 방식은 무엇인가?**

① 파운드리　② 멀티프로그래밍　③ 팹리스　④ 하드 와이어링

32 **연결된 문서나 자료로 이동하는 참조 고리를 가리키는 단어는 무엇인가?**

① 하이퍼텍스트　② 하이퍼링크　③ HTML　④ HTTP

33 **'웹 페이지'와 같은 뜻인 단어는 무엇인가?**

① 하이퍼텍스트　② 하이퍼링크　③ HTML　④ HTTP

34 웹 페이지를 만들 때 사용하는 언어는 무엇인가?

① 하이퍼텍스트　② 하이퍼링크　③ HTML　④ HTTP

35 최초로 다중 작업과 다중 사용자를 지원한 운영체제는 무엇인가?

① 유닉스　② 윈도우　③ iOS　④ 맥OS

36 설계된 반도체를 위탁받아 생산하는 회사를 가리키는 단어는 무엇인가?

① 파운드리　② 반도체　③ 팹리스　④ 팹

37 반도체를 직접 생산하지 않고 설계만 하는 회사를 가리키는 단어는 무엇인가?

① 파운드리　② 반도체　③ 팹리스　④ 팹

CHAPTER 03

디지털 정보의 표현

학습목표

- 컴퓨터의 용량 단위와 속도 단위를 알아본다.
- 2진법, 16진법의 특징과 진법 변환 방법을 이해한다.
- 정수, 실수, 문자 등 데이터의 종류와 처리 방식을 이해한다.
- 연산자를 이해하고, 논리 연산자를 사용하는 간단한 논리 게이트를 살펴본다.

Preview

컴퓨터는 데이터를 처리하는 기계이다. 컴퓨터를 이해하려면 컴퓨터가 다루는 모든 데이터가 0과 1로 이루어진 2진수라는 것을 알아야 한다. 용량이나 속도처럼 하드웨어를 설명하는 단위도 컴퓨터가 2진수 데이터를 처리하는 방식과 관련이 있다. 이 장에서는 데이터를 변환하는 방법을 알아보고, 컴퓨터가 어떻게 단순한 연산만으로 명령을 처리하는지 이해한다.

01 | 컴퓨터의 단위

1 용량 단위

컴퓨터의 단위는 컴퓨터가 사용하는 2진법의 특징과 관련이 있다. 컴퓨터는 모든 숫자를 0과 1로 표현하는 2진법binary notation을 사용한다. 반면에 인간은 모든 숫자를 0부터 9까지 숫자 10개로 표현하는 10진법decimal numeral system을 사용한다. 컴퓨터가 2진법을 사용하게 된 것은 최초의 컴퓨터가 진공관을 사용했기 때문이다. 진공관은 켠 상태와 끈 상태만 나타낼 수 있으므로 초기의 컴퓨터는 진공관이 꺼지면 0, 진공관이 켜지면 1로 인식했다.

그림 3-1 진공관과 2진법

인간에게 익숙한 10진법을 사용하는 컴퓨터를 만들 수도 있으나 빠르게 계산하려면 2진법이 유리하다. 두 가지 메뉴가 있는 식당과 열 가지 메뉴가 있는 식당을 비교해보자. 열 가지 메뉴가 있는 식당보다 두 가지 메뉴가 있는 식당이 요리하고 손님을 접대하는 면에서 훨씬 유리하다. 두 가지 음식만 팔면, 음식을 만드는 속도를 올릴 수 있고 테이블 회전율도 높일 수 있다.

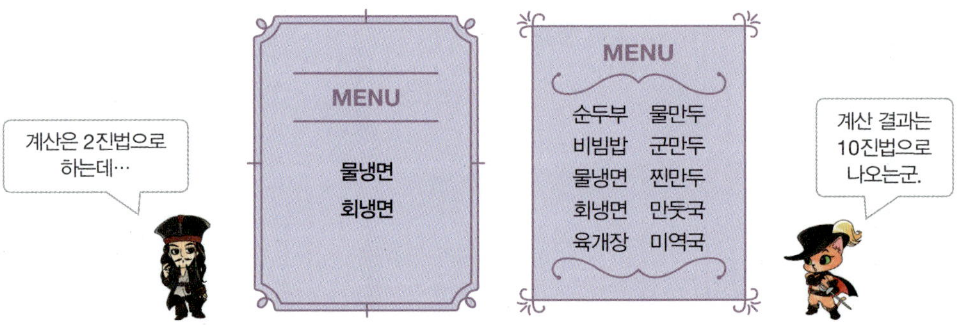

그림 3-2 2진 식당과 10진 식당

2진법으로 계산하는 회로보다 10진법으로 계산하는 회로가 더 복잡하고 느리다. 그래서 1초에 수십억 번 계산해야 하는 컴퓨터 입장에서는 2진법을 사용하는 것이 더 유리하다. 컴퓨터는 2진법으로 빠르게 계산하고 결과는 인간이 알아보기 쉽게 10진법으로 출력한다.

비트와 바이트

컴퓨터에서 사용하는 데이터의 최소 단위는 **비트**bit이다. 컴퓨터는 2진법을 사용하기 때문에 1비트로 표현할 수 있는 수는 0과 1로 단 2개이다. 1비트로 표현할 수 있는 숫자가 너무 작아 좀 더 큰 묶음이 필요하다. 샤프심이나 면봉을 팔 때 여러 개를 하나의 박스에 담아 파는 것과 같다. **바이트**byte는 비트 8개를 묶은 단위이다. 즉, 1바이트는 8비트이다(1byte = 8bit).

그림 3-3 비트와 바이트

워드

초기의 개인용 컴퓨터인 애플 II는 한 번에 8비트(1바이트)를 처리하는 CPU를 사용했다. 이후 CPU 속도가 빨라지고 한 번에 처리할 수 있는 데이터의 양이 늘어나면서 32비트 CPU가 등장했고, 현재는 64비트 CPU가 대중화되었다. 32비트 CPU에는 32비트 운영체제가 설치되고, 64비트 CPU에는 64비트 운영체제가 설치된다. 수조에 물을 채운다고 가정해보자. 작은 컵으로 물을 채우는 것보다 큰 컵으로 물을 채우는 것이 훨씬 빠르다. 마찬가지로 64비트 CPU가 32비트 CPU보다 데이터 처리 속도가 더 빠르다.

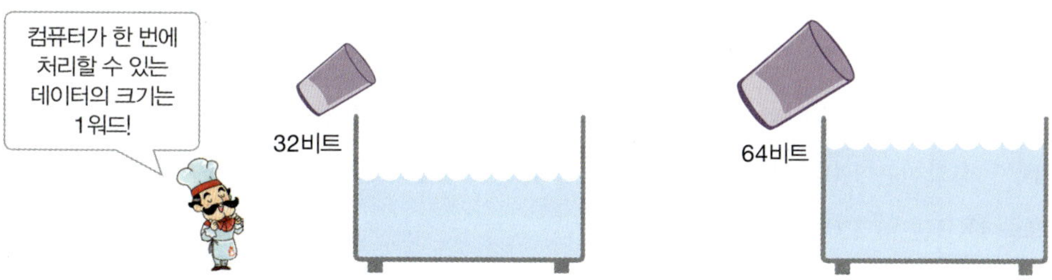

그림 3-4 32비트 CPU와 64비트 CPU의 워드

워드word는 컴퓨터가 한 번에 처리할 수 있는 데이터 크기를 나타내는 단위이다. 32비트 CPU를 사용하는 컴퓨터는 한 번에 32비트 데이터를 처리할 수 있고, 이 컴퓨터의 1워드는 32비트다. 64비트 CPU를 사용하는 컴퓨터는 한 번에 64비트 데이터를 처리할 수 있고, 이 컴퓨터의 1워드는 64비트이다.

표 3-1 컴퓨터의 용량 단위

용량 단위	설명
비트	데이터를 표현하는 최소 단위
바이트	8비트를 묶은 단위
워드	컴퓨터가 한 번에 처리할 수 있는 데이터 단위

큰 용량을 나타내는 단위

하드디스크 같은 저장 장치의 가격이 저렴해지고 저장 용량은 증가하면서 큰 용량을 표시할 단위가 필요해졌다. 100만 원짜리 노트북을 현금으로 산다고 가정해보자. 10원짜리로 노트북을 사려면 매우 번거롭고 불편할 것이다. 1만 원이나 5만 원짜리 지폐를 사용하는 것이 간편하다. 컴퓨터 용량도 큰 묶음 단위인 **킬로바이트**kilobyte(KB), **메가바이트**megabyte(MB), **기가바이트**gigabyte(GB), **테라바이트**terabyte(TB), **페타바이트**petabyte(PB)를 사용하여 간단하게 표시한다.

표 3-2 큰 용량을 나타내는 단위

용량 단위	표기	2진 크기	10진 크기	바이트 단위로 나타낸 크기	10진 단위
바이트	B	1	1	1B	일
킬로바이트	KB	2^{10}	10^3	1,000B	천
메가바이트	MB	2^{20}	10^6	1,000,000B	백만
기가바이트	GB	2^{30}	10^9	1,000,000,000B	십억
테라바이트	TB	2^{40}	10^{12}	1,000,000,000,000B	일조
페타바이트	PB	2^{50}	10^{15}	1,000,000,000,000,000B	천조

[표 3-2]에서 각 용량 단위는 바로 한 단계 낮은 단위보다 1,024(2^{10})배 더 크다. 예를 들어 1킬로바이트(1KB)가 정확히는 1,024바이트(2^{10}B)이다. 그러나 사람은 2진수보다 10진수에 더 익숙하므로 일반적으로 1KB를 약 1,000B(10^3B)로 쓴다.

파일과 패킷

컴퓨터에서 데이터가 모인 하나의 단위를 **파일**file이라 부른다. 컴퓨터에는 음악, 이미지, 동영상,

문서와 같은 다양한 종류의 파일이 있다. 파일의 크기는 제각각이다. 1MB의 문서 파일부터 5GB의 동영상 파일까지 다양하다.

동영상처럼 용량이 큰 파일을 컴퓨터 네트워크를 통해 전송할 때는 파일을 작게 자른다. 네트워크에서 정한 일정한 크기로 파일을 잘라서 보내고, 받는 쪽에서는 다시 합쳐서 원래의 파일을 만든다. 네트워크가 다루는 일정한 크기의 데이터를 **패킷**packet이라 부른다. 휴대폰 요금제에서 통화 사용료는 시간 요금제이기 때문에 통화한 시간만큼 돈을 지불한다. 그러나 데이터 사용료는 패킷 요금제라 부르는데, 사용한 패킷 수만큼 돈을 지불하는 방식이다.

2 속도 단위

컴퓨터의 속도 단위로는 CPU의 속도를 나타내는 헤르츠, 하드디스크의 속도를 나타내는 rpm, 네트워크에서 통신 속도를 나타내는 bps 등이 있다.

헤르츠

오케스트라에서 악기를 연주할 때는 박자가 맞아야 제대로 된 소리가 난다. 트럭에 쌓인 배추를 내릴 때도 배추를 던지는 사람과 받는 사람의 박자가 맞아야 떨어뜨리지 않고 옮길 수 있다. 컴퓨터도 아무렇게나 작업하는 것이 아니라 일정한 박자에 맞추어 작업을 진행한다.

클록clock은 컴퓨터에서 일정한 박자를 만들어내는 장치이다. 클록이 일정한 간격으로 만드는 틱tick을 펄스pulse 혹은 **클록 틱**clock tick이라고 한다. 컴퓨터 내 모든 부품은 클록의 틱에 맞추어 작업을 진행한다. CPU가 덧셈 하나와 뺄셈 하나를 계산한다면 틱 한 번에 덧셈을, 그다음 틱에 뺄셈을 수행한다. 메인메모리 역시 틱에 맞추어 데이터를 가져오거나 저장한다.

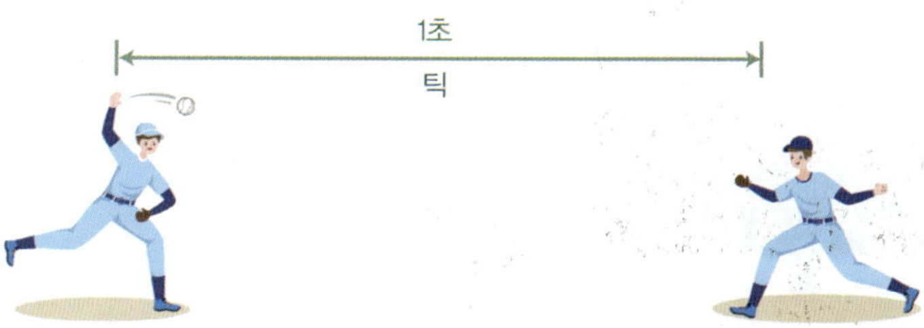

그림 3-5 틱

자동차가 얼마나 빠른지 나타내는 속도 단위로는 시간당 이동 거리인 km/h를 사용한다. 예를 들어 60km/h는 1시간 동안 60km를 이동할 수 있는 속도라는 의미이다. CPU의 성능은 1초 동안 클록 틱이 몇 번 발생했는지로 나타낸다. CPU 성능의 단위는 **헤르츠**Hertz이고 **Hz**로 표기한다. 1초에 클록 틱이 한 번 나타나면 1헤르츠(1Hz)이고, 1,000번 나타나면 1킬로헤르츠(1kHz, 1,000Hz)이다.

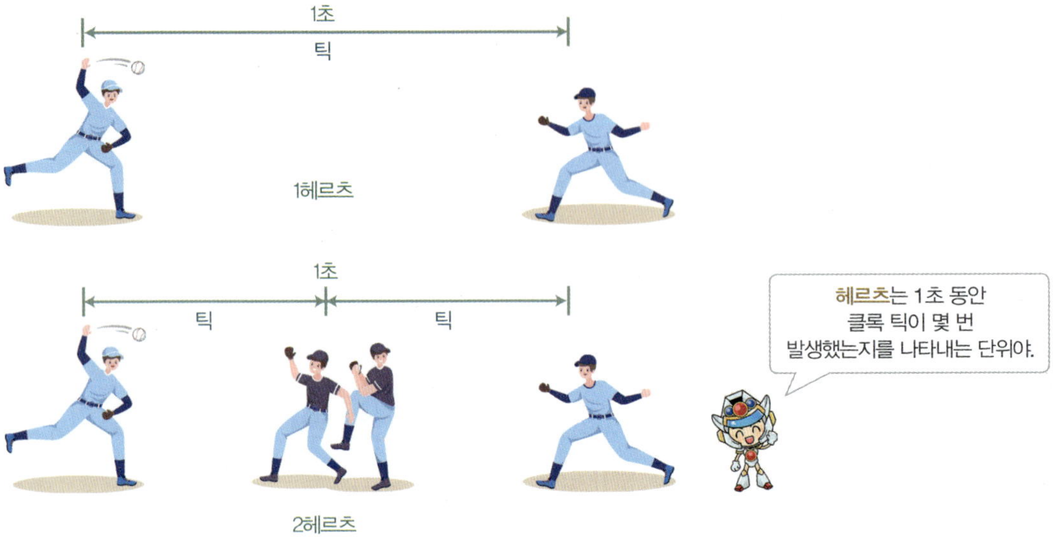

그림 3-6 헤르츠

헤르츠의 활용

앞서 설명했듯이 컴퓨터의 모든 작업은 틱 한 번에 하나씩이다. 따라서 CPU 속도가 3GHz라면 이 CPU는 1초 동안 작업이 약 3×10^9(3,000,000,000)번, 즉 30억 번 가능하다는 의미다. 헤르츠는 다른 주변 기기 성능 지표에도 사용한다. 예를 들어 메인메모리의 속도가 1.6GHz라면 이 메모리는 1초에 1.6×10^9번 데이터를 저장할 수 있다는 의미이다.

그림 3-7 모니터의 성능과 전기 규격을 나타내는 헤르츠

1초 동안의 반복 횟수를 나타내는 헤르츠는 다양한 곳에 사용된다. 주사율refresh rate은 1초 동안 몇 번이나 화면에 장면을 그리는지 나타내는 수치이다. 일반적인 모니터의 주사율은 60Hz이고, 이는 모니터가 1초에 60번의 장면을 표시한다는 의미이다. 최근의 게임용 모니터의 주사율은 120Hz

이상이다. 1초에 120번 화면을 그리기 때문에 깜빡임이 적고 부드러운 물체의 움직임을 느낄 수 있다.

우리나라의 가정용 전기 규격은 220V(볼트)에 60Hz이다. 여기서 220V는 전압으로 전기의 세기를 나타낸다. 일본, 미국, 캐나다는 110V를 사용하기 때문에 해당 국가에서 구매한 가전제품은 승압 변압기를 사용해서 220V로 맞춰야 한다. 그렇다면 60Hz는 무엇을 의미할까? 보통 가전제품에는 +극과 −극이 필요하며, 이렇게 +와 −가 결정되어 있는 전류를 직류라고 한다. 그런데 가정까지 배달되는 전기는 +극과 −극이 계속 교차하는 교류이다. 가전제품은 직류를 사용하기 때문에 교류를 직류로 바꾸어야 하는데, 이 역할을 하는 것이 어댑터이다. 교류에서 1초 동안 +극과 −극이 바뀌는 횟수를 Hz 단위로 나타낸다. 따라서 전기 규격이 60Hz라고 하면 우리나라 전기는 1초 동안 60번 +와 −가 바뀌는 교류라는 의미이다.

중국은 220V에 50Hz 규격의 전기를 사용한다. 그래서 중국 내수용 제품을 우리나라에서 사용해도 전압이 똑같기 때문에 작동하는 데 이상이 없다. 그러나 교류 규격이 달라 가전제품이 쉽게 망가질 가능성이 있다. 따라서 중국의 가전제품을 살 때는 프리 볼트free volt 제품, 다시 말해 전 세계 어떤 전기를 써도 다 맞는 제품을 구매하는 것이 좋다.

여기서 잠깐 **가정용 전기가 교류인 이유**

발전소에서 집까지는 아주 멀다. 외부 간섭으로 인하여 전기가 전송되는 동안 많은 양이 사라져버린다. 전기 손실을 최소화하기 위해 높은 전압과 교류를 사용한다. 발전소에서 전기를 내보낼 때는 1만V 이상의 높은 전압으로 보내고, 가정용으로 공급하기 전에 220V로 전압을 낮춘다. 총알이 날아갈 때 총알을 회전시켜야만 거의 직선으로 날아간다. 마찬가지로 +와 −가 이미 결정된 직류로 전기를 보내면 외부 간섭에 취약하기 때문에 +와 −가 번갈아 나타나는 교류로 전기를 보낸다.

bps

네트워크에서 데이터 전송 속도의 단위는 bps이다. bps는 'bit per second'의 약어로, 1초 동안 보내는 데이터의 양을 의미한다. 집에 설치하는 인터넷은 10Mbps, 100Mbps, 1Gbps처럼 전송량에 따라 매달 지불하는 요금이 다르다.

크기가 10MB인 파일을 10Mbps 네트워크에서 전송하면 몇 초 만에 전달될까? 단순히 생각하면 1초가 걸릴 것 같지만 실제로는 약 10초가 걸린다. 파일을 표현하는 10MB는 단위가 바이트(byte)이며 대문자 B로 표기한다. 반면 통신에 사용하는 10Mbps는 단위가 비트(bit)이며 소문자 b로 표기한다. 1바이트는 8비트이므로 10MB는 기본적으로 10Mb보다 8배 크다.

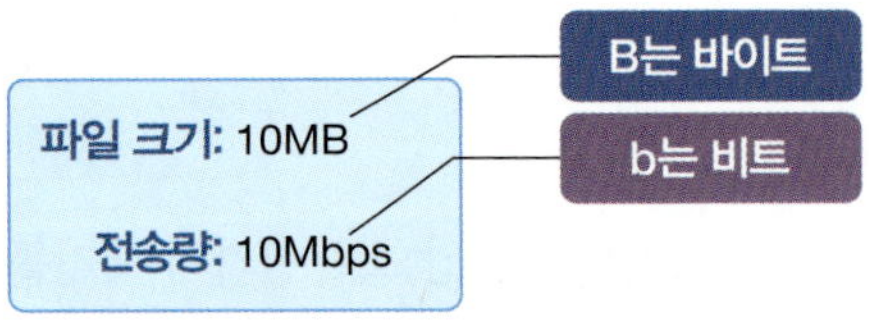

그림 3-8 파일 크기와 네트워크 전송량의 표기 차이

표시 방법의 차이를 고려하면 10MB인 파일을 10Mbps 네트워크에서 전송할 때 8초가 걸린다. 그런데 네트워크에 데이터를 보낼 때는 그냥 보내는 것이 아니라 포장지에 감싸서 보낸다. 택배를 보낼 때 물건을 상자에 넣어 주소를 쓴 후 보내는 것과 같은 이치이다. 그래서 10MB 파일을 네트워크에 보내면 파일 크기는 조금 더 커진다. 따라서 약 10초 정도가 걸린다.

rpm

rpm rotate per minute은 하드디스크 속도를 나타내는 단위로, 디스크 원반이 1분 동안 회전하는 수를 의미한다. 하드디스크 속도가 7,200rpm이면 디스크 원반이 1분에 7,200번 회전한다는 의미이다. 저가 하드디스크 중에는 하드디스크 속도가 5,400rpm인 제품도 있는데, 이는 7,200rpm인 제품보다 느리게 돌기에 데이터를 저장하거나 읽는 속도도 느리다.

02 | 진법 변환

1 2진법

컴퓨터는 2진수를 사용하고, 때에 따라서는 8진수와 16진수도 사용한다. 우리가 사용하는 10진수는 0에서 9까지의 숫자를 사용하여 수를 표현하는 것이다. 마찬가지로 2진수란 0과 1만으로 수를 표현하는 것이고, 8진수는 숫자 0~7로, 16진수는 0~9와 알파벳 A~F로 나타낸 수이다.

그림 3-9 **10진수, 2진수, 8진수, 16진수**

진법이란 진수를 만드는 방법이며, 진법 변환이란 하나의 진법에서 다른 진법으로 변환하는 것이다. 2진법, 10진법, 16진법과 각각을 변환하는 방법을 알아보자.

2진수 → 10진수 변환

우리가 237을 '이백 + 삼십 + 칠'로 인식하는 것은 [그림 3-10]과 같이 각 자릿수를 곱한 후에 더하기로 약속했기 때문이다.

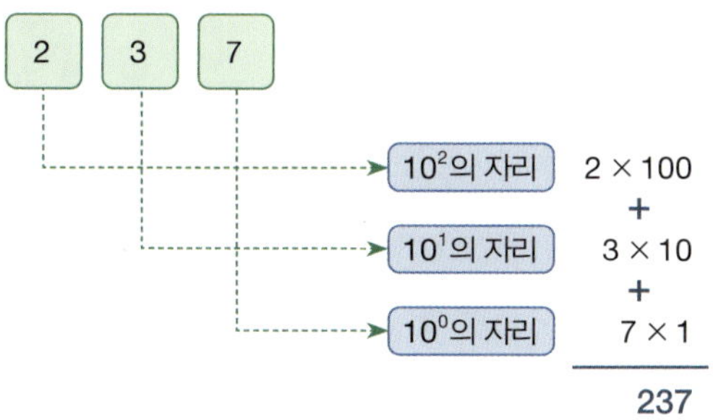

그림 3-10 **10진수 표현**

2진수를 10진수로 변환하는 것도 마찬가지이다. 2진수의 각 자릿수를 곱한 후 모두 더한다. 2진수 **11101101**에 적용해 보면 $1 \times 2^7 + 1 \times 2^6 + 1 \times 2^5 + 1 \times 2^3 + 1 \times {}^{2}2 + 1 \times 2^0$이고, 이를 계산하면 237이 된다. 따라서 2진수 **11101101**은 10진수로 237이다.

1	1	1	0	1	1	0	1
2^7	2^6	2^5	2^4	2^3	2^2	2^1	2^0
128	64	32	16	8	4	2	1

128 + 64 + 32 + 8 + 4 + 1 = 237

그림 3-11 2진수 → 10진수 변환

10진수 → 2진수 변환

10진수를 2진수로 변환할 때는 10진수를 계속 2로 나누면서 몫은 아래에, 나머지는 오른쪽에 기록한다. 더 이상 나누어지지 않을 때 나머지를 거꾸로 읽으면 된다. [그림 3-12]에서 10진수 237을 2로 계속 나눈 후 나머지를 거꾸로 읽으면 2진수 **11101101**을 얻는다.

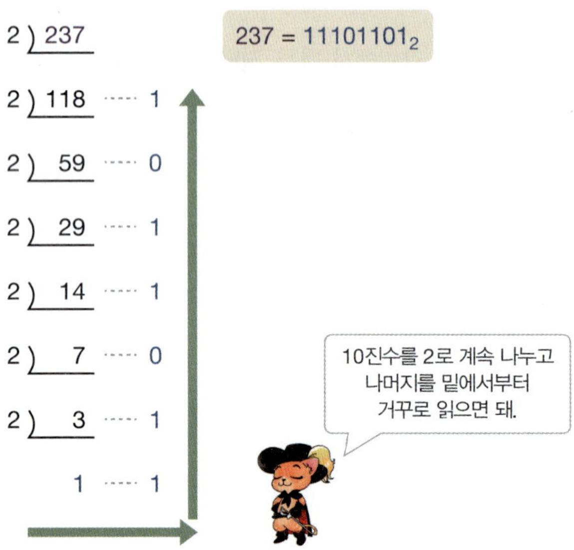

그림 3-12 10진수 → 2진수 변환

TIP 진법을 표시하기 위하여 아래첨자를 사용하기도 한다. 예를 들어 11101101_2는 2진수를 의미하고, 11_{16}은 16진수 11을 의미한다. 같은 방법으로 20_8은 8진수 20을 의미한다. 10진수는 아래첨자를 생략한다.

2 16진법

컴퓨터에서 사용하는 진수에는 2진수 이외에도 16진수가 있다. 10진수가 0에서 9까지 숫자 10개를 사용한다면, 16진수는 0~9는 10진수와 같고 이후 숫자 6개는 알파벳을 사용하여 10은 A, 11은 B, 12는 C, 13은 D, 14는 E, 15는 F로 표기한다.

16진수를 사용하는 이유

컴퓨터에서 데이터를 표현하는 최소 단위는 비트이고, 8비트를 하나로 묶어 1바이트로 쓴다. 1바이트는 8비트로 구성되므로 1바이트로 표현할 수 있는 수는 0(2진수 **00000000**)부터 255(2진수 **11111111**)까지 총 256개이다.

컴퓨터에서 16진수를 사용하면 더 적은 비트로 숫자를 표현할 수 있다. 10진수 255를 2진수로 표현하면 2진수 **11111111**의 8자리가 필요하지만, 16진수로 표현하면 **FF** 2자리로 표현할 수 있다. [그림 3-13]은 8자리 2진수에 대응하는 2자리 16진수를 나타낸다.

0	0	0	0	0
0	0	0	1	1
0	0	1	0	2
0	0	1	1	3
0	1	0	0	4
0	1	0	1	5
0	1	1	0	6
0	1	1	1	7
1	0	0	0	8
1	0	0	1	9
1	0	1	0	A
1	0	1	1	B
1	1	0	0	C
1	1	0	1	D
1	1	1	0	E
1	1	1	1	F

0	0	0	0	0
0	0	0	1	1
0	0	1	0	2
0	0	1	1	3
0	1	0	0	4
0	1	0	1	5
0	1	1	0	6
0	1	1	1	7
1	0	0	0	8
1	0	0	1	9
1	0	1	0	A
1	0	1	1	B
1	1	0	0	C
1	1	0	1	D
1	1	1	0	E
1	1	1	1	F

그림 3-13 8자리 2진수에 대응하는 2자리 16진수

앞서 보았던 10진수 237은 2진수 **11101101**이다. [그림 3-13]을 참고하여 2진수 **11101101**을 16진수로 변환해보자. 4자리씩 끊어 읽으면 **1110**은 **E**이고 **1101**은 **D**이다. 즉 2진수 **11101101**을

16진수로 변환하면 ED가 된다.

16진수 → 10진수 변환

16진수 ED를 10진수로 변환해보자. 각 자리의 숫자와 해당 위치의 자릿값을 곱한 후 모두 더하면 된다.

$$
\begin{aligned}
ED_{16} &= E\times16^1 + D\times16^0 \\
&= 14\times16 + 13\times1 \\
&= 224 + 13 \\
&= 237
\end{aligned}
$$

그림 3-14 16진수 → 10진수 변환

10진수 → 16진수 변환

반대로 10진수 237을 16진수로 변환해보자. 방식은 앞서 2진수로 바꾸는 방식과 동일하다. 나누는 숫자를 16으로만 바꾼다. 몫 14와 나머지 13을 밑에서부터 거꾸로 읽으면 14 13, 즉 ED가 된다.

16) 237

14 ····· 13

$237 = ED_{16}$

그림 3-15 10진수 → 16진수 변환

16진수의 활용

실제로 16진수를 어디에 사용되는지 살펴보자. 모든 색상은 세 가지 색상의 조합으로 만들어진다. 색의 삼원색은 빨강, 노랑, 파랑이고 빛의 삼원색은 빨강Red, 녹색Green, 파랑Blue이다. 컴퓨터는 빛의 삼원색을 조합하여 색상을 나타내며, 이러한 표현 방식을 Red, Green, Blue의 첫 글자를 따서 RGB라 부른다.

	10진수 RGB	16진수 RGB
White	255 255 255	ffffff
Red	255 0 0	ff0000
Blue	0 0 255	0000ff
Black	0 0 0	000000

그림 3-16 RGB

점 색상 하나를 구성하는 RGB는 각 자리가 1바이트 크기를 가진다. 1바이트가 표현할 수 있는 값은 0에서 255까지 총 256(2^8)단계이다. 따라서 빨강(R), 녹색(G), 파랑(B) 각 색의 빛을 256단계로 섞어 사용할 수 있다. 예를 들어 RGB (0, 0, 0)은 빛이 없으므로 검은색이 된다. 반대로 흰색은 모든 빛을 다 사용하는 (255, 255, 255)이다. 같은 방식으로 빨간색의 RGB 값은 (255, 0, 0), 녹색은 (0, 255, 0), 파란색은 (0, 0, 255)다.

RGB 값 (255, 0, 255)는 어떤 색상일까? 빨강과 파랑이 섞였으므로 보라색이다. 그렇다면 노란색은 어떻게 만들 수 있을까? [그림 3-16]과 같이 빨강과 녹색이 섞이면 노란색이 된다. 그래서 노란색 RGB 값은 (255, 255, 0)이다.

[그림 3-17]은 포토샵에서 색상을 지정할 때 나타나는 컬러 피커color picker 창이다. 컬러 피커 창의 빨강(R), 녹색(G), 파랑(B) 입력란에 0부터 255까지 숫자를 입력할 수 있다. 또한 아래쪽 입력란에 16진수를 넣어도 된다. 녹색을 선택하고 싶다면 RGB에 (0, 255, 0)을 입력하거나 아래쪽에 `#(00ff00)`이라고 쓰면 된다. #는 16진수 표현법이다. 같은 방식으로 흰색은 `#(ffffff)`, 검은색은 `#(000000)`, 보라색은 `#(ff00ff)`, 노란색은 `#(ffff00)`을 쓰면 된다.

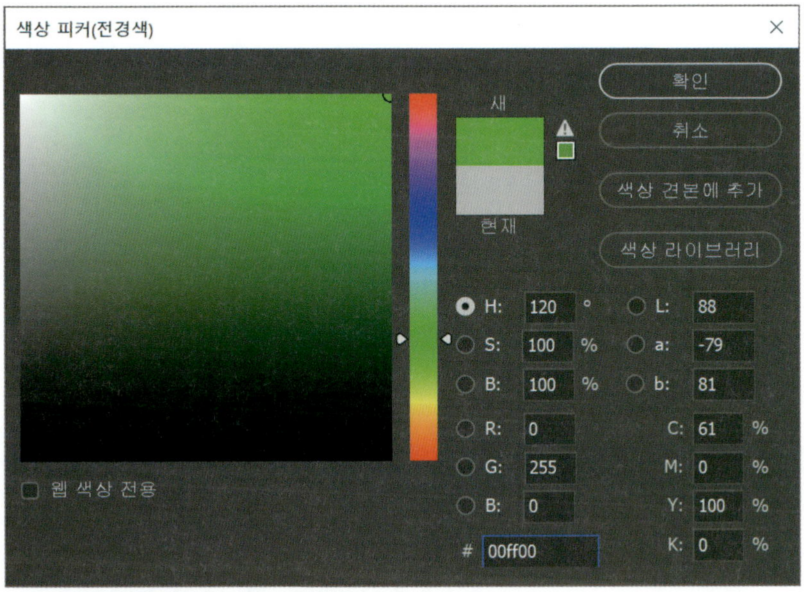

그림 3-17 포토샵에서 녹색을 RGB 값으로 선택

TIP· 컴퓨터에서는 빨강, 녹색, 파랑 각각을 0에서 255까지 256단계로 조절하여 색상을 만들 수 있다. 따라서 RGB의 가짓수를 곱하면 256×256×256 = 16,777,216가지의 색상을 표현할 수 있다. 이러한 색상 규격을 트루컬러(true color)라고 한다.

여기서 잠깐 **CMYK**

이미지를 종이에 인쇄할 때는 RGB 대신 CMYK를 사용한다. CMYK는 시안Cyan, 마젠타Magenta, 옐로Yellow, 블랙Black, key의 줄임말이다. 색상의 삼원색은 빨간색, 노란색, 파란색이라고 알고 있었다면, 이는 엄밀히 말해 틀렸다. 색상의 삼원색인 마젠타(자홍색), 시안(청록색)을 설명하기가 어려워 빛의 삼원색과 비슷한 이름을 붙인 것뿐이다. 정확하게 말하면 색상의 삼원색은 자홍색, 노란색, 청록색이다.

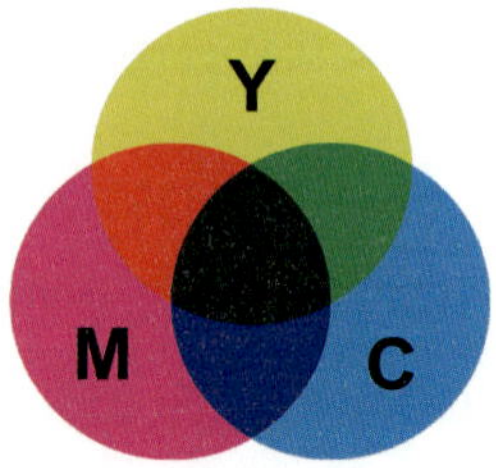

그리고 인쇄할 때 주로 사용하는 색상은 검은색인데, 모든 잉크를 섞어 검은색을 표현하기보다 검은색을 따로 만들어 사용하면 더 편리하다. 그래서 검은색을 따로 사용하며, 키key 색이라고 표시한다.

03 | 컴퓨터의 데이터 표현

'뛰어서 100미터 11.5초에 가능?'이라는 문장 안에는 다양한 데이터가 담겨 있다. '뛰어서', '미터', '초에', '가능?'은 문자 데이터이고, 100은 정수 데이터이며, 11.5는 실수 데이터이다.

컴퓨터 프로그램에서 다루는 데이터의 종류는 총 4가지이다. 첫 번째는 알파벳이나 기호로 이루어진 **문자**string이다. 두 번째로 하나, 둘, 셋과 같이 셀 수 있는 수는 **정수**integer라 부른다. 세 번째로 11.5, 3.14, 9.9와 같이 소수점 이하를 가지는 수는 **실수**real number라 부른다. 네 번째로 참 또는 거짓 값만 가지는 **불린**Boolean이 있다. '100미터 11.5초에 가능?'이라고 질문하면 11.2초 만에 뛰는 사람은 참True이라 대답할 것이고, 13.8초 만에 뛰는 사람은 거짓False이라 대답할 것이다. 지금까지 나온 데이터 종류에 대하여 자세히 알아보자.

그림 3-18 문자, 정수, 실수, 불린

1 숫자 표현

컴퓨터에서는 숫자 데이터를 0과 1로 나타낸다. 컴퓨터가 정수를 표현하는 방식과 실수를 표현하는 방식을 살펴보자.

정수

컴퓨터가 10진수를 2진수로 어떻게 변환하여 저장하는지 살펴보자. 정수에는 양수뿐 아니라 음수도 있다. 4와 −4는 0을 기준으로 서로 반대편에 있는 값이다. 따라서 음수를 표현할 때는 반대로 해주면 된다. 다시 말해 모든 2진수의 `0`과 `1`을 바꿔주면 음수 값이 된다. 예를 들어 2진수로 4는 `0100`의 `0`을 `1`로, `1`을 `0`으로 바꾸면 `1011`이 되고 이것이 −4이다.

[그림 3−19]의 왼쪽은 10진수 0에서 7까지를 2진수로 변환한 것이다. 오른쪽은 양수인 2진수에서

0과 1을 바꾼 것이며, 이를 1의 보수one's complement라 부른다. 양수와 음수를 비교해보면 2진수의 맨 앞의 비트가 부호를 나타낸다. 맨 앞의 비트가 0이면 양수, 맨 앞의 비트가 1이면 음수를 의미한다.

양수 (부호 비트 → 0과 1 바꾸기 → 1의 보수)

10진수	2진수 (부호 비트)			
0	0	0	0	0
1	0	0	0	1
2	0	0	1	0
3	0	0	1	1
4	0	1	0	0
5	0	1	0	1
6	0	1	1	0
7	0	1	1	1

1의 보수

10진수	2진수 (부호 비트)			
-0	1	1	1	1
-1	1	1	1	0
-2	1	1	0	1
-3	1	1	0	0
-4	1	0	1	1
-5	1	0	1	0
-6	1	0	0	1
-7	1	0	0	0

그림 3-19 1의 보수

0과 1을 바꾸면 간단하게 1의 보수를 만들 수 있지만, 정수 0이 +0과 -0과 같이 두 개나 되는 문제가 있다. [그림 3-19]에서 0의 2진수 0000을 1111로 바꾼 것이 -0으로 표시되어 있는데, -0은 필요 없는 수이다. 필요 없는 -0을 없애기 위해 1의 보수에 1씩 더하여 만든 수를 2의 보수two's complement라 부른다.

1의 보수 (한 칸씩 올리기 → 2의 보수)

10진수	2진수			
-0	1	1	1	1
-1	1	1	1	0
-2	1	1	0	1
-3	1	1	0	0
-4	1	0	1	1
-5	1	0	1	0
-6	1	0	0	1
-7	1	0	0	0

2의 보수

10진수	2진수			
-1	1	1	1	1
-2	1	1	1	0
-3	1	1	0	1
-4	1	1	0	0
-5	1	0	1	1
-6	1	0	1	0
-7	1	0	0	1
-8	1	0	0	0

그림 3-20 2의 보수

1의 보수와 2의 보수를 비교해보자. [그림 3-20]의 왼쪽에서 **-0**을 없애고 아래의 음수를 한 칸씩 올리면 2의 보수이다. 예를 들어 1의 보수에서 −1은 **1110**이지만 2의 보수에서는 여기에 1을 더한 **1111**이 −1이 된다. 음수를 한 칸씩 밀어 올렸기 때문에, 2의 보수 방식에서는 표현할 수 있는 음수가 양수보다 1개 더 많다. 따라서 2의 보수에서 4비트로 표현할 수 있는 정수는 −8에서 7까지이다.

1의 보수나 2의 보수에서 맨 앞의 비트는 부호를 의미한다. **부호 없는 정수**unsigned integer는 모든 수가 양수라고 가정하고 만든 데이터 표현법이다. 따라서 부호 없는 정수에서 맨 앞의 비트는 부호가 아니다. [그림 3-21]은 부호 없는 정수의 2진수 표현을 나타낸다.

10진수	2진수				10진수	2진수			
0	0	0	0	0	8	1	0	0	0
1	0	0	0	1	9	1	0	0	1
2	0	0	1	0	10	1	0	1	0
3	0	0	1	1	11	1	0	1	1
4	0	1	0	0	12	1	1	0	0
5	0	1	0	1	13	1	1	0	1
6	0	1	1	0	14	1	1	1	0
7	0	1	1	1	15	1	1	1	1

그림 3-21 부호 없는 정수

실수

실수는 소수점 이하의 자리가 존재하는 숫자까지 포함한다. 12,300,000, 32.4, 0.0000085 같은 수가 실수이다. 실수는 저장 방식이 정수와 다르다. 일반적인 프로그래밍 언어에서 실수는 부동 소수점 방식인 **float**로 저장한다. **float**가 저장할 수 있는 수는 -10^{38}에서 10^{38}까지이다. 10^{38}은 0이 38개 붙은 수이기 때문에 매우 큰 수이다. 실수는 아주 작은 수부터 매우 큰 수까지 표현할 수 있어 다루기가 까다롭다. 그래서 정규화를 한다. **정규화**normalization는 숫자를 일정한 단위로 맞추는 작업이다. 예를 들어 2,800,000,000, 390,000,000, 90,000,000가 있을 때 이를 각각 28억, 3.9억, 0.9억으로 바꾸면 읽기도 쉽고 간편하게 저장할 수 있다. 이렇게 일정한 단위로 숫자를 맞추는 작업이 정규화이다.

그림 3-22 **실수의 정규화**

실수의 정규화는 모든 수를 한자리수.XXXX로 표현한다. 즉, 소수점 앞에 한자리수가 오도록 자릿수를 조절한다. 예를 들어 72300000은 7.23×10^7으로 표현한다. 같은 방법으로 −32.4는 -3.24×10^1, 0.0000085는 8.5×10^{-6}으로 표현한다. 이렇게 정규화한 수에서 숫자와 지수만 저장하면 아무리 큰 수라도 컴퓨터에 간단히 저장할 수 있다. 정규화한 표현에서 7.23, 3.24, 8.5와 같은 수를 가수 혹은 멘티사mentisa라고 한다.

[그림 3-23]은 실수를 컴퓨터에 저장하는 과정을 보여준다. 72300000은 먼저 7.23×10^7으로 정규화한다. 그다음 컴퓨터 내부에 가수 부분인 723과 10의 지수인 9를 따로 보관한다. −32.4는 -3.24×10^1으로 정규화한 후 가수 부분 324와 지수 1을 따로 보관한다. 또한 맨 앞에는 −부호가 저장되어 음수임을 알려준다. 같은 식으로 0.0000085는 8.5×10^{-6}으로 정규화한 후 가수 부분 85와 지수 −6을 따로 보관한다. 이렇게 정규화하면 복잡한 실수도 간단하게 저장할 수 있다.

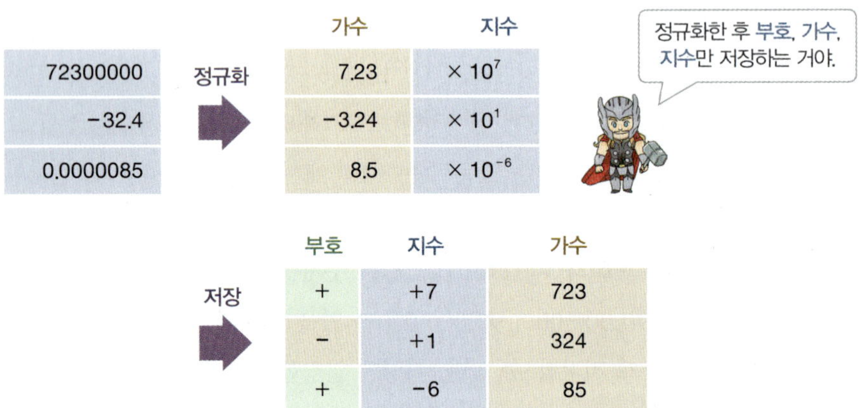

그림 3-23 **실수의 정규화**

여기서 잠깐 **정규화와 가수**

부동 소수점 방식에서 정규화란 2진수에 대하여 1.XXXX가 되도록 맞추는 것이다. 2진법에 익숙하지 않은 학생들을 위하여 이 책에서는 10진수에 대하여 한자리수.XXXX로 만드는 것을 정규화라 부른다.

정수 표현법과 실수 표현법의 한계

컴퓨터가 다루는 정수 데이터와 실수 데이터는 비슷해 보이지만 특성이 서로 다르다. 정수 표현법은 수의 크기에 한계가 있고 실수 표현법은 정밀도에 한계가 있다.

가계부 프로그램을 만들면서 16비트(2바이트)로 정수를 나타낸다고 가정해보자. 표현할 수 있는 정수의 개수는 2^{16}(65,536)개이다. 2의 보수 방식으로 표현할 수 있는 양수 최댓값은 32,767이다. 그래서 16비트로 된 정수로는 3만 3천 원을 표현할 수 없다. 만약 부호 없는 정수를 사용한다고 할지라도 6만 6천 원을 저장할 수 없다.

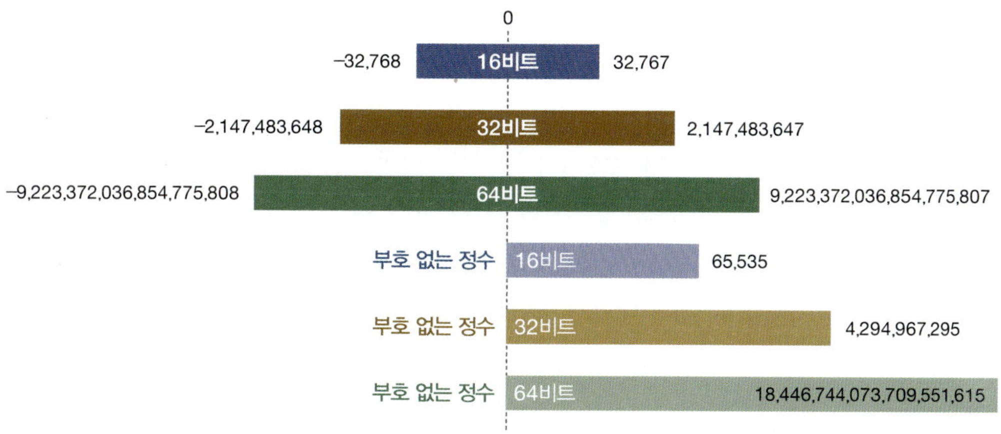

그림 3-24 비트와 정수의 최댓값

그렇다면 3만 3천 원보다 큰 액수를 다루는 가계부 프로그램을 짜려면 어떻게 해야 할까? 더 큰 수를 표현할 수 있도록 정수를 담는 데이터의 크기를 늘려야 한다. 32비트로 구성된 정수를 사용하면 양수의 최댓값은 $(2^{32} \div 2) - 1$이므로 2,147,483,647이 된다. 약 21억 원이므로 가계부 프로그램에 사용하기 충분하다. 그보다 더 큰 금액을 저장하려면 64비트로 구성된 정수를 사용하면 된다. 이와 같이 정수는 비트 수에 따라 담을 수 있는 수의 크기가 달라진다.

참고로 정수가 저장할 수 있는 수보다 더 큰 수를 저장할 때 발생하는 오류를 **오버플로**overflow라 부른다. 4비트로 된 2진수가 저장할 수 있는 가장 큰 정수는 7(2진수 `0111`)이다. 여기에 8을 넣으면 어떻게 될까? `0111`에 `1`을 더하면 `1000`이다. 이 값은 2의 보수에서 −8이다. 다시 말해 오버플로가 발생하면 음수가 된다.

반대로 정수가 저장할 수 있는 것보다 더 작은 수를 저장할 때 발생하는 오류를 **언더플로**underflow라 부른다. 4비트로 된 2진수에 −9를 넣어보자. −8(2진수 `1000`)에 `-1`을 계산하면 된다. 그 값은 `0111`인데 `0111`는 10진수로 7이다. 따라서 언더플로가 발생하면 양수가 된다.

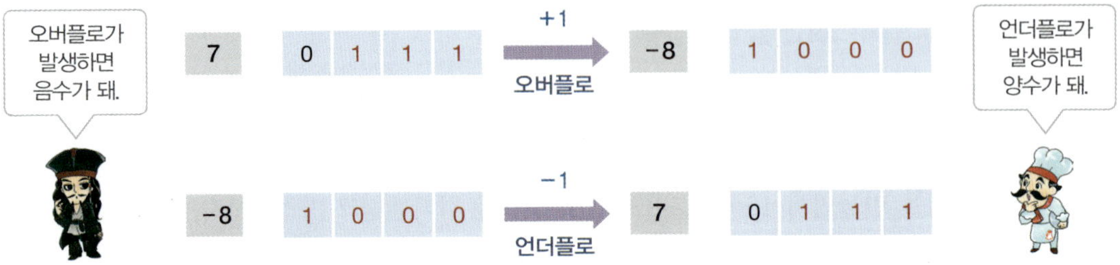

그림 3-25 오버플로와 언더플로

실수의 표현 방식은 큰 수를 표현하기에 적합한 구조이다. 예를 들어 21억을 정규화하면 2.1×10^{9}이 되고, 가수 21과 지수 9를 보관하면 된다. 2조 1,000억을 표현하고 싶다면 2.1×10^{12}으로 정규화하고 가수 21과 지수 12를 보관하면 된다. 그렇다면 실수를 구성하는 비트 수를 크게 하면 어떤 이점이 있을까? 보다 정밀한 수를 다룰 수 있다.

원주율은 약 3.14159265358979323846264 3이다. 이를 4바이트로 구성된 실수에 저장하면 가수가 다 들어가지 못하고 3.14159 정도만 들어간다. 3.141592653589793238462643을 다 저장하고 싶다면 8바이트로 구성된 실수에 넣어야 한다. 결론적으로 비트 수가 큰 실수는 비트 수가 작은 실수보다 정밀한 값을 저장할 수 있다. 따라서 정밀한 값을 다루는 프로그램을 만들 때는 비트 수가 큰 실수를 사용해야 한다.

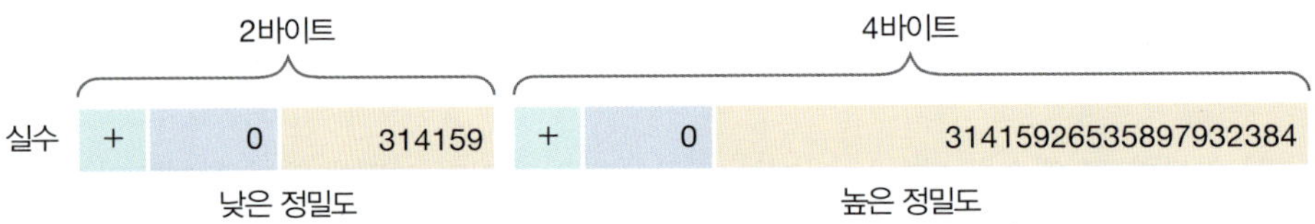

그림 3-26 실수의 크기와 정밀도

2 불린

불린Boolean은 값이 참 또는 거짓인 데이터 형식이다. 프로그래밍에서 불린은 반복문이나 분기에 많이 사용된다. 예를 들어 `if X then A, else B`라는 문장을 생각해 보자. X가 참이면 A가 실행되고 X가 거짓이면 B가 실행된다. 따라서 X는 결과가 참 또는 거짓인 불린이다. 마찬가지로

while(X)라는 문장은 X가 참인 동안 반복되다가 X가 거짓이 되는 순간 반복을 멈춘다.

C 언어에는 참과 거짓을 나타내는 불린 자료형이 없다. 대신 0을 거짓, 1을 참으로 정했다. 더 정확히는 0 이외의 모든 수가 참이다. 따라서 while(1)은 무한히 반복되는 반복문이 된다. 파이썬의 경우 bool이라 쓰는 불린 자료형이 있다. bool은 값이 참인 True 또는 거짓인 False이다. 파이썬도 C 언어와 마찬가지로 0을 거짓, 1을 참으로도 인식한다.

그림 3-27 불린

3 문자 표현

컴퓨터는 기본적으로 숫자만 다루지만 인간은 문자로 소통한다. 컴퓨터가 숫자만으로 문자를 처리하기 위해 어떤 방법을 사용하는지 알아보자.

아스키코드

컴퓨터는 문자를 처리하려고 숫자와 문자를 하나씩 대응시키는 코드를 사용하는데, **아스키코드**American Standard Code for Information Interchange(ASCII) code가 대표적이다. 아스키코드는 7비트로 구성되기 때문에 아스키코드로 표현할 수 있는 문자는 0부터 127까지 총 128(2^7)개이다. 아스키코드 중 0번부터 31까지는 제어 문자에 사용되는 코드이며, 32번부터 126번까지는 출력이 가능한 문자로 구성되어 있다.

[표 3-3]의 아스키코드에서 숫자 65는 대문자 A를 나타내고, 숫자 97은 소문자 a를 나타낸다. 다시 말해 문자 'A'를 저장하면 문자 대신 정수 65가 저장된다. 반대로 65를 꺼내어 보여줄 때는 65 대신 문자 'A'를 보여준다.

표 3-3 아스키코드

제어 문자			출력 가능한 문자								
10진수	16진수	부호	10진수	16진수	부호	10진수	16진수	부호	10진수	16진수	부호
000	00	NULL	032	20	SP	064	40	@	096	60	`
001	01	SOH	033	21	!	065	41	A	097	61	a
002	02	STX	034	22	"	066	42	B	098	62	b
003	03	ETX	035	23	#	067	43	C	099	63	c
004	04	EOL	036	24	$	068	44	D	100	64	d
005	05	ENQ	037	25	%	069	45	E	101	65	e
006	06	ACK	038	26	&	070	46	F	102	66	f
007	07	BEL	039	27	'	071	47	G	103	67	g
008	08	BS	040	28	(	072	48	H	104	68	h
009	09	HT	041	29	)	073	49	I	105	69	i
010	0A	LF	042	2A	*	074	4A	J	106	6A	j
011	0B	VT	043	2B	+	075	4B	K	107	6B	k
012	0C	FF	044	2C	,	076	4C	L	108	6C	l
013	0D	CR	045	2D	–	077	4D	M	109	6D	m
014	0E	SO	046	2E	.	078	4E	N	110	6E	n
015	0F	SI	047	2F	/	079	4F	O	111	6F	o
016	10	DLE	048	30	0	080	50	P	112	70	p
017	11	DC1	049	31	1	081	51	Q	113	71	q
018	12	DC2	050	32	2	082	52	R	114	72	r
019	13	DC3	051	33	3	083	53	S	115	73	s
020	14	DC4	052	34	4	084	54	T	116	74	t
021	15	NAK	053	35	5	085	55	U	117	75	u
022	16	SYN	054	36	6	086	56	V	118	76	v
023	17	ETB	055	37	7	087	57	W	119	77	w
024	18	CAN	056	38	8	088	58	X	120	78	x
025	19	EM	057	39	9	089	59	Y	121	79	y
026	1A	SUB	058	3A	:	090	5A	Z	122	7A	z
027	1B	ESC	059	3B	;	091	5B	[	123	7B	{
028	1C	FS	060	3C	〈	092	5C	₩	124	7C	|
029	1D	GS	061	3D	=	093	5D	]	125	7D	}
030	1E	RS	062	3E	〉	094	5E	^	126	7E	~
031	1F	US	063	3F	?	095	5F	_			

그림 3-28 문자 저장 방식

마찬가지로 문자 'YOU'를 저장하면 정수 89, 79, 85가 2진수로 저장된다. 이렇게 저장했다가 사용자에게 보여줄 때는 숫자를 다시 문자로 바꾼다.

그림 3-29 아스키코드의 저장과 변환

유니코드

영어 문화권에서 컴퓨터가 생겨났을 때는 아스키코드로 문자를 표현하는 데 문제가 없었다. 그러나 한국, 중국, 태국 등에서는 알파벳을 사용하지 않기 때문에 아스키코드만으로 문자를 표현할 수 없다. 컴퓨터에서 세계 각국의 문자를 통일되게 표현하고 다룰 수 있도록 국제적인 코드 규약이 만들어졌는데, 이것이 **유니코드**unicode이다. 2바이트로 구성된 유니코드는 10만 개가 넘는 문자를 표현할 수 있기 때문에 거의 모든 언어를 표현할 수 있다. [그림 3-30]의 한글 유니코드에서 '가'의 코드 값은 `AC00`이며 컴퓨터 내부에는 2진수 `1010110000000000`으로 저장된다.

	AC0	AC1	AC2	AC3	AC4	AC5	AC6	AC7	AC8	AC9	ACA	ACB	ACC	ACD	ACE	ACF
0	가 AC00	감 AC10	갠 AC20	갰 AC30	걀 AC40	걐 AC50	걠 AC60	거 AC70	검 AC80	겐 AC90	겠 ACA0	결 ACB0	겤 ACC0	곐 ACD0	고 ACE0	곰 ACF0
1	각 AC01	갑 AC11	갡 AC21	갱 AC31	걁 AC41	걑 AC51	걡 AC61	걱 AC71	겁 AC81	겑 AC91	겡 ACA1	겱 ACB1	겥 ACC1	곑 ACD1	곡 ACE1	곱 ACF1
2	갂 AC02	값 AC12	갢 AC22	갲 AC32	걂 AC42	걒 AC52	걢 AC62	걲 AC72	겂 AC82	겒 AC92	겢 ACA2	겲 ACB2	겦 ACC2	곒 ACD2	곢 ACE2	곲 ACF2

그림 3-30 한글 유니코드

04 | 연산과 논리 게이트

1 컴퓨터의 연산

덧셈, 뺄셈, 곱셈, 나눗셈 등 일정한 규칙에 따라 계산하는 것을 **연산**operation이라고 한다. 연산을 언어로 설명하면 다양한 표현 방법이 존재한다. 1,000원에 산 주식이 2,000원이 되었다면 2배, 더블, 곱하기 2, 수익률 100% 등으로 표현된다. 언어로 표현된 연산은 이해하기 어려울 수 있다. 수익률이란 원금에 대한 이익금의 비율인데, 이를 모르면 수익률 100%의 의미를 알 수 없다. 또한 나라마다 사용하는 언어가 다르기 때문에 한국어를 모르는 사람은 '곱하기'라는 말의 의미를 알지 못한다.

그림 3-31 2배를 표현하는 방법

이러한 문제점을 해결하기 위하여 기호를 사용한다. 전 세계 사람들이 + 기호는 덧셈, − 기호는 뺄셈, × 기호는 곱셈, ÷ 기호는 나눗셈으로 약속했다. 이렇게 연산에 사용되는 기호를 **연산자**operator라 부른다.

수학에서 사용하는 연산자와 프로그래밍 언어에서 사용하는 연산자에는 차이가 있다. 덧셈과 뺄셈은 똑같지만, 곱셈은 * 기호를, 나눗셈은 / 기호를 사용한다. 따라서 5 곱하기 3은 5 * 3이라 쓰고, 5 나누기 3은 5 / 3이라 쓴다. 여기서 3과 5는 피연산자라 부른다. **피연산자**operand란 연산의 대상이 되는 기호나 숫자를 의미한다.

그림 3-32 연산자와 피연산자

수학에서 = 기호는 같다equal는 의미로 사용한다. 그러나 프로그래밍 언어에서 = 기호는 대입 연산자assignment operator라 부른다. 대입 연산자(=)는 오른쪽에 있는 것을 왼쪽에 대입하라는 의미이다. A = 8의 의미는 왼쪽의 8을 오른쪽의 A에 대입하라는 뜻이며, 결과적으로 A에 8이 저장된다. 참고로 '같다'의 의미인 프로그래밍 언어의 연산자는 = 기호를 연달아 2개 사용한 ==이다.

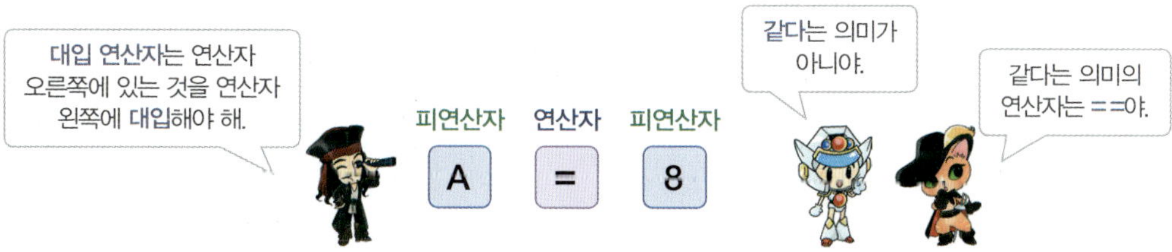

그림 3-33 대입 연산자

연산자는 크게 1항 연산자와 2항 연산자로 나뉜다. 1항 연산자unary operator란 피연산자의 개수가 1개인 연산자이며 단항 연산자라고도 부른다. 부호 연산자는 뺄셈과 같은 - 기호를 사용하며 1항 연산자이다. 부호 연산자(-)는 음수를 양수로, 양수를 음수로 바꾼다. 2항 연산자binary operator란 피연산자의 개수가 2개인 연산자이다. 덧셈(+), 뺄셈(-), 곱셈(*), 나눗셈(/) 연산자 모두 2항 연산자이다.

연산자의 우선순위

2 + 6 - 4 / 2 연산의 결과는 얼마인가? 왼쪽에서 오른쪽으로 계산했다면 2라고 대답할 것이다. 그러나 정답은 6이다. 곱셈과 나눗셈을 덧셈과 뺄셈보다 먼저 연산한다고 수학 시간에 배웠을 것이다. 컴퓨터도 하나의 식에서 우선순위가 높은 연산자를 먼저 연산한다. 따라서 4 / 2를 먼저 연산하여 2가 되고, 2 + 6 - 2의 결과로 6을 얻는다.

표 3-4 연산자 우선순위

순위	연산자	연산 기호	연산 방향
1순위	부호 연산자	-	오른쪽부터 차례로
2순위	곱셈, 나눗셈 연산자	*, /	왼쪽부터 차례로
3순위	덧셈, 뺄셈 연산자	+, -	왼쪽부터 차례로

컴퓨터의 사칙연산

컴퓨터가 어떻게 사칙연산을 하는지 살펴보자. 컴퓨터는 기본적으로 덧셈만 한다. 덧셈 하나로 뺄셈, 곱셈, 나눗셈을 모두 처리할 수 있다.

- 뺄셈은 보수(음수)를 더하여 처리한다. 예를 들어 7 - 4는 7 + (-4)로 연산하는 것이다. 2의 보

수에서 7은 **0111**이고 −4는 **1100**이므로 이를 더하면 **10011**이다. 여기서 맨 앞자리의 넘치는 값(오버플로)을 버리면 **0011**이 되고 연산 결과는 3이 된다.

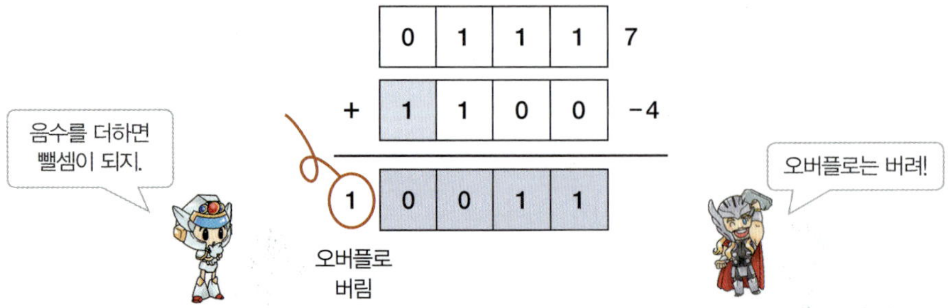

그림 3-34 컴퓨터의 뺄셈 연산

- 곱셈은 덧셈을 반복하여 계산한다. 예를 들어 **3 * 4**는 3을 네 번 더하면 된다.
- 나눗셈은 뺄셈을 계산한다. 즉, 뺀 값이 나누는 숫자보다 작아질 때까지 계속 빼 나간다. **10 / 3**은 나누는 숫자 3보다 작아질 때까지 10에서 3을 계속 뺀다. 10 − 3 = 7, 7 − 3 = 4, 4 − 3 = 1과 같이 3번을 빼면 1이 남는다. 따라서 몫은 3이 되고 나머지는 1이 된다.

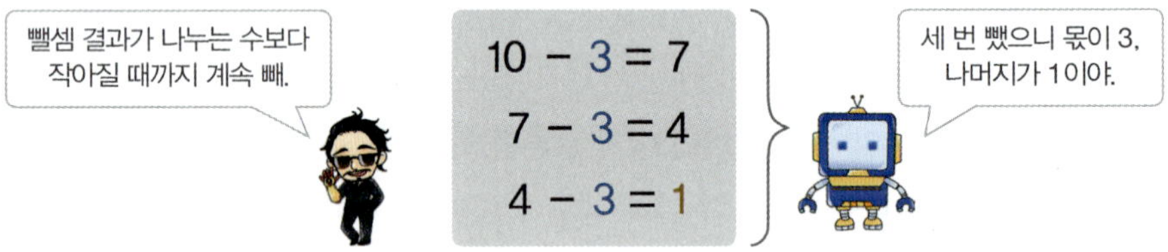

그림 3-35 컴퓨터의 나눗셈 연산

- 곱셈이나 나눗셈은 덧셈이나 뺄셈을 여러 번 해야 하니 비효율적이다. 그래서 간단하게 연산의 횟수를 줄이는 방법이 고안되었다. 특히 2의 거듭제곱인 수를 곱하거나 2의 거듭제곱으로 나눌 때 자리 이동(시프트shift)을 이용하면 쉽게 처리할 수 있다. 예를 들어 **12 * 2**의 경우, 12의 이진수 표현 **1100**에서 모든 자릿수를 오른쪽으로 한 칸 이동시키면 **11000**으로 24가 된다. 또한 **1100**의 모든 자릿수를 두 칸 오른쪽으로 이동시켰다는 것은 12에 2^2를 곱한 것, 즉 **12 * 4**이다. 다시 말해 2의 지수만큼 모든 자릿수를 오른쪽으로 이동시키면 곱셈이 된다.

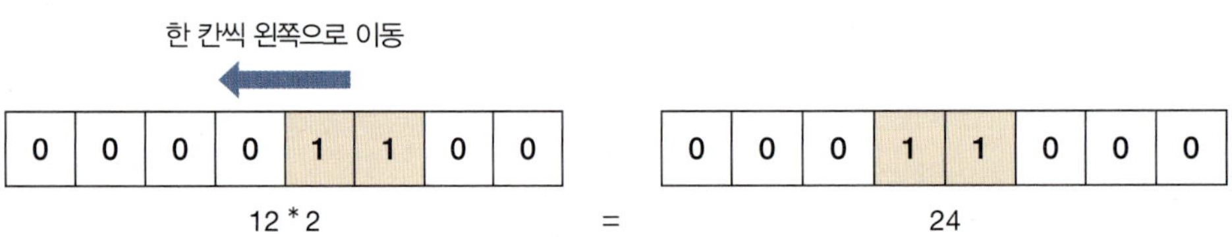

그림 3-36 자리 이동을 이용하는 곱셈 연산

나눗셈은 2의 지수만큼 모든 자릿수를 왼쪽으로 이동시키면 된다. 예를 들어 12 / 4는 12를 2^2로 나누는 것이기 때문에 모든 자릿수를 왼쪽으로 두 칸 이동시킨다. 연산 결과는 3이다.

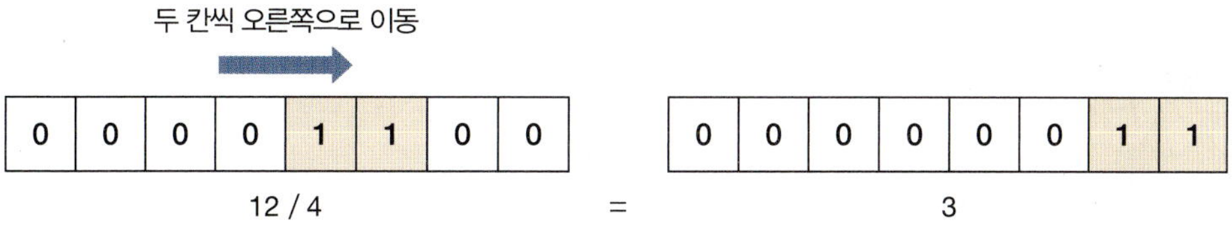

그림 3-37 자리 이동을 이용하는 나눗셈 연산

2 논리 연산자

논리 연산logical operation은 불린 자료형인 참(True)과 거짓(False)의 연산이다. 수학자 조지 불George Boole이 고안했기 때문에 불 대수라고도 부른다. 컴퓨터 회로를 구성하거나 프로그래밍에서 조건에 따라 서로 다른 작업을 해야 할 때 논리 연산자를 사용한다. 자주 쓰이는 논리 연산자로는 AND, OR, XOR, NOT이 있다.

AND 연산자

영자와 미숙이 부산에 놀러 가려고 하는데, 영자는 미숙과 꼭 같이 부산에 가기로 마음먹었다. 이 경우에는 영자 그리고 미숙이 둘 다 'OK' 해야만 부산에 갈 수 있다. 두 조건이 모두 참(True)일 때만 결과가 참이 되는 논리 연산자가 AND이다.

영자	미숙	부산
OK	OK	간다
OK	NO	못 간다
NO	OK	못 간다
NO	NO	못 간다

영자 그리고(AND) 미숙이 OK 하면 부산에 간다.

그림 3-38 AND 논리 연산

OR 연산자

같은 상황에서 영자와 미숙 중 한 사람이라도 'OK' 하면 부산에 가기로 마음먹었다고 가정해보자. 둘 다 가지 않겠다는 상황을 빼고는 모두 부산에 가게 된다. 두 조건이 모두 거짓(False)일 때만 결과가 거짓이 되는 논리 연산자가 OR이다.

영자	미숙	부산
OK	OK	간다
OK	NO	간다
NO	OK	간다
NO	NO	못 간다

영자 또는(OR) 미숙이 OK 하면, 부산에 간다.

그림 3-39 OR 논리 연산

XOR 연산자

한빛에게 부산에 가는 공짜 기차표가 생겼는데, 딱 두 장뿐이다. 혼자 가기는 싫고, 그렇다고 영자와 미숙 그리고 자신까지 3명이 같이 갈 수도 없다. 그래서 영자와 미숙 둘 중 한 명만 같이 가든지 아니면 아예 부산에 가는 것을 포기하려고 한다. 이때 영자와 미숙 둘 중 한 명만 간다고 하면 부산에 갈 수 있다. 그러나 둘 다 간다고 하거나 둘 다 가지 않겠다고 하면 부산에 갈 수 없다. 두 조건이 서로 다를 때만 결과가 참이 되는 논리 연산자가 XOR이다.

영자	미숙	부산
OK	OK	못 간다
OK	NO	간다
NO	OK	간다
NO	NO	못 간다

영자와 미숙 중 한 사람과(XOR) 부산에 가거나, 아니면 못 간다.

그림 3-40 XOR 논리 연산

NOT 연산자

같은 학과에 다니는 영자와 미숙이 심하게 싸웠다. 학과 MT를 부산으로 가기로 했는데, 영자는 미숙이 가면 안 가고, 미숙이 안 가면 가기로 마음먹었다. 즉 영자는 미숙과 반대로 행동한다. 이처럼 NOT은 참과 거짓을 바꾸는 연산자이다.

미숙	부산
OK	못 간다
NO	간다

영자는 미숙과 반대로(NOT) 한다.

그림 3-41 NOT 논리 연산

[표 3-5]는 AND 연산, OR 연산, XOR 연산, NOT 연산의 결과를 정리한 것으로, T는 참을, F는 거짓을 나타낸다. 논리 연산을 정리하면, AND 연산은 2개의 값이 모두 참일 때만 참이 되고, OR 연산은 2개의 값 중 하나라도 참이면 참이 된다. 또한 XOR 연산은 2개의 값 중 하나라도 다르면 참이 되고, 2개의 값이 같으면 거짓이 된다. 그리고 NOT 연산은 반댓값을 만든다.

표 3-5 논리 연산 진리표 1

AND 연산			OR 연산			XOR 연산			NOT 연산	
입력		출력	입력		출력	입력		출력	입력	출력
T	T	T	T	T	T	T	T	F	T	F
T	F	F	T	F	T	T	F	T	F	T
F	T	F	F	T	T	F	T	T		
F	F	F	F	F	F	F	F	F		

3 논리 게이트

논리 연산을 사용하여 만든 컴퓨터의 논리회로를 **논리 게이트** logic gate라 한다. CPU나 IC 칩은 수많은 논리 게이트를 작은 칩에 모아 놓은 것이다. 컴퓨터의 모든 작업은 논리 게이트에 의해 이루어지며, 프로그램은 논리 게이트를 움직이는 명령의 모음이다.

논리 게이트의 종류

AND 게이트는 입력 쪽에서 두 선에 동시에 전기가 흘러야 전기가 통하는 회로이고, OR 게이트는 입력 쪽에서 둘 중 한 선에만 전기가 흘러도 전기가 통하는 회로이며, XOR 게이트는 입력 쪽에서 둘 중 한 선에 전기가 흐를 때만 전기가 통하는 회로이다.

회로 설계도에는 AND나 OR 대신에 [그림 3-42]와 같은 심벌을 사용한다. 심벌에서 특징적인 것은 AND, OR, XOR 논리 게이트의 반대로 NOT 버전인 NAND, NOR, XNOR이다. NAND는 AND의 반댓값, NOR은 OR의 반댓값, XNOR은 XOR의 반댓값이 출력된다.

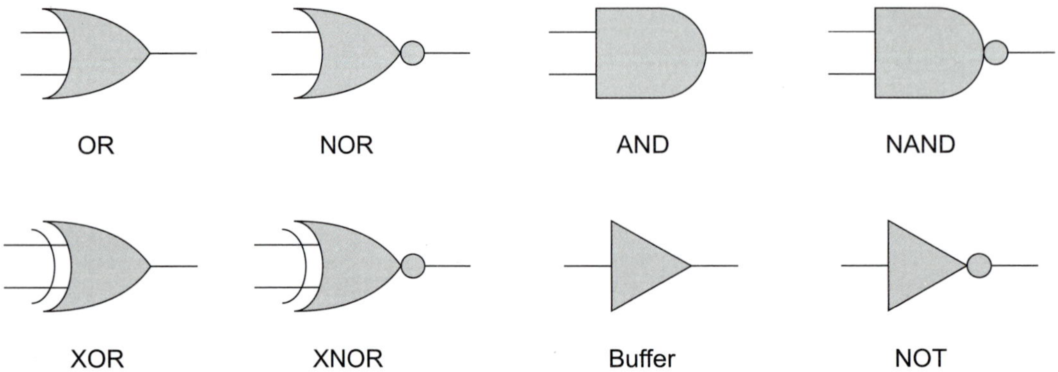

그림 3-42 논리 게이트 심벌

AND, OR, XOR 게이트의 진리표는 앞에 나온 [표 3-5]의 논리 연산 진리표와 같으며, [표 3-6]은 NAND, NOR, XNOR 게이트의 논리 연산 진리표이다. 진리표에서 T는 전기가 흐른다는 의미이고, 2진수 1과 같다. 반대로 F는 전기가 흐르지 않는다는 의미이고, 2진수 0과 같다.

표 3-6 논리 연산 진리표 2

NAND 연산			NOR 연산			XNOR 연산		
입력		출력	입력		출력	입력		출력
T	T	F	T	T	F	T	T	T
T	F	T	T	F	F	T	F	F
F	T	T	F	T	F	F	T	F
F	F	T	F	F	T	F	F	T

자동차 문이 열려있을 때 문 열림 경고등을 켜는 회로를 구성해 보자. 자동차에는 문이 여러 개 있는데 어느 문이든지 하나 이상 열려있으면 경고등이 작동해야 한다. 따라서 문 열림 센서들을 모두 OR 게이트로 연결하고 반대편에 문 열림 경고등을 부착한다.

자동차가 후진할 때 후방 경고등이 켜지는 회로도 구성해 보자. 자동차가 후진하기 위해서는 엔진이 작동 중이어야 하고 동시에 후진 기어가 작동해야 한다. 엔진이 꺼져 있거나 후진 기어가 아닌 경우에는 차가 후진하지 않는다. 따라서 엔진 작동 감지 센서와 후진 기어 센서를 AND 게이트로 연결하고 반대편에 후방 경고등을 붙이면 차가 후진할 때마다 후방 경고등이 켜진다.

그림 3-43 논리 게이트 사용 예

가산기

논리 게이트를 사용하여 2진수 A와 B의 덧셈 연산을 수행하는 가산기를 만들 수 있다. 이진수 A와 B를 더하면 결과는 0 또는 1이다. 또한 A와 B가 둘 다 1일 경우에는 결과가 0이면서 한 자리 위에 더할 올림수 1이 발생한다.

한 자리 2진수를 더하는 가산기는 [그림 3-44]와 같이 XOR 게이트와 AND 게이트로 만들 수 있다. A와 B가 입력이며, '가산'에는 더한 결과가 나오고, '올림'에는 올림수가 생긴 경우에만 1이 출력된다.

한 자리 2진수의 덧셈은 A가 1이고 B가 0이거나 A가 0이고 B가 1인 경우에 1이다. 둘 다 0이거나 둘 다 1인 경우에는 0이다. 둘 다 1인 경우 더한 결과가 0이고, 올림수 1이 만들어진다. 다시 말해 A와 B가 서로 다를 경우에만 가산이 1이다. 그래서 가산을 얻으려면 XOR 게이트를 사용한다. 올림의 경우 A와 B가 모두 1인 경우에만 1이 되므로 AND 게이트를 사용하면 된다.

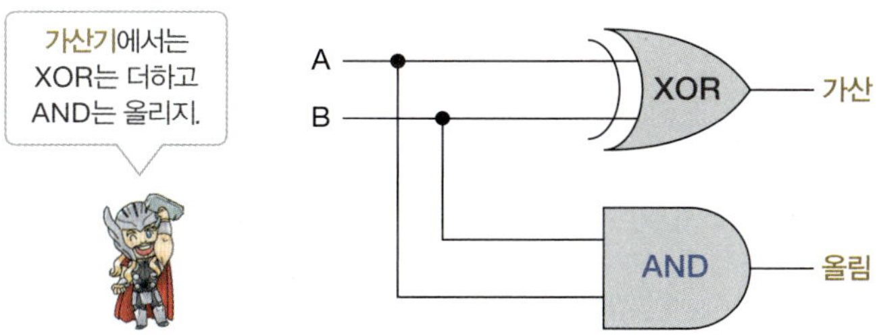

A	B	가산	올림
0	0	0	0
1	0	1	0
0	1	1	0
1	1	0	1

그림 3-44 가산기

감산기

A에서 B를 빼는 감산기도 쉽게 만들 수 있다. 2진수 2개의 뺄셈 결과는 0 또는 1이다. 다만 A가 0이고 B가 1일 경우, 결과가 1이면서 한 자리 위에서 빌려오는 빌림수 1이 발생한다. [그림 3-45]는 감산기를 나타낸다. 감산기의 '감산'에는 A에서 B를 뺀 결과가 나오고, '빌림'에는 B가 A보다 클 경우에만 윗자리에서 빌려온다는 뜻으로 1이 출력된다.

특이한 점은 감산기의 감산도 XOR 게이트를 사용한다는 것이다. A와 B가 같을 경우 뺄셈 결과는 0이다. A와 B가 다를 경우에만 뺀 결과가 1이기 때문에 XOR 게이트를 사용한다. 윗자리에서 1을 빌려오는 것은 A가 0이고 B가 1인 경우뿐이다. 따라서 A에 NOT 게이트를 붙인 후 AND 게이트로 B와 연결하면 된다.

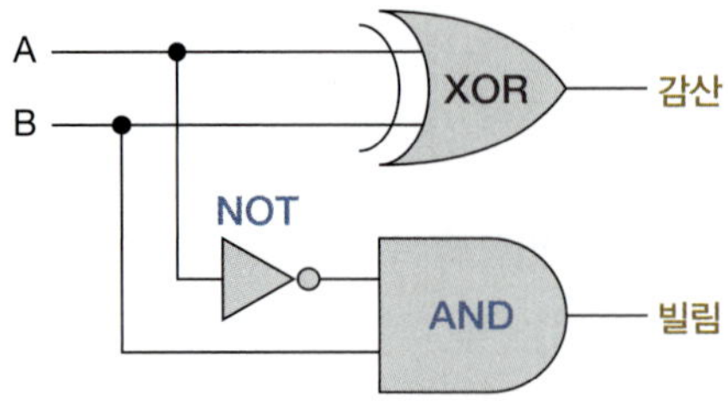

A	B	감산	빌림
0	0	0	0
1	0	1	0
0	1	1	1
1	1	0	0

그림 3-45 감산기

요약

01 컴퓨터는 2진수를 사용하며 최소 단위는 비트이다. 비트를 8개 묶은 것이 바이트이며 큰 묶음의 단위로 킬로바이트(KB), 메가바이트(MB), 기가바이트(GB), 테라바이트(TB), 페타바이트(PB)가 있다. 워드는 컴퓨터가 한 번에 처리할 수 있는 데이터 크기를 나타내는 단위이다.

02 1초 동안의 반복 횟수를 나타내는 단위가 헤르츠(Hz)이다. 네트워크에서 전송량은 bps로 나타낸다. 디스크 원반이 1분 동안 회전하는 수를 rpm으로 나타낸다.

03 수를 10진수, 2진수, 8진수, 16진수로 표현할 수 있다. 16진수는 `0`에서 `F`까지 숫자 16개를 사용하는데 10은 `A`, 11은 `B`, 12는 `C`, 13은 `D`, 14는 `E`, 15는 `F`로 표기한다.

04 데이터 종류는 문자, 정수, 실수, 불린이 있다. 불린은 `0`을 거짓으로, `1`을 포함한 나머지 수를 참으로 인식한다.

05 정수 중 음수는 2의 보수로 저장한다. 실수는 정규화한 후 가수와 지수를 저장한다. 저장 크기가 큰 정수는 큰 숫자를 저장할 수 있고, 저장 크기가 큰 실수는 더 정밀한 값을 저장할 수 있다.

06 문자는 1바이트 크기의 아스키코드를 사용하는데, 정수 형태로 저장된다. 영어가 아닌 문자를 사용하기 위해 만들어진 것이 2바이트 크기의 유니코드이다.

07 연산자는 연산에 사용하는 기호이고, 피연산자란 연산의 대상이 되는 기호나 숫자를 의미한다. 우선순위가 높은 연산자를 먼저 연산한다. 프로그래밍 언어에서 `=` 기호는 대입 연산자이고, 오른쪽에 있는 것을 왼쪽에 대입하라는 의미이다. 같다는 의미인 연산자는 `==`이다.

08 논리 연산자로는 모두 참일 때만 결과가 참인 AND, 두 조건이 거짓일 때만 결과가 거짓인 OR, 두 조건이 서로 다를 때만 결과가 참인 XOR, 참과 거짓을 바꾸어 주는 NOT이 있다.

09 컴퓨터의 논리 회로를 만드는 데 논리 게이트를 사용한다. 논리 게이트는 AND, OR, XOR 게이트와 NOT 버전인 NAND, NOR, XNOR 게이트가 있다.

연습문제

01 4바이트는 몇 비트인가?

① 16　② 32　③ 64　④ 128

02 CPU 클록 속도가 같을 때, 다음 중 가장 빨리 데이터를 처리할 수 있는 컴퓨터는 무엇인가?

① 16워드 컴퓨터　② 32워드 컴퓨터　③ 64워드 컴퓨터　④ 128워드 컴퓨터

03 다음 중 가장 큰 단위는 무엇인가?

① TB　② MB　③ GB　④ KB

04 1,000MB와 가장 가까운 데이터 단위를 찾으시오.

① 1TB　② 1MB　③ 1GB　④ 1KB

05 CPU 클록 속도가 같을 때, 다음 중 가장 느린 컴퓨터는 무엇인가?

① 32워드 컴퓨터　② 64워드 컴퓨터　③ 64비트 컴퓨터　④ 16비트 컴퓨터

06 네트워크에서 다루는 일정 크기의 데이터를 무엇이라고 하는가?

① 패킷　② 파일　③ 디렉터리　④ 틱

07 클록이 일정한 간격으로 만드는 신호를 무엇이라고 하는가?

① 패킷　② 파일　③ 디렉터리　④ 틱

08 속도를 나타내는 단위가 아닌 것은 무엇인가?

① Hz　② GB　③ rpm　④ bps

09 1초 동안의 반복 횟수를 나타내는 단위를 어떻게 표기하는가?

① Hz　② GB　③ rpm　④ bps

10 하드디스크의 원반이 1분 동안 회전하는 수를 어떻게 표기하는가?

① Hz　② GB　③ rpm　④ bps

11 네트워크에서 1초 동안 보내는 데이터의 양을 나타내는 단위는 무엇인가?

① Hz ② GB ③ rpm ④ bps

12 100MB 파일을 100Mbps 네트워크로 전송하면 약 몇 초가 걸리는가?

① 1초 ② 2초 ③ 10초 ④ 100초

13 교류 전기의 +극과 −극이 바뀌는 속도를 나타내는 단위는 무엇인가?

① Hz ② GB ③ rpm ④ bps

14 컴퓨터와 관련된 단위에 대한 설명으로 틀린 문장은 무엇인가?

① 헤르츠는 컴퓨터에서 1초 동안 클록 틱이 몇 번 발생했는지를 의미한다.
② 이미지를 종이에 출력할 때는 RGB 색상 값을 사용한다.
③ 데이터의 크기를 나타내는 단위로는 B, KB, MB, GB, TB가 있다.
④ 디스크 원반이 1분 동안 회전하는 수를 의미하는 단위는 rpm이다.

15 2진수 1101을 10진수로 변환하면 무엇인가?

① 11 ② 12 ③ 13 ④ 14

16 10진수 25를 2진수로 변환하면 무엇인가?

① 11001 ② 11011 ③ 11000 ④ 10001

17 16진수 A7을 10진수로 변환하면 무엇인가?

① 157 ② 167 ③ 175 ④ 177

18 10진수 17을 16진수로 변환하면 무엇인가?

① 11 ② 10 ③ 12 ④ 13

19 16진수 C를 2진수로 변환하면 무엇인가?

① 1100 ② 1101 ③ 1110 ④ 1111

20 2진수 1010을 16진수로 변환하면 무엇인가?

① 8 ② 9 ③ A ④ B

21 2진수 11101101을 16진수로 변환하면 무엇인가?

① AB ② BA ③ C7 ④ ED

22 RGB (255, 0, 255)는 무슨 색상인가?

① 빨간색 ② 보라색 ③ 녹색 ④ 파란색

23 RGB (0, 0, 255)는 무슨 색상인가?

① 빨간색 ② 보라색 ③ 녹색 ④ 파란색

24 노란색의 RGB 값은 무엇인가?

① (255, 0, 255) ② (255, 255, 0) ③ (0, 255, 255) ④ (0, 0, 255)

25 빨간색의 16진수 RGB 코드는 무엇인가?

① #(ff0000) ② #(00ff00) ③ #(0000ff) ④ #(00ffff)

26 노란색의 16진수 RGB 코드는 무엇인가?

① #(ff0000) ② #(ffff00) ③ #(ff00ff) ④ #(00ffff)

27 보라색의 16진수 RGB 코드는 무엇인가?

① #(ff0000) ② #(ffff00) ③ #(ff00ff) ④ #(00ffff)

28 종이에 색을 인쇄할 때는 CMYK를 사용한다. 여기서 K는 무슨 색상인가?

① 노란색 ② 검은색 ③ 자홍색 ④ 청록색

29 대입 연산자는 무엇인가?

① == ② * ③ = ④ /

30 프로그래밍 언어에서 '같다'라는 의미인 연산자는 무엇인가?

① == ② * ③ = ④ /

31 ASCII와 가장 관련 있는 데이터 종류는 무엇인가?

① 정수 ② 불린 ③ 실수 ④ 문자

32 값이 참 또는 거짓인 데이터 종류는 무엇인가?

① 정수 ② 불린 ③ 실수 ④ 문자

33 정규화와 가장 관련 있는 데이터 종류는 무엇인가?

① 정수 ② 불린 ③ 실수 ④ 문자

34 저장하는 크기에 따라 정밀도가 변하는 데이터 종류는 무엇인가?

① 정수 ② 불린 ③ 실수 ④ 문자

35 양수의 0과 1을 바꾸는 정수의 표현 방법이며 0이 2개가 된다는 단점이 있는 저장 방식은 무엇인가?

① 1의 보수 ② 2의 보수 ③ 부호 없는 정수 ④ 멘티사

36 다음 중 같은 크기로 정수를 저장할 때 가장 큰 양수를 저장할 수 있는 방식은 무엇인가?

① 1의 보수 ② 2의 보수 ③ 부호 없는 정수 ④ 멘티사

37 0과 1을 바꾸어 음수를 표현하는 방법이며 음수를 양수보다 1개 더 저장할 수 있는 방식은 무엇인가?

① 1의 보수 ② 2의 보수 ③ 부호 없는 정수 ④ 멘티사

38 실수 169.7을 정규화하여 저장할 때 1697을 무엇이라고 부르는가?

① 1의 보수 ② 2의 보수 ③ 지수 ④ 가수

39 1의 보수 방식으로 −1을 어떻게 나타내는가?

① 1101 ② 1100 ③ 1110 ④ 1011

40 2의 보수 방식으로 −3을 어떻게 나타내는가?

① 1101　② 1100　③ 1110　④ 1011

41 부호 없는 정수 방식으로 10을 어떻게 나타내는가?

① 1101　② 1100　③ 1110　④ 1010

42 16비트로 저장할 수 있는 양수(정수)의 최댓값이 32767이다. 이때 저장할 수 있는 음수(정수)의 최솟값은 얼마인가?

① −32767　② −32768　③ −32769　④ −32766

43 아스키코드는 몇 비트로 이루어져 있는가?

① 1비트　② 2비트　③ 8비트　④ 16비트

44 유니코드는 몇 비트로 이루어져 있는가?

① 1비트　② 2비트　③ 8비트　④ 16비트

45 틀린 문장은 무엇인가?

① 컴퓨터가 표현할 수 있는 숫자에는 크게 정수와 실수가 있는데, 정수에서 음수를 표시할 때는 2의 보수 방식을 사용한다.

② 전 세계의 모든 문자를 컴퓨터에서 일관되게 표현하고 다룰 수 있도록 설계된 산업 표준이 유니코드이다.

③ 실수에서 소수점 앞에 한 자리 숫자가 오도록 자릿수를 맞추는 작업을 정규화라고 한다.

④ 프로그래밍 언어에서 거짓을 나타내는 숫자는 1이다.

46 자리 이동을 이용하여 이진수를 4로 나누는 경우 모든 자릿수를 어떻게 이동시켜야 하는가?

① 왼쪽으로 1칸　② 왼쪽으로 2칸　③ 오른쪽으로 1칸　④ 오른쪽으로 2칸

47 자리 이동을 이용하여 이진수에 2를 곱하는 경우 모든 자릿수를 어떻게 이동시켜야 하는가?

① 왼쪽으로 1칸　② 왼쪽으로 2칸　③ 오른쪽으로 1칸　④ 오른쪽으로 2칸

48 프로그래밍 언어에서 거짓을 나타내는 숫자를 찾으시오.

① 0　② 1　③ −2　④ 10

49 입력 두 개가 서로 다를 때만 결과가 참이 되는 연산자는 무엇인가?

① XOR ② AND ③ NOT ④ OR

50 입력 두 개 중 하나라도 참이면 결과가 참이 되는 연산자는 무엇인가?

① XOR ② AND ③ NOT ④ OR

51 입력 두 개가 모두 참일 때만 결과가 참이 되는 연산자는 무엇인가?

① XOR ② AND ③ NOT ④ OR

52 입력 두 개가 모두 거짓일 경우에만 결과가 거짓이 되는 연산자는 무엇인가?

① XOR ② AND ③ NOT ④ OR

53 입력 두 개 중 하나라도 거짓이면 결과가 거짓이 되는 연산자는 무엇인가?

① XOR ② AND ③ NOT ④ OR

54 거짓을 입력하면 결과가 참인 연산자는 무엇인가?

① XOR ② AND ③ NOT ④ OR

55 입력 두 개가 서로 다를 때만 결과가 거짓이 되는 연산자는 무엇인가?

① XNOR ② NAND ③ NOT ④ NOR

56 입력 두 개 중 하나라도 참이면 결과가 거짓이 되는 연산자는 무엇인가?

① XNOR ② NAND ③ NOT ④ NOR

57 입력 두 개가 모두 참일 때만 결과가 거짓이 되는 연산자는 무엇인가?

① XNOR ② NAND ③ NOT ④ NOR

58 입력 두 개가 모두 거짓일 경우에만 결과가 참이 되는 연산자는 무엇인가?

① XNOR ② NAND ③ NOT ④ NOR

PART 02

하드웨어와 멀티미디어

CONTENTS

CHAPTER 04

컴퓨터의 구조

학습목표

- 컴퓨터 하드웨어의 구성을 살펴보고 폰노이만 구조를 이해한다.
- 메모리, CPU, 저장 장치의 구성을 살펴보고 동작 방식을 이해한다.
- 컴퓨터의 성능을 향상하기 위한 채널 분리, 버퍼, 스풀, 캐시의 작동 방식을 이해한다.
- 멀티프로세싱, 멀티코어, 명령어 병렬처리의 차이를 알아본다.

Preview

컴퓨터는 프로그래밍을 할 수 있는 기계이다. 그렇다면 프로그램을 실행할 때 하드웨어에서는 무슨 일이 일어날까? 이 장에서는 컴퓨터를 구성하는 장치를 자세히 살펴본다. 물리적인 장치에는 한계가 있기 때문에 컴퓨터 시스템의 성능을 향상하기 위해 다양한 방법을 적용한다. 컴퓨터를 구성하는 장치의 특성을 이해하면 컴퓨터를 더욱 효율적으로 사용할 수 있을 것이다.

- 컴퓨터 시스템
  - 하드웨어의 구성
  - 폰노이만 구조
- 컴퓨터의 부품
  - 메모리
    - 메모리 저장 장치
  - CPU
  - 버스
    - 버스의 종류
    - CPU의 성능과 버스
  - 저장 장치
    - 하드디스크, SSD
    - 레이저 저장 장치
  - 포트 규격
- 컴퓨터 시스템의 성능 향상
  - 입출력 채널
  - 버퍼
  - 캐시
  - 저장 장치의 계층 구조
- 멀티프로세싱
  - 멀티프로세싱의 비교
    - 멀티프로세서
    - 멀티코어
    - 명령어 병렬처리

01 | 컴퓨터 시스템

1 하드웨어의 구성

컴퓨터를 열어보면 안에 복잡한 장치들이 있다. CPU는 명령어를 해석하여 실행하는 장치로, 컴퓨터를 인간으로 치면 CPU는 두뇌에 해당한다. 메인메모리는 작업에 필요한 프로그램과 데이터를 저장하는 장소이다. 초기 컴퓨터에는 CPU와 메인메모리뿐이었으며 모든 작업은 CPU와 메인메모리의 협업으로 이루어진다. 그래서 CPU와 메인메모리는 컴퓨터를 구성하는 필수 장치라 부르고, 그 외의 장치들은 주변 장치라 부른다.

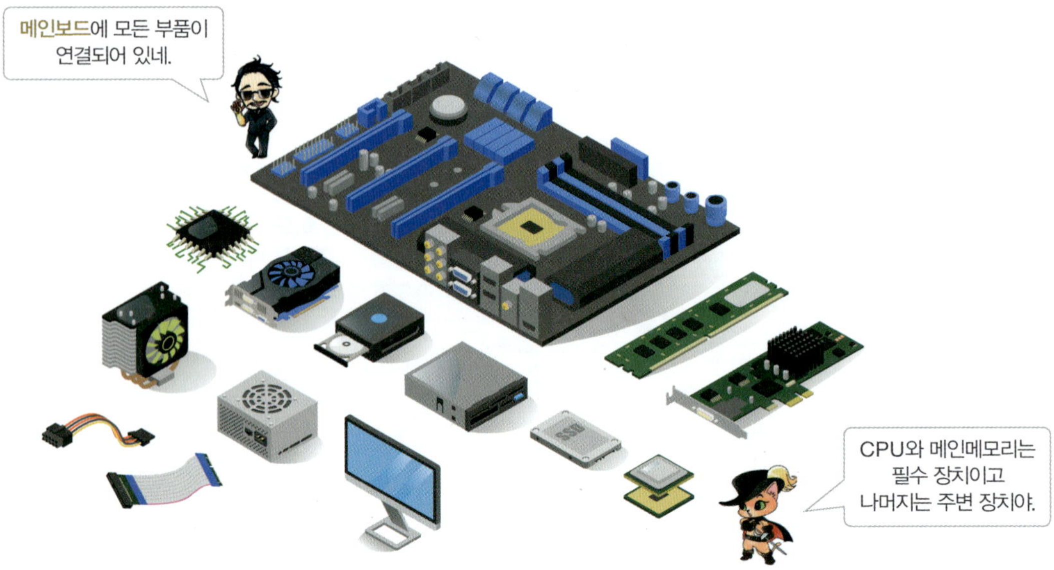

그림 4-1 컴퓨터의 하드웨어

메인메모리

메인메모리는 컴퓨터의 필수 장치이다. 메인메모리는 전체 크기를 1바이트씩 나누고 각각의 바이트에 데이터를 저장한다. 1바이트씩 나뉜 각 영역은 주소로 구별하는데 마치 모눈종이에 주소를 붙인 것과 같다. 메모리 주소는 보통 0번지부터 시작하며 CPU가 메인메모리와 소통할 때 주소를 사용한다. 예를 들어 메인메모리가 100번지 주소에 있는 데이터를 CPU에 전달하거나 CPU로부터 받은 데이터를 120번지에 저장하는 식이다.

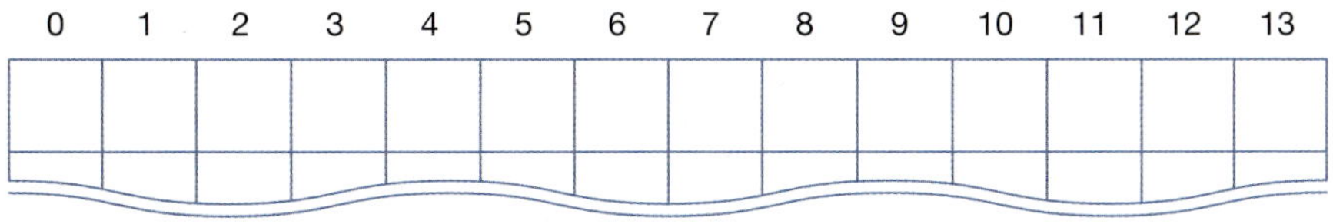

그림 4-2 메인메모리의 주소

주변 장치

컴퓨터의 주변 장치로는 입력 장치, 출력 장치, 저장 장치가 있다.

- **입력 장치**: 컴퓨터에 데이터를 전달하는 장치이다. 천공카드, 키보드, 마우스 순으로 개발되었다. 스마트폰이 보급된 이후에는 터치스크린과 카메라가 중요한 입력 장치가 되었다.
- **출력 장치**: 작업 결과를 표시하는 장치이다. 초기 컴퓨터의 출력 장치는 진공관이 전부였다. 그 후 라인 프린터가 개발되었고 모니터, 그래픽카드, 사운드 카드 등 다양한 출력 장치가 개발되었다. 문서를 출력하는 일반 프린터뿐 아니라 입체물을 출력할 수 있는 3D 프린터도 출력 장치이다. 컴퓨터 성능에 영향을 미치는 출력 장치로는 그래픽카드가 있다. 그래픽카드는 컴퓨터 작업 중 그래픽 처리만 담당하는 부품이다.
- **저장 장치**: CPU가 작업에 사용하는 저장 공간인 메인메모리는 전기가 끊기면 데이터도 사라지는 특징이 있다. 따라서 전원이 꺼진 이후에도 데이터를 보관할 수 있는 저장 장치가 생겨났다. 메인메모리를 주기억 장치라 부르고 저장 장치를 보조 저장 장치second storage 혹은 제2 저장 장치라고 부른다. 초기에는 저장 장치로 카세트테이프를 사용했고 이후에 플로피디스크와 하드디스크가 등장했다. 구동 장치를 사용하는 하드디스크나 CD는 속도가 느리다. 반면에 반도체 메모리는 전자의 이동으로 데이터를 처리하기 때문에 빠르다. 그래서 반도체 메모리를 이용한 저장 장치인 SSD가 하드디스크를 대신해서 많이 사용된다. SSD 이외에도 USB 저장 장치, CF 카드, SD 카드 등과 같은 메모리 저장 장치가 있다.

TIP 이 책에서 수식어 없이 '메모리'라고 하면 이는 메인메모리를 의미한다. 메모리와 메인메모리를 구별해야 할 때는 '메인메모리'라 표시한다. 또한 반도체 메모리를 이용하는 SSD나 USB 저장 장치는 메모리 저장 장치라 부른다.

메인보드

메인보드main board는 CPU와 메모리 등 다양한 컴퓨터 부품을 연결해주는 커다란 판이다. 메인보드에는 각종 부품을 꽂을 수 있는 단자가 마련되어 있는데 이를 **포트**port라 부른다. 예를 들어 USB 저장 장치는 컴퓨터의 USB 포트에 꽂아서 사용한다.

메인보드는 고정된 각 부품에 전원을 공급하며, 연결된 각 부품 사이로 데이터가 흘러 다닌다. 메인보드에서 데이터가 다니는 통로를 **버스**bus라 부른다. 메인보드를 자세히 들여다보면 가는 선들이 복잡하게 엉켜 있는데, 이 선들이 버스이다. 운송수단인 버스가 정해진 길로만 다니듯이, 데이터는 메인보드의 버스를 따라 각 장치에 도착한다. 메인보드에서 장치들을 연결하는 버스를 시스템 버스system bus 혹은 전면 버스Front Side Bus라 부르며 약어로 FSB라 한다.

그림 4-3 메인보드와 버스

스마트폰의 하드웨어

스마트폰은 통신이 가능한 작은 컴퓨터이기 때문에 컴퓨터와 하드웨어 구성이 비슷하다. 다만 작은 크기에 많은 부품을 집어넣기 위하여 CPU, GPU, 무선통신을 하나의 칩에 구현하였는데 이를 AP라 부른다. 입력 장치로 터치스크린, 카메라, GPS, 자이로 센서, 지문 인식 센서 등이 있고, 출력 장치로 터치스크린과 스피커가 있다. 저장 장치로는 SSD 등 플래시 메모리를 사용한다.

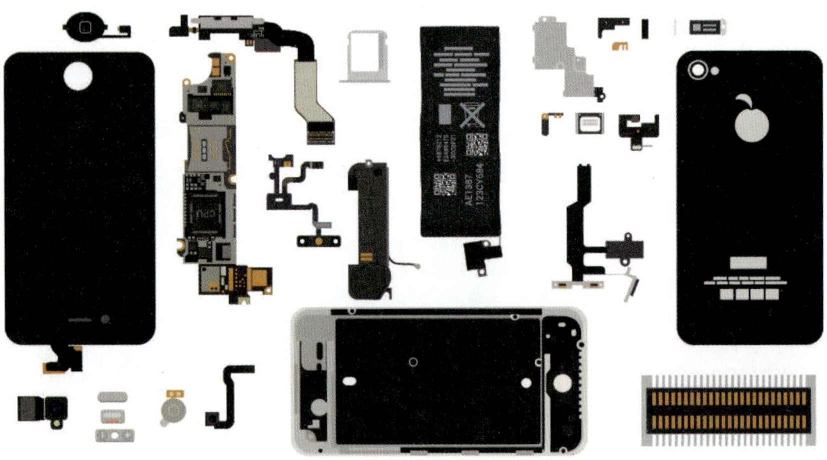

그림 4-4 스마트폰의 하드웨어

2 폰노이만 구조

현대 컴퓨터는 대부분 **폰노이만 구조**Von Neumann architecture를 따른다. 폰노이만 구조는 [그림 4-5]와 같이 CPU, 메인메모리, 입력 장치, 출력 장치, 저장 장치가 버스로 연결된 형태이다.

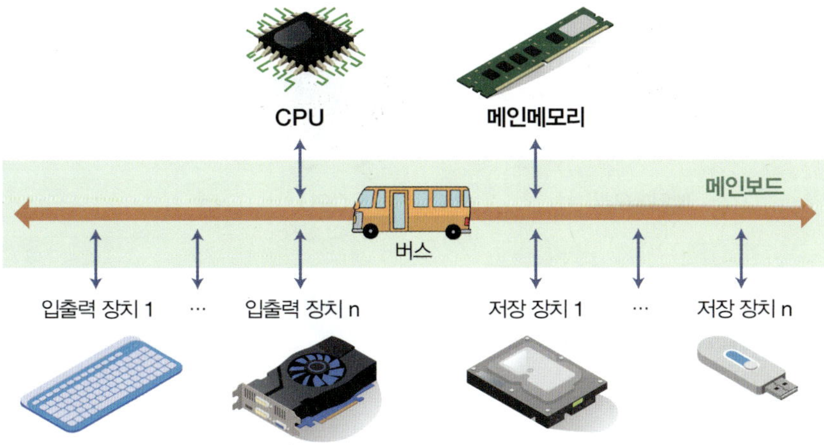

그림 4-5 폰노이만 구조

폰노이만 구조 이전에는 컴퓨터에 전선을 연결하여 회로를 구성하는 하드 와이어링 방식으로 프로그래밍을 했다. 그래서 컴퓨터를 다른 용도로 사용하려면 전선 연결을 바꾸어야 했다. 수학자 존 폰노이만John von Neumann은 이러한 문제를 해결하고자 메모리를 사용하여 프로그래밍을 하는 컴퓨터 구조를 제안했다. 즉 하드웨어는 그대로 둔 채 작업용 프로그램만 교체하여 메인메모리에 올리는 방식이다. 폰노이만 구조 덕분에 프로그래밍 기술을 이용하여 컴퓨터로 다양한 작업을 할 수 있게 되었다.

폰노이만 구조에서 가장 중요한 특징은 모든 프로그램은 메인메모리에 올라와야 실행할 수 있다는 것이다. 예를 들어 문서 작성 프로그램으로 보고서를 작성했다고 하자. 문서 작성 프로그램과 보고서 파일은 하드디스크에 저장되어 있다. 그러나 프로그램이 저장 장치에서 바로 실행되지는 않는다. 저장 장치에 있는 프로그램을 실행하려면 먼저 프로그램을 메인메모리에 올려놓아야 한다.

핵심 **폰노이만 구조**

프로그램이 메인메모리에 올라와야 실행할 수 있다.

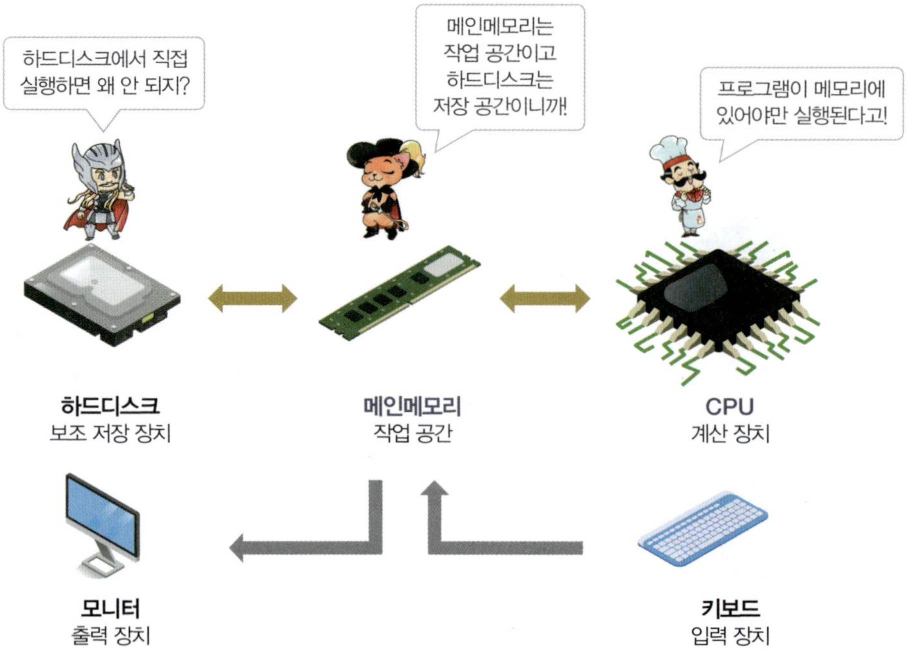

그림 4-6 폰노이만 구조의 특징

2장에서 컴퓨터 동작을 요리에 빗대어 설명했다. 주방장은 CPU, 조리대는 메인메모리, 보관 창고는 저장 장치에 비유했고, 주방장을 도와 조리하는 보조 요리사는 GPU, 주방 보조는 입출력 관리자에 비유했다. '모든 프로그램은 메인메모리에 올라와야 실행할 수 있다'는 폰노이만 구조를 요리에 빗대어 살펴보자. 주방장(CPU)이 조리하려면 보관 창고(저장 장치)에 있는 재료를 조리대(메인메모리)로 가져와야 한다. 어떤 주방장도 보관 창고에서 바로 재료를 손질하거나 조리할 수 없다. 조리대(메인메모리)는 주방장(CPU)이 조리하는 핵심적인 작업 공간이고, 보관 창고(저장 장치)는 보조적인 공간이다.

요리에 비유하면 메인메모리가 작은 컴퓨터가 왜 느린지를 쉽게 이해할 수 있다. [그림 4-7]을 보자. 조리대가 충분히 크면 여러 재료를 한꺼번에 가져다 놓고 손질할 수 있다. 그러나 조리대가 작으면 재료를 하나씩 다듬고 이를 보관 창고에 가져다 놓은 후 다시 다른 재료를 가져와야 한다. 재료를 손질하는 동작보다 보관 창고로 옮기는 동작이 오래 걸리기 때문에 조리대가 작으면 작업 속도가 떨어진다. 컴퓨터에서도 모든 조건이 동일하다면 메인메모리가 1GB인 컴퓨터는 메인메모리가 4GB인 컴퓨터보다 느리다. 다시 말해 메인메모리 크기는 컴퓨터 속도에 영향을 미친다.

그림 4-7 조리대의 크기와 작업 속도

그렇다고 해서 메인메모리를 무작정 크게 만들 필요는 없다. 조리대가 재료 전체를 충분히 수용할 정도로 커지면 작업 속도에 영향을 미치지 않기 때문이다. 집채만 한 조리대가 있다고 해서 조리 속도가 빨라지지는 않는다. 재료를 처리할 수 있을 만큼이면 족하다. 실제로 메모리가 32GB인 컴퓨터와 메모리가 64GB인 컴퓨터의 작업 속도는 크게 차이가 나지 않는다. 손질할 재료보다 조리대의 크기가 작을 때만 문제가 된다.

02 | 컴퓨터의 부품

컴퓨터를 구성하는 주요 부품인 메모리, CPU, 버스, 저장 장치, 포트의 종류와 특징에 대하여 자세히 알아보자.

1 메모리

컴퓨터가 사용하는 반도체 메모리(메모리 저장 장치)를 크게 둘로 나누면 읽거나 쓸 수 있는 램과 읽기만 가능한 롬이 있다. 기록한 내용을 바꿀 수 없는 롬은 특수한 경우에만 사용한다. 따라서 일반적으로 메모리라 하면 램을 가리킨다.

램

램Random Access Memory(RAM)은 무작위random로 데이터를 읽어도 저장된 위치와 상관없이 같은 속도로 데이터를 읽을 수 있다는 의미로 붙인 이름이다. 램은 다시 휘발성 램과 비휘발성 램으로 나뉜다.

- **휘발성 램**volatile RAM은 전원이 없을 때 데이터가 사라지는 반도체 메모리이다. 과거에는 컴퓨터의 메인메모리로 휘발성 램인 DRAMDynamic RAM(동적 램)이나 SRAMStatic RAM(정적 램)을 사용했다. 이후 메인메모리로 DRAM이나 SRAM보다 빠른 SDRAMSynchronous Dynamic RAM을 사용하게 되었다. 요즘 컴퓨터나 스마트폰에는 DDR4 SDRAM이 사용된다.
- **비휘발성 램**non-volatile RAM은 전원이 없어도 데이터를 보관할 수 있다. 일반적으로 메인메모리에는 휘발성 램이 사용되고 SSD나 USB 저장 장치에는 비휘발성 램이 사용된다. 대표적인 비휘발성 램이 플래시 메모리flash memory이다. 플래시 메모리는 전원이 없을 때도 데이터를 보관하는 저장 장치에 많이 사용한다. SSD, 디지털카메라의 저장 장치, MP3 플레이어, USB 드라이브가 플래시 메모리를 사용한다.

TIP 플래시 메모리의 각 소자는 최대 사용 횟수가 제한되어 있다. 보통 소자 하나당 수천 번에서 수만 번 사용하면 제 기능을 잃는다. 따라서 SD 카드나 USB 저장 장치를 오래 사용하면 성능이 저하되거나 데이터를 잃어버릴 수 있다.

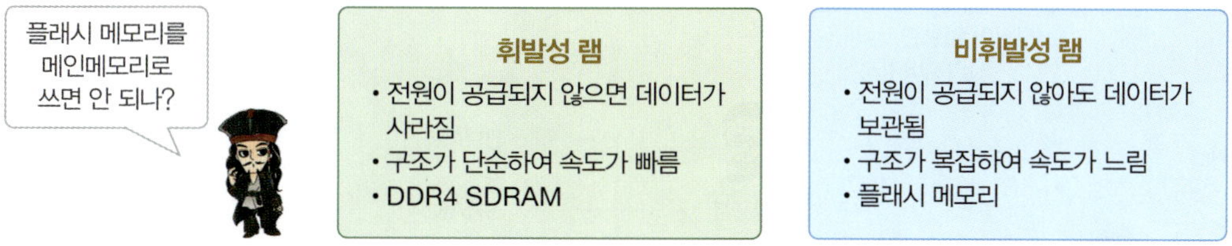

그림 4-8 휘발성 램과 비휘발성 램

메인메모리를 비휘발성 램으로 만들면 전원이 없어도 데이터를 기억하니 편리하겠다고 생각할 수 있다. 그런데 비휘발성 램은 전원이 없어도 데이터를 보관해야 하기 때문에 내부 구조가 복잡하다. 내부 구조가 복잡하다는 것은 그만큼 느리다는 것이다. 따라서 메인메모리에는 빠른 휘발성 램을 사용하고, 저장 장치에는 느리지만 데이터를 저장하기에 유리한 비휘발성 램을 사용한다.

여기서 잠깐 **DDR4 SDRAM**

DRAM에 저장된 데이터는 일정 시간이 지나면 사라진다. 따라서 일정 시간마다 재생해야(refresh) 한다. DRAM의 첫 글자인 D는 동적(Dynamic)의 약자이며, 일정시간 마다 재생하는 메모리라는 의미이다. 반면 SRAM은 전원이 있는 동안 데이터를 보관할 수 있어 재생할 필요가 없다. 그래서 정적(Static)의 약자인 S를 사용한다. SRAM은 속도가 빠르지만 비싸다. 일반적으로 그래서 메인메모리에는 가격이 저렴한 DRAM을 사용하고, 캐시cache 같은 고속 메모리에 SRAM을 사용한다.

DRAM을 발전시킨 것이 SDRAMSynchronous Dynamic Random Access Memory이다. SDRAM이 빨라졌다고 해도 여전히 CPU보다는 느리기 때문에 컴퓨터 전체의 작업 속도를 떨어뜨리는 문제가 있다. 이러한 속도 차이를 완화하기 위해 SDRAM의 입출력 속도를 높인 것이 DDR SDRAM이며 DDR은 'Double Data Rate'의 약자이다. 기존의 SDRAM은 클록 틱 한 번에 1개의 데이터를 전송한다. DDR SDRAM은 클록 틱 한 번에 2개의 데이터를 전송하기 때문에 입출력 속도가 2배 빨라진다. DDR 램은 꾸준히 발전하고 있다. DDR2는 DDR의 2배 속도, 즉 기존 SDRAM의 4배(2^2배) 속도로 데이터를 전송할 수 있다. 현재는 SDRAM보다 전송 속도가 16배(2^4배) 빠른 DDR4 SDRAM이 일반화되었다.

롬

롬Read Only Memory(ROM)은 전원이 꺼져도 데이터를 보관하는 메모리이다. 데이터는 한번 저장하면 내용을 바꿀 수 없다. 또한 공 CD를 시디롬CD-ROM이라고 하는데, CD에 데이터를 딱 한 번만 저장할 수 있기 때문이다.

롬의 종류로는 데이터를 지우거나 쓸 수 없는 마스크 롬Mask ROM과 전용 기계를 사용하여 데이터를 한 번만 저장할 수 있는 PROMProgrammable ROM, 여러 번 쓰고 지울 수 있는 EPROMErasable Programmable ROM이 있다. EPROM은 플래시 메모리처럼 사용할 수 있지만, 가격이 비싸다는 단점이 있다.

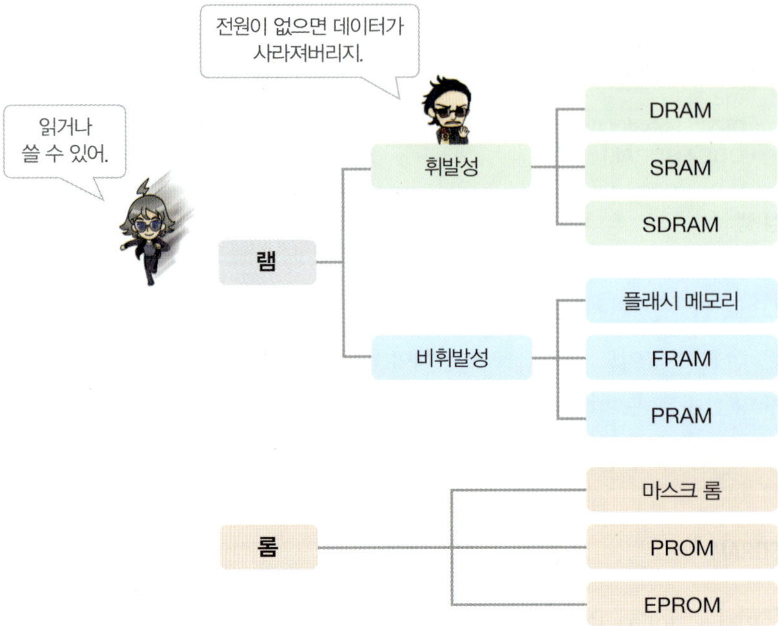

그림 4-9 **메모리의 종류**

2 CPU의 구성과 동작

CPU는 명령어를 해석하여 실행하는 장치이다. CPU는 명령에 따라 계산하는 **산술 논리 연산 장치**, 다른 장치에 명령 신호를 내리는 **제어 장치**, 데이터를 임시로 보관하는 **레지스터**로 구성된다. CPU는 이들의 협업으로 작업을 처리한다.

CPU의 구성

- **산술 논리 연산 장치**Arithmetic and Logic Unit(ALU): 주방장은 요리를 주문받으면 재료를 삶거나 찌거나 볶는 형태로 조리한다. 이와 마찬가지로 CPU에서 산술 논리 연산 장치도 명령에 따라 산술 연산이나 논리 연산을 수행한다.
- **제어 장치**control unit: 주방장은 요리를 만들기 위하여 '양파를 조리대로 가져오세요', '양파 껍질을 미리 벗겨놓으세요', '다 된 요리를접시에 담으세요' 등 지시를 내린다. 주방장이 지시하는 것처럼 CPU에서 작업을 지시하는 장치를 제어 장치라고 한다. 제어 장치는 저장 장치에서 메인메모리로 데이터를 가져오라는 명령, 저장 장치로 데이터를 내보내라는 명령, 입력 장치에서 데이터를 가져오거나 출력 장치에 데이터를 내보내라는 명령 등을 내린다.
- **레지스터**register: 다진 고기, 껍질을 깐 양파, 갈아 놓은 마늘처럼 하루 동안 쓸 재료를 미리 손질해 놓으면 편리하다. 조리에 필요한 재료를 작은 접시에 담아 놓는 것처럼 CPU 내에서 데이터를 임

시 보관하는 장치를 레지스터라고 한다. 레지스터에는 계산하는 데 필요한 데이터를 잠시 저장하거나 계산의 중간 결과를 저장한다. 최종 계산 결과는 메인메모리로 옮긴다.

그림 4-10 CPU의 구성

CPU의 동작

CPU에서 산술 논리 연산 장치, 제어 장치, 레지스터가 명령을 어떻게 처리하는지 살펴보자. [그림 4-11]은 덧셈 명령 '2 + 3'을 처리하는 과정을 나타낸다. 모든 데이터는 메모리에 있으며, CPU가 메모리에서 데이터를 가져오거나 저장하기 위해서는 메모리의 주소를 사용한다. 여기서 숫자 2는 메모리 주소 100번지에, 숫자 3은 메모리 주소 120번지에 저장되어 있으며 덧셈 결과는 메모리 주소 160번지에 저장한다고 가정한다.

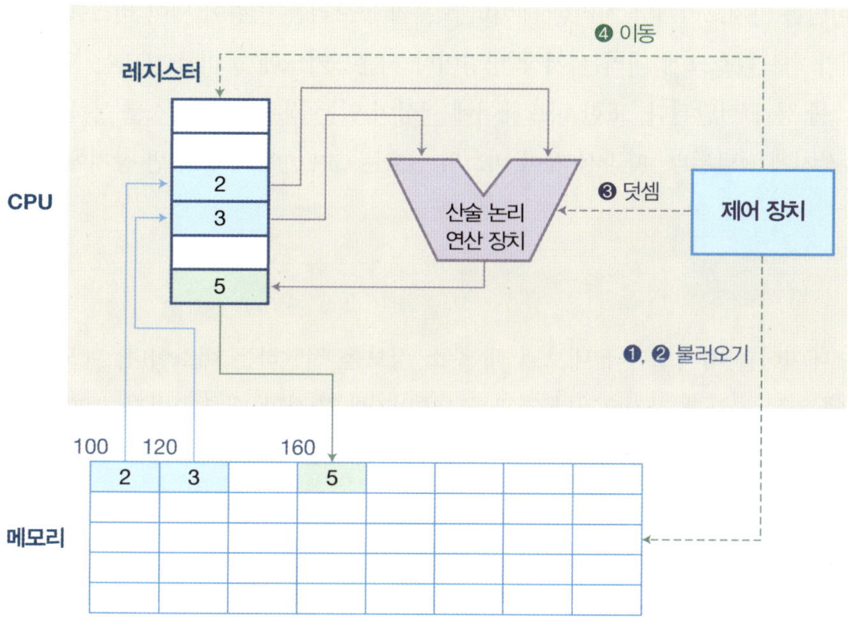

그림 4-11 CPU의 명령 처리 과정

❶ 제어 장치가 메모리의 100번지에 있는 데이터 2를 레지스터로 옮기라는 명령을 내린다. 메모리에서 가져온 데이터(2)는 덧셈 계산을 하기 전까지 레지스터에 임시 저장된다.

❸ 제어 장치가 메모리의 120번지에 있는 데이터 3을 레지스터로 옮기라는 명령을 내린다. 메모리에서 가져온 데이터(3)는 덧셈 계산을 하기 전까지 레지스터에 임시 저장된다.

❸ 제어 장치가 레지스터에 있는 데이터 2와 3을 산술논리 연산장치로 보내서 더하라는 명령을 내린다. 덧셈 결과인 5는 레지스터에 임시 저장된다.

❹ 제어 장치가 레지스터에 임시로 저장되어 있던 데이터 5를 메모리의 160번지로 옮기라는 명령을 내린다.

❺ 덧셈 결과인 5를 160번지로 옮기면 덧셈 연산이 끝난다.

3 버스의 종류와 특징

지금까지는 데이터를 전달하는 통로인 버스를 한 줄로 그렸다. 그러나 실제로는 전달하는 데이터 종류에 따라 버스를 3종류로 나눌 수 있다. 제어 버스, 데이터 버스, 주소 버스가 각각 어떤 데이터를 전달하는지 살펴보자.

제어 버스

제어 버스control bus는 제어 장치가 명령을 내릴 때 사용하는 버스이다. [그림 4-12]에서 제어 버스는 CPU의 제어 장치와 연결되어 있으며 어떤 작업을 해야 하는지 지시하는 제어 신호가 오간다. 예를 들어 메모리에서 데이터를 가져오라거나 처리한 데이터를 옮겨 놓으라는 명령이 제어 버스를 통해 전달된다. 주변 장치가 하드디스크에 내리는 저장 명령이나 사운드카드에 소리를 내라는 명령도 마찬가지로 제어 버스를 통해 전달된다. 또한 하드웨어에 이상이 있는 경우 제어 버스를 통해 오류 신호가 CPU의 제어 장치에 전달된다. 따라서 제어 버스의 신호는 CPU, 메모리, 주변 장치에서 양방향으로 오간다.

주소 버스

주소 버스address bus는 데이터를 가져오거나 내보낼 때 주소 정보를 전달하는 버스이다. 메모리의 100번지와 120번지에 있는 숫자를 가져오거나 결과를 160번지에 저장할 때 100번지, 120번지, 160번지라는 주소는 주소 버스를 통해 전달된다. 메모리뿐 아니라 하드디스크에도 주소 버스가 있다. 하드디스크의 몇 번째 섹터에서 데이터를 가져올지 혹은 몇 번째 섹터에 데이터를 저장할지 결정하는 버스가 주소 버스이다. 주소 버스는 메모리 주소 레지스터Memory Address Register(MAR)와 연결되어 있다. 메모리 주소 레지스터는 주소만 다루는 특수한 레지스터이다. 다른 버스와 달리 주소 버스는 단방향이다. CPU에서 메모리나 주변 장치로 나가는 주소 정보는 있지만, 주소 버스를 통하여 CPU로 전달되는 정보는 없다.

데이터 버스

데이터 버스data bus는 실제로 작업에 사용할 데이터가 이동하는 버스이다. 데이터 버스는 CPU와 메모리뿐 아니라 모든 장치 간에 데이터가 이동하는 통로이다. 우리가 지금까지 배운 버스는 데이터 버스이다. 데이터 버스는 양방향 버스이며 메모리 버퍼 레지스터Memory Buffer Register(MBR)와 연결된다. 메모리 버퍼 레지스터는 가져온 데이터 혹은 내보낼 데이터가 임시로 저장되는 레지스터이다.

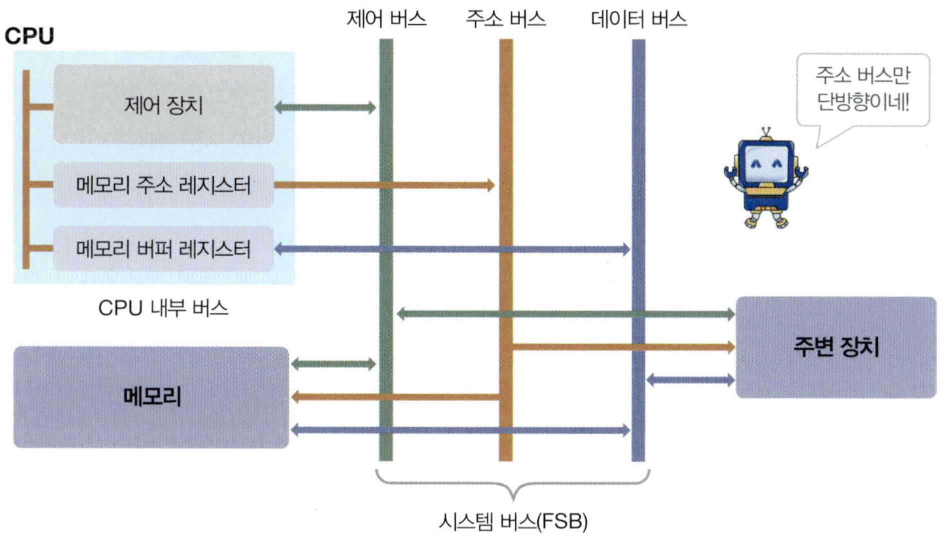

그림 4-12 버스의 종류와 구조

종합해보면 제어 버스가 어떤 작업을 할지 신호를 보내고, 주소 버스가 위치 정보를 전달하면 데이터는 데이터 버스에 실려 목적지까지 이동한다. 지금까지 살펴본 세 가지 버스의 특징을 정리하면 [표 4-1]과 같다.

표 4-1 버스의 종류와 특징

버스	특징
제어 버스	제어 장치와 연결된 버스로, CPU가 메모리와 주변 장치에 제어 신호를 보내는 데 사용한다. 메모리와 주변 장치도 작업을 완료했을 때나 오류가 발생했을 때 제어 신호를 보내기 때문에 데이터의 이동이 양방향으로 이루어진다.
주소 버스	데이터를 읽거나 쓸 때 메모리나 주변 장치에 작업의 위치 정보를 보내는 데 사용한다. 데이터의 이동이 단방향으로 이루어진다.
데이터 버스	데이터가 오고 가는 버스로, 데이터의 이동이 양방향으로 이루어진다.

CPU의 성능과 버스

3장에서 워드를 소개하면서 32비트 CPU보다 64비트 CPU가 더 빠르다고 했다. 32비트 CPU와 64비트 CPU의 차이점은 다음 세 가지이다.

- **버스 대역폭:** 버스가 한 번에 전달할 수 있는 데이터 크기를 대역폭$_{\text{bandwidth}}$이라 부른다. 32비트 CPU는 버스의 대역폭이 32비트이고 64비트 CPU의 경우 대역폭이 64이다. 도로로 치면 32차선 도로와 64차선 도로라고 할 수 있다. 당연히 64비트 버스가 같은 시간에 더 많은 데이터를 보낼 수 있어 빠르다.
- **레지스터:** 32비트 CPU에는 32비트 크기의 레지스터가 있고, 64비트 CPU에는 64비트 레지스터가 있다.
- **메모리 주소:** 워드는 메인메모리의 최대 크기를 결정한다. 메모리는 1바이트 단위로 나누어 바이트마다 주소를 달아 놓았다. 32비트 CPU를 사용할 때 가장 큰 메모리 주소는 2^{32}이다. 2^{32}B는 약 4GB이다. 그 이상의 메모리 주소를 지정할 수 없기 때문에 32비트 CPU 시스템에는 4GB 이상의 메모리를 설치할 수 없다. 64비트 CPU는 메모리 주소를 2^{64}까지 지정할 수 있는데 그 값은 18,446,744,073,709,551,616, 이론적으로 약 160억 GB까지 메인메모리를 설치할 수 있다. 이러한 이유 때문에 빠른 컴퓨터 혹은 대용량의 메모리 작업이 필요하다면 64비트 CPU를 사용해야 한다.

표 4-2 CPU의 비트 수와 대역폭, 메모리 최대 크기의 관계

구분	32비트	64비트
버스 대역폭	32비트	64비트
레지스터의 크기	32비트	64비트
최대 메모리 주소	2^{32}(약 4GB)	2^{64}(충분히 큼)

4 저장 장치의 종류와 특징

전자의 이동으로 데이터를 처리하는 메인메모리는 속도가 빠르지만, 하드디스크나 CD 등의 저장 장치는 속도가 느리다. 구동 장치에 의해 작동되기 때문이다. 이렇게 느린 저장 장치를 사용하는 이유는 저장 용량에 비하여 싸기 때문이다.

저장 장치는 크게 자성을 이용하는 장치, 레이저를 이용하는 장치, 플래시 메모리를 이용하는 장치로 나눌 수 있다. 자성을 이용하는 장치로는 카세트테이프, 플로피디스크, 하드디스크가 있으며, 레이저를 이용하는 장치로는 CD, DVD, 블루레이 디스크 등이 있다. 비휘발성 램인 플래시 메모리를 이용하는 장치로는 USB 저장 장치, SD 카드, CF 카드, SSD 등이 있다.

(a) 자성을 이용하는 장치 (b) 레이저를 이용하는 장치 (c) 플래시 메모리를 이용하는 장치

그림 4-13 **다양한 저장 장치**

하드디스크

최근 메모리 가격이 현저히 낮아지면서 USB 메모리나 SSD처럼 반도체를 이용한 저장 장치가 많이 보급되었다. 하지만 아직도 대용량 데이터를 저장할 때는 하드디스크를 많이 사용한다. 하드디스크hard disk의 정확한 이름은 '움직이는 헤드가 달린 하드디스크 드라이브moving-head hard disk drive'이다.

1956년 개발된 최초의 하드디스크는 디스크의 지름이 61cm에 크기가 교탁만 했지만, 용량은 겨우 5MB였다. 당시 하드디스크 가격은 5,000만 원 수준이었다. 기술이 발전하면서 크기는 작아지고 용량은 매우 커져서 현재 2TB 하드디스크를 6만 원 정도면 살 수 있다.

[그림 4-14]는 하드디스크의 구조를 나타낸다. 스핀들spindle이라는 원통 축에 플래터platter 혹은 disk 여러 개가 달려 있다. 플래터는 표면에 자성체magnetic substance가 발려 있어 자성을 이용하여 데이터를 저장할 수 있다. 플래터 표면이 N극을 띠면 0이라고 인식하며, S극을 띠면 1이라고 인식한다.

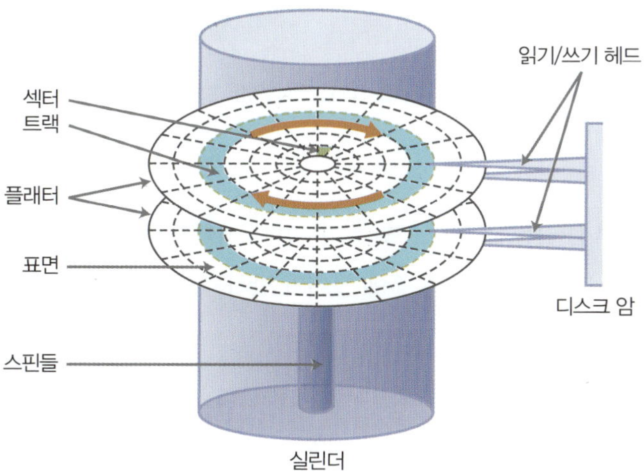

그림 4-14 **하드디스크**

플래터의 개수는 하드디스크 제품마다 다르지만 일반적으로 두 장 이상으로 구성된다. 플래터는 항상 일정한 속도로 회전하는데 최신 하드디스크의 사양은 7,500rpm이다.

섹터sector는 하드디스크의 가장 작은 저장 단위로 물리적인 개념이다. 섹터 1개에는 한 덩어리의 데이터가 저장된다. **트랙**track은 플래터에서 회전축을 중심으로 데이터가 기록되는 동심원이다. 즉 동심원상에 있는 섹터의 집합이 트랙이다.

SSD

SSDSolid State Disk는 SSD는 느린 하드디스크를 대체하기 위해 개발된 저장 장치이며, 전원이 사라져도 데이터를 보관할 수 있는 플래시 메모리로 구성된다. SSD는 반도체를 이용하기 때문에 속도가 빠를 뿐 아니라 모터와 같이 물리적으로 움직이는 부품이 없어서 소음이 발생하지 않는다. 또한 크기가 작고, 외부 충격에 강하며 소모 전력량과 발열이 하드디스크보다 적다. 이러한 특징 때문에 SSD는 스마트폰과 고속 컴퓨터에 사용되지만, 같은 용량의 하드디스크에 비해 가격이 훨씬 비싸다는 단점이 있다.

SSD의 가장 큰 장점은 빠른 데이터 입출력 속도이다. 하드디스크의 연속 데이터 읽기·쓰기 속도는 최대 속도가 초당 200MB 수준이다. 반면 하드디스크와 동일한 인터페이스를 사용하는 SSD는 최대 속도가 초당 400MB 이상이다.

초기의 SSD는 하드디스크와 같은 규격의 인터페이스를 사용했지만 현재는 NVMeNon-Volatile Memory express 방식의 독자적인 인터페이스를 사용한다. NVMe 방식의 SSD는 초당 7GB로 데이터를 전송할 수 있어 하드디스크 전송 속도의 수십 배를 뛰어넘기 때문에 차세대 표준으로 자리매김하고 있다.

그림 4-15 SSD와 NVMe SSD

레이저를 이용하는 저장 장치

레이저를 이용하는 저장 장치에는 CD, DVD, 블루레이디스크 등이 있다. 레이저를 이용한 저장 장치는 표면에 미세한 홈을 판 후 헤드에서 발사한 레이저가 홈에 들어가 반사되지 않으면 0이라고 인식하며, 반사되어 다시 돌아오면 1이라고 인식한다.

CDCompact Disk도 디스크 형태이지만 작동 방식은 하드디스크와 다르다. 하드디스크는 디스크가 작동하는 동안 플래터가 일정 속도로 돌아가는 데 비하여 CD는 헤드 위치에 따라 디스크 회전 속도가 변한다. 따라서 CD 성능의 단위로 분당 회전수를 나타내는 rpm은 사용하지 않는다. 그 대신 최초의 CD-ROM을 기준으로 하여 최대 전송 속도를 표시한다. 최초의 CD-ROM은 1초에 150KB

를 전송했다. 예를 들어 최대 전송 속도를 '20배속(20×)'이라고 표시하면 이는 해당 CD 드라이브가 1초에 최대 3MB를 전송할 수 있다는 의미이다.

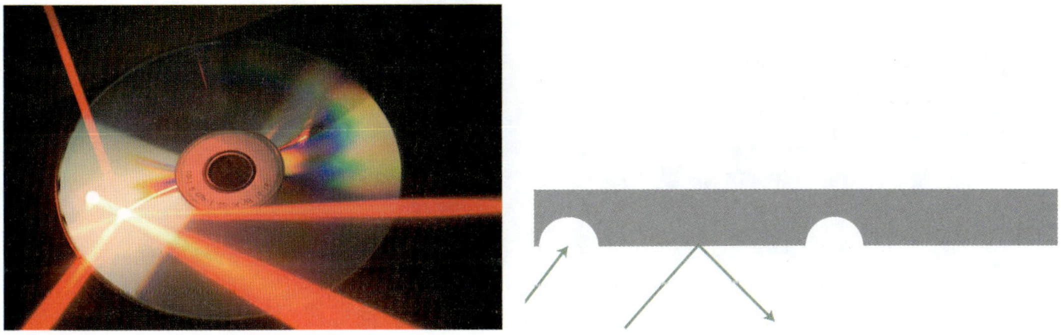

(a) CD와 레이저 (b) 홈은 0, 레이저가 반사된 면은 1

그림 4-16 CD가 데이터를 읽는 방식

레이저를 이용하는 저장 장치는 디스플레이 기기의 발전에 발맞추어 발달해왔다.

- **음악 파일을 저장하는 CD**: CD는 디지털 음원이나 디지털 데이터를 저장하려고 만들어졌다. CD에 디지털 데이터 약 640MB를 저장할 수 있으므로, 오디오용 CD에 약 74분 분량의 음악 파일을 저장할 수 있다. CD에 영화도 담을 수 있는데 영화가 담긴 CD를 비디오 CD라고 한다. 비디오 CD에 담긴 비디오 데이터의 화면 해상도는 352×240이다. Full HD가 대중화된 지금으로서는 너무 낮은 해상도이다.
- **표준 HD 영상을 저장하는 DVD**: 아날로그 TV가 디지털 HDTV로 대체되었다. 1,280×720 해상도를 표준 HD Standard HD(SHD)라고 한다. HD로 녹화된 TV나 영화를 기존 CD에 저장하려면 용량이 턱없이 부족하다. 그래서 개발된 디스크가 DVD이다. DVD Digital Video Disk 혹은 Digital Versatile Disk에는 4.3GB를 저장할 수 있다. 게다가 듀얼 레이어 DVD 는 1장에 층이 2개인 DVD로, 저장 용량이 일반 DVD의 2배인 8.5GB이다.
- **FHD 영상을 저장하는 블루레이디스크**: FHD Full HD는 해상도가 1980×1080이다. DVD에는 FHD 동영상을 담을 수 없어 블루레이디스크 Blu-ray disk가 개발되었다. 싱글 레이어 블루레이디스크에 25GB를 저장할 수 있고, 더블 레이어 블루레이디스크에 50GB를 저장할 수 있다. 블루레이 디스크는 고해상도 동영상이나 압축하지 않은 고음질 음악, 대용량 게임을 저장하는 데 사용된다. 또 용량이 큰 게임도 디스크 한 장에 저장할 수 있어 플레이스테이션이나 X-box 같은 게임기는 블루레이디스크를 지원한다.

그림 4-17 블루레이디스크를 사용하는 플레이스테이션 게임

TIP HD 규격의 1,280×720 해상도를 720p라고도 한다. 그리고 FHD 규격의 1,980×1,080 해상도를 1080p라고도 한다.

5 포트 규격

포트는 원래 항구에 정착하는 배가 머무는 곳을 가리키는데, 컴퓨터에서는 장치를 메인보드에 접속하는 데 사용하는 단자를 **포트**port라 부른다. 요즘 가장 대중적인 포트는 USBUniversal Serial Bus이다. 카메라에 있는 사진을 컴퓨터에 전송하거나 스마트폰과 컴퓨터를 연결하여 음악을 전송할 때 USB 포트에 연결하여 사용한다.

메인보드의 포트

[그림 4-18]은 메인보드에 있는 주요 포트를 나타낸다.

그림 4-18 메인보드의 포트

- **CPU 포트**: CPU를 꽂는 포트이다. 발이 여러 개 달린 CPU는 방향을 맞춰 꽂으면 된다. CPU 포트 주위에는 CPU를 냉각하는 팬을 설치할 공간이 따로 마련되어 있다.
- **램 포트**: 메인메모리를 꽂는 포트이다.
- **SATA** Serial ATA **포트**: 하드디스크, SSD, CD-ROM 같은 저장 장치를 연결하는 데 사용한다.
- **PCIe 포트**: 외부 그래픽카드를 연결하는 포트이다. 일반적으로 메인보드에 그래픽카드가 내장되어 있어 따로 그래픽카드를 사지 않아도 된다. 그러나 내장된 그래픽카드는 성능이 낮기 때문에 3D 게임처럼 고성능 그래픽카드가 필요할 때는 그래픽카드를 따로 구매하여 그래픽 포트에 연결해야 한다. 과거에는 그래픽카드를 AGP Accelerated Graphics Port에 연결했으나 훨씬 빠른 PCIe PCI express 포트가 보편화되었다.
- **PCI 포트**: PCI Peripheral Component Interconnect 포트는 PCIe 포트보다 전송 속도가 느리다. 따라서 그래픽카드만큼 데이터 전송 속도가 빠를 필요가 없는 일반 장치를 PCI 포트에 연결한다.

후면 포트

컴퓨터 후면에도 다양한 포트가 있어 외부의 주변 장치를 메인보드와 연결할 수 있다.

(a) 후면 포트

(b) 후면 포트에 연결하는 케이블 단자

그림 4-19 **후면 포트**

- **직렬 포트**: 원통형 모양의 직렬 포트는 가장 오래되고 느린 포트이며 마우스나 키보드를 연결한다. PS/2 포트라고도 불리는 직렬 포트를 이용한 장치는 사라지는 추세이다.
- **USB 포트**: USBUniversal Serial Bus 포트는 키보드, 마우스, 프린터, 카메라, 저장 장치 등 다양한 주변 장치를 연결하는 표준 연결 포트이다. USB 포트는 원래 PC용으로 개발되었으나 스마트폰이나 비디오 게임 콘솔 등에도 사용되고, 전원 공급 기능을 이용하여 기기를 충전하기도 한다. 미니 USB, USB, USB-C 등 여러 가지 종류가 있으며, 한국과 유럽에서는 스마트폰 충전 단자와 노트북 충전 어댑터의 포트를 USB-C 타입으로 통일하도록 의무화하여 표준 단자로 자리 잡았다.
- **모니터 포트**: [그림 4-19]에서 (b)의 D-SUB, DVI, HDMI, DP 포트는 그래픽카드와 모니터를 연결하는 단자이다. D-SUBD-SUBminiature는 가장 오래된 모니터 연결 단자로 보통 파란색으로 되어 있다. D-SUB는 아날로그 데이터를 전송하는 단자이므로 과거 브라운관 시절부터 사용했지만, 대부분 디지털 모니터로 바뀌면서 사라지는 추세이다. DVIDigital Visual Interface는 컴퓨터 디스플레이와 디지털 프로젝터 같은 디지털 디스플레이 장치의 화질에 최적화된 영상 인터페이스 표준이다. HDMIHigh Definition Multimedia Interface는 비압축 방식의 디지털 비디오 및 오디오 인터페이스 규격이다. HDMI는 비디오 신호와 오디오 신호를 하나의 단자로 구현하기 때문에 HDMI로 모니터를 연결하면 케이블 하나로 영상과 소리를 함께 전송할 수 있다. 또한 최신 HDMI 규격은 전원 공급까지 할 수 있게 되었다. 가장 나중에 개발된 DPDisplay Port는 HDMI처럼 영상과 소리를 같이 전송할 수 있는 포트이다. HDMI보다 많은 양의 데이터를 전송할 수 있어 DP를 지원하는 기기가 확대되고 있다.

표 4-3 포트 연결 단자의 종류

포트의 종류	전원 공급	특징
USB	○	대부분의 기기를 연결하는 범용 단자이다.
SATA	×	하드디스크와 같은 저장 장치를 고속으로 연결한다.
D-SUB	×	아날로그 신호를 모니터로 전송한다.
DVI	×	디지털 신호를 모니터로 전송한다.
HDMI	○	영상과 소리를 동시에 모니터나 TV로 전송한다.
DP	×	고화질 영상과 소리를 동시에 전송한다.

03 | 컴퓨터 시스템의 성능 향상

이 절에서는 컴퓨터 시스템의 성능을 향상하는 다양한 방법을 살펴본다. 입출력 채널을 기준에 따라 분리하거나, 버퍼와 캐시를 사용하거나, 저장 장치를 계층에 따라 배치함으로써 컴퓨터의 효율을 높일 수 있다.

1 입출력 채널

컴퓨터를 구성하는 하드웨어 중 메인메모리와 CPU는 고속으로 동작하고, 입출력 장치와 저장 장치는 비교적 저속으로 동작한다. 따라서 컴퓨터의 주변 장치는 데이터 전송 속도에 따라 저속 주변 장치와 고속 주변 장치로 나눌 수 있다. 저속 주변 장치란 메인메모리와 주변 장치 사이에 오가는 데이터의 양이 적어 데이터 전송률이 낮은 장치이다. 키보드는 아무리 빨리 쳐도 1초에 1,000자(1KB)를 넘을 수 없어 저속 주변 장치로 분류된다.

고속 주변 장치는 메인메모리와 주변 장치 사이에 대용량의 데이터가 오고 가는 데이터 전송률이 높은 장치이다. 출력 장치인 그래픽카드는 모니터에 그래픽을 초당 수십 장씩 보여 주기 때문에 고속 주변 장치로 분류된다. 하드디스크도 대용량 데이터를 메인메모리에 올리거나 메인메모리에서 하드디스크로 옮기기 때문에 고속 주변 장치로 분류된다.

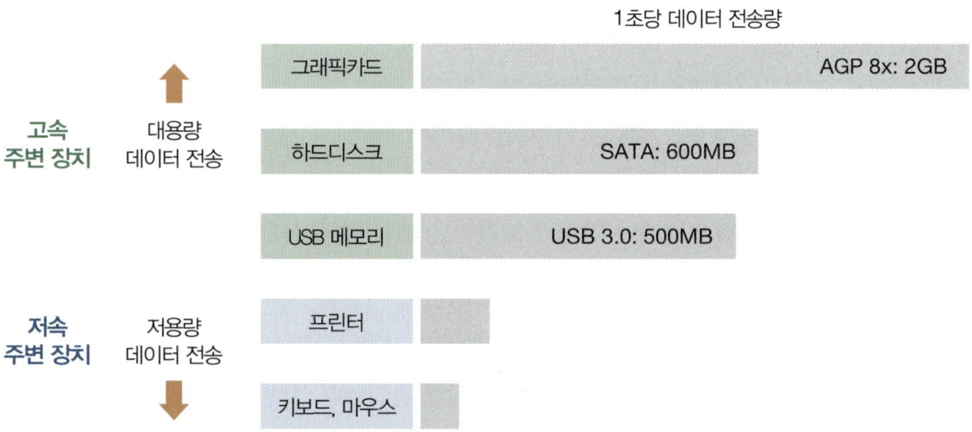

그림 4-20 저속 주변 장치와 고속 주변 장치

주변 장치는 데이터 버스를 통해 CPU와 연결되는데, 버스가 하나이면 병목 현상이 발생한다. 차는 많은데 도로가 1차선이라면 통행이 원활하지 못하여 꽉 막히는 것과 마찬가지이다. 컴퓨터의 경우 이러한 병목 현상을 줄이기 위해 여러 개의 버스를 사용하며, 이때 데이터가 지나다니는 통로 하나를 채널channel이라고 한다. 채널은 도로의 차선이라고 생각하면 쉽게 이해할 수 있다. 3채널 데이터 버스는 주변 장치 3개가 동시에 데이터를 주고받을 수 있는 3차선 도로와 같다.

그런데 주변 장치마다 데이터 전송 속도가 다르기 때문에 채널을 무분별하게 사용하면 문제가 발생할 수 있다. 3차선 도로 전체에 트랙터, 화물차, 승용차가 마음대로 다닐 수 있다면 느린 트랙터 때문에 다른 모든 자동차의 통행이 느려진다. 이와 마찬가지로 채널을 모든 주변 장치가 공유하면 느린 주변 장치 때문에 빠른 주변 장치의 전송 속도가 느려진다. 도로에서 빠른 자동차는 1차선을 사용하고, 화물차는 2차선을 사용하고, 트랙터는 3차선을 사용하면 효율을 높일 수 있다. 이처럼 전송 속도가 비슷한 장치끼리 묶어 장치별로 채널을 할당하면 느린 주변 장치 때문에 빠른 주변 장치가 방해받는 일을 막을 수 있다.

(a) 채널 공유

(b) 채널 분리

그림 4-21 채널을 분리하는 이유

[그림 4-22]는 여러 채널을 운영하는 컴퓨터의 버스 구조를 나타낸다. 메인보드에서 CPU와 메모리를 연결하는 시스템 버스가 가장 빠르다. 하드디스크나 키보드 등 주변 장치는 시스템 버스에 직접 연결하지 않고 입출력 버스에 연결하여 입출력 제어기를 통해 데이터를 전송한다.

입출력 버스는 주변 장치와 직접 연결된 버스로, 고속 입출력 버스와 저속 입출력 버스로 나뉜다. 고속 입출력 버스에는 고속 주변 장치를 연결하고, 저속 입출력 버스에는 저속 주변 장치를 연결한다. 두 버스 사이의 데이터 전송은 채널 선택기channel selector가 관리한다. 채널 선택기는 두 버스의 데이터 전송 속도를 조절한다. 예를 들어 고속 입출력 버스에서 데이터 10개를 받으면 저속 입출력 버스에서 데이터 1개를 받는 식이다.

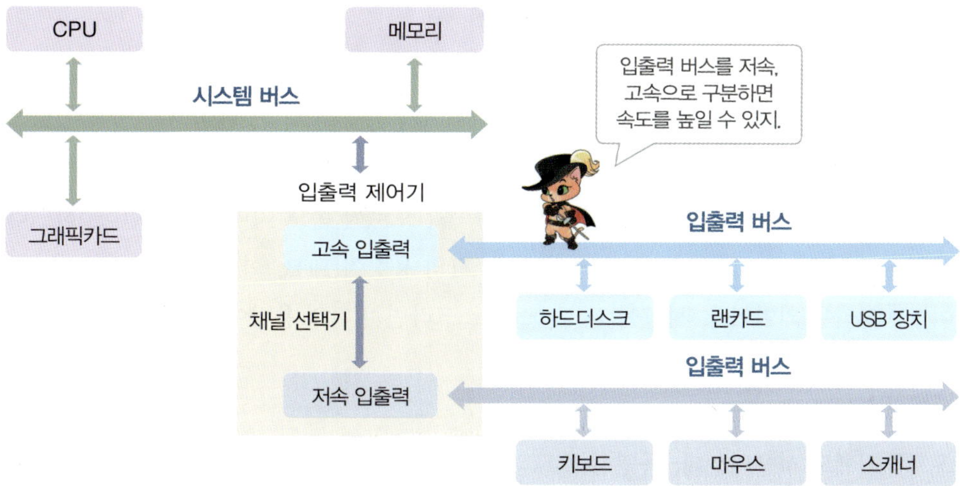

그림 4-22 **다채널 버스 구조**

그래픽카드는 출력 장치임에도 시스템 버스에 바로 연결한다. 초기의 그래픽카드는 단순히 데이터를 화면에 출력하는 기능만 했기에 고속 입출력 버스에 연결했다. 그런데 GPU의 계산 능력이 CPU를 능가하고 대용량 데이터를 다루면서 그래픽카드를 시스템 버스에 바로 연결하여 사용하게 되있다.

2 버퍼

버퍼buffer는 전송 속도가 차이 나는 두 장치 사이에서 속도 차이를 완화하는 장치이다. 보관 창고에 있는 귤 5개를 조리대로 옮긴다고 가정해 보자. 한 번에 1개씩 옮기면 다섯 번을 왕복해야 한다. 그러나 귤을 바구니에 담아서 옮기면 한 번에 5개를 옮길 수 있어 효율적이다. 여기서 바구니가 버퍼이다.

그림 4-23 **버퍼**

하드디스크의 버퍼

입출력 장치에서 데이터를 가져오는 경우를 생각해 보자. 느린 입출력 장치에서 데이터를 읽을 때마다 하나씩 전송하면 작업량에 비하여 실제 전송하는 데이터의 양은 적다. 데이터를 일정량 모아 한꺼번에 전송하면 적은 노력으로도 많은 양의 데이터를 옮길 수 있어 작업 효율이 높아진다. 버퍼는 이렇게 일정량의 메모리 공간에 데이터를 모았다가 옮김으로써 속도 차이를 완화한다. 하드디스크의 사양이 '1TB, 7,200rpm, 32MB'라면 하드디스크의 용량이 1TB, 회전 속도가 7,200rpm, 버퍼 용량이 32MB라는 의미이다. 사양이 같은 하드디스크라면 버퍼의 용량이 큰 것이 더 빠르다.

동영상 스트리밍

버퍼는 소프트웨어에도 사용되는데, 동영상 스트리밍streaming이 대표적인 예이다. 유튜브에서 동영상을 볼 때 네트워크에서 데이터가 들어오는 시간과 플레이어가 재생하는 시간에 속도 차이가 발생할 수 있다. 만약 플레이어가 재생하는 도중에 데이터가 도착하지 않으면 동영상이 끊기기 때문에 이를 방지하기 위하여 일정량의 데이터를 버퍼에 넣은 후 재생한다. 버퍼를 채우는 동작을 버퍼링이라고 하는데, 버퍼에 있는 데이터를 다 쓸 때까지 데이터가 도착하지 않으면 [그림 4-24]와 같이 화면을 멈추고 버퍼를 다시 채운다.

그림 4-24 동영상 버퍼링

스풀

버퍼의 하위 개념으로 스풀이 있다. 스풀Simultaneous Peripheral Operation On-Line(SPOOL)은 CPU와 입출력 장치가 독립적으로 동작하도록 고안된 소프트웨어적인 버퍼이다. 프린터에 사용하는 스풀러가 스풀의 대표적인 예이다. 스풀러SPOOLer는 인쇄할 내용을 순차적으로 출력하는 소프트웨어로, 출력 명령을 내린 프로그램과 독립적으로 동작한다.

워드프로세서로 작업한 문서를 프린터로 출력하는 경우를 생각해보자. 스풀러가 없다면 출력을 워드프로세서가 처리해야 하므로 인쇄가 다 끝날 때까지 워드프로세서를 사용할 수 없다. 100장을 출력하고 있다면 100장을 다 출력할 때까지는 워드프로세서가 먹통이 된다. 그러나 스풀러를 사용하기 때문에 인쇄할 내용은 하드디스크의 스풀러 공간에 따로 저장하고, 워드프로세서로 다른 작업을 수행할 수 있다. 즉 문서 작업과 프린터 출력 작업을 독립적으로 실행하므로 시스템 효율이 높아진다.

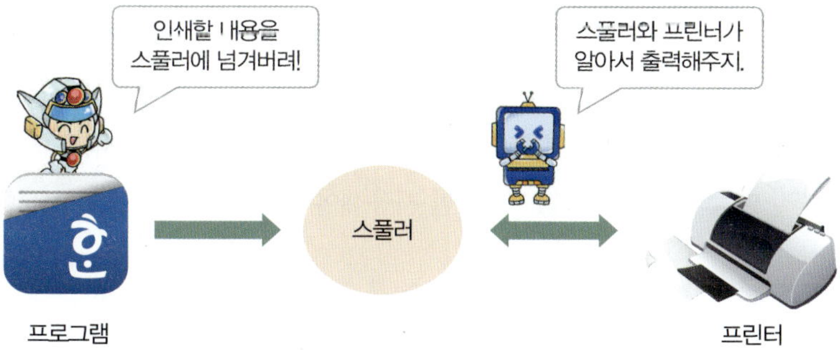

그림 4-25 스풀러

스풀러는 일종의 버퍼이지만 일반적인 버퍼와 차이가 달리 배타적으로 작동한다. 버퍼는 어떤 프로그램이 사용할 데이터이든 버퍼가 가득 차면 이동을 시작한다. 다시 말해 다양한 프로그램이 버퍼를 공유한다. 반면 스풀러는 한 인쇄물이 완료될 때까지 다른 인쇄물은 끼어들 수 없다.

[그림 4-26]과 같이 한 프로그램에서 사람을 출력하는 도중에 다른 프로그램에서 물고기를 출력하려는 상황을 생각해 보자. 이때 만약 스풀러가 공유된다면 상반신은 사람이 찍히고 하반신은 물고기가 찍혀 인어가 될 것이다. 스풀러가 배타적이기 때문에 이러한 일이 발생하지 않는다.

그림 4-26 스풀러가 배타적이지 않은 경우

버퍼의 문제점

운영체제는 버퍼가 꽉 찼을 때만 입출력 장치로 데이터를 전송하도록 설계되어 있다. 버퍼에 데이터가 차지 않으면 버퍼가 찰 때까지 기다렸다가 데이터를 전송한다. 이러한 버퍼 운영 방식은 가끔 예상치 못한 문제를 일으킨다.

- **외부 저장 장치 제거**: 하드디스크에 있는 파일을 USB 메모리와 같은 외부 저장 장치로 복사하라는 명령을 내리는 경우를 보자. 입출력 제어기는 사용자 파일을 버퍼에 넣은 후 입출력이 완료되었다고 알린다. 그러나 입출력 제어기는 버퍼가 꽉 찰 때까지 USB 메모리에 데이터를 전송하지 않는다. 이 상태에서 저장 장치를 제거해 버리면 버퍼에 있는 데이터가 USB 메모리에 저장되지 못하는 문제가 발생한다. 윈도우에서는 버퍼의 이러한 특성 때문에 외부 저장 장치를 제거할 때 '하드웨어 안전 제거'를 사용하라고 권장한다. 하드웨어 안전 제거를 사용하면 버퍼가 다 차지 않아도 버퍼의 내용을 강제로 저장 장치로 옮긴 후 입출력 장치의 전원을 차단한다. 따라서 중요한 데이터를 USB 저장 장치로 옮길 때는 '하드웨어 안전 제거'를 사용해야 한다.

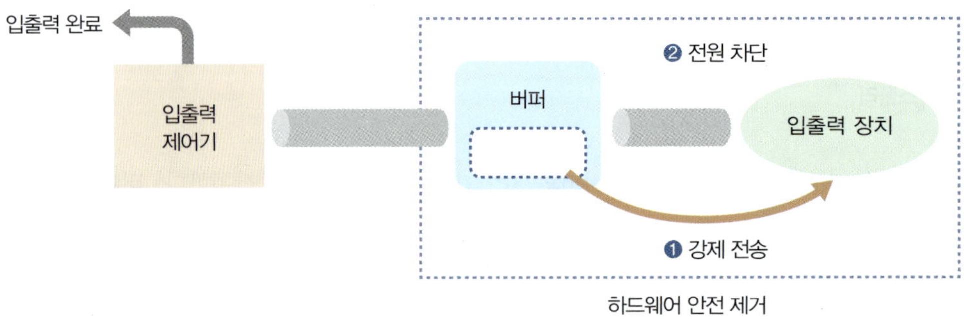

그림 4-27 **하드웨어 안전 제거**

- **키보드 보안**: 키보드도 버퍼를 사용한다. 키보드로 데이터를 입력하면 일정량을 버퍼에 모았다가 프로그램에게 전달된다. 그런데 악성 소프트웨어가 키보드 버퍼를 훔쳐보고 아이디, 비밀번호, 계좌 정보 관련 데이터를 해커에게 전달하는 경우도 있다. 그래서 컴퓨터에서 금융 사이트를 이용할 때는 키보드 보안 프로그램을 필수로 설치한다. 키보드 보안 프로그램은 악성 소프트웨어로부터 키보드 버퍼를 보호한다.

3 캐시

캐시cache도 일종의 버퍼이다. 버퍼가 필요한 데이터를 모아서 가져오는 장치라면, 캐시는 필요할 것이라고 예상되는 데이터를 미리 가져오는prefetch 장치이다. 요리를 하는 중에 간장 10cc가 필요하다고 하자. 장독대에 가서 간장을 10cc만 가져오면 다음에 간장이 필요할 때 다시 장독대로 가야 한다. 하지만 미리 50cc를 가져오면 간장이 필요할 때 바로 사용할 수 있어 시간이 단축된다. 이렇게 필요하다고 생각되는 일정량의 데이터를 미리 가져와 저장하는 곳이 캐시이다.

그림 4-28 캐시

메인보드에 있는 전면 버스(시스템 버스)는 메모리와 주변 장치를 연결한다. CPU 내부에서도 레지스터나 제어 장치를 연결하는데 버스가 있는데 이를 후면 버스Back Side Bus(BSB)라고 한다. 후면 버스의 전송 속도는 CPU의 클록과 같으며 시스템 버스보다 훨씬 빠르다. CPU는 빠른 후면 버스의 속도로 작동하는 반면 메모리는 느린 전면 버스의 속도로 작동하기 때문에 속도 차이로 작업이 지연된다. 이러한 속도 차이를 완화하는 장치가 캐시이다.

캐시의 작동 과정

[그림 4-29]는 캐시의 작동 과정을 보여준다. 캐시는 메모리 내용 중 일부를 미리 가져온다. CPU가 메모리에 접근해야 할 경우, 캐시를 먼저 방문하여 원하는 데이터가 있는지 찾아본다. 캐시에서 원하는 데이터를 찾았다면 캐시 적중cache hit이라 부르고 해당 데이터를 바로 사용하여 속도가 향상된다. 원하는 데이터가 캐시에 없다는 경우를 캐시 실패cache miss라고 하며 메모리에서 데이터를 찾는다. 캐시가 적중하는 비율을 캐시 적중률cache hit ratio이라고 하는데, 일반적인 컴퓨터의 캐시 적중률은 약 90%다.

컴퓨터의 성능을 향상하려면 캐시 적중률이 높아야 하며, 캐시 적중률을 높이려면 캐시 크기를 키워 미리 가져오는 데이터 양을 늘려야 한다. 클록이 같은 CPU의 경우, 저가형과 고가형의 차이는 캐시 크기의 차이이다. 예를 들어 인텔의 저가 i7 CPU는 캐시가 4MB이고 고가의 i7 CPU는 캐시가 8MB 이상이다. 캐시에 사용하는 SRAM 메모리는 값이 비싸기 때문에 크기를 키우는 데 한계가 있어 수 MB만 사용한다.

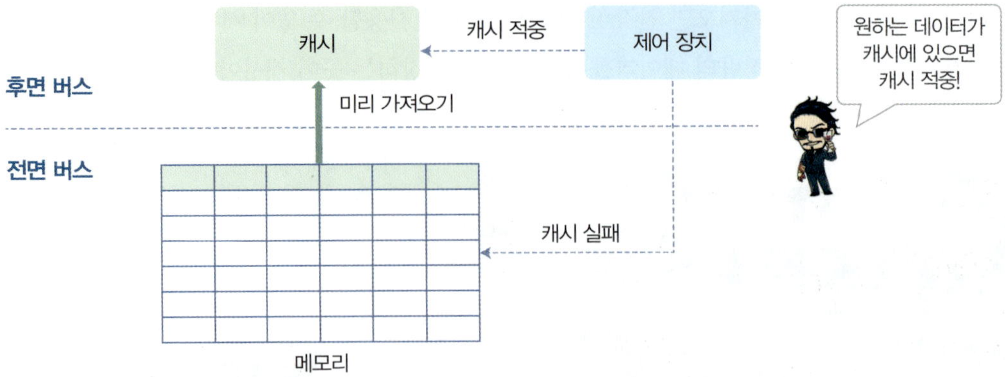

그림 4-29 캐시의 작동 과정

웹 브라우저의 캐시

캐시는 소프트웨어적으로도 사용되는데, 대표적으로 웹 브라우저의 캐시가 있다. 웹에서 사용하는 캐시는 '앞으로 다시 방문할 것을 예상하여 지우지 않은 데이터'를 의미한다. 다음이나 네이버처럼 사용자가 자주 방문하는 웹사이트의 로고, 버튼과 같은 작은 이미지는 자주 바뀌지 않는다. 처음 방문했을 때 다운로드한 데이터 중 자주 바뀌지 않는 것을 캐시에 남겨두면, 해당 웹사이트를 다시 방문했을 때는 캐시에 없는 데이터만 새로 다운로드하여 웹 브라우저의 속도를 높일 수 있다.

[그림 4-30]은 크롬의 쿠키 및 캐시 데이터를 삭제하는 화면이다. 크롬 화면 위쪽에서 [더 보기]-[도구 더 보기]-[인터넷 사용 기록 삭제]를 선택하면 해당 화면으로 이동할 수 있다. 캐시에 너무 많은 데이터가 보관되어 있으면 필요한 것을 찾는 데 시간이 걸려 오히려 웹 브라우저의 속도가 떨어지므로 가끔 캐시를 청소하는 것이 좋다.

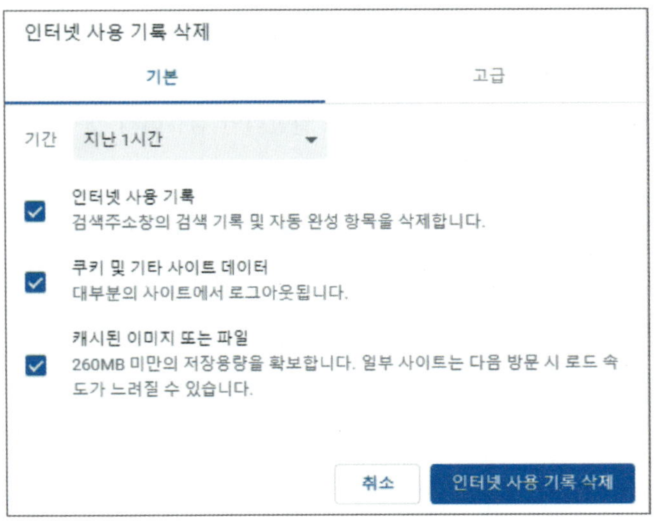

그림 4-30 크롬의 쿠키와 캐시 데이터 삭제 화면

TIP 쿠키(cookie)는 자신이 방문한 웹 사이트에서 컴퓨터에 심어 놓는 데이터이다. 어떤 종류의 유튜브 동영상을 시청했는지, 검색 엔진에서 어떤 단어를 검색했는지 등 정보를 담고 있다. 따라서 내 취향을 남에게 알려 주고 싶지 않다면 쿠키를 지우는 것이 좋다.

4 저장 장치의 계층 구조

메인메모리의 크기가 16GB인 컴퓨터에서 캐시의 크기를 16GB까지 늘리면 메모리에 있는 모든 내용을 캐시에 담을 수 있어 컴퓨터의 성능이 높아질 것이다. 그러나 현재 캐시가 25MB인 CPU의 가격이 50만 원 정도이므로 캐시가 16GB인 CPU의 가격은 5,000만 원을 넘을 것이다. 가격을 고려하면 캐시의 크기를 무작정 늘릴 수 없다. 가격과 컴퓨터 성능 사이의 타협점을 찾은 것이 저장 장치의 계층 구조이다. **저장 장치의 계층 구조**storage hierarchy는 속도가 빠르면서 값이 비싼 저장 장치를 CPU 가까운 쪽에 두고, 값이 싸면서 용량이 큰 저장 장치를 반대쪽에 배치하여 적당한 가격으로 빠른 속도와 큰 용량을 동시에 얻는 방법이다. 저장 장치의 계층 구조는 실제로 장치의 속도를 향상하는 기법이라기보다는 비용 대비 속도를 유지할 수 있는 타협점이다.

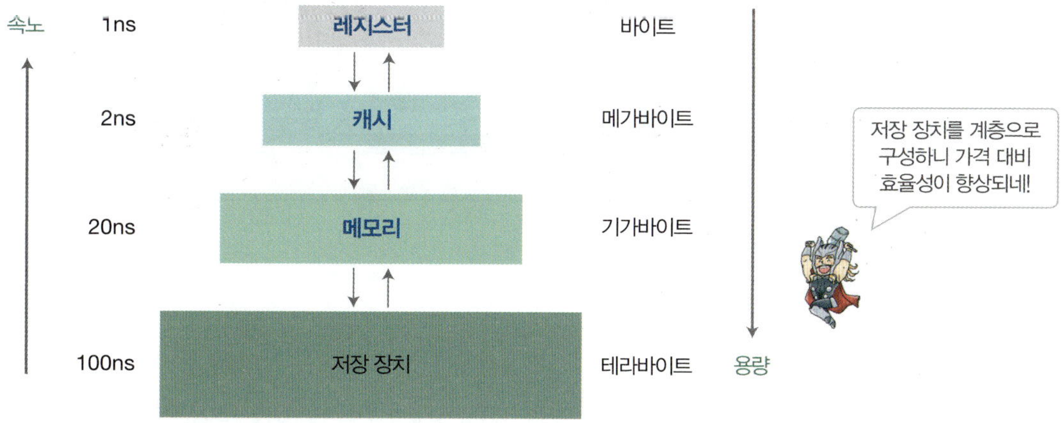

그림 4-31 저장 장치의 계층 구조

이러한 계층 구조에서는 CPU와 가까운 쪽에 레지스터나 캐시가 있어 CPU가 작업을 빨리 진행할 수 있다. 또한 메모리에서 작업한 내용을 하드디스크나 SSD와 같이 저렴하고 용량이 큰 저장 장치에 저장한다. 저장 장치의 계층 구조는 저렴한 가격으로 용량은 하드디스크처럼 사용하고 작업 속도는 레지스터처럼 빠르게 만들어준다.

TIP 저장 장치의 계층 구조에서 중복되는 데이터의 일관성(consistency)을 유지하는 것이 매우 중요하다. 예를 들어 CPU가 캐시에 저장된 데이터를 변경하면 메모리의 해당 주소에 있는 데이터도 변경되어야 한다. 변경된 내용을 즉시 반영하지 않은 상태에서 전원이 꺼지면 데이터를 잃어버린다. 또한 협업 중인 다른 프로세스가 변경되지 않은 데이터를 읽으려 한다면 일관성이 깨질 수 있다.

04 | 멀티프로세싱

1 멀티프로세싱의 개요

CPU의 클록 속도를 높이면 컴퓨터의 성능이 좋아지지만, 발열 문제로 CPU의 속도를 5GHz 이상 높이기는 어렵다. 그 대신 CPU를 여러 개 사용하여 컴퓨터의 성능을 향상하는 방법을 **멀티프로세싱**multi processing이라 부른다. CPU가 1개인 경우 요리사가 1명인 것과 같아 한 번에 하나의 작업만 할 수 있지만, CPU가 4개라면 요리사가 4명인 것과 같아 4가지 작업을 동시에 처리할 수 있어 성능이 오른다. 한마디로 멀티프로세싱은 여러 작업을 동시에 처리하는 방법이다.

(a) CPU 1개 (b) CPU 4개

그림 4-32 멀티프로세싱

1개의 CPU만으로도 멀티프로세싱이 가능하다. 볶음밥을 만드는 경우를 생각해 보자. 볶음밥 하나를 만드는 데 40분이 걸린다면, 2개를 만드는 데는 80분, 3개를 만드는 데는 120분이 걸릴 것이다.

볶음밥을 만드는 과정을 [그림 4-33]과 같이 4단계로 나누어 보자. 재료를 세척하는 데 10분, 조리대에서 손질하는 데 10분, 가스레인지에서 조리하는 데 10분, 볶음밥을 그릇에 담고 마무리하는 데 10분이 걸린다. 이때 서로 겹치지 않는 작업을 동시에 진행함으로써 볶음밥을 여러 개 만드는 시간을 줄일 수 있다.

그림 4-33 볶음밥 조리 과정

[그림 4-34]는 볶음밥 여러 개를 동시에 만드는 과정을 나타낸다. 볶음밥 A의 재료 세척이 끝나 손질에 들어가면 동시에 볶음밥 B의 재료를 세척하고, 볶음밥 B의 재료를 손질하면서 볶음밥 C의 재료를 세척한다. 기존 방식으로 볶음밥 3개를 만드는 데는 120분이 걸리지만 이러한 방식으로 진행하면 60분 만에 볶음밥 3개를 만들 수 있어 시간이 반으로 줄어든다.

A	세척(10분)	손질(10분)	조리(10분)	마무리(10분)		
B		세척(10분)	손질(10분)	조리(10분)	마무리(10분)	
C			세척(10분)	손질(10분)	조리(10분)	마무리(10분)

그림 4-34 볶음밥 3개를 동시에 만드는 과정

여기서 볶음밥 하나에 대한 작업을 스레드thread라고 한다. [그림 4-34]의 예에서는 CPU 1개에서 스레드 3개가 동시에 실행되는 것과 같다 이렇게 하나의 CPU에서 스레드(명령어)를 동시에 처리하는 방식을 **명령어 병렬처리**라 부른다.

2 멀티프로세싱과 멀티코어

과거에는 컴퓨터에 하나의 CPU만 달려 있었다. 이를 **단일 프로세서 시스템**single processor system이라 부른다. 하나의 프로세서가 한 번에 하나의 작업을 처리할 수 있다는 의미이다. 어느 식당에 손님이 많아져 한꺼번에 많은 손님을 처리해야 한다고 가정해 보자. 이 경우 다음의 3가지 방법을 고려할 수 있다. 첫 번째는 주방을 하나 더 만든 후, 새 주방에 요리사를 한 명 두는 방법(멀티프로세서)이다. 두 번째는 기존 주방에 요리사만 한 명 더 두고 조리를 빠르게 진행하는 방법(멀티코어)이다.

세 번째는 요리사 한 명이 동시에 여러 음식을 조리하는 방법(명령어 병렬처리)이다. 따라서 멀티프로세싱은 멀티프로세서, 멀티코어, 명령어 병렬처리 방식으로 구현할 수 있다.

그림 4-35 단일 프로세서, 멀티프로세서, 멀티코어, 명령어 병렬처리의 비교

멀티프로세서 시스템

컴퓨터의 성능을 높이기 위하여 CPU를 여러 개 설치하여 사용하는 시스템이 선보였다. 이를 **멀티프로세서 시스템**multi processor system이라 부른다. 마치 요리사 여러 명이 서로 다른 주방에서 조리하는 것과 같다. [그림 4-36]은 가장 일반적인 멀티프로세서 시스템을 나타낸다.

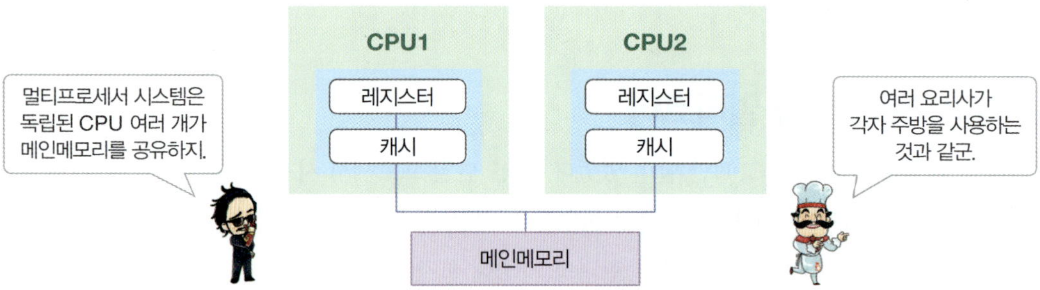

그림 4-36 멀티프로세서 시스템

멀티프로세서 시스템에서 각 프로세서는 각자의 레지스터와 캐시를 가지며, 모든 프로세서는 시스템 버스를 통하여 메인메모리를 공유한다. 멀티프로세서 시스템의 장점은 많은 작업을 동시에 실행할 수 있다는 것이다. 단점은 메인메모리를 공유함에 따라 병목 현상이 발생할 수 있다는 것이다. 또한 한 프로세서에만 작업이 몰리고 다른 프로세서에는 작업이 없는 불균형 상태가 발생할 수 있다.

멀티코어 시스템

단일프로세서 시스템을 멀티프로세서 시스템으로 바꾸기 위해서는 메인보드의 설계를 변경하는 등 많은 것을 고쳐야 한다. 기존의 시스템을 유지한 채로 동시에 여러 개의 작업을 수행하도록 만든 것이 멀티코어 시스템이다. **멀티코어 시스템**multi-core system은 하나의 CPU에 핵심 기능을 담당하는 코어를 여러 개 만들어 작업을 동시에 처리한다. 기존의 주방을 개조하여 요리하는 작업대를 여러 개로 만드는 것과 같다. 코어가 2개이면 듀얼코어, 4개이면 쿼드코어, 6개이면 헥사코어, 8개이면 옥타코어라고 부른다.

그림 4-37 멀티코어

[그림 4-38]은 듀얼코어 시스템의 구조를 나타낸다. 메모리의 내용을 미리 가져오는 캐시(L2 캐시)는 코어1과 코어2가 공유하고, 각 코어에 L1 캐시가 달린 구조이다. 여기서 L1과 L2는 Level 1과 Level 2를 의미하며 메모리의 내용을 미리 가져오는 L2 캐시를 L2 메모리 캐시라 부른다.

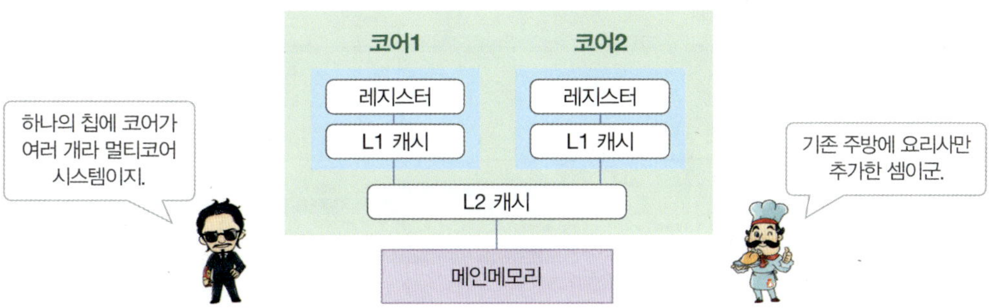

그림 4-38 멀티코어 시스템

멀티코어 시스템은 CPU나 GPU 안에 여러 개의 코어를 만들었기 때문에 기존 시스템에서 구조를 변경하지 않고도 멀티프로세싱이 가능하다는 장점이 있다. 그래서 요즘 나오는 CPU, GPU, AP는 멀티코어를 지원한다.

명령어 병렬처리

하나의 코어에서 여러 개의 명령어를 동시에 처리하는 것을 **명령어 병렬처리**instruction parallel processing라 부른다. 이때 코어는 하나이지만 명령어 2개가 거의 동시에 처리되기 때문에 마치 코어가 2개 있는 것처럼 보인다. 마치 식당에서 요리사가 한 명이지만 동시에 2가지 요리를 동시에 만드는 것과 같다. 인텔 CPU에서는 이러한 병렬처리 방식을 하이퍼스레드hyper-thread라 부른다. 인텔의 하이퍼스레드는 하나의 코어에서 2개의 명령어를 거의 동시에 실행한다.

현대의 CPU는 하나의 칩에 멀티코어와 명령어 병렬처리 기능을 한꺼번에 구현했다. 예를 들어 인텔의 i7-3770 CPU의 경우 쿼드코어와 2개의 하이퍼스레드를 지원한다. 코어는 4개이고 코어 하나당 명령어 병렬처리(하이퍼스레드)가 2개씩 작동하기 때문에 논리 프로세서는 8개가 된다. 다시 말해 8개의 CPU가 달린 컴퓨터처럼 보인다. 이러한 결과를 작업 관리자에서 확인할 수 있다.

컴퓨터에서 작업 관리자를 열어서 [성능] 탭을 선택하면 CPU 사용 그래프를 볼 수 있다. 그래프에 대고 마우스 오른쪽 버튼을 눌러 [그래프 변경]-[논리 프로세서]를 선택한다. 그러면 [그림 4-39]와 같이 논리 프로세서 8개의 CPU 이용률을 볼 수 있다. 그래프 아래의 i7-3770 CPU 정보를 보면 소켓(CPU)이 1개, 코어가 4개, 논리 프로세서는 8개이다. 코어가 4개이지만 명령어 병렬처리에 의하여 논리적인 코어의 개수가 8인 것처럼 동작한다는 의미이다.

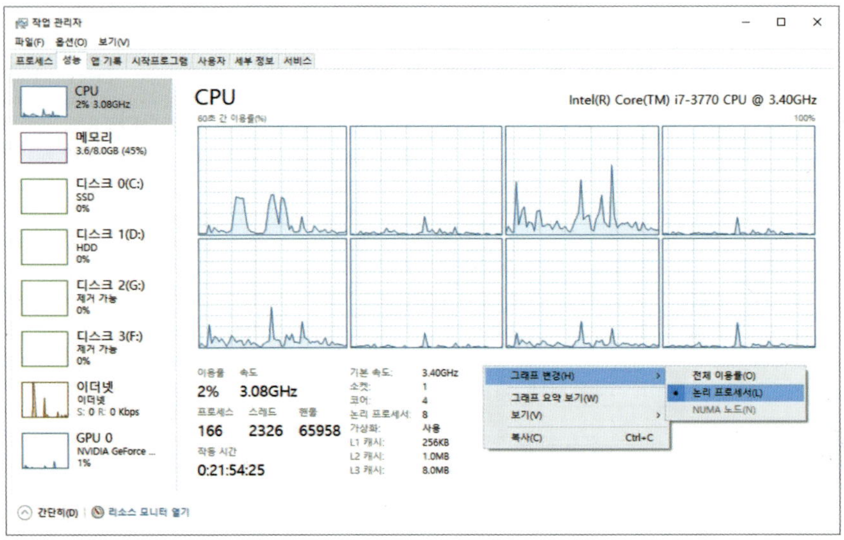

그림 4-39 논리 프로세서 확인

요약

01 컴퓨터 하드웨어는 CPU, 메인메모리, 입력 장치, 출력 장치, 저장 장치로 구성된다. 메인보드에서 데이터가 다니는 통로를 버스라 부르며 메인보드의 버스를 전면 버스(FSB)라 한다.

02 현대 대부분의 컴퓨터는 폰노이만 구조를 따른다. 폰노이만 구조에서 모든 프로그램은 메인메모리에 올라와야 실행할 수 있다.

03 메인메모리는 전체 크기를 1바이트의 영역으로 나누고 각 영역을 주소로 구분한다. 메모리 주소는 0번지부터 시작한다. 램은 휘발성 램과 비휘발성 램으로 나뉜다.

04 CPU는 명령에 따라 계산하는 산술 논리 연산 장치, 다른 장치에 명령 신호를 내리는 제어 장치, 처리한 데이터를 임시로 보관하는 레지스터로 구성된다.

05 버스는 전송하는 데이터에 따라 제어 버스. 주소 버스, 데이터 버스로 구분된다. 주소 버스만 단방향 버스이다.

06 저장 장치는 자성을 이용하는 장치, 레이저를 이용하는 장치, 반도체 메모리를 이용하는 장치로 나눌 수 있다. 외부 장치를 메인보드에 접속하는 단자가 포트이다.

07 버퍼는 속도가 다른 두 장치 사이에서 속도 차이를 완화한다. 스풀은 CPU와 입출력 장치가 독립적으로 동작하도록 고안된 소프트웨어적인 버퍼이다. 필요할 것으로 예상되는 데이터를 미리 가져오는 것이 캐시이다.

08 저장 장치의 계층 구조는 속도가 빠르고 비싼 저장 장치를 CPU와 가까운 쪽에 두고, 싸고 용량이 큰 저장 장치를 반대쪽에 배치하여 적당한 가격으로 빠른 속도와 큰 용량을 얻는 방법이다.

09 멀티프로세싱이란 여러 개의 작업을 동시에 처리하여 컴퓨터 성능을 높이는 방법이다. 멀티프로세서는 여러 개의 CPU를 사용하는 방식이다. 멀티코어 시스템은 기존 구조를 유지한 채 멀티프로세싱을 하도록 만든 시스템이다. 명령어 병렬처리는 하나의 코어에서 여러 개의 스레드를 동시에 처리하는 시스템이다.

연습문제

01 컴퓨터 하드웨어 중 나머지 3가지와 종류가 가장 다른 하나는 무엇인가?

① 키보드　② 마우스　③ 천공카드　④ 라인 프린터

02 컴퓨터의 주변 장치가 아닌 것은 무엇인가?

① CPU　② 저장 장치　③ 입력 장치　④ 출력 장치

03 작업에 필요한 프로그램과 데이터를 저장하는 장소로, CPU에 데이터를 넘겨주거나 처리한 데이터를 다시 저장하는 장치는 무엇인가?

① 저장 장치　② 메인메모리　③ 입력 장치　④ 출력 장치

04 컴퓨터의 하드웨어 중 나머지 3가지와 종류가 가장 다른 하나는 무엇인가?

① SSD　② 하드디스크　③ SD카드　④ USB 저장 장치

05 천공카드, 키보드, 마우스, 터치스크린을 포함하는 컴퓨터 하드웨어의 종류는 무엇인가?

① 저장 장치　② 메인메모리　③ 입력 장치　④ 출력 장치

06 컴퓨터 하드웨어 중 나머지 3가지와 종류가 가장 다른 하나는 무엇인가?

① AP　② GPU　③ GPS　④ CPU

07 모니터, 그래픽카드, 사운드 카드는 어떤 장치에 해당하는가?

① 저장 장치　② 메인메모리　③ 입력 장치　④ 출력 장치

08 컴퓨터의 하드웨어 중 나머지 3가지를 모두 포함하는 것은 무엇인가?

① AP　② GPU　③ 무선통신　④ CPU

09 명령어를 해석하여 실행하는 장치로, 인간의 두뇌에 해당하는 장치는 무엇인가?

① 저장 장치　② 메인메모리　③ CPU　④ 출력 장치

10 전원이 꺼진 후에도 데이터를 보관할 수 있는 장치는 무엇인가?

① 저장 장치 ② 메인메모리 ③ 입력 장치 ④ 출력 장치

11 데이터가 다니는 통로를 의미하는 용어는 무엇인가?

① BSB ② 버스 ③ 포트 ④ FSB

12 메인보드가 사용하는 버스를 의미하는 용어는 무엇인가?

① BSB ② 램 ③ 롬 ④ FSB

13 폰 노이만 구조에서 가장 중요한 특징은 '모든 프로그램은 ( )에 올라와야 실행 가능하다'는 점이다. 괄호에 들어갈 가장 적절한 용어는 무엇인가?

① 저장 장치 ② 메인메모리 ③ 입력 장치 ④ 출력 장치

14 나머지 3개와 종류가 다른 메모리는 무엇인가?

① 플래시 메모리 ② EPROM ③ DDR4 ④ SRAM

15 다음 메모리 중 나머지 3개와 성질이 다른 것은 무엇인가?

① 마스크 롬 ② PROM ③ 플래시 메모리 ④ EPROM

16 전원이 없어도 데이터를 보관할 수 있는 램은 무엇인가?

① 플래시 메모리 ② EPROM ③ DDR4 ④ SRAM

17 다음 중 CPU를 구성하는 주요 장치가 아닌 것은 무엇인가?

① 레지스터 ② 산술 논리 연산 장치

③ 제어 장치 ④ 스풀러

18 CPU에서 명령을 처리하려고 주어진 데이터를 사용하여 덧셈, 뺄셈, 곱셈, 나눗셈 같은 산술 연산을 수행하는 장치는 무엇인가?

① 레지스터 ② 산술 논리 연산 장치

③ 제어 장치 ④ 스풀러

19 CPU 같은 저장 장치에서 메인메모리로 데이터를 가져오는 명령, 저장 장치로 데이터를 내보내는 명령을 내리는 장치는 무엇인가?

① 레지스터 ② ALU ③ 제어 장치 ④ 스풀러

20 CPU 내 데이터를 임시로 보관하는 장치는 무엇인가?

① 레지스터 ② 버퍼 ③ 제어 장치 ④ 스풀러

21 나머지 셋과 관련이 가장 적은 용어는 무엇인가?

① USB 저장 장치 ② 하드디스크 ③ SSD ④ CF 카드

22 다음 버스 중 단방향 버스는 무엇인가?

① 데이터 버스 ② 제어 버스 ③ 주소 버스 ④ 그래픽카드 버스

23 CPU의 제어 장치와 연결된 버스는 무엇인가?

① 데이터 버스 ② 제어 버스 ③ 주소 버스 ④ MAR

24 다음 중 맞는 문장은 무엇인가?

① CPU는 산술 논리 연산 장치, 제어 장치, 레지스터로 구성된다.
② 하드디스크, SSD, CD-ROM과 같은 저장 장치를 연결하는 데 사용하는 포트는 PCIe이다.
③ 버퍼의 일종인 스풀은 필요할 것이라고 예상되는 데이터를 미리 가져오는 장치이다.
④ 그래픽과 사운드를 동시에 모니터나 TV로 전송할 수 있는 것은 USB 포트이다.

25 64비트 CPU 시스템에서 가질 수 있는 메인메모리의 최대 크기와 가장 가까운 것을 찾으시오.

① 64GB ② 16GB ③ 4GB ④ 160억 GB

26 32비트 CPU 시스템에서 가질 수 있는 메인메모리의 최대 크기와 가장 가까운 것을 찾으시오.

① 64GB ② 16GB ③ 4GB ④ 160억 GB

27 나머지 3개와 종류가 다른 하나는 무엇인가?

① SSD ② CD ③ DVD ④ 블루레이디스크

28 다음 하드디스크의 구성 중 가장 작은 저장 단위를 가리키는 단어는 무엇인가?

① 스핀들 ② 트랙 ③ 섹터 ④ 플래터

29 다음 하드디스크의 구성요소 중 표면에 자성체를 발라 데이터를 저장하는 것은 무엇인가?

① 스핀들 ② 트랙 ③ 실린더 ④ 플래터

30 다음 중 회전축을 중심으로 데이터가 기록되는 동심원이며 여러 섹터의 집합이라는 뜻의 단어는 무엇인가?

① 스핀들 ② 트랙 ③ 실린더 ④ 플래터

31 다음 중 레이저를 이용한 저장 장치로 디스크 한 장에 4.3GB를 저장할 수 있는 것은 무엇인가?

① DVD ② CD ③ SSD ④ 블루레이디스크

32 다음 중 레이저를 이용한 저장 장치로 디스크 한 장에 50GB를 저장할 수 있는 것은 무엇인가?

① DVD ② CD ③ SSD ④ 블루레이디스크

33 SSD를 연결하도록 특별히 만들어진 포트를 가리키는 단어는 무엇인가?

① NVMe ② DVI ③ HDMI ④ D-SUB

34 나머지 3개와 종류가 다른 포트는 무엇인가?

① HDMI ② DVI ③ SATA ④ D-SUB

35 그래픽카드와 모니터를 연결하는 포트는 무엇인가?

① PCIe ② DVI ③ SATA ④ USB

36 하드디스크, SSD, CD-ROM 같은 저장 장치를 연결하는 데 사용하는 포트는 무엇인가?

① USB ② PCIe ③ SATA ④ DVI

37 키보드, 마우스, 프린터, 카메라, 저장 장치 등을 연결하는 표준 연결 포트는 무엇인가?

① USB ② PCIe ③ SATA ④ DVI

38 메인보드에 외부 그래픽카드를 설치할 때 사용하는 포트는 무엇인가?

① USB ② PCIe ③ SATA ④ DVI

39 다음 중 그래픽과 사운드를 동시에 모니터나 TV로 전송할 수 있는 것은 무엇인가?

① D-SUB ② HDMI ③ USB ④ DVI

40 다음 중 전원 공급이 가능한 포트는 무엇인가?

① D-SUB ② SATA ③ USB ④ DVI

41 다음 중 틀린 문장은 무엇인가?

① CPU 기능 외에도 GPU, 통신 칩, USB 같은 부가 기능까지 하나의 칩 형태로 구현한 것을 AP라고 한다.

② 각종 주변 장치를 연결하는 메인보드의 버스를 후면 버스라고 한다.

③ 폰노이만 구조에서 가장 중요한 특징은 '모든 프로그램은 메인메모리에 올라와야 실행할 수 있다'는 것이다.

④ 버퍼는 속도 차이가 나는 두 장치 사이에서 속도 차이를 완화하는 장치이다.

42 다음 중 데이터 전송 속도가 가장 빠른 주변 장치는 무엇인가?

① USB 메모리 ② SSD ③ 하드디스크 ④ 그래픽카드

43 나머지 셋과 관련이 가장 적은 것은 무엇인가?

① 캐시 ② 버스 ③ 스풀러 ④ 버퍼

44 CPU와 입출력 장치가 독립적으로 동작하도록 고안된 소프트웨어적인 버퍼는 무엇인가?

① 캐시 ② 버스 ③ 스풀러 ④ 버퍼

45 버퍼의 일종으로, 필요할 것으로 예상되는 데이터를 미리 가져온 것은 무엇인가?

① 캐시 ② 버스 ③ 스풀러 ④ 버퍼

46 인쇄물을 순차적으로 프린터에 보내는 역할을 담당하는 것은 무엇인가?

① 캐시 ② 버스 ③ 스풀러 ④ 버퍼

47 다음 중 나머지 셋과 가장 관련 없는 것은 무엇인가?

① 단일 프로세서 시스템 ② 명령어 병렬처리
③ 멀티코어 ④ 멀티프로세서

48 하나의 컴퓨터에 여러 개의 CPU를 설치하여 사용하는 시스템을 가리키는 단어는 무엇인가?

① 단일 프로세서 시스템 ② 명령어 병렬처리
③ 멀티코어 ④ 멀티프로세서

49 시스템 구조의 변경 없이 CPU의 핵심 여러 개를 하나의 칩에 구현한 것을 가리키는 단어는 무엇인가?

① 단일 프로세서 시스템 ② 명령어 병렬처리
③ 멀티코어 ④ 멀티프로세서

50 하나의 CPU에서 여러 개의 스레드를 동시에 실행하는 것을 가리키는 단어는 무엇인가?

① 단일 프로세서 시스템 ② 명령어 병렬처리
③ 멀티코어 ④ 멀티프로세서

51 인텔의 하이퍼스레드와 가장 관련 있는 단어는 무엇인가?

① 단일 프로세서 시스템 ② 명령어 병렬처리
③ 멀티코어 ④ 멀티프로세서

52 2개의 하이퍼스레드에 코어가 8개인 CPU는 논리 프로세서 몇 개처럼 동작하는가?

① 8 ② 2 ③ 10 ④ 16

CHAPTER 05

멀티미디어와 확장현실

학습목표

- 아날로그 데이터와 디지털 데이터의 차이를 이해한다.
- 멀티미디어 데이터의 종류와 특징을 살펴본다.
- 확장현실을 이해하고 3차원 데이터의 특징을 살펴본다.
- 디스플레이와 카메라 렌즈에 대해 알아본다.

Preview

컴퓨터에서 사용하는 사진, 음악, 동영상은 모두 디지털 데이터이며, 아날로그 데이터를 컴퓨터에서 사용하거나 변경하려면 디지털 데이터로 변환해야 한다. 또한 사진이나 동영상은 데이터의 크기가 매우 크기 때문에 압축 알고리즘을 사용한다. 따라서 멀티미디어 데이터를 이해하려면 아날로그와 디지털의 차이, 압축 알고리즘을 이해해야 한다.

최근에는 혼합현실과 확장현실이 주목받으면서 멀티미디어 콘텐츠의 몰입감을 높이는 소프트웨어 및 기기가 빠르게 발전하고 있다.

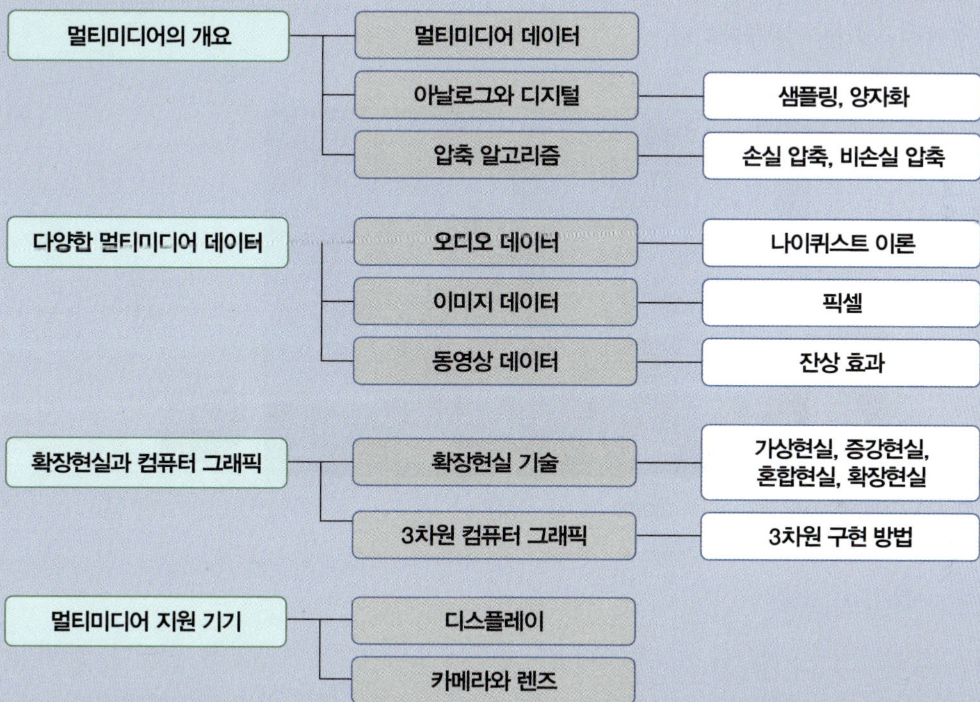

01 | 멀티미디어의 개요

1 멀티미디어 데이터

멀티미디어 데이터multimedia data는 문자, 오디오, 이미지, 동영상 등 복합적으로 만들어진 데이터를 의미한다. 스피커나 헤드폰에서 나오는 음악, 디지털카메라로 찍은 사진이나 동영상은 모두 멀티미디어 데이터이다. 스페인의 유명 건축물인 사그라다 파밀리아 성당을 문자로만 설명하려면 매우 어렵지만 이미지나 동영상을 사용하면 쉽게 설명할 수 있다. 멀티미디어 데이터를 사용하면 정보 전달력이 높아지고 표현이 풍부해진다.

그림 5-1 **풍부한 표현력을 가진 멀티미디어 데이터**

멀티미디어 파일의 종류

컴퓨터에서 음악을 듣거나 사진을 편집할 때다양한 종류의 멀티미디어 파일을 볼 수 있다. 멀티미디어 파일의 종류는 파일 확장자로 구분한다. **파일 확장자**는 파일 이름 뒤에 붙은 알파벳 문자열이다. 파일의 형식이나 종류를 구분하는 데 파일 확장자를 사용한다.

파일 이름 | 확장자

카더가든_명동콜링.mp3

그림 5-2 **오디오 파일의 확장자**

멀티미디어 파일의 확장자는 다양하다. 문서 파일의 확장자는 기본적으로 TXT이고, 어도비 애크로벳 파일인 PDF, 아래아한글 파일인 HWP, MS워드 파일인 DOC 등이 있다. 또한 이미지 파일의 확장자는 JPG, GIF, BMP, PNG, TIFF, WEBP 등이 있고, 오디오 파일 확장자는 MP3, WAV, FLAC, OGG, AAC 등이며, 동영상 파일 확장자는 AVI, MOV, MP4 등이 있다.

표 5-1 멀티미디어 데이터의 종류

멀티미디어 데이터	파일 확장자	실행되는 프로그램
문서	HWP	아래아한글
	DOC	MS워드
	PDF	어도비 애크로뱃
이미지	JPG, GIF, BMP, PNG, TIFF, WEBP 등	꿀뷰, 어도비 포토샵 등
오디오	MP3, WAV, FLAC, OGG, AAC 등	팟플레이어 등
비디오	AVI, MOV, MP4 등	

윈도우 탐색기에서 멀티미디어 파일을 더블클릭해서 열면 해당 파일과 연결된 프로그램이 실행된다. 확장자가 HWP인 파일을 열면 아래아한글이 실행되고, 확장자가 DOC인 파일을 실행하면 MS워드가 실행된다. 이미지 파일을 열면 이미지 뷰어image viewer 프로그램이 실행된다. 이미지를 편집하고자 할 때는 어도비 포토샵과 같은 이미지 편집 프로그램을 사용하기도 한다. 오디오 파일이나 동영상 파일을 열면 팟플레이어와 같은 동영상 재생 프로그램이 실행된다.

(a) 동영상 재생 프로그램 (b) 이미지 뷰어 프로그램

그림 5-3 멀티미디어 파일과 연결된 프로그램

2 아날로그와 디지털

손으로 쓴 글씨나 종이에 그린 그림은 아날로그 데이터이다. 반면 컴퓨터에서 사용하는 멀티미디어 데이터는 모두 디지털 데이터이다. 따라서 아날로그 데이터를 컴퓨터에서 사용하거나 변경하려

고 하면 디지털로 변환해야 한다. 또한 이미지나 동영상의 경우 디지털 데이터의 크기가 매우 크기 때문에 압축 알고리즘을 사용한다. 따라서 멀티미디어 데이터를 이해하기 위해서는 아날로그와 디지털의 차이를 알고 압축 알고리즘을 이해해야 한다.

아날로그와 디지털의 비교

아날로그analogue 데이터는 연속적으로 변하는 값이다. 아날로그 데이터의 대표적인 예로 종이에 쓴 손 글씨, 자동차 속도계, 바늘이 달린 시계, 수은주 온도계, 레코드판에 녹음된 음악 등이 있다. 빛의 밝기, 소리의 크기, 바람의 세기 등 자연에서 얻는 신호는 일반적으로 아날로그 신호이다. **디지털**digital은 아날로그에 대비되는 단어로, 연속적인 값을 숫자나 문자로 끊어 불연속적으로 표현한 것이다. 'digital'은 손가락을 뜻하는 라틴어 'digit'에서 유래되었다.

[그림 5-4]는 아날로그와 디지털의 차이를 나타낸다. 아날로그 신호는 (a)와 같이 계속 이어지면서 표현된다. 반면에 디지털 신호는 (b)와 같이 끊어지는 값이다.

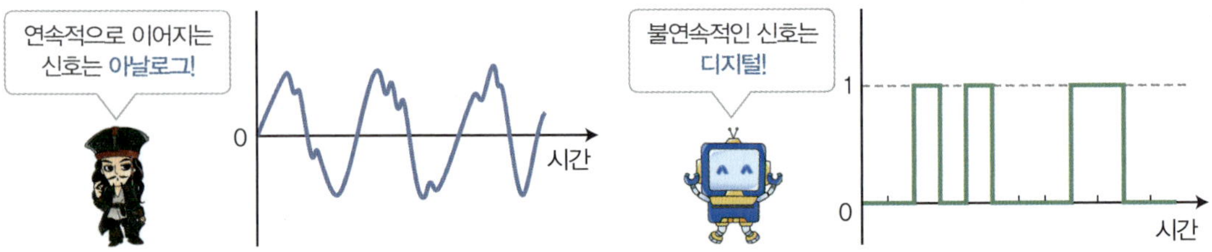

(a) 아날로그 신호 (b) 디지털 신호

그림 5-4 아날로그 신호와 디지털 신호

아날로그가 연속된 값이라는 것은 시계에서도 알 수 있다. 아날로그시계는 25분에서 25.1분, 25.2분과 같은 연속된 시간을 지나서 26분이 된다. 반면에 디지털시계는 시간을 불연속적으로 표현하므로 숫자판에 25분과 26분 사이의 값이 나타나지 않는다.

(a) 아날로그시계 (b) 디지털시계

그림 5-5 아날로그시계와 디지털시계

디지털 데이터의 특징

아날로그 데이터와 대비하여 디지털 데이터의 특징은 다음과 같다.

- 디지털 데이터는 저장 공간을 많이 차지하지 않아 보관이 용이하다. 책 수만 권을 보관하려면 큰 서재가 필요하지만, 책을 스캔하여 디지털로 저장하면 작은 USB 저장 장치 하나면 된다.
- 디지털 데이터는 수정이나 변경이 쉽다. 필름으로 찍은 사진은 수정이나 변형이 쉽지 않지만, 디지털 사진은 포토샵 같은 프로그램으로 간단히 수정할 수 있다.
- 디지털 데이터는 복제하기 쉽고, 여러 번 복제하더라도 원본과 차이가 없다. 문서(아날로그 데이터)를 복사하면 복사할수록 품질이 떨어지지만, 디지털 복제의 경우 이러한 문제가 없다.
- 디지털 데이터는 시간이 지나더라도 훼손되지 않는다. 필름 사진은 오랜 시간이 지나면 빛이 바래지만, 디지털 사진은 시간과 상관없이 원래 상태 그대로 보관할 수 있다.
- 디지털은 아주 작은 변화까지는 표현할 수 없어 아날로그에 비하여 세밀한 표현이 어렵다는 단점이 있다.

표 5-2 아날로그 데이터와 디지털 데이터의 비교

아날로그 데이터	디지털 데이터
• 저장 공간을 많이 차지한다. • 수정이나 변경이 어렵다 • 복제하면 품질이 떨어진다. • 시간이 지나면 변한다. • 세밀한 표현이 가능하다.	• 저장 공간을 조금 차지한다. • 수정이나 변경이 쉽다. • 복제가 쉽고 품질이 유지된다. • 시간이 지나도 훼손되지 않는다. • 비교적 덜 세밀하다.

아날로그 → 디지털 변환

같은 음악이라도 아날로그로 저장된 음악과 디지털로 저장된 음악은 재생 방식이 다르다. 레코드판은 소리 신호의 파형(아날로그 파형)을 플라스틱 원반에 저장한 것이다. 레코드플레이어의 바늘이 레코드판의 홈을 따라 움직이면서 소리 신호(아날로그 신호)를 만들고, 이 신호를 증폭하면 음악이 된다.

CD나 MP3에 저장된 음악은 아날로그 파형을 디지털로 변환한 후 0과 1로 저장한 것이다. 따라서 CD나 MP3에 저장된 디지털 값을 아날로그 신호로 바꾸어야 음악이 된다. CD나 MP3에 저장된 음악은 아날로그 신호를 디지털 신호로 변환하는 과정을 거쳐 저장하고 반대로 디지털 신호를 아날로그 신호로 복원하여 음악을 만든다.

(a) 레코드판 (b) CD

그림 5-6 음악 저장 방식

아날로그 신호를 디지털로 변환하는 과정을 살펴보자. 아날로그 신호는 샘플링과 양자화라는 과정을 거쳐 디지털 신호가 된다.

- **샘플링**: [그림 5-7]의 왼쪽과 같은 아날로그 신호가 있다고 가정하자. 오른쪽 그림과 같이 일정 간격으로 막대를 세운다. 막대 높이는 아날로그 신호와 닿는 데까지 올린다. 이렇게 일정 간격으로 신호 높이에 맞는 막대를 세우는 과정을 **샘플링**sampling이라 한다.

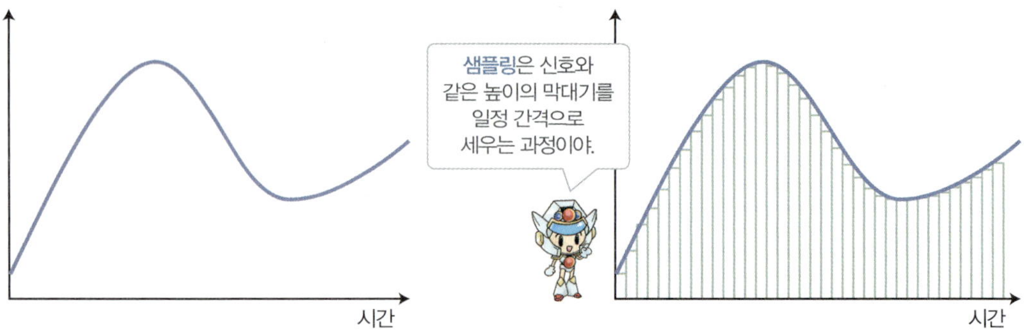

그림 5-7 아날로그 신호 샘플링

- **양자화**: 아날로그 파형을 샘플링하고 나면 각 막대의 높이를 기록한다. 그러려면 막대의 높이를 나타내는 눈금이 있어야 한다. 이때 눈금이 0, 1, 2, 3의 4개의 값만 가진다면 막대를 촘촘히 세울 필요가 없다. 막대 높이가 어차피 4개의 값 중의 하나로 정해지기 때문에 세밀하게 막대기를 세운 의미가 없다. 따라서 눈금은 막대의 높이를 잘 표현할 만큼 만들어줘야 한다. 눈금에 의해 막대의 높이를 값으로 변환하는 과정을 **양자화**quantization라 부른다. [그림 5-8]에서 막대기의 높이를 1, 2, 3, 3.7과 같이 양자화된 값으로 변환하면 아날로그-디지털 변환이 끝난다.

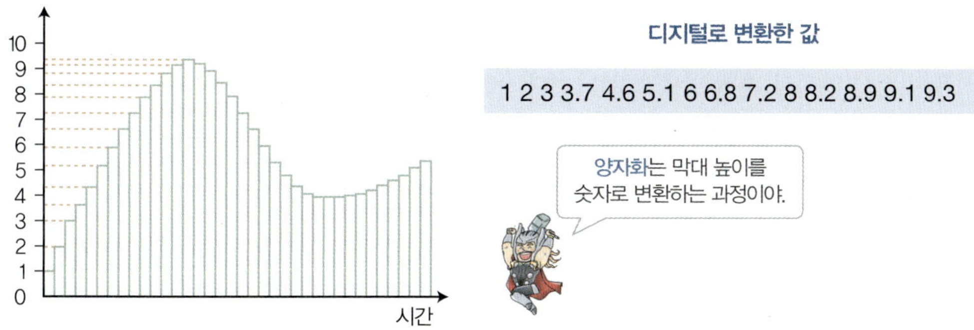

그림 5-8 **양자화**

디지털 → 아날로그 변환

디지털을 아날로그로 변환하려면 샘플링과 양자화를 반대로 한다. 저장된 숫자를 높이로 갖는 막대를 일정 간격으로 세운다. 다음으로 막대를 지나는 파형을 만들면 디지털-아날로그 변환이 끝난다. 오디오 CD나 MP3에는 오디오 신호를 샘플링하고 양자화한 숫자가 저장되어 있다. 따라서 오디오 CD나 MP3에 저장된 디지털 값을 높이로 갖는 막대를 일정 간격으로 세우고 막대를 지나가는 신호를 만들면 음악이 된다.

3 압축 알고리즘

멀티미디어 데이터의 가장 큰 문제는 파일 크기이다. 문서 파일의 크기는 몇 KB 수준이지만 사진은 수 MB이며, 동영상은 수 GB에 이른다. 그래서 사진이나 동영상 파일처럼 크기가 큰 멀티미디어 파일을 저장할 때는 압축 알고리즘을 사용한다.

파일을 압축하는 원리는 간단하다. 반복되는 데이터를 요약하여 보관하면 된다. [그림 5-9]에서 원본은 {바나나, 바나나, 바나나, 바나나, 바나나, 바나나, 배}이다. 이를 압축하여 저장할 때는 {바나나, 6, 배}로 저장하며, 이는 바나나 6개와 배 1개라는 의미이다. 이렇게 압축한 것을 다시 복원하

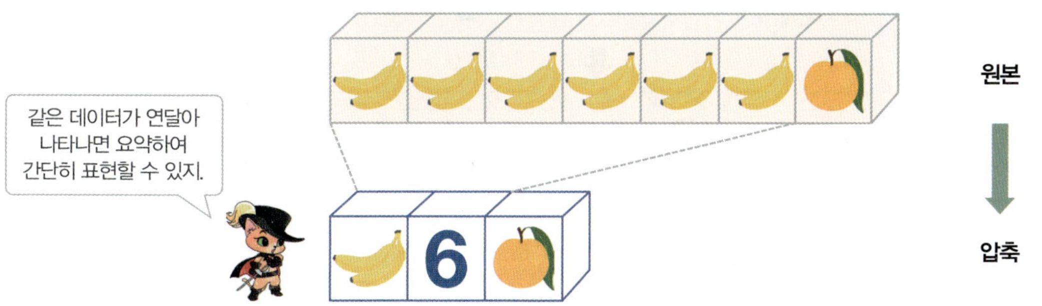

그림 5-9 **멀티미디어 파일의 압축 원리**

면 {바나나, 바나나, 바나나, 바나나, 바나나, 바나나, 배}가 만들어진다.

압축 방식은 비손실 압축과 손실 압축으로 나뉜다. **비손실 압축**lossless compression은 원본과 똑같이 복원할 수 있는 압축 방식이다. **손실 압축**lossy compression은 원본과 똑같지는 않지만 더 많이 압축할 수 있다. 다시 말해 압축률이 높은 방식이 손실 압축이다.

압축률을 높이려면 {바나나, 바나나, 바나나, 바나나, 바나나, 바나나}와 같이 반복되는 패턴이 연달아 나타나야 하지만, 반복되는 패턴이 연달아 나타나는 경우가 많지 않다. 그래서 비손실 압축은 파일 크기가 10~30% 정도밖에 줄어들지 않는다. 이에 비해 손실 압축은 90%까지 파일 크기를 줄일 수 있다.

손실 압축과 비손실 압축의 비교

[그림 5-10]은 비손실 압축과 손실 압축의 차이점을 나타낸다. 그림 왼쪽에서 원본은 {바나나, 바나나, 바나나, 바나나, 덜 익은 바나나, 바나나, 배}이다. 이를 비손실 알고리즘으로 압축하면 {바나나, 4, 덜 익은 바나나, 바나나, 배}가 된다. 데이터가 7개에서 5개로 줄었다. 압축된 데이터를 복원하면 {바나나, 바나나, 바나나, 바나나, 덜 익은 바나나, 바나나, 배}가 되어 원본과 똑같아진다. 압축률은 적은 대신에 손실 없이 원본을 그대로 복원할 수 있는 압축 방식이 비손실 압축이다.

그림 5-10 비손실 압축과 손실 압축

[그림 5-10]의 오른쪽 손실 압축은 똑같지 않아도 비슷한 것끼리 하나로 묶어버린다. 손실 압축에서는 덜 익은 바나나도 바나나로 묶어 버리기 때문에 {바나나, 6, 배}가 된다. 손실 압축에서 데이

터 7개가 3개로 줄었으므로 비손실 압축보다 압축률이 더 높다. 그러나 손실 압축을 복원하면 {바나나, 바나나, 바나나, 바나나, 바나나, 바나나, 배}가 되어 원본과 차이가 있다. 복원하면 덜 익은 바나나가 사라져 버리기 때문에 손실 압축한 파일은 원본으로 복원할 수 없다.

비손실 압축과 손실 압축은 쓰임새가 다르다. 일반적인 압축에 사용하는 ZIP이나 RAR 같은 포맷은 비손실 압축을 사용한다. 중요한 문서를 압축했는데 원본이 사라져버리면 안 되기 때문이다. 그러나 사진이나 동영상처럼 원본 복원보다 압축률이 더 중요할 때는 손실 압축 방식을 사용한다. 대표적인 손실 압축 포맷으로 JPEG, MP3, MP4 등이 있다.

표 5-3 비손실 압축과 손실 압축의 비교

비손실 압축	손실 압축
• 똑같은 데이터를 하나로 묶는다. • 복원한 데이터가 원본과 똑같다. • 압축률이 낮다. • 문서나 중요한 데이터를 압축하는 데 쓰인다. • 확장자가 ZIP, RAR 등이다.	• 비슷한 데이터를 하나로 묶는다. • 복원한 데이터가 원본과 다르다. • 압축률이 높다. • 멀티미디어 데이터를 압축하는 데 쓰인다. • 확장자가 JPEG, MP3, MP4 등이다.

02 | 다양한 멀티미디어 데이터

1 오디오 데이터

오디오 데이터는 음악이나 목소리처럼 사람이 들을 수 있는 데이터를 가리킨다. 목소리나 새소리처럼 자연 상태의 오디오는 아날로그 데이터이다. 아날로그 신호는 크게 두 가지 속성을 가지는데, 높낮이(저음, 고음)와 크기(큰 소리, 작은 소리)가 그것이다.

소리의 높낮이

소리의 첫 번째 속성인 저음과 고음을 그림으로 나타내면 [그림 5-11]과 같다. 저음은 파형이 길고 느린 소리이며, '울린다' 혹은 '가라앉은 소리'라고 표현한다. 고음은 파형이 짧고 빠르게 움직이는 소리이며, '소리가 날카롭다' 혹은 '쨍쨍거린다'고 표현한다. 목소리로 고음을 내보면 성대가 짧고 빠르게 움직이는 것을 느낄 수 있으며, 대체로 여성 목소리가 남성 목소리보다 고음이다.

그림 5-11 **저음과 고음**

소리의 높낮이는 주파수로 나타내는데, 주파수를 나타내는 단위는 헤르츠(Hz)이다. 헤르츠는 1초 동안의 반복 횟수를 나타낸다. 소리 파형이 1초에 1번 반복되면 1Hz이고, 10번 반복되면 10Hz이다. 저음과 고음은 상대적인 표현이다. 10Hz는 1Hz보다는 고음이지만, 100Hz보다는 저음이다.

특정 신호의 주파수 범위를 대역폭이라 부른다. **대역폭**bandwidth은 가장 높은 주파수에서 가장 낮은 주파수를 뺀 값이다. 인간이 들을 수 있는 가장 낮은 소리는 20Hz이고 가장 높은 소리는 20kHz (20,000Hz)이다. 따라서 인간이 들을 수 있는 가청 주파수의 대역폭은 약 20kHz(20,000Hz −

20Hz)이다. 누군가에게 40kHz의 신호를 들려줬는데 소리가 들린다고 하면 인간이 아니고 동물이다. 개는 45kHz까지, 박쥐는 110kHz까지 들을 수 있다.

여기서 잠깐 **스피커의 우퍼와 트위터**

스피커는 우퍼(woofer)와 트위터(tweeter)로 구성된다. 낮은 주파수의 소리를 내는 우퍼와 높은 주파수의 소리를 내는 트위터를 하나의 스피커로 만들기는 어렵기 때문에 따로 제작한다. 소리를 크게 하면 우퍼가 앞뒤로 움직이는 것을 볼 수 있다. 저음은 파형이 느리고 길어 움직이는 모습이 보이지만, 고음은 파형이 짧고 빨라 움직이는 것을 보기 어렵다.

소리의 크기

소리의 두 번째 속성인 작은 소리와 큰 소리는 파형의 높이인 진폭amplitude으로 표현한다. 큰 소리는 진폭이 큰 신호이고, 작은 소리는 진폭이 작은 신호이다. [그림 5-12]는 같은 주파수의 소리에 대하여 작은 소리와 큰 소리의 차이를 보여준다. 큰 소리는 에너지가 크기 때문에 진폭이 크고, 작은 소리는 진폭이 작다. 소리 증폭기amplifier를 약자로 앰프라고도 부르는데, 앰프의 볼륨을 올리거나 내리면 주파수는 그대로이고 진폭만 커지거나 작아진다. 앰프의 볼륨을 올린다고 해서 저음이 고음이 되거나 고음이 저음이 되지는 않는다.

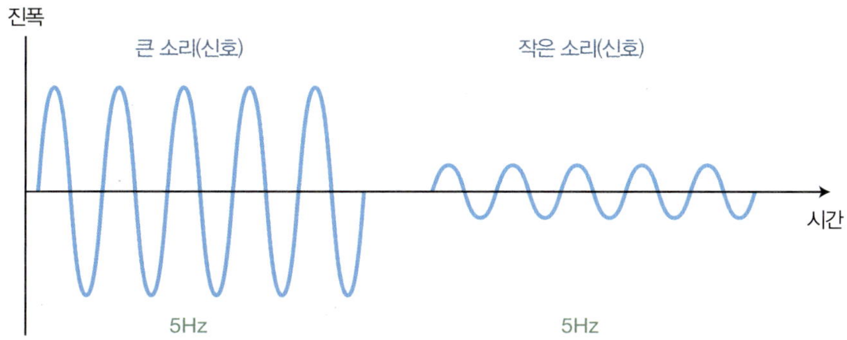

그림 5-12 큰 소리와 작은 소리

샘플링 주파수와 양자화 값

아날로그로 녹음한 노래를 디지털로 바꾸는 과정을 생각해 보자. 아날로그 신호를 샘플링할 때 막대를 얼마나 촘촘히 세울 것인가에 대한 문제가 있다. 1초 동안에 막대를 얼마나 촘촘히 세우는지를 나타내는 수치를 **샘플링 주파수**sampling frequency라고 한다. [그림 5-13]의 (a)에서는 파형을 듬성듬성 잘라 막대를 세웠다. 막대가 두꺼우면(낮은 샘플링 주파수) 원래 파형으로 복원하기 어려울 것이다. 따라서 원래 음보다 음질이 나쁜 소리가 만들어진다. 반대로 (b)와 같이 파형을 조밀하게 잘라 매우 가는 막대를 세울 수 있다. 조밀하게(높은 샘플링 주파수) 샘플링하면 원래 음을 충실하게 재현할 수 있다. 그러나 데이터의 양이 많아져 파일 크기가 너무 커지는 단점이 있다. 따라서 파일 크기가 너무 크지 않으면서도 음을 충실히 재현하는 적절한 샘플링 주파수를 설정해야 한다.

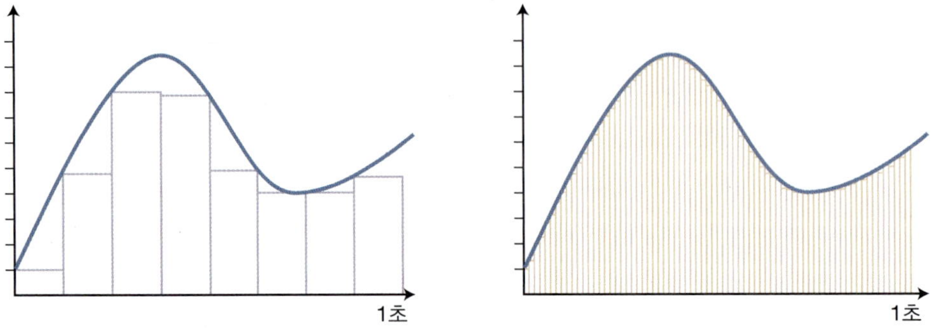

(a) 낮은 샘플링 주파수 (b) 높은 샘플링 주파수

그림 5-13 샘플링 주파수

스웨덴 출신의 물리학자인 해리 나이퀴스트Harry Nyquist는 1928년에 소리의 디지털 샘플링 이론을 발표했다. 이를 나이퀴스트 이론Nyquist Theorem이라 부른다. 나이퀴스트 이론을 문장으로 설명하면 "대역폭 2배 이상의 샘플링 주파수를 사용하면 정확하게 디지털로 변환할 수 있다."이다.

핵심 **나이퀴스트 이론**

샘플링 주파수 ≥ 2 × *H* (*H*는 대역폭)

예를 들어 1kHz 대역폭을 가진 신호를 디지털로 변환하고 싶다면 막대를 2,000(2k)개 이상을 세우면 된다. 즉 2kHz 이상의 샘플링 주파수를 사용한다. 앞서 인간의 가청 주파수 대역폭은 약 20kHz라고 했다. 따라서 아날로그 음악을 20kHz의 2배인 40kHz 이상으로 샘플링하면 원래의 소리에 충실하게 디지털로 변환할 수 있다. 다시 말해 1초 안에 막대가 4만 개 이상이 되도록 샘플링하면 된다.

일반적인 오디오 CD는 '44.1kHz/16bit' 규격을 사용하여 디지털로 변환을 한 것이다. 여기서 '44.1kHz'는 아날로그 데이터를 44.1kHz로 샘플링했다는 의미이다. [그림 5-14]와 같이 1초에 4만 4천 100개 막대기를 세워 아날로그 신호를 디지털 신호로 바꾼 것이다. 그리고 '16bit'는 양자화 값을 의미한다. 양자화 값은 막대의 높이를 나타내는 눈금의 수를 나타낸다. 다시 말해 오디오 CD에서 눈금에 16비트를 사용하여 눈금의 개수가 0부터 $2^{16}-1$까지 65,536개 있다는 의미이다.

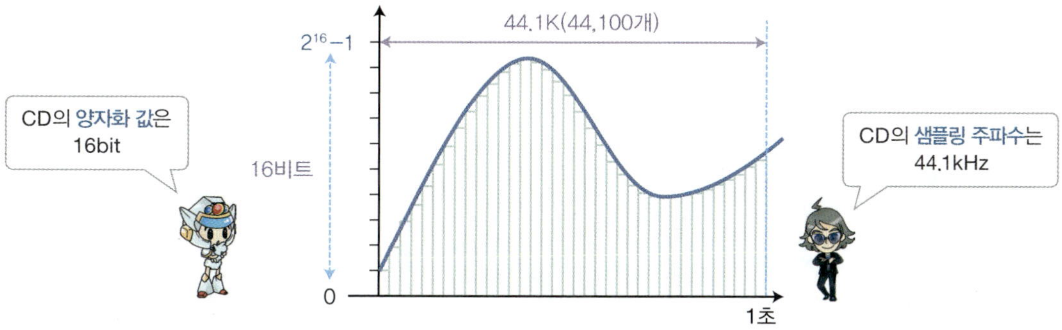

그림 5-14 오디오 CD의 샘플링

오디오 파일 포맷

오디오 CD에 있는 데이터 원본을 압축하지 않은 포맷이 WAV이다. 확장자가 WAV인 파일은 4분짜리 노래 한 곡이 약 42MB나 된다. 2000년대 초에는 인터넷이 느려서 42MB짜리 파일을 전송하는 데 수십 분이 걸렸다. 그래서 만들어진 파일 포맷이 바로 MP3이다. MP3는 MPEGMoving Picture Experts Group라는 손실 압축 알고리즘을 적용한 음악 파일 포맷이다. 42MB인 WAV 파일을 MP3로 변환하면 크기가 11분의 1로 줄어들어 약 3.9MB가 된다. MP3와 유사하게 손실 압축을 사용하는 포맷으로 애플의 AACAdvanced Audio Coding가 있다.

멜론이나 벅스와 같은 음원 플랫폼에서는 일반음질의 MP3 포맷의 파일과 고음질의 FLAC 포맷의 파일을 제공한다. 또한 고음질 음악 파일은 '마스터링급 음원'이나 '24비트 FLAC'이라한다. 이와 같이 고음질의 음악 파일을 만드는 방법은 크게 2가지이다.

- 첫 번째는 음악을 디지털로 변환할 때 샘플링 주파수를 높게 설정하는 것이다. 만약 96kHz로 샘플링한다면 44.1kHz로 샘플링했을 때보다 더욱 세밀한 음을 들을 수 있다. 96kHz로 샘플링한 경우 양자화 값으로 16비트는 부족하기 때문에 24비트를 사용한다. '24비트 음원'이라고 하면 96kHz로 샘플링하고 24비트로 양자화한 고음질 음악 파일을 의미한다. 일반 음악 CD가 아닌, 고음질 CD로는 HDCD, Super Audio CD, XRCD 등이 있다.

그림 5-15 고음질 CD 포맷

- 두 번째는 비손실 압축을 사용하는 것이다. MP3는 손실 압축이기 때문에 음질이 좋지 않다. 그래서 음원 플랫폼에서는 FLAC 포맷의 고음질 음원을 제공한다. FLACFree Lossless Audio Codec 포맷은

비손실 압축을 사용하기 때문에 WAV와 음질이 같으면서 파일 크기는 30% 이상 줄어든다. FLAC와 유사한 비손실 압축 포맷으로 OGG와 애플에서 쓰는 ALE Apple Lossless Encoder 포맷이 있다.

그림 5-16 고음질 음악 파일

결론적으로 MP3 파일은 크기가 작지만 손실 압축을 사용하기 때문에 음질이 좋지 않다. 따라서 96kHz/24bit 음원이 가장 음질이 좋으며, 이런 음원이 없을 경우 FLAC과 같은 비손실 압축 포맷 음원을 구매하면 고음질로 음악을 감상할 수 있다. 지금까지 다룬 오디오 파일 포맷을 비교하여 [표 5-4]에 정리했다.

표 5-4 오디오 파일의 포맷

무압축 오디오 포맷	비손실 압축 오디오 포맷	손실 압축 오디오 포맷
WAV	FLAC, OGG, ALE	MP3, AAC

비트 전송률과 파일 크기

같은 원음일 때, 정보량이 적은 음악 파일보다 정보량이 많은 음악 파일의 음질이 더 좋다. 음악 파일이 가진 정보량을 나타내는 데는 비트 전송률을 사용한다. 비트 전송률의 단위는 bps이며 일반적으로 kbps 단위를 쓴다.

앞에서 배운 샘플링을 이해했다면 비트 전송률을 쉽게 구할 수 있다. 헤르츠는 1초 동안의 반복 횟수를 나타내는 단위이다. 따라서 음악 파일에서 1초 동안 흐르는 데이터의 양은 1초 안에 들어 있는 막대 높이를 모두 더한 것과 같다. 즉 '샘플링 주파수 × 양자화 비트'이다. 그런데 우리가 듣는 음악은 스테레오이며, 스테레오 음악은 왼쪽 신호와 오른쪽 신호가 따로 존재한다. 따라서 비트 전송률은 '샘플링 주파수 × 양자화 비트 × 2'이다. 만약 모노 음악이라면 1을 곱하면 된다.

핵심 **비트 전송률**

비트 전송률 = 샘플링 주파수 × 양자화 비트 × 2 (스테레오)

일반적인 WAV 파일은 44.1kHz로 샘플링하고 16비트로 양자화하며, 스테레오이다. 공식에 대입해 보면 비트 전송률은 44.1kHz × 16bit × 2 = 1411.2kbps가 된다.

또한 비트 전송률에 시간을 곱하면 파일 크기를 구할 수 있다. 4분짜리 WAV 파일의 크기를 계산해 보자. 4분은 240초이므로 1411.2kbps × 240초 = 338,688kbit이다. 비트 전송률의 단위는 비트이지만, 파일 크기를 나타내는 단위는 바이트이다. 비트 수를 8로 나누어야 바이트 단위가 되므로 파일의 크기는 338,688kbit ÷ 8 = 42,336KB, 메가바이트로 바꾸면 42.336MB가 된다. 따라서 고음질 CD의 비트 전송률은 96kHz × 24bit × 2 = 4,608kbps이며, 4분짜리 WAV 파일 크기는 약 136MB가 된다. 결국 고음질 CD는 일반적인 CD보다 정보량이 3배 이상 많다.

가지고 있는 MP3 파일을 자세히 보면, 같은 음악이라도 크기가 다른 파일이 있을 것이다. 이는 MP3가 압축률을 조절할 수 있기 때문에 발생한 현상이다. 가장 많이 사용하는 압축률은 128kbps다. 이는 기존 WAV 파일을 약 11분의 1로 압축한 것이다. 따라서 일반 음질의 MP3 파일 크기는 약 3.9MB 정도가 된다. MP3는 64·128·192·256·320kbps로 압축률을 조절할 수 있으며, 320kbps가 최고 음질이다. MP3 파일을 최고 음질로 감상하고 싶다면 320kbps 파일을 구하면 되지만, 손실 압축이기 때문에 원본과는 차이가 있다.

That's Why(You Go Away)
Michael Learns to Rock
Paint My Live Greatest Hits
WAV, 44KHz, 1411kbps, Stereo

책임져
언타이틀
UNTITLE 1집/Un Title
MP3, 44KHz, 256kbps, Stereo

드라마
아이유(IU)
조각집
MP3, 44KHz, 320kbps, Stereo

그림 5-17 **다양한 샘플링 주파수의 음악 파일**

2 이미지 데이터

이미지 데이터는 2차원 평면 위에 나타나는 시각적 표현물을 의미한다. 모니터 화면에 표시되는 이미지는 무수히 많은 점으로 구성된다. 이미지를 구성하는 각각의 점을 픽셀pixel 또는 화소라고 한다. [그림 5-18]의 왼쪽 그림을 확대해보면 여러 색상으로 된 많은 점(픽셀)으로 구성되어 있는데, 각 픽셀은 빛의 삼원색인 빨간색(Red), 녹색(Green), 파란색(Blue)으로 구성된다.

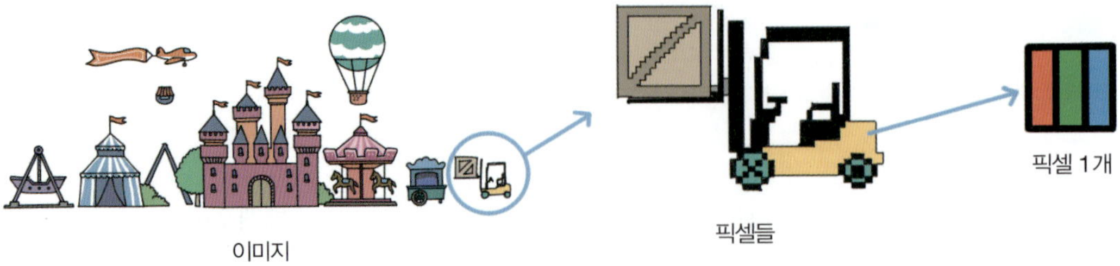

그림 5-18 **이미지와 픽셀**

픽셀과 파일 크기

[그림 5-19]의 (a)는 모니터의 픽셀을 확대한 것이며, (b)는 픽셀로 사람의 눈을 표현한 이미지이다. 컴퓨터에서 픽셀 하나의 R, G, B의 농도를 나타내는 데 1바이트씩 사용한다. 농도는 가장 어두울 때가 0이고, 가장 밝을 때가 255이다. 따라서 하나의 픽셀에서 RGB가 모두 최댓값(255, 255, 255)이면 흰색이 되고, RGB가 모두 최솟값(0, 0, 0)이면 검은색이 된다. R, G, B가 각각 256가지 농도이므로 하나의 픽셀이 표현할 수 있는 색상은 256 × 256 × 256 = 16,777,216가지이다. 이러한 색상 표현 체계를 트루컬러true color라고 한다.

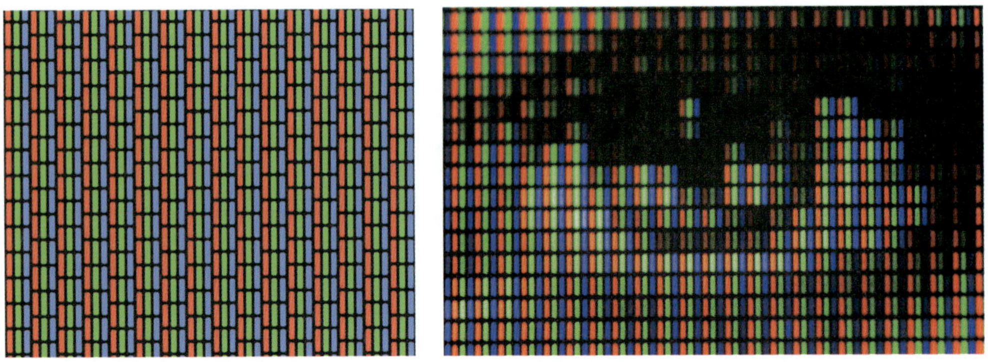

(a) 픽셀로 이루어진 모니터 화면　　(b) 픽셀로 표현한 사람의 눈

그림 5-19 **RGB 픽셀**

RGB 각각이 1바이트이므로 픽셀 하나는 3바이트이다. 해상도가 가로 6,000픽셀, 세로 4,000픽셀인 사진이 있다고 가정하자. 이 사진의 전체 픽셀 수는 6,000 × 4,000 = 24,000,000픽셀, 즉 24MPMega Pixel(메가픽셀)이 된다. 이러한 이미지 파일을 압축하지 않으면 파일 크기는 24MP × 3B = 72MB이다.

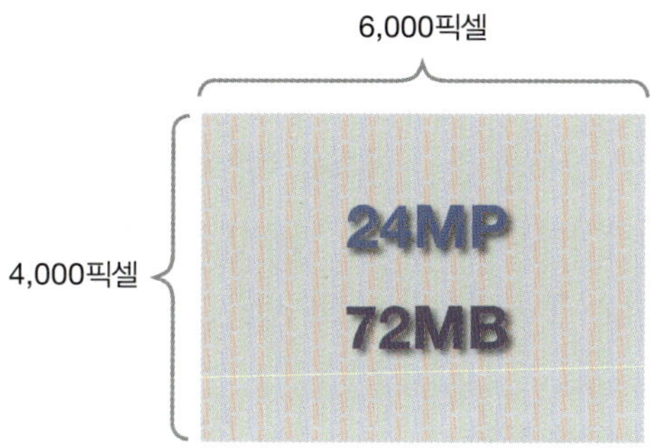

그림 5-20 픽셀과 파일 크기

이미지 파일 포맷

이미지 파일에도 오디오 파일과 마찬가지로 비손실 압축 포맷과 손실 압축 포맷이 존재한다.

- **BMP**: BMP(비트맵)는 이미지를 압축하지 않고 픽셀 하나에 3바이트씩 그대로 저장하는 파일 포맷이다. [그림 5-20]과 같은 BMP 이미지 파일이 열 개만 있어도 700MB를 넘어가기 때문에 보관이 쉽지 않다. 그래서 압축 알고리즘을 사용한 이미지 포맷을 사용한다.
- **Raw**: Raw는 비손실 압축 포맷이다. 'raw'는 영어로 날것이라는 뜻이며, 카메라가 받은 데이터 원본이 Raw 포맷이다. 그런데 Raw는 디지털카메라 제조사마다 확장자가 다르다. 니콘은 NRW, 캐논은 CR, 소니는 ARW 확장자로 사진을 저장한다. 따라서 사진을 컴퓨터로 옮긴 다음 호환되는 표준 포맷으로 변환해야 한다.
- **PNG, TIFF**: PNG와 TIFF는 비손실 압축을 사용한 표준 포맷이다. 둘 다 비손실 압축 포맷이기 때문에 화질 저하 없이 보관할 수 있지만 파일 크기가 크다는 단점이 있다. 특히 PNG는 웹에서 사용할 수 있는 포맷 중 가장 화질이 좋다. PNG의 또 다른 특징은 배경을 투명하게 설정할 수 있다는 것이다. [그림 5-21]과 같이 PNG 파일의 배경을 투명하게 설정하면 이미지 2개를 겹쳐서 작업할 수 있다.

그림 5-21 배경을 투명하게 설정할 수 있는 PNG 포맷

- **JPEG**: JPEGJoint Photographic Experts Group는 가장 많이 사용하는 손실 압축 포맷이다. 확장자는 보통 JPG나 JPEG를 사용한다. 디지털카메라가 사진을 저장할 때도 JPEG 포맷을 사용하고, 웹에서도 JPEG 포맷을 사용할 수 있다. 이미지 파일의 비손실 압축과 손실 압축을 비교해보자. [그림 5-22]는 사진 두 장을 찍고 각각 두 가지 포맷으로 저장하여 파일 크기를 비교한 것이다. (a)와 (c)는 색상이 많이 들어간 사진이며, (b)와 (d)는 회색 벽을 찍은 단순한 사진이다.

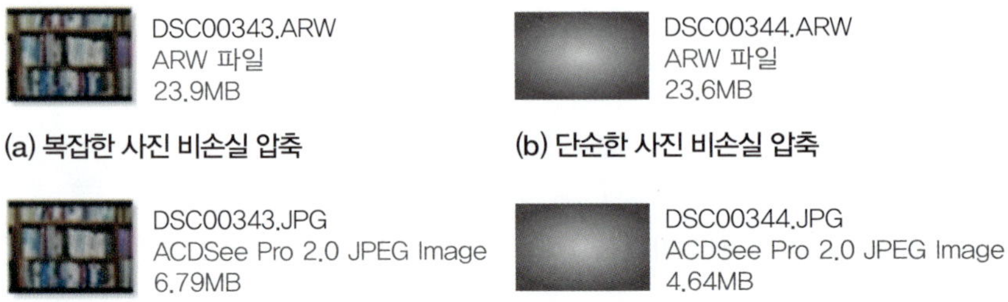

(a) 복잡한 사진 비손실 압축 (b) 단순한 사진 비손실 압축

(c) 복잡한 사진 손실 압축 (d) 단순한 사진 손실 압축

그림 5-22 이미지 파일의 압축

Raw 파일은 비손실 압축을 사용하기 때문에 압축률이 작다. 따라서 사진의 내용이 달라도 파일 크기에는 거의 차이가 없다. (a)는 23.9MB이고, (b)는 23.6MB이다. JPEG는 손실 압축을 사용하기 때문에 파일 크기가 확 줄어든다. 또 손실 압축의 특성상 단순할수록 압축률이 높아져 파일 크기는 작아진다. (c)가 6.79MB인 반면에 단순한 (d)는 4.64MB임을 확인할 수 있다.

JPEG 파일의 또 다른 특징은 사용자가 압축률을 조정할 수 있다는 것이다. 디지털카메라의 설정 메뉴를 보면 화질을 설정할 수 있다. 또한 포토샵 같은 프로그램에서 편집 작업을 마친 후 JPEG로 저장할 때, [그림 5-23]과 같이 [품질]을 '저'에서 '최고'까지 선택할 수 있다.

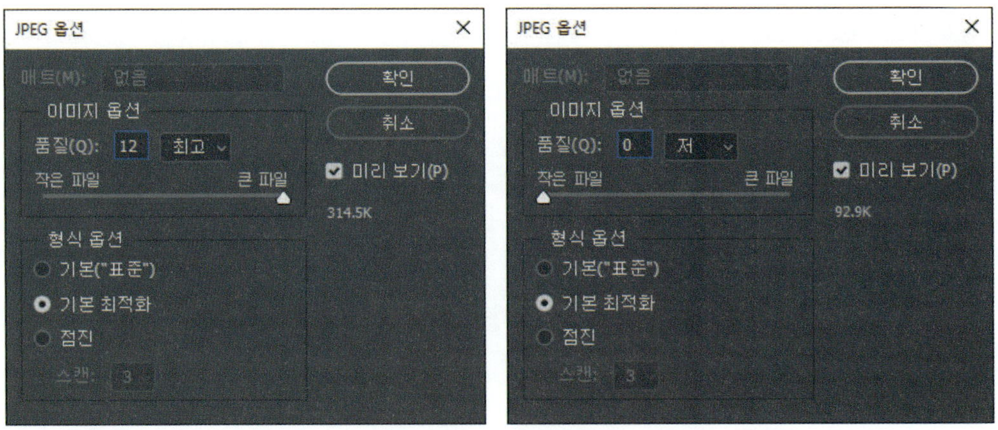

(a) 최고 화질 (b) 저화질

그림 5-23 JPEG 압축 옵션

저화질은 많은 수의 비슷한 패턴을 하나로 만들기 때문에 파일 크기가 작지만 화질이 나쁘다. [그림 5-24]의 (a)는 JPEG 최고 화질로 저장한 이미지이고, (b)는 같은 사진을 최저 화질로 저장한 이미지이다. (b)의 파일 크기는 (a)에 비하여 약 20분의 1로 작기 때문에 저장 공간을 덜 차지한다. 그러나 최저 화질의 경우 비슷한 색상끼리 하나로 압축해 버리기 때문에 물결과 같은 경계가 만들어지는 '계단 현상'이 선명하게 나타난다. 계단 현상과 같이 원본에 없는 데이터를 노이즈noise라고 한다. 너무 많이 압축하면 노이즈가 많이 생길 뿐 아니라, 한번 생긴 노이즈는 제거할 수 없다. 따라서 카메라 화질을 설정할 때는 항상 최고 화질로 저장하고, 편집한 이미지 파일은 원본과 따로 저장하는 것이 좋다.

(a) 최고 화질 JPEG　　(b) 최저 화질 JPEG

그림 5-24 JPEG 화질 비교

- 비손실 압축을 사용하는 포맷 중 특이한 것이 GIF이다. GIF는 PNG나 JPEG와 마찬가지로 웹에서 사용할 수 있는 파일 포맷이다. 일반적인 이미지 파일은 픽셀 하나당 3바이트를 사용한다. GIF는 전체 이미지에서 사용할 수 있는 색상이 1바이트(256색)로 제한된다. 전체에서 사용할 256색을 미리 정해 놓고 그 색상만으로 이미지를 구성하는 방식이다. 따라서 색 표현이 제한적이기 때문에 사진에는 적합하지 않다. GIF는 주로 색상이 적은 아이콘이나 버튼, 배너광고 등에 사용한다. 대신에 PNG처럼 투명한 배경을 지원한다는 것과 움직이는 이미지를 저장할 수 있다는 장점이 있다.
- 구글이 웹 게시용으로 만든 이미지 포맷이 WEBP이다. WEBP는 GIF, JPEG, PNG와 호환되는 포맷이며, 같은 파일의 경우 GIF, JPEG, PNG보다 크기가 작다. 또한 투명한 배경을 지원하고 GIF와 마찬가지로 움직이는 이미지도 만들 수 있다. 그러나 다른 포맷과 달리 지원하는 브라우저에서만 볼 수 있다는 단점이 있다. WEBP 포맷을 크롬 브라우저에서는 지원하지만 엣지 브라우저에서는 지원하지 않는다.

표 5-5 이미지 포맷 비교

포맷	압축 방식	원본 손실	투명 배경	움직이는 이미지	웹 지원
BMP	비손실 압축	없음	×	×	×
Raw	비손실 압축	없음	×	×	×
JPEG	손실 압축	있음	×	×	○
PNG	비손실 압축	없음	지원	×	○
GIF	비손실 압축	색 손실	지원	지원	○
WEBP	비손실/손실 압축	없음/있음	지원	지원	△

회사 웹사이트를 만들거나 개인 SNS를 꾸밀 때 사용할 수 있는 이미지 포맷은 JPEG, PNG, GIF 세 가지이다. 세 포맷의 특성은 모두 다르다. JPEG는 손실 압축 포맷이라서 파일 크기를 조절할 수 있으나 원본 손실이 있다. 투명 배경이나 움직이는 이미지를 지원하지 않아 주로 사진을 올리거나 보관하는 용도로 사용한다. PNG는 비손실 압축이라 원본 손실은 없으나 파일이 크다는 단점이 있다. 투명 배경을 지원하기 때문에 이미지 작업의 중간 용도로 사용하거나 이미지 보관에 사용한다. GIF는 256색만 쓸 수 있어 사진에는 적합하지 않다. 그러나 투명한 배경을 지원하고 움직이는 사진을 만들 수 있다. WEBP도 웹에서 사용할 수 있지만, 일부 브라우저에서는 지원하지 않는다.

여기서 잠깐 **GIF는 비손실 압축 포맷**

GIF는 비손실 압축 방식을 사용하지만, 이미지를 GIF 포맷으로 변환하면 256색으로 색상이 제한되기 때문에 손실 압축이라고 착각할 수 있다. GIF는 256색상을 가진 작은 크기의 아이콘을 만들 때 주로 사용하기 때문에 파일의 크기가 작다고 생각하겠지만, 실제로는 비손실 압축이기 때문에 파일 크기가 크다. 특히 움직이는 GIF 파일을 보면 크기가 작지 않다는 것을 알 수 있다. 움직이는 GIF를 WEBP로 변환하면 파일 크기가 10분의 1로 줄어든다.

3 동영상 데이터

동영상은 여러 개의 이미지를 빠른 속도로 연달아 재생하여 사람 눈에는 마치 움직이는 것처럼 보이도록 만든 데이터이다. 동영상의 원리를 플립북을 통해 이해할 수 있다. 플립북은 종이에 여러 그림을 이어지게 그린 책이다. 플립북을 빠르게 넘기면 마치 그림이 움직이는 것처럼 보인다.

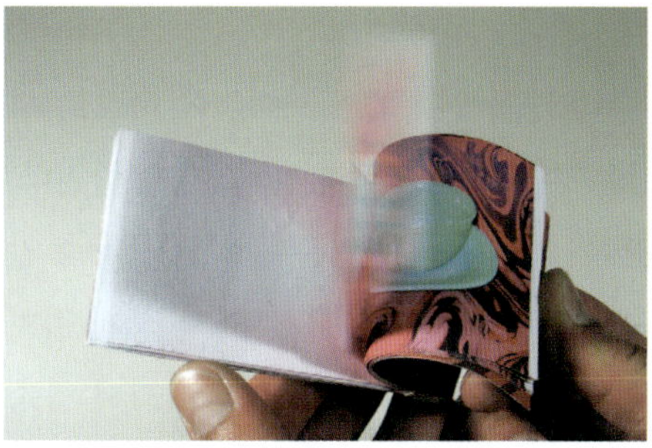

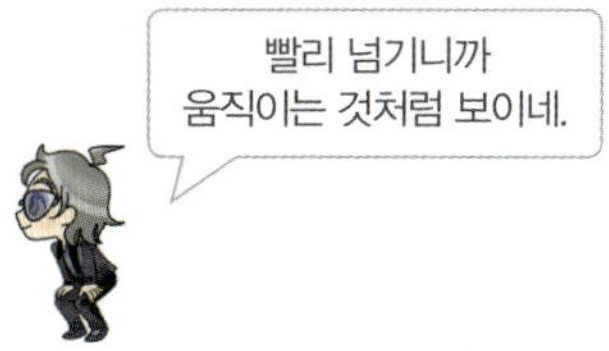

그림 5-25 **플립북**

애니메이션이나 영화도 마찬가지다. [그림 5-26]과 같이 이어지는 사진 여러 장을 빠른 속도로 보여주면 마치 사자가 오른쪽으로 움직이는 것처럼 느낀다. 사람의 눈은 한 번 본 것은 16분의 1초 동안 잔상이 맺힌다. 따라서 배경은 계속 눈에 남아 있는데 사자는 옆으로 이동하기 때문에 움직이는 것처럼 느낀다. 이를 잔상 효과라고 한다.

그림 5-26 **동영상의 원리**

일반적으로 동영상은 1초에 사진 60장을 연속해서 보여준다. 이러한 동영상을 60fps frames per second라 표시한다. 영화관에서 상영하는 영화는 1초에 사진을 24장 보여주기 때문에 24fps이다. 모니터는 1초에 60번씩 화면을 다시 그린다. [그림 5-27]과 같이 모니터 설정 창을 열면 재생 빈도가 60Hz로 되어 있다. 최신 게임용 모니터의 경우 재생 빈도가 120Hz 이상인 모니터도 있다.

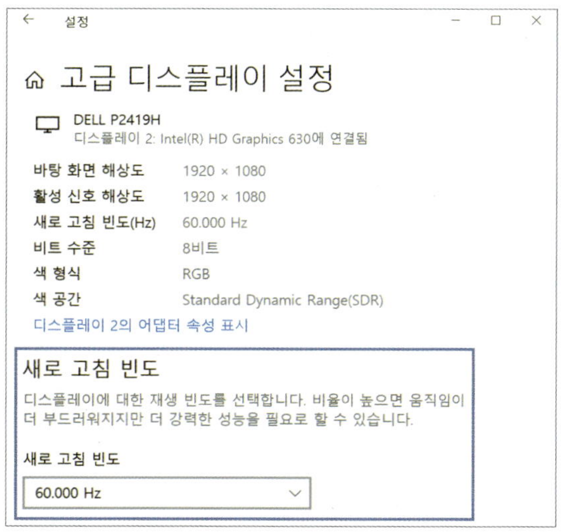

그림 5-27 **모니터 화면의 재생 빈도**

동영상 파일 포맷

동영상 파일에는 소리도 같이 담긴다. 게다가 1초에 사진 수십 장을 연속해서 보여줘야 하므로 사진에 비하여 동영상 데이터는 굉장히 크다. 따라서 동영상은 손실 압축으로 파일 크기를 줄인다. 가장 많이 사용하는 동영상 압축 알고리즘은 MP4이다. MP4는 MPEG에서 만든 동영상용 압축 알고리즘으로, 네 번째 버전을 의미한다. 동영상의 압축 원리는 간단하다. 배경처럼 여러 장에 걸쳐서 움직이지 않는 부분은 한 장만 저장하고, 움직이는 부분만 저장하면 압축이 된다. 따라서 압축률을 높게 하면 갑자기 장면이 전환되는 부분에서 화면이 깨지기도 한다.

TIP 음악 파일 포맷인 MP3는 MPEG 버전 3이 아니라, MPEG 버전 1번의 세 번째 오디오 계층(MPEG-1 Audio Layer 3)이라는 의미이다.

그림 5-28 동영상 압축 원리

다른 동영상 확장자로 AVI, MKV, MOV 등이 있다. 이들은 압축 알고리즘의 이름이 아니라 동영상, 소리, 자막을 담는 컨테이너container의 이름이다. 다시 말해 동영상을 MPEG로 압축하고 소리와 자막을 함께 담을 때 AVI, MKV, MOV라는 박스를 사용하여 담았다는 의미이다.

03 | 확장현실과 3차원 컴퓨터 그래픽

1 확장현실 기술

확장현실 eXtended Reality(XR)이란 가상현실과 증강현실을 모두 포함하는 융합 기술이다. 확장현실이라는 이름에서 알 수 있듯이 현실의 세계를 가상의 세계로 확장extend하여 부가가치를 만드는 기술을 의미한다.

그룹 울랄라세션의 메인보컬인 임윤택은 젊은 나이에 암 투병을 하다가 안타깝게도 세상을 떠났다. 그런데 2022년에 JTBC의 《얼라이브》라는 방송 프로그램에서 임윤택을 환생시켜 다른 멤버들과 함께 노래하는 모습을 보여주었다. 과거 임윤택의 노래 부르는 장면과 인터뷰 장면을 모아서 인공지능 알고리즘에 학습시킨 후 목소리, 표정, 몸짓을 재현한 것이다. 이렇게 만들어진 '임윤택 데이터'를 홀로그램 기술을 사용하여 화면에 나타나게 했다. 임윤택은 이제 세상에 없지만 확장현실 기술이 그를 환생시켰다.

그림 5-29 울랄라세션의 확장현실 공연

실감형 콘텐츠와 메타버스

실감형 콘텐츠 immersive contents란 실재감, 상호작용, 몰입감을 제공할 수 있는 콘텐츠를 의미한다. 확장현실은 현실 세계 위에 가상현실, 증강현실, 혼합현실 기술을 접목하여 실감형 콘텐츠와 서비스를 제공하는 기술이다. 확장현실 기술이 발전하여 현실이 아닌 또 다른 세계인 메타버스가 만들어졌다. 물리적으로 떨어져 있는 사람들이 하나의 가상공간에 모여 작업할 뿐만 아니라 현실의 세계와 똑같은 경험을 할 수 있게 하는 기술이 **메타버스** Metaverse이다. 메타버스란 초월적인 변화를 의미하는 메타meta와 우주를 의미하는 유니버스universe를 합성한 단어이다. 다시 말해 현실의 공간이 아닌 가상의 또 다른 세상을 의미한다.

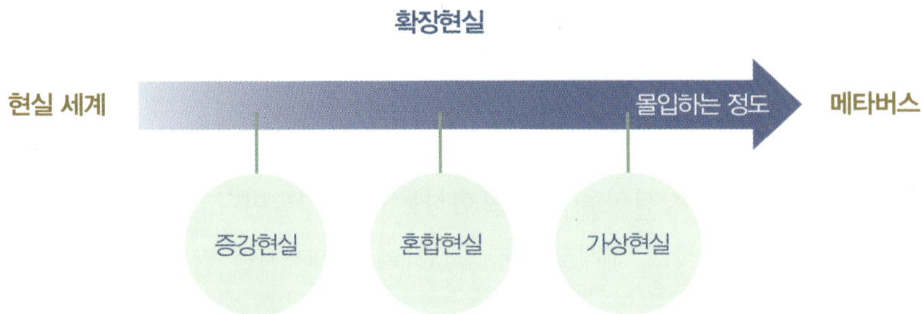

그림 5-30 **확장현실의 개념**

확장현실을 경험하고 싶다면 구글의 BTS x 스트리트 갤러리(http://experiments.withgoogle.com/bts-street-galleries)를 방문해보자. BTS의 설명과 함께 뉴욕 유엔 본부부터 서울 중구 빌딩까지의 문화 여행을 즐길 수 있다.

그림 5-31 **확장현실 체험 웹 페이지**

확장현실은 3차원 그래픽 기술과 확장현실 지원 기기를 통해 구현된다. 3차원 그래픽 기술과 지원 기기에 대해서는 다음 절에서 알아보기로 하고, 확장현실(XR)을 이루는 가상현실(VR), 증강현실(AR), 혼합현실(MR)의 차이점을 살펴본다.

가상현실

가상현실Virtual Reality(VR)이란 3차원 가상공간에서 실제와 유사한 현실감을 제공하는 기술이다. 가상현실은 1960년대에 개발되었고, 주로 비행사나 우주선 조종사를 훈련시키는 데 사용했다. 비행사나 우주선 조종사는 고도의 훈련을 받아야 하지만, 실제 비행기나 우주선을 이용하여 훈련하면 위험한데다 비용이 많이 든다. 따라서 비행기나 우주선을 실제 장면과 같게 재현하는 시뮬레이터로 가상의 세계를 만들어 훈련한다.

(a) 비행기 시뮬레이터

(b) 우주선 시뮬레이터

그림 5-32 비행 훈련을 위한 가상현실

실제가 아니지만 실제와 유사한 환경이나 상황을 만드는 데 다양한 기술이 사용된다. 대표적인 기술이 가상현실용 헤드셋이다. 가상현실용 헤드셋은 왼쪽과 오른쪽에 서로 다른 화면을 보여주어 입체 영상을 구현한다. 헤드셋으로 [그림 5-33]과 같은 화면을 재생하기 때문에 양쪽 눈으로 서로 다른 화면을 보게 된다. 가상현실용 헤드셋은 위치와 방향을 인식하여 사용자가 움직이면 화면도 따라서 움직여 마치 화면에 들어간 듯한 착각을 일으킨다. 이러한 높은 몰입감을 이용한 가상현실 오락실도 성업 중이다.

그림 5-33 가상현실 헤드셋의 입체 영상

가상현실 기술을 모델링에 이용할 수 있다. 개발 중인 기계가 있다면 실제로 제작하기 전에 가상현실 기술을 이용하여 작동시켜 본다. 미리 여러 테스트를 거침으로써 문제를 개선하고 개발 방향을 정할 수 있다. 이러한 기술은 수술에도 응용한다. 수술 과정을 미리 점검함으로써 수술의 진행 방향과 문제점을 파악할 수 있다.

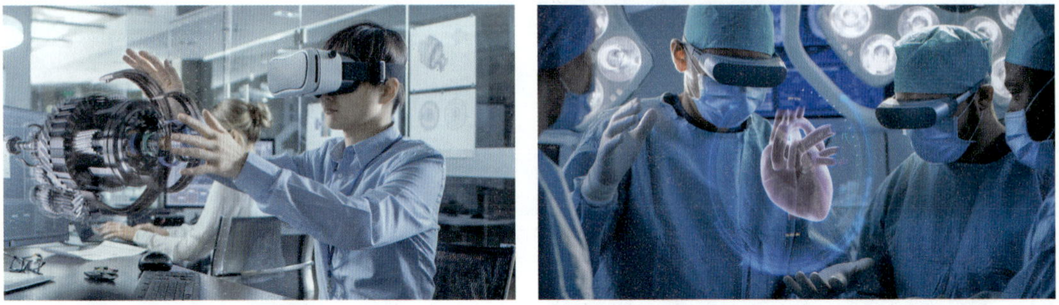

(a) 기계 모델링 (b) 가상현실 외과 수술

그림 5-34 가상현실 기기를 이용한 모델링

증강현실

증강현실Augmented Reality(AR)은 실제 환경에 가상정보를 합성하여 원래 존재하는 것처럼 보이게 하는 기술이다. 가상현실이 현실 세계를 차단한 완전한 디지털 환경이라고 한다면, 증강현실은 실제로 존재하는 환경에 가상의 사물이나 정보를 합성하는 기술이다.

증강현실이 적용된 대표적인 기기는 전투기 조종사의 헬멧이다. 헬멧을 통해 중요한 정보를 보여주어 전투기 조종에 집중할 수 있도록 해준다. 이러한 기술이 자동차에 적용된 것이 헤드업 디스플레이Head-Up Display(HUD)이다.

(a) 전투기 조종사의 헬멧 (b) 헬멧을 통해 보는 화면

그림 5-35 증강현실 기술이 적용된 헬멧

TV 방송에도 증강현실 기술이 사용된다. 예를 들어 실시간으로 중계하는 운동 경기에 광고를 끼워

넣을 수 있다. 실제 축구장이나 농구장 바닥에는 아무런 광고가 없지만, [그림 5-36]과 같이 마치 바닥에 광고가 있는 것처럼 가상 광고를 보여준다.

그림 5-36 **농구 중계방송의 가상 광고**

스마트폰 앱에서도 증강현실을 이용한 가상광고를 볼 수 있다. 예술 콘텐츠 창작 난체인 콜로설Colossal은 스마트폰으로 광고를 비추면 자동으로 동영상을 재생하는 앱을 개발하여 배포했다. 스마트폰 카메라로 현실의 광고판을 비추면 화면에서 3차원 영상이 재생되어 광고판에서 불꽃이 나오거나 벽돌이 떨어지는 것처럼 보인다.

그림 5-37 **증강현실 앱**

증강현실 기술을 교육에도 활용한다. [그림 5-38]은 퀴버비전quivervision에서 제공하는 어린이 교육용 증강현실 앱이다. 종이에 인쇄된 나비 그림에 색칠하고 스마트폰 카메라로 비추면 화면에서 나비 그림이 날아다닌다.

그림 5-38 **교육용 증강현실 앱**

혼합현실

혼합현실Mixed Reality(MR)은 혼합이라는 이름에서 알 수 있듯이 가상현실과 증강현실을 혼합한 기술이다. 혼합현실은 증강현실의 발전된 형태로, 현실 세계와 가상공간이 자연스럽게 연결되어 풍부한 체험을 할 수 있는 기술이다. 증강현실 기술은 현실 세계에 정보를 투영할 뿐 상호작용하는 기능이 약하다. 완벽한 가상 세계를 구축하기 위하여 가상공간에서 다수의 사용자가 동시에 같은 경험을 하게 하거나 사용자와 상호 작용하는 가상현실 기술의 장점을 살려 작업을 처리하는 기술이 혼합현실이다.

혼합현실의 대표적인 예로 매직리프Magic Leap의 고래 영상을 보자. 빈 체육관 바닥에서 고래가 뛰어오르면서 파도가 치는 영상을 실감 나게 구현했다. 매직리프는 컴퓨터를 쳐다보면 이메일이 자동으로 나타나 내용을 확인한다거나 카메라를 쳐다보면 저장된 사진을 확대해 보는 등 다양한 상호작용 방식을 선보였다. 아직은 전용 헤드 마운티드 디스플레이를 사용해야 하지만, 아무런 장치 없이 상호 작용하는 시스템을 개발하는 것이 최종 목표이다.

그림 5-39 매직리프의 고래 영상

지금까지 설명한 가상현실, 증강현실, 혼합현실의 특징을 정리하면 [표 5-6]과 같다. 확장현실(XR)과 혼합현실(MR)이 가상현실(VR)과 증강현실(AR)을 포괄하는 개념이다. 그리고 확장현실과 혼합현실의 경계는 모호하기 때문에 확장현실을 가상현실과 증강현실을 포괄하는 개념으로 보고, 혼합현실은 증강현실의 발전된 형태라고 보는 시각도 있다.

표 5-6 확장현실 관련 기술 정리

종류	개념	사례
가상현실	컴퓨터 등으로 특정한 환경이나 상황을 구현하여 간접적으로 경험할 수 있게 하는 기술	시뮬레이터, 가상 게임
증강현실	실제 환경에 가상 정보를 합성하여 원래 존재하는 것처럼 보이게 하는 기술	헤드업 디스플레이, 광고, 교육
혼합현실	가상현실과 증강현실이 혼합된 기술	홀로그램 공연

2 3차원 컴퓨터 그래픽

앞에서 살펴본 확장현실 기술은 3차원 컴퓨터 그래픽을 기반으로 구현된다. 3차원 **컴퓨터 그래픽**Computer Graphic(CG)은 2차원 화면상에 사물을 입체로 구현하는 그래픽 기술을 의미한다. 우리가 보는 사물은 3차원이지만 디스플레이는 2차원 평면이기 때문에 2차원 평면에서 3차원 효과를 내는 여러 가지 기술이 개발되고 있다. 가장 대중적인 방식은 3차원 물체의 프레임을 만들고 표면을 입혀 입체로 보이게 하는 그래픽 기술이다. 컴퓨터 그래픽 기술은 여러 사물을 마치 실제처럼 보여준다.

의자나 식탁 같은 사물과 달리 사람의 얼굴은 컴퓨터 그래픽으로 표현하기가 무척 어렵다. 피부, 수염, 머리카락뿐만 아니라 표정에 따라 미세하게 변하는 얼굴 근육을 표현하기가 어렵기 때문이다. 컴퓨터 그래픽 기술이 발달하여 많은 사람들을 만들어내고 있지만 표정 변화는 아직 부자연스럽다는 평가가 많다.

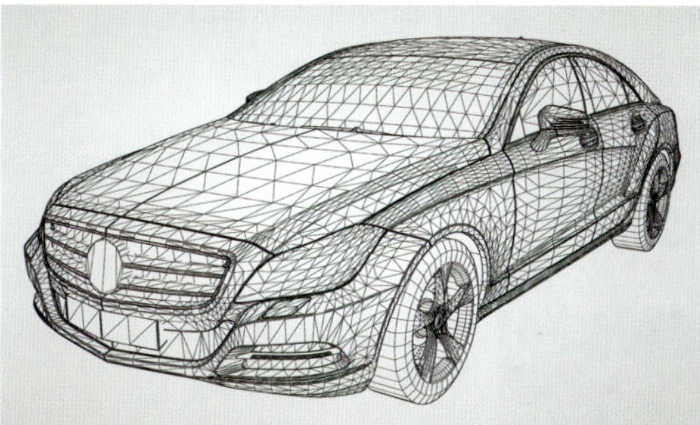

(a) 자동차의 프레임

(b) 3차원 컴퓨터 그래픽 게임

그림 5-40 3차원 그래픽

3차원 컴퓨터 그래픽 기술을 가장 잘 볼 수 있는 것은 게임이다. 게임의 3차원 컴퓨터 그래픽은 만들거나 재생할 때 컴퓨터가 계산할 양이 많다. 물체가 이동할 때 빛의 방향에 따라 표면 색상과 질감을 다르게 표현해야 하기 때문에다. 그래서 고사양 게임을 할 때는 고속 그래픽카드가 필요하다.

컴퓨터 게임이나 영화를 만들 때 빛의 방향에 따라 그림자와 표면 변화를 일일이 만드는 것은 매우 불편하기 때문에 **3차원 컴퓨터 그래픽 엔진**을 사용한다. 3차원 컴퓨터 그래픽 엔진이란 와이어프레임을 입력하면 빛의 밝기나 물체의 이동에 따른 영상을 만들어주는 소프트웨어이다. [그림 5-41]은 게임 제작에 많이 사용하는 언리얼unreal 엔진의 화면이다. 전구 아이콘으로 빛의 위치를 표시하면 엔진이 알아서 그림자와 표면 질감을 그려 준다. 언리얼 엔진과 마찬가지로 게임 제작에 많이 사용되는 유니티Unity는 건축 설계나 자동차 디자인에도 활용된다.

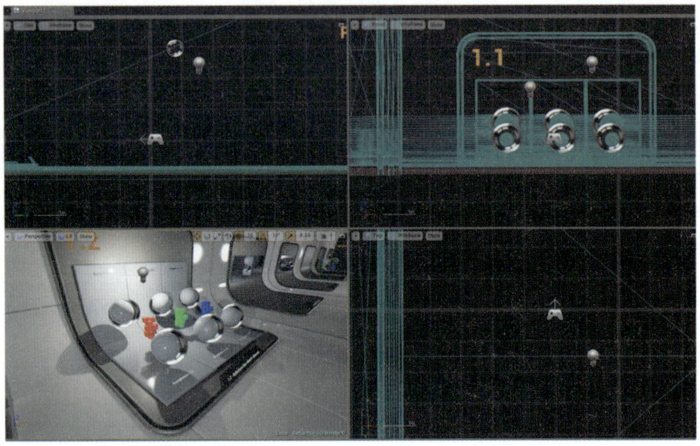

그림 5-41 **언리얼 엔진**

3차원 영상을 만들 때 물체의 프레임과 표면의 질감만큼이나 움직임도 중요하다. 사람이 걷거나 뛸 때 신체의 각 관절이 어떻게 움직이는지를 알아야 자연스러운 움직임을 만들 수 있다. [그림 5-42]와 같이, 최신 기술은 신체 각 부위에 센서를 부착하여 정밀한 움직임 데이터를 얻는다.

그림 5-42 **센서를 이용하여 3차원 움직임 데이터 얻기**

센서 기술이 진화하여 사람의 표정까지도 자동으로 읽을 수 있게 되었다. 영화《알리타: 배틀 엔젤》은 배우의 표정을 그대로 읽어 영화 속 주인공의 표정을 만들었다. 사람의 움직임뿐 아니라 얼굴 근육의 움직임까지도 읽을 수 있는 카메라를 제작하여 연기자 표정까지 영화에 담을 수 있었다.

그림 5-43 영화《알리타: 배틀 엔젤》제작 과정

2.1 3차원을 인식하는 원리

2차원 화면에서 3차원을 흉내 내는 수준을 넘어 인간에게 3차원을 인식하게 하는 기술들이 개발되었다. 3차원 기술을 이해하려면 인간이 어떻게 3차원 정보를 획득하는지를 알아야 한다.

인간은 귀가 2개라 좌우에서 들리는 소리를 구분한다. 귀가 2개(스테레오)이기 때문에 양쪽에서 들려오는 소리의 크기 차이를 인지하여 소리가 나는 방향을 알 수 있다. 예를 들어 왼쪽에서 소리가 나는 경우, 오른쪽에는 같은 소리가 작게 들린다. 마찬가지로 인간은 눈이 2개이기 때문에 3차원을 인식할 수 있다. 눈이 1개라면 공간을 인식할 수 없어 거리 감각이 둔해지는데, 간단한 실험을 통해 확인할 수 있다. 자신의 눈높이 선반에 컵을 하나 올려놓고 뒤로 살짝 물러선다. 두 눈을 감았다 한쪽 눈만 뜬다. 그리고 손가락을 뻗어 컵에 닿게 하자. 한쪽 눈만으로는 거리감을 느끼기 어렵기 때문에 컵에 손가락이 잘 닿지 않을 것이다.

그림 5-44 한쪽 눈만 뜨고 컵에 손가락 대기

우리는 두 눈에 비치는 형상의 차이를 감지하기 때문에 거리감 혹은 3차원을 인식한다. [그림 5-45]와 같이 집과 나무가 있는 풍경이 있다고 하자. 왼쪽 눈으로 보면 나무와 집이 떨어져 있는 것처럼 보이지만, 오른쪽 눈으로 보면 나무와 집이 겹쳐 보인다. 이렇게 두 형상의 차이를 감지하여 나무가 집보다 멀리 있음을 인식한다. 두 물체를 앞뒤로 놓고 양쪽 눈을 한쪽씩 감고 보면 두 눈에 보이는 형상에 차이가 있음을 알 수 있을 것이다.

(a) 왼쪽 눈으로 본 이미지 (b) 오른쪽 눈으로 본 이미지

그림 5-45 두 눈에 비치는 형상의 차이

2.2 3차원 구현 방법

2차원의 이미지나 영상을 실제 세계와 가까운 3차원으로 인식하도록 만드는 시도가 많았다. 그중 몇 가지 사례를 알아보자.

반복 패턴

3차원 이미지를 구현하는 가장 단순한 방법은 반복 패턴을 사용하는 것이다. [그림 5-46]을 계속 쳐다보고 있으면 가운데 원이 튀어나온 것처럼 보일 것이다. 이처럼 반복 패턴은 눈을 속여 입체감을 만들지만 다양한 물체를 입체적으로 표현하는 데에는 한계가 있다.

그림 5-46 반복 패턴으로 만든 3차원 이미지

스테레오그램

두 번째 방법은 스테레오그램stereogram으로 1990년대에 매직아이magic eye라는 이름으로 불렸던 입체화 이미지이다. 스테레오그램은 두 눈의 시차를 이용하여 입체적으로 보이게 하는 이미지이다.

[그림 5-47]의 스테레오그램을 입체로 보는 방법은 간단하다. 우선 그림 (a)를 눈에다 가까이 가져가 눈동자를 최대한 가운데로 모으려고 애쓴다. 흐릿한 초점을 유지한 채로 사진에서 점점 멀어지면 (b)와 같은 이미지가 보인다. 눈동자를 가운데로 모으기 어려운 사람은 입체 이미지를 보지 못할 수도 있다.

(a) 스테레오그램

(b) 입체로 나타나는 이미지

그림 5-47 스테레오그램

빨강-파랑 렌즈

빨간색과 파란색 렌즈가 달린 안경을 이용하는 방법도 있다. 빨간색 렌즈 쪽으로 빨간색을 보면 흰색으로 보이고, 파란색 렌즈 쪽으로 빨간색을 보면 검은색으로 보인다. 또 파란색 렌즈 쪽으로 빨간색을 보면 검은색으로 보이고, 파란색 렌즈 쪽으로 파란색을 보면 흰색으로 보인다. 이렇게 왼쪽 눈으로 보이는 영상과 오른쪽 눈으로 보이는 영상을 다르게 하여 구현한 것이 빨강-파랑 렌즈를 이용한 입체 영상이다. 그러나 이 방법은 색상이 왜곡되기 때문에 고품질 입체 영상을 얻을 수 없어 현재는 잘 사용되지 않는다.

(a) 빨강-파랑 렌즈가 달린 안경

(b) 색상으로 분리한 영상

그림 5-48 빨강-파랑 렌즈

편광 안경

요즘 가장 많이 사용되는 방법은 편광 안경polarizing glasses을 이용하는 것이다. 편광 안경은 특정한 빛을 거르는 렌즈를 사용하는 안경이다. 왼쪽과 오른쪽 편광 렌즈를 서로 다르게 설계하여 오른쪽에서는 보이는 영상이 왼쪽에서는 보이지 않게 만든 것이 편광 안경이다. 영화 《아바타》 같은 3차원 영화를 보러 가면 극장 입구에서 안경을 나눠주는데, 이것이 편광 안경이다. 또 과거에 삼성전자 혹은 LG전자에서 만든 입체 TV를 구입하면 편광 안경을 같이 주기도 했다.

그림 5-49 편광 안경의 원리

홀로그램

앞에서 소개한 기술은 헤드셋, 안경, 앱의 도움을 받아야만 3차원 영상을 볼 수 있다. 가상현실 헤드셋이나 편광 안경을 이용한 입체 영상의 문제점은 눈이 쉽게 피로해지거나 멀미를 느끼는 것이다. 이는 실제 입체 영상이 아니라 눈을 속이는 것이므로 뇌가 이상을 감지하여 쉽게 피로해지기 때문이다. 따라서 온전한 3차원 영상은 사용자가 장비를 착용하지 않아도 입체 영상을 구현할 수 있어야 한다.

여러 연구를 통해 장비 없는 입체 영상 시스템을 개발했다. 그중 하나가 홀로그램이다. 홀로그램은 레이저를 이용하여 보는 방향에 따라 다른 영상을 만드는 기술이다. 정품 인증을 위해 제품 포장에 홀로그램 스티커를 붙이는 경우가 있는데, 보는 각도에 따라 영상과 색상이 변하는 것을 확인할 수 있다. 홀로그램을 이용한 영화나 연극도 상영되는데, 홀로그램 뮤지컬 《스쿨오즈》가 대표적인 예이다. 레이저를 이용하기 때문에 홀로그램은 색상의 왜곡이 일어나지만, 이제는 거의 실제와 같은 영상을 구현할 수 있게 되었다.

그림 5-50 **홀로그램 뮤지컬 《스쿨오즈》**

04 | 멀티미디어 지원 기기

1 디스플레이의 속성

디스플레이는 화면에 이미지나 동영상을 나타내는 장치이다. 모니터, 스마트폰 화면, TV는 모두 디스플레이이다. 디스플레이가 가지는 속성으로는 화면 크기, 화면 비율, 해상도가 있다.

화면 크기

화면 크기는 대각선 길이를 인치inch로 나타낸 것이다. 화면의 크기는 점점 대형화되어 80인치(약 203cm) 이상의 가정용 TV도 판매되고 있다.

화면 비율

화면 비율aspect ratio은 화면의 가로 대 세로 비율을 말한다. 과거 필름 카메라 시절에는 35mm 필름을 주로 사용했는데, 이 필름의 가로 대 세로 비율이 4:3이었다. 따라서 디스플레이도 4:3 비율이었다. 이후 고화질 디지털 TV가 보급되면서 기존 4:3 비율의 가로를 늘려서 16:9 비율로 제작했다. 영화관에서 상영하는 영화는 21:9 비율이었기 때문에 4:3 비율과 21:9 비율의 중간 정도의 비율인 디지털 TV가 보급되었다.

요즘 대부분의 TV나 스마트폰 화면 비율은 16:9이며, 간혹 16:10 비율인 스마트폰도 있다. 16:9 비율을 가진 디스플레이에서 상영용 영화를 그대로 보면 옆이 잘리거나 위아래로 검은 바가 만들어진다. 넓은 화면을 좋아하는 사람들을 배려하여 영화관 화면과 비율이 같은 21:9 비율의 모니터나 스마트폰도 생산된다.

그림 5-51 화면 비율

해상도

해상도는 영상의 선명한 정도를 나타내며, 디스플레이가 아무리 커도 해상도가 낮으면 화질이 나쁘다. 초기 4:3 비율의 TV 해상도는 640×480이었다. 이를 표준 화질 혹은 SDStandard Definition라고 한다. 디스플레이에서 화면 해상도는 세로의 픽셀 수를 기준으로 한다. 그래서 SD에 맞추어 만든 동영상을 480p라고 한다. 지금과 비교해 보면 화질이 엄청 낮은 동영상이다.

그림 5-52 **해상도 비교**

기술이 발전하면서 해상도도 점점 증가하였다. DVD 화질인 HDHigh Definition 화질(1,280×720)이 보급된 이후에 Full HD(FHD, 1,920×1,080)가 일반화되었다. HD와 FHD 해상도에 맞추어 제작된 동영상을 가로 해상도를 기준으로 각각 720P, 1080p라고도 한다.

표 5-7 **해상도**

화질	해상도	포맷	화면 비율
SD	720×480	480p	4:3
HD	1,280×720	720p	16:9
FHD	1,920×1,080	1080p	16:9
UHD	3,840×2,160	2160p	16:9

TV 해상도 싸움은 계속 이어지고 있어 FHD를 넘어 요즘은 4K 해상도(4,096×2,160)를 가진 TV도 출시하고 있다. 4K와 8K는 가로 픽셀 수에서 비롯된 명칭으로, 4K는 가로 픽셀 수가 4,000 내외, 8K TV는 가로 픽셀 수가 8,000 내외이다. UHDUltra High Definition와 4K는 거의 같은 의미이다.

2 디스플레이의 종류

시중에 출시되는 디스플레이는 이미지를 만드는 소자에 따라 LCD와 OLED로 구분된다.

LCD

LCD Liquid Crystal Display, 즉 액정 디스플레이는 액정 liquid crystal의 특성을 이용한 방식이다. 액정은 평상시에는 투명하다가 전기가 흐르면 검게 변하는 성질이 있다. [그림 5-53]의 (a)와 같이 액정을 사용한 계산기는 전류를 흘려 검은 부분으로 숫자를 표시한다.

LCD는 맨 뒷면에 LED Light Emitting Diode: 발광 다이오드로 된 백라이트 backlight가 있고, 중간에 액정이 있으며, 그 앞면에 RGB 필터가 있다. LED 백라이트는 빛을 내는 판이다. 맨 뒷면의 LED 빛이 액정을 통과하여 컬러 필터에 닿으면 색상이 만들어지면서 이미지가 생성된다. 액정에 전기를 보내 검게 만들면 빛이 필터에 도달하지 못하여 검은색이 된다. 액정의 검은색 농도를 조절하여 색상을 만드는 방식이 LCD이다. LED나 QLED도 LCD와 유사한 방식의 디스플레이이다.

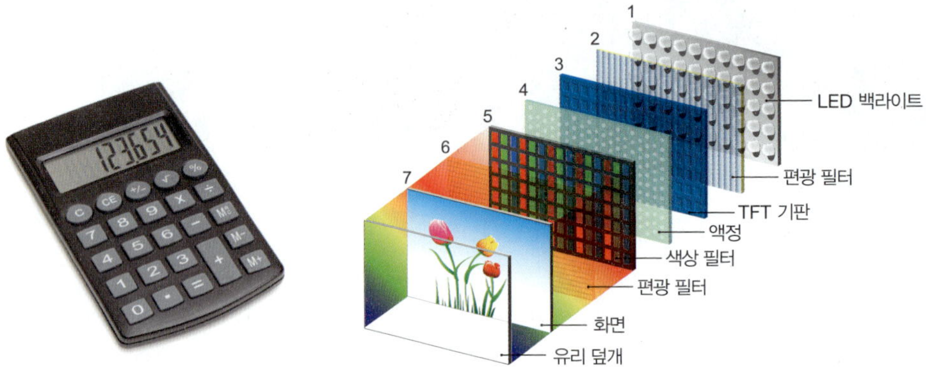

(a) LCD를 사용한 계산기 (b) LCD의 구조

그림 5-53 LCD

LCD의 가장 큰 단점은 스스로 빛을 내지 못한다는 것이다. 다시 말해 백라이트의 빛으로 이미지를 나타내기 때문에 색상 재현 능력이 떨어진다. 또한 액정이 빛을 100% 차단할 수 없어 완전한 검은색 픽셀에서도 약간씩 빛이 새어 나오는 '빛샘 현상'이 발생한다.

OLED 디스플레이

OLED Organic Light-Emitting Diode 디스플레이는 전류가 흐르면 빛을 만들어내는 유기발광 다이오드 소자를 이용한 것이다. [그림 5-54]가 RGB 빛을 내는 OLED 소자이며, 픽셀 하나마다 빨간색, 녹색, 파란색 전구를 촘촘히 채워넣은 디스플레이라고 생각하면 된다. OLED는 전구를 배열하는 방식에 따라 여러 종류로 나뉘는데, 현재는 아몰레드AMOLED 방식을 많이 사용한다. OLED는 스스로 빛을 내기 때문에 색상 재현 능력이 뛰어나 대부분의 스마트폰에는 OLED가 사용된다. 그러나 전구를 오래 쓰면 타 버리듯이, OLED도 화면이 타 버리는 번인burn in 현상이 발생한다. 이러한 번인 현상을 줄이기 위해 다양한 소재를 개발하고 있다.

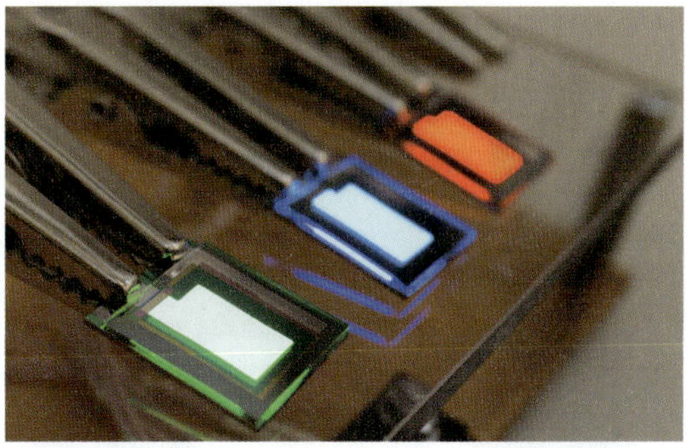

그림 5-54 OLED 소자

미래의 디스플레이는 투명하거나 자유자재로 휠 것으로 예상된다. LCD는 백라이트, 액정, 컬러 필터로 이루어진 구조 때문에 투명하게 만들거나 변형하기 어렵다. 그러나 OLED 방식은 스스로 빛을 내는 LED 전구로만 구성되기 때문에 투명하게도 만들 수 있고, 휘어지게도 만들 수도 있다. [그림 5-55]의 왼쪽과 같이 투명한 디스플레이와 오른쪽과 같이 접을 수 있는 폴더블 폰이 상용화되었는데, 둘 다 OLED를 기반으로 한 제품이다.

(a) LG 투명 OLED (b) 폴더블 폰

그림 5-55 미래의 OLED

입체 영상 디스플레이

기존의 디스플레이 이외에 확장현실을 구현하기 위한 다양한 디스플레이가 개발되었다.

- **입체 영상 모니터**: 안경 없이도 입체 영상을 볼 수 있는 입체 영상 모니터는 일반 모니터에 편광 필름을 씌워 입체 영상을 구현한 것이다. 모니터 앞쪽에 왼쪽 시야와 오른쪽 시야에 서로 다른 빛을 전송할 수 있는 편광 필름을 붙여 입체 영상을 구현하였다. 현재의 입체 영상 모니터는 해상도가 낮고, 입체감을 느끼는 정도가 사람마다 다르며, 정면에서만 입체 영상이 보이고 측면으로 살짝만 옮겨도 입체감이 사라지는 단점이 있다. 입체 영상 모니터를 적용한 대표적인 제품으로 닌텐도의 3DS 게임기가 있다.

그림 5-56 입체 영상 디스플레이를 채택한 닌텐도 3DS

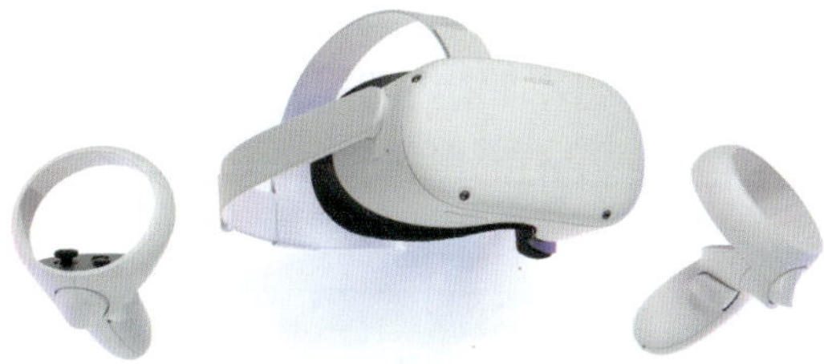

그림 5-57 오큘러스의 헤드 마운티드 디스플레이

- **헤드 마운티드 디스플레이**: 헤드 마운티드 디스플레이를 머리에 착용하면 눈 가까이에서 영상이 재생되기 때문에 매우 큰 화면을 보는 듯한 착각을 일으킨다. 또한 카메라 2대로 찍은 영상을 왼쪽, 오른쪽 눈에 따로 보여주어 입체감을 만든다.
- **AR 글래스**: 헤드 마운트 디스플레이가 사용자를 현실과 단절시키는 가상현실 기기라고 한다면, AR 글래스는 현실에 정보를 혼합하는 증강현실 기기이다. AR 글래스는 자동차의 헤드업 디스플레이처럼 안경에 정보를 표시한다. 구글 글래스는 최초로 등장한 AR 글래스로, 2014년에 정식 제품이 출시되었으나 작동이 불완전하여 많이 보급되지 못했다. 이후 출시된 마이크로소프트 홀로렌즈는 지금까지 발표된 증강현실 기기 중 가장 우수한 것으로 알려져 있다.

(a) 구글 글래스

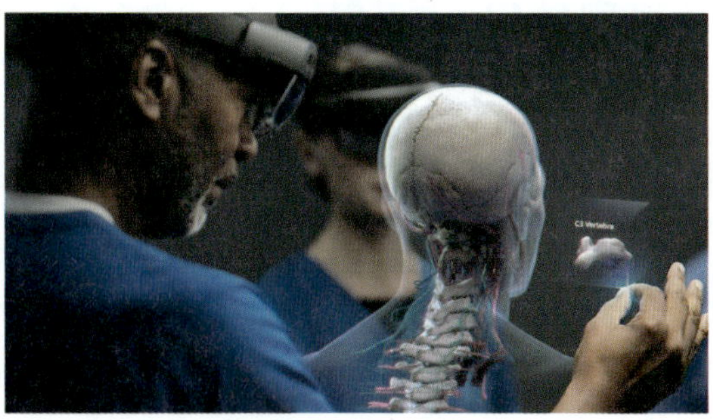

(b) 마이크로소프트 홀로렌즈

그림 5-58 AR 글래스

3 카메라와 렌즈

필름 카메라만 있던 시절에는 사진을 찍어서 필름을 현상하고 인화해야만 사진 한 장을 만들 수 있었다. 그러다가 디지털카메라가 등장하여 사진을 찍자마자 바로 확인할 수 있게 되었고, 오늘날에는 스마트폰에 카메라가 탑재되어 무거운 카메라를 들고 다니지 않아도 언제 어디서나 사진을 찍고 수정하여 SNS에 올릴 수 있게 되었다.

최신 스마트폰에는 다양한 이미지 센서와 렌즈가 달려 있다. 애플의 아이폰 15 프로에는 [표 5-8]과 같이 4종류의 이미지 센서와 렌즈가 있다. 이미지 센서와 렌즈의 사양을 통하여 카메라의 특성을 이해해보자.

표 5-8 아이폰 15 프로 후면 카메라의 사양

카메라의 종류	이미지 센서	초점 거리	조리개
메인	48MP	24mm 상당	*f*/1.78
울트라 와이드	12MP	13mm 상당	*f*/2.2
2배 망원	12MP	48mm 상당	*f*/1.78
3배 망원	12MP	77mm 상당	*f*/2.8

카메라의 이미지 센서

디스플레이의 픽셀과 이미지 센서의 픽셀의 구성 방식은 다르다. 디스플레이의 픽셀 1개는 RGB의 3개로 구성되기 때문에 픽셀 × 3배의 소자가 필요하다. 가로 3,000픽셀 × 세로 4,000픽셀인 OLED 디스플레이의 경우 전체 픽셀의 개수는 1,200만(12M)개이다. 각 픽셀에 소자가 3개씩 필요하므로 OLED 소자의 개수는 12M × 3 = 3,600만(36M)개가 된다.

[그림 5-59]는 이미지 센서의 RGB 배열 패턴을 나타낸다. 디지털 이미지 센서는 픽셀당 1개의 소자만 존재하기 때문에, 가로 3,000픽셀 × 세로 4,000픽셀 해상도의 이미지 센서 소자의 개수는 1,200만(12M)개뿐이다. 이미지를 구성하기 위해서는 하나의 픽셀에 대한 RGB 값이 모두 필요하지만, 이미지 센서는 [그림 5-59]와 같이 픽셀당 R, G, B 값 중 하나만 얻을 수 있다. 따라서 이미지 센서는 주변 색상 값의 평균을 내어 각 픽셀의 RGB 값을 계산하는 방법을 사용한다.

TIP 이미지 센서에서 RGB 색상을 얻기 위해 색상 필터를 픽셀 당 하나씩 교차하여 배열하는 패턴을 베이어 패턴(Bayer pattern)이라 부른다. 사람의 눈이 녹색에 가장 민감하기 때문에 베이터 패턴에서는 빨간색과 파란색은 한 번, 녹색은 두 번 나타난다.

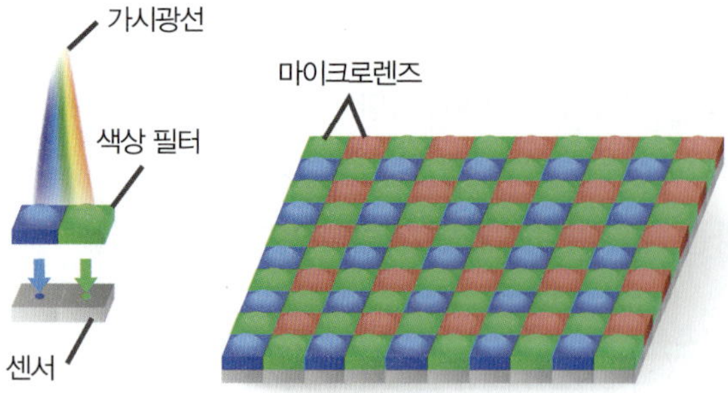

그림 5-59 이미지 센서의 구성

카메라 렌즈

카메라 렌즈에는 두 가지 속성이 있다. 첫 번째 속성은 초점 거리이고, 두 번째 속성은 밝기이다. 50mm $f/1.4$렌즈란 초점거리 50mm에 렌즈 밝기 $f/1.4$라는 의미이다. 초점 거리는 렌즈의 초점에서 촬영 소자까지의 거리이다. 초점 거리에 따라 얼마나 넓게 찍는지가 결정되며 찍히는 범위에 따라 광각, 표준, 망원렌즈로 나뉜다.

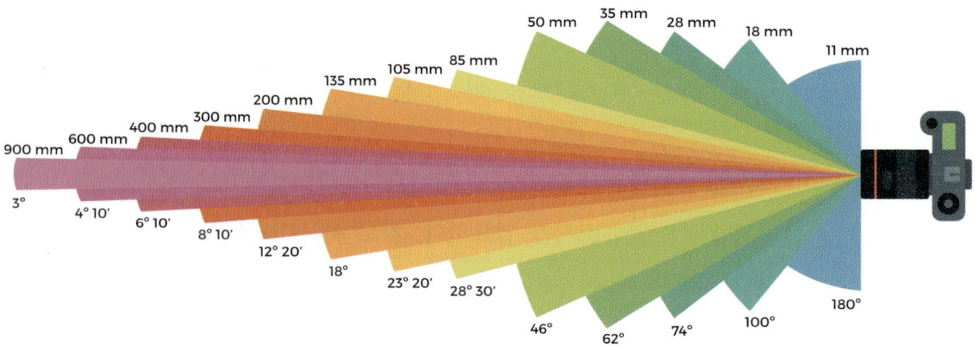

그림 5-60 초점 거리 비교

- **표준 렌즈:** 인간이 눈을 움직이지 않고 볼 수 있는 영역은 45° 정도이다. 사람의 시야와 가장 유사한 사진을 구현하는 것이 50mm 렌즈이다. 그래서 초점 거리가 30~70mm인 렌즈를 표준 렌즈라고 한다.
- **광각 렌즈:** 풍경을 찍을 때는 눈으로 보이는 것보다 넓게 찍히는 렌즈가 필요하다. 초점 거리가 30mm 미만인 렌즈를 광각 렌즈라고 한다. 초점 거리가 작을수록 더 넓은 화면이 찍힌다.
- **망원 렌즈:** 광각 렌즈와는 반대로 초점 거리가 70mm 이상인 렌즈를 망원 렌즈라고 한다. 망원 렌즈는 시야가 좁은 대신 먼 거리에 있는 것을 크게 보여준다. 마치 망원경으로 물체를 보는 것과 같다. 그래서 축구장에서 경기 장면을 찍거나 달 표면을 촬영할 때는 초점 거리가 200mm 이상인 렌즈를 사용한다. 초점 거리가 클수록 더 멀리 있는 물체를 크게 볼 수 있다. 즉 85mm 렌즈

보다 200mm 렌즈가 더 멀리까지 보인다.

일반적인 카메라를 사용할 때는 광각 렌즈, 표준 렌즈, 망원 렌즈를 모두 준비하고 바꿔 끼워가며 촬영한다. 그런데 스마트폰은 렌즈를 교환하기 어렵기 때문에 광각, 표준, 망원 카메라를 모두 장착한다. 그래서 요즘 스마트폰 뒷면에는 렌즈가 3개씩 달려 있다.

TIP 렌즈를 여러 개 들고 다니면서 촬영하려면 불편하다. 그래서 초점 거리를 조절하여 사용하는 줌(zoom)렌즈가 개발되었다. 줌렌즈와는 반대로 초점 거리가 하나만 있는 렌즈를 단렌즈라고 한다.

광각 렌즈와 망원 렌즈로 찍은 사진은 특성이 서로 다르다. 광각 렌즈의 경우 넓은 영역을 찍을 수 있지만 화면 왜곡이 심하다. [그림 5-61]의 (a)를 보자. 광각 렌즈로 사진을 찍으면 눈으로 보는 것과 달리 가운데가 부풀어 보이거나 수직선이나 수평선이 휘어 보이는 단점이 있다. 망원 렌즈로 찍은 사진은 (b)와 같이 배경이 흐려져서 사진이 입체적으로 보이는 효과가 있다. 이를 아웃 포커스라 부르는데, 광각 렌즈보다는 망원 렌즈가 아웃 포커스를 만들기 쉽다.

(a) 광각 렌즈의 왜곡

(b) 망원 렌즈의 아웃 포커스

그림 5-61 광각 렌즈와 망원 렌즈

TIP 렌즈마다 화면이 왜곡되는 정도가 다르다. 따라서 같은 사람을 찍어도 초점 거리에 따라 찍히는 모양이 모두 다르다. 광각 렌즈로 찍으면 얼굴이 심하게 왜곡되며, 70mm 이상의 렌즈에서 왜곡이 가장 적다. 그래서 85mm 렌즈를 '여친 렌즈'라고 한다. 초점 거리가 작은 렌즈보다 85mm 렌즈로 여자 친구를 찍을 때 더 예뻐 보인다고 해서 붙은 별명이다.

카메라 조리개

카메라 렌즈의 성능은 렌즈의 밝기로 설명한다. 렌즈의 밝기를 이해하려면 먼저 렌즈의 조리개를 이해해야 한다. 우리 눈처럼 렌즈는 조리개를 이용하여 밝기를 조정한다. 빛이 강할 때는 조리개를 닫아 촬영 소자에 들어오는 빛의 양을 줄인다. 반대로 어두울 때는 조리개를 열어 빛의 양을 늘린다. 조리개를 얼마나 닫았는지 나타내는 수치를 조리개 값 또는 f값이라고 부르며 'f/숫자'로 표시한다. [그림 5-62]는 f값과 조리개의 상태를 나타낸다. f값은 1.0, 1.4, 2.0, 2.8, 4 순으로 커지는데, 한 단계마다 빛의 양은 50%씩 감소한다. 다시 말해 조리개를 $f/1.0$에서 $f/1.4$로 닫으면 렌즈를 통과하는 빛의 양이 1/2로 줄어들고, $f/1.0$에서 $f/2.0$으로 닫으면 빛의 양이 1/4로 줄어든다.

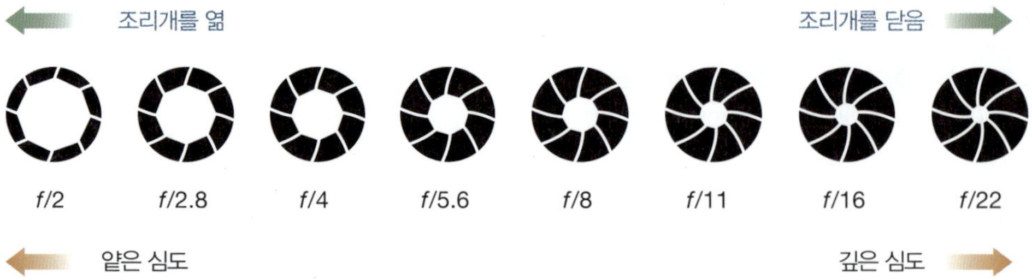

그림 5-62 조리개의 특징

더 자세히 살펴보면 f값은 초점 거리를 유효구경으로 나눈 값이다. 유효구경이란 빛이 들어오는 구멍의 지름을 나타낸다. 따라서 f값이 작을수록 조리개가 많이 열려 빛을 많이 받을 수 있는 상태이다. 50mm 렌즈에서 조리개의 지름이 12.5mm인 경우 $f/4$(50 ÷ 12.5 = 4)이며, 조리개 구멍이 작아져서 6.25mm가 되면 $f/8$(50 ÷ 6.25 = 8)이 된다.

같은 초점 거리라도 렌즈의 지름이 큰 렌즈가 더 많은 빛을 받아들이기 때문에 성능이 더 좋다. 어떤 렌즈를 '50mm $f/1.4$ 렌즈'라고 나타냈을 때 여기서 $f/1.4$는 '최대 개방 조리개 값'이다. 렌즈는 f값이 작을수록 성능이 좋고 비싸다. f값은 '초점 거리 ÷ 유효구경'이므로 '50mm $f/1.4$ 렌즈'의 렌즈 구경은 35mm(50 ÷ 35 = 1.4)이고 '50mm $f/2.0$ 렌즈'의 렌즈 구경은 25mm(50 ÷ 25 = 2.0)이다. 따라서 같은 50mm 초점 거리라도 구경이 35mm인 렌즈($f/1.4$)가 구경이 25mm인 렌즈($f/2.0$)보다 빛을 더 받아들일 수 있어 성능이 좋은 렌즈이다.

조리개의 가장 중요한 특징은 조리개를 열수록(f값이 작을수록) 심도focal depth가 얕다는 것이다. 심도란 초점이 맞는 거리 범위를 의미한다. 심도가 얕다는 것은 초점이 맞는 범위가 작다는 것이다. 같은 초점 거리의 렌즈라도 조리개를 열면 배경이 흐려져 사진이 입체적으로 보인다. 반대로 조리개를 많이 닫을수록 심도는 깊어지고 배경까지 선명해진다.

스마트폰은 구조상 조리개를 조절하는 렌즈를 사용하기가 어렵다. 그래서 소프트웨어적으로 심도를 조절한다. 아이폰 XS의 광고를 보자. [그림 5-63]의 (a)와 같이 조리개 숫자가 작을 때 배경이 흐려지고, (b)와 같이 조리개 숫자가 클 때 배경이 선명해진다. 요즘은 인공지능 알고리즘을 사용하여 배경의 선명도를 조절하는 방식을 사용한다.

(a) *f*/1.8　　(b) *f*/16

그림 5-63 스마트폰 카메라 앱에서 심도를 조절하는 모습

요약

01 멀티미디어는 문자, 오디오, 이미지, 동영상 등 복합적으로 만들어진 데이터를 의미한다.

02 아날로그는 연속적으로 변하는 값을 의미한다. 디지털은 아날로그 상태의 연속적인 값을 숫자나 문자로 끊어 불연속적으로 표현한 것이다. 디지털의 장점은 저장 공간을 적게 차지하고, 복제가 쉽고, 수정이나 변경이 쉬우며, 시간이 지나더라도 훼손되지 않는다는 것이다.

03 아날로그-디지털 변환 과정에서 아날로그 신호를 일정 간격으로 자르는 과정이 샘플링이다. 눈금을 사용하여 디지털 값으로 변환하는 것을 양자화라고 한다. 나이퀴스트 이론에 따르면 소리의 대역폭보다 2배 이상인 샘플링 주파수를 사용하면 음 손실 없이 디지털로 변환할 수 있다.

04 압축 알고리즘은 원본과 똑같이 복원할 수 있는 비손실 압축과 압축률이 높은 손실 압축이 있다.

05 오디오 데이터의 비트 전송률은 샘플링 주파수 × 양자화 비트 × 2(스테레오)이다. 오디오 포맷 중 압축 알고리즘을 사용하지 않는 것은 WAV이다. FLAC와 ALE는 비손실 압축을 사용하고, MP3와 AAC는 손실 압축을 사용한다.

06 이미지를 구성하는 점을 픽셀 또는 화소라고 하며 RGB로 구성된다. 이미지 포맷 중 압축을 하지 않는 포맷은 BMP이다. PNG는 비손실 압축을 사용하고 투명한 배경을 지원한다. JPEG는 손실 압축을 사용하고 이미지 품질을 조정할 수 있다. GIF는 256가지 색상만 쓸 수 있는 포맷이다.

07 확장현실(XR)이란 가상현실과 증강현실을 모두 포함하는 복합 융합 기술이다. 가상현실(VR)은 인공적으로 만들어져 현실과 유사하지만 실제가 아닌 특정한 환경이나 상황을 의미한다. 증강현실(AR)은 현실에 가상의 사물이나 정보를 합성하는 컴퓨터 그래픽 기술이다.

08 카메라 렌즈를 초점 거리에 따라 구분할 수 있다. 사람의 시야와 유사한 표준 렌즈, 넓은 풍경을 찍는 광각 렌즈, 멀리 있는 물체를 크게 찍는 망원 렌즈가 있다.

09 조리개는 렌즈에 들어가는 빛의 양을 조절하는 장치이며 빛의 양을 수치로 표시한다. *f* 뒤에 붙는 조리개 숫자가 클 때 빛의 양이 줄고, 심도는 깊어진다.

연습문제

01 나머지 셋과 종류가 다른 것은 무엇인가?

① OGG ② JPG ③ PNG ④ BMP

02 나머지 셋과 종류가 다른 것은 무엇인가?

① HWP ② PDF ③ TXT ④ WAV

03 나머지 셋과 종류가 다른 것은 무엇인가?

① OGG ② WAV ③ AAC ④ TIFF

04 동영상 파일 확장자가 아닌 것은 무엇인가?

① MOV ② WEBP ③ MP4 ④ AVI

05 아날로그 대비 디지털의 장점이 아닌 것은 무엇인가?

① 복제가 쉽다.
② 수정이나 변경이 쉽다.
③ 시간이 지나더라도 훼손되지 않는다.
④ 세밀한 표현을 할 수 있다.

06 디지털 대비 아날로그의 장점은 무엇인가?

① 저장 공간 ② 수정과 변경 ③ 세밀한 표현 ④ 자유로운 복제

07 나머지 셋과 종류가 다른 것은 무엇인가?

① 자동차 속도계
② 레코드판에 녹음된 음악
③ 전자 체중계
④ 바늘 달린 시계

08 틀린 문장을 찾으시오.

① 아날로그는 연속적으로 변하는 값을 의미한다.
② 아날로그는 복제나 편집이 쉽고 복사물과 원본 차이가 없다는 장점이 있다.
③ 자연에서 얻는 빛의 밝기, 소리의 크기, 바람의 세기는 아날로그이다.
④ 바늘이 달린 시계, 수은주 온도계, 레코드판에서 나오는 음악은 아날로그이다.

09 아날로그를 디지털로 변환할 때 일정 간격으로 신호 높이에 맞는 막대를 세우는 과정을 무엇이라 부르는가?

① 샘플링 ② 양자화 ③ 대역폭 ④ 비트 전송률

10 아날로그를 디지털로 변환할 때 눈금을 사용하여 막대 높이를 값으로 변환하는 것을 무엇이라 부르는가?

① 샘플링 ② 양자화 ③ 대역폭 ④ 비트 전송률

11 특정 신호가 가지는 주파수 범위를 무엇이라 부르는가?

① 샘플링 ② 양자화 ③ 대역폭 ④ 비트 전송률

12 압축 포맷 중 나머지 셋과 압축 방식이 다른 것은 무엇인가?

① ZIP ② MOV ③ JPG ④ AVI

13 멀티미디어 포맷 중 나머지 셋과 압축 방식이 다른 것은 무엇인가?

① WAV ② MP3 ③ JPG ④ AVI

14 비손실 압축을 사용해야만 하는 데이터는 무엇인가?

① 사진 ② 문서 ③ 동영상 ④ 그림

15 어떤 샘플링 주파수를 사용하면 정확하게 디지털로 변환할 수 있는가?

① 양자화 값의 1.5배 ② 대역폭의 1.7배
③ 양자화 값의 1.9배 ④ 대역폭의 2.3배

16 손실 압축의 특징이 아닌 것은 무엇인가?

① 비슷한 데이터를 하나로 묶는 방식이다.
② 압축률이 크다.
③ 원본과 똑같이 복원할 수 있다.
④ 멀티미디어 데이터의 압축에 사용한다.

17 **비손실 압축의 특징이 아닌 것은 무엇인가?**

① 똑같은 데이터를 하나로 묶는 방식이다.

② 압축률이 작다.

③ JPEG, MP3 같은 압축 포맷이 있다.

④ 문서 데이터의 압축에 사용한다.

18 **맞는 문장은 무엇인가?**

① 아날로그는 연속적인 값을 숫자나 문자 등으로 끊어 불연속적으로 표현한 것이다.

② 문자 데이터는 정보 전달 능력이 높고 표현력도 풍부하다.

③ 아날로그는 작은 변화도 표현할 수 있어 세밀한 표현이 가능하다는 장점이 있다.

④ 아날로그 신호를 일정 간격으로 자르는 과정을 양자화라고 한다.

19 **일반적인 오디오 CD의 양자화와 가장 관련 있는 값은 무엇인가?**

① 44.1kHz ② 96kHz ③ 32비트 ④ 16비트

20 **일반적인 오디오 CD의 샘플링과 가장 관련 있는 값은 무엇인가?**

① 44.1kHz ② 20.4kHz ③ 32비트 ④ 16비트

21 **손실 압축을 사용하는 오디오 포맷은 무엇인가?**

① WAV ② AAC ③ OGG ④ FLAC

22 **MP3가 사용하는 비트 전송률이 아닌 것은 무엇인가?**

① 128kbps ② 256kbps ③ 320kbps ④ 480kbps

23 **인간의 가청 주파수의 대역폭에 가장 가까운 것을 찾으시오.**

① 10kHz ② 20kHz ③ 30kHz ④ 40kHz

24 **40kHz/10bit 스테레오 음악 100초짜리를 만들었다. 파일 크기는 얼마인가?**

① 4MB ② 4MB ③ 8MB ④ 10MB

25 40kHz/8bit 스테레오 음악 1분 40초짜리를 만들었다. 파일 크기는 얼마인가?

① 4MB　② 5MB　③ 8MB　④ 10MB

26 대역폭이 H일 때 나이퀴스트 이론에 따라 가장 가까운 값은 무엇인가?

① 1H　② 2H　③ 3H　④ 4H

27 오디오 포맷 중 같은 아날로그 데이터를 사용하더라도 음질이 달라지는 것은 무엇인가?

① WAV　② AAC　③ OGG　④ FLAC

28 스테레오 음악에 대한 올바른 비트 전송률 계산식을 찾으시오.

① (샘플링 주파수 × 양자화 값 × 2)　② (샘플링 주파수 × 양자화 값 × 2) ÷ 8

③ (샘플링 주파수 × 양자화 값 × 8)　④ (샘플링 주파수 × 양자화 값)

29 모노 음악의 비트 전송률 계산식을 찾으시오.

① (샘플링 주파수 × 양자화 비트 × 2)　② (샘플링 주파수 × 양자화 비트 × 2) ÷ 8

③ (샘플링 주파수 × 양자화 비트 × 8)　④ (샘플링 주파수 × 양자화 비트)

30 스테레오 음악의 파일 크기(바이트)를 계산하는 계산식을 찾으시오.

① (샘플링 주파수 × 양자화 비트 × 2) × 시간

② (샘플링 주파수 × 양자화 비트 × 2 × 시간) ÷ 8

③ (샘플링 주파수 × 양자화 비트) × 시간 × 8

④ (샘플링 주파수 × 양자화 비트) × 시간 ÷ 8

31 오디오 포맷에 대한 설명으로 틀린 것은 무엇인가?

① 오디오 포맷 중 압축 알고리즘을 사용하지 않는 포맷은 WAV다.

② FLAC와 ALE는 비손실 압축을 사용하는 오디오 포맷이다.

③ AAC는 손실 압축을 사용하는 오디오 포맷이다.

④ MP3는 원본 음악으로 온전히 복원할 수 있다.

32 **샘플링과 양자화에 대한 설명으로 틀린 것은 무엇인가?**

① 아날로그를 디지털로 변환하는 과정에서 아날로그 신호를 일정 간격으로 자르는 과정을 샘플링이라고 한다.

② 샘플링 주파수가 낮으면 저장되는 디지털 파일 크기는 커진다.

③ 아날로그를 디지털로 변환하는 과정에서 눈금을 사용하여 디지털 값으로 변환하는 것을 양자화라고 한다.

④ 일반적인 음악 CD는 양자화 값으로 16비트를 사용한다.

33 **멀티미디어 데이터와 확장현실 기술에 대한 설명으로 틀린 것은 무엇인가?**

① 이미지 센서에서 RGB를 교차하여 배열하는 패턴을 베이어 패턴이라고 한다.

② 증강현실은 실제로 존재하는 환경에 가상의 사물이나 정보를 합성하는 컴퓨터 그래픽 기술이다.

③ 가상현실은 컴퓨터 등을 사용한 인공적인 기술로 만들어 낸, 실제와 유사하지만 실제가 아닌 어떤 특정한 환경이나 상황을 의미한다.

④ 액정의 특성을 이용한 디스플레이에 백라이트를 사용하는 방식을 OLED라고 한다.

34 **나머지 3개를 모두 통합하는 개념을 찾으시오.**

① 가상현실 ② 증강현실 ③ 혼합현실 ④ 확장현실

35 **컴퓨터 등을 사용한 인공적인 기술로 만들어 낸, 실제와 유사하지만 실제가 아닌 특정한 환경이나 상황을 의미하는 단어를 찾으시오.**

① 가상현실 ② 증강현실 ③ 혼합현실 ④ 실세계

36 **실제 환경에 가상정보를 합성하여 원래 존재하는 사물처럼 보이도록 하는 기술을 의미하는 단어와 가장 가까운 단어를 찾으시오.**

① 가상현실 ② 증강현실 ③ 혼합현실 ④ 실세계

37 **전투기 조종사의 헬멧에 비행 정보가 나타나는 기술과 가장 가까운 단어를 찾으시오.**

① 가상현실 ② 증강현실 ③ 혼합현실 ④ 실세계

38 헤드 마운티드 디스플레이를 쓰고 자동차 시뮬레이션 게임을 하고 있다. 이와 가장 연관된 단어를 찾으시오.

① 가상현실　　② 증강현실　　③ 혼합현실　　④ 실세계

39 가로 6,000픽셀, 세로 4,000픽셀인 사진이 있다. 파일 크기는 얼마인가?

① 24MB　　② 28MB　　③ 64MB　　④ 72MB

40 웹에서 사용할 수 없는 이미지 포맷은 무엇인가?

① BMP　　② PNG　　③ GIF　　④ JPEG

41 웹에서 사용할 수 있는 이미지 포맷은 무엇인가?

① BMP　　② PNG　　③ TIFF　　④ JPEG

42 손실 압축을 사용하는 이미지 포맷은 무엇인가?

① Raw　　② PNG　　③ TIFF　　④ JPEG

43 사용자가 이미지 품질을 조절하여 저장할 수 있는 이미지 포맷은 무엇인가?

① BMP　　② PNG　　③ GIF　　④ JPEG

44 사용할 수 있는 색상 수가 수백 개로 제한되어 사진에는 적합하지 않은 이미지 포맷은 무엇인가?

① BMP　　② PNG　　③ GIF　　④ JPEG

45 투명한 배경을 사용할 수 있는 이미지 포맷은 무엇인가?

① BMP　　② PNG　　③ TIFF　　④ JPEG

46 움직이는 사진을 만들 수 있는 이미지 포맷은 무엇인가?

① BMP　　② PNG　　③ GIF　　④ JPEG

47 구글이 만든 이미지 포맷으로 일부 브라우저에서는 지원하지 않는 이미지 포맷은 무엇인가?

① WEBP　　② PNG　　③ GIF　　④ JPEG

48 멀티미디어 데이터의 압축에 대한 설명으로 맞는 것은 무엇인가?

① FLAC는 비손실 압축 포맷이다.
② 비손실 압축의 압축률이 손실 압축보다 높다.
③ 문서처럼 중요한 데이터는 손실 압축을 사용한다.
④ 손실 압축은 원본 복원이 가능하다.

49 이미지 데이터의 압축에 대한 설명으로 맞는 것은 무엇인가?

① 이미지를 압축하지 않고 그대로 저장하는 파일 포맷은 BMP다.
② 비손실 압축을 사용하는 이미지 포맷 중 웹에서 사용 가능한 것은 TIFF다.
③ 손실 압축을 사용하는 이미지 포맷 중 투명한 배경색을 지원하는 것은 JPEG다.
④ 비손실 압축을 사용하는 이미지 포맷 중 투명한 배경색을 지원하는 것은 GIF다.

50 다음 중 가장 높은 해상도를 나타내는 단어는 무엇인가?

① HD ② 4K ③ FHD ④ SD

51 초점 거리가 50mm 정도고 사람의 시야와 가장 유사하게 찍히는 렌즈는 무엇인가?

① 표준 렌즈 ② 줌렌즈 ③ 광각 렌즈 ④ 망원 렌즈

52 초점 거리가 40mm 이하이고 풍경을 찍는 데 주로 사용하며 왜곡이 심하게 생기는 렌즈는 무엇인가?

① 표준 렌즈 ② 줌렌즈 ③ 광각 렌즈 ④ 망원 렌즈

53 초점 거리가 80mm 이상이고 멀리 있는 물체를 크게 찍을 때 사용하는 렌즈는 무엇인가?

① 표준 렌즈 ② 줌렌즈 ③ 광각 렌즈 ④ 망원 렌즈

54 같은 조건일 때 심도가 가장 낮은 조리개 값은 무엇인가?

① $f/1.8$ ② $f/4$ ③ $f/8$ ④ $f/11$

55 가장 빛을 적게 받아들이는 조리개 값은 무엇인가?

① $f/1.8$ ② $f/4$ ③ $f/8$ ④ $f/11$

PART 03

소프트웨어

CONTENTS

CHAPTER 06

인공지능과 빅데이터

학습목표

- 인공지능의 발전사를 파악한다.
- 머신러닝과 딥러닝의 차이를 이해하고 생성형 인공지능에 대해 알아본다.
- 웹사이트에서 인공지능을 경험해보고 다양한 활용 사례를 살펴본다.
- 빅데이터의 특징을 이해하고 관련 기업과 사례를 살펴본다.

Preview

챗GPT로 대표되는 생성형 인공지능이 등장한 이후 인공지능이 다시 주목받고 있다. 이 장에서는 인공지능이 그동안 어떻게 발전해왔는지 살펴보고 머신러닝과 딥러닝의 개념을 이해한다. 또한 인공지능과 깊은 연관이 있는 빅데이터에 대해 알아보고, 인공지능과 빅데이터가 활용되는 실제 사례를 통해 앞으로 변화할 미래 사회의 모습을 그려본다.

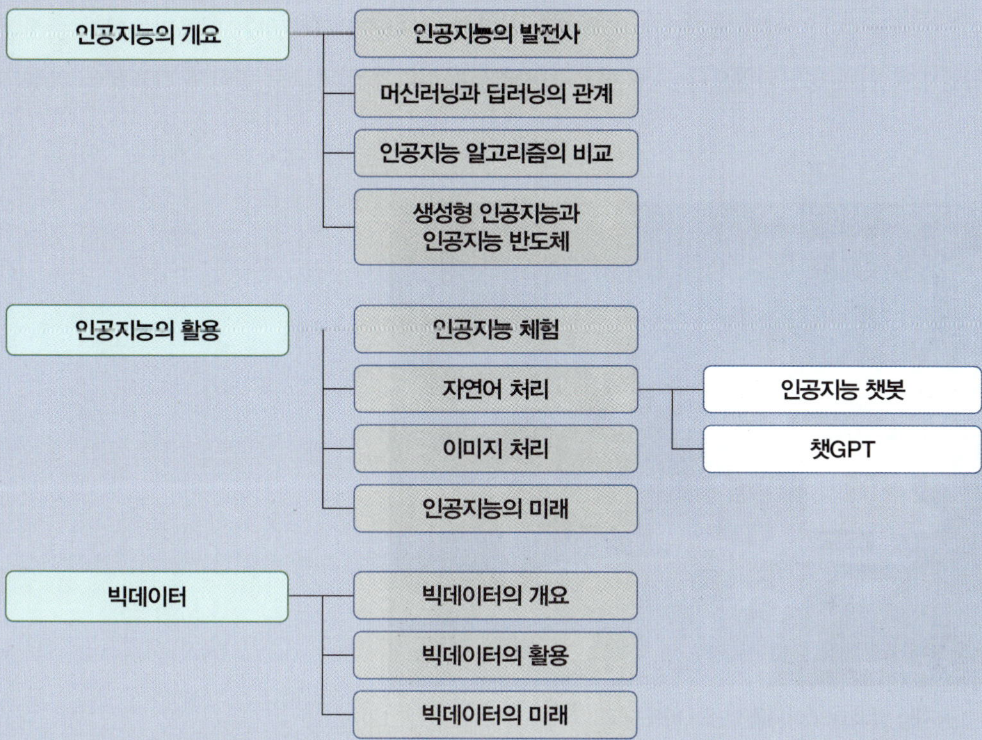

01 | 인공지능의 개요

1 인공지능의 발전사

인공지능Artificial Intelligence(AI)은 인간의 지각·학습·추론 능력을 인공적으로 구현하는 기술이다. 단순하게 말하면 인간처럼 생각하는 기계를 만드는 것이 인공지능의 목표이다. 2016년 3월 바둑 인공지능 알파고가 이세돌 9단을 이긴 사건으로 인공지능이 다시 조명받기 시작했다. 인공지능이라는 개념은 1950년대에 이미 정립되었으나 오랫동안 주목받지 못하다가 알파고로 인하여 가능성을 인정받았다.

그림 6-1 인공지능 알파고와 이세돌 9단의 바둑 대국

인공지능의 시작

인공지능 연구는 1950년대에 시작되었다. 1950년에 앨런 튜링Alan Turing은 컴퓨터가 인간의 지능을 가졌는지를 판단 할 수 있는 튜링 테스트Turing test를 고안했다. 사람이 컴퓨터와 채팅을 했을 때 컴퓨터인지를 알지 못한다면 튜링 테스트를 통과한 것이며, 이때 컴퓨터가 인간의 지능을 가진다고 정의했다. 인공지능이라는 용어와 개념을 탄생시킨 사람은 존 매카시John McCarthy이다. 그가 1956년에 열린 다트머스 회의에서 인공지능을 정의하고 연구 방향을 언급한 이후 본격적인 연구가 시작되었다.

규칙 기반 알고리즘과 인공지능의 1차 겨울

초기의 인공지능은 **규칙 기반 알고리즘**rule based algorithm을 사용하여 정해진 규칙에 따라 판단을 내렸다. 예를 들어 오목 인공지능은 3개가 연달아 있는 모든 돌을 찾아서 막아야 한다는 규칙을 만들어 사용했다. 그러나 언어의 번역과 같이 규칙에서 벗어나는 예외가 많은 경우에는 인공지능이 제대로 작동하지 않았다. 1970년대 중반에서 1980년까지 인공지능에 대한 장밋빛 전망은 무너지고 인공지능의 1차 겨울이 찾아왔다.

전문가 시스템과 인공지능의 2차 겨울

1차 겨울 이후, 인공지능은 **전문가 시스템**expert system으로 발전했다. 전문가 시스템은 특정 분야의 전문 지식을 컴퓨터에 기억시켜 이를 활용하는 시스템을 의미한다. 의료 진단 전문가 시스템의 경우, 의사들의 전문 지식을 활용하여 환자의 의료 정보로부터 추정할 수 있는 병명을 알려 준다. 전문가 시스템은 특정 분야로 문제의 범위를 좁힐 경우 많은 문제를 해결할 수 있었기 때문에 1980년대에는 인공지능이 다시 활성화되었다. 그러나 잘못된 지식이나 한쪽으로 편향된 지식을 사용하는 경우 문제를 일으켰기 때문에 전문가 시스템은 한계를 만났고, 1987년부터 1990년대 초반까지 2차 겨울이 찾아왔다.

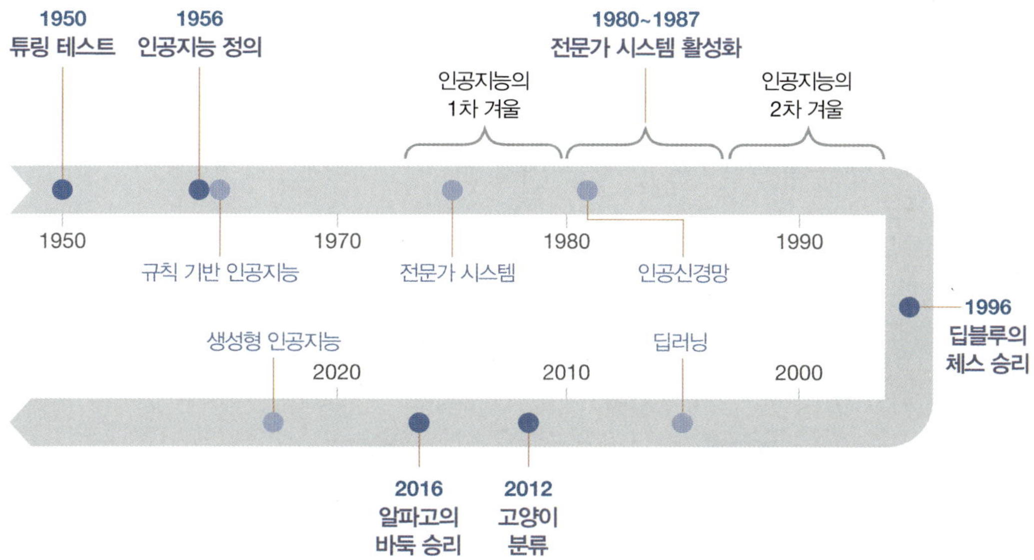

그림 6-2 인공지능 연대기

머신러닝과 딥러닝

2000년대 초반에는 머신러닝이 도입되었다. 머신러닝은 컴퓨터가 스스로 학습하여 결론을 유추하는 시스템이다. 머신러닝에는 다양한 알고리즘이 사용되었으며, 인간의 뇌 구조에 착안한 인공신경망 알고리즘 연구도 이루어졌다. 인공신경망 알고리즘은 1980년대에 개발되었지만, 계산량이 많아 당시의 컴퓨터 성능으로는 결과를 얻기 어려웠다. 그러다 2000년대 후반 들어 초고속 통신망이 발달하고 컴퓨터의 연산 능력이 향상되면서 인공신경망 알고리즘이 각광을 받기 시작했다. 인공신경망 알고리즘에 많은 양의 데이터를 학습시켜 결과를 얻는 방식이 딥러닝이다. 2016년, 인공신경망을 활용한 딥러닝 기술로 완성된 알파고가 인간 바둑기사를 이김으로써 인공지능의 부활을 세상에 알렸다.

2 머신러닝과 딥러닝의 관계

머신러닝과 딥러닝은 둘 다 스스로 학습하는 인공지능이다. 인공지능과 머신러닝, 딥러닝이 어떤 관계인지 정리해 보자.

결정 트리

알파고 이전의 인공지능 시스템에서는 오목, 체스, 바둑과 같이 둘이 번갈아 수를 두는 게임에 결정 트리decision tree를 이용했다. 결정 트리 방식에서는 [그림 6-3]과 같이 게임의 모든 경우의 수를 나뭇가지 형태(트리 형태)로 나눈다. 결정 트리가 만들어지면 내 차례가 될 때마다 트리를 따라서 이길 수 있는(승리) 방향으로 끌고 가면 100% 승리하게 된다.

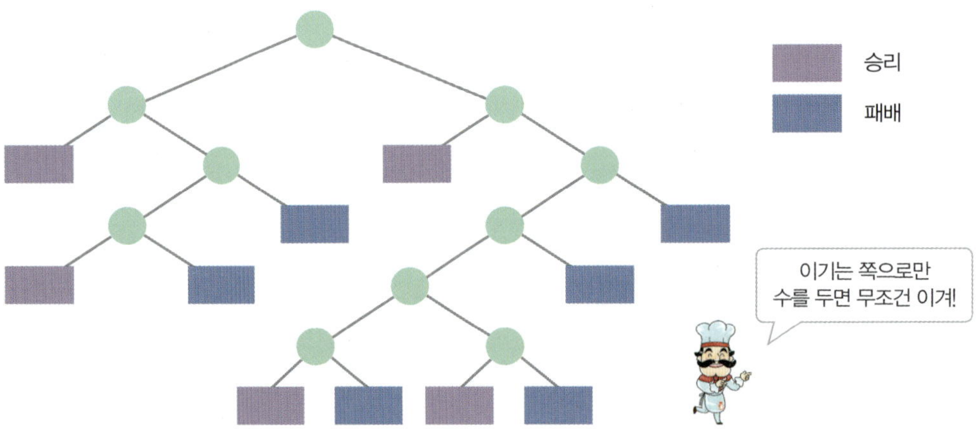

그림 6-3 결정 트리 방식

게임의 모든 경우를 계산할 수만 있다면 결정 트리 방식의 인공지능이 무조건 이긴다. 오목은 경우의 수가 한정되어 있어 인공지능이 100전 100승이다. 그러나 장기나 체스와 같이 복잡한 게임은 경우의 수가 엄청나게 많기 때문에 모든 경우의 수를 결정 트리로 만들기 어렵다. 또한 한 수를 두는 시간이 정해져 있으므로 계산 결과가 빠르게 나와야만 한다.

머신러닝

머신러닝machine learning, 즉 기계학습은 알고리즘을 이용하여 데이터의 패턴을 학습하고, 학습한 내용을 기반으로 스스로 판단하는 인공지능 기술이다. IBM은 머신러닝과 결정 트리를 결합하여 체스에 특화된 인공지능 알고리즘을 만들었는데, 이것이 딥블루Deep Blue이다. 딥블루는 한꺼번에 결정 트리 전체를 만드는 대신, 확률에 근거하여 여러 개의 결정 트리를 나누어 만들었다. 또한 시간 안에 다음 수를 계산하기 위하여 대형 컴퓨터 30대를 사용했다. 1996년 2월, 딥블루는 체스 세계 챔피언과 대국을 펼쳤다. 모두가 인간의 승리를 예상했으나 딥블루가 승리했고, 이는 인공지능 연구에 불을 지피는 계기가 되었다.

머신러닝도 아주 복잡한 문제를 해결하는 데는 한계가 있다. 바둑이 대표적인 경우이다. 바둑의 경우의 수는 우주에 있는 별의 개수만큼 많다고 알려져 있으며 결정 트리 방식으로 바둑의 경우의 수를 계산하려면 100년이 넘게 걸린다. 이렇게 시간이 많이 드는 문제를 딥러닝이라는 새로운 종류의 인공지능 알고리즘을 사용하여 해결했다.

딥러닝

딥러닝deep learning은 인간의 신경망을 모형화한 알고리즘에 방대한 데이터를 학습시켜 결과를 얻는 머신러닝 기술이다. 아주 많은 양의 데이터를 학습하기 위하여 여러 층으로 구성된 인공신경망을 사용하기 때문에 '깊은 학습'을 뜻하는 딥러닝이라 부른다.

2012년 구글과 스탠퍼드대학의 앤드류 응Andrew Ng 교수는 딥러닝 알고리즘인 심층 신경망Deep Neural Network을 구현하고, 유튜브에서 얻은 수천만 개의 사진을 학습시켜 사람 사진과 고양이 사진을 분류하는 데 성공했다.

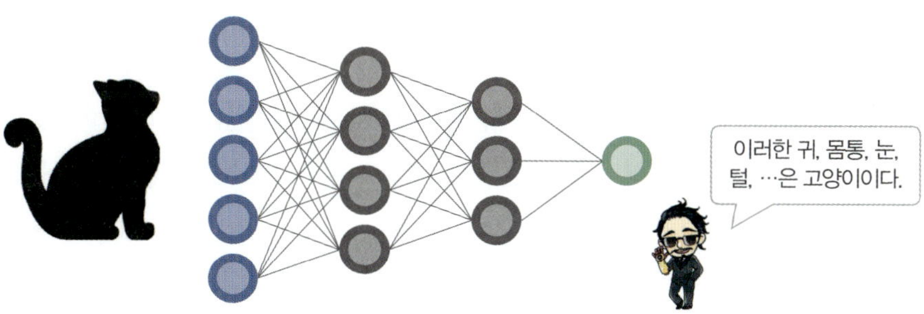

그림 6-4 고양이를 인식하는 신경망의 구조

우리가 사람과 고양이를 구별하는 과정을 생각해보자. 단순히 '직립 보행하면 사람이고 네발 달린 짐승은 고양이'라는 규칙만으로 판단하지 않는다. 우리는 많은 시간의 경험과 학습을 통하여 사람과 고양이가 어떻게 다른지 알고 있다. 다시 말해 우리 뇌의 신경망에는 사람과 고양이의 귀, 몸통, 눈, 털이 어떻게 다른지에 대한 정보가 저장되어 있다. 따라서 신경망에 저장된 다양한 정보와 사진 속 물체의 정보를 비교하여 사람과 고양이를 구별한다. 이처럼 딥러닝도 많은 양의 사진 데이터를 학습하여 자신만의 정보를 만들어서 고양이의 특징을 파악한다.

[그림 6-5]는 인공지능, 머신러닝, 딥러닝의 관계를 설명한다. 인공지능, 머신러닝, 딥러닝을 큰 범주에서 모두 인공지능이라 부른다. 규칙 기반 인공지능이 가장 먼저 등장했고, 규칙 기반 인공지능의 한계를 극복한 것이 머신러닝이다. 머신러닝은 일정 부분 성공했지만, 바둑과 같은 복잡한 문제를 푸는 데 한계가 있었다. 이를 극복하기 위하여 머신러닝의 알고리즘인 인공신경망의 규모와 처리 방법을 비약적으로 발전시킨 것이 딥러닝이다.

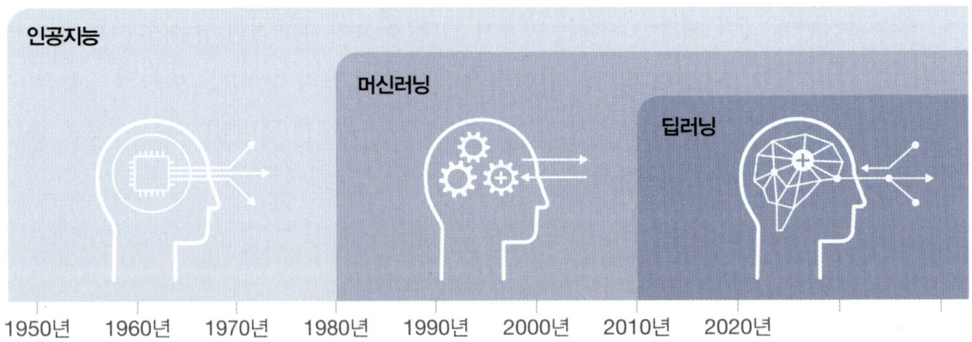

그림 6-5 **인공지능, 머신러닝, 딥러닝의 관계**

3 인공지능 알고리즘의 특징 비교

인공지능에 사용되는 알고리즘은 크게 규칙 기반, 머신러닝 기반, 인공신경망 기반으로 나눌 수 있다. 사례를 통해 각 알고리즘의 특징들을 비교해 보자.

규칙 기반 인공지능의 한계

규칙 기반 알고리즘은 규칙이 예외 없이 완벽하거나 규칙이 계산 가능할 때만 유용한 기술이다. 개와 사람을 구분하는 규칙 기반 인공지능을 생각해보자. '개는 얼굴이 길쭉하며 네발로 기어 다니고, 사람은 얼굴이 둥글며 두 다리로 서서 다닌다'를 규칙으로 정했다. 그러면 술에 취해 기어 다니는 사람은 개로 분류될까? 반대로 얼굴이 둥근 개가 앞발을 들어올리면 사람으로 분류될까?

그림 6-6 규칙 기반 시스템의 한계

규칙 기반 시스템에서 규칙에 벗어난 대상을 인식하기란 어렵다. 더 나아가 개, 고양이, 호랑이, 사자 등 동물을 종으로 구분하거나 사람을 어린이, 청년, 노인으로 구분하는 등 특징이 유사한 사진을 비교할 때는 규칙을 만들기가 까다롭다.

한국어-영어 번역 시스템을 만든다고 가정해 보자. 규칙 기반 시스템에서는 한영사전과 영어 문법을 기계에 가르쳐서 번역 시스템을 구축한다. 한국어의 경우 주어-목적어-동사의 구조로 되어 있으며, 영어의 경우 주어-동사-목적어의 구조로 이루어졌다는 것을 알려주는 것이다. 이렇게 단어와 문법적인 차이를 반영하여 번역 시스템을 만든다. 그런데 이렇게 만든 규칙 기반 번역 시스템을 이용하여 번역하면 매우 부자연스러운 결과를 얻는다. 사실 우리가 언어를 배울 때도 문법부터 배우지 않는다. 또한 실제로 언어를 사용할 때는 문법을 벗어나는 경우도 꽤 많다. "나는 간다, 학교에."라고 이야기해도 우리는 다 알아듣지만 규칙 기반 시스템은 이 문장을 인식하지 못한다.

그림 6-7 규칙 기반 번역 시스템의 한계

규칙 기반과 머신러닝 알고리즘의 비교

사진으로 덜 익은 바나나와 익은 바나나를 구별하는 시스템을 만든다고 가정하자. 규칙 기반 인공지능은 [그림 6-8]과 같이 '녹색이면 덜 익은 바나나, 노란색이면 익은 바나나'라는 규칙을 만든다. 그런 다음 시스템에 바나나 사진을 입력하면 덜 익은 바나나와 익은 바나나로 분류한다.

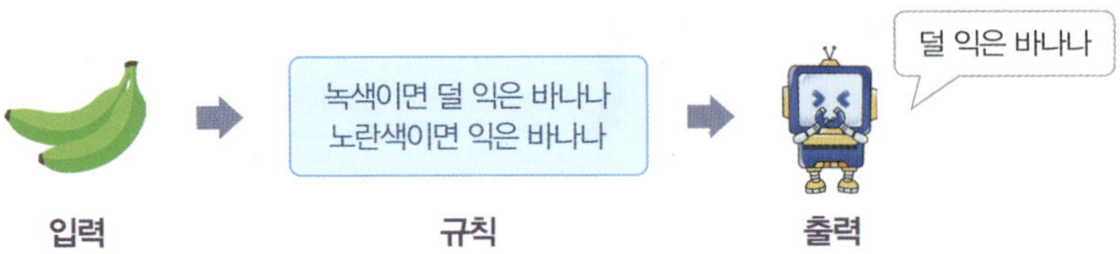

그림 6-8 **규칙 기반 인공지능**

머신러닝 기반 인공지능의 바나나 분류는 [그림 6-9]와 같이 이루어진다. 인공지능에 바나나의 특징을 추출하는 방법을 가르치고, 덜 익은 바나나와 익은 바나나를 여러 개 입력하여 보여주면서 분류 결과의 정답을 함께 알려준다. 그러면 인공지능이 바나나를 분류하는 규칙을 스스로 찾아낸다. 머신러닝 기반 인공지능은 '녹색이면 덜 익은 바나나, 노란색이면 익은 바나나'라는 규칙 이외에 인간이 생각지도 못하는 규칙을 도출할 수도 있다. 그래서 새로운 바나나 사진을 제시했을 때 인공지능이 스스로 찾은 규칙에 따라 분류하는 방식이 머신러닝이다.

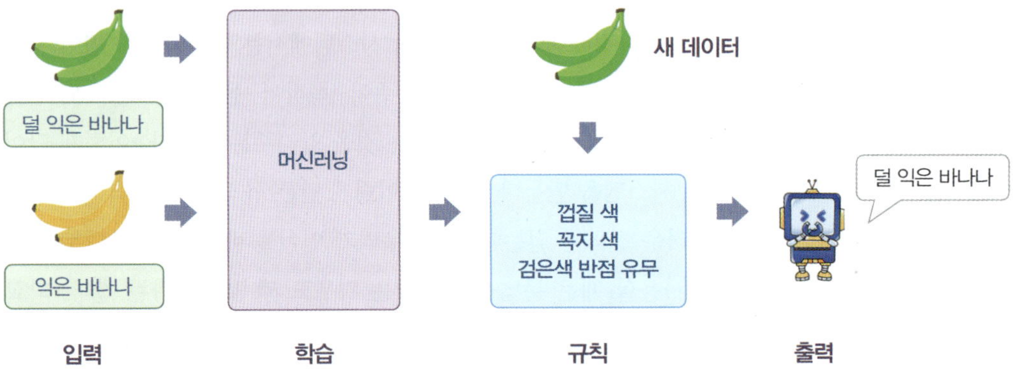

그림 6-9 **머신러닝**

머신러닝의 문제점은 입력과 결과 분류에 인간의 생각이 개입된다는 것이다. 바나나를 안 익은 것, 덜 익은 것, 먹기 좋게 익은 것, 바로 안 먹으면 버려야 할 것으로 세분하여 분류한다고 가정해 보자. 이때 같은 바나나라도 분류하는 사람에 따라 다른 데이터로 분류할 수 있다. 이는 부정확한 규칙이 만들어지는 원인이 된다.

인공신경망 기반의 딥러닝

딥러닝 알고리즘은 인간의 개입을 최소화하고, 많은 양의 데이터를 학습하여 스스로 분류하고 규칙을 찾아 문제를 해결한다. 이러한 딥러닝은 인간의 신경망과 닮았다. 인간의 뇌에는 [그림 6-10]의 (a)와 같은 신경(뉴런)이 있다. 신경은 여러 개의 입력으로부터 하나의 결과를 도출하는 구조로 되어 있다. (b)와 같이 신경 하나의 출력이 다른 신경의 입력으로 연결되며, 이런 식으로 신경 수억 개가 연결된다. 그래서 딥러닝 방식 인공지능은 사람과 개를 구분할 때 어떤 특징 하나로 판단하는 것이 아니라 무수한 신경을 거쳐 결론을 내린다.

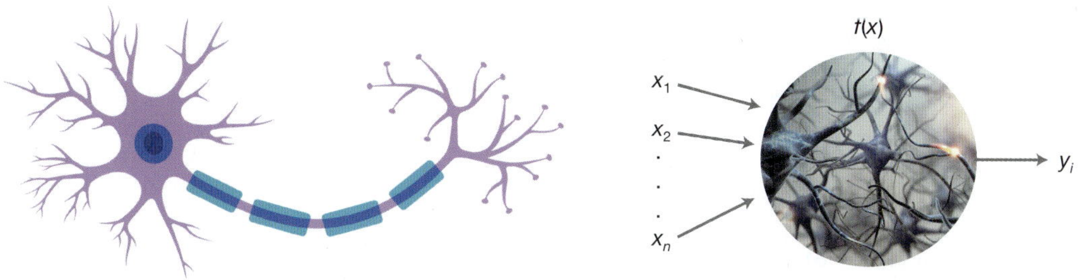

(a) 신경 (b) 신경망

그림 6-10 인간의 신경망

인공신경망 방식에서 인간의 신경에 해당하는 것을 **퍼셉트론**perceptron이라 부른다. 퍼셉트론은 가중치를 가진 여러 개의 입력으로부터 하나의 출력을 만들어내는 기계이다. [그림 6-11]은 사람과 고

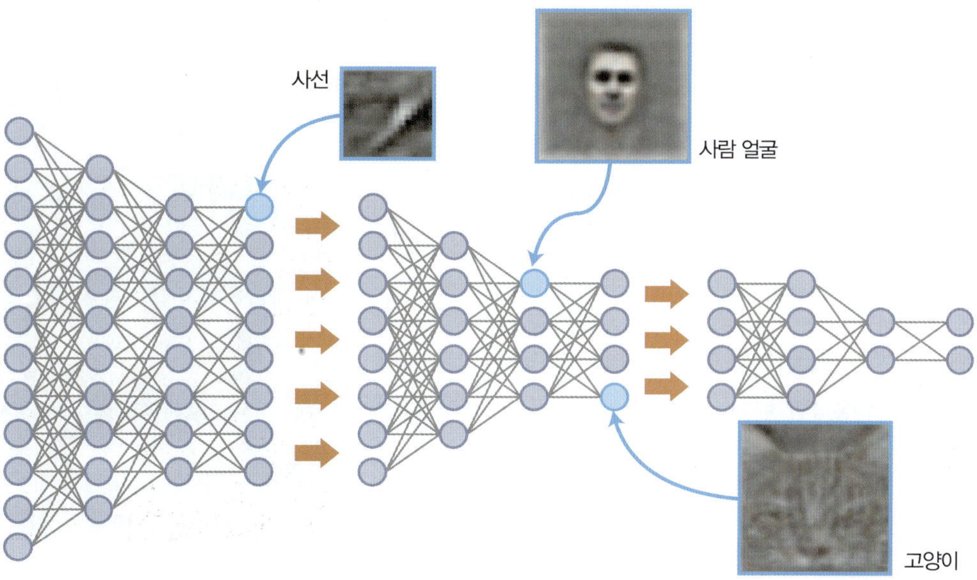

그림 6-11 이미지를 특징에 따라 분류하는 인공신경망의 구조

양이를 분류하는 인공신경망을 나타낸다. 실제로는 그림보다 훨씬 많은 퍼셉트론이 연결되어 있다. 이 시스템은 고양이 사진과 사람 사진 수십만 장을 학습 데이터로 사용하였고, 인간은 인공지능이 산출한 결과가 맞는지 틀리는지만 알려주었다. 사용자는 딥러닝 시스템이 무엇을 기준으로 사람과 고양이를 구분하는지 알 수 없다. 그러나 딥러닝 시스템은 데이터를 충분히 많이 학습하기만 하면 사람과 고양이를 정확히 분류할 수 있다.

딥러닝 알고리즘을 사용한 알파고가 어떻게 이세돌을 이겼는지 살펴보자. 먼저 알파고에 전 세계 바둑 기사들의 대국을 학습시켰다. 이런 알파고를 2대 만들어 바둑 대국을 시킨다. 게임에서 이긴 알파고를 남기고 진 알파고는 폐기한다. 승리한 알파고와 새로운 데이터로 학습한 다른 알파고가 또 바둑을 두게 하고 이긴 알파고만 남긴다. 이런 과정을 반복하여 만들어진 것이 최종 알파고이다. 따라서 지금의 알파고는 세계 최고 수준의 바둑기사와 수천 번씩 싸워서 승리한 결과물이다. 인간은 바둑을 몇 번 두면 지치지만 알파고는 전기를 먹는 동안 쉬지 않고 바둑을 둔다. 그런 기계를 사람이 이길 수 없는 것이 당연하다.

딥러닝 기술로 만들어진 인공지능은 다양한 분야에서 문제를 해결하고 있다. 딥마인드의 보드게임 인공지능인 알파제로AlphaZero가 행렬의 곱셈을 기존 방식보다 10% 이상 빠르게 계산하는 알고리즘을 개발하여 《네이처Nature》에 발표했다. 또한 딥마인드의 알파폴드AlphaFold는 단백질 구조를 예측하는 알고리즘인데, 세상에 존재하는 모든 단백질 구조를 예측할 수 있는 것으로 평가받는다.

딥러닝과 빅데이터

인간이 지식을 습득하는 과정도 딥러닝과 유사하다. 언어를 습득하는 과정을 생각해보자. 어린 아이가 문법을 배우고 난 뒤에 언어를 익히지 않는다. 계속 언어를 듣다가 처음에 간단한 단어를 말하기 시작하고 나중에는 문장으로 말한다. 처음에는 틀린 문장으로 말해도 누군가의 지적을 듣고 바른 문장을 학습하게 된다. 많이 듣고 많이 말하다 보면 자연스럽게 언어를 습득한다.

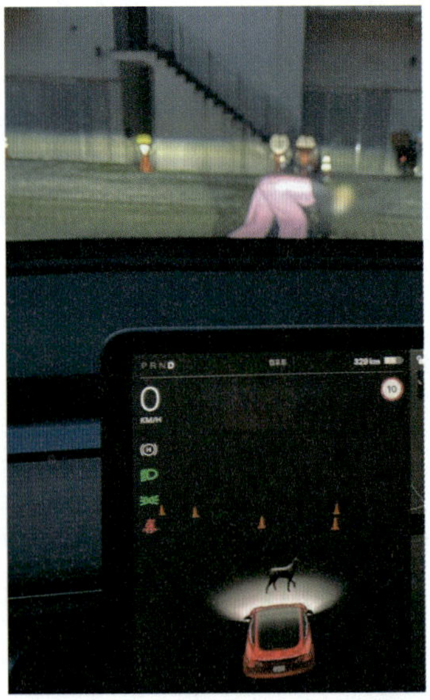

그림 6-12 테슬라 자동차의 장애물 인식 화면

빅데이터는 딥러닝 인공지능의 학습에 필수적이다. 학습 데이터의 양이 적거나 부정확한 데이터를 가지고 학습하는 경우 딥러닝 인공지능이 오답을 산출하기도 한다. [그림 6-12]는 테슬라 자동차의 장애물 인식 시스템이 땅을 짚고 기어가는 사람을 개로 인식하는 화면이다. 학습 데이터가 좀 더 쌓여서 학습이 진전된다면 사람이 기어가더라도 사람으로 인식할 것이다.

4 생성형 인공지능과 인공지능 반도체

최근 가장 강력한 인공지능 트렌드는 챗GPT로 대표되는 생성형 인공지능이다. 이전의 인공지능과 생성형 인공지능의 차이를 이해해보자.

생성형 인공지능과 프롬프트 엔지니어링

2022년 11월에 서비스를 시작한 챗GPTChat GPT는 역사상 가장 빠르게 사용자가 늘어난 서비스로 기록되었다. 사용자 1억 명을 모으는데 인스타그램은 2.5년, 틱톡은 9개월이 걸린 데 반하여, 챗GPT는 단 2달 만에 사용자 1억 명을 모았다. 또한 CNBC의 2023년 12월 24일 기사에 따르면 2023년에 가장 많이 사용된 인공지능 도구로 챗GPT가 뽑혔으며 전체 중 60%를 차지했다.

그림 6-13 포토샵의 생성형 인공지능

챗GPT는 오픈AI에서 만든 생성형 인공지능이다. **생성형 인공지능**Generative AI이란 학습하지 않은 콘텐츠를 만들어내는 인공지능을 의미한다. 생성형 인공지능은 방대한 양의 데이터로 사전 훈련된 인공신경망 모델을 기반으로 한다. 생성형 인공지능은 언어를 번역하거나 문서를 요약하고, 질문에 답을 하거나 스토리, 프로그램, 이미지, 동영상을 만들어 준다. 예를 들어 챗GPT는 사용자의 입력에 대하여 언어로 답하고, 미드저니는 사용자의 입력을 이해하여 이미지를 만든다. 생성형 인공지능은 다양한 영역으로 확대되고 있다. 검색 엔진에 생성형 인공지능이 결합되어 사용자가 질문으로 검색하면 답해준다. 또한 포토샵과 같은 이미지 편집 프로그램도 [그림 6-13]과 같이 생성형 인공지능을 탑재하여 새로운 이미지를 만든다.

생성형 인공지능에서 만족할 만큼 고품질의 결과물을 얻기 위해서는 자세하고 정확하게 명령하는 것이 중요하다. 그러려면 다양한 명령을 입력하고 여러 번 실패하며 경험해봐야 한다. [그림 6-13]에서 '스웨터를 입은 개, 원색, 함박웃음'의 결과가 만족스럽지 못하다면 '흰색 바탕의 파란색 줄무늬의 스웨터를 입은 치와와, 함박웃음과 앞발을 들어 올린 상태'와 같이 명령을 조정하여 원하는 결과가 나오는지 지켜본다. 생성형 인공지능에 어떤 결과가 나오기를 원하는지 자연어로 설명하는 것을 **프롬프트**prompt라 부른다. 원래 프롬프트는 연설이나 뉴스에서 진행자가 참조하는 안내 문구를 의미한다. 생성형 인공지능이 원하는 결과를 만들 때까지 프롬프트를 지속적으로 조정하는 작업을 **프롬프트 엔지니어링**prompt engineering이라 부른다.

인공지능 반도체

딥러닝의 개념은 1990년대에도 있었으나 계산할 양이 많았기 때문에 초기에는 상용화가 어려웠다. 그러나 컴퓨터 속도가 빨라지고 GPU가 등장함에 따라 딥러닝 기반의 인공지능 시스템이 등장했다.

사람이 개를 인식할 때, 개의 귀를 보고 다음으로 몸통의 털을 본 후 꼬리가 있는지를 확인하는 식으로 순서대로 찾아가면서 개를 인식하지 않는다. 개의 귀, 몸통, 꼬리를 동시에 인식하고 개라는 것을 알게 된다. 다시 말해 머릿속의 여러 개의 신경망이 병렬로 이미지를 처리하여 개라는 결론을 낸다. 인공신경망도 마찬가지이다. 퍼셉트론 수천 개의 계산을 순차적으로 진행하는 것이 아니라 병렬로 진행한다. 따라서 인공신경망을 계산하기 위해서 빠른 CPU 1개를 사용하기보다는 조금 느린 CPU 10개를 사용하는 것이 더 낫다.

CPU는 계산뿐 아니라 주변 장치에 명령을 내리거나 메모리를 관리하는 것과 같은 부가적인 작업이 많다. 그리고 CPU의 코어는 매우 복잡하고 크기 때문에 하나의 칩 안에 코어를 기껏해야 20개까지만 넣을 수 있다. 반면에 수학적인 계산만 하는 GPU의 코어는 매우 작고 단순하다. 그래서 GPU 칩 안에는 수천 개의 코어를 넣을 수 있다. 그래픽처럼 한꺼번에 많은 데이터를 처리하려면 20개의 코어를 가진 CPU보다는 수천 개의 코어를 가진 GPU가 더 효율적이다.

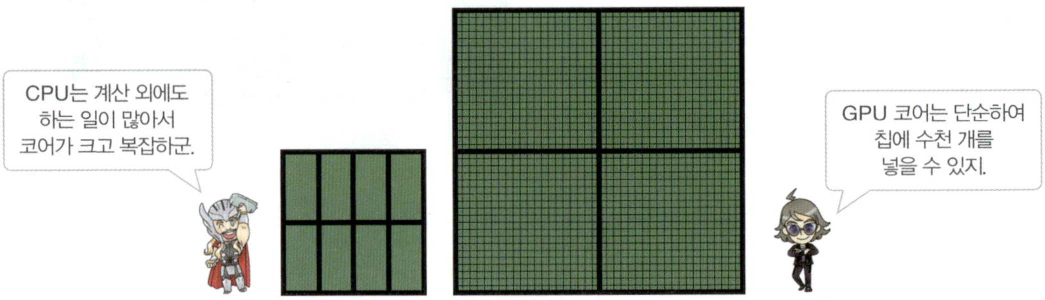

그림 6-14 CPU와 GPU

GPU도 그래픽에 사용하기 위해 만들어진 프로세서이기 때문에 인공지능의 연산에 사용하기에는 여전히 비효율적이다. 따라서 최근에는 인공지능 반도체가 발전하고 있다. **인공지능 반도체**란 인공신경망 알고리즘을 효율적으로 계산하도록 특화된 반도체를 의미한다. 인공지능 중에서도 딥러닝에 특화되었다는 의미에서 인공지능 반도체를 NPU Neural Processing Unit, 즉 신경망 처리 장치라고 부르기도 한다.

02 | 인공지능의 활용

1 인공지능 체험

다음에 소개하는 웹사이트에서는 누구나 인공지능을 경험할 수 있다. 각 웹사이트에 접속하여 인공지능이 얼마나 발전했는지 직접 체험하기 바란다.

티처블머신

티처블머신(http://teachablemachine.withgoogle.com)은 이미지나 오디오, 자세 데이터를 학습시키고 분류 결과를 확인할 수 있는 웹사이트이다. 두 가지 사물을 여러 각도로 찍어서 사진을 학습시킨 후에 사물을 제시하면, 둘 중 어느 것에 더 가까운지 확률과 함께 나온다.

[그림 6-15]와 같이 새우깡과 오잉 과자 봉지 사진을 각각 여섯 방향에서 찍어 학습시켰다. 다음으로 오잉을 거꾸로 든 사진을 입력했더니 오잉일 확률이 100%라고 출력되었다. 학습 내용과 입력 사진의 각도에 따라 0~100%의 확률이 나온다. 티처블머신은 이미지 이외에도 소리를 녹음하여 어떤 소리에 가까운지를 확인하거나 자세를 학습시켜 어떤 자세에 가까운지를 확인해볼 수 있다.

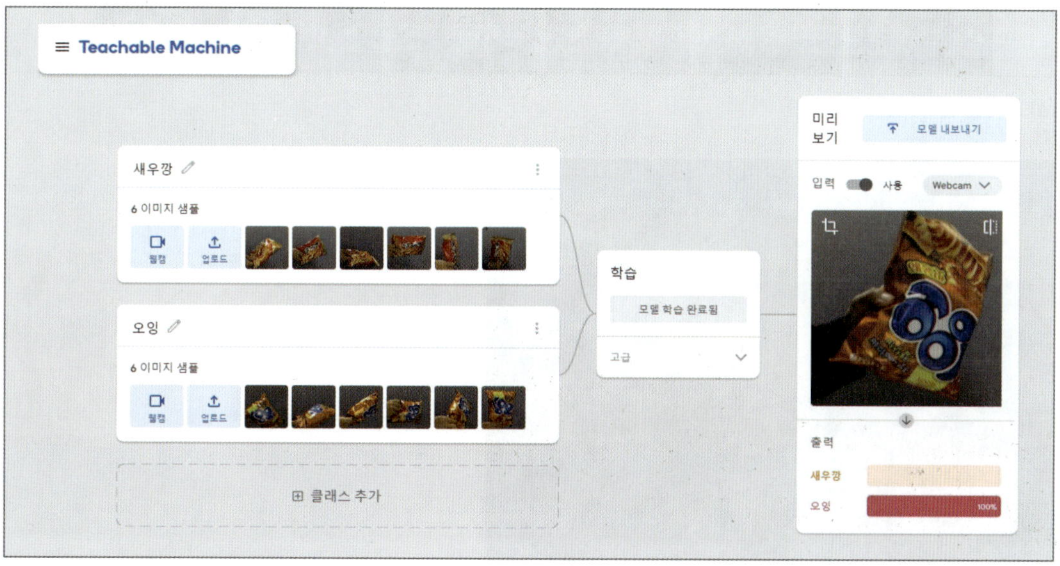

그림 6-15 티처블머신의 학습과 결과 화면

딥드림제너레이터

딥드림제너레이터(http://deepdreamgenerator.com)는 이미지를 생성하거나 스타일을 변환하는 웹사이트이다. 로그인한 뒤 [Deep Style] 탭에서 사진을 업로드하면 스타일을 선택할 수 있다. [그림 6-16]의 (a)에서는 노을 지는 마을 풍경을 업로드했으며, 변형할 스타일로 고흐의 〈별이 빛나는 밤〉을 선택했다. 그 결과 노을 지는 마을 풍경이 (b)와 같이 고흐 스타일의 이미지로 변환된다. 다른 스타일을 선택하여 다양하게 변하는 이미지를 확인할 수 있다.

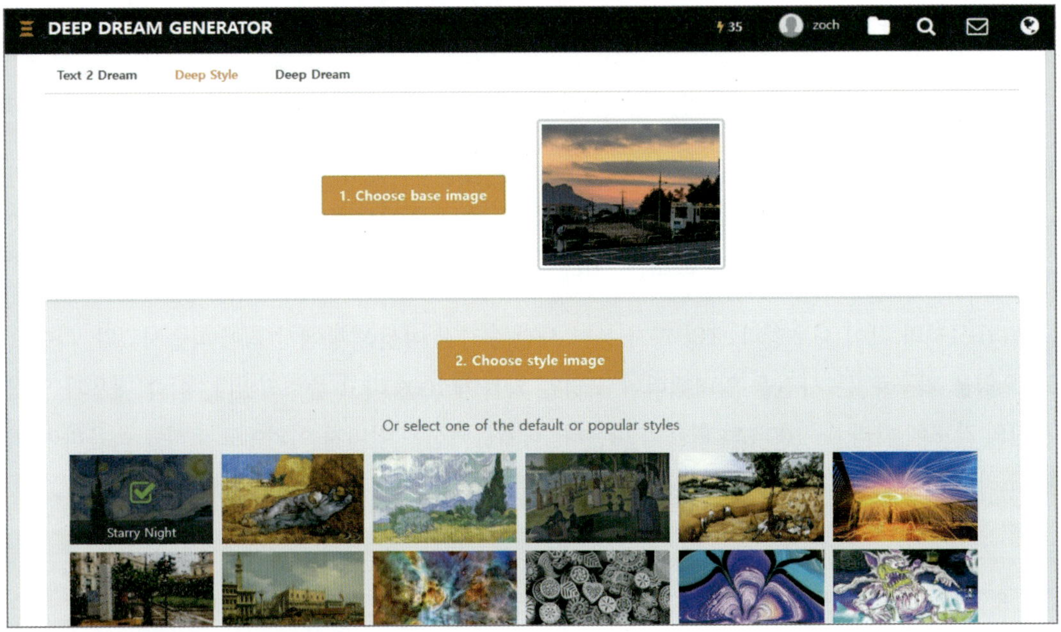

(a) 스타일 선택 화면

(b) 변환된 이미지

그림 6-16 딥드림제너레이터

미드저니

미드저니(http://www.midjourney.com)는 프롬프트를 입력하여 이미지를 만드는 대표적인 웹 사이트이다. 앞서 대회에서 입상하여 논란이 되었던 이미지는 사용자가 미드저니에 900번 넘게 명령을 입력한 결과이다. [그림 6-17]은 미드저니 사이트의 메인 화면이다. '/imagine'이라고 표시된 프롬프트 창에 영어로 문장을 입력하면 인공지능이 그림을 그려 준다.

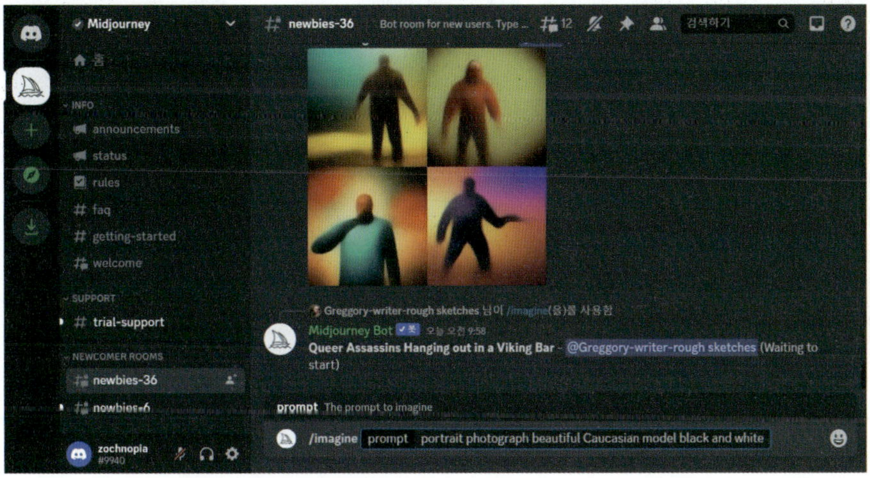

그림 6-17 미드저니의 명령어 입력 화면

TIP 미드저니는 초기에 무료로 서비스를 제공했으나 현재는 유료로 전환되었다.

[그림 6-18]의 (a)는 미드저니의 프롬프트에 'Beautiful woman real photo(아름다운 여인의 진짜 사진)'라고 입력하여 완성한 이미지이다. 또한 (b)는 'Ultra realistic photo viking armor sword(칼을 든 바이킹의 초고화질 사진)'를 입력하여 얻은 이미지이다. 프롬프트에 명령을 자세히 입력할수록 그림의 세부 요소를 구체적으로 조절할 수 있다.

(a) 아름다운 여인의 실사 사진 (b) 칼을 든 바이킹의 초고화질 사진

그림 6-18 미드저니에서 생성한 이미지

비디스커버

비디스커버(http:/bdiscover.kakaobrain.com)도 프롬프트에 명령을 입력하면 그림을 생성하는 서비스이다. 국내 기업 카카오에서 만들었으며, 스마트폰에서 앱을 설치하여 사용할 수 있다. [그림 6-19]는 비디스커버에서 미드저니에서와 같은 문장을 입력하여 완성된 이미지이다.

(a) 아름다운 여인의 실사 사진

(b) 칼을 든 바이킹의 초고화질 사진

그림 6-19 **비디스커버에서 생성한 이미지**

오토드로

오토드로(http://www.autodraw.com)는 펜으로 그림을 그리면 유사한 그림으로 변환해주는 웹사이트이다. [그림 6-20]의 (a)와 같이 주방장 모자를 그리면 (b)와 같은 결과를 얻을 수 있다. 간단한 아이콘을 만들고 싶을 때 이용해보자.

(a) 손으로 그린 그림

(b) 오토드로에서 변환한 그림

그림 6-20 **오토드로에서 생성한 이미지**

2 자연어 처리

컴퓨터의 성능이 좋아지고 인공지능 알고리즘이 발달하면서 다양한 분야에 인공지능이 활용되고 있다. 인공지능이 가장 두각을 나타내는 분야가 자연어 처리이다. 자연어 처리의 목적은 컴퓨터가 인간의 언어를 이해하게 만드는 것이다. 딥러닝을 이용한 자연어 처리 기술은 상당히 진보했으며 많은 곳에 적용되고 있다.

인공지능 번역과 인공지능 비서

번역 분야에서 인공지능이 활발히 활용되고 있다. 구글 번역, 네이버 파파고, 시스트란 등이 인공지능 번역 서비스를 제공하고 있다. 예전에는 번역 결과가 어색했으나 이제는 해외여행을 할 때 바로 사용할 수 있는 수준에 이르렀다. 사람의 말을 이해하고 말로 내린 명령을 따라 행동하는 개인 비서 서비스도 개발되었다. 애플 시리나 삼성 빅스비에 말로 명령을 내리면 손으로 조작하지 않고도 스마트폰 기능을 실행할 수 있다.

인공지능 챗봇

인공지능 챗봇chatbot이란 대화를 통해 일상적인 작업을 해결하는 프로그램을 가리킨다. 인공지능이 인간의 언어를 이해하는 수준이 상당히 높아짐에 따라 챗봇이 다양한 분야에 사용되고 있다. 콜센터의 단순한 상담 업무를 챗봇이 대신함으로써 상담원의 업무가 줄어들고 작업의 처리 속도가 높아지고 있다. 또한 예약 및 취소 응대, 음식 배달 등을 처리하는 데 직원을 고용하는 대신 챗봇을 사용하는 곳이 늘어나고 있다.

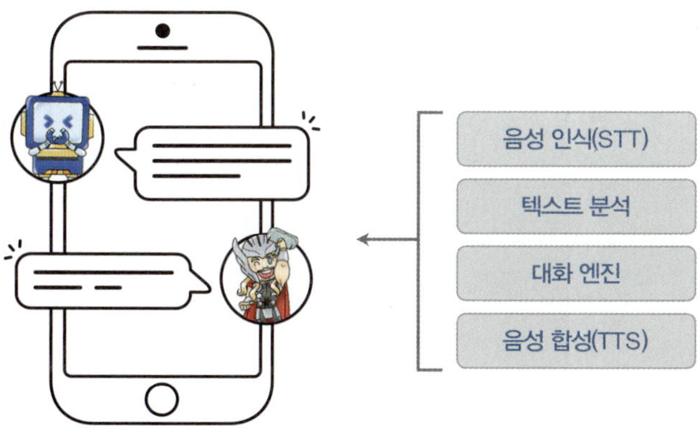

그림 6-21 인공지능 챗봇

음성 인식Speech Recognition을 의미하는 STTSpeech-To-Text는 사람이 말하는 음성 언어를 문자 데이터로 변환하는 기술이다. 챗봇에 사용되는 인공지능 데이터는 기본적으로 문자이다. 따라서 사람이 말하는 것을 문자로 변경하여 대화 엔진에 전송하는 역할을 STT가 수행한다. 또한 대화 엔진에서 만들어진 문장을 사람의 목소리로 변환해주는 것이 음성 합성, 즉 TTSText-To-Speech이다. 음성 합성(TTS)은 음성 인식(STT)의 반대 개념이다.

과거에는 음성 합성(TTS)으로 만들어진 목소리가 어색했으나, 현재는 실제 사람의 목소리와 구별할 수 없을 정도로 정밀해졌다. 음성 합성 엔진이 생성한 목소리를 구글 음성 합성 데모 페이지(http://cloud.google.com/text-to-speech?hl=ko)에서 들어 볼 수 있다.

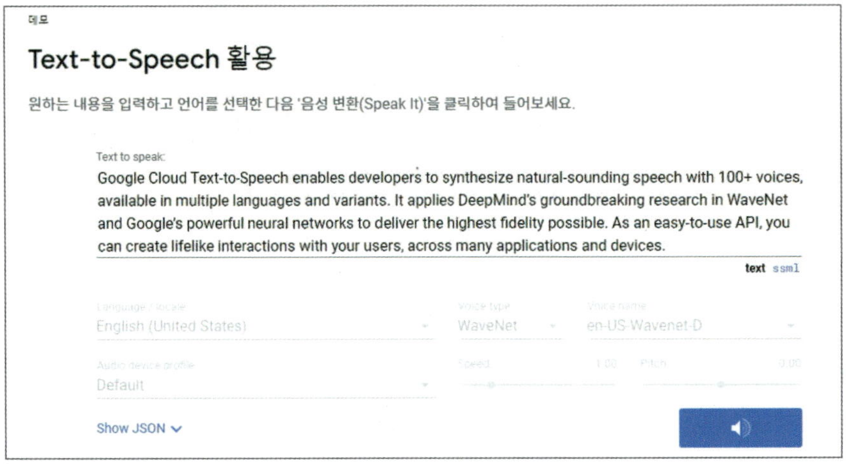

그림 6-22 **구글 음성 합성 데모 페이지**

챗GPT

챗GPT는 딥러닝 기반의 자연어 처리 모델이다. 기존의 챗봇이 단순한 문장만 만드는 반면에 챗GPT는 인간이 사용하는 문장과 유사한 문장을 만들어낸다. 예를 들어 "한국 길거리 음식 3가지만 알려줘"라는 질문에 튀김, 떡볶이, 순대에 대하여 마치 사람이 이야기하는 것처럼 논리정연하게 알려 준다.

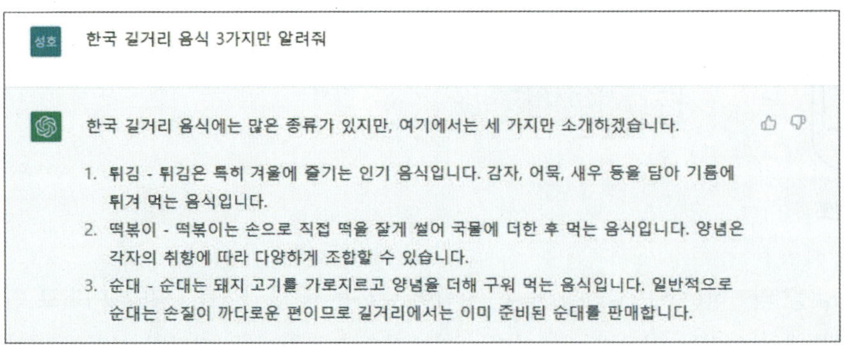

그림 6-23 **한국 길거리 음식에 대한 챗GPT의 답변**

또한 파이썬으로 '하노이 타워' 코드를 만들어 달라고 하면 [그림 6-24]와 같이 코드를 작성한다.

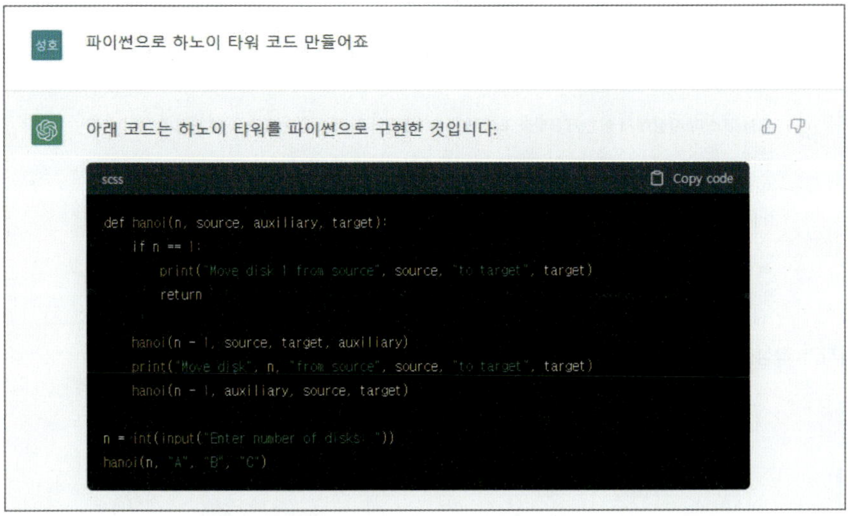

그림 6-24 챗GPT가 작성한 파이썬 코드

더 나아가 챗GPT는 사용자가 만든 코드의 문제점을 지적하고, 수학 문제를 풀며, 수제를 제시하면 보고서를 작성하기도 한다. 챗GPT가 사용자 대신 과제를 작성하고, 수학 문제를 풀며, 논문을 씀으로써 여러 가지 문제가 제기되었다. 미국 뉴욕시는 교내에서의 챗GPT 사용을 금지했고, 국제머신러닝학회International Conference on Machine Learning(ICML)는 챗GPT를 이용하여 작성한 논문을 받지 않겠다고 밝혔다.

로봇 저널리즘과 로보어드바이저

인공지능의 자연어 처리 기술을 응용하여 만들어지는 기사를 로봇 저널리즘robot journalism이라 부른다. 기존에는 자료 분석 등 기자를 보조하는 역할만 해 왔으나 시간이 지남에 따라 스포츠, 재난, 금융 분야에서 기존 언론인을 대체할 수 있을 정도로 발전했다.

로보어드바이저robo-advisor는 인공지능 자산 관리 서비스로, 로봇을 의미하는 'robo'와 전문가를 의미하는 'advisor'의 합성어이다. 고객의 투자금 규모와 투자 성향, 목표 수익률 등을 분석하여 조언해 주는 로보어드바이저는 스스로 주식을 사고팔아 이익을 남기기도 한다. 국내 로보어드바이저로는 증권 정보 제공 회사인 팍스넷PAXNet이 개발한 인공지능 주식 매매 시스템이 있다.

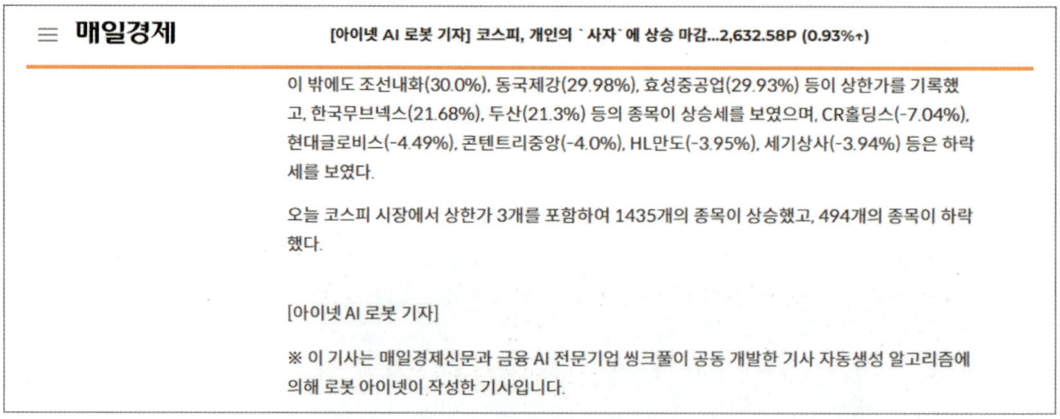

매일경제 [아이넷 AI 로봇 기자] 코스피, 개인의 `사자`에 상승 마감...2,632.58P (0.93%↑)

이 밖에도 조선내화(30.0%), 동국제강(29.98%), 효성중공업(29.93%) 등이 상한가를 기록했고, 한국무브넥스(21.68%), 두산(21.3%) 등의 종목이 상승세를 보였으며, CR홀딩스(-7.04%), 현대글로비스(-4.49%), 콘텐트리중앙(-4.0%), HL만도(-3.95%), 세기상사(-3.94%) 등은 하락세를 보였다.

오늘 코스피 시장에서 상한가 3개를 포함하여 1435개의 종목이 상승했고, 494개의 종목이 하락했다.

[아이넷 AI 로봇 기자]

※ 이 기사는 매일경제신문과 금융 AI 전문기업 씽크풀이 공동 개발한 기사 자동생성 알고리즘에 의해 로봇 아이넷이 작성한 기사입니다.

그림 6-25 인공지능 기자가 작성한 기사

3 이미지 처리

이미지 처리에도 인공지능이 활용된다. 구글 검색 엔진에 검색어를 입력하여 문서를 찾듯이, 구글 렌즈에 이미지를 입력하여 이미지와 연관된 정보를 빠르고 쉽게 찾을 수 있다. [그림 6-26]의 (a)는 공원 사진을 구글 렌즈로 검색한 결과인데, 사진 속의 장소가 싱가포르의 머라이언 공원이라고 알려주었다. (b)는 미드저니에서 'The Starry Night(별이 빛나는 밤)'라고 입력하여 생성한 고흐 스타일의 이미지이다. 이 이미지를 구글 렌즈로 검색해보면 고흐의 〈별이 빛나는 밤〉이라고 알려준다. 다양한 사진으로 검색해보면 사진이 찍힌 위치나 사진 속 인물을 찾을 수 있다.

(a) 사진 속 장소 검색 (b) 그림 제목 검색

그림 6-26 구글 렌즈 이미지 검색

인공지능은 사람의 얼굴을 자유자재로 생성하는 수준까지 발전했다. 제너레이티드포토(http://generated.photos) 웹사이트에서 성별, 인종, 나이를 입력하면 인물 사진이 생성된다. 이는 어디선가 본 듯한 자연스러운 얼굴이지만 인공지능이 만들어낸 가상의 인물이다. 따라서 초상권 문제가 없는 사진을 무한히 얻을 수 있다.

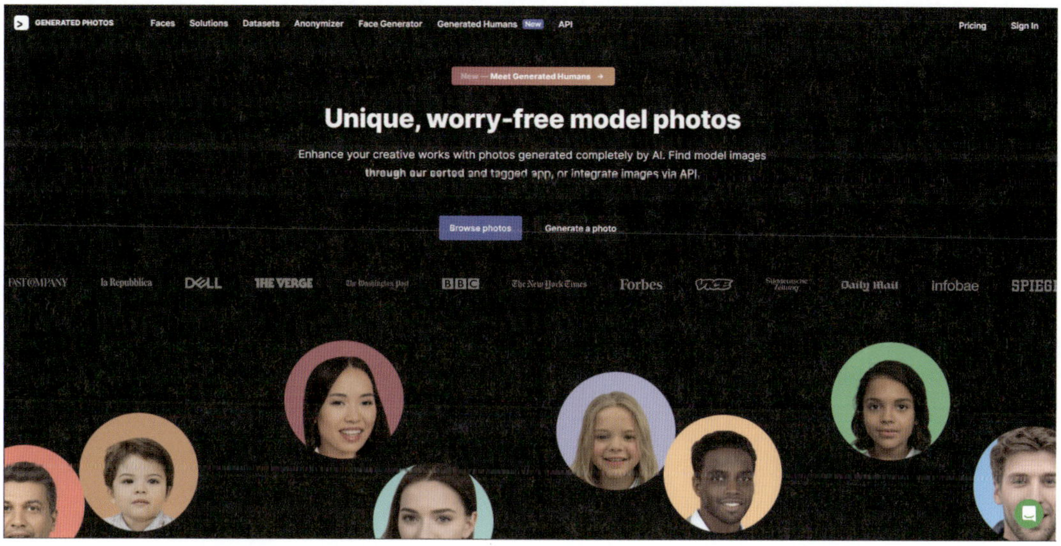

그림 6-27 제너레이티드포토

인공지능은 사진 변형도 손쉽게 해준다. [그림 6-28]은 'Hamsoft'의 사진 성형 앱 사용 결과로 몸매를 보정하고 키를 늘릴 수 있다. 사진뿐 아니라 동영상도 실시간으로 성형해주는 앱이 사용되고 있다.

그림 6-28 인공지능 사진 성형 앱

인공지능으로 가짜 동영상을 만들 수도 있다. 동영상 속 사람의 얼굴에 다른 사람의 얼굴을 입히는 기술을 딥페이크deepfake라 부른다. [그림 6-29]는 007 영화의 주인공인 대니얼 크레이그의 얼굴에 사용자의 얼굴을 입히고, 사용자가 얼굴을 움직이는 대로 배우가 같은 표정을 짓게 한다. 이러한 딥페이크 기술로 트럼프 전 미국 대통령이 등장하는 가짜 동영상이 제작되어 사회적인 논란이 일기도 했다. 또한 동영상 공유 플랫폼을 통해 톰 크루즈의 가짜 동영상이나 아기의 얼굴에 일론 머스크의 얼굴을 덧씌운 동영상이 삽시간에 전 세계로 퍼졌다. 이제 동영상 뉴스의 진위 여부도 의심해야 하는 시대가 되었다.

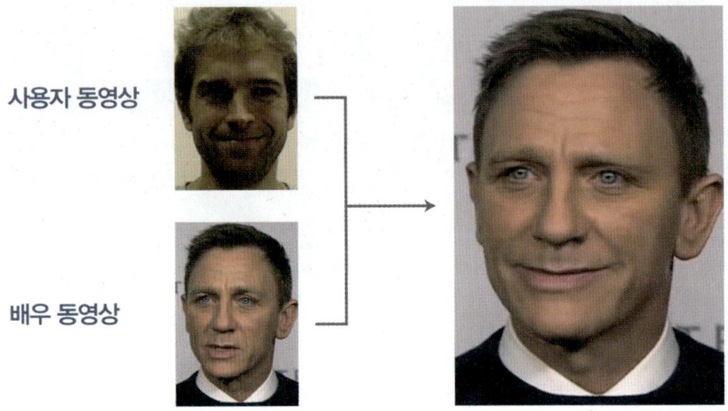

그림 6-29 딥페이크

4 인공지능의 미래

인공지능은 의료 분야에서도 유용하게 쓰이고 있다. 가천대학교 길병원은 IBM의 인공지능 왓슨을 도입했는데, 왓슨은 엑스레이 이미지를 분석하여 특정 질병을 찾는다. 《유엔 미래 보고서》에 따르면 30년 후에는 인공지능이 법률 서비스를 대체할 것이라고 한다. 이는 유사한 사건이라도 판사에 따라 판결이 다른 문제가 인공지능으로 해결된다는 것을 의미한다. 미국의 대형 법무법인 베이커 호스테틀러는 파산 부서에 '로스'라는 인공지능 변호사를 배치했다. 최초의 인공지능 변호사가 맡은 업무는 판례 수천 건을 검색해 사건에 도움이 될 만한 것을 고르는 일이다. 주로 초보 변호사들이 하던 일을 인공지능이 맡은 것이다.

인공지능이 다양한 분야에서 활약하며 인간의 일자리를 빼앗고, 더 나아가 기계가 인간을 뛰어넘어 인간을 지배하는 세상이 올지 모른다고들 한다. 그러나 인공지능이 인간을 뛰어넘는 지성을 가지는 세상은 쉽게 오지 않을 것이다. 인공지능이 특정 분야의 일을 빨리 처리하는 것은 분명하나, 인간의 복합적인 지적 능력을 뛰어넘었다고 볼 수는 없기 때문이다.

IBM은 2022년에 왓슨의 헬스케어 사업을 매각했다. 의료인으로 구성된 자문단의 60% 정도만이 인공지능이 MRI나 엑스레이 사진을 보고 내린 진단에 동의했다고 한다. 이는 아직 인공지능이 의료 인력을 대체할 수준에 미치지 못했다는 의미이다. 의료는 인간의 목숨과 직접 연관된 분야이다. 설사 인공지능이 인간 의사의 90% 이상이 예측에 동의하는 수준으로 발전한다고 할지라도 인공지능의 말만 믿고 수술을 강행할 수는 없을 것이다.

법률 인공지능에 대해서도 다시 생각해보자. 판사의 주요 업무 중 하나는 과거의 판례를 검색하여 유사한 판례를 살펴보는 일이다. 이런 업무는 로스와 같은 인공지능이 대신 할 수 있다. 그러나 이는 인공지능이 판사의 업무를 보조한다는 의미이지 인공지능이 판사를 대신하여 판결을 내린다는 의미는 아니다. 설사 인공지능이 판결할 능력을 갖춘다고 할지라도 피고는 인공지능 판사의 판결을 쉽게 받아들이지 못할 것이다.

인공지능 번역기가 번역한 문장은 여전히 어색하고 부자연스럽다. 인공지능이 인간의 언어를 제대로 이해하는 수준을 넘어서 법률적 판결이나 의료적 진단을 내리기까지는 아직 시간이 한참 남았다. 알파고가 최강의 바둑기사 이세돌을 이겼다고 해서 바둑 대회가 사라지지 않은 것처럼, 인공지능은 인간과 공존할 것이다.

03 | 빅데이터

1 빅데이터의 개요

소비재 생산 기업은 일찍부터 정보의 힘을 알고 소비자와 관련한 데이터를 분석하는 데 투자했다. 트렌드와 소비자의 구매 성향을 파악하여 상품을 기획·생산하는 것이 이익과 직결되기 때문이다.

유통 기업도 데이터를 활용한다. 백화점이나 대형 마트에서는 소비자의 구매 패턴을 면밀히 분석하여 판매를 촉진하는 방향으로 제품을 진열한다. 어느 백화점에 들어가도 1층에는 보석과 고가 브랜드, 2층에는 여성 의류, 지하와 맨 위층에는 식당가가 있다. 이는 백화점 고객의 행동 패턴을 오랫동안 분석하여 찾아낸 최적의 배치이다. 보석이나 고가 브랜드 상품을 구매하는 사람은 백화점의 VIP 고객일 가능성이 크다. 그들을 위층으로 이동시키는 것은 백화점 매출에 도움이 되지 않는다. 백화점 1층에는 화장실이 없거나 구석에만 있는 점, 백화점 안에 시계와 창문이 없는 점도 매출을 극대화하는 전략이다.

미국의 유통 기업인 월마트Walmart는 고객이 물건을 구매하는 패턴을 분석하여 기저귀 가까이에 맥주를 진열하면 맥주가 더 많이 팔린다는 사실을 알아냈다. 남성 고객은 대형 마트에서 여기저기 돌아다니지 않고 필요한 물건만 사서 나오는 경향이 있다. 그런데 남편이 아내의 부탁을 받고 기저귀를 사러 왔을 때 기저귀 옆에 맥주가 보이면 충동구매를 하게 된다. 물론 이는 미국의 사례이며 우리나라에서는 결과가 다를 수 있다. 중요한 점은 방대한 데이터로부터 우리가 미처 예상하지 못한 정보를 추출했다는 것이다.

그림 6-30 유통 기업의 데이터 활용

빅데이터의 정의

백화점이나 월마트의 전략은 **데이터베이스**database(DB)를 사용하여 데이터를 체계화했기 때문에 가능하다. 데이터베이스를 사용하면 판매나 재고 관리를 손쉽게 할 수 있고, 구매한 물건의 패턴을 분석하여 새로운 정보를 얻을 수 있다. **데이터 마이닝**data mining은 대규모로 저장된 데이터 안에서 통계적 규칙이나 패턴을 체계적이고 자동적으로 찾아내는 작업이다. 'mining'은 채굴한다는 뜻이다. 다시 말해 데이터베이스가 대량의 데이터를 저장하고 관리하기 위한 기술이라면 데이터 마이닝은 데이터베이스에서 의미 있는 자료를 추출하는 기술이다.

빅데이터big data는 데이터 마이닝보다 더 포괄적인 의미로, 엄청난 양의 데이터를 저장하는 기술과 저장된 데이터로부터 의미 있는 패턴을 찾아내는 시스템을 통칭한다. 엄청난 양의 데이터라는 것은 통상적으로 사용되는 데이터 수집·관리·처리 소프트웨어의 수용 한계를 넘어서는 크기의 데이터를 말한다. 빅데이터는 단순히 데이터를 저장하는 것보다는 의미 있는 패턴을 찾아내는 데이터 마이닝에 초점을 맞춘 기술이다. 다시 말해 많은 양의 데이터에서 어떻게 의미 있는 패턴을 찾아내느냐가 관건이다.

빅데이터의 특징을 데이터의 양Volume, 생성 속도Velocity, 다양성Variety의 3V로 설명할 수 있다.

- **데이터의 양**: 단일 데이터 집합이 수십 테라바이트(TB)에서 수 페타바이트(PB)에 이르는 매우 큰 데이터이다. 또한 그 크기는 끊임없이 변할 수 있다.
- **생성 속도**: 대량의 데이터가 매우 빠른 속도로 생성된다.
- **다양성**: 형태를 가지는 정형 데이터뿐만 아니라 비정형 데이터를 포함한다.

최근에는 빅데이터의 특징 3V에 가치Value, 정확성Veracity을 더하여 5V로 설명하거나 가변성Variability, 시각화Visualization까지 포함하여 7V로 설명하기도 한다.

- **가치**: 방대한 데이터 속에서 분석할 값어치가 있는 데이터여야 한다는 것이다.
- **정확성**: 수집한 데이터가 분석 대상과 정확히 일치해야 한다.
- **가변성**: 데이터의 의미가 맥락에 따라 변할 수 있다. 같은 문장을 분석하더라도 글의 맥락에 따라 의미가 달라질 수 있는 것과 마찬가지이다.
- **시각화**: 분석 결과를 이해하기 쉽도록 시각화한다.

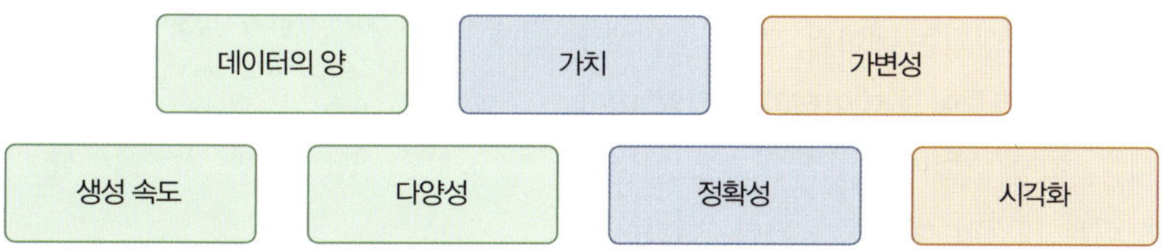

그림 6-31 빅데이터의 7V

빅데이터는 하둡이 등장하면서 크게 발전했다. 하둡hadoop은 컴퓨터 여러 대를 하나로 묶어 대용량 데이터를 처리하는 빅데이터 분석 플랫폼이다. 수천 대의 PC에 대용량 파일을 분산하여 저장하는 분산 파일 시스템, 분산된 파일을 빠르게 분석하는 맵리듀스MapReduce로 구성된다. 하둡은 오픈 소스 플랫폼이며 업계의 표준으로 자리 잡고 있다. 페이스북을 비롯한 많은 IT 기업이 하둡을 도입하여 빅데이터 분석에 활용하고 있다.

그림 6-32 하둡

데이터의 종류

컴퓨터가 다루는 데이터는 정형 데이터와 비정형 데이터로 구분할 수 있다. **정형 데이터**structured data는 정해진 구조에 따라 저장된 데이터이다. 대표적인 예로 스마트폰 전화번호부가 있다. 전화번호는 이름, 직장, 집, 전화번호처럼 정해진 구조에 따라 데이터가 입력된다. 정형 데이터는 일반적으로 데이터베이스에 저장되며, 스마트폰의 전화번호부도 작은 데이터베이스이다. 정형 데이터의 장점은 관리가 용이하다는 것이다. 틀이 정해져 있어 새로운 내용을 삽입하거나 기존 내용을 삭제하기 쉽고 검색하기도 편리하다. 예를 들어 삼성에 다니는 사람의 전화번호를 찾거나 02로 시작하는 전화번호를 찾는 일이 가능하다.

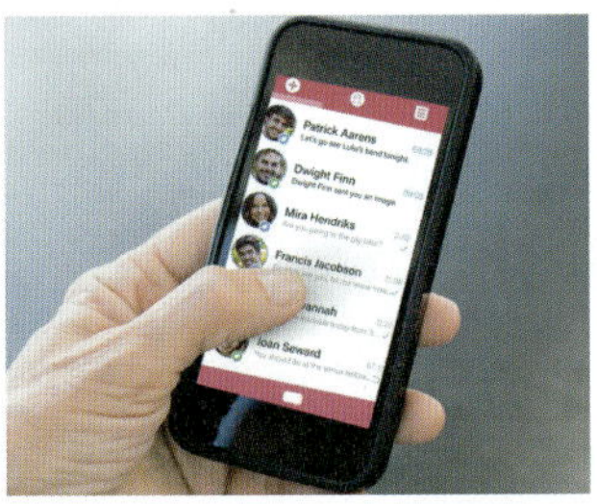

이름	전화번호	직장
김철수	02-765-4567	삼성
이영자	011-111-2222	LG전자
김호영	017-011-3456	삼성
박봉팔	031-3245-4156	현대자동차

그림 6-33 스마트폰의 전화번호부

비정형 데이터unstructured data는 정해진 구조가 없는 데이터이다. 일반적으로 SNS에서 생성되는 데이터, 언어, 음악, 사진 등 특별한 형식이 없이 만들어진 데이터가 비정형 데이터이다. 수첩에 이름, 직장, 전화번호, 주소 등을 정해진 순서 없이 적으면 이는 비정형 데이터가 된다. 여기에서 정보를 추출하려면 먼저 정형 데이터로 변환해야 한다.

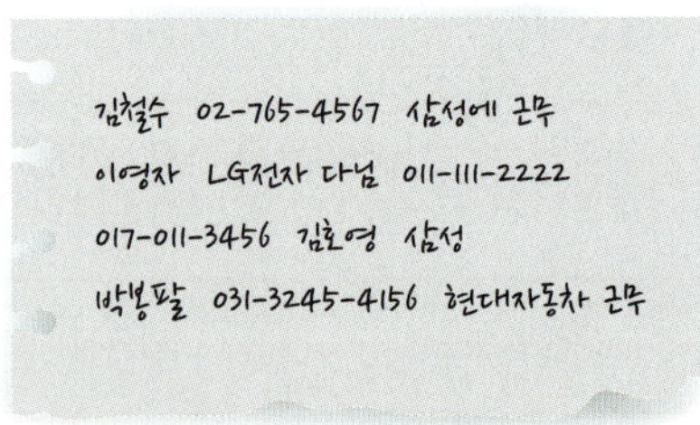

그림 6-34 수첩에 적은 전화번호

2 빅데이터의 활용

빠르게 생성되는 대량의 데이터가 활용됨으로써 우리의 일상생활에도 영향을 미치고 있다. 다양한 분야에서 빅데이터가 어떻게 활용되고 있는지 알아보자.

구글의 타깃 광고

구글은 인터넷 빅데이터 분야의 최고 강자이다. 구글은 사업 초기부터 검색 엔진 시장에 집중하여 전 세계의 검색 엔진 시장을 석권했다. 지금은 '구글링Googling'이라는 말이 검색과 같은 의미로 사용될 정도로 막강한 힘을 과시하고 있다. 거의 모든 웹사이트를 검색한다는 것은 어마어마한 양의 데이터를 다루고 있다는 뜻이다.

구글의 검색 엔진에서는 세 종류의 컴퓨터가 작동한다. 첫 번째 컴퓨터는 인터넷을 돌아다니면서 모든 웹 페이지를 가져온다. 이를 웹 페이지를 가져오는 로봇, 줄여서 웹봇webbot이라 부른다. 두 번째 컴퓨터는 가져온 웹 페이지에서 데이터를 추출하여 검색하기 좋게 정리한다. 세 번째 컴퓨터는 사용자가 입력한 검색어를 이용하여 데이터베이스에서 검색을 수행한 뒤 그 결과를 알려준다.

다음이나 네이버와 같은 포털 사이트는 매월 수억 원에 달하는 통신 비용과 유지 인력 비용을 광고료로 충당한다. [그림 6-35]에서 나타나듯이 네이버 메인 페이지의 곳곳에 광고 배너가 자리를 차지하고 있다. 그중에서도 가장 많은 사람들이 보는 상단의 배너 광고는 광고료가 매우 비싸다. 요일과 시간대마다 다르지만 가장 방문이 많은 시간대에는 1시간에 3천만 원대이다. 스포츠 신문 웹사이트 또한 기사 주변이 온통 광고뿐인 데다가, 기사 중간에도 광고가 들어간다. 시스템 유지 비용에 비해 방문자 수가 적어 어쩔 수 없는 선택이다.

그림 6-35 네이버 메인 페이지의 광고

그런데 이상하게도 구글의 메인 페이지에는 아무 광고도 없다. 너무 없어서 심심할 정도이다. 구글이 수익을 창출하는 원천에는 빅데이터를 활용한 광고가 있다. 구글 검색 엔진에서 특정 단어를 검색하면 웹 페이지 위에 광고라는 표시가 나타난다. 가령 '갤럭시 플립'을 검색하면 [그림 6-36]과 같이 맨 위에 광고가 표시되고 구글은 그 대가로 돈을 받는다.

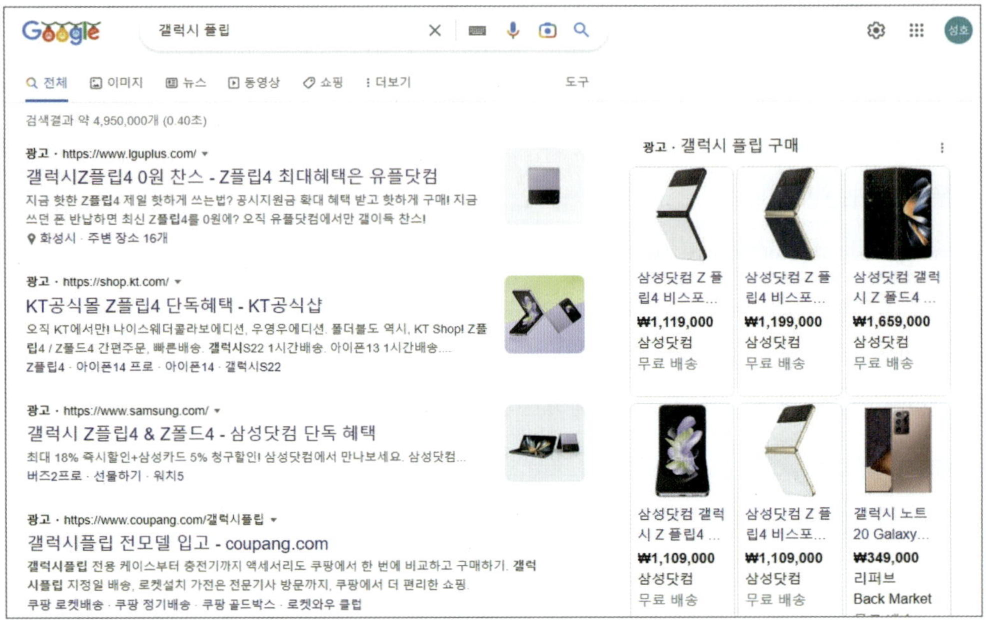

그림 6-36 구글의 검색 화면

여기서 끝이 아니다. 구글은 국내외 일반 사이트의 광고 칸을 사들였다. 사용자가 구글에서 검색한 내용을 기억하고 있다가 다른 사이트를 방문하더라도 유사한 광고를 계속 보여준다. [그림 6-37]은 온라인 사진 커뮤니티 사이트인데, 오른쪽에 구글 광고라고 쓰여 있는 곳에 갤럭시 플립 광고가 따라다닌다. 이렇게 구글은 사용자의 성향을 파악한 다음 여러 곳에 흩어진 광고판에 개인 맞춤형 광고를 내보낸다.

그림 6-37 온라인 사진 커뮤니티에 나타나는 구글의 타깃 광고

이처럼 사용자의 패턴을 인식하여 취향에 맞는 광고를 제공하는 방식을 **타깃 광고**targeted advertising라 부른다. 사용자가 검색하는 단어와 방문하는 사이트는 매우 다양하다. 이렇게 다양한 데이터로부터 알맞은 광고를 선정하기 위해서는 빅데이터 분석이 필수적이다. 타깃 광고는 사용자가 관심을 가진 상품을 계속 노출하기 때문에 일반 광고보다 효과가 크다. 이에 다른 대형 웹사이트에서도 타깃 광고를 도입했는데, 한 예로 페이스북은 사용자가 방문하는 페이지를 분석하여 사용자의 성향에 맞는 광고를 노출한다.

타깃 광고의 효과는 확실하지만, 기업이 개인의 데이터를 수집함으로써 프라이버시를 침해한다는 지적도 있다. 실제로 동성연애를 검색했던 사용자의 컴퓨터에서 계속 동성연애와 관련된 광고가 나타나 법정 다툼이 일어나기도 했다.

자신도 모르는 자신의 행동 패턴을 누군가 알고 있다는 것은 기분 좋은 일은 아니다. 이것을 방지하고 싶다면 쿠키를 사용하지 못하도록 설정하면 된다. **쿠키**cookie는 사이트를 방문할 때 사용자의 컴퓨터에 설치되는 작은 기록 파일이다. 사이트를 방문하면 과자 부스러기처럼 남는다고 하여 쿠키라 부른다. 타깃 광고는 웹 브라우저에 있는 쿠키 기능을 사용하여 구현한다. 따라서 이미 만들어진 쿠키를 삭제하고 쿠키 사용을 허용하지 않으면 타깃 광고를 막을 수 있다. 크롬의 경우 [그림 6-38]과 같이 [설정]-[개인 정보 보호 및 보안] 메뉴의 [인터넷 사용 기록 삭제]에서 쿠키를 제거할 수 있다. 또한 [설정]-[개인 정보 보호 및 보안] 메뉴의 [서드 파티 쿠키]에서 쿠키를 사용하지 않도록 설정할 수 있다.

그림 6-38 크롬에서의 쿠키 삭제

여가 서비스

- **OTT**: 넷플릭스에서 《어바웃 타임》을 시청하고 나면 멜로 영화를 계속 추천해준다. 《부산행》을 시청하고 나면 《창궐》과 같은 좀비물이 추천 콘텐츠로 올라온다. 고객의 성향을 분석하여 유사한 영화, 제품, 정보를 제공하는 시스템을 추천 시스템recommender system 혹은 제안 엔진suggestion engine이라 부른다. 추천 시스템은 사용자의 빅데이터를 분석하여 성향을 파악한 후 성향에 맞는 콘텐츠를 추천해준다. 또한 빅데이터를 활용하면 새로운 드라마를 제작할 때 사람들이 선호하는 감독과 배우를 미리 파악할 수 있다. 이렇게 해서 제작된 드라마가 넷플릭스 최고의 드라마라 불리는 《하우스 오브 카드》이다.

그림 6-39 빅데이터 분석을 통해 제작된 《하우스 오브 카드》

- **여행과 관광**: 세계적인 숙박 공유 서비스인 에어비앤비Airbnb는 빅데이터를 활용하여 숙박시설을 추천할 뿐만 아니라 시즌별 예상 관광객 수를 예상하여 숙박비를 책정하는 기초 데이터로 활용하고 있다. 또한 여행 업체에서도 여행 상품을 개발하고 가격을 책정하는 데 빅데이터를 활발히 사용하고 있다.

유통

- **상품 추천**: 아마존은 사람들이 구매한 상품의 데이터를 활용하여 상품 추천 시스템을 만들었다. 함께 구매한 빈도가 높은 상품을 찾아서 추천해주는 시스템이다. 세븐틴의 음반을 구매한 사람이 블랙핑크의 음반도 많이 구매했다는 사실을 빅데이터 분석을 통하여 알아냈다고 가정하자. 이 정보를 활용하여 과거 세븐틴 음반을 구매했거나 세븐틴 음반을 장바구니에 담은 사람에게 블랙핑크 음반을 추천하고 함께 구매하도록 유도할 수 있다.
- **물류**: 아마존은 물류 시스템에도 빅데이터 분석을 활용한다. 미국의 경우 땅덩어리가 크기 때문에 운송하는 데 많은 시간과 비용이 든다. 새로운 상품이 아마존에 등록되면 해당 상품과 유사한 상품을 구매한 사람이 가장 많은 지역을 찾는다. 구매자가 많은 지역의 창고에 상품을 보관함으

로써 유통 시간과 비용을 절약한다.

교통

- **버스 노선**: 빅데이터 분석의 국내 성공사례로 꼽히는 것은 심야버스 데이터 분석이다. 서울시에서는 시민의 편의를 위해 자정부터 새벽 5시까지 심야버스를 운행하려고 했다. 그러나 모든 버스 노선을 심야에도 운행하는 것은 낭비라는 지적이 있었다. 새벽에 이용객이 가장 많은 노선을 계획하려면 어떻게 해야 할까? 공무원이 새벽 시간에 모든 지역을 일일이 돌아다닐 수는 없다. 그래서 서울시는 통신사에 휴대폰 신호 데이터를 요청했다. 자정부터 5시까지 휴대폰 이동이 많은 지역의 데이터를 추출한 것이다.
- **내비게이션**: 과거에 자동차 내비게이션은 전자 지도상에서 가장 짧은 길만 찾았다. 그러나 시간대에 따라 어떤 길은 막히고 또 어떤 길은 통행이 원활해진다. 또한 평소에 통행이 원활하던 길도 사고가 발생하면 막힌다. 최신 내비게이션은 실시간 도로 정보를 다양한 경로로 수집하여 빠른 길을 찾아준다. 대부분의 도로 정보는 국가가 설치한 도로용 CCTV를 통해 얻는다. 도로용 CCTV는 교통 법규를 위반한 차량만 잡는 것이 아니라 도로의 통행량을 실시간으로 점검하여 데이터로 만든다. 또한 CCTV 정보가 없는 길은 내비게이션이 직접 도로 정보를 생성한다. 스마트폰의 내비게이션을 켜고 운전하면 이동 속도가 다른 자동차의 내비게이션에 정보로 전달된다. 어떤 길이 막히고 어떤 길이 원활한지 그 길을 지나는 스마트폰으로부터 데이터를 얻어 전달하는 것이다.

  티맵T map은 주요 도로의 교통상황을 요일별, 시간대별로 데이터베이스에 저장했다. 축적된 데이터를 바탕으로 1시간 후에 출발하면 시간이 얼마나 더 걸리는지까지 알려 준다. 빅데이터가 없다면 불가능한 일이다.

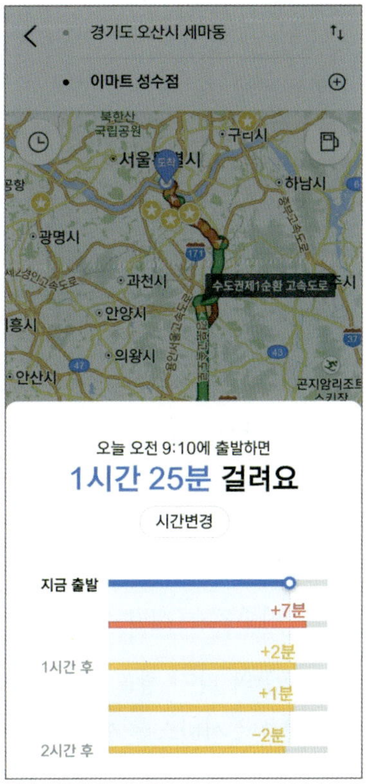

그림 6-40 티맵

소셜 미디어

구글, 애플, 페이스북, 아마존과 같은 해외 기업의 이야기는 쉽게 접해왔을 것이다. 우리나라에도 정보통신기술의 발전을 위해 매진하고 있는 젊은 기업이 많다 그 중 빅데이터 분야에서 두각을 나타내고 있는 시지온CIZION을 소개한다. 시지온의 대표 상품은 라이브리LiveRe이다. 라이브리는 사용자들이 작성한 댓글, 리뷰, 후기, 인증 내용을 실시간으로 관리하여 가공한 후 기사나 콘텐츠 제공자에게 제공하는 서비스이다.

라이브리는 댓글이라는 빅데이터로부터 유용한 패턴을 추출하고 이를 가공하여 의미 있는 정보를 생산한다. 예전에는 댓글을 단순 의견 정도로 여겼다. 그러나 이제는 댓글이 대중의 의견을 나타내는 수단으로 인정받고 있다. 댓글에 대한 찬성과 반대, 성별 분석, 나이별 분석, 베스트 댓글 등이 대중의 의견을 드러내는 창구 역할을 하는 것이다. 기사의 댓글이 긍정적인지 부정적인지 또는 어떤 연령층에서 긍정적인 반응을 보이는지 등을 알 수 있다. 이는 기사를 작성하는 언론사뿐만 아니라 정책을 만드는 국가 기관에도 매우 유용한 정보로 인정받는다. 새로운 정책을 내놓고 여론의 반응을 확인하기에 좋기 때문이다.

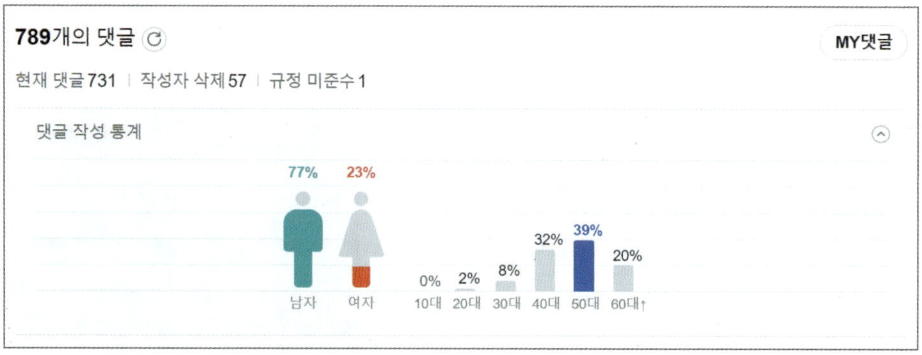

그림 6-41 라이브리의 댓글 사용자 분석

라이브리는 댓글을 쓴 사용자의 성향을 분석한 후 이를 광고에 활용한다. 예를 들어 축구 경기에 긍정적인 댓글을 쓴 사람은 축구에 관심이 많을 것이기 때문에 축구 관련 광고를 보여 주고, 화장품 후기를 자주 쓰는 사람에게는 화장품 광고를 보여 주는 식으로 타깃 광고를 한다.

앞서 구글의 타깃 광고를 설명하면서 타깃 광고를 하기 위해서는 빅데이터가 필요하다고 했다. 2010년부터 서비스를 시작한 라이브리는 현재 제휴 사이트가 2,000곳이 넘는다. 또 누적 댓글 수는 4,700만 건 이상이다. 라이브리의 가능성을 인정한 페이스북과 인스타그램이 라이브리와 협업 관계를 맺었다. 국내에서는 한겨레신문 등 주요 언론사와 서울시 등 국가 기관에서도 라이브리를 이용하고 있다.

3 빅데이터의 미래

인공지능 윤리와 빅데이터

국민권익인권위원회 웹진 2019년 1월호에 따르면 2019년 10월에 아마존은 수년간 공들여 개발해 온 인공지능 채용 프로그램을 자체 폐기했다. 인공지능이 여성 지원자를 차별했기 때문이다. 아마존의 인공지능은 여대를 졸업했거나 이력서에 '여성'이라는 단어가 들어 있으면 점수를 깎아버렸다. 반면 '실행하다'나 '포착하다' 등 남성 기술자들의 이력서에 자주 쓰였던 동사가 있으면 좋은 점수를 부여했다. 감정, 친분, 이해관계처럼 비합리적인 요소에 쉽게 휩쓸리는 인간보다 인공지능 알고리즘이 더 공정할 것이라 기대했던 개발자들의 예상과 반대되는 결과였다.

2020년 12월 23일 출시된 인공지능 챗봇 '이루다'는 3주 만에 80만 명의 이용자를 끌어모았다. 이루다는 다른 챗봇과 달리 친근한 언어로 대화할 수 있었기 때문에 인기를 끌었다. 그러나 [그림 6-42]의 (b)와 같은 혐오 발언과 개인 정보 유출로 논란이 일자 2021년 1월에 서비스를 중단했다. 이러한 문제가 발생한 이유는 이루다가 학습한 데이터에 혐오 발언과 개인 정보가 들어 있었기 때문이다.

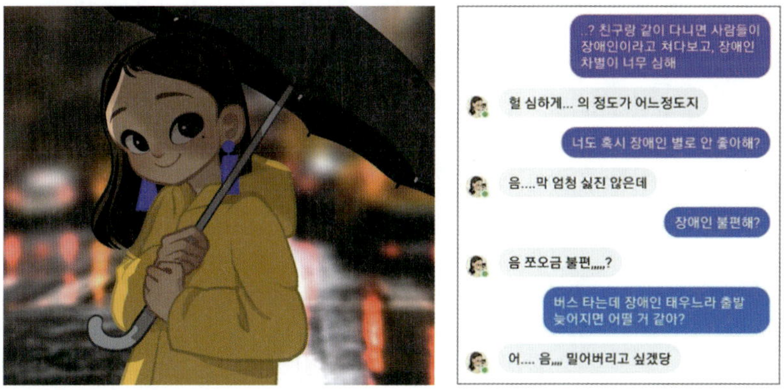

(a) 이루다 (b) 이루다와의 대화 내용

그림 6-42 인공지능 챗봇 이루다

학습 데이터의 중요성

사실 대용량 데이터 집합에서 편향되거나 혐오를 일으킬 수 있는 데이터를 골라내는 것은 쉽지 않다. 그래서 많은 기업이 학습용 데이터를 수집하는 단계에서부터 양질의 데이터를 얻기 위해 노력하고 있다. 자연어 데이터를 처리하는 국내 기업 플리토Flitto를 살펴보자.

'나는 가게에 갔다 왔어요'라는 한국어 문장을 구글 번역기와 플리토 번역기에 입력하여 영어로 번역하면 각각 'I came to the store'와 'I went to the store'가 나온다. 둘 다 무리 없는 결과이다.

그런데 '우리 아들은 군대에 갔다 왔어요'를 번역하면 구글 번역기에서는 'My son came to the army'가 나오고 플리토 번역기에서는 'My son had served military service'가 나온다. '우리 아들은 군대에 갔다 왔어요.'는 군대를 제대했다는 뜻이다. 따라서 플리토의 번역은 맞지만 구글의 번역은 원래 의미와 다르다.

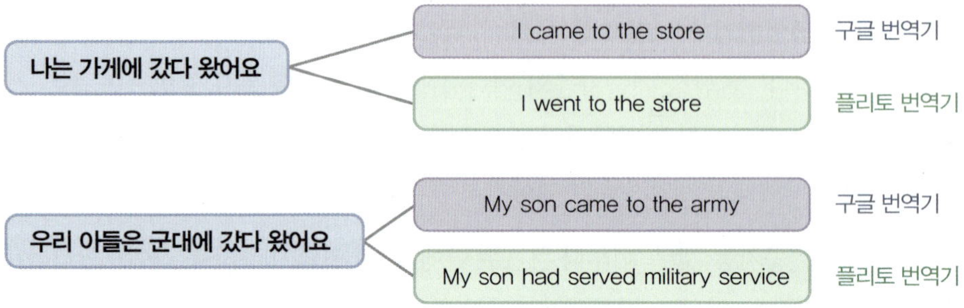

그림 6-43 **구글과 플리토의 번역 결과**

만약 번역 엔진에 '나는 군대에 갔다 왔어요'와 'I came to the army'처럼 틀린 번역을 학습시켰다면 제대로 된 번역을 할 수 없다. 그래서 인공지능 학습에는 양질의 학습 데이터가 필요하다. 플리토는 번역 시스템이 아닌 번역 시스템에 필요한 양질의 데이터를 공급함으로써 경쟁사를 협력사로 바꾸었다. 실제로 애플에서 인공지능 비서인 '시리'의 한국어 버전을 개발할 때 플리토의 데이터를 사용했다.

요약

01 인공지능이라는 용어와 그 정의는 1950년대에 만들어졌으며 규칙 기반 알고리즘을 사용했다. 인공지능의 1차 겨울 이후인 1970년대에 전문 지식을 컴퓨터에 저장하여 활용하는 전문가 시스템이 개발되었다.

02 2000년대 초반부터 컴퓨터가 스스로 데이터의 패턴을 학습하여 결론을 유추하는 머신러닝이 도입되었다. 2000년대 후반부터 컴퓨터 연산 능력의 향상과 GPU의 등장으로 인공신경망 알고리즘에 많은 양의 데이터를 학습시켜 결과를 얻는 딥러닝이 사용되었다.

03 규칙 기반 인공지능 알고리즘은 규칙에 예외가 없고 규칙이 계산 가능할 때만 유용하다. 머신러닝 기반 인공지능은 인간의 생각이 개입된다는 문제가 있다. 딥러닝 기반 인공지능은 인간의 개입을 최소화하고, 데이터를 학습하여 스스로 분류하고 규칙을 찾아 문제를 해결한다.

04 생성형 인공지능이란 스토리, 대화, 동영상, 이미지, 음악과 같은 새로운 콘텐츠를 만들어내는 딥러닝 기반의 인공 지능을 의미한다. 생성형 인공지능에게 어떻게 결과를 만들어야 하는지 자연어로 설명하는 방식을 프롬프트라 부른다.

05 'Speech-to-Text'는 음성 언어를 문자 데이터로 전환하는 음성 인식 기술이다. 글로 쓰인 문장을 사람의 목소리로 변환해주는 것이 음성 합성, 즉 'Text-to-Speech'이다.

06 딥페이크는 원본 동영상에 다른 사람의 얼굴을 입혀 속이는 기술이다.

07 데이터 마이닝이란 대규모로 저장된 데이터 안에서 통계적 규칙이나 패턴을 체계적이며 자동적으로 찾아내는 작업이다. 빅데이터는 엄청난 양의 데이터를 저장하는 기술과 데이터에서 의미 있는 패턴을 찾아내는 시스템을 통칭한다.

08 사용자의 패턴을 인식하여 취향에 맞는 광고를 제공하는 방식을 타깃 광고라 부른다. 고객의 성향을 분석하여 유사한 영화, 제품, 정보를 제공하는 시스템을 추천 시스템이라 부른다.

연습문제

01 다음 인공지능 알고리즘 중 가장 먼저 만들어진 것은 무엇인가?

① 딥러닝 ② 전문가 시스템 ③ 머신러닝 ④ 규칙 기반 인공지능

02 특정 분야의 전문 지식을 컴퓨터에 기억시키고 이를 활용하는 시스템을 무엇이라고 하는가?

① 딥러닝 ② 전문가 시스템 ③ 머신러닝 ④ 규칙 기반 인공지능

03 2000년대 초반에 도입되었으며 컴퓨터 스스로 학습하여 결론을 유추하는 인공지능 시스템은 무엇인가?

① 딥러닝 ② 전문가 시스템 ③ 머신러닝 ④ 규칙 기반 인공지능

04 인공신경망 알고리즘에 방대한 데이터를 학습시켜 결과를 얻는 방식을 의미하는 단어는 무엇인가?

① 딥러닝 ② 전문가 시스템 ③ 머신러닝 ④ 규칙 기반 인공지능

05 '만약 X이면 A한다'의 형태로 구현되는 인공지능 알고리즘은 무엇인가?

① 딥러닝 ② 전문가 시스템 ③ 머신러닝 ④ 규칙 기반 인공지능

06 퍼셉트론과 가장 관련 있는 알고리즘은 무엇인가?

① 딥러닝 ② 전문가 시스템 ③ 머신러닝 ④ 규칙 기반 인공지능

07 다음 중 올바르지 않은 설명은 무엇인가?

① 모든 경우의 수를 트리 형태로 만든 것을 결정 트리라고 한다.

② 딥러닝은 인간의 뇌와 유사한 정보 입출력 방식으로 데이터를 학습한다.

③ 딥러닝 기반 인공지능에 특징을 추출할 수 있는 규칙이나 알고리즘을 알려주고 추출된 특징에 맞는 데이터를 학습시킨다.

④ 머신러닝은 데이터의 패턴을 학습하고, 학습 내용을 기반으로 스스로 판단한다.

08 딥러닝 발전에 가장 영향을 크게 끼친 컴퓨터 장치를 찾으시오.

① CPU ② GPU ③ AP ④ LAN

09 다음 중 그림을 생성하는 사이트가 아닌 것은 무엇인가?

① 티처블머신　② 딥드림제너레이터
③ 미드저니　④ 오토드로

10 이미지, 소리 자세와 같은 데이터를 학습시켜 분류할 수 있는 사이트 이름은 무엇인가?

① 티처블머신　② 딥드림제너레이터
③ 미드저니　④ 오토드로

11 음성으로 된 언어를 문자 데이터로 변환하는 기술을 가리키는 단어는 무엇인가?

① 로봇 저널리즘　② STT　③ TTS　④ 로보어드바이저

12 글로 적힌 문장을 사람의 목소리로 변환하는 기술을 가리키는 단어는 무엇인가?

① 로봇 저널리즘　② STT　③ TTS　④ 로보어드바이저

13 인공지능의 자연어 처리 기술을 응용하여 작성한 기사를 가리키는 단어는 무엇인가?

① 로봇 저널리즘　② STT　③ TTS　④ 로보어드바이저

14 투자자의 투자금 규모와 성격, 목표수익률 등을 분석하여 투자 자문을 하는 인공지능 자산 관리 서비스를 가리키는 단어는 무엇인가?

① 로봇 저널리즘　② STT　③ TTS　④ 로보어드바이저

15 원본 동영상에 새로운 얼굴을 입혀 사람을 속이는 기술을 가리키는 단어는 무엇인가?

① 로봇 저널리즘　② deep fake　③ data mining　④ 로보어드바이저

16 데이터에서 체계적이고 자동적으로 통계적 규칙이나 패턴을 찾아내는 작업은 무엇인가?

① 데이터베이스　② 데이터 마이닝　③ 비정형 데이터　④ 정형 데이터

17 엄청난 양의 데이터를 저장하는 기술, 저장된 데이터에서 의미 있는 패턴을 찾아내는 작업까지 포함하는 전체 시스템은 무엇인가?

① 데이터베이스　② 정형 데이터　③ 비정형 데이터　④ 빅데이터

18 손으로 쓴 글씨와 같이 정해진 틀이 없는 데이터를 가리키는 단어는 무엇인가?

① 데이터베이스 ② 정형 데이터 ③ 비정형 데이터 ④ 빅데이터

19 다음 중 빅데이터의 특징을 설명하는 3V에 속하지 않는 것은 무엇인가?

① Volume ② Velocity ③ Virtue ④ Variety

20 빅데이터의 특징 3V 중 하나로, 데이터가 수십 TB에서 수 PB에 이르는 크기를 가진다는 것을 의미하는 단어는 무엇인가?

① Volume ② Velocity ③ Victory ④ Variety

21 빅데이터의 특징 3V 중 하나로, 대용량의 데이터가 매우 빠른 속도로 생성된다는 것을 의미하는 단어는 무엇인가?

① Volume ② Velocity ③ Victory ④ Variety

22 빅데이터의 특징 3V에서 형태를 가지는 정형 데이터뿐만 아니라 비정형 데이터를 포함한다는 것을 의미하는 단어는 무엇인가?

① Volume ② Velocity ③ Victory ④ Variety

23 빅데이터 발전에 크게 기여한 오픈 소스 플랫폼의 이름은 무엇인가?

① 데이터베이스 ② 하둡 ③ 쿠키 ④ 로보어드바이저

24 개인의 사용 패턴을 인식하여 취향에 맞는 광고를 제공하는 방식을 가리키는 단어는 무엇인가?

① 타깃 광고 ② 하둡 ③ 쿠키 ④ 로보어드바이저

25 사이트를 방문할 때 사용자의 컴퓨터에 설치되는 기록 파일을 가리키는 단어는 무엇인가?

① 타깃 광고 ② 로봇 저널리즘 ③ 쿠키 ④ 데이터베이스

26 고객의 성향을 분석하여 유사한 영화, 제품, 정보를 제공하는 시스템을 가리키는 단어는 무엇인가?

① 전문가 시스템 ② 하둡 ③ 생성형 인공지능 ④ 추천 시스템

27 스토리, 대화, 동영상, 이미지, 음악과 같은 새로운 콘텐츠를 만들어내는 딥러닝 기반의 인공지능을 의미하는 단어는 무엇인가?

① 전문가 시스템 ② 규칙 기반 인공지능
③ 인공지능 반도체 ④ 생성형 인공지능

28 인공지능 연산에 사용되기 위해 특별히 제작된 반도체는 무엇인가?

① AP ② NPU ③ CPU ④ GPU

29 다음 중 올바르지 않은 설명은 무엇인가?

① 저장된 데이터 안에서 통계적 규칙이나 패턴을 체계적이고 자동적으로 찾아내는 작업을 데이터베이스라고 한다.
② 비정형 데이터는 정해진 틀이 없기 때문에 정형화한 후 패턴을 추출해야 한다.
③ 엄청난 양의 데이터를 저장하는 기술과 저장된 데이터에서 의미 있는 패턴을 찾아내는 전체 시스템을 빅데이터라고 한다.
④ 사용자 패턴을 인식하여 취향에 맞는 광고를 제공하는 방식을 타깃 광고라고 한다.

30 다음 중 올바르지 않은 설명은 무엇인가?

① 빅데이터의 특징은 데이터의 양(Volume), 생성 속도(Velocity), 형태의 다양성(Variety)의 3V로 설명된다.
② 정형 데이터는 편의점의 상품 목록처럼 일정한 형식을 가지는 데이터를 의미한다.
③ 손으로 쓴 수업 필기 노트는 정형 데이터이다.
④ 빅데이터의 특징 3V에 가치(Value), 정확성(Veracity), 가변성(Variability), 시각화(Visualization)를 더해 7V로 설명하기도 한다.

CHAPTER 07

컴퓨팅 사고와 알고리즘

학습목표

- 컴퓨팅 사고를 이해하고 컴퓨팅 사고의 구성 요소를 파악한다.
- 알고리즘의 표현 방식과 특성을 이해한다.
- 자료구조와 다양한 정렬 알고리즘을 알아본다.

Preview

컴퓨터가 인간을 대신하여 일상생활의 다양한 문제를 빠르고 정확하게 해결하고 있다. 컴퓨터가 문제를 분석하는 방식이나 해결 방안을 탐색하는 과정을 이해한다면 컴퓨터를 더 효율적으로 사용할 수 있다. 이 장에서는 지금까지 배운 컴퓨터의 작동과 실생활의 문제 해결 과정을 비교하면서 컴퓨팅 사고의 특징을 이해한다. 또한 컴퓨터의 문제 해결 과정은 알고리즘으로 표현할 수 있는데, 다양한 알고리즘 중에서 대표적인 것을 살펴본다.

- 컴퓨팅 사고
  - 컴퓨팅 사고의 개념
  - 컴퓨팅 사고의 예
  - 컴퓨팅 사고의 구성
    - 추상화
    - 분해
    - 패턴 인식
- 알고리즘
  - 알고리즘의 개념
  - 알고리즘 표현 방법
    - 자연어
    - 순서도
    - 의사 코드
  - 알고리즘의 조건
  - 알고리즘 설계
    - 제어 구조
  - 알고리즘 분석
- 자료구조와 알고리즘
  - 자료구조
    - 큐, 스택
    - 배열, 연결 리스트
  - 2진 탐색 알고리즘
  - 정렬 알고리즘

01 | 컴퓨팅 사고

1 컴퓨팅 사고의 개념

우리는 목적지까지 버스를 타는 것이 빠를지 혹은 지하철을 타는 것이 빠를지 고민하기도 하고, 넷플릭스에서 어떤 영화를 볼지 고민하기도 한다. 그럴 때 내비게이션을 사용하면 차, 버스, 지하철로 이동하는 데 걸리는 시간을 비교하여 선택할 수 있다. 넷플릭스에서는 영화를 쉽게 고를 수 있도록 요즘 유행하는 영화와 추천 영화를 보여 준다.

컴퓨터는 알고리즘에 따라 작동한다. 내비게이션 프로그램에는 출발지부터 도착지까지 갈 수 있는 여러 길을 찾고, 그중 시간이 가장 적게 걸리는 길을 알려 주는 알고리즘이 있다. OTT도 지난 1개월간 사용자가 시청한 영화의 정보와 자주 시청한 영화 장르 정보를 바탕으로 영화를 추천한다. 다시 말해 인간이 만들어준 알고리즘을 컴퓨터가 사용하고 그 결과를 다른 인간에게 보여 준다.

그림 7-1 내비게이션

컴퓨터가 문제를 해결하려면 먼저 그 해결 방법을 컴퓨터에 알려줘야 한다. 위키피디아에서는 컴퓨팅 사고를 '컴퓨터가 효과적으로 수행할 수 있도록 문제를 정의하고 그에 대한 답을 기술하는 것이 포함된 사고 과정 일체'로 정의한다. 이 책에서는 **컴퓨팅 사고**Computational Thinking(CT)를 '컴퓨터를 이용하여 문제를 해결할 수 있는 논리적이고 창의적인 생각 방식'으로 정의한다. 컴퓨팅 사고라는 용어는 지네트 윙Jeannette Wing 박사가 논문에서 처음으로 언급했으며, 이후 많은 곳에서 컴퓨팅 사고의 개념을 도입했다.

그림 7-2 지네트 윙

2 컴퓨팅 사고의 예

컴퓨팅 사고라고 하면 거창해 보이지만 지금까지 이 책에서 다룬 내용은 대부분 컴퓨팅 사고와 관련이 있다. 일상생활에서 문제를 해결하는 다양한 방식이 컴퓨팅 사고와 닮아있는데 이러한 몇 가지 예를 살펴보자.

메뉴가 2가지인 식당: 2진수

3장에서 메뉴가 2개인 식당과 메뉴가 10개인 식당이 있을 때 메뉴가 적은 쪽이 조리 속도가 더 빠르다고 설명했다. 마찬가지로 컴퓨터도 계산을 빠르게 하려고 2진수를 사용한다.

사칙연산을 하는 빠른 계산기를 만든다고 생각해보자. 기본적으로 10진수를 입력받아 10진수의 사칙연산을 구현할 수 있는 회로를 구성하고, 그 결과를 10진수로 보여 주는 방법을 생각할 것이다. 그러나 10진수의 사칙연산을 회로로 구성하려면 매우 어렵다. 대신 2진수의 사칙연산은 회로로 구성하면 단순하여 계산을 빠르게 수행할 수 있다. 그래서 계산기는 10진수 입력을 2진수로 변환하여 빠르게 계산하고 결과만 10진수로 보여준다.

구내식당에서 줄 서기: 입출력 채널 분리

구내식당에서 한식과 분식을 판다고 하자. 한식은 이미 만들어 놓은 반찬을 담아주기 때문에 음식을 빨리 받을 수 있다. 반면 분식은 라면을 끓이거나 만두를 튀겨야 하기에 음식이 나오기까지 시간이 오래 걸린다. 이때 한식 줄과 분식 줄을 분리하면 한식을 먹을 사람이 분식 조리 시간 동안 기다리지 않아도 된다.

그림 7-3 한식 줄과 분식 줄을 분리한 구내식당

4장에서 입출력 장치에는 느린 장치와 빠른 장치가 있다고 설명했다. 입출력 채널을 느린 채널과 빠른 채널로 분리하여 사용하면 전체 입출력 효율이 올라간다.

사과 주스 공장: 버퍼

사과 주스 공장에 매우 빠르게 사과를 가는 기계가 있다고 하자. 이러한 기계에 사과를 하나씩 옮겨 집어넣는 것은 매우 비효율적이다. 빠른 기계의 속도에 맞추려면 사과를 큰 바구니에 담아 통째로 옮겨야 한다.

컴퓨터의 버퍼가 바구니와 유사한 역할을 한다. 속도 차이가 크게 나는 두 장치 사이에서 속도 차이를 완화하는 장치가 버퍼이다.

그림 7-4 **사과 주스 공장**

조미료통 사용: 캐시

설탕, 소금, 간장, 고추장과 같은 조미료는 대체로 대용량 포장으로 판매한다. 요리할 때마다 커다란 봉지에서 조미료를 꺼내 쓰려면 불편하다. 그래서 주방에는 조미료를 조금씩 덜어놓은 조미료통이 있다. 이와 마찬가지로 캐시는 메모리에서 CPU로 미리 가져온 데이터이다. 앞으로 사용할 것으로 예상되는 데이터를 미리 가져다 놓으며 작업의 효율성이 향상된다.

그림 7-5 **조미료통**

소문난 맛집: 멀티프로세싱

어느 중국집이 맛집으로 소문이 나서 이른 아침부터 손님이 줄을 서기 시작했다. 주문이 밀려들다 보니 주방이 바빠서 손님이 음식을 주문한 지 30분이나 지나야 음식을 맛볼 수 있었다. 그래서 이 중국집의 사장은 요리사를 더 채용하고 주방도 하나 더 만들었다. 그러고 나니 조리 속도가 2배가 되어 손님들이 주문한 지 15분 만에 음식을 맛볼 수 있게 되고 매출도 늘어났다.

컴퓨터에서도 성능을 향상하기 위해 멀티프로세싱을 활용한다. 멀티코어 시스템에서는 하나의 칩에 코어가 여러 개여서 동시에 여러 작업을 처리한다. 또한 명령어 병렬처리를 활용하면 하나의 코어에서 2개의 명령어가 거의 동시에 처리된다.

그림 7-6 **소문난 맛집의 주방**

3 컴퓨팅 사고의 구성

우리가 문제를 해결하는 방식이 여러 개이듯이, 컴퓨팅 사고 또한 여러 가지 방향으로 생각해볼 수 있다. 어떤 것이 컴퓨팅 사고이며, 어떤 것이 컴퓨팅 사고가 아닌지 구분하는 기준은 무엇일까? 컴퓨팅 사고는 추상화, 분해, 패턴 인식, 알고리즘의 네 가지 요소로 구성된다. 학자에 따라서는 컴퓨팅 사고의 구성 요소를 이보다 단순화하기도 하고, 더 세분화하기도 한다.

- **추상화**: 문제에서 중요하지 않은 부분을 제거하고 중요한 특징만으로 문제를 구성함으로써 문제를 해결하기 쉽게 하는 과정이다.
- **분해**: 문제를 보다 해결하기 쉬운 작은 단위로 나누는 과정이다.
- **패턴 인식**: 문제 혹은 데이터를 특징별로 나누어 의미 있는 패턴을 파악하고, 유사한 문제 해결 방식이 있는지 찾아보는 과정이다.
- **알고리즘**: 문제에 적합한 해결 방법을 찾으면 알고리즘을 만든다. 알고리즘은 어떤 문제를 해결하는 일련의 절차나 방법을 공식화하여 표현한 것이다.

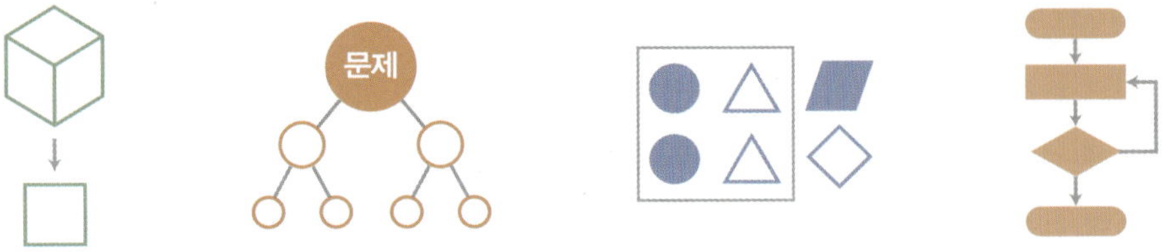

(a) 추상화 (b) 분해 (c) 패턴 인식 (d) 알고리즘

그림 7-7 컴퓨팅 사고의 구성

추상화, 분해, 패턴 인식, 알고리즘이 어떻게 실행되는지 구체적인 예시를 통하여 살펴보자.

추상화

추상화abstraction는 불필요한 세부 사항을 제거하여 간결하게 만드는 것이다. 중요한 특징만 남기 때문에 문제의 본질을 쉽게 파악할 수 있다. [그림 7-8]은 다각형으로 표현한 코뿔소이다. 눈과 귀가 없지만 특징을 잘 묘사했기 때문에 코뿔소를 쉽게 알아볼 수 있다.

그림 7-8 코뿔소를 추상화한 그림

추상화의 예로 네온사인이나 간판이 있다. 햄버거, 커피, 피자, 아이스크림 같은 글자는 멀리 떨어진 곳에서는 발견하기가 어렵다. 그러나 이러한 음식을 추상화해 놓은 간판은 멀리 떨어진 곳에서도 무엇을 파는 가게인지 쉽게 인지할 수 있다. 이와 같이 추상화는 불필요한 것을 제거함으로써 문제 본질을 더욱 정확하게 파악할 수 있게 한다.

그림 7-9 음식을 추상화한 간판

추상화의 대표적인 예가 지하철 노선도이다. [그림 7-10]의 (a)는 서울시의 구글 지도이고, (b)는 수도권 지하철 노선도이다. 구글 지도에는 웬만한 도로까지 표시되어 있어 차를 운전할 때는 구글 지도가 편리하다. 그러나 지하철을 타고 이동할 때는 지하철역 정보만 표시되어 있는 지하철 노선도가 편리하다.

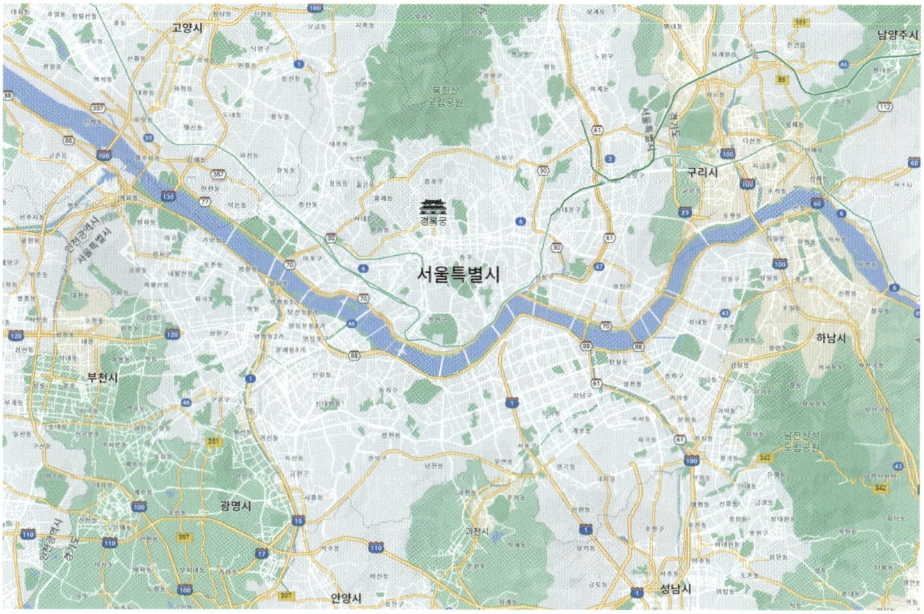

(a) 서울시 구글 지도

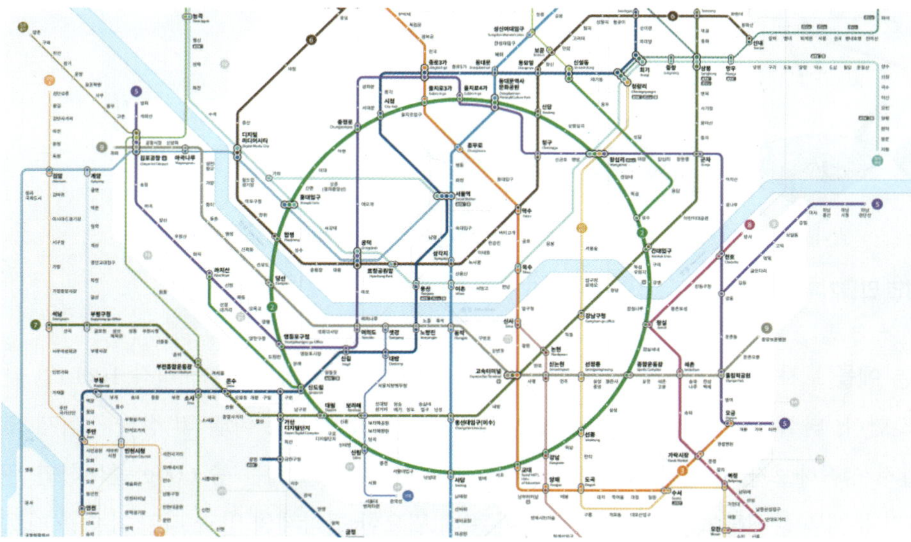

(b) 지하철 노선도 © 서울메트로

그림 7-10 지도를 추상화한 지하철 노선도

추상화로 공통의 특성을 추려내는 과정과 추려낸 결과를 일반화라고 한다. [그림 7-11]의 수열을 살펴보자. 이 수열의 특정 값 X는 바로 앞의 두 수를 더한 값이다. 이를 $X_n = X_{n-1} + X_{n-2}$라는 공식으로 일반화하면 이 수열의 특성을 간단히 나타낼 수 있다.

1, 2, 3, 5, 8, 13, 21, 34, 55
→ $X_n = X_{n-1} + X_{n-2}$

그림 7-11 수열의 일반화

분해

분해decomposition는 복잡한 문제를 풀기 쉬운 간단한 문제 여러 개로 나누는 것이다. 일상생활에서도 분해를 많이 사용한다. 예를 들어 짜장면을 만드는 문제는 '짜장 만들기'와 '면 삶기' 문제 2개로 나눌 수 있다. '짜장 만들기'는 다시 '고기 볶기', '양파 볶기', '춘장 넣기'로 나눌 수 있고, '면 삶기'는 '물 끓이기', '면 넣기'로 나눌 수 있다.

그림 7-12 짜장면 만들기의 분해

분해의 또 다른 예를 보자. 타일공이 가로가 3m, 세로가 2m인 벽에 가로세로가 각각 10cm인 타일을 붙이려고 한다. 타일 한 장을 붙이는 데 1g의 접착제가 필요하다면, 타일 몇 장과 접착제 몇 그램이 필요한지 생각해보자. 타일은 30 × 20 = 600장 필요하며 접착제는 총 600g 준비하면 된다. 타일 붙이기 문제를 분해하여 타일 한 장을 붙이는 데 필요한 접착제의 양과 타일 개수를 따로 구해 해결했다.

그림 7-13 **타일 붙이기의 분해**

패턴 인식

복잡한 문제를 분해하는 과정에서 유사한 특성을 발견하기도 한다. 패턴은 동일한 것이 반복된다는 의미이며, 컴퓨팅 사고에서 **패턴 인식**pattern recognition은 문제에서 패턴을 찾고 패턴이 유사한 문제를 해결했던 방법을 찾는 과정이다. 패턴을 찾을 수 있다면 쉽게 문제를 해결할 수 있다.

그림 7-14 **사람이 걷는 패턴**

예를 들어 걷는 사람을 그린다고 가정해 보자. 서 있는 사람의 모습을 옆으로 움직인다고 해도 걷는 모습처럼 보이지 않는다. 사람이 걷는 모습에는 일정한 패턴이 있다. 우선 오른발이 앞으로 나갈 때 오른팔은 뒤로 간다. 그리고 왼발이 앞으로 나갈 때 왼팔은 뒤로 간다. 이러한 패턴을 반복하여 움직이면 걷는 것처럼 보인다.

빛의 삼원색인 빨간색, 녹색, 파란색은 디지털 사진과 디지털 동영상의 패턴이며, 패턴에 따라 다른 색도 만들 수 있다. 예를 들어 RGB가 (255, 0, 0)이면 빨간색이고 (255, 0, 255)이면 보라색이다. 이렇게 다양한 색의 점들이 모여 사진이 되고, 사진을 빠르게 넘기면 동영상이 된다.

수학에서도 패턴을 찾아 문제를 쉽게 해결한다. [그림 7-15]에서 맨 마지막 X에는 어떤 수가 와야 할까? 특정한 수 X는 바로 앞의 수 2개를 더한 값이다. 따라서 X에는 55가 온다. 이와 같이 수열에서 패턴을 찾는다면 문제를 해결하기 쉽다.

1, 2, 3, 5, 8, 13, 21, 34, X

그림 7-15 **수열**

또 다른 문제를 보자. [그림 7-16]은 어느 식당의 하루 방문자 수를 표시한 것이다. 보통은 테이블이 부족하지 않은데, 어떤 날에는 테이블이 부족하여 손님을 받지 못하기도 한다. 손님이 많이 몰릴 때를 대비하여 보조 테이블을 놓을 수 있지만, 손님이 많지 않을 때는 보조 테이블이 자리만 차지하고 쓸모없다.

이 데이터만으로는 패턴을 찾기 어렵다. 그러나 (b)와 같이 데이터에 요일 정보를 추가하면 일요일에 사람이 많이 몰린다는 것을 알 수 있다. 다시 말해 패턴이 드러난 것이다. 이렇게 패턴을 찾으면 일요일에만 보조 테이블을 놓아 식당 문제를 해결할 수 있다.

17	14	19	26	22	16	55	16	15	20	21	21	18	60
12	24	20	19	23	19	61	12	18	19	17	12	18	49

(a) 패턴을 찾기 어려운 데이터

월	화	수	목	금	토	일	월	화	수	목	금	토	일
17	14	19	26	22	16	55	16	15	20	21	21	18	60
12	24	20	19	23	19	61	12	18	19	17	12	18	49

(b) 패턴이 드러나는 데이터

그림 7-16 식당의 하루 방문자 수

02 | 알고리즘

1 알고리즘의 개념

추상화, 분해, 패턴 인식으로 문제를 해결하는 방법을 찾았다면 이를 알고리즘으로 만들어야 한다. **알고리즘**algorithm은 주어진 문제를 해결하는 방법과 절차를 기술한 것이다. 알고리즘을 컴퓨터가 이해할 수 있는 언어로 변환하는 것이 프로그래밍 언어이다. 인간은 프로그래밍 언어를 사용하여 문제를 어떻게 해결할 것인지 컴퓨터에 알려 준다. 이렇게 만든 명령의 집합이 프로그램이다.

요리의 레시피는 알고리즘과 같다. 레시피는 음식을 만드는 문제의 해결 방법을 모아놓은 것이다. 라면 끓이기 레시피는 보통 라면 봉지 뒷면에 적혀있다. 냄비에 물을 550mL 넣어 물을 끓인 후 면과 스프를 넣고 4분간 더 끓인다. 마지막에는 용기에 담아 유성 스프를 넣은 후 잘 저어 먹는다. 이와 같이 라면 끓이기 알고리즘에는 재료의 종류와 양뿐만 아니라 작업 순서가 적혀있다. 물을 몇 mL 준비할지, 면을 얼마나 오래 삶을지, 유성 스프를 언제 넣는지가 남겨 있다.

그림 7-17 **라면 끓이기 알고리즘**

2 알고리즘 표현 방법

사람마다 레시피를 서술하는 방법이 다르다. 어떤 사람은 글로만 레시피를 쓰고, 다른 사람은 그림이나 사진을 첨부하여 레시피를 만든다. 알고리즘을 표현하는 방법도 여러 가지가 있다. 알고리즘은 자연어, 순서도, 의사 코드, 프로그래밍 언어를 사용하여 표현한다.

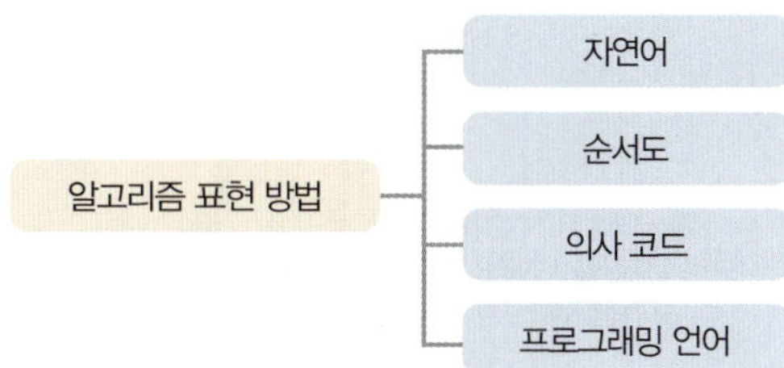

그림 7-18 **알고리즘 표현 방법**

자연어

자연어natural language는 인간이 일상생활에서 쓰는 언어로, 컴퓨터가 사용하는 프로그래밍 언어와 구별된다. 예를 들어 '두 수 바꾸기' 알고리즘을 자연어로 표현해 보자. X에는 3, Y에는 5를 넣은 다음에 X와 Y의 값을 바꾼다. X와 Y의 값을 서로 바꾸려면 값을 임시로 보관할 장소로 Z가 필요하다. 따라서 이 알고리즘은 [그림 7-19]와 같은 순서이다.

```
시작
        X에 3, Y에 5를 대입한다.
        X 값을 Z에 대입한다.
        Y 값을 X에 대입한다.
        Z 값을 Y에 대입한다.
        X와 Y 값을 출력한다.
끝
```

그림 7-19 자연어

순서도

전체 알고리즘 구조를 파악하기 위하여 모든 문장을 다 읽어야 하기 때문에 자연어로 알고리즘을 표현하는 것은 복잡하다. 순서도flow chart는 기호와 선을 사용하여 문제 해결 과정을 표현한 것으로 알고리즘의 구조나 흐름을 파악하는 데 유용하다. [그림 7-20]은 [그림 7-19]의 두 수 바꾸기 알고리즘을 순서도로 표현한 것이다.

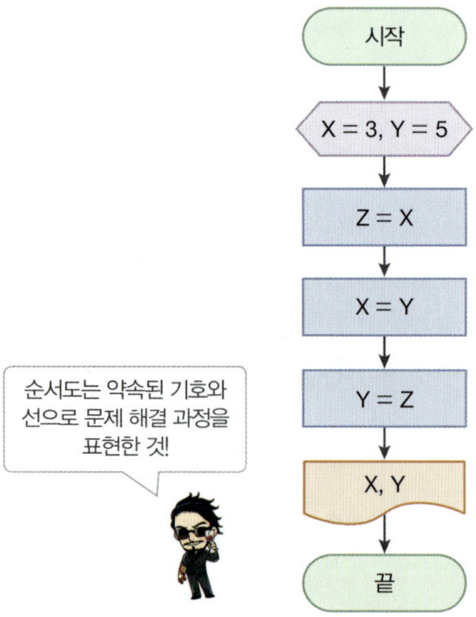

그림 7-20 순서도

순서도는 알고리즘의 흐름을 빠르게 파악할 수 있다는 장점이 있다. 그러나 순서도로는 복잡한 프로그램을 작성하기 까다롭다는 단점이 있다. 순서도에 자주 사용하는 기호를 [표 7-1]로 정리했다.

표 7-1 순서도의 기호

기호	명칭	의미
	단말	순서도의 시작과 끝
	흐름선	각 기호를 연결하여 순서도의 흐름을 나타냄
	처리	계산 등 데이터의 연산 또는 처리
	준비	변수의 초깃값, 기억 장소의 설정 등 작업의 준비 과정
	판단	조건을 판단하여 '예' 또는 '아니요'로 이동
	입출력	데이터의 입력과 출력
	출력	출력 장치를 통한 출력

TIP 순서도와 유사한 알고리즘 표현 방법으로 통합 모델링 언어(Unified Modeling Language, UML)가 있다. 통합 모델링 언어는 소프트웨어공학에서 사용하는 표준화된 모델링 방법이다.

의사 코드

알고리즘을 표현하는 가장 간단한 방법은 의사 코드를 사용하는 것이다. **의사 코드**pseudo code는 프로그래밍 언어를 흉내 내어 프로그래밍 언어와 유사한 방식으로 알고리즘을 표현한 것이다. 의사 코드의 구조는 프로그램과 유사하지만 특정한 프로그래밍 언어의 문법을 따르지 않기 때문에 가짜 코드라는 의미로 의사 코드라고 한다. 의사 코드를 작성하면 프로그래밍 언어로 변환하기 쉽다는 장점이 있다. [그림 7-21]은 두 수 바꾸기 알고리즘을 의사 코드로 나타낸 것이다.

```
START
        X=3, Y=5
        Z=X
        X=Y
        Y=Z
        PRINT X, Y
END
```

그림 7-21 의사 코드

3 알고리즘의 조건

의사 코드로 작성했다고 해서 모두 알고리즘인 것은 아니다. 일반적으로 입력, 출력, 유한성, 명확성, 수행 가능성을 만족해야 알고리즘이라 부른다.

- **입력**: 알고리즘에 입력되는 데이터가 0개 이상 존재한다.
- **출력**: 알고리즘이 실행되면 결과가 1개 이상 나온다.
- **유한성**: 알고리즘은 종료되어야 한다.
- **명확성**: 알고리즘의 명령이 모호하지 않고 명확해야 한다.
- **수행 가능성**: 알고리즘의 명령은 수행할 수 있어야 한다.

알고리즘이란 어떤 데이터를 가공하여 특정한 정보로 만드는 절차이다. 따라서 입력과 출력이 존재해야 하며 언젠가는 종료되어야 한다. 앞의 '두 수 바꾸기' 알고리즘에서 `X = 3, Y = 5`는 입력에 해당하며, `PRINT X, Y`는 출력에 해당하고 정상적으로 종료된다. 이것이 입력, 출력, 유한성이다. 입력이 없고 출력만 있는 알고리즘도 있을 수 있다. 그러나 출력이 없다면 알고리즘이 정상적으로 작동했는지 확인할 수 없으므로, 출력은 언제나 1개 이상이어야 한다.

명확성이란 명령이 모호하지 않아야 한다는 것이다. 예를 들어 `X = 큰 수`라고 하면 얼마나 큰 수인지 알 수가 없다. 따라서 명령은 `X = 100000`처럼 명확해야 한다. 수행 가능성이란 알고리즘을 프로그래밍 언어로 변환할 수 있어야 한다는 것이다.

4 알고리즘 설계

알고리즘 설계란 문제를 해결하는 가장 효율적인 방법을 찾아내는 과정을 의미한다. 알고리즘을 설계할 때는 먼저 문제의 현재 상태와 목표 상태를 명확히 정의해야 한다. 그래야 현재 상태에서 목표 상태에 도달할 때까지 수행할 작업의 종류와 순서를 파악할 수 있다.

알고리즘을 설계할 때 알고리즘의 명령이 실행되는 순서를 결정하는 제어 구조로 순차 구조, 선택 구조, 반복 구조가 있다.

- **순차 구조**: 어떤 일을 처리하는 데 필요한 과정을 시간 순서에 따라 순차적으로 나타낸 구조이다. 일반적으로 위에서부터 아래로 하나씩 실행된다.
- **선택 구조**: 특정 조건을 만족하는지 아닌지에 따라 다음 명령을 선택적으로 실행하는 구조이다. 선택 구조는 프로그래밍 언어에서 `if(조건)`으로 표현한다.
- **반복 구조**: 어떤 문제를 해결하려고 동일한 동작을 반복 실행하는 구조이다. 반복 구조는 프로그래밍 언어에서 `while(조건)`으로 표현한다. 조건이 참인 동안 동작을 반복하며, 조건이 거짓이

되면 반복문을 빠져나온다.

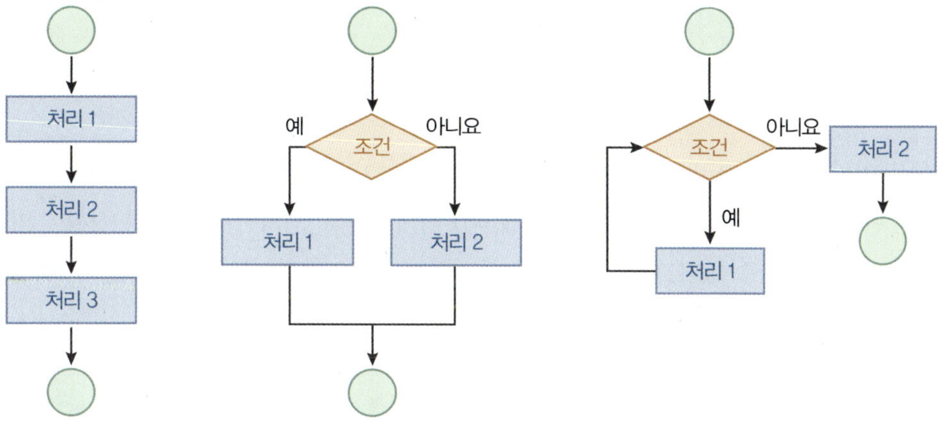

(a) 순차 구조　(b) 선택 구조　(c) 반복 구조

그림 7-22 제어 구조를 활용한 알고리즘

예를 들어 통닭 다섯 마리를 차례로 튀기는 알고리즘을 의사 코드로 작성하면 [그림 7-23]의 (a)와 같다. 초깃값은 `X = 1`이고 반복문은 `while(X < 6)`이다. 통닭을 1마리 튀길 때마다 X가 1씩 증가한다. X가 6보다 작은 동안에는 계속 통닭을 튀긴다. 통닭 5마리를 다 튀기면 X = 6이므로 조건 `while(X < 6)`이 거짓이 된다. 그러면 반복문을 빠져나오고 알고리즘이 끝난다.

(b)의 순서도는 '시작'에서부터 아래로 하나씩 실행되는 순차 구조이다. 첫 번째는 `X = 1`이므로 X에 값 1을 넣는다. 다음은 반복 구조이다. X가 6보다 작은지를 판단해 보면, 조건이 참이므로 통닭

```
START
        X = 1
        while(X < 6)
        통닭 튀기기
              X = X + 1
END
```

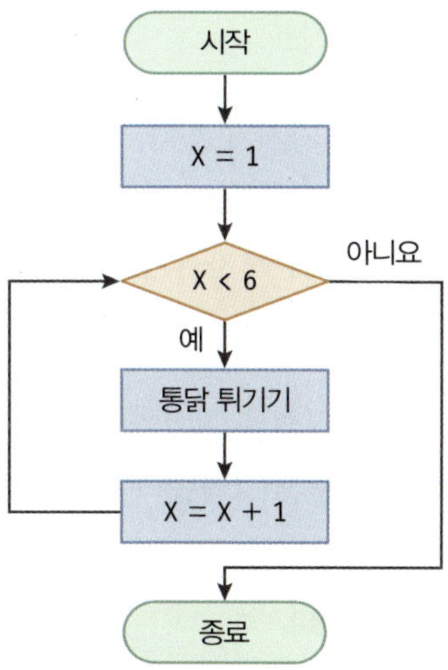

(a) 의사 코드　(b) 순서도

그림 7-23 통닭 5마리 튀기기의 의사 코드와 순서도

1마리를 튀긴다. 이후 X = X + 1에서 X 값이 1 증가한 후 X < 6 조건을 다시 확인한다. 이러한 반복은 X가 6이 될 때까지 반복되며, X가 6이 되는 순간 반복문을 빠져나와 알고리즘은 종료된다.

5 알고리즘 분석

하나의 문제에도 여러 가지 해결 방법이 있을 수 있다. [그림 7-24]와 같이 세 가지 내비게이션 앱이 있다고 하자. 출발지와 목적지가 같더라도 내비게이션 앱의 분석 방법과 실시간 교통 상황에 따라 서로 다른 경로를 안내할 수 있다. 이처럼 문제를 해결하는 알고리즘이 다양할 때는 알고리즘을 비교·분석하여 가장 효율적인 것을 선택해야 한다.

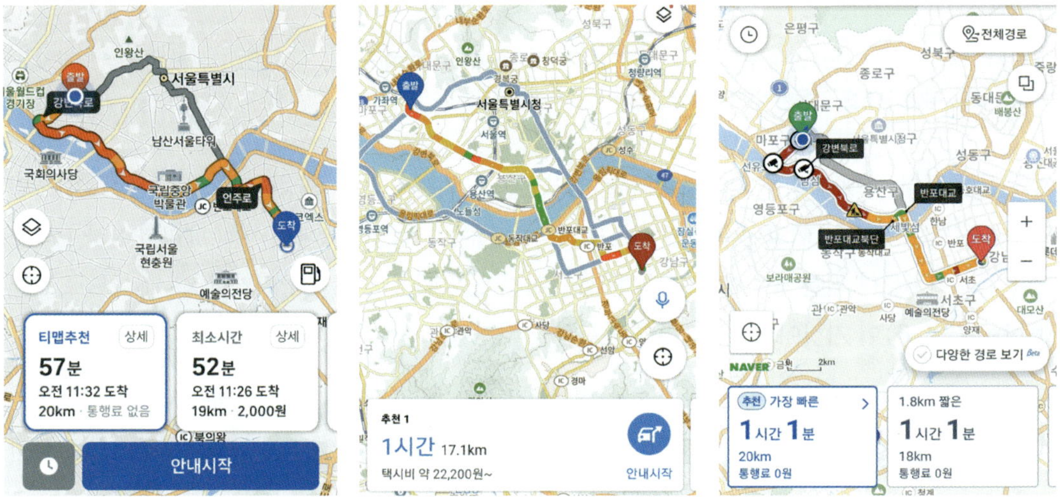

그림 7-24 세 가지 종류의 내비게이션 앱

알고리즘의 효율을 평가하는 기준은 여러 가지가 있다. 그중 프로그램을 실행하여 결과가 나올 때까지 걸리는 시간이 짧고(낮은 시간 복잡도) 저장 공간을 덜 사용하는(낮은 공간복잡도) 알고리즘을 효율적이라고 한다. 알고리즘의 실행 단계가 복잡하거나 처리해야 하는 자료가 많을 경우에 알고리즘의 효율성은 프로그램의 성능에 중대한 역할을 미친다.

알고리즘의 성능을 분석하는 방법은 프로그램을 직접 실행하는 방법과 알고리즘의 실행 횟수 등을 분석하는 복잡도 분석 방법이 있다. 여기서 알고리즘의 복잡도란 해당 알고리즘이 특정 기준에 따라 얼마나 빠르게 또는 느리게 실행되는지 나타내는 것이다. 시간 복잡도와 공간 복잡도를 분석하면 가장 효율적인 알고리즘을 선택할 수 있다.

시간 복잡도

시간 복잡도는 알고리즘이 실행되어 종료될 때까지 시간이 얼마나 걸리는지를 의미한다. 실제 컴퓨터의 실행 시간을 측정하기는 어렵기 때문에 알고리즘의 주요 코드가 몇 번 실행되는지를 분석하여 간접적으로 알아낸다.

[그림 7-25]와 같이 1부터 10까지 정수의 합을 구하는 두 가지 알고리즘을 비교할 때, 어느 방법이 더 효율적일까? (a)의 방법 1에서는 앞의 두 수를 더하고 그 합을 다음 수에 차례대로 계속 더하는 방법이다. (b)의 방법 2는 맨 앞의 수와 맨 뒤의 수를 한 쌍으로 더하고, 더한 결과를 쌍의 개수와 곱하는 방법이다.

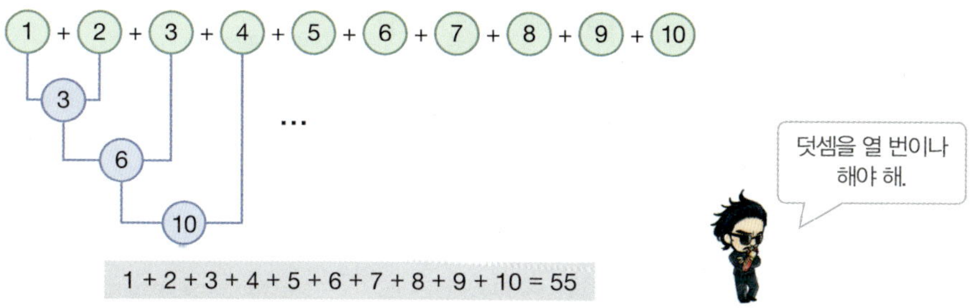

(a) 방법 1

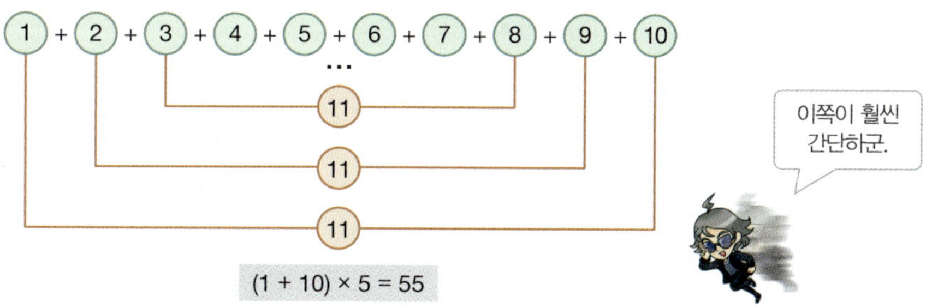

(b) 방법 2

그림 7-25 1부터 10까지 정수의 합을 구하는 알고리즘

방법 2를 이용하면 방법 1보다 더 적은 연산으로 문제를 해결할 수 있다. 즉 방법 2의 시간 복잡도가 더 낮다. 연산할 데이터의 양이 많으면 연산 시간이 더 길어진다. 따라서 1부터 10,000까지 정수의 합을 구한다면 방법 1과 방법 2의 시간 복잡도가 더 크게 차이가 난다.

공간 복잡도

공간 복잡도는 알고리즘이 문제를 해결하는 데 저장 공간이 얼마나 필요한지를 의미한다. 따라서 저장 장치 내의 공간을 얼마나 적게 사용하는지가 중요하다. 이때 저장 공간은 알고리즘에 입력하는 데이터가 차지하는 공간과 알고리즘이 사용하는 공간을 모두 포함한다.

[그림 7-26]은 1부터 10까지 정수의 합을 구하는 알고리즘에서 값을 저장하는 방법이다. (a)의 방법 3은 1부터 10까지의 정수와 더한 결과를 모두 변수에 저장하는 방법이다. (b)의 방법 4는 1부터 10까지의 정수를 한 공간에 차례로 저장하고, 계산 결과만 별도의 공간에 저장하는 방법이다. 방법 3은 저장 공간이 총 11개 필요하지만, 방법 4는 저장 공간이 단 2개만 필요하다. 따라서 방법 4는 저장 공간을 효율적으로 활용하여 공간 복잡도가 더 낮은 알고리즘이다.

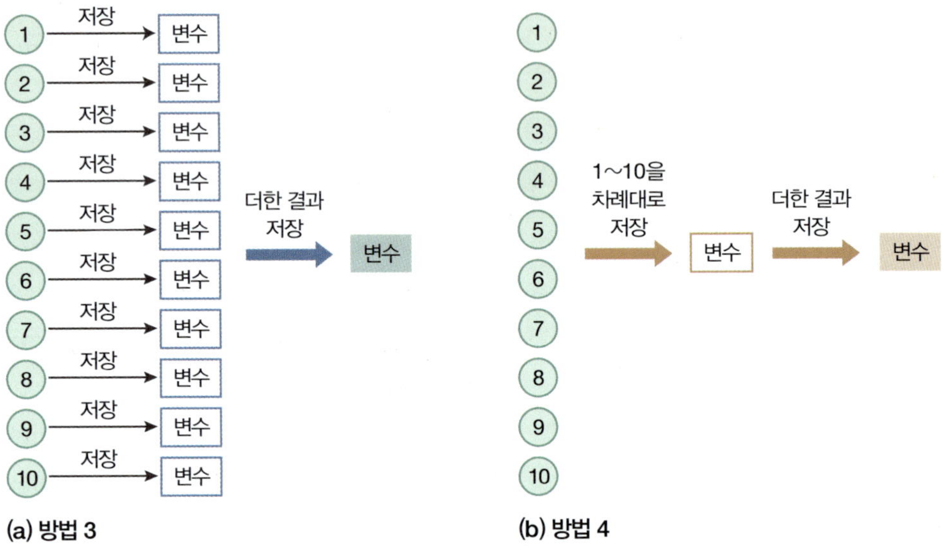

그림 7-26 1부터 10까지 정수의 합을 구하는 알고리즘에서 사용하는 저장 공간

03 | 자료구조와 알고리즘

1 자료구조

자료구조란 여러 데이터를 구조적으로 표현하고 접근하는 방법이다. 알고리즘을 실제로 구현하기 위하여 다양한 종류의 자료구조를 사용하며, 자주 사용하는 자료구조를 살펴본다.

큐와 스택

큐와 스택은 서로 반대되는 성질의 자료구조이다. 큐$_{\text{queue}}$는 먼저 들어온 데이터가 먼저 처리되는 'First In First Out(FIFO)' 형태의 자료구조이다. 햄버거를 주문하기 위해 줄을 서서 기다린다면 이것이 큐이다. 큐는 파이프처럼 생겨서 한쪽 구멍으로 데이터를 넣으면 반대쪽 구멍으로 데이터가 나오는 구조이다. 큐에 1, 2, 3을 차례로 넣었다가 꺼내면 들어간 순서대로 1, 2, 3이 나온다. 큐에 데이터를 넣고 꺼내는 작업을 큐잉$_{\text{queuing}}$이라 부른다.

(a) 먼저 줄을 선 사람이 먼저 주문

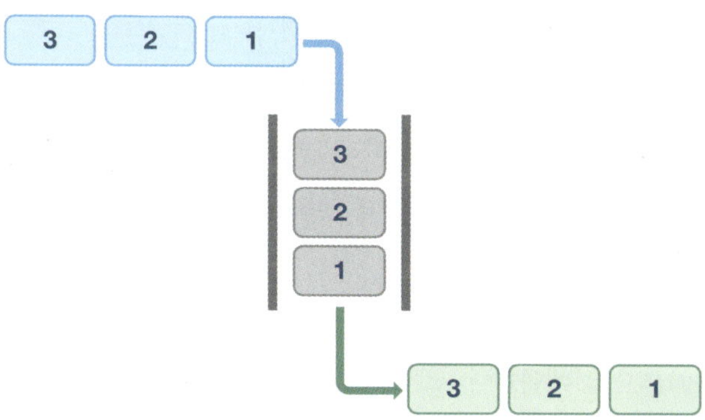

(b) 큐의 구조

그림 7-27 큐

큐와 대비되는 **스택**stack은 가장 나중에 들어온 데이터가 가장 먼저 처리되는 'Last In First Out(LIFO)' 형태의 자료구조이다. 스택의 구조는 밑이 막혀 있는 통 모양이어서 뚫려 있는 구멍으로 데이터를 넣고, 데이터를 빼는 것도 같은 구멍에서 이루어진다. 바꿔 말하면 스택은 밑이 막혀 있고, 하나의 구멍을 가진 자료구조이다.

스택은 여러 가지 햄버거를 한 봉투에 담는 것에 비유할 수 있다. 불고기버거, 치킨버거, 치즈버거를 순서대로 봉투에 담으면 꺼낼 때는 위쪽에 있는 것부터 치즈버거, 치킨버거, 불고기버거 순으로 꺼내게 된다. 그림과 같이 스택에 1, 2, 3을 집어넣으면, 바닥부터 차례로 쌓인다. 쌓여 있는 숫자를 위에서부터 하나씩 빼면, 3, 2, 1이 나온다. 이렇게 스택은 넣었을 때와 반대로 순서가 뒤집어져서 나오는 특징이 있다.

(a) 봉투에 마지막에 담은 햄버거를 먼저 꺼냄

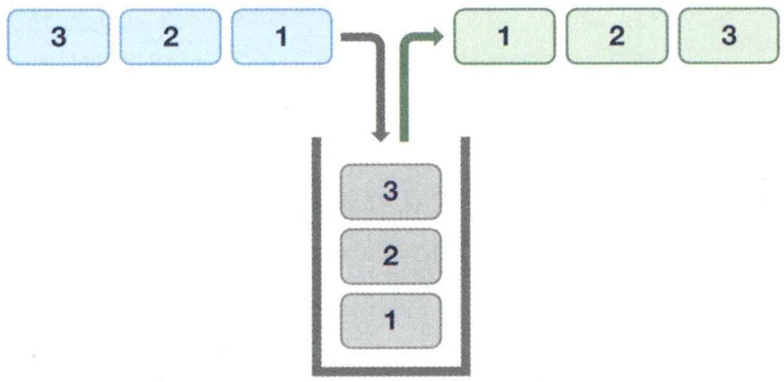

(b) 스택의 구조

그림 7-28 스택

배열

배열array은 같은 종류의 데이터를 나열한 자료구조이다. '오예스 레스토랑'에서 기다리는 손님의 순서를 관리한다고 가정해 보자. 테이블(표)을 사용하여 도착하는 순서대로 시간과 이름을 적을 것이다. 테이블을 구현하는 가장 간단한 방법은 배열을 이용하는 것이다. 배열은 구현하기에 간단하고 편리한 자료구조이지만 공간 관리와 삽입·삭제할 때의 순서에 주의해야 한다.

- **공간 관리**: 배열은 크기가 고정된 자료구조이므로 테이블을 만들 때 크기를 선언해야 한다. 다시 말해 테이블의 크기를 100명으로 할지 혹은 1,000명으로 할지를 미리 결정해야 한다. 배열의 크기를 너무 크게 정하면 메모리에 낭비되는 공간이 생기고, 너무 적게 정하면 모든 손님을 입력할 수 없게 된다.
- **데이터의 삽입과 삭제**: 배열에 데이터를 삽입하거나 삭제할 때도 주의해야 한다. 손님이 도착한 순서대로 배열의 빈칸이 채워진다. 13시 30분으로 예약한 '아리수 3'이 예약 시간보다 늦은 13시 50분에 도착했지만 바로 입장시키려 한다. 이때 명단을 실제 입장 순서로 정렬하려면 이미 기록된 '윤희철 3'과 '박기범 3'을 뒤로 옮겨야 한다.

0	13시 10분	김영철 2
1	13시 15분	홍길동 3
2	13시 20분	박범순 4
3	13시 22분	배영준 4
4	13시 40분	윤희철 3
5	13시 45분	박기범 3
6	13시 30분(예약)	아리수 3
7		
8		
9		
10		

그림 7-29 **배열**

연결 리스트

배열의 공간 관리, 삽입, 삭제의 문제를 해결한 자료구조가 연결 리스트이다. **연결 리스트**$_{\text{linked list}}$에서 데이터는 포인터로 연결된다. 포인터$_{\text{pointer}}$란 데이터의 위치를 저장하는 자료구조이다. [그림 7-30]에서 포인터는 별표(*)로 표시되었다. 포인터가 '13시 10분 김영철 2'의 다음 데이터 '13시 15분 홍길동 3'을 가리키고 있다. 연결 리스트는 데이터가 새로 생길 때마다 포인터로 연결되므로 테이블의 크기는 동적으로 변한다.

연결 리스트에서는 데이터를 중간에 삽입하기가 쉽다. 삽입할 데이터가 있으면 새 리스트를 만들고 기존 리스트에 포인터로 연결하면 된다. [그림 7-30]처럼 13시 30분으로 예약한 '아리수 3'도 리스트 중간에 간단히 삽입할 수 있다. 또한 데이터를 삭제해야 할 때는 연결 리스트에서 빼낸 다음 지우면 된다.

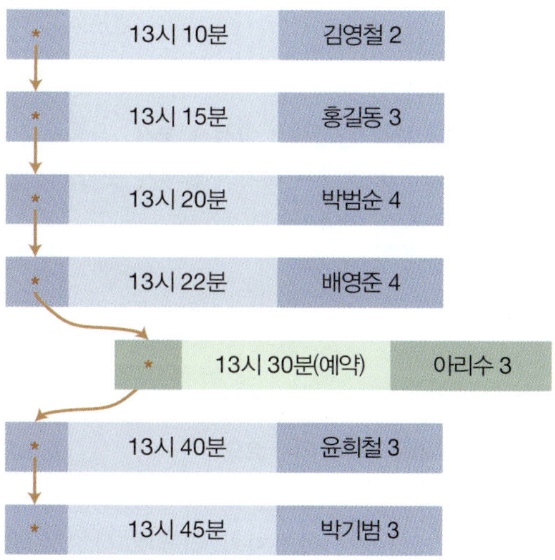

그림 7-30 **연결 리스트**

연결 리스트는 자료구조를 미리 만들지 않기 때문에 낭비되는 공간이 없다. 따라서 배열은 크기를 예상할 수 있는 메모리 또는 파일 관리에 사용된다. 연결 리스트는 데이터를 빈번히 삽입하거나 삭제하는 테이블에 사용한다.

2 2진 탐색 알고리즘

간단한 알고리즘을 만드는 과정을 스무고개 게임을 통해 알아보자. 스무고개 게임은 한 사람(출제자)이 1부터 20까지의 정수 중 하나를 생각하고 다른 사람(참가자)이 그 숫자를 맞히는 게임이다. 출제자는 참가자가 제시한 숫자가 자신이 생각한 숫자보다 작으면 '작다', 크면 '크다'라고 알려주며, 숫자가 일치할 때까지 이를 반복한다.

그림 7-31 스무고개

먼저 문제에서 출제자와 참가자의 역할을 나누어 분해해 보자. 출제자는 특정 숫자를 생각한다. 참가자는 1에서 20 사이 임의의 숫자를 말한다. 출제자는 해당 숫자가 맞는지 혹은 크거나 작은지 알려 준다. 그렇다면 스무고개 게임에는 어떤 패턴이 있을까? 참가자는 특정 숫자를 말하고 출제자는 자신이 생각하는 숫자가 맞을 때까지 '크다' 혹은 '작다'를 반복하는 패턴이 있다. 이러한 게임을 의사 코드로 만들면 [그림 7-32]와 같다.

```
다음을 무한 반복
    IF(참가자 숫자 = 출제자 숫자) : 종료
    ELSE IF(참가자 숫자 > 출제자 숫자) : '크다' 출력
    ELSE : '작다' 출력
```

- 출제자는 특정 숫자를 생각한다. 그리고 참가자 숫자가 출제자 숫자와 같으면 프로그램이 종료된다.
- 같지 않으면, 참가자 숫자가 출제자 숫자보다 클 때 '크다'를 출력한다.
- 같지도 크지도 않으면, 참가자 숫자가 작은 경우만 남는다. 그러므로 '작다'를 출력한다.
- 이러한 작업을 반복한다.

그림 7-32 스무고개의 의사 코드

스무고개 게임에서 참가자가 컴퓨팅 사고를 한다는 것이 어떤 의미인지 생각해보자. 참가자가 아무 숫자나 마구 말하거나 [그림 7-33]처럼 1부터 차례대로 말한다면 컴퓨팅 사고가 아니다. 이러

한 접근 방법으로는 출제자가 20을 생각하는 최악의 경우 스무 번 만에 답을 맞히기 때문이다.

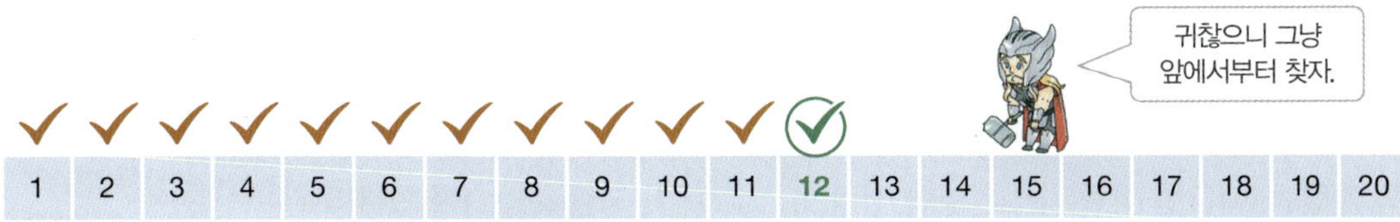

그림 7-33 1부터 차례대로 말하는 문제 해결 방식

문제를 작은 문제로 분해하여 이를 해결하고, 해결된 작은 문제를 결합하여 큰 문제를 해결하는 방식을 **분해 정복**divide and conquer이라고 한다. 분해 정복을 이해할 수 있는 가장 단순한 방법으로 2진 탐색이 있다. **2진 탐색**binary search은 전체 숫자를 계속 반으로 나누어 비교해가는 방식으로, 문제를 더 작은 문제로 분해하여 단순화한다. 스무고개 게임에서 2진 탐색을 사용하면 참가자는 최악의 경우라도 5번 만에 답을 맞힐 수 있다.

[그림 7-34]는 1부터 20까지의 숫자 중에서 12가 정답일 때 2진 탐색의 과정을 나타낸다. 전체 값 중에서 중간 값(mid)은 10이다. 참가자가 10이라 외치면 출제자는 '크다'라고 답할 것이다. 이때부터 참가자는 10 이하의 값을 더 이상 생각하지 않아도 된다. 다시 참가자는 11에서 20까지의 중간 값인 15를 외친다. 출제자는 '작다'라고 답할 것이다. 따라서 참가자는 15 이상의 값은 더 이상 고려하지 않아도 된다. 이제 참가자에게 남은 숫자는 11에서 14 사이이다. 여기에서 중간 값인 12를 외치면 출제자가 정답이라고 말하고 게임이 끝난다.

그림 7-34 2진 탐색 알고리즘의 문제 해결 방식

3 정렬 알고리즘

정렬 알고리즘sort algorithm은 주어진 데이터를 순서대로 정리하는 알고리즘이다. 정렬 알고리즘은 알고리즘 분야에서 오래된 주제이며, 더 빠르게 정렬하기 위하여 다양한 알고리즘이 개발되었다. 유명한 정렬 알고리즘으로 선택 정렬selection sort, 삽입 정렬insertion sort, 버블 정렬bubble sort, 셸 정렬shell sort, 퀵 정렬quick sort, 힙 정렬heap sort, 병합 정렬merge sort, 버킷 정렬bucket sort이 있다.

[그림 7-35]와 같이 카드가 섞여 있다고 가정해 보자. 카드를 숫자 오름차순으로 정렬하는 방법으로 선택 정렬, 버블 정렬, 삽입 정렬, 버킷 정렬을 살펴볼 것이다.

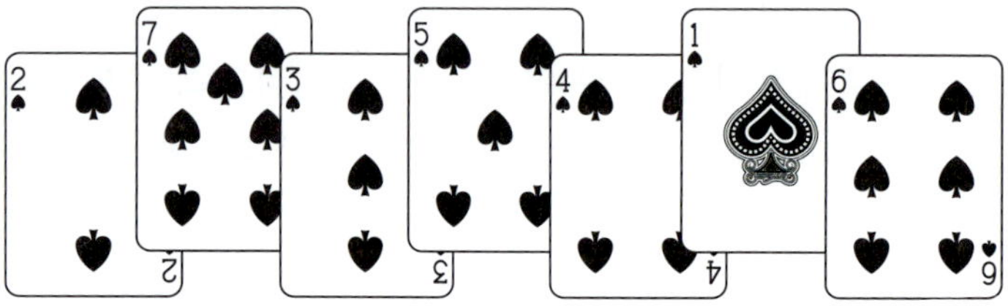

그림 7-35 숫자가 섞여 있는 카드

선택 정렬

선택 정렬은 가장 쉽게 떠올릴 수 있는 정렬 방식이다. 우선 모든 카드를 뒤져 가장 작은 수를 찾을 것이다. 가장 작은 수가 적힌 카드를 찾으면 맨 앞에 빼놓고, 나머지 카드 중에서 다음으로 작은 수를 찾을 것이다. 모든 카드를 정렬할 때까지 이러한 과정을 반복한다. 선택 정렬은 카드를 뒤져 가장 작은 수를 선택select한다고 하여 붙인 이름이다.

[그림 7-36]은 선택 정렬의 과정을 보여 준다. 먼저 (a)와 같이 카드를 처음부터 끝까지 이동하며 가장 작은 수가 적힌 카드를 찾는다. 끝에 도달하면 1이 가장 작은 수라는 것을 알게 된다. 다음으로 (b)와 같이 1번 카드를 맨 앞으로 옮긴다. 이제 1번 카드는 이미 정렬을 완료한 카드이다. 정렬을 완료한 카드를 제외한 나머지 카드를 가지고 이러한 과정을 반복한다. 그러면 (c)와 같이 그다음 작은 수가 2인 것을 알 수 있고, 2번 카드를 1번 카드의 뒤에 놓는다. 나머지 카드도 이러한 방법으로 가장 작은 수를 찾는 일을 반복하면 정렬이 완료된다.

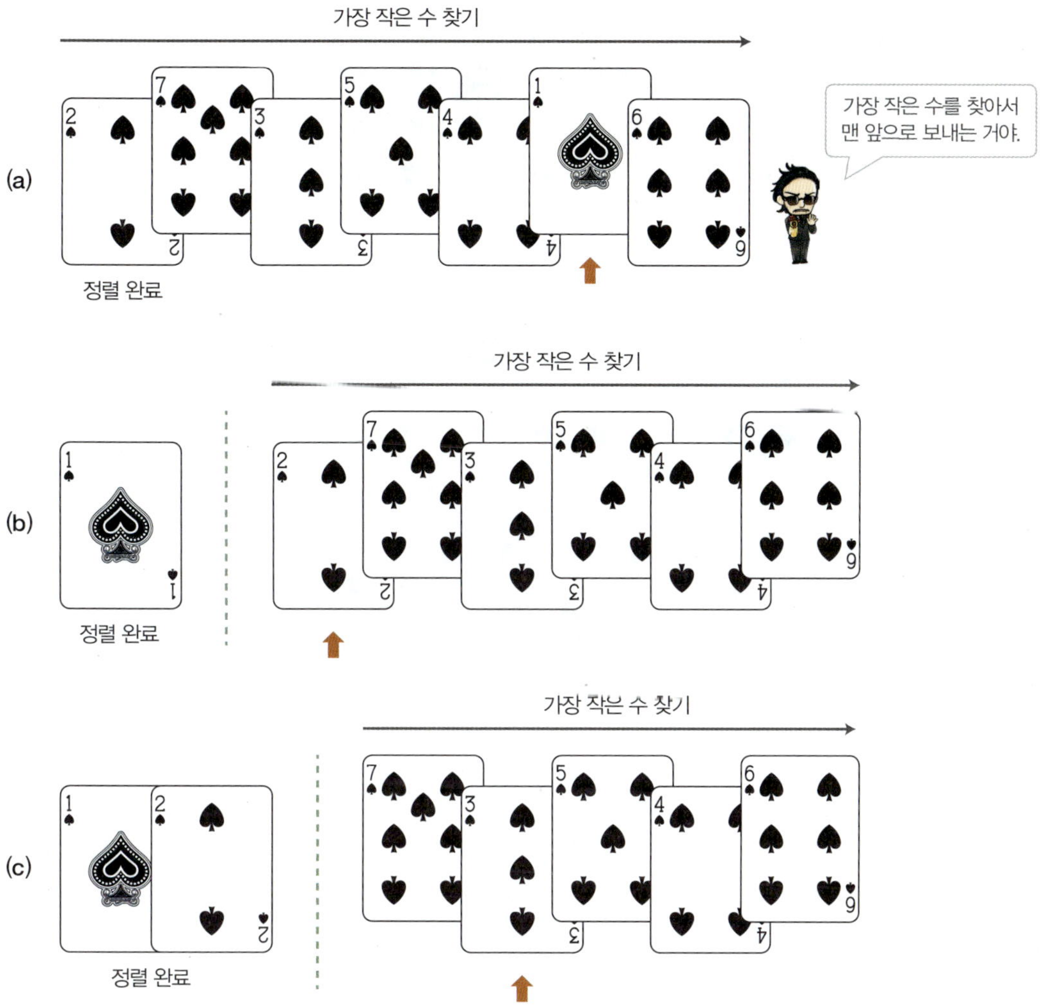

그림 7-36 선택 정렬

버블 정렬

선택 정렬과 유사한 알고리즘으로 **버블 정렬**이 있는데, 선택 정렬보다 단순하다. 버블 정렬은 이웃한 카드 2개의 수를 비교하여 뒤의 수가 더 작으면 카드의 순서를 바꾼다. 이러한 과정을 반복하여 정렬하는 방식이다. 작업 방식이 물방울이 생겨나는 모양과 같다고 하여 버블 정렬이라 부른다.

[그림 7-37]은 버블 정렬의 과정을 나타낸다. 맨 앞에 있는 카드 두 장인 2와 7을 비교한다. 7이 더 큰 수이므로 아무런 변화가 없다. 다음에는 7과 3을 비교한다. 3이 더 작은 수이므로 7번 카드와 3번 카드의 자리를 바꾼다. 다음에는 7과 5를 비교한다. 5가 더 작은 수이므로 7번 카드와 5번 카드의 자리를 바꾼다. 이렇게 맨 뒤까지 반복하면 가장 큰 수인 7이 적힌 카드가 끝으로 옮겨진다.

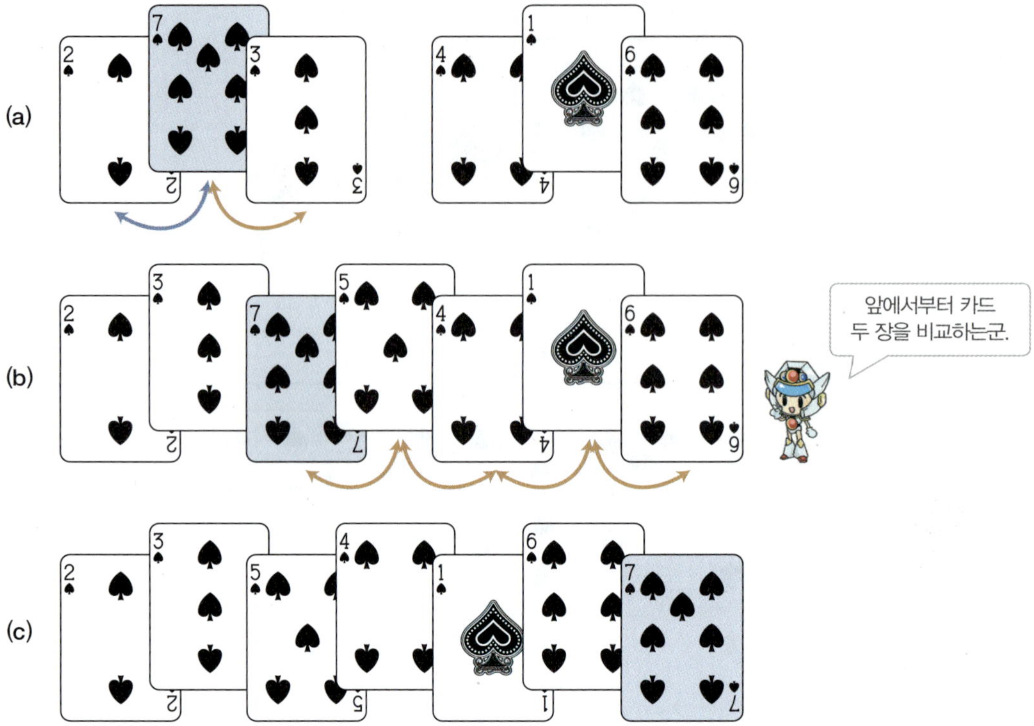

그림 7-37 버블 정렬

[그림 7-37]의 (c)는 마치 정렬된 것처럼 보이지만 아직 1번 카드가 중간에 있다. 버블 정렬에서는 앞에서부터 뒤까지 카드 순서를 바꾸면 가장 큰 수가 적힌 카드가 맨 뒤로 간다. 따라서 전체 카드를 정렬하고 싶다면 순서를 바꾸는 과정을 카드 개수만큼 반복해야 한다.

삽입 정렬

삽입 정렬은 이미 정렬된 카드에 새로운 카드를 삽입insert하면서 정렬한다. 삽입 정렬의 핵심은 정렬을 완료한 카드와 아직 정렬하지 않은 카드를 나누어 생각하는 것이다. 카드가 한 장만 있을 때는 정렬할 필요가 없다. 따라서 [그림 7-38]과 같이 첫 번째 카드인 2번은 정렬을 완료했다고 가정한다. 다음은 7번 카드를 정렬된 카드의 뒤로 가져와 오름차순으로 정렬될 때까지 카드를 앞으로 보낸다. 7이 2보다 크기 때문에 2번 카드 뒤에 7번 카드가 놓이고 정렬이 완료된다. 다음 카드인 3을 보자. 3번 카드를 이미 정렬된 카드 뒤로 옮긴다. 자신의 자리를 찾을 때까지 하나씩 앞으로 보내면 7번 카드의 앞쪽, 2번 카드의 뒤쪽에 삽입된다. 그러면 3번 카드까지 정렬이 완료된다. 이렇게 정렬의 대상이 되는 카드가 자신의 위치까지 움직여 삽입되기 때문에 삽입 정렬이라 부른다.

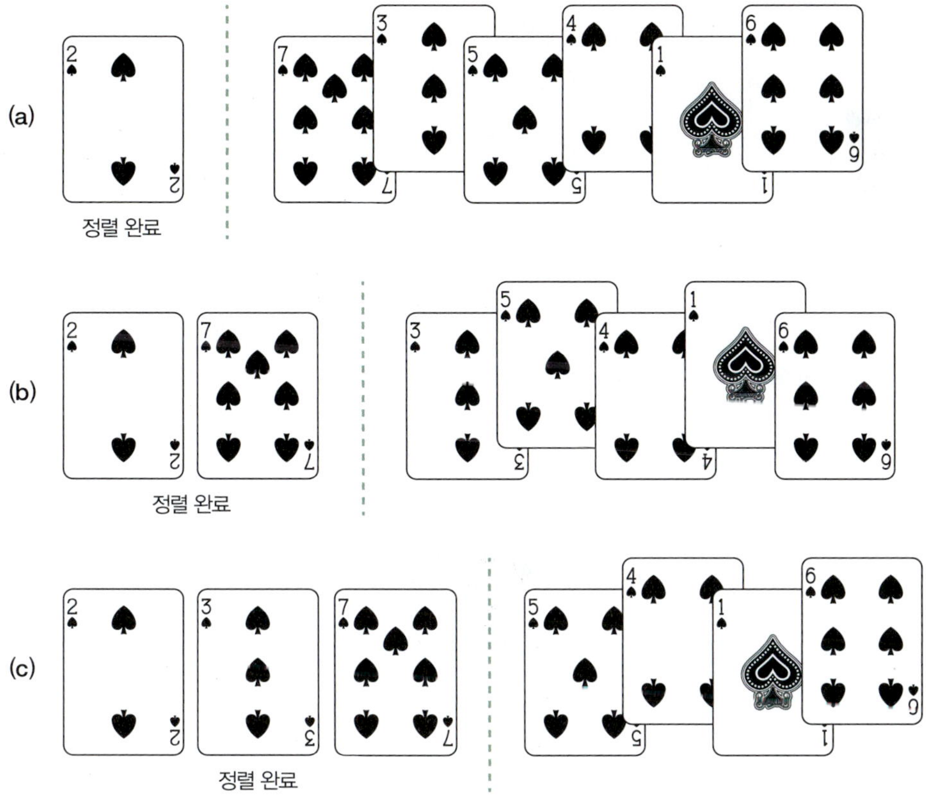

그림 7-38 삽입 정렬

버킷 정렬

초기에는 선택 정렬, 버블 정렬, 삽입 정렬과 같은 정렬 알고리즘들이 개발되었으며, 이후 조금 더 빠른 정렬 알고리즘들이 개발되었다. 그러다가 기존의 방식과 확연히 다른 정렬 알고리즘이 개발되었는데, 그것이 바로 버킷 정렬이다. **버킷 정렬**을 한마디로 정리하면 버킷에 정렬할 데이터를 넣었다가 빼기만 하면 정렬이 끝나는 알고리즘이다.

앞에서 살펴보았던 선택 정렬, 버블 정렬, 삽입 정렬에는 모두 두 개의 숫자를 비교하는 연산이 있지만 버킷 정렬에는 비교 연산이 없다. 그런데도 버킷 정렬은 어떤 정렬 알고리즘보다 간단하고 빠르다.

버킷 정렬이 어떤 과정으로 작동하는지 살펴보자. 초기 상태에서는 정렬할 수 6, 53, 12, 7, 75, 2, 89, 11이 있고, 0번 버킷부터 9번 버킷까지 순서대로 나열되어 있다.

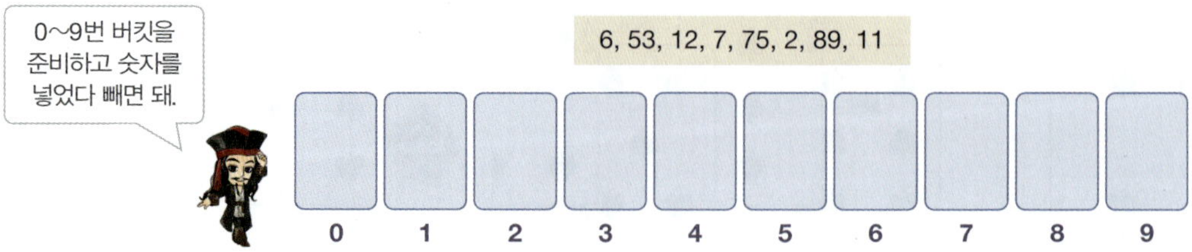

그림 7-39 **버킷 정렬의 초기 상태**

처음 할 일은 데이터를 각각 일의 자리 숫자와 같은 번호인 버킷에 집어넣는 것이다. 예를 들어 6은 6번 버킷에, 53은 3번 버킷에, 12번은 2번 버킷에 넣는다. 이 작업을 마치면 [그림 7-40]과 같은 상태가 된다.

그림 7-40 **일의 자리를 보고 버킷에 집어넣은 상태**

다음으로 버킷에 있는 수를 빼낸다. 주의할 점은 버킷의 앞에서부터 뒤로 가면서 수를 빼내야 한다는 것이다. 같은 버킷에 숫자가 여러 개 있을 때는 아래에 있는 수부터 빼낸다. 빼낸 순서대로 나열하면 11, 12, 2, 53, 75, 6, 7, 89이다.

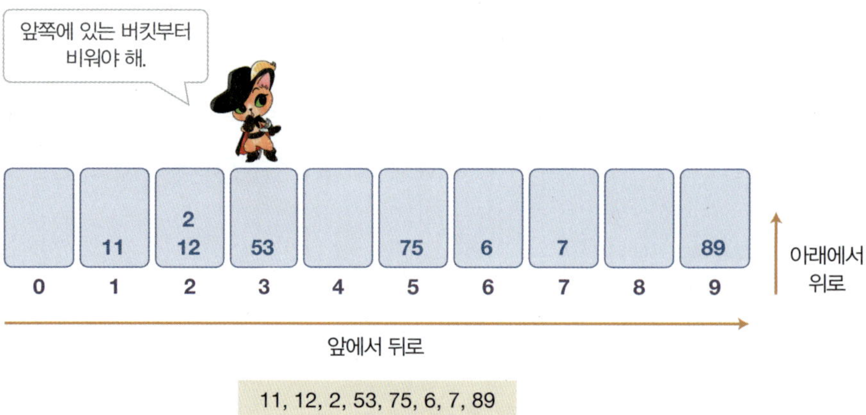

그림 7-41 **버킷에 들어 있는 숫자를 빼내는 과정**

다시 십의 자리를 사용하여 앞의 과정을 반복한다. 다시 말해 십의 자리 숫자에 해당하는 번호의 버킷에 집어넣는다. 11은 1번 버킷에, 12는 1번 버킷에, 2는 십의 자리가 0이기 때문에 0번 버킷에 넣는다. 숫자를 다 넣었으면 버킷에서 숫자를 빼낸다. 앞서 강조했듯이 앞에서 뒤로, 아래에서 위로 숫자를 빼낸다. 그러면 2, 6, 7, 11, 12, 53, 75, 89로 정렬이 완료된다. 딱 두 번 버킷에 넣었다가 빼면 정렬이 된다.

그림 7-42 십의 자리와 같은 번호인 버킷에 수를 넣고 빼내어 정렬 완료

버킷 정렬은 정렬하려는 수의 자릿수만큼 버킷에 넣었다 빼내기를 반복하면 된다. 그래서 매우 단순하다는 장점이 있다. 많은 사람이 두 수를 비교하는 정렬 알고리즘을 고민하고 있을 때, 누군가는 새로운 방식으로 문제를 해결했다. 사고의 전환이 좋은 결과를 가져올 수 있다는 것을 보여 주고자 버킷 정렬 알고리즘을 소개했다.

정렬 알고리즘과 시간 복잡도

빅오 표기법big-O notation은 알고리즘의 시간 복잡도를 표현하는 방법이다. 빅오 표기법은 입력 데이터의 크기에 따라 알고리즘의 중심 연산이 얼마나 증가하는지를 나타낸다. 앞에서 배운 선택 정렬, 버블 정렬, 삽입 정렬은 빅오 표기법으로 $O(n^2)$ 알고리즘이라 부르며 $O(n^2)$에서 O는 '빅오'라고 읽는다. $O(n^2)$ 알고리즘은 전체 데이터가 n개일 때 계산할 양이 n^2만큼이라는 뜻이다. 버블 정렬에서 앞에서부터 뒤까지 한 번 비교하면, 가장 큰 숫자 하나가 맨 뒤로 이동한다. 이러한 과정을 n번 반복해야 모든 숫자가 정렬된다. 따라서 정렬할 데이터가 n개일 때 버블 정렬은 $n \times n = n^2$번의 비교 연산을 수행하므로 $O(n^2)$ 알고리즘이다. 반면 버킷 정렬은 비교 연산 없이 버킷에 넣었다가 빼기만 하므로 $O(n)$ 알고리즘이다.

[그림 7-43]은 입력하는 데이터의 개수가 증가할 때 O(1), O(n), O(n^2) 알고리즘의 실행 시간을 그래프로 비교한 것이다. O(n) 알고리즘과 비교하여 O(n^2) 알고리즘의 실행 시간이 급격히 증가하는 것을 알 수 있다. 따라서 버킷 정렬은 선택 정렬, 버블 정렬, 삽입 정렬보다 시간 복잡도가 더 낮은 알고리즘이다.

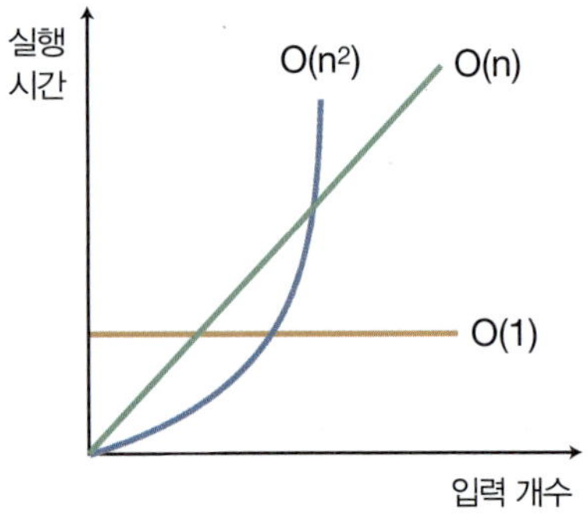

- O(n): 알고리즘의 수행 횟수가 n만큼 커진다.
- O(n^2): 알고리즘의 수행 횟수가 n^2만큼 커진다.

그림 7-43 입력 개수에 대한 실행 시간의 변화

요약

01 컴퓨터를 이용하여 문제를 해결하는 논리적이고 창의적인 생각 방식을 컴퓨팅 사고라고 한다.

02 컴퓨팅 사고의 네 가지 구성 요소는 추상화, 분해, 패턴 인식, 알고리즘이다.

- 추상화: 문제에서 중요하지 않은 부분을 제거하고 중요한 특징만으로 문제를 구성
- 분해: 추상화한 문제를 해결하기 쉬운 작은 단위의 문제로 나눔
- 패턴 인식: 데이터를 특징별로 나누어 유사한 문제 해결 방법이 있는지 찾음
- 알고리즘: 어떤 문제를 해결하는 일련의 절차나 방법을 공식화하여 표현

03 알고리즘의 표현 방법으로는 자연어, 순서도, 의사 코드가 있다. 자연어는 전체 구조를 파악하기 어렵다. 순서도는 전체 흐름을 파악하기 좋으나 복잡한 알고리즘을 나타내기 어렵다. 의사 코드는 일반적인 언어로 프로그래밍 언어를 흉내 낸 것으로, 프로그램으로 변환하기 쉽다.

04 알고리즘의 조건으로는 입력, 출력, 유한성, 명확성, 수행 가능성이 있다. 입력되는 자료는 0개 이상이어야 하며, 출력되는 자료는 1개 이상이어야 한다. 명령이 실행되는 순서를 결정하는 제어 구조로는 순차 구조, 선택 구조, 반복 구조가 있다.

05 큐는 먼저 들어온 자료가 먼저 처리되는 'First In First Out' 자료구조이다. 스택은 가장 나중에 들어온 자료가 가장 먼저 처리되는 'Last In First Out' 자료구조이다.

06 배열은 같은 종류의 데이터를 길게 나열한 자료구조이다. 쉽게 구현할 수 있지만 공간 관리가 어렵고 삽입·삭제할 때 순서를 주의해야 한다. 연결 리스트는 데이터를 포인터로 연결하여 배열의 문제를 해결한다.

07 2진 탐색은 전체 숫자를 계속 반으로 나누어 비교해 가는 알고리즘이다.

08 주어진 데이터를 순서대로 배열하는 알고리즘을 정렬 알고리즘이라고 한다. $O(n^2)$ 알고리즘인 선택 정렬, 버블 정렬, 삽입 정렬에는 모두 두 수를 비교하는 연산이 있다. 버킷 정렬에는 비교 연산이 없고, 버킷에 넣었다가 빼는 것만으로 정렬한다.

연습문제

01 컴퓨터가 효과적으로 수행할 수 있도록 문제를 정의하고 그에 대한 답을 기술하는 것이 포함된 사고 과정 일체를 가리키는 단어는 무엇인가?

① 프로그래밍　② 컴퓨팅 사고　③ 알고리즘　④ 디버깅

02 컴퓨터를 이용하여 문제를 해결하는 논리적이고 창의적인 생각 방식을 의미하는 단어는 무엇인가?

① 컴퓨팅 사고　② 알고리즘　③ 프로그래밍　④ 디버깅

03 다음 중 컴퓨팅 사고의 구성 요소와 거리가 먼 것은 무엇인가?

① 분해　② 알고리즘　③ 패턴 인식　④ 프로그래밍

04 컴퓨팅 사고의 구성 요소 중 문제를 해결하기 쉬운 작은 단위로 나누는 것은 무엇인가?

① 분해　② 알고리즘　③ 패턴 인식　④ 추상화

05 컴퓨팅 사고의 구성 요소 중 문제에서 중요하지 않은 부분을 제거하고 중요한 특징만으로 문제를 구성함으로써 문제 해결을 좀 더 쉽게 하는 것은 무엇인가?

① 분해　② 알고리즘　③ 패턴 인식　④ 추상화

06 컴퓨팅 사고의 구성 요소 중 데이터를 특징별로 나누어 유사한 문제 해결 방식이 있는지 찾는 과정은 무엇인가?

① 분해　② 알고리즘　③ 패턴 인식　④ 추상화

07 컴퓨팅 사고의 구성 요소 중 어떤 문제를 해결하는 일련의 절차나 방법을 공식화하여 표현한 것은 무엇인가?

① 분해　② 알고리즘　③ 패턴 인식　④ 추상화

08 짬뽕을 만드는 문제를 '면 삶기'과 '재료 볶기'로 세분화하여 해결했다. 컴퓨팅 사고 중 어떤 구성 요소로 문제를 해결한 것인가?

① 분해　② 알고리즘　③ 패턴 인식　④ 추상화

09 다음 중 올바르지 않은 설명은 무엇인가?

① 컴퓨터를 이용하여 문제를 해결하는 논리적이고 창의적인 생각 방식을 컴퓨팅 사고라고 한다.

② 컴퓨팅 사고의 네 가지 구성 요소로 추상화, 분해, 패턴 인식, 객체 지향이 있다.

③ 컴퓨팅 사고라는 용어는 지네트 윙 박사의 논문에서 처음으로 언급되었다.

④ 컴퓨팅 사고는 컴퓨터가 효과적으로 작업을 수행할 수 있도록 문제를 정의하고 답을 기술하는 것이 포함된 사고 과정 일체를 가리킨다.

10 벽에 타일을 붙여야 하는데, 타일 한 장에 필요한 접착제의 양을 먼저 구한 다음 타일 수를 알아내서 전체 작업에 필요한 접착제의 양을 구했다. 컴퓨팅 사고 중 어떤 구성 요소로 문제를 해결한 것인가?

① 분해　② 알고리즘　③ 패턴 인식　④ 추상화

11 사진을 표현할 때 픽셀 하나하나의 RGB 값을 변화시켰다. 컴퓨팅 사고의 어떤 구성 요소로 문제를 해결한 것인가?

① 분해　② 알고리즘　③ 패턴 인식　④ 추상화

12 사람의 팔다리 위치만 다른 사진을 여러 장 재생하여 사람이 걷는 것처럼 보이는 동영상을 만들었다. 컴퓨팅 사고의 어떤 구성 요소로 문제를 해결한 것인가?

① 분해　② 알고리즘　③ 패턴 인식　④ 추상화

13 판매량을 요일별로 조사해 보니 일요일에 가장 많이 팔린다는 것을 알았다. 컴퓨팅 사고의 어떤 구성 요소로 문제를 해결한 것인가?

① 분해　② 알고리즘　③ 패턴 인식　④ 추상화

14 삼각형과 사각형만 사용하여 그림을 그렸는데 갈기가 잘 드러나서 사자 그림인 것을 알아볼 수 있다. 컴퓨팅 사고의 어떤 구성 요소로 문제를 해결한 것인가?

① 분해　② 알고리즘　③ 패턴 인식　④ 추상화

15 지하철 노선도는 실제 위치와 다르게 역과 역 사이 거리가 일정해서 지하철을 이용하기 편리하다. 컴퓨팅 사고의 어떤 구성 요소로 문제를 해결한 것인가?

① 분해　② 알고리즘　③ 패턴 인식　④ 추상화

16 햄버거 글씨 대신에 알록달록한 막대를 쌓은 모양으로 네온사인을 만들어 멀리서도 눈에 잘 띄게 했다. 컴퓨팅 사고 중 어떤 구성 요소로 문제를 해결한 것인가?

① 분해　② 알고리즘　③ 패턴 인식　④ 추상화

17 설명서의 지시를 따라 비행기 프라모델을 만들었다. 컴퓨팅 사고 중 어떤 구성 요소로 문제를 해결한 것인가?

① 분해　② 알고리즘　③ 패턴 인식　④ 추상화

18 다음 중 컴퓨팅 사고의 예로 적절하지 않은 것은 무엇인가?

① 빠른 계산기를 만들기 위하여 2진법으로 계산하고 결과를 10진법으로 보여 주도록 설계했다.

② 구내식당에서 메뉴와 관계없이 손님을 들어온 순서대로 한 줄로 서게 했다.

③ 사과 주스 공장에서 매우 빠르게 사과를 가는 기계에 사과를 넣을 때 큰 바구니를 사용했다.

④ 커다란 봉지에서 조미료를 조금씩 덜어내어 만든 조미료통을 가스레인지 근처에 두었다.

19 다음 중 알고리즘을 표현하는 방법이 아닌 것은 무엇인가?

① 자연어　② 순서도　③ 추상화　④ 의사 코드

20 알고리즘을 표현하는 방법 중 기호를 사용하여 작업의 흐름을 나타내는 것은 무엇인가?

① 자연어　② 순서도　③ 프로그래밍 언어　④ 의사 코드

21 알고리즘을 표현하는 방법 중 일반적인 언어로 프로그래밍 언어를 흉내 낸 것은 무엇인가?

① 자연어　② 순서도　③ 추상화　④ 의사 코드

22 알고리즘을 표현하는 방법 중 프로그램으로 변경하기 가장 좋은 것은 무엇인가?

① 자연어　② 순서도　③ 추상화　④ 의사 코드

23 다음 중 알고리즘의 조건이 아닌 것은 무엇인가?

① 입력　② 무한성　③ 출력　④ 명확성

24 알고리즘의 조건 중 입력되는 자료의 개수는 몇 개 이상이어야 하는가?

① 0　　② 1　　③ 2　　④ 3

25 알고리즘의 조건 중 출력되는 자료의 개수는 몇 개 이상이어야 하는가?

① 0　　② 1　　③ 2　　④ 3

26 다음 중 알고리즘에 'X = 큰 수'라고 표기했다. 알고리즘의 어떤 조건을 위배한 것인가?

① 입력　　② 수행 가능성　　③ 출력　　④ 명확성

27 알고리즘의 실행 순서를 결정하는 제어 구조 중 시간 순서대로 실행하는 구조는 무엇인가?

① 순차 구조　　② 선택 구조　　③ 반복 구조　　④ 입출력 구조

28 알고리즘의 제어 구조 중 특정 조건을 만족하는지 아닌지에 따라 다음 명령의 실행 여부를 결정하는 구조는 무엇인가?

① 순차 구조　　② 선택 구조　　③ 반복 구조　　④ 입출력 구조

29 알고리즘의 실행 순서를 결정하는 제어 구조 중 동일한 동작을 반복하게 하는 구조는 무엇인가?

① 순차 구조　　② 선택 구조　　③ 반복 구조　　④ 입출력 구조

30 알고리즘의 실행 순서를 결정하는 제어 구조에서 `while(조건)`으로 표현되는 구조는 무엇인가?

① 순차 구조　　② 선택 구조　　③ 반복 구조　　④ 입출력 구조

31 알고리즘의 실행 순서를 결정하는 제어 구조에서 `if(조건)`으로 표현되는 구조는 무엇인가?

① 순차 구조　　② 선택 구조　　③ 반복 구조　　④ 입출력 구조

32 다음 중 알고리즘의 표현에 대한 설명으로 올바르지 않은 것은 무엇인가?

① 자연어로 알고리즘을 간단하게 표현할 수 있다.
② 순서도는 알고리즘의 전체 흐름을 파악하는 데 많이 사용한다.
③ 복잡한 프로그램을 순서도로 작성하기가 까다롭다.
④ 일반적인 언어로 프로그래밍 언어를 흉내 낸 것을 의사 코드라고 한다.

33 while(X < 6)에서 반복을 끝내는 조건은 X가 얼마일 때인가?

① 0　　② 4　　③ 5　　④ 6

34 컴퓨팅 사고의 네 가지 구성 요소에 대한 설명 중 올바르지 않은 것은 무엇인가?

① 문제를 해결하기 쉬운 작은 단위로 나누는 것은 분해이다.
② 문제에서 중요하지 않은 부분을 제거하고 중요한 특징만으로 문제를 구성함으로써 문제 해결을 좀 더 쉽게 하는 것이 추상화이다.
③ 데이터를 특징별로 나누어 유사한 문제 해결 방식이 있는지 찾아보는 것은 패턴 인식이다.
④ 어떤 문제를 해결하는 일련의 절차나 방법을 공식화하여 표현한 것은 프로그램이다.

35 다음 중 올바르지 않은 설명은 무엇인가?

① 문제에서 중요하지 않은 부분을 제거하고 중요한 특징만으로 문제를 구성하는 컴퓨팅 사고가 패턴 인식이다.
② 알고리즘을 표현하는 방법에는 자연어, 순서도, 의사 코드가 있다.
③ 기호를 사용하여 알고리즘의 흐름을 나타낸 것이 순서도이다.
④ 일반적인 언어로 프로그래밍 언어를 흉내 낸 것을 의사 코드라고 한다.

36 버스 정류장에서 한 줄로 서서 버스를 기다리는 것과 가장 관계 있는 자료구조는 무엇인가?

① 큐　　② 스택　　③ 배열　　④ 연결 리스트

37 트럭에 안쪽부터 택배를 쌓아놓고 문에 가까운 택배부터 꺼내 배달한다. 가장 관계있는 자료구조는 무엇인가?

① 큐　　② 스택　　③ 배열　　④ 연결 리스트

38 'First In First Out'과 가장 관계 있는 자료구조는 무엇인가?

① 큐　　② 스택　　③ 배열　　④ 연결 리스트

39 'Last In First Out'과 가장 관계 있는 자료구조는 무엇인가?

① 큐　　② 스택　　③ 배열　　④ 연결 리스트

40 테이블을 만들 때 간단하게 구현할 수 있으나 삽입하거나 삭제할 때 순서를 바꾸기 어려운 자료구조는 무엇인가?

① 큐 ② 스택 ③ 배열 ④ 연결 리스트

41 크기를 결정하기 어려운 테이블을 만들 때 사용하기 좋은 자료구조는 무엇인가?

① 큐 ② 스택 ③ 배열 ④ 연결 리스트

42 테이블을 만들 때부터 테이블 전체 크기를 미리 정해야 하는 자료구조는 무엇인가?

① 큐 ② 스택 ③ 배열 ④ 연결 리스트

43 다음 중 포인터를 사용하여 만들어지는 자료구조는 무엇인가?

① 큐 ② 스택 ③ 배열 ④ 연결 리스트

44 수를 오름차순으로 정렬하려 한다. 정렬 알고리즘 중에서 가장 작은 수를 찾아 빼놓고 그다음으로 작은 수를 찾아 빼놓는 과정을 반복하여 작은 수부터 차례로 채우는 것은 무엇인가?

① 선택 정렬 ② 삽입 정렬 ③ 버블 정렬 ④ 버킷 정렬

45 수를 오름차순으로 정렬하려 한다. 정렬 알고리즘 중 앞에서 뒤로 이동하면서 수를 두 개씩 비교하여 작은 수가 큰 수보다 뒤에 있으면 서로 바꾸는 과정이 있는 것은 무엇인가?

① 선택 정렬 ② 삽입 정렬 ③ 버블 정렬 ④ 버킷 정렬

46 수를 오름차순으로 정렬하려 한다. 정렬 알고리즘 중 정렬되지 않은 수를 하나 뽑아 맨 앞의 미리 정렬된 수 사이의 맞는 위치에 넣는 것은 무엇인가?

① 선택 정렬 ② 삽입 정렬 ③ 버블 정렬 ④ 버킷 정렬

47 비교 연산을 사용하지 않는 정렬 알고리즘은 무엇인가?

① 선택 정렬 ② 삽입 정렬 ③ 버블 정렬 ④ 버킷 정렬

48 $O(n^2)$ 알고리즘이 아닌 정렬 알고리즘은 무엇인가?

① 선택 정렬 ② 삽입 정렬 ③ 버블 정렬 ④ 버킷 정렬

CHAPTER 08

프로그래밍 언어

학습목표

- 프로그래밍 언어의 종류를 파악하고 주요 프로그래밍 언어의 특징을 알아본다.
- 웹 시스템의 구성과 HTML, CGI, XML, HTML5를 살펴본다.
- 웹 페이지의 구성 요소를 알아보고 간단한 HTML 태그를 익힌다.

Preview

인간이 프로그램을 통해 컴퓨터에 작업할 내용을 전달하면 컴퓨터는 프로그램을 해석하여 작업을 수행한다. 이 장에서는 프로그래밍 언어의 분류와 프로그램을 작성하는 과정을 알아본다. 또한 파이썬, C 언어, 자바로 작성한 간단한 프로그램을 살펴보면서 소스 코드의 형식을 익힌다.

웹 시스템에서 서버에 요청을 전송하는 프로그래밍과 웹 페이지를 만드는 프로그래밍을 통틀어 웹 프로그래밍이라고 한다. 웹 응용 프로그램에 무언가를 요청할 때는 특별한 스크립트 언어를 사용한다. 또한 HTML은 사용자에게 전달할 웹 페이지를 구성하는 언어이다.

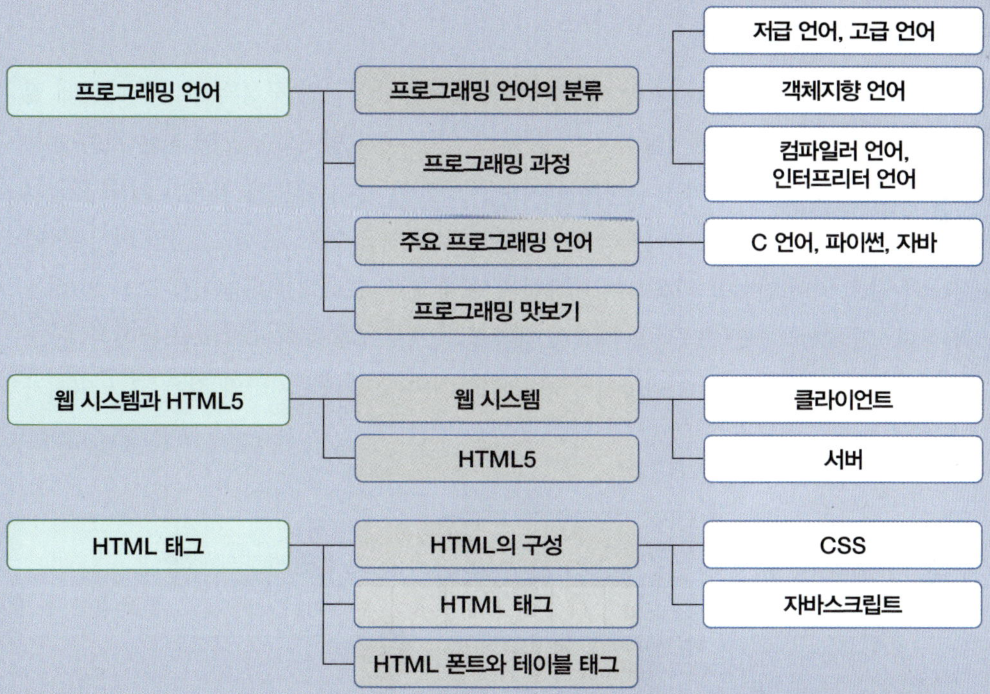

01 | 프로그래밍 언어

1 프로그래밍 언어의 분류

컴퓨터에게 작업을 지시하는 데 사용하는 것이 프로그래밍 언어이다. 인간이 사용하는 언어가 한국어, 영어, 불어, 독일어로 다양하듯이 컴퓨터에서 사용하는 언어도 기계어, 어셈블리어, C, C++, 자바, 파이썬으로 다양하다.

1.1 저급 언어와 고급 언어

기본적으로 컴퓨터는 **기계어**machine language만 이해한다. 기계어는 숫자로만 구성되어 있기 때문에 일반인은 이해할 수 없다. 그래서 기계어를 인간이 읽을 수 있는 문자 형태로 바꾸어 놓은 것이 **어셈블리어**assembly language이다. 어셈블리어는 숫자를 문자로 바꾸기만 했기 때문에 여전히 이해하기 어렵다. 이렇게 기계어에 가까워 인간이 이해하기 어려운 언어를 **저급 언어**low level language라 한다. 반면 if, while, for와 같은 영어 단어를 사용하여 이해하기 쉽게 만든 프로그래밍 언어를 **고급 언어**high level language라 한다. 기계어와 어셈블리어를 제외한 대부분의 프로그래밍 언어가 고급 언어이다. 고급 언어 중 가장 많이 알려진 것은 C 언어이며 이외에도 C++, 파이썬, 자바와 같은 고급 언어가 있다.

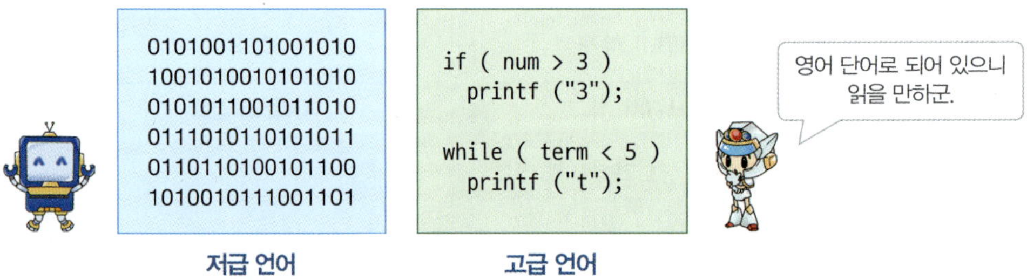

그림 8-1 저급 언어와 고급 언어

1.2 객체지향 언어

프로그래밍 언어는 일반 언어와 **객체지향 언어**object-oriented language로 구분할 수 있다. C 언어를 제외한 대부분의 언어가 객체를 지원한다. 대표적인 객체지향 언어로 자바가 있으며 C 언어를 객체지향 언어로 바꾼 것이 C++이다.

[그림 8-2]는 일반 언어와 객체지향 언어가 데이터를 다루는 방식의 차이점을 나타낸다. 프로그래밍 언어에서 데이터를 담는 통을 **변수**variable라 하고, 데이터를 처리하는 하나의 묶음 형태를 **함수**function라 한다. 간장통(변수)에 간장(데이터)이 담겨 있다고 상상해 보자. 이 간장을 3cc 덜어서 국에 넣으려 한다. 이때 (a)와 같이 계량 숟가락(함수)을 사용하여 3cc를 계량한 후 국에 넣는 것이 일반 언어의 방식이다. 이처럼 일반 언어는 변수와 이를 처리하는 함수를 따로 관리한다. 그러다가 사용자가 실수로 간장을 엎지르기도 한다.

그런데 객체지향 언어에서는 (b)와 같이 간장통(변수)에 펌프(함수)가 달려 있다. 펌프를 누르면 간장 1cc가 나온다. 간장이 3cc 필요하면 펌프를 세 번 누르면 된다. 객체지향 언어는 데이터를 담는 통과 그 데이터를 처리하는 함수(더 정확하게는 메서드method라고 한다)를 하나로 묶은 것이다.

(a) 일반 언어 (b) 객체지향 언어

그림 8-2 객체지향 언어가 데이터를 다루는 방식

변수와 함수를 묶어 객체로 관리하면 편리하게 데이터를 처리할 수 있다는 장점이 있다. 다른 객체에서 특성을 상속받을 수 있고, 데이터를 사용할 수 있는 사람과 데이터를 사용할 수 없는 사람을 구분하는 일이 가능하다. 남이 만들어 놓은 객체를 가져와 사용할 수도 있다. 또한 사용자가 실수로 간장을 엎지르는 일도 막을 수 있다.

1.3 컴파일러 언어와 인터프리터 언어

프로그래밍 언어로 작성한 결과물을 **소스 코드**source code라 하고, 줄여서 코드라 부른다. 컴퓨터는 기계어만 인식하며, 고급 언어를 사용하여 만든 코드는 이해할 수 없다. 따라서 소스 코드를 기계어로 번역하는 작업이 필요하다. 고급 언어를 기계어로 번역하는 과정을 **컴파일**compile이라 부르고, 컴파일을 담당하는 프로그램을 컴파일러compiler라 부른다. 코드를 실행하기 위하여 컴파일해야 하는 대표적인 언어로 C 언어, C++, 자바가 있다. 이러한 언어를 컴파일러 언어라 부른다.

컴파일러 언어

컴파일러 언어인 C 언어를 실행하는 과정을 살펴보자. 사용자가 C 언어의 문법에 맞게 소스 코드를 작성한다. 그러면 C 언어 코드를 C 언어 컴파일러가 번역하여 기계어로 이루어진 실행 파일을 만든다. 사용자가 실행 파일을 실행하면 컴퓨터가 기계어를 읽어서 작업을 진행한다.

그림 8-3 **컴파일 과정**

인터프리터 언어

컴파일러와 대비되는 방식인 인터프리터는 실행 파일을 따로 만들지 않는다. **인터프리터**interpreter는 소스 코드를 한 번에 한 문장씩 번역하여 실행한다. 자바스크립트나 베이직이 인터프리터 방식을 사용하는 언어이다. 인터프리터 언어를 스크립트 언어라고도 부른다.

TIP 과거에는 컴파일러 언어와 인터프리터 언어가 분명하게 구분되었으나 파이썬과 같은 언어는 두 가지 방식을 혼용한다. 실행 파일을 만들어 실행하면 컴파일 방식이라 부르고, 컴파일 없이 바로 실행하면 인터프리터 방식이라 부른다. 따라서 파이썬은 컴파일 방식을 사용하는 인터프리터 언어이다.

인터프리터 방식과 컴파일 방식의 비교

언뜻 보기에 인터프리터가 편해 보일 수 있다. 그러나 여러 이유로 컴파일 방식이 더 많이 사용된다. 컴파일 방식의 장점을 알아보자.

[그림 8-4]는 인터프리터 방식과 컴파일 방식의 차이점을 레시피에 빗대어 설명한 것이다. (a)의 인터프리터 방식에서는 레시피를 위에서 아래로 한 줄씩 읽으며 조리한다. (b)에 나타난 컴파일 방식의 특징은 사용할 재료(변수)를 미리 선언한다는 것이다. 그리고 조리를 시작하기 전에 재료 목록과 레시피 전체를 위에서 아래로 훑으면서 오류나 불필요한 내용이 있는지 우선 확인한다.

컴파일 방식은 조리를 시작하기 전에 레시피를 살펴보기 때문에 오류를 찾거나, 필요 없는 재료를 삭제하거나, 반복되는 작업을 하나로 합칠 수 있다. (b)의 레시피에는 파가 있으나 재료 목록에 파가 없다. 컴파일러는 조리 시작 전에 이 점을 파악하고 재료 목록에 파를 추가하라고 지시한다. 또한 재료 목록에는 있지만 레시피에 없는 참기름을 삭제하여 불필요한 재료를 없앤다. 레시피에 '짜장 소스를 볶는다.'가 두 번 나오는데 이를 하나로 합쳐 작업을 줄인다. 양파 볶기가 빠졌다는 점도 미리 파악할 수 있다. 정리하면 컴파일 방식은 조리 시작 전에 레시피를 최적화할 수 있다.

반면 인터프리터 방식은 오류를 찾거나 소스 코드를 최적화하기 어렵다. 그래서 인터프리터 언어는 컴파일 언어보다 느리게 작동한다. 컴파일러 언어인 C 언어는 현존하는 프로그래밍 언어 중 가장 빠르다. 자바보다는 3배 이상 빠르고 파이썬보다는 10배 이상 빠르게 작동한다.

TIP 인터프리터 언어인 자바스크립트에도 변수를 먼저 선언한 뒤에 사용하는 기능이 추가되었다.

물 2L를 끓인다.
면을 5분간 삶는다.
식용유 2큰술을 넣고 돼지고기 90g을 볶는다.
익은 돼지고기에 파 1개와 간 마늘 1큰술을 넣어 볶는다.
짜장라면 4개에서 스프를 꺼내 볶는다.
면에 소스를 얹어 먹는다.

(a) 인터프리터 방식

재료
라면: 짜장라면 4개
고기: 돼지고기 90g
채소: 양파 1개, 파 1개, 간 마늘 1큰술
액체: 물 2L, 식용유 2큰술, 참기름

물 2L를 끓인다.
면을 5분간 삶는다.
식용유로 돼지고기를 볶는다.
짜장 소스를 볶는다.
익은 돼지고기에 파, 간 마늘을 추가하고 볶는다.
짜장 소스를 볶는다.
면에 소스를 얹어 먹는다.

(b) 컴파일 방식

그림 8-4 **인터프리터 방식과 컴파일 방식**

2 프로그래밍 과정

레고의 마인드스톰은 움직이는 로봇을 만들 수 있는 모듈형 키트이다. 마인드스톰에는 모터, 터치 센서, 거리 센서, 컬러 센서 등 다양한 부품과 센서를 제공한다. 이를 결합하여 벽을 인식하고 돌아서는 이족 보행 로봇, 움직이는 로봇 강아지, 바닥의 선을 따라 이동하는 자동차 등을 만들 수 있다. 이러한 로봇을 만들 때 어떤 과정을 거쳐야 하는지 생각해보자.

❶ **요구 분석**: 로봇의 특징을 정의하는 단계이다. 네발 달린 로봇인지, 바퀴가 달린 로봇인지, 인간

처럼 두 다리로 걷는 로봇인지, 장애물을 만나면 어떻게 동작할지와 같이 로봇의 형태와 기능을 정의한다.

❷ **설계**: 기능을 어떻게 구현할지 결정하는 단계이다. 로봇이 두 다리로 걸을 수 있도록 몸통에 모터를 설치하는 것을 결정하고, 로봇이 장애물을 인식할 수 있도록 앞부분에 거리 센서를 부착하는 것을 결정한다. 로봇을 만드는 모든 단계 중 가장 중요한 단계가 설계이다.

❸ **조립**: 설계에 따라 조립하여 로봇을 구현하는 단계이다.

❹ **중간 점검**: 로봇을 조립하는 중간에 주요 부품이 잘 움직이는지 점검하는 단계이다. 각 부품이 제대로 움직이고, 설계도에 따라 모든 부품을 결합하면 로봇이 완성된다.

❺ **실행**: 완성된 로봇을 작동시키는 단계이다.

그림 8-5 로봇을 만드는 과정

프로그램을 만드는 과정도 마인드스톰으로 로봇을 만드는 것과 유사하다.

❶ **요구 분석**: 컴퓨팅 사고를 이용하여 문제를 분석하고, 프로그램의 특징을 정의하는 단계이다. 예를 들어 컴퓨터와 사용자가 대결하는 게임을 만든다면 기존 게임을 분류하고, 인기 있는 게임의 패턴을 찾아서 게임의 대결 방법, 점수를 획득하는 방식, 승패를 결정하는 방법을 결정한다.

❷ **알고리즘 작성**: 요구 분석에서 결정한 기능을 구현하는 단계이다. 7장에서 설명한 순차 구조, 선택 구조, 반복 구조를 사용한다.

❸ **코드 작성**: 소스 코드를 작성하는 단계이다. 에디터를 이용하면 소스 코드를 쉽게 작성할 수 있다. 에디터editor란 문서 편집 프로그램과 유사한 모양의 응용 프로그램이다.

❹ **컴파일**: 컴파일러가 소스 코드에 이상이 없는지 점검하고 실행 파일을 만드는 단계이다.

❺ **실행**: 실행 파일을 실행하는 단계이다.

프로그래밍에서 가장 중요한 과정은 요구를 분석하고 알맞은 알고리즘을 만드는 단계이다. 로봇의 제작에서 설계가 프로그래밍에서는 알고리즘 작성에 해당한다. 설계가 잘못되면 의도대로 작동하는 로봇을 만들 수 없듯이 알고리즘이 엉망이면 좋은 프로그램을 만들 수 없다. 소스 코드 작성, 컴파일, 실행 단계에서는 알고리즘을 올바르게 작성했는지를 확인할 뿐이다. 알고리즘이 정확하다면 소스 코드를 C 언어로 만들든 자바로 만들든 정확하게 작동할 것이다.

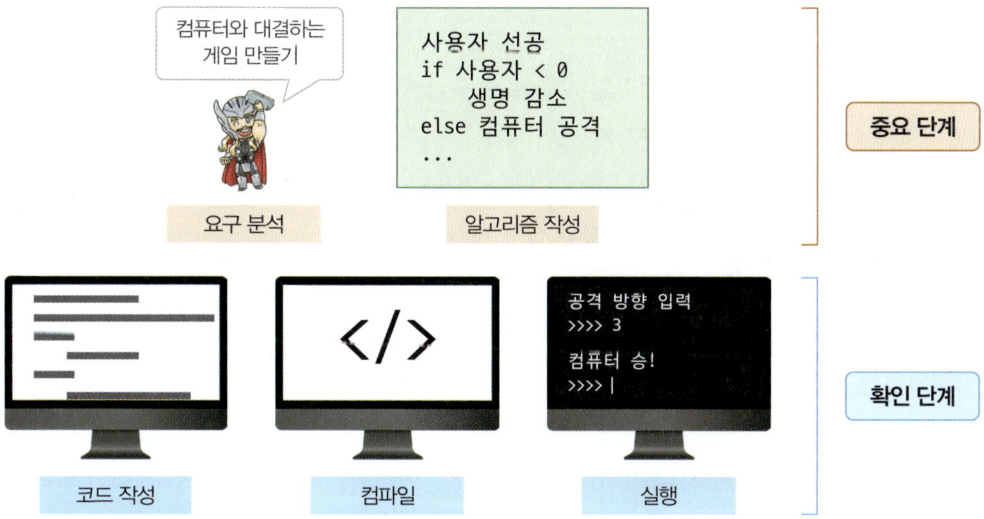

그림 8-6 **프로그래밍 과정**

디버깅

컴퓨터 파일에는 파일의 종류를 나타내는 확장자가 있다. 예를 들어 jpg나 gif는 사진이나 그림 데이터의 확장자이고, exe나 com은 실행 파일의 확장자이다. C 언어 코드가 담긴 파일의 확장자는 `c`이다. 자바 코드가 담긴 파일의 확장자는 `java`이다. `test.c`를 컴파일하면 `test.exe`라는 실행 파일이 만들어진다. 마찬가지로 `hello.java`를 컴파일하면 `hello.exe`라는 실행 파일이 만들어진다.

소스 코드를 작성하여 컴파일하고 실행하는 과정에서 많은 종류의 **오류**error를 만나게 된다. 코드에서 발생하는 오류를 **버그**bug라 부른다. 버그라는 이름은 초기 컴퓨터에 벌레가 들어가 고장 난 데서 유래되었다. 오류가 있으면 찾아 수정해야 한다. **디버깅**debugging은 소스 코드에 오류가 없도록 수정하는 작업이다. 디버깅은 벌레(버그)를 제거한다는 뜻이다.

오류의 종류

소스 코드에서 발생하는 오류를 다음과 같이 3가지로 나눌 수 있다.

- **문법 오류**syntax error: 문법에 맞지 않는 코드를 컴파일할 때 나타나는 오류이다. 컴파일 과정에서 나타나기 때문에 컴파일 오류라고도 부른다. 오타가 있거나, 문법에 맞지 않는 단어를 사용하는 경우 문법 오류가 발생한다. 문법 오류가 있으면 컴파일해도 실행 파일이 만들어지지 않는다. 이때 컴파일러가 오류의 종류와 줄 번호line number를 알려준다. 그래서 문법 오류는 흔히 발생하지만 디버깅하기 쉽다. 컴파일러가 알려주는 위치에서 오류를 찾아서 코드를 수정한 후 다시 컴파일하면 된다.
- **실행 시간(런타임) 오류**run-time error: 컴파일이 완료된 후 실행 파일을 실행할 때 나타나는 오류이다. 화면이 먹통이 되거나, 이상한 문자가 나타나거나, 아무 반응이 없는 식으로 나타난다. 문법을 따른 소스 코드이지만 컴퓨터가 처리할 수 없는 내용일 때 실행 시간 오류가 발생한다. 예를 들어 끝나지 않는 반복 구조를 사용하는 경우 실행 시간 오류이다.
- **논리 오류**logical error: 문법 오류나 실행 시간 오류가 없지만 원하는 결과가 나오지 않는 오류이다. 문법 오류나 실행 시간 오류는 코드 일부만 문법에 맞게 고치면 된다. 그러나 논리 오류는 알고리즘이 잘못되었을 때 발생한다. 따라서 논리 오류를 해결하려면 알고리즘을 처음부터 다시 살펴보아야 한다. 테스팅 과정에서 논리 오류가 발견되기도 한다. 테스팅testing이란 여러 값을 입력하여 원하는 결과가 나오는지를 확인하는 작업이다. 어떤 값을 입력했을 때는 정상적인 결과가 나타나는데 다른 값을 입력했을 때 비정상적인 결과가 나타나면 논리 오류가 있는 것이다.

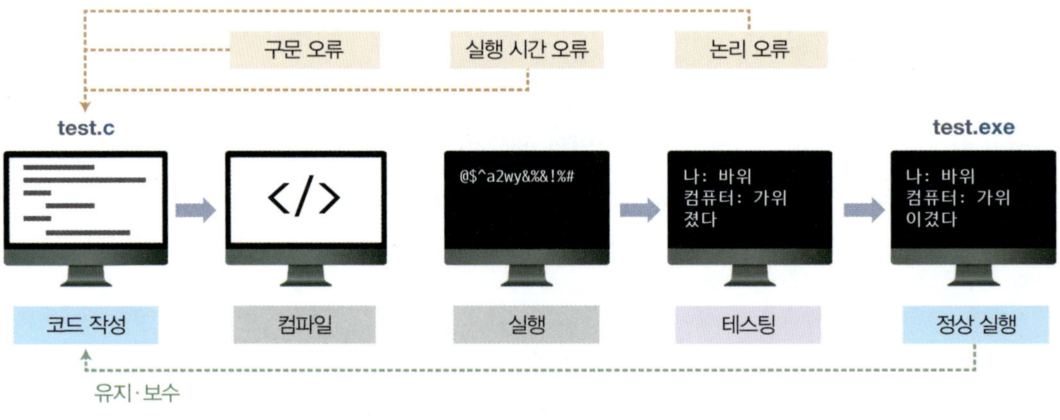

그림 8-7 오류와 디버깅

코딩 실력을 키우는 디버깅과 최적화

영화나 드라마에서는 프로그래머가 키보드를 몇 번 두드리면 결과가 나온다. 그러나 현실에서는 숙달된 프로그래머라도 많은 오류를 만난다. 그러니 오류를 두려워할 필요가 없다. 훌륭한 프로그래머가 되려면 많은 오류를 경험해야 한다. 코딩과 디버깅을 반복하면서 자신이 몰랐던 것을 알게 되고 새로운 코딩방식을 습득하게 된다.

코딩 실력을 늘리는 또 다른 방법은 코드를 최적화하는 것이다. 같은 문제를 풀더라도 초급자가 만든 코드에는 불필요한 부분이 많지만 숙련자의 코드는 깔끔하다. 코드를 단순화하고 기능을 향상하는 작업을 유지·보수라 부른다. 문제를 푸는 데 만족하지 말고 코드를 최적화하는 방법을 계속 고민한다면 훌륭한 프로그래머가 될 것이다.

3 주요 프로그래밍 언어

[표 8-1]은 네덜란드의 IT 기업인 티오베TIOBE에서 공개한 2022년 가장 많이 사용된 프로그래밍 언어의 순위이다.

표 8-1 프로그램 언어의 순위(2022년)

순위	프로그래밍 언어	비율	전년 대비 증감
1	파이썬	17.18%	+5.41%
2	C	15.08%	+4.35%
3	자바	11.98%	+1.26%
4	C++	10.75%	+2.46%
5	C#	4.25%	−1.81%
6	비주얼베이직	4.11%	−1.61%
7	자바스크립트	2.74%	+0.08%
8	어셈블리어	2.18%	−0.34%
9	SQL	1.82%	−0.30%
10	PHP	1.69%	−0.12%

과거에 코볼이나 포트란과 같은 프로그래밍 언어가 있었으나 현재는 거의 사용되지 않는다. 따라서 현재 많이 사용되는 파이썬, C 언어, 자바의 특징을 소개한다. 웹 프로그래밍과 관련 있는 자바스크립트와 PHP는 다음 절에서 설명할 것이다. 데이터베이스와 관련 있는 SQL은 10장에서 알아본다.

3.1 C 언어

운영체제도 소프트웨어의 한 종류이기 때문에 프로그래밍 언어로 만들어진다. 1969년에 켄 톰프슨Kenneth Lane Thompson이 어셈블리어로 유닉스를 개발했다. 운영체제 중에서 가장 오래되었으며 가장 많은 사람이 사용하는 것이 유닉스UNIX이다. 유닉스는 매우 훌륭한 운영체제였으나 저급 언어로 제작되었기 때문에 성능을 높이거나 기능을 변경하거나 응용 프로그램을 만들기 불편했다. 유닉스 개발에 뒤늦게 참여한 데니스 리치Dennis Ritchie는 어셈블리어를 대신할 언어로 C 언어를 개발했다. C 언어는 기존에 있던 B 언어를 개선한 언어인데, 이후에 유닉스 시스템과 관련 프로그램이 모두 C 언어로 변경되었다.

유닉스의 소스 코드가 공개된 후에 스마트폰 운영체제를 포함하여 수많은 운영체제와 관련 소프트웨어가 유닉스를 기반으로 만들어졌다. 그러면서 C 언어가 대표적인 프로그래밍 언어로 자리 잡았다. C 언어는 50년 이상 개선되고 표준화되었고, C++이나 자바와 같은 현대 프로그래밍 언어의 기반이 되었다.

C 언어의 장단점

C 언어는 많은 프로그래밍 언어의 기초이므로 자바, C++, C#을 공부하기 전에 C 언어를 먼저 공부하면 좋다. C 언어는 어셈블리어를 기반으로 만들어졌다. 따라서 저급 언어의 특징과 고급 언어의 특징을 동시에 가지며, 다음과 같은 장점이 있다.

- C 언어는 다른 언어에 비하여 문법 구조가 간결하여 적은 양의 코드로도 많은 작업을 수행한다.
- C 언어는 기계어로 간단하게 번역되기 때문에 매우 빠르게 작동한다. 그래서 임베디드 시스템 개발에 C 언어가 많이 이용된다.
- C 언어가 개발될 당시에는 컴퓨터 메모리가 10KB 수준이었다. C 언어는 이렇게 작은 메모리의 컴퓨터에서도 동작할 만큼 강력하다.

한편 C 언어가 저급 언어의 특징과 고급 언어의 특징을 모두 가지고 있기 때문에 다음과 같은 단점이 있다.

- C 언어에서 저급 언어와 관련 있는 부분은 사용자가 이해하기 어려울 수 있다.
- C 언어를 이용하려면 경험과 숙련이 필요하다. 프로그래밍 언어가 간결한 문법 구조를 가진다는 점은 프로그래머에게 자유를 주지만, 동시에 프로그래머가 알아서 처리해야 하는 부분이 많다는 의미이기도 하다.
- C 언어에는 객체의 개념이 없어 코드의 재사용이 제한적이다. C++이나 자바와 같은 객체 지향 언어가 코드를 재사용하고 확장하는 점과 대비된다.

C 언어의 가장 큰 강점은 실행 속도이다. 같은 기능의 코드라도 자바는 약 3배, 파이썬은 약 10배 정도 C 언어보다 느리다. 컴퓨터의 성능이 좋을 때는 속도가 느려도 문제가 되지 않지만, 가전제품이나 통신 기기에는 강력한 컴퓨터를 탑재할 수 없다. 그래서 임베디드 시스템에서 사용하는 코드

는 빠르게 작동하는 C 언어나 C++로 작성한다. 그래서 C 언어, C++, C#은 만들어진 지 수십 년이 지난 지금도 여전히 사랑받는다.

3.2 파이썬

현재 가장 많이 사용되는 프로그래밍 언어는 **파이썬**Phython이다. 파이썬은 1991년 귀도 반 로섬Guido Van Rossum이 발표한 프로그래밍 언어이다. 파이썬의 사전적 의미는 고대 신화의 큰 뱀이다. 그래서 파이썬의 로고는 뱀이 얽힌 모양이다.

그림 8-8 파이썬 로고

파이썬은 다양한 분야에 활용된다. 특히 최근에 주목받는 빅데이터와 머신러닝에 파이썬을 많이 활용한다. 파이썬을 이용하면 웹 페이지를 쉽게 제작할 수 있고 유지·보수가 간편하다. 게임처럼 개인용 컴퓨터에서 작동하는 응용 프로그램을 개발하는 데도 쓰인다. 구글과 인스타그램과 같은 기업에서도 파이썬으로 프로그램을 개발한다. 파이썬은 무료이고 문법이 간단하다. 그래서 대학에서는 비전공자를 대상으로 파이썬 교육을 강화하는 추세이다. 파이썬은 다른 프로그래밍 언어보다 느리지만, 과거에 비하여 컴퓨터 성능이 많이 좋아졌기 때문에 큰 문제가 되지 않는다.

3.3 자바

유닉스에서 C 언어로 만든 프로그램이 윈도우에서는 작동하지 않는 경우가 있다. 따라서 코드를 운영체제에 맞게 수정해야 한다. 더 큰 문제는 유닉스도 버전이 다양해서 유닉스 운영체제끼리 호환되지 않는다는 것이다. 이렇게 호환성이 떨어진다는 것은 개발자에게 아주 골치 아픈 일이다. C 언어로 응용 프로그램을 만들 때 유닉스 1, 유닉스 2, 윈도우용 코드를 따로 작성해야 하기 때문이다.

C 언어의 호환성 문제를 해결한 언어가 바로 자바Java이다. 자바로 만든 프로그램은 대부분의 운영체제에서 작동하기 때문에 코드를 수정할 필요가 없다. 다시 말해 하나의 소스 코드로 여러 운영체제에서 사용할 수 있다.

가상머신

자바가 작동하는 원리는 간단하다. 운영체제 위에 가상머신을 만들고 그 위에서 자바 응용 프로그램이 작동하게 하는 것이다. [그림 8-9]의 **가상머신**virtual machine(VM)은 운영체제와 응용 프로그램 사이에서 작동하는 프로그램이다. 가상머신을 설치하면 운영체제가 다르더라도 응용 프로그램이 모두 동일한 환경에서 작동하는 것처럼 보인다. 따라서 하나의 코드를 여러 운영체제에서 똑같이 실행할 수 있다. 자바는 유닉스와 윈도우에서 작동하는 가상머신을 만들어 배포하는데, 이를 자바 가상머신Java Virtual Machine(JVM)이라고 한다. 자바로 만든 프로그램을 사용하려면 컴퓨터의 운영체제에 맞는 JVM을 설치하면 된다.

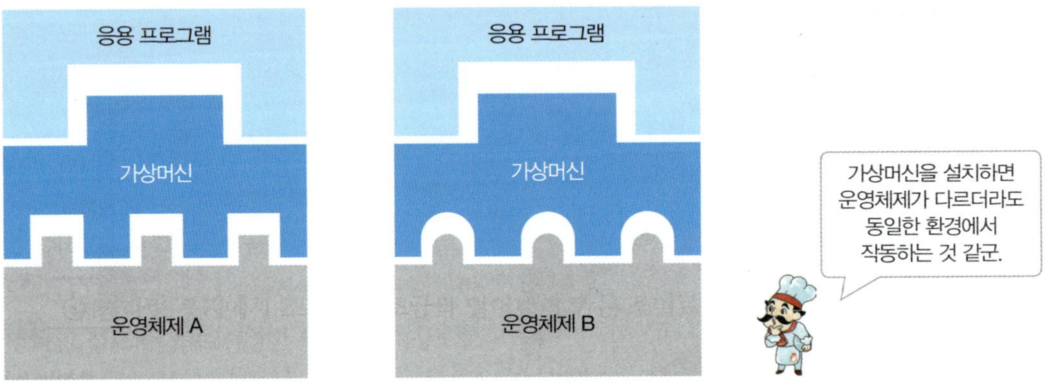

그림 8-9 가상머신

가상머신의 개념을 자바 가상머신 외에도 다양한 곳에서 활용한다. 윈도우 운영체제 환경에서 유닉스를 사용하고 싶다고 가정하자. 이때 윈도우 운영체제와 유닉스 운영체제를 한 컴퓨터에 설치하고, 부팅할 때 어떤 운영체제를 사용할지 선택할 수 있다. 그러나 대부분의 작업을 윈도우에서 하고 유닉스는 가끔 사용한다면 윈도우 운영체제에 유닉스 가상머신을 설치하면 훨씬 간편하다. 반대로 애플 컴퓨터나 노트북에서 윈도우를 사용할 때도 가상머신을 설치하면 맥OS와 윈도우를 모두 사용할 수 있다. 이렇게 가상머신을 사용하면 호환성이 높지만, 응용 프로그램이 가상머신 위에서 작동하기 때문에 속도가 느리다는 단점이 있다.

4 프로그래밍 맛보기: 온라인 에디터

프로그래밍 언어로 프로그램을 작성하려면 개발에 필요한 프로그램을 설치해야 한다. 그러나 프로그램을 설치하지 않고 온라인 에디터 웹사이트에서 바로 소스 코드를 작성할 수도 있다. 온라인 에디터의 한 종류인 온라인GDB(http://www.onlinegdb.com)에 접속해보자.

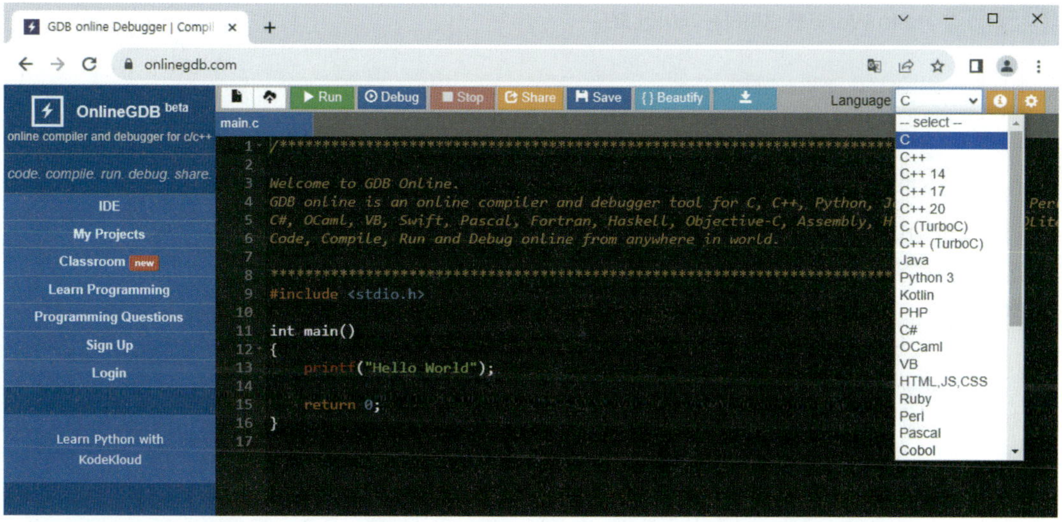

그림 8-10 온라인 에디터

화면에 [코드 8-1]과 같은 소스 코드가 기본으로 나타난다. 이 코드는 `Hello World`라는 문장을 화면에 출력하는 C 언어 코드이다. 화면 오른쪽 위의 [Language]에서 'C'를 선택한 뒤 〈RUN〉을 클릭하면 아래 결과 창에 `Hello World`가 출력된다. 참고로 [그림 8-10]에서 기울어진 연한 주황색 글씨는 주석이다. 주석comment은 소스 코드를 이해하는 데 참고하라고 달아놓은 메모이기 때문에 프로그램에 직접적인 영향을 미치지 않는다.

코드 8-1 Hello World를 출력하는 C 언어 코드

```
#include<stdio.h>

int main()
{
    printf("Hello World");
    return 0;
}
```

[Language]에서 'Python 3'를 선택하면 기본 코드가 [코드 8-2]와 같은 파이썬 코드로 바뀐다. 〈RUN〉을 클릭하면 마찬가지로 결과 창에 `Hello World`가 출력된다. 파이썬은 매우 단순한 언어이기 때문에 딱 한 줄만으로도 작동한다. C 언어와 마찬가지로 `print()` 이외의 문장은 주석이므로 없어도 된다.

코드 8-2 Hello World를 출력하는 파이썬 코드

```
print ('Hello World')
```

[Language]에서 'Java'를 선택하면 [코드 8-3]과 같은 코드가 보인다. 〈RUN〉을 누르면 결과 창에 Hello World가 출력된다.

코드 8-3 Hello World를 출력하는 자바 코드

```
public class Main
{
    public static void main(String[] args) {
        System.out.println("Hello World");
    }
}
```

02 | 웹 시스템과 HTML5

1 웹 시스템

구글의 크롬과 같은 웹 브라우저web browser를 사용하여 구글이나 네이버와 같은 웹사이트에 접속할 수 있다. 이러한 웹 시스템을 **클라이언트-서버**client-server 구조라고 한다.

클라이언트-서버 구조

클라이언트client란 서비스를 요청하는 컴퓨터이다. 엣지, 크롬, 파이어폭스 등의 웹 브라우저는 대표적인 클라이언트 소프트웨어이다. **서버**server는 서비스를 제공하는 컴퓨터이다. 웹 브라우저는 서버 컴퓨터에 접속하여 웹 페이지를 요청한다. 이때 사용하는 프로토콜이 HTTP, 즉 하이퍼텍스트(웹 페이지)를 전송하라는 프로토콜이다. 서버가 요청을 받으면 HTML을 사용하여 만들어진 웹 페이지를 클라이언트에 전송한다. 클라이언트에서는 이렇게 받은 웹 페이지를 웹 브라우저가 화면에 보여준다. 구경한다는 뜻의 영어 단어가 브라우징browsing이기 때문에 웹 브라우저라 부른다.

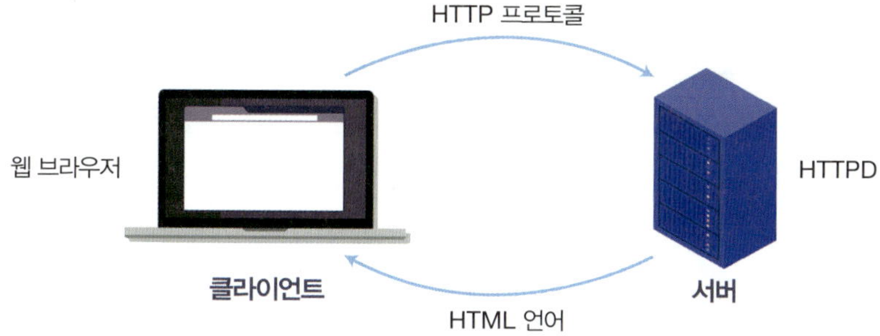

그림 8-11 웹 시스템

클라이언트에 설치된 소프트웨어는 사용자가 필요할 때 사용하다가 사용이 끝나면 종료시킨다. 그러나 서버에 설치된 소프트웨어는 다르다. 클라이언트가 언제 서비스를 요청할지 모르기 때문에 항상 대기 상태여야 한다. 이렇게 죽지 않고 살아서 계속 서비스하는 프로그램을 **데몬**daemon이라 부른다. 웹 시스템의 서버 쪽에는 HTTP(웹 서비스)를 처리할 데몬이 설치되어 있어야 한다. 웹 데몬을 HTTPDHyperText Transfer Protocol Daemon이라 부른다. 일반적으로 데몬은 프로토콜 이름 뒤에 D를 붙여 부른다. 따라서 HTTPD라고 하면 HTTP 프로토콜을 사용하는 웹 데몬이다. 대표적인 HTTPD 제품으로 아파치Apache, 톰캣Tomcat, IISInternet Information Services 등이 있다. 정리하면 서버는 데몬이 설치되었기 때문에 서비스를 제공할 수 있는 컴퓨터이다. 그리고 웹 데몬이 설치된 컴퓨터를 웹 서버라고 부른다. 웹 서버 구축이란 아파치, 톰캣, IIS와 같은 HTTPD를 컴퓨터에 설치한다는 의미이다.

클라이언트-서버 구조의 웹 시스템은 다음과 같이 정리할 수 있다. 웹 브라우저(클라이언트)가 HTTP를 사용하여 서버(HTTPD)에서 접속하면, 서버는 HTML로 이루어진 문서를 클라이언트에게 전송한다. 클라이언트 쪽의 웹 브라우저는 받은 HTML 문서를 화면에 보여준다.

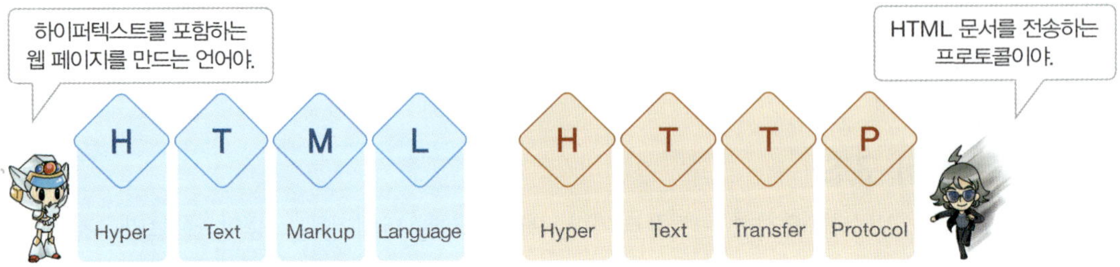

그림 8-12 HTML과 HTTP의 관계

마크업 언어

글자, 그림, 하이퍼텍스트로 웹 페이지를 구성할 때 **HTML**HyperText Markup Language을 사용한다. HTML은 웹 페이지를 자유롭게 구성할 수 있도록 고안된 언어이다. HTML에서 ML에 해당하는 마크업 언어의 의미를 살펴보자.

일반적인 문서에는 글자를 여러 모양으로 나타낼 수 있다. 예를 들어 love라는 단어를 *love*와 같이 기울여서 표현하거나 **love**와 같이 굵은 글씨로 표현할 수 있다. 이러한 작업에 사용되는 응용 프로그램이 문서 편집기word processor이다. 전 세계에서 MS 워드를 사용하며, 한국에서는 아래아한글도 많이 사용한다. 그러나 문서 편집기로 작성한 문서에는 치명적인 단점이 있다. 아래아한글로 작성한 문서를 미국으로 보낼 경우, 받는 사람의 컴퓨터에도 아래아한글이 설치되어 있어야 문서를 열 수 있다. MS 워드로 작성한 문서도 마찬가지이다. 다시 말해 문서가 특정 응용 프로그램에 국한되어 다른 프로그램과의 호환성에 문제가 있다.

그래서 호환성 문제를 해결하는 문서 표준이 등장했다. 응용 프로그램에 독립적인 전 세계 문서 표준이 **SGML**Standard Generalized Markup Language이다. SGML에서 가장 중요한 요소는 글자의 속성을 나타내는 태그tag이다. SGML에서는 속성을 표현하려는 문자의 앞과 뒤에 한 쌍으로 태그를 붙인다. 예를 들어 love를 기울인italics 글씨로 화면에 표현할 때 `<ITALICS>love</ITALICS>`이라 쓴다. 응용 프로그램은 글씨를 화면에 표현할 때 기울임 속성을 나타내는 태그 `<ITALICS>`를 읽어서 *love*를 보여준다. 굵은bold 글씨 **love**는 SGML에서 `<BOLD>love</BOLD>`라 쓰면 된다. 이렇게 글자의 앞과 뒤에 속성을 나타내는 태그를 붙여서 문서를 표현하는 방식을 **마크업 언어**markup language라 부른다.

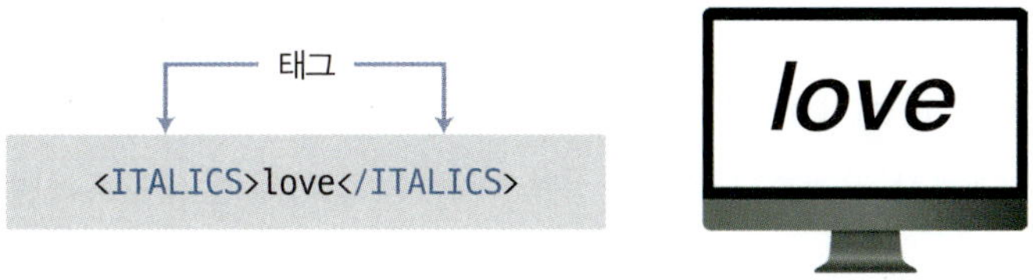

그림 8-13 SGML과 태그

여러 가지 문서 표준

SGML은 국제 표준화 기구에서 정한 표준이지만 널리 사용되지 않았다. 가장 큰 이유는 수학과 물리, 음악 등 모든 영역에서 사용할 문서 표준을 만들려다 보니 내용이 방대했기 때문이다. 그래서 SGML의 모든 내용을 하나의 소프트웨어로 처리하기 어려웠다. 또한 모든 글자의 속성을 일일이 태그로 지정해야 하니 작업이 번거로웠다. 문서 편집기에서는 간단한 작업인데도 SGML로 작업하려면 시간이 몇 배씩 걸렸다.

HTML은 SGML의 하위 집합이다. 웹 브라우저의 시초인 모자이크를 설계할 당시에 문서, 그림, 하이퍼텍스트로 구성된 웹 문서를 특정 응용 프로그램의 영향을 받지 않도록 할 방법이 필요했다. 그래서 SGML과 유사하게 태그를 사용하여 웹 페이지를 만들도록 제안된 방법이 HTML이다. HTML에는 글자 속성, 표 속성, 하이퍼링크 속성과 같은 태그들이 정의되어 있다. 그래서 웹 페이지를 구성하는 언어를 하이퍼텍스트 마크업 언어(HTML)라 부른다. HTML을 배운다는 것은 HTML 문서의 속성을 정의하는 태그와 그 사용법을 배운다는 의미이다.

HTML을 다양한 형태로 확장할 수 있도록 만든 것이 XML eXtensible Markup Language이다. HTML, XML 등의 웹 표준을 개발하는 단체는 1994년에 설립된 W3C World Wide Web Consortium이다. W3C의 설립 취지는 웹 프로토콜과 서비스의 가이드라인을 개발하는 것이었다.

전 세계 문서 표준은 아니지만 많이 사용되어 표준처럼 자리 잡은 문서 포맷이 PDF Portable Document Format이다. 1992년에 어도비 Adobe에서 PDF를 만들었다. 어도비는 프린터 종류와 관계없이 일정한 인쇄물을 출력할 수 있는 포스트스크립트 PostScript라는 언어를 개발했다. 포스트스크립트의 확장자는 ps 혹은 eps이다. 포스트스크립트를 인쇄물이 아닌 파일 형식으로 변환한 것이 PDF이다. 프린터에서 사용하던 포스트스크립트를 기반으로 만들어졌기 때문에, PDF 변환 프로그램 중 일부는 프린터 형태이다. 인쇄할 프린터 목록에서 PDF를 선택하면 프린터로 출력되는 것과 같은 모양인 파일을 저장할 수 있다. PDF에도 `<THead>`, `<TBody>`, `<TH>`와 같이 마크업 언어의 태그 방식이 사용된다.

CGI

HTML은 미리 만들어진 그림책과 같다. 따라서 한번 만들어진 웹 페이지의 내용을 바꾸려면 HTML로 문서를 새로 만들어야 한다. 그래서 동적으로 변하는 데이터를 웹 페이지에 삽입하려면 다른 프로그램의 도움을 받아야 한다.

예를 들어 어느 웹 페이지에다가 웹 서버의 현재 시각을 표시한다고 가정하자. 현재 시각은 서버에 설치된 운영체제가 알기 때문에 웹 데몬은 운영체제에 현재 시각을 묻는다. 웹 데몬이 현재 시각을 얻으면 시간 데이터를 HTML의 형식에 맞게 바꾸어 웹 문서에 삽입한다. 이렇게 운영체제나 데이터베이스와 같은 응용 프로그램에 질문을 해서 얻은 결과를 HTML에 맞게 변형하는 프로그램이 CGI Common Gateway Interface이다.

웹 데몬이 운영체제에 질문할 때와 데이터베이스에 질문할 때 질문의 형식이 다르다. 따라서 HTTPD는 CGI를 통해 응용 프로그램이 요구하는 형식에 맞추어 질문한다. 응용 프로그램이 주는 응답은 일반적으로 문자 형태이다. CGI는 문자형 데이터를 HTML의 문법에 맞게 변형하여 웹 데몬에 전달한다. 다시 말해 CGI는 웹 데몬과 다른 응용 프로그램을 연결하는 인터페이스interface 역할을 한다.

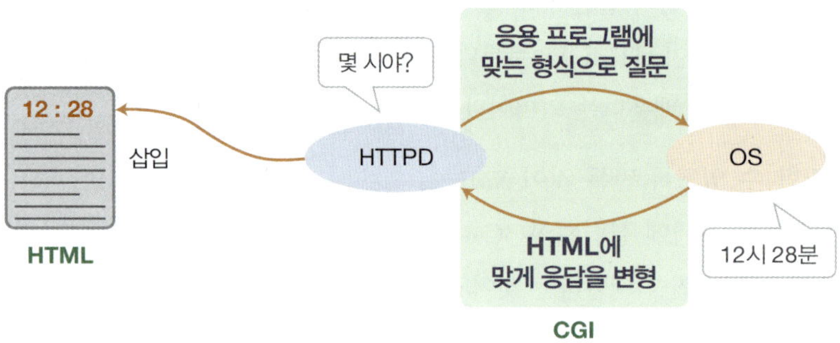

그림 8-14 CGI의 역할

초기 웹 시스템에서는 스크립트 언어를 사용하여 CGI를 구현했다. 웹 시스템이 발전하면서 데이터베이스와 같은 응용 프로그램과의 연결도 많아지고 질문 내용도 복잡해졌다. 예를 들어 웹사이트에서 로그인할 때 이용하는 사용자 정보는 서버의 데이터베이스에 있다. 사용자가 웹 시스템에 접근할 때마다 HTTPD는 CGI를 통하여 데이터베이스에 질문한다. 데이터베이스에 사용자 정보에 대해 질문하는 것은 운영체제에 지금이 몇 시인지 묻는 것보다 훨씬 복잡하다. 이런 복잡한 문제를 스크립트 언어로 처리하는데 한계가 있었다.

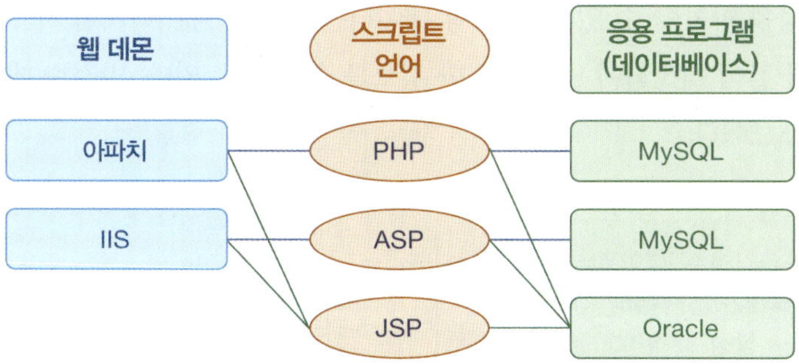

그림 8-15 서버 개발에 사용하는 스크립트 언어

웹 데몬 개발사에서는 웹 개발자들이 주변 응용 프로그램에 쉽게 연결할 수 있도록 강력한 스크립트 언어를 웹 데몬과 함께 제공한다. 대표적인 웹 데몬인 아파치에서 서버 개발 언어로 제공하는 스크립트 언어가 PHP PHP: Hypertext Preprocessor이다. 아파치를 윈도우 서버에서도 사용할 수 있지만 대부분 유닉스 서버에서 사용한다. 마이크로소프트의 웹 데몬 IIS에 사용하는 스크립트 언어는 ASP Active Server Pages이다. 따라서 아파치를 사용하려는 사람은 PHP를 공부해야 하고, IIS를 사용하려는 사람은 ASP를 공부해야 한다. 어떤 웹 데몬 제품에도 사용할 수 있는 스크립트 언어가 있는데, 이것이 자바 기반의 JSP Java Server Pages이다.

TIP 아파치와 MySQL은 오픈 소스 소프트웨어여서 무료로 사용할 수 있다. 그래서 많은 웹 시스템이 'Apache, PHP, MySQL'의 조합을 사용한다. 이 조합의 앞 글자를 따서 APM 시스템이라 부른다.

2 HTML5

앞서 컴퓨터가 다루는 데이터는 정형 데이터와 비정형 데이터가 있다고 설명했다. 더 정확히는 컴퓨터가 다루는 데이터를 정형 데이터, 비정형 데이터, 반정형 데이터의 3가지 유형으로 구분한다. 비정형 데이터 unstructured data는 정해진 구조가 없는 데이터이다. 수첩에 전화번호를 적었다면 비정형 데이터일 것이다. 수첩에는 내용을 자신만 아는 순서대로 대충 적게 되기 때문이다. 순서에 맞게 정리된 데이터가 아니기 때문에 비정형 데이터로부터 정보를 추출하기 어렵다. 정형 데이터 structured data는 정해진 구조에 따라 저장된 데이터이다. 스마트폰의 전화번호부는 이름, 직장, 집, 전화번호와 같이 정해진 구조에 따라 입력하게 되어 있다. 정형 데이터는 관리가 용이하다. 구조가 정해져 있으니 삽입과 삭제가 편리하고, 검색하기도 쉽다.

XML

반정형 데이터 semi-structured data는 정형과 비정형의 중간 형태인 데이터이다. 반정형 데이터는 구조와 데이터를 같이 저장한다. [그림 8-16]에서 〈이름〉, 〈전화〉, 〈직장〉은 구조를 나타내는 태그이다.

태그를 통하여 데이터의 의미나 속성을 파악할 수 있다. 반정형 데이터는 비정형 데이터처럼 자유롭게 나열되어 있더라도 구조 정보가 같이 저장되어 있어 필요한 정보를 추출할 수 있다. 반정형 데이터를 표현하는 대표적인 방법이 XML이다.

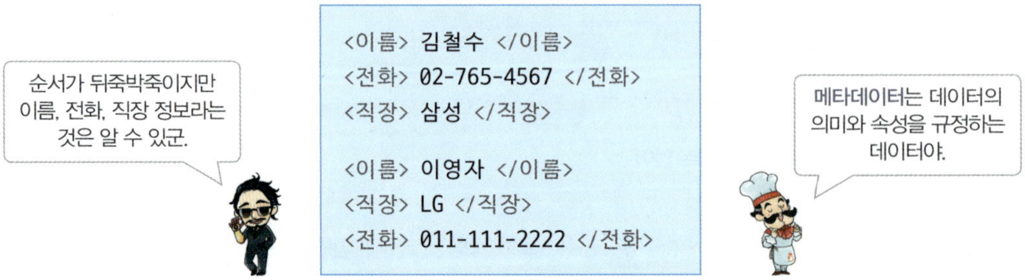

그림 8-16 XML로 표현한 반정형 데이터

XMLeXtensible Markup Language은 HTML의 한계를 극복하기 위하여 만들어진 다목적 마크업 언어이다. HTML은 매우 단순한 구조이기 때문에 문서 표현 이외에 복잡한 기능을 하지 못했다. 인터넷이 발달함에 따라 다양한 데이터를 주고받으면서 새로운 서비스를 개발할 필요가 있었다. 그래서 W3C에서는 데이터의 구조와 의미를 파악할 수 있도록 HTML의 태그를 확장하였는데 이것이 XML이다. 따라서 HTML은 XML의 하위 집합이다.

XML의 가장 큰 특징은 사용자가 정의하는 태그를 사용할 수 있다는 것이다. 예를 들어 〈이름〉, 〈전화〉, 〈직장〉과 같은 태그를 사용하여 데이터의 구조나 의미를 파악할 수 있다. 이렇게 데이터의 의미나 속성을 규정하는 데이터를 **메타데이터**metadata라 부른다. 메타데이터는 '데이터의 데이터'인데, 기계가 이해할 수 있도록 만들어진 데이터를 의미한다. 정리하면 XML은 사용자 정의 메타데이터를 사용할 수 있는 다목적 마크업 언어이다.

HTML5의 등장 배경

웹 시스템은 처음에 그림책을 보여주는 수준이었지만, 사용자가 폭발적으로 늘어남에 따라 다양한 서비스가 시작되었다. 웹 시스템에서 동영상 스트리밍, 게임, 은행 업무를 처리하기에 HTML만으로는 한계가 있었다. 서비스 요구를 충족하기 위해 W3C는 HTML 1.0부터 시작하여 4.0까지 표준을 개발하여 발표해왔다. 그러나 표준이 기술 발전을 따라가기에는 역부족이었다. 대형 소프트웨어 업체들은 HTML 표준이 처리하지 못하는 영역에 자신들이 개발한 기술로 파고들었다. 이렇게 탄생한 대표적인 기술이 어도비의 플래시flash와 마이크로소프트의 액티브X이다.

액티브X는 웹 서버에서 제공하는 소프트웨어를 클라이언트의 컴퓨터에 설치하도록 돕는다. 이를 통해 웹에서 다양한 기능을 수행할 수 있었다. 그러나 악성 소프트웨어도 쉽게 설치될 수 있다는 문제 때문에 액티브X는 컴퓨터 보안을 위협하는 기술이라고 평가받았다.

액티브X의 또 다른 문제는 호환성이다. 액티브X는 비표준 기술이기 때문에 웹 브라우저 중 마이크로소프트의 익스플로러에서만 작동하고 크롬이나 오페라에서는 사용할 수 없다. 과거 한국에서는 온라인으로 은행 업무를 볼 때 액티브X를 통하여 많게는 5개 이상의 소프트웨어를 설치해야 했다. 지금은 스마트폰이 보급되어 대부분의 업무를 스마트폰 환경에서 처리할 수 있으며, 스마트폰 웹 브라우저로 대부분 크롬을 사용한다. 따라서 과거 액티브X를 이용하도록 만들어진 모든 시스템을 액티브X 없이도 작동하도록 다시 개발해야 했다.

TIP 한때 웹 브라우저 시장의 80%를 차지했던 익스플로러는 거의 사라졌고 크롬이 1위를 차지했다. 마이크로소프트는 익스플로러를 포기하고 새로운 웹 브라우저인 엣지를 출시했다.

액티브X와 같은 비표준 기술을 사용하지 않고도 다양한 프로그램을 개발할 수 있도록 만들어진 표준이 HTML5이다. HTML5도 W3C를 통해 발표되었다. 원래 W3C에서는 HTML 4.0 이후에 XHTML 1.0을 표준으로 지정했다. 그러나 XHTML은 구조가 복잡하고 사용이 어려워 많이 보급되지 않았다. 그래서 새로 만든 표준이 HTML5이며, 이름에서 알 수 있듯이 XHTML의 후속 표준이 아닌 HTML 4.0의 후속 표준이다. 과거의 HTML과 비교하여 HTML5는 다양한 요구를 수용하는 매우 강력한 시스템이다. HTML5의 주요 특징은 다음과 같다.

- **멀티미디어 재생**: 과거에 유튜브를 시청하기 위해서는 플래시를 설치해야만 했다. HTML5 기반 웹 시스템은 프로그램을 설치하지 않고 웹 브라우저에서 직접 멀티미디어를 재생할 수 있다.
- **그래픽 지원**: HTML5는 그래픽카드가 지원하는 하드웨어 가속을 받아 2차원과 3차원 그래픽을 모두 지원하기 때문에 빠르고 다양한 화면을 보여줄 수 있다.
- **양방향 통신 지원**: 기존의 웹 시스템은 HTML을 클라이언트에게 전달하는 것이 목적이었다. HTML5는 클라이언트와 서버가 양방향 통신을 할 수 있도록 지원한다. 따라서 웹 시스템을 이용하여 온라인 게임도 제작할 수 있게 되었다.
- **다양한 장치에의 접근**: 기존의 웹 시스템은 사용자의 컴퓨터의 하드웨어에 제한적으로 접근했다. HTML5 웹 시스템은 다양한 하드웨어에 접근할 수 있다. 예를 들어 웹 브라우저가 GPS에 접근하여 지도를 불러온다든지 현재 위치 주변의 맛집, 병원, 주유소 정보를 검색할 수 있다.

이외에도 HTML5는 스타일 시트인 CSS3를 지원하여 성능을 극대화하면서도 강력한 웹 플랫폼이 되었다. CSS는 HTML을 꾸미는 역할을 한다. HTML을 그대로 두고 CSS만 바꿔도 다른 웹사이트처럼 보이는 효과가 있다.

그림 8-17 HTML5의 주요 특징

03 | HTML 태그

1 HTML의 구성

웹 페이지는 HTML, CSS, 자바스크립트의 3가지 요소로 구성된다. HTML은 웹 페이지의 내용물을 담고 있는 문서이다. 웹 페이지가 책이라면 HTML은 본문에 해당한다.

CSS Cascading Style Sheets는 HTML을 출력하는 모양을 결정한다. 같은 내용의 문서라도 어떤 것은 파란색 배경의 문서로 만들 수 있고, 또 다른 것은 오렌지색 배경의 문서로 만들 수 있다. 이러한 출력 모양을 결정하는 것이 CSS이다. CSS로 배경 색상뿐 아니라 문서 여백, 폰트 및 색깔, 글자 크기, 정렬 방식과 같이 출력에 필요한 다양한 사항들을 정의할 수 있다.

본문에 해당하는 HTML과 출력 모양을 결정하는 CSS를 분리하면 다양한 페이지를 만들 수 있다. HTML에 출력 모양까지 같이 들어있다고 가정하자. 폰트를 바꾸기 위해서는 HTML 문서 전체를 뒤져서 폰트에 해당하는 모든 태그를 찾아서 수정해야 한다. CSS를 분리하여 사용하면 HTML은 건드리지 않고 CSS의 내용 몇 개만 수정하여 출력 모양을 간단히 변경할 수 있다. 또한 HTML 문서 하나를 CSS에 따라 여러 모양으로 변형할 수 있다는 장점이 있다.

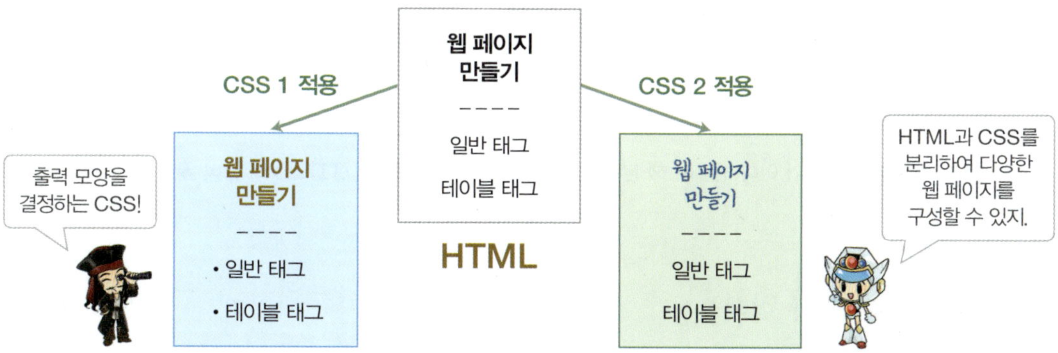

그림 8-18 HTML과 CSS의 관계

자바스크립트 JavaScript는 문서에서 동적으로 변하는 부분을 만들거나 응용 프로그램을 실행할 때 사용된다. 예를 들어 마우스 커서를 문서에 올릴 때 문서의 모양이 변하게 하거나 문서에 있는 버튼을 누를 때 특정한 프로그램이 실행되도록 하려면 자바스크립트를 사용하여 코드를 만든다. 주의할 점은 자바스크립트는 JSP Java Server Pages와 이름이 유사하지만 특성이 다른 언어라는 것이다. JSP는 웹 데몬 HTTPD와 응용 프로그램 사이에서 CGI의 역할을 하는 스크립트 언어이고, 자바스크립트는 HTML 문서에서 작동하는 스크립트 언어이다.

HTML의 기본 구조

[코드 8-4]에서 HTML 문서의 구조를 나타내는 태그를 살펴보자. HTML 문서는 **<HTML>**로 시작하여 **</HTML>**로 끝난다. HTML 문서는 제목을 나타내는 **<HEAD></HEAD>**와 본문을 나타내는 **<BODY></BODY>**로 구성된다. 제목 안에도 여러 요소를 넣을 수 있다. **<TITLE></TITLE>**은 문서 제목을 나타내며, 화면에서 브라우저 상단이나 브라우저 탭에 표시된다. 본문은 왼쪽 정렬로 표시된다. [코드 8-4]의 내용을 메모장에 입력한 후, 확장자가 **html**이 되도록 **test1.html**로 저장하자. 저장된 **test1.html**을 웹 브라우저 창에 드래그 앤 드롭하면 출력 화면을 볼 수 있다.

코드 8-4 **HTML의 기본 구조와 관련 태그**

```
<HTML>
    <HEAD>
        <TITLE>HTML 제목</TITLE>
    </HEAD>

    <BODY>
        본문은 여기에
    </BODY>
</HTML>
```

브라우저 표시 화면

```
본문은 여기에
```

TIP 앞으로는 특별한 경우가 아니라면 이 책 본문에서 </HTML>, </HEAD>, </TITLE>과 같이 끝내는 태그 </>는 생략한다.

HTML 태그 내 문자 입력

HTML 태그 안에 문자를 입력했을 때 웹 브라우저에 어떻게 나타나는지 알아보자.

- 공백 문자를 연달아 여러 개 입력해도 1개만 인식한다. [코드 8-5]에서 8행 **여기에** 글자 사이에 공백 문자가 여러 개 있지만, 화면에는 공백이 1개씩만 나타난다.
- HTML에 입력한 줄바꿈 문자 [Enter↵]는 화면에 출력될 때는 무시된다. 코드 7행과 8행 사이에 줄바꿈이 되어 있지만 출력할 때 줄바꿈 문자 [Enter↵]는 모두 무시된다.

코드 8-5 **HTML 태그 내 문자 입력**

```
01  <HTML>
02      <HEAD>
03          <TITLE>HTML 제목</TITLE>
04      </HEAD>
05
06      <BODY>
07          본문은
08          여        기                    에
09          <BR> 줄 바꿈
10      </BODY>
11  </HTML>
```

브라우저 표시 화면

```
본문은 여 기 에
줄 바꿈
```

- 줄을 바꾸려면 줄바꿈 태그인
을 사용해야 한다. 9행의
로 인하여 **줄바꿈** 글자는 한 줄 아래에 출력된다.
을 연달아 여러 번 사용할 수 있다. 특별히
은 끝내는 태그 </>가 없는 단독 태그라는 점을 주의해야 한다.

지금까지 설명한 내용은 HTML뿐 아니라 SGML, XML과 같은 마크업 언어에 공통적으로 적용된다.

2 HTML 태그

HTML에서 글자를 표시하는 데 사용하는 주요 태그는 다음과 같다.

표 8-2 HTML의 기본 태그

태그	설명	태그	설명
<H1>~<H6>	제목 표시	<SUP>	글씨를 위첨자로 지정
<P>	문단 구분	<SUB>	글씨를 아래첨자로 지정
<FONT>	폰트의 속성 지정	 	줄 바꿈
<B>	글씨를 굵게 지정	<HR>	수평선
<I>	글씨를 기울게 지정	<A>	하이퍼링크 지정
<U>	글씨에 밑줄 지정	<IMG src='파일 이름'>	화면에 이미지 출력

- <H1>에서 <H6>까지는 제목을 표시하는 태그이다. <H1>이 가장 큰 제목이고 <H6>가 가장 작은 제목이다. 따라서 글자 크기도 <H6>로 갈수록 작아진다.
- 본문에 여러 개의 문단이 있을 수 있다. 문단을 구분하는 태그는 <P>이다. 문단과 문단 사이는 한 줄을 띄운다.
- HTML 문서에는 다양한 폰트를 사용할 수 있고, 글자의 크기나 색깔을 지정할 수 있다. 폰트를 지정할 때는 <FONT> 태그를 사용한다. <FONT>의 사용 방법은 조금 뒤에 다시 설명한다.
- 문자의 다양한 속성을 태그로 표시할 수 있다. 굵은 글씨는 bold의 <B>, 기울인 글씨는 italic의 <I>, 밑줄은 underline의 <U> 태그로 지정한다. 또한 위첨자는 <SUP>, 아래첨자는 <SUB> 태그를 사용하여 지정한다.
- 줄 바꿈은
을 사용하며, 수평선을 만드는 태그는 <HR>이다. 둘 다 단독 태그이다.
- <A>는 하이퍼링크를 지정하는 태그이다. 하이퍼링크로 네이버 주소를 지정하는 경우 <A HREF='http://naver.com'>네이버</A>라 쓴다. 이때 '네이버'라는 글자는 밑줄이 그어진 파란색으로 나타나며, 이 글자를 누르면 naver.com으로 이동한다. 하이퍼링크로 연결된 페이지를 열 때 기존의 페이지에서 변경되는 것이 기본이지만 다르게 설정할 수도 있다. <A> 태그의 target 옵션으로 링크를 여는 방법을 지정할 수 있다. target 옵션의 기본값은 _self인데 현재 페이지라는 뜻이다. _blank는 새 탭을 의미하고, _parent는 부모 페이지, _top은 최상위 페이지를 의미한다. 따라서 네이버를 눌렀을 때 새로운 탭에서 네이버 메인 페이지가 열리게 하려면 <A HREF='http://naver.com' target='_blank'>네이버</A>라 쓰면 된다.
- HTML 문서에 그림이나 사진을 삽입할 때 <IMG> 태그를 사용한다. <IMG src='파일 이름'>을 사용하면 해당 위치에 그림이 나타난다.

[코드 8-6]은 기본 태그 몇 가지의 출력 결과를 보여준다. 제목 태그인 <H2>를 사용하여 크고 굵은 글씨가 화면에 나타난다. 본문은 7행부터 10행까지의 문단과 11행부터 13행까지의 문단, 총 2개의 문단으로 이루어진다. 표시 화면에서 문단과 문단 사이에 한 줄이 띄어 있다.

12행의 <A>는 하이퍼링크를 만드는 태그이다. 표시 화면에서 하이퍼링크로 연결된 네이버는 밑줄이 그어진 파란색 글씨이다. 이것을 누르면 네이버 메인 페이지로 연결된다.

코드 8-6 HTML 기본 태그

```
<HTML>
    <HEAD>
        <TITLE>HTML 제목</TITLE>
    </HEAD>
    <BODY>
        <H2>기본 태그</H2>
        <P>
                문단 시작<U>밑줄 글자</U> <BR>
                <B>굵은 글자</B>
        </P>
        <P>
                <A HREF='http://naver.com'>네이버</A>
        </P>
    </BODY>
</HTML>
```

브라우저 표시 화면

> ## 기본 태그
>
> 문단 시작 밑줄 글자
> **굵은 글자**
>
> 네이버

3 HTML 폰트와 테이블 태그

다양한 폰트를 사용하는 <FONT> 태그와 테이블을 만드는 <TABLE> 태그에 대하여 알아보자. <FONT>에는 `size`, `color`, `face` 옵션을 지정할 수 있다. `size`는 글자 크기, `color`는 글자 색깔, `face`는 사용할 폰트 종류를 설정한다. `color` 값으로 `red`, `green`, `black`과 같은 문자를 사용하거나 `#ff0000`과 같은 16진수 RGB 값을 사용할 수 있다. 테이블을 만들고 싶다면 <TABLE> 태그를 사용한다. 테이블에서 각 줄은 <TR>로 만들고, 한 줄에서 각 칸은 <TD>로 만든다.

표 8-3 HTML의 폰트와 테이블 관련 태그

태그	부속	설명
<FONT>	size	<font size='5'>글자 크기 5</font> <font size=+1>기본 폰트 +1 크기</font>
	color	<font color='red'>글자 색 빨강</font> <font color='#ff0000'>16진수 빨강</font>
	face	<font face='돋움'>돋움 폰트</font>
<TABLE>	<TR>	<TR>표의 한 줄 지정<TR>
	<TD>	<TD>줄의 한 칸 지정<TD>

[코드 8-7]에서 **<TABLE>** 태그의 사용법을 살펴보자.

코드 8-7 HTML 테이블

```
01 <HTML>
02     <HEAD>
03         <TITLE>HTML 제목</TITLE>
04     </HEAD>
05     <BODY>
06         <TABLE>
07             <TR>
08                     <TD>사자</TD>
09                     <TD>토끼</TD>
10             </TR>
11             <TR>
12                     <TD>늑대</TD>
13                     <TD> <FONT color='#ff0000'>여우</FONT> </TD>
14             </TR>
15         </TABLE>
16     </BODY>
17 </HTML>
```

브라우저 표시 화면

사자 토끼
늑대 여우

테이블은 6행에서 시작하여 15행에서 끝난다. 7행 **<TR>**은 테이블의 첫 번째 줄을 만들고, 이 줄은 10행에서 끝난다. 11행 **<TR>**은 테이블의 두 번째 줄을 만들고, 이 줄은 14행에서 끝난다. 따라서 두 줄의 테이블이 만들어진다.

8행의 <TD> 태그가 테이블의 첫 번째 줄 1번 칸을 만든다. 9행의 <TD> 태그가 테이블의 첫 번째 줄 2번 칸을 만든다. 따라서 브라우저 표시 화면에서 테이블의 첫 번째 줄 1번 칸에는 **사자**가 출력되고, 2번 칸에는 **토끼**가 출력된다.

11행의 <TR>이 테이블의 두 번째 줄을 만든다. 12행의 <TD>가 1번 칸에 **늑대**를 출력하고 13행의 <TD>가 2번 칸에 **여우**를 출력한다. <FONT color='#ff0000'> 때문에 여우는 붉은색 글씨로 출력된다.

요약

01 컴퓨터는 기계어만 인식한다. 어셈블리어는 숫자로 된 기계어를 문자로 바꾼 언어이다. 기계어나 어셈블리어와 같이 사람이 이해하기 어려운 언어를 저급 언어라 부르고, 영어 단어를 사용해 이해하기 쉽게 만든 언어를 고급 언어라고 한다.

02 객체지향 언어는 데이터를 담는 변수와 데이터를 처리하는 함수를 하나로 묶어 사용한다.

03 컴파일은 고급 언어를 기계어로 번역하여 실행 파일을 생성하는 과정이다. 인터프리터는 소스 코드를 한 번에 한 문장씩 번역하여 실행한다.

04 프로그램을 만드는 과정은 요구 분석, 알고리즘 작성, 소스 코드 작성, 컴파일, 실행이다. 가장 중요한 과정은 요구를 분석하고 그에 알맞은 알고리즘을 만드는 단계이다.

05 소스 코드를 작성하여 컴파일하고 실행하는 과정에서 코드에서 발생하는 오류를 버그라 부르며, 버그를 없애는 작업을 디버깅이라 부른다.

06 C 언어는 빠르고 강력하며 확장성이 좋으나 문법이 어렵고 객체 개념이 없다. 현재 가장 많이 사용되는 언어인 파이썬은 문법이 간단하여 배우기 쉬우나 느리다. 자바는 JVM이라는 자바 가상 머신을 사용하여 호환성 문제를 해결한 언어이다.

07 웹은 클라이언트-서버 구조로 이루어진다. 서버는 데몬을 설치한 컴퓨터이다. 하이퍼텍스트는 특정 위치에 링크를 걸어 다른 문서와 연결하는 기능이다. 하이퍼텍스트를 포함하는 웹 페이지를 HTML로 작성한다.

08 웹 데몬이 응용 프로그램에 질문했을 때 결과를 HTML에 맞게 변형하는 프로그램을 CGI라 부른다. 아파치의 PHP가 대표적인 CGI이다.

09 웹 페이지는 HTML, CSS, 자바스크립트의 3가지 요소로 구성된다. CSS가 HTML의 출력 모양을 결정하며, 자바스크립트가 문서 내의 동적인 부분이나 응용 프로그램의 실행을 처리한다.

연습문제

01 나머지 셋과 다른 프로그래밍 언어는 무엇인가?

① 자바 ② 어셈블리어 ③ 파이썬 ④ C 언어

02 나머지 셋과 다른 프로그래밍 언어는 무엇인가?

① 자바 ② C 언어 ③ C# ④ C++

03 저급 언어에 속하는 프로그래밍 언어는 무엇인가?

① 어셈블리어 ② C 언어 ③ 자바 ④ 파이썬

04 숫자인 기계어를 문자 형태로 바꿔놓은 프로그래밍 언어는 무엇인가?

① 어셈블리어 ② C 언어 ③ 자바 ④ 파이썬

05 객체지향 언어가 아닌 것은 무엇인가?

① 자바 ② C 언어 ③ C# ④ C++

06 컴파일 방식과 인터프리터 방식에 대한 설명으로 올바르지 않은 것은 무엇인가?

① 컴파일 방식은 소스 코드를 기계어로 번역하여 실행 파일을 만든 후 한꺼번에 실행하는 것이다.

② 소스 코드를 한 번에 한 행씩 번역하며 실행하는 것을 인터프리터 방식이라 부른다.

③ 컴파일 방식과 비교하여 인터프리터 방식은 복잡한 프로그램을 만드는 데 적합하다.

④ 컴파일 방식은 실행 전에 소스 코드의 오류를 발견할 수 있으며 코드를 최적화할 수 있다.

07 소스 코드를 컴퓨터가 실행할 수 있는 기계어로 번역하여 실행 파일을 만든 후 한꺼번에 실행하는 방식과 관련 있는 단어는 무엇인가?

① 객체지향 ② 컴파일 ③ 가상머신 ④ 인터프리터

08 다음 중 서로 다른 운영체제에서도 동일한 작업환경을 만드는 프로그램은 무엇인가?

① 객체지향 ② 컴파일 ③ 가상머신 ④ 인터프리터

09 다음 중 소스 코드를 한 번에 한 문장씩 실행하는 방식과 관련 있는 단어는 무엇인가?

① 객체지향 ② 컴파일 ③ 가상머신 ④ 인터프리터

10 다음 중 자바와 관련이 없는 단어는 무엇인가?

① 객체지향 ② 컴파일 ③ 가상머신 ④ 인터프리터

11 다음 중 실행 전에 소스 코드의 오류를 발견하고 최적화된 코드를 만드는 것과 관련 있는 단어는 무엇인가?

① 객체지향 ② 컴파일 ③ 가상머신 ④ 인터프리터

12 다음 중 올바르지 않은 설명은 무엇인가?

① 기계어는 컴퓨터가 이해할 수 있는 프로그래밍 언어이며 숫자로만 이루어진다.
② 기계어를 인간이 읽을 수 있는 문자 형태로 바꾼 프로그래밍 언어를 어셈블리어라 부른다.
③ 숫자로 된 기계어와 달리 어셈블리어와 같이 문자로 표현한 언어를 고급 언어라 부른다.
④ 변수와 함수를 하나로 묶어서 편리하게 처리할 수 있는 언어를 객체지향 언어라 부른다.

13 다음 중 C 언어의 특징으로 올바르지 않은 것은 무엇인가?

① 저급 언어와 고급 언어의 특징을 모두 가지고 있다.
② 컴파일 방식을 사용하여 실행 파일을 만드는 언어이다.
③ 작고 빠르고 강력한 언어이다.
④ 객체지향 방식을 도입하였다.

14 만든 코드에 오류가 있어 이를 수정하는 작업을 가리키는 단어는 무엇인가?

① 자연어 ② 순서도 ③ 디버깅 ④ 의사 코드

15 프로그래밍 과정에서 다음 중 가장 먼저 수행하는 단계는 무엇인가?

① 소스 코드 작성 ② 컴파일 ③ 알고리즘 작성 ④ 실행

16 다음 프로그래밍 과정 중 가장 중요한 단계는 무엇인가?

① 소스 코드 작성 ② 컴파일 ③ 알고리즘 작성 ④ 실행

17 소스 코드의 오류를 없애는 작업을 가리키는 단어는 무엇인가?

① 문법 오류　② 버그　③ 논리 오류　④ 디버그

18 컴파일 단계에서 발생하는 오류는 무엇인가?

① 문법 오류　② 실행 시간 오류　③ 논리 오류　④ 디버그

19 문법에 맞지 않는 코드로 인하여 발생하는 오류는 무엇인가?

① 문법 오류　② 실행 시간 오류　③ 논리 오류　④ 디버그

20 실행 파일이 작동하지 않는 오류는 무엇인가?

① 문법 오류　② 실행 시간 오류　③ 논리 오류　④ 디버그

21 문법적인 오류는 없지만 원하는 결과가 나오지 않는 오류는 무엇인가?

① 가상 오류　② 실행 시간 오류　③ 논리 오류　④ 디버그

22 서버란 무엇이 설치된 컴퓨터를 가리키는가?

① 하이퍼텍스트　② HTTP　③ HTML　④ 데몬

23 죽지 않고 계속 살아있는 소프트웨어를 가리키는 단어는 무엇인가?

① 하이퍼텍스트　② HTTP　③ HTML　④ 데몬

24 특정 위치에 링크를 걸어 다른 문서와 연결하는 기능과 가장 가까운 단어는 무엇인가?

① SGML　② 포스트스크립트　③ CGI　④ 하이퍼링크

25 클라이언트가 HTTP를 사용하여 서버로부터 받는 문서와 가장 가까운 단어는 무엇인가?

① SGML　② 포스트스크립트　③ CGI　④ 하이퍼텍스트

26 전 세계적으로 사용할 수 있는 문서 표준을 의미하는 단어는 무엇인가?

① SGML　② 포스트스크립트　③ CGI　④ 하이퍼텍스트

27 태그를 사용하여 데이터가 가지는 속성을 표기하는 방식과 가장 관련 있는 단어는 무엇인가?

① 컴파일 언어 ② 스크립트 언어 ③ 객체지향 언어 ④ 마크업 언어

28 웹 데몬과 응용 프로그램을 연결하는 인터페이스를 찾으시오.

① 문자 기반 인터페이스 ② 사용자 경험 인터페이스
③ CGI ④ GUI

29 나머지 3개와 가장 거리가 먼 것을 찾으시오.

① PHP ② PDP ③ ASP ④ JSP

30 아파치 웹 데몬이 제공하는 스크립트를 찾으시오.

① PHP ② PDP ③ ASP ④ JSP

31 IIS 웹 데몬이 제공하는 스크립트를 찾으시오.

① PHP ② PDP ③ ASP ④ JSP

32 웹 데몬의 종류와 상관없이 사용할 수 있는 스크립트를 찾으시오.

① PHP ② PDP ③ ASP ④ JSP

33 반정형 데이터와 가장 관련 있는 것은 무엇인가?

① SGML ② HTML5 ③ PDF ④ XML

34 HTML을 확장한 다목적 마크업 언어는 무엇인가?

① SGML ② HTML5 ③ PDF ④ XML

35 전 세계에서 문서 표준처럼 자리 잡은 어도비의 문서 포맷은 무엇인가?

① SGML ② HTML5 ③ PDF ④ XML

36 데이터의 의미나 속성을 규정하는 데이터를 가리키는 단어는 무엇인가?

① 태그 ② HTML5 ③ 메타데이터 ④ SGML

37 HTML의 한계를 극복하여 멀티미디어를 지원하는 마크업 언어를 찾으시오.

① 태그 ② HTML5 ③ 메타데이터 ④ SGML

38 HTML5의 특징과 거리가 먼 것은 무엇인가?

① 태그 지원 ② 멀티미디어 지원 ③ 그래픽 지원 ④ 하드웨어 접근

39 웹 페이지의 3대 구성 요소가 아닌 것은 무엇인가?

① CSS ② HTML ③ 자바스크립트 ④ JSP

40 웹 페이지가 책이라면, 웹 페이지의 3대 구성 요소 중 책의 본문에 해당하는 것은 무엇인가?

① CSS ② HTML ③ 자바스크립트 ④ JSP

41 웹 페이지의 3대 구성 요소 중 문서의 출력 모양을 결정하는 것은 무엇인가?

① CSS ② HTML ③ 자바스크립트 ④ JSP

42 웹 페이지의 3대 구성요소 중 동적으로 변하는 부분을 만들 때 사용하는 언어는 무엇인가?

① CSS ② HTML ③ 자바스크립트 ④ JSP

43 다음 HTML 태그 중 HTML 구조를 나타내는 태그와 거리가 가장 먼 것을 찾으시오.

① <HTML> ② <HEAD> ③ <HR> ④ <BODY>

44 다음 HTML 태그 중 단독 태그는 무엇인가?

① <SUB> ② <SUP> ③
 ④ <B>

45 다음 HTML 태그 중 단독 태그는 무엇인가?

① <U> ② <HR> ③ <B> ④ <P>

46 다음 HTML 태그 중 문단을 구분하는 태그는 무엇인가?

① <U> ② <I> ③ <B> ④ <P>

47 다음 HTML 태그 중 글자를 굵게 표시하는 태그는 무엇인가?

① <U> ② <I> ③ <B> ④ <P>

48 다음 HTML 태그 중 글자를 기울여 표시하는 태그는 무엇인가?

① <U> ② <I> ③ <B> ④ <P>

49 다음 HTML 태그 중 글자에 밑줄을 표시하는 태그는 무엇인가?

① <U> ② <I> ③ <B> ④ <P>

50 다음 HTML 태그 중 글자를 위첨자로 표시하는 태그는 무엇인가?

① <U> ② <I> ③ <SUB> ④ <SUP>

51 다음 HTML 태그 중 글자를 아래첨자로 표시하는 태그는 무엇인가?

① <SUB> ② <SUP> ③ <B> ④ <P>

52 다음 HTML 태그 중 줄바꿈하는 태그는 무엇인가?

① <IMG> ②
 ③ <B> ④ <A>

53 다음 HTML 태그 중 수평선을 표시하는 태그는 무엇인가?

① <U> ②
 ③ <B> ④ <HR>

54 다음 HTML 태그 중 하이퍼링크를 지정하는 태그는 무엇인가?

① <U> ② <A> ③ <B> ④ <P>

55 다음 중 <FONT> 태그 옵션으로 사용할 수 없는 것을 찾으시오.

① size ② wide ③ color ④ face

56 다음 중 <FONT> 태그에서 폰트 종류를 지정하는 옵션을 찾으시오.

① size ② wide ③ color ④ face

57 다음 HTML 태그 중 나머지 세 개와 가장 거리가 먼 것을 찾으시오.

① <TABLE> ② <HR> ③ <TR> ④ <TD>

58 다음 HTML 태그 중 화면에서 가장 큰 글씨로 표시되는 것을 찾으시오.

① <H6> ② <H3> ③ <H5> ④ <H2>

59 다음 HTML 태그 중 표의 한 줄을 지정하는 태그를 찾으시오.

① <TR> ② <TABLE> ③ <HR> ④ <TD>

60 다음 HTML 태그 중 표의 한 칸을 지정하는 태그를 찾으시오.

① <TABLE> ② <HR> ③ <TR> ④ <TD>

CHAPTER 09

운영체제

학습목표

- 운영체제의 정의와 구조를 이해하고 그 역사를 살펴본다.
- 프로그램과 프로세스의 차이를 이해하고 프로세스의 상태를 파악한다.
- 메모리 관리의 어려움을 이해하고 가상 메모리 시스템에 대해 알아본다.
- 파일과 디렉터리의 특징을 파악하고 파일 시스템 구조에 대해 알아본다.

Preview

모든 컴퓨터에는 운영체제가 탑재되어 있다. 이 장에서는 운영체제의 역사를 훑어보고 윈도우, 안드로이드와 같이 일상에서 접하는 운영체제의 특징을 이해한다. 또한 운영체제가 하는 다양한 기능 중에서 프로세스 관리, 메모리 관리, 저장 장치 관리를 자세히 살펴본다.

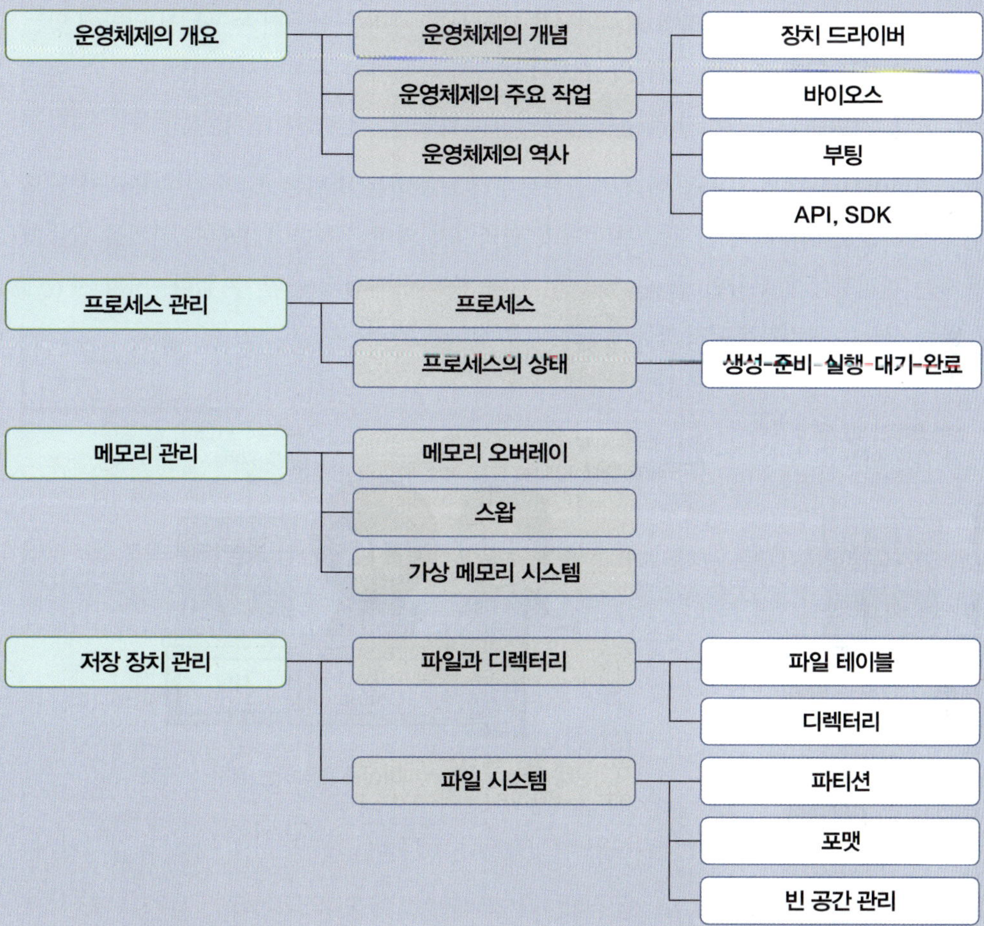

01 | 운영체제의 개요

1 운영체제의 개념

커피머신을 여러 사람이 자유롭게 사용하는 경우와 관리자(바리스타)가 있는 경우를 비교해 보자. [그림 9-1]의 (a)와 같이 사용자가 직접 커피머신을 조작하여 커피를 만들면 누구든지 입맛에 맞는 커피를 마실 수 있다는 장점이 있다. 그러나 조작이 미숙한 사용자가 커피머신을 망가뜨릴 수 있으며 커피, 물, 설탕, 커피머신의 관리가 제대로 이루어지지 않는다.

커피 재료나 커피머신과 같은 자원을 여러 사람으로부터 보호하는 방법은 (b)와 같이 관리자를 두는 것이다. 사용자는 관리자에게 커피를 부탁하고, 관리자가 커피 자원을 사용하여 커피를 만들어 준다. 사용자는 관리자에게 부탁만 할 수 있을 뿐 커피 자원에 직접 접근할 수 없다. 커피 자원에 접근할 수 있는 사람은 관리자뿐이기 때문에 자원이 안전하게 관리된다.

(a) 커피머신을 자유롭게 사용하는 경우 (b) 바리스타가 커피머신을 관리하는 경우

그림 9-1 커피머신과 자원 관리

운영체제의 자원 관리

컴퓨터에는 워드프로세서, 웹 브라우저, 채팅, 음악 재생 소프트웨어 등 다양한 응용 프로그램이 있다. 반면 컴퓨터를 구성하는 장치는 제한되어 있다. 일반적으로 컴퓨터에는 CPU, 메모리, 하드디스크, 모니터, 키보드, 마우스 등이 있는데 이를 **컴퓨터 자원**computer resource이라 부른다.

워드프로세서와 채팅 프로그램이 컴퓨터 자원을 자유롭게 사용한다고 가정해보자. 두 응용 프로그램이 작동하기 위해서는 모니터와 키보드가 필요하기 때문에 컴퓨터 자원을 독차지하려고 싸울 것이다. 이러한 문제를 해결하려면 강력한 관리자가 필요하다. 컴퓨터 전체를 관리하고 운영하는 소프트웨어를 **운영체제**Operating System라 부르며 약자로 OS라 쓴다. 운영체제는 누구에게 먼저 키보드를 줄지, 누구에게 먼저 모니터를 줄지를 결정하고, 악의적인 응용 프로그램으로부터 컴퓨터 자원을 보호한다.

운영체제는 모든 소프트웨어 위에 존재하는 최고의 소프트웨어이며, 컴퓨터를 관리하기 위한 기본적인 규칙과 절차를 규정한 소프트웨어이다. 컴퓨터 내의 모든 하드웨어와 응용 프로그램은 운영체제가 관리한다. 모든 응용 프로그램은 운영체제의 허락을 받은 후에만 하드웨어를 사용할 수 있다. 그래서 컴퓨터나 스마트폰 전원을 켤 때 가장 먼저 실행되는 소프트웨어가 운영체제이다. 운영체제가 먼저 하드웨어를 장악한 이후에야 다른 응용 프로그램이 실행될 수 있다.

다양한 운영체제 제품

우리는 많은 운영체제를 경험해왔다. 개인 컴퓨터용 운영체제로 마이크로소프트의 윈도우Windows와 리눅스Linux가 있으며, 애플이 만든 매킨토시 컴퓨터에는 맥OSMac OS가 설치된다. 스마트폰 전용 운영체제로 구글의 안드로이드Android와 애플의 iOSiPhone-OS가 있다.

그림 9-2 다양한 운영체제 제품

계산기와 컴퓨터의 가장 큰 차이는 컴퓨터는 프로그래밍이 가능한 기계라는 것이다. 프로그래밍이 가능한 기계(컴퓨터가 탑재된 기계)의 예로 스마트 워치가 있다. 일반적인 시계는 시간을 알려주는 것 이외에는 다른 기능이 거의 없다. 반면 스마트 워치로는 전화를 걸고 받을 수 있고, 문자도 보내거나 받을 수 있다. 또한 앱을 설치함으로써 길 찾기도 가능하고, 게임도 즐길 수 있으며 친구와 채팅도 할 수 있다. 컴퓨터에 프로그램을 설치할 때마다 기능을 추가할 수 있기 때문이다. 스마트 워치 등에 탑재된 컴퓨터를 임베디드 시스템 또는 임베디드 컴퓨터라 부른다.

임베디드 시스템에 사용하도록 만든 운영체제를 **임베디드 운영체제**embedded operating system라 부른다. 대표적인 임베디드 운영체제로 애플워치에 적용된 워치 OSwatch os와 갤럭시 워치에 적용된 구글의 웨어 OSWear os가 있다. 여러분은 범용 컴퓨터를 주로 사용하기 때문에 윈도우나 안드로이드와 같은 일반(범용) 운영체제에 익숙하겠지만, 임베디드 운영체제도 엄연한 운영체제이다. 임베디드 운영체제는 CPU의 성능이 낮고 메모리 크기가 작은 기계에 설치되기 때문에 일반 운영체제에 비해 크기가 작고 몇 가지 기능이 빠져 있다.

그림 9-3 갤럭시 워치에 적용된 웨어 OS

운영체제의 역할

앞의 커피머신의 예와 마찬가지로 운영체제는 사용자가 자원에 직접 접근하는 것을 막음으로써 컴퓨터 자원을 보호하고 관리한다. 예를 들어 사용자가 하드디스크에 데이터를 저장하려는 경우를 생각해보자. 만약 사용자가 하드디스크의 아무 곳에나 데이터를 저장할 수 있다면 악의적인 사용자가 다른 사람의 데이터를 지우거나 덮어쓰는 일이 발생할 것이다. 하드디스크를 보호하는 방법은 사용자가 하드디스크의 특정 위치에 데이터를 저장할 수 없게 하는 것이다. 대신 운영체제에 부탁하면 운영체제가 알아서 적당한 위치에 저장한다. 이와 같이 운영체제는 응용 프로그램과 사용자로부터 모든 컴퓨터 자원을 숨긴다.

운영체제는 사용자가 자원에 직접 접근하지 못하도록 막는 대신에 자원을 이용하는 여러 가지 방법을 제공한다. 사용자가 저장하려는 데이터를 운영체제에 주면 운영체제는 하드디스크의 적당한 장소에 데이터를 저장하고 번호표를 사용자에게 돌려준다. 마치 여러 사람이 커피를 주문할 때 내 주문에 대한 번호표를 받는 것과 같다.

사용자는 자신의 데이터가 하드디스크의 어디에 저장되었는지 알 수 없지만, 번호표를 이용하여 데이터를 꺼내거나 수정하거나 지울 수 있다. 이와 같이 사용자가 컴퓨터가 사용하는 것을 도와주고 그 결과를 알려주는 것을 인터페이스라 한다. 운영체제는 사용자가 컴퓨터를 편리하게 사용할 수 있도록 다양한 인터페이스를 제공함으로써 컴퓨터 자원을 보호하고, 동시에 사용자의 편의를 도모한다.

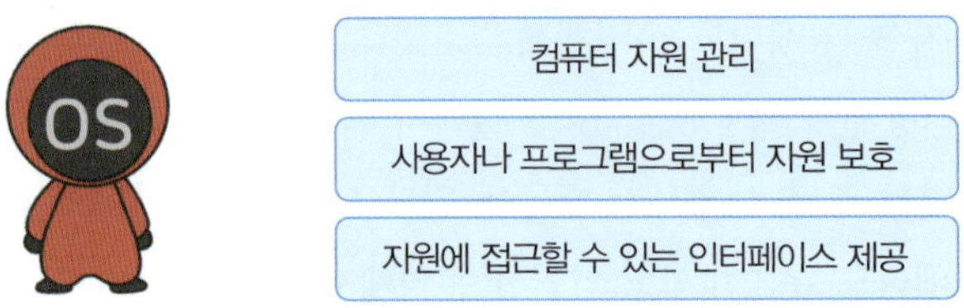

그림 9-4 운영체제의 역할

지금까지의 설명을 정리하면 운영체제는 컴퓨터 자원을 효율적으로 관리하는 소프트웨어이다. 운영체제는 사용자에게 인터페이스를 제공하고 응용 프로그램에 컴퓨터 자원을 골고루 배분하여 작업할 수 있는 환경을 만들어 준다. 또한 적당한 시점에 응용 프로그램으로부터 자원을 회수하고, 악의적인 응용 프로그램이나 비정상적인 작업으로부터 컴퓨터를 보호한다.

핵심 **운영체제**

컴퓨터 자원을 효율적으로 관리하는 소프트웨어

운영체제의 구성

[그림 9-5]는 운영체제 관점에서 본 컴퓨터 구조이다. 운영체제는 커널과 인터페이스로 구성된다. **커널**kernel은 운영체제의 핵심적인 기능을 모아 놓은 것이다. 커널은 모든 컴퓨터 자원을 관리하기 때문에 사용자나 응용 프로그램은 커널을 통해서만 컴퓨터 자원에 접근할 수 있다. **인터페이스**interface는 커널에 명령을 내리고 커널의 작업 결과를 사용자나 응용 프로그램에 전달한다. 컴퓨터가 자동차라면 커널은 엔진에 해당한다. 그리고 인터페이스는 핸들, 브레이크, 계기판이다. 자동차의 인터페이스가 엔진에 명령을 내리고 조작하며, 엔진이 작동하여 나타난 결과는 계기판에 표시된다. 컴퓨터도 마찬가지이다. 사용자가 인터페이스를 통해 컴퓨터에 명령을 내리고, 결과는 모니터를 통해 알 수 있다.

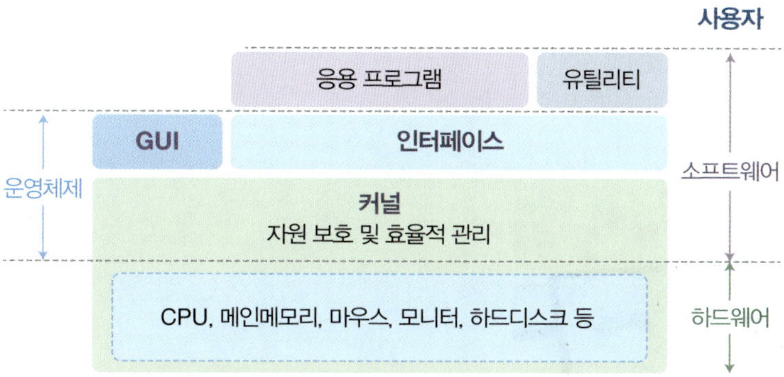

그림 9-5 운영체제 관점에서 나타낸 컴퓨터의 구조

인터페이스

각종 응용 프로그램은 하드디스크에서 파일을 읽거나 쓰고, 모니터에 그래픽을 표시하고, 네트워크카드를 통하여 통신한다. 응용 프로그램이 컴퓨터 자원을 사용하려면 운영체제가 제공하는 함수function 형태의 인터페이스를 이용해야 한다. 또한 컴퓨터의 인터페이스 중 일부는 사용자 인터페이스이다. 새 디렉터리를 만들거나 파일을 USB로 복사하는 것과 같은 작업은 운영체제가 제공하는 사용자 인터페이스를 통하여 이루어진다.

과거 문자 기반 인터페이스에서는 사용자가 명령어를 직접 입력하여 작업하였다. 지금은 운영체제가 그래픽 사용자 인터페이스Graphic User Inetrface, 영어로 GUI를 제공한다. 명령어 입력 대신 마우스만으로도 작업을 처리할 수 있게 해주는 것이 그래픽 사용자 인터페이스이다.

스마트폰 환경에서 터치스크린 인터페이스가 활용된다. 터치스크린은 키보드와 마우스를 대신하는 인터페이스로, 손가락 인식만으로도 회전, 확대, 축소와 같은 다양한 명령을 커널에 전달한다. 또한 애플의 시리나 삼성의 빅스비와 같이 음성 인터페이스를 통하여 언어로 컴퓨터에 명령을 내릴 수 있게 되었다.

자동차의 운영체제

자동차에는 많은 수의 전자 제어 장치Electronic Control Unit(ECU)가 달려 있다. 대표적으로 엔진을 제어하는 장치, 차 안 온도를 제어하는 장치, 오디오를 제어하는 장치 등이 있다. 이러한 전자 제어 장치는 독립적이기 때문에 부품 개발사에서 부품과 제어 소프트웨어를 함께 납품받고 조립하여 자동차를 만든다. 소프트웨어에 문제가 생겼거나 업그레이드하는 경우, 해당 부품의 제조사에 의뢰하여 새로운 소프트웨어가 담긴 칩을 받아 교체해야만 했다.

자율주행 시스템이 도입되며 자동차에 더 많은 센서가 장착되었고 전자 제어 장치도 급격하게 늘어났다. 또한 전기자동차가 보급되면서 자동차는 움직이는 스마트폰에 더 가까워졌다. 이러한 상황에서 운영체제를 도입하여 모든 전자 제어 장치를 통합적으로 관리하려는 움직임이 생겨났다. 대표적인 예가 테슬라의 자동차이다.

그림 9-6 테슬라 자동차의 터치스크린 제어판

테슬라는 리눅스Linux 기반의 운영체제를 도입하여 자동차의 모든 조작을 운전석 앞의 터치스크린으로 통합하였다. 오디오나 에어컨을 조작하거나 창문을 여닫는 모든 작업이 터치스크린으로 가능하다. 이처럼 자동차에서 운영체제를 사용하면 자동차 제어를 통합할 수 있을 뿐 아니라 새로운 기능을 구현하기도 쉽다. 예를 들어 자동차에 창문을 조금만 여는 기능을 넣으려고 한다고 가정해보자. 과거의 자동차는 창문의 스위치를 새로운 것으로 바꿔야 했지만, 통합 시스템에서는 소프트웨어만 변경하면 된다. 또한 운영체제를 업그레이드하거나 새로운 기능을 추가할 때, 서비스 센터를 방문하지 않아도 무선통신을 이용하여 자동으로 다운로드할 수 있다. 이러한 장점으로 인하여 대형 자동차 회사들이 자체적인 운영체제를 개발하여 적용하고 있다. 현대자동차의 ccOS, BMW의 OS8, 폭스바겐의 VW.OS가 대표적이다.

사물 인터넷이 발달하고 차들이 무선 인터넷에 연결되면서 차량 및 무선 기기의 소프트웨어 업그레이드나 설정 변경을 무선으로 배포하는 기술이 사용되고 있다. 이를 OTA(Over-The-Air Programming)라 부른다. 스마트폰 운영체제 업데이트, 테슬라의 자동차와 현대자동차의 아이오닉5 등 최신 자동차의 소프트웨어 자동 업데이트도 OTA로 이루어진다.

2 운영체제의 주요 작업

커널(kernel)은 운영체제의 핵심 기능을 구현한 프로그램이다. 자동차에 비유하면 커널은 엔진에 해당한다. 세단, 스포츠카, SUV 등 자동차의 종류는 다양하지만 모두 엔진이 성능을 좌우한다. 마찬가지로 운영체제의 성능은 커널이 좌우한다. 커널의 주요 작업은 다음과 같다.

- **프로세스 관리**: 프로그램을 실행하면 프로세스가 된다. 응용 프로그램을 실행하여 다양한 종류의 프로세스에 CPU를 배분하고 작업 환경을 만드는 것이 커널의 가장 중요한 역할이다.
- **메모리 관리**: 커널은 프로세스를 실행하기 위하여 메모리로 가져오거나 종료된 프로세스를 메모리에서 지운다. 다양한 프로세스들을 메모리에 배치하고, 다른 프로세스의 메모리 영역을 침범하지 못하도록 막는 것도 커널의 역할이다.
- **파일 시스템**: 저장 장치에는 파일 시스템이 필요한데 커널은 저장 장치의 파일 시스템을 만들어 관리한다.
- **입출력 관리**: 컴퓨터에는 키보드, 마우스, 네트워크, 사운드카드, 그래픽카드 등 다양한 주변 장치가 존재한다. 커널은 이러한 주변 장치의 입출력을 처리한다.
- **프로그램 간 통신 환경 제공**: 커널은 프로세스 간 통신할 수 있는 환경을 제공하여 프로세스들이 데이터를 주고받을 수 있게 해준다.

장치 드라이버

마우스, 키보드, 모니터, 서장 장치, 그래픽카드의 종류가 다양한데, 서로 다른 규격의 주변 장치를 운양체제가 관리하는 것은 쉽지 않다. 다양한 규격의 장치를 모두 사용할 수 있는 환경을 제공하려면 각 장치에 맞는 프로그램(하드웨어 인터페이스)이 필요하다. 그러나 운영체제 개발사가 모든 하드웨어 인터페이스를 개발하기는 현실적으로 어렵다. 또한 각 하드웨어의 특성은 제작자가 가장 잘 알고 있기 때문에, 하드웨어 제작자가 하드웨어 인터페이스를 만드는 것이 비교적 쉽다.

커널과 하드웨어 사이의 인터페이스를 **장치 드라이버**device driver 또는 줄여서 **드라이버**라고 부른다. 현대의 운영체제에서 커널은 주변 장치와 데이터를 주고받는 방식을 정했다. 따라서 표준을 따르는 주변 장치는 컴퓨터에 꽂기만 하면 바로 사용할 수 있다.

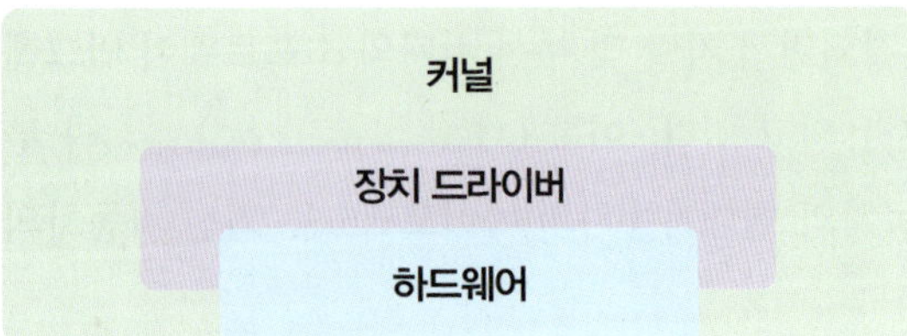

그림 9-7 커널과 장치 드라이버

커널과 주변 장치의 통신 표준에는 필수적이고 기초적인 내용만 포함되어 있다. 주변 장치의 성능이나 편의를 향상을 위하여 표준 이외 기능을 수행하게 할 때는 장치 제작자가 따로 드라이버를 준비한다. 이런 경우 사용자가 직접 드라이버 소프트웨어를 설치해야 그 주변 장치를 온전히 활용할 수 있다. 따로 드라이버를 설치해야 하는 대표적인 주변 장치로 그래픽카드와 프린터가 있다.

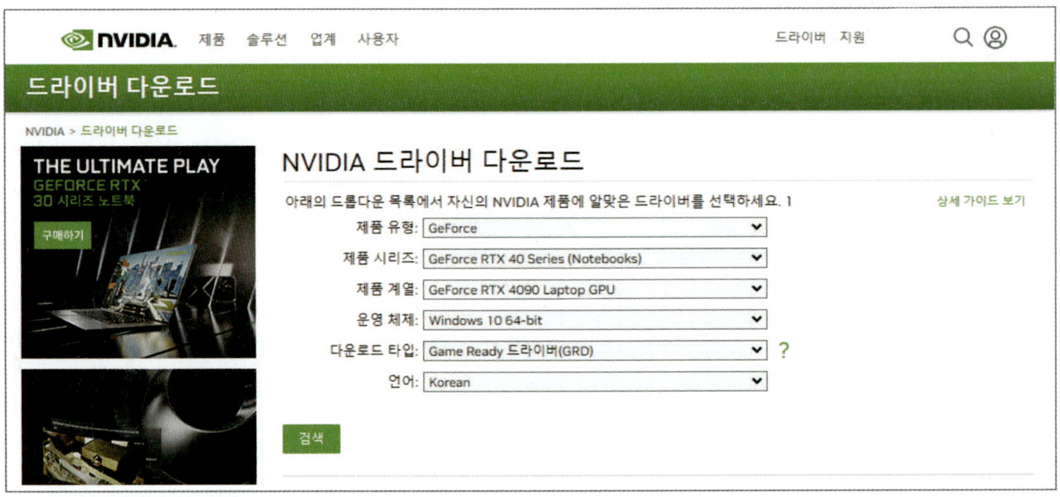

그림 9-8 엔비디아의 그래픽카드 드라이버 다운로드 페이지

운영체제를 시작하는 부팅

모든 프로그램은 메인메모리에 올라와야 실행할 수 있다. 운영체제도 프로그램이기 때문에 메모리에 올라와야 실행된다. 운영체제는 하드웨어와 소프트웨어를 관리하는 중요한 프로그램이기 때문에 다른 어떤 프로그램보다 먼저 메모리에 올라온다. 컴퓨터 전원을 켰을 때 운영체제를 메모리로 올리는 과정을 **부팅**booting이라고 한다. 전원을 켜는 동안 [그림 9-9]와 같이 윈도우 로고가 나타나고 원이 회전하는 화면을 본 적이 있을 것이다. 이때가 운영체제가 메모리로 올라오는 중이며, 운영체제가 메모리에 다 올라오면 실행된다. 마찬가지로 리눅스나 스마트폰의 전원을 켰을 때도 로고가 나타나고 한참 뒤에 스마트폰의 작동이 시작된다.

(a) 윈도우 부팅 화면

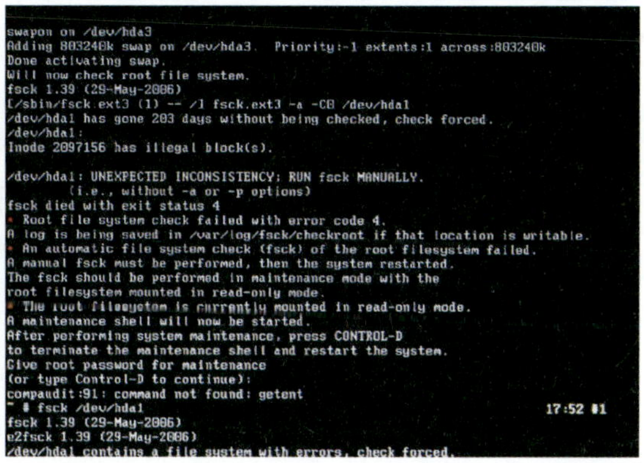

(b) 유닉스 부팅 화면

그림 9-9 부팅

부팅 중에 일어나는 작업을 살펴보자. 컴퓨터의 주요 부품이 설치되지 않았거나 이상이 있다면 컴퓨터는 제대로 작동할 수 없다. 그래서 컴퓨터의 전원을 켜면 가장 먼저 바이오스Basic Input/Output System(BIOS)가 작동하여 하드웨어를 점검한다. 키보드가 빠져 있다거나 하드웨어에 이상이 있다면 바이오스는 '삐-' 소리와 함께 오류 메시지를 출력하고, 컴퓨터가 더 이상 작동하지 않는다. 또한 바이오스는 하드웨어 설정을 변경할 수 있는 화면을 제공한다. 컴퓨터 전원을 켜고 키보드의 [F2]를 누르면 바이오스 설정 화면으로 들어갈 수 있다. 설정을 잘못 변경하면 컴퓨터가 오작동할 수 있으므로 비전문가는 바이오스 설정 화면으로 진입하지 않는 것이 좋다.

TIP 일부 컴퓨터나 노트북의 경우 운영체제 초기화와 설치를 바이오스에서 한다. 따라서 운영체제를 초기화하거나 새로 설치해야 하는 경우 바이오스로 진입하여 운영체제를 다시 설치해야 한다. 바이오스 설정 화면으로 진입하는 버튼은 각 컴퓨터의 제조사마다 다르니 매뉴얼을 참고하기 바란다.

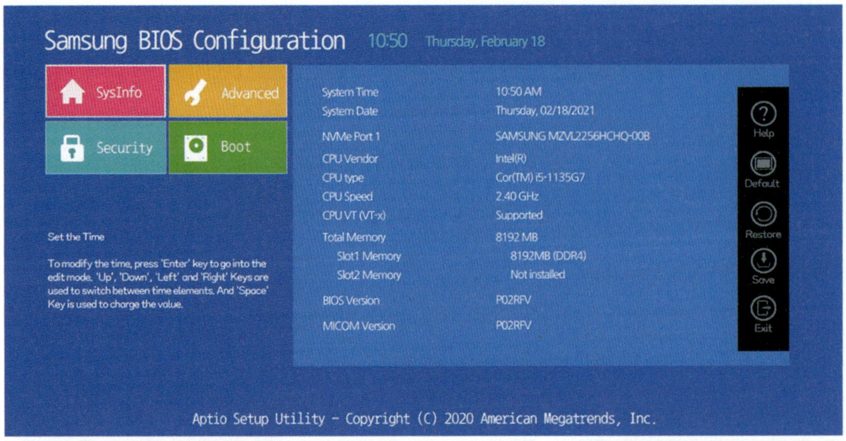

그림 9-10 바이오스 설정 화면

바이오스가 하드웨어 점검을 무사히 마치고 나면 **부트스트랩 코드**bootstrap code를 실행한다. 부트스트랩 코드는 보통 저장 장치의 처음 위치에 저장되어 있다. 저장 장치의 처음 위치를 마스터 부트 레코드Master Boot Record(MBR)라 부르는데 이곳에 저장된 부트스트랩 코드를 바이오스가 가지고 와서 실행한다. 부트스트랩 코드의 역할은 운영체제의 필수 프로그램을 메모리에 올려 실행하는 것이다. 따라서 윈도우 화면에서 원이 회전하는 것은 부트스트랩 코드가 윈도우 운영체제의 필수 프로그램을 메모리로 올리고 있다는 의미이다. 부트스트랩 코드가 운영체제의 필수 프로그램을 메모리에 다 올리면 운영체제가 시작된다.

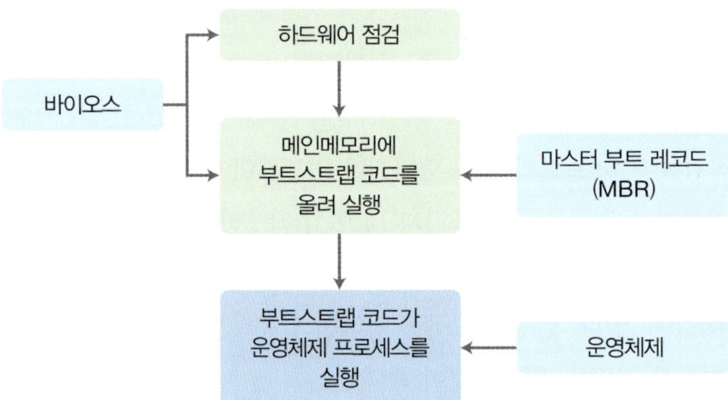

그림 9-11 부팅 과정

API와 SDK

위치 기반 서비스를 제공하는 대표적인 서비스가 구글 지도Google Map이다. 구글 지도를 이용하여 배달 서비스나 길 찾기 서비스를 개발하려는 경우, 구글 지도가 제공하는 다양한 함수를 사용해야 한다. 응용 프로그램 인터페이스Application Programming Interface, 약어로 API는 응용 프로그램을 개발할 수 있도록 개발자들에게 제공하는 함수의 집합이다. 구글은 위치기반 서비스를 개발하려는 개발자들을 위해 API를 제공한다. 구글 지도 API를 이용하면 배달 서비스나 길 찾기 서비스를 쉽게 개발할 수 있다. 마찬가지로 운영체제는 커널의 기능을 사용할 수 있도록 다양한 함수를 제공한다. 따라서 운영체제가 제공하는 함수를 이용하여 응용 프로그램을 만든다는 것은 운영체제가 제공하는 API를 사용하는 것이다.

시스템 개발자용 키트system developer's kit, 약어로 SDK는 프로그램 개발자를 위하여 API 및 API 사용 매뉴얼, 코드 편집기, 에뮬레이터 같은 각종 개발용 응용 프로그램까지 하나로 묶어 배포하는 개발 툴이다. 한마디로 개발자를 위한 종합 선물 세트라고 할 수 있다. 대표적인 예로 윈도우용 SDK인 비주얼 스튜디오가 있다. 윈도우에서 작동하는 각종 응용 프로그램을 만들고 싶으면 비주얼 스튜디오를 설치한 후 개발하면 된다. 안드로이드에서 제공하는 SDK는 안드로이드 스튜디오라고 부른다.

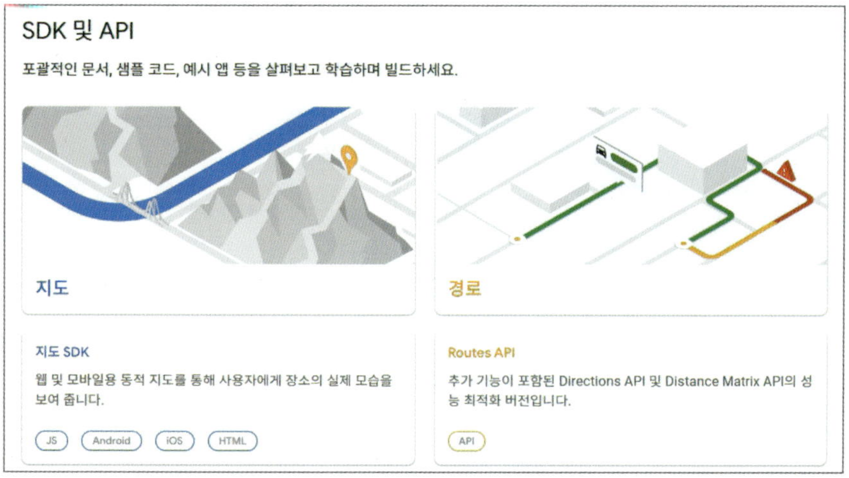

그림 9-12 구글 지도에서 제공하는 SDK와 API

3 운영체제의 역사

초기의 컴퓨터는 미사일 탄도를 계산하기 위해 만들어졌으며, 그 이후에도 은행처럼 계산을 많이 하는 곳에서만 사용하는 고가의 기계였다. 비싼 컴퓨터를 한 사람만 이용하거나 한 가지 작업만 하는 것은 큰 낭비이다. 따라서 운영체제는 컴퓨터를 여러 사람이 다양한 방법으로 이용할 수 있도록 발전하였다.

유닉스 계열의 운영체제

1969년 AT&T의 연구원이었던 켄 톰프슨Ken Thompson은 단순한 운영체제를 개발하여 이름을 유닉스라고 지었다. 1970년대 말에는 버클리의 캘리포니아대학교에서 유닉스 소스 코드를 구입한 후 이를 수정한 운영체제를 1978년에 배포했는데, 이것이 BSDBerkeley Software Distribution 유닉스이다. BSD 유닉스는 많은 연구소와 대학에서 광범위하게 사용되었다. 그러자 AT&T의 경영진은 BSD 유닉스의 영향력을 우려했고, 권리를 유지하기 위해 자신들의 유닉스를 AT&T System V라고 명명했다. 결국 유닉스는 크게 System V 계열과 BSD 계열로 나뉘게 되었다.

그림 9-13 켄 톰프슨

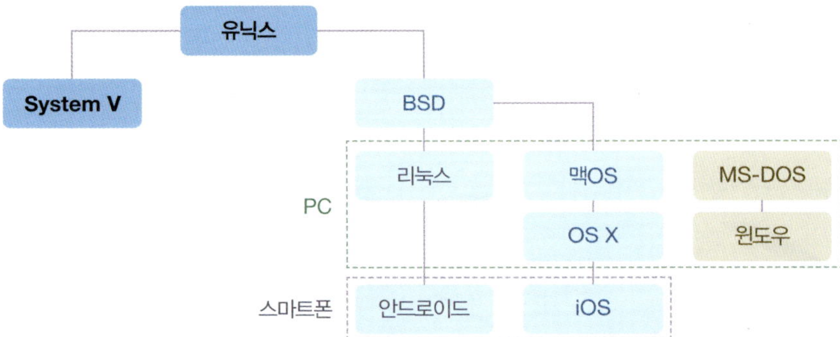

그림 9-14 주요 운영체제의 버전

유닉스에 대한 관심이 커지자 유명 컴퓨터 회사들이 유닉스 시장에 뛰어들었다. 애플은 BSD 기반의 마하Mach 커널을 가져다가 매킨토시에 사용했는데 이것이 맥OS의 시작이다.

안드로이드가 무료인 이유

마이크로소프트의 윈도우는 돈을 받고 사야 할 뿐 아니라 상위 버전으로 업그레이드할 때도 돈을 낸다. 그러나 유닉스를 기반으로 만든 안드로이드와 iOS, 유닉스는 무료 운영체제이다. 이러한 상황을 이해하려면 GNUGNU is Not Unix를 알아야 한다.

개발자 리처드 스톨먼Richard Stallman은 GNU를 창설하고, 소프트웨어를 유료로 팔지 말고 누구나 자유롭게 실행·복사·수정·배포할 수 있게 하자고 주장했다. 이러한 정신을 바탕으로 만든 소프트웨어에 부여하는 라이선스를 GPLGeneral Public Licence이라고 부른다. GPL은 저작권copyright의 반대 개념으로 'copyleft'를 내세웠다. 스톨먼이 설립한 자유 소프트웨어 재단Free Software Foundation(FSF)에서는 많은 자원봉사자가 소프트웨어를 개발하고 배포하고 있으며, 유닉스를 비롯하여 유닉스에서 작동하는 많은 응용 프로그램은 GNU의 정신에 따라 발전했다. GNU 정신에 입각하여 만들어진 모든 소프트웨어를 오픈 소스 소프트웨어라 부르며 모두 공짜이다. 그래서 안드로이드나 iOS는 현재까지도 무료로 배포되며 앞으로도 그럴 것이다.

1991년에 리누스 토르발스Linus Torvalds가 PC에서 동작하는 유닉스 호환 커널을 작성하여 GPL로 배포했고, 이어서 소스 코드를 공개했다. 이 운영체제가 바로 리누스 토르발스의 이름을 딴 **리눅스**Linux이다. 많은 기업에서 리눅스 커널에 응용 프로그램을 결합하여 우분투Ubuntu, 레드햇Red Hat, 데비안Debian, 슬랙웨어Slackware 등의 이름으로 무료 배포하고 있다.

그림 9-15 리누스 토르발스

유닉스는 소스 코드가 공개되어 많은 참여자가 자발적으로 개발하고 수정한 덕분에 안정적인 운영체제로 발전했다. 또한 PC는 물론이고 워크스테이션, 대형 컴퓨터, 스마트폰에 이르기까지 다양한 환경에서 작동한다.

개인용 컴퓨터 운영체제

스티브 잡스Steve Jobs는 1976년 애플을 창업하고 1977년 애플 II라는 개인용 컴퓨터를 출시했다. 애플 II는 키보드, 메인보드, 전원장치가 하나로 합쳐진 일체형 모델이었다. 애플은 컴퓨터를 일부 전문가만 사용하는 고가의 기계에서 모든 사람이 사용하는 기계로 변화시켰다. 그 후로 다양한 하드웨어와 소프트웨어 개발이 이어졌다.

애플 II가 전 세계적으로 인기몰이를 할 때 컴퓨터 공룡 기업인 IBM은 1983년 IBM XT 컴퓨터를 출시했다. IBM은 플로피디스크에 MS-DOS 운영체제를 담아서 보급했다. IBM은 XT의 설계를 공개하고 생산 및 판매를 허용하는 개방 정책을 내놓았다. 누구든 IBM XT의 호환 기종을 만들어 팔 수 있게 되자 삼성, 삼보, LG와 같은 제조사가 생산에 뛰어들어 컴퓨터 가격이 내려갔다. IBM XT 호환 컴퓨터가 보급됨에 따라 관련 게임과 소프트웨어가 개발되었다.

아이러니하게도 IBM은 큰 이득을 보지 못했고, IBM XT의 CPU를 납품한 인텔과 운영체제를 판매한 마이크로소프트는 업계 최고가 되었다. 마이크로소프트는 맥OS의 그래픽 사용자 인터페이스에 자극받아 윈도우 운영체제를 출시했다. 윈도우는 꾸준히 업그레이드하여 현재는 버전 10까지 나와 있다.

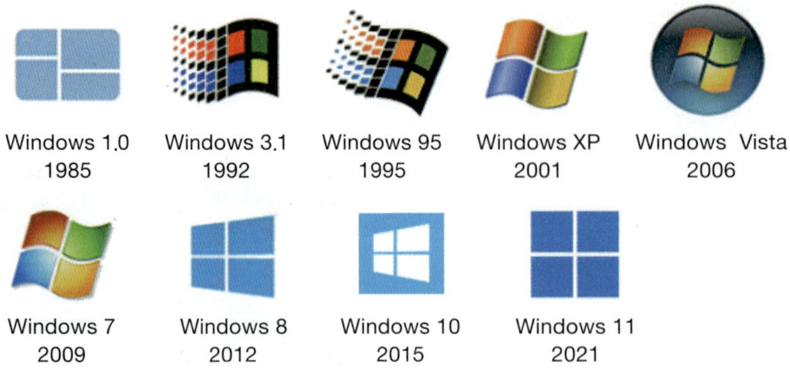

그림 9-16 윈도우의 발전사

유닉스 운영체제는 소스 코드가 공개되고 많은 회사와 프로그래머가 제작, 수정, 보완, 배포에 관여했기 때문에 크기가 작고 안정적인 운영체제로 구현될 수 있었다. 반대로 윈도우 운영체제는 역사가 짧고 제작에 참여한 사람도 한정되어 안정화에 오랜 시간이 걸렸다. 가끔 윈도우 운영체제가 중단되면 [그림 9-17]과 같이 파란 화면이 나타나는데, 이때 작업하던 모든 데이터가 사라진다. 그래서 '사람의 피는 붉고 운영체제의 피는 파랗다'라는 우스갯소리가 있다.

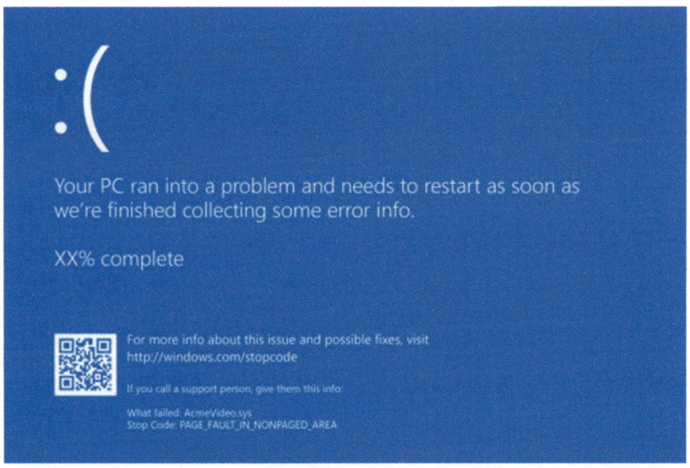

그림 9-17 윈도우의 블루 스크린

리눅스는 공짜인 데다 안정적이고 강력한 운영체제이지만 일반인이 사용하기 어려웠다. 그래서 일반인들은 어쩔 수 없이 불안정한 윈도우를 돈 주고 살 수밖에 없었다. 다행인 점은 스마트폰 운영체제인 안드로이드와 iOS는 모두 무료 유닉스 커널로 제작되었다는 것이다. 스마트폰에서는 내 돈 주고 사도 불안한 윈도우를 더 이상 사용하지 않아도 된다.

스마트폰 운영체제

스마트폰이 대중화되면서 PC용 운영체제보다는 스마트폰용 운영체제 시장이 훨씬 커졌고 윈도우의 입지가 점점 좁아지고 있다. 애플의 아이폰이 스마트폰 시장을 가장 먼저 장악하자 다른 회사에서도 아이폰에 대항할 스마트폰 개발에 주력했다. 아이폰은 처음부터 애플이 개발한 iOS를 탑재했지만, 다른 회사들은 마땅한 운영체제가 없을뿐더러 자체 개발하기에는 시간과 비용이 많이 들었다. 구글은 이를 예견하고 모바일용 운영체제인 안드로이드Android를 개발했다. 현재 아이폰을 제외한 대부분의 스마트폰은 운영체제로 안드로이드를 사용한다.

02 | 프로세스 관리

1 프로세스

운영체제에서 **프로세스**process는 작업의 단위이다. 사용자가 프로그램program을 실행하면 그 프로그램은 프로세스가 된다. 예를 들어 크롬 브라우저를 실행한다고 하자. 크롬 프로그램은 하드디스크에 저장되어 있다. 크롬 아이콘을 마우스로 더블클릭하여 실행하면 크롬 프로세스가 된다. 실행된 프로세스는 사용자가 지시한 작업을 마무리하면 종료한다. 일반적으로 창 오른쪽 위에 있는 〈X〉 버튼을 누르면 해당 프로세스는 종료된다.

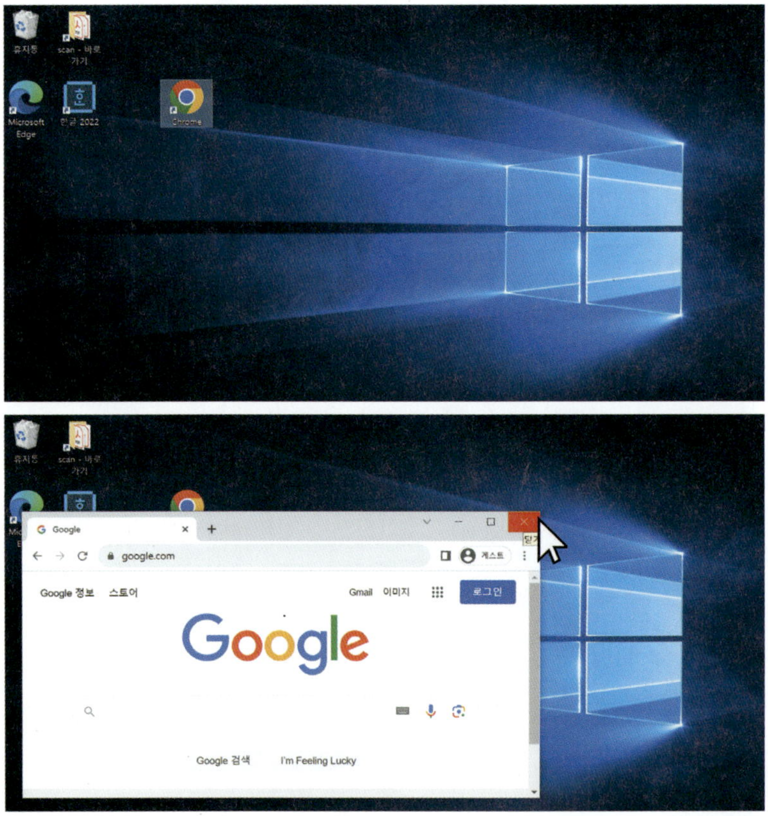

그림 9-18 프로그램 실행과 프로세스 종료

프로그램과 프로세스의 차이

프로그램은 어떤 데이터를 사용하여 어떤 작업을 할지 그 절차를 적어 놓은 것이다. 우리는 프로그램을 '짠다' 또는 '작성한다'고 표현한다. 반면에 프로세스는 '실행한다'고 표현하는데, 프로그램으로 작성된 작업 절차를 실제로 실행에 옮긴다는 의미이다. 다시 말해 누군가가 작성한 프로그램이 실행되면 프로세스가 된다. 프로그램은 하드디스크와 같은 저장 장치에 보관되어 있다가 마우스로 해당 파일을 더블클릭하면 실행된다. 폰노이만 구조에서 프로그램이 실행된다는 것은 해당 코드가 메모리에 올라와서 작업이 진행된다는 의미이다. 프로그램은 저장 장치에 저장된 정적인 상태이고, 프로세스는 실행을 위해 메모리에 올라온 동적인 상태이다.

레시피와 요리의 관계로 프로그램과 프로세스의 차이를 이해할 수 있다. 레시피는 프로그램, 조리는 프로세스라고 할 수 있다. 레시피는 어떤 재료를 가지고 어떻게 조리할지 그 절차를 적어 놓은 것이다. 레시피가 실제 요리가 되려면 주방에서 레시피에 따라 조리해야 한다. 다시 말해 레시피는 조리하는 절차를 모아 놓은 정적인 데이터이며, 레시피를 따라 조리하면 실제 요리가 된다.

그림 9-19 프로그램과 프로세스

사용 중인 컴퓨터의 프로세스를 살펴보자. 윈도우는 Ctrl + Alt + Delete 를 누르면 [그림 9-20]과 같이 작업 관리자 창이 나타난다. 현재 실행 중인 프로세스는 [프로세스] 탭에서 확인할 수 있다.

TIP 윈도우를 처음 시작할 때 실행하는 프로그램을 작업 관리자의 [시작프로그램]에서 확인할 수 있다. 운영체제도 프로그램이기 때문에 프로세스 형태로 실행된다. 컴퓨터의 전원을 켰을 때 부트스트랩이 운영체제 관련 프로세스를 메모리에 올려 실행한 후에야 사용자 프로세스가 실행된다.

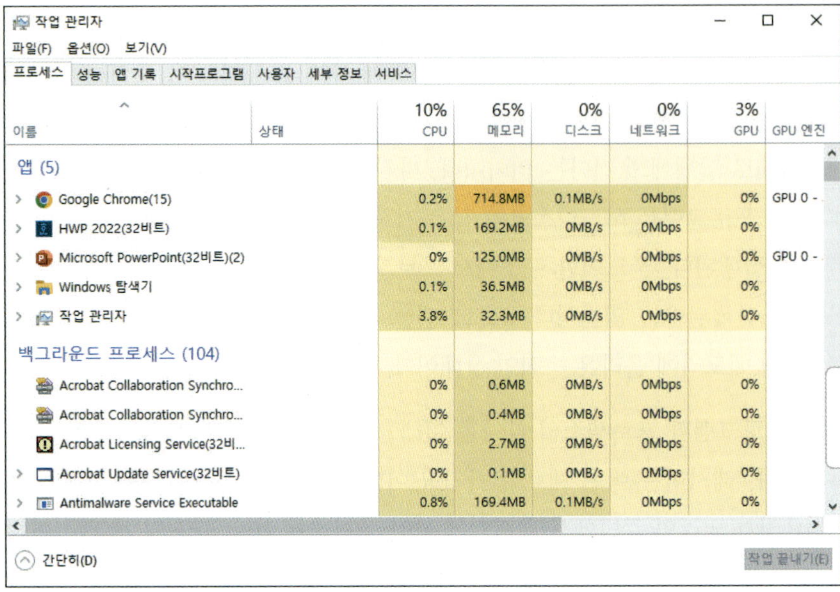

그림 9-20 작업 관리자

2 프로세스의 상태

손님이 많아 주문이 밀려 있는 식당의 주방을 생각해보자. '요리 준비'에는 조리를 기다리는 주문서가 있다. 주방장은 '요리 준비'에서 가장 앞에 있는 주문서부터 조리를 시작한다. 한 테이블에서 요청한 요리가 모두 만들어지면 해당 주문서를 폐기한다. 그러나 테이블에 내야 할 요리가 남아 있다면 해당 주문서를 '요리 준비'의 가장 뒤에 삽입하고 계속 앞에서부터 차례대로 조리한다.

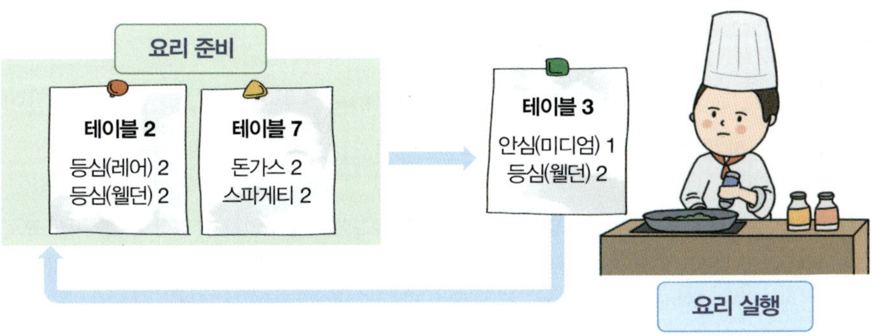

그림 9-21 요리 준비와 실행

조리를 해야 하는데 재료가 아직 준비되지 않은 경우도 있다. 주방장은 보조 요리사에게 빨리 재료를 준비하라고 명령한다. 보조 요리사가 재료를 준비하는 동안 주방장이 아무 일도 안하면 시간 낭비이다. 그래서 해당 주문서를 '요리 대기'에 잠시 넣어두고 요리 준비에 있는 다른 주문서부터 조리를 시작한다. 재료가 준비되면 '요리 대기'로 보낸 주문서를 다시 조리해야 한다. 그런데 주방장은 현재 다른 요리를 처리하고 있다. 재료가 준비되었다고 해서 이미 처리 중인 다른 요리를 멈추고 대기하던 요리를 시작할 수 없다. 그래서 '요리 대기'에 있는 주문서 중 재료 준비가 끝난 것은 '요리 준비'로 옮겨진다.

그림 9-22 요리 대기

주문서와 마찬가지로 프로세스는 실행되는 동안 여러 상태를 거치는데 이를 프로세스 상태process status라 부른다. 프로세스는 생성, 준비, 실행, 대기, 완료 단계를 거치게 된다.

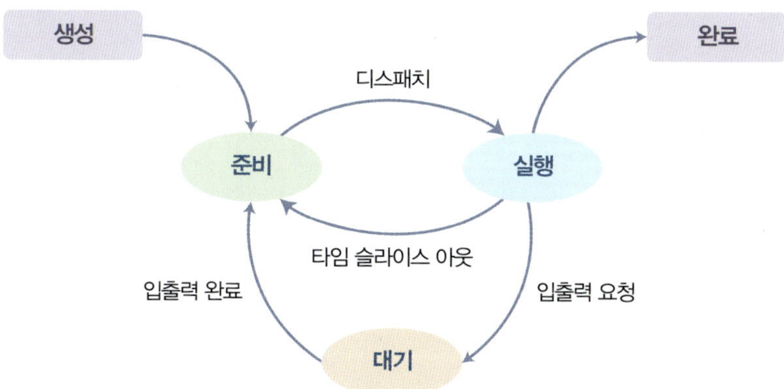

그림 9-23 프로세스 상태도

- **생성 상태**create status: 프로그램이 메모리에 올라와 프로세스가 된 상태이다. 프로세스가 메모리에 올라온다고 해서 바로 실행되는 것은 아니다.
- **준비 상태**ready status는 생성된 프로세스가 CPU를 얻을 때까지 기다리는 상태이다. 준비 상태에 있는 프로세스 중 하나를 골라 실행 상태로 보내는 일은 **CPU 스케줄러**scheduler가 한다. CPU 스케줄러는 준비 상태에서 큐를 몇 개 운영할지, 어떤 기준에 따라 실행 상태로 보낼지를 결정한다. CPU 스케줄러에 의해 실행 상태로 보낼 프로세스를 결정하는 것을 디스패치dispatch라 부른다. 영어 단어 'dispatch'는 보내거나 전송한다는 뜻이다.
- **실행 상태**running status: 준비 상태에 있는 프로세스 중 하나가 CPU를 얻어 실제로 작업을 수행하는 상태이다. 실행 상태에 들어간 프로세스는 일정 시간time slice 동안 CPU를 사용할 권리를 갖는다. 만약 주어진 시간을 다 사용하고도(타임 슬라이스 아웃time slice out) 작업이 끝나지 않았다면 프로세스는 준비 상태로 돌아가 다음 차례를 기다린다.
- **대기 상태**waiting status: 입출력을 요청한 프로세스는 대기 상태로 간다. 실행 상태의 프로세스가 입출력을 요구하면 CPU는 입출력 관리자에게 데이터 입출력을 요청한다. 입출력은 비교적 시간이 오래 걸리기 때문에, 입출력이 끝날 때까지 CPU가 가만히 있으면 낭비이다. 따라서 입출력을 요청한 프로세스는 대기 상태로 간다. CPU는 준비 상태인 프로세스 하나를 가져다가 실행한다. 대기 상태는 준비 상태나 실행 상태와 달리 작업의 효율을 위해 필요한 상태이다.
- **완료 상태**terminated status: 실행 상태에서 주어진 시간 안에 작업이 끝나면 완료 상태가 된다.

03 | 메모리 관리

1 메모리 관리의 개요

스테이크를 만들기 위하여 조리대에서 고기와 채소를 손질하는 상황을 생각해보자. [그림 9-24]의 (a)와 같이 고기만 있는 경우에는 편하게 손질할 수 있다. 그러나 (b)와 같이 손질할 재료가 많아지면 일이 복잡해진다. 도마에 재료들이 서로 섞이지 않도록 칸막이를 만들어야 하고, 때로는 칸막이를 옮겨서 공간의 크기를 조절해야 한다.

여기서 도마는 메모리, 재료는 프로세스에 해당하며, 메모리 관리의 어려움을 잘 설명하고 있다. 과거에 일괄 처리 시스템에서는 (a)와 같이 한 번에 작업 하나만 처리했기 때문에 메모리 관리가 어렵지 않았다. 그러나 한꺼번에 여러 프로세스가 동작하는 오늘날의 시분할 시스템에서는 (b)와 같이 여러 프로세스가 한꺼번에 메모리에서 작업하기 때문에 메모리 관리가 복잡하다.

(a) 일괄 처리 시스템 (b) 시분할 시스템

그림 9-24 메모리 관리

[그림 9-25]는 프로세스와 메모리의 관계를 나타낸다. 주의할 점은 운영체제도 프로세스이므로 메모리로 올라와야지만 실행이 가능하다는 것이다. 또한 운영체제가 다른 프로세스로부터 공격을 받으면 컴퓨터가 불안해진다. 특히 바이러스는 운영체제 영역으로 침범하여 시스템을 망치려고 하는 대표적인 프로세스이다. 따라서 운영체제는 메모리 영역을 운영체제 영역과 일반 영역으로 나누고, 어떤 일반 프로세스도 운영체제 영역으로 침범할 수 없도록 막는다.

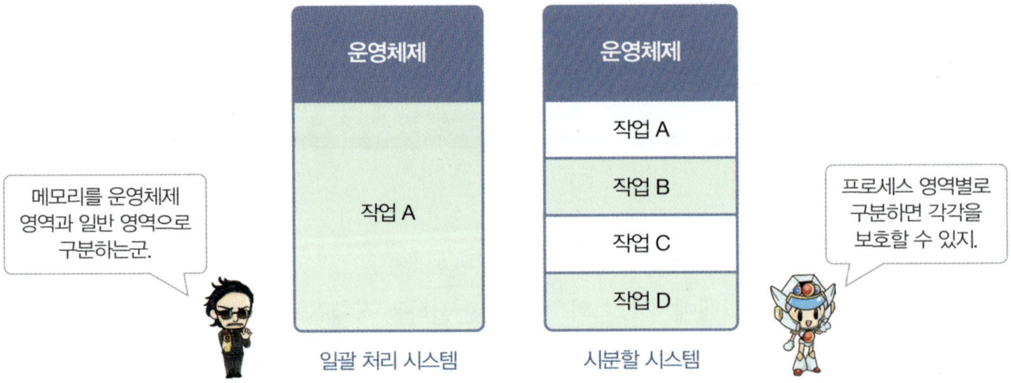

그림 9-25 일괄 처리 시스템과 시분할 시스템의 메모리 구조

일반 프로세스가 운영체제 영역으로 침범하지 못하게 막기만 하면 되기 때문에 일괄 처리 시스템에서의 메모리를 관리는 간단하다. 반면에 시분할 시스템의 메모리 관리는 복잡하다. 운영체제 영역으로 침범하는 것을 막을 뿐 아니라, 다른 작업 영역으로 침범하는 것도 막아야 한다. 또 자리가 부족하면 공간을 확보해야 하고, 프로세스가 끝나면 있던 자리를 깨끗하게 치워야 한다. 이처럼 복잡한 메모리 관리를 메모리 관리 시스템Memory Management System(MMS)이 담당한다. 메모리 관리 시스템을 메모리 관리자라고도 부른다.

2 메모리 오버레이

컴퓨터 초기에 메모리는 1바이트당 1원 정도로 값비싼 저장 장치였다. 이렇게 말하면 얼마나 비싼지 잘 체감되지 않을 것이다. 요즘 컴퓨터나 스마트폰에는 8GB 이상의 메모리가 달려 있다. 1바이트당 1원이면 8GB는 약 80억 원이나 된다.

메모리가 너무 비쌌기 때문에 컴퓨터에 큰 메모리를 사용할 수 없었다. 예를 들어 윈도우의 전신인 MS-DOS 운영체제는 기본 메모리가 640KB로 한정되었다. 지금은 메모리의 가격이 부담스럽지 않아 용량을 넉넉하게 사용하니 문제가 없지만 과거에는 작은 메모리로 큰 프로그램을 어떻게 작동할 것인지가 큰 문제였다. 메모리가 1MB인 컴퓨터에서 10MB짜리 프로그램을 어떻게 실행할 수 있었을까?

해결 방법은 의외로 간단하다. 요리사가 도마의 크기보다 더 큰 고깃덩어리를 손질하는 경우를 생각해보자. 고깃덩어리를 도마 크기보다 작게 잘라서 각 덩어리를 따로 손질하면 된다. 메모리보다 큰 프로그램도 이와 같은 방식으로 처리한다. 프로그램의 크기가 물리 메모리보다 클 때 전체 프로그램을 메모리에 가져오는 대신 적당한 크기로 잘라서 가져오는 기법을 **메모리 오버레이**memory overlay

라 부른다. 영어 단어 'overlay'는 겹겹이 쌓거나 중첩한다는 뜻이므로, 메모리 오버레이는 하나의 메모리에 여러 프로그램을 겹겹이 쌓아놓고 실행하는 것이다.

그림 9-26 조리대보다 큰 고깃덩어리를 손질하는 경우

메모리 오버레이 방식에서는 프로그램을 몇 개의 모듈로 나누고 필요한 모듈을 메모리에 가져와 실행한다. 전체 프로그램을 메모리에 올려놓고 실행하기에는 메모리의 크기가 작기 때문에 실행하는 데 꼭 필요한 모듈만 메모리에 두고 나머지는 필요할 때마다 가져와 사용한다.

[그림 9-27]은 메모리 오버레이의 작동 방식을 보여준다. 아래아한글 같은 문서 편집기에는 기본 문서 편집 기능 외에 맞춤법 검사, 출력, 그림판 등의 기능이 있다. 이러한 기능은 각각 모듈 형태로 분리되어 있다가 프로그램이 실행되면 필수 모듈만 메모리에 올라와 실행된다. 기본 문서 편집기를 사용하다 그림판이 필요하면 메모리에 그림판을 가져오고, 맞춤법 검사기가 필요하면 그림판을 쫓아내고 그 자리에 맞춤법 검사기를 가져온다. 프로그램 전체를 메모리에 올려놓고 실행하는 것보다는 속도가 느리지만, 메모리가 프로그램보다 작을 때도 실행할 수 있어 유용하다.

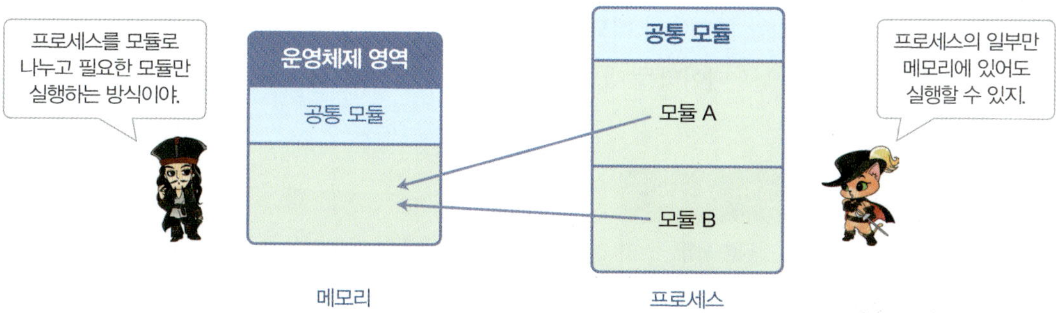

그림 9-27 메모리 오버레이

메모리 오버레이는 다음과 같은 중요한 의미가 있다. 한정된 메모리에서 메모리보다 큰 프로그램을 실행할 수 있다. 바꿔 말하면 프로그램 전체가 아니라 일부만 메모리에 올라와도 실행할 수 있다. 다시말해 프로그램은 개념적으로 한 덩어리이지만 일부분만 가지고도 실행할 수 있다. 이는 메모리를 여러 조각으로 나누어 여러 CPU 코어에 할당할 수 있다는 의미이다.

3 스왑

메모리 오버레이에서 다른 고깃덩어리를 가져와 손질하려면 현재 도마에 있는 고깃덩어리를 어디론가 치워야 한다. 그렇다면 고깃덩어리를 어디로 치우는 것이 좋을까? 보관 창고에 임시로 가져다 놓되 다른 고깃덩어리와 섞이지 않도록 별도의 공간에 저장하면 된다.

그림 9-28 **도마에서 손질 중인 고깃덩어리 일부를 다시 보관 창고에 가져다 놓는 경우**

[그림 9-29]의 메모리 구조를 보자. 메모리에 모듈 B를 가져오기 전에, 메모리에 이미 올라와 있던 모듈 A를 어딘가에 보관해야 한다. 쉽게 생각해서 모듈 A를 원래의 하드디스크 위치에 옮겨놓으면 되겠지만, 아직 작업이 끝나지 않았기 때문에 저장 장치의 다른 공간에 보관해야 한다. 이처럼 메모리가 모자라서 쫓겨난 프로세스는 저장 장치의 특별한 공간에 모아두는데 이 영역을 **스왑 영역**swap area이라고 부른다. 스왑 영역에서 메모리로 데이터를 가져오는 작업을 스왑 인swap in이라고 하고, 메모리에서 스왑 영역으로 데이터를 내보내는 작업을 스왑 아웃swap out이라고 한다.

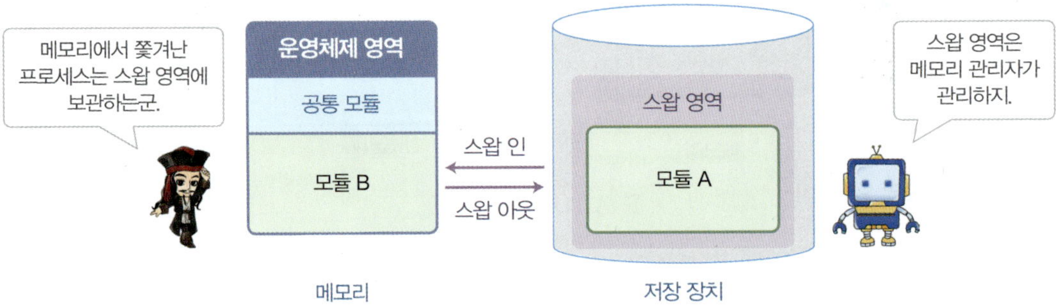

그림 9-29 **스왑 영역**

원래 하드디스크 같은 저장 장치는 저장 장치 관리자가 관리한다. 그러나 스왑 영역은 메모리에서 쫓겨났다가 다시 돌아갈 임시 데이터가 머무는 곳이기 때문에 메모리 관리자가 관리한다. 저장 장치는 장소만 빌려 줄 뿐이다.

스왑을 이용하면 스왑 영역의 크기가 메모리의 크기로 인식된다. 다시 말해 사용자는 실제 메모리의 크기와 스왑 영역의 크기를 합쳐서 전체 메모리인 것처럼 사용할 수 있다. 예를 들어 실제 메모리의 크기가 1GB, 스왑의 크기가 3GB라면 사용자에게 제공되는 메모리는 4GB이다. 이는 실제로 메모리가 4GB인 컴퓨터보다 속도가 느리겠지만, 실제 메모리의 모자란 부분을 보충할 수 있다. 더 나아가 사용자 입장에서는 실제 메모리의 크기에 상관없이 큰 프로그램을 실행할 수 있게 된다.

4 가상 메모리 시스템

어떤 레스토랑의 사장이 유명한 주방장에게 새로운 레시피를 개발해 달라고 부탁했다. 주방장은 많은 시간을 들여 소 앞다리를 이용한 파스타를 개발했다. 그런데 새로운 레시피를 본 레스토랑 사장은 주방 크기도 작고 도마도 작아서 소 앞다리를 손질할 수 없다고 말했다.

새로운 레시피를 개발할 때 주방장은 주요 고객층, 제철 재료, 점심 메뉴인지 저녁 메뉴인지 등을 고려한다. 여기에 더하여 레시피를 의뢰한 레스토랑의 주방 사정까지 고려해야 한다면 제약 사항이 너무 많다. 주방이 작으면 정육점에서 손질된 소 앞다리를 받거나 레스토랑 옆의 빈 매장을 임대하여 주방으로 사용할 수도 있다. 주방장은 주방 크기와 상관없이 좋은 재료로 맛있는 요리를 만드는 레시피만 생각하면 된다. 어떻게 레시피대로 조리할지는 레스토랑에서 해결할 문제이다.

그림 9-30 주방 크기를 고려한 레시피 개발

이와 마찬가지로 사용자 메모리는 1GB부터 16GB까지 다양하다. 프로그램을 만들 때 사용자 메모리를 고려해야 한다면, 2GB 메모리에서 동작하는 프로그램이 1GB 메모리에서는 동작하지 않을 수 있다. 프로그래머가 실제로 메모리 크기를 고려하여 프로그래밍하기는 매우 어렵다.

그림 9-31 다양한 물리 메모리의 크기

메모리 관리에서 가장 중요한 것은 컴퓨터에 장착된 메모리의 크기에 신경 쓰지 않고 프로그램을 만들 수 있도록 지원하는 것이다. 이러한 메모리 관리 시스템을 가상 메모리 시스템virtual memory system이라 부른다. 가상 메모리 시스템은 물리 메모리의 크기와 상관없이 커다란 논리주소 공간을 제공한다. 가상 메모리 시스템에서 프로그래머는 메모리의 크기에 신경 쓰지 않고 커다란 메모리 공간을 사용할 수 있다.

가상 메모리의 구성

가상 메모리는 크게 프로세스가 바라보는 메모리 영역과 메모리 관리자가 바라보는 메모리 영역으로 나뉜다. 프로세스 입장에서는 컴퓨터에 설치된 메모리의 크기에 상관없이 시스템이 허용하는 최대 크기의 메모리를 혼자서 독차지하는 것처럼 보인다.

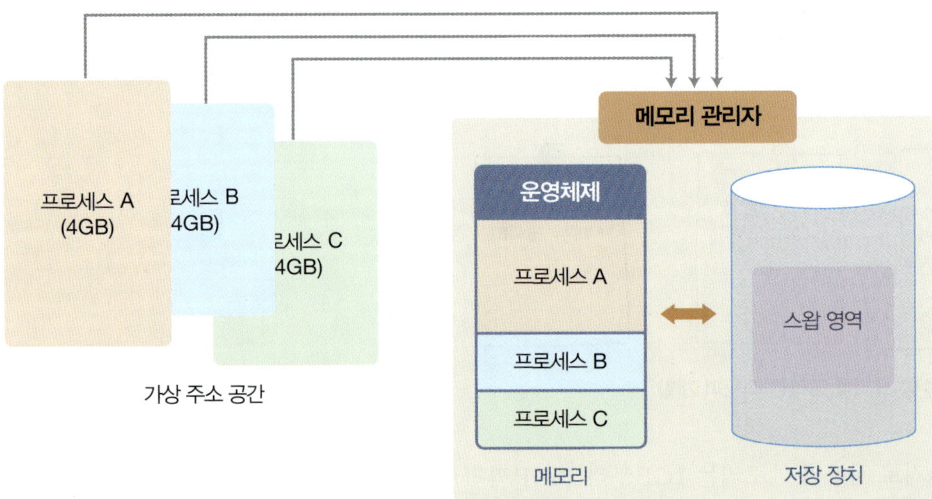

그림 9-32 가상 메모리의 구성

메모리 관리자의 입장에서는 메모리의 부족한 부분을 스왑 영역으로 보충한다. 메모리가 꽉 찼을 때 일부 페이지를 스왑 영역으로 보내고(스왑 아웃), 필요한 경우 스왑 영역에 있는 페이지를 메모리로 가져온다(스왑 인). 현대의 모든 컴퓨터는 이러한 가상 메모리를 지원하며 가상 메모리 시스템에서 메모리의 크기는 다음과 같이 정의한다.

핵심 **가상 메모리의 크기**

메모리의 크기 + 스왑 영역의 크기

최대 절전 모드

스왑 영역을 사용하는 다른 예를 보자. 컴퓨터 전원 메뉴 중 [다시 시작]이 모든 프로세스를 중지시키고 컴퓨터를 새로 시작하는 것이라면, [최대 절전 모드]는 컴퓨터를 잠시 껐다가 현재 작업 상태를 복구하는 것이다. [최대 절전 모드]를 사용하면 CPU와 메모리의 전력 공급이 끊겨 메모리에 있는 내용이 모두 사라진다. 그러므로 원래 작업을 복구하려면 현재 메모리에 있는 데이터를 어딘가에 옮겨야 하는데, 이때 옮겨 가는 곳이 스왑 영역이다. [최대 절전 모드]를 실행하면 하드디스크의 전원 불빛이 깜박거리는 것이 바로 이 때문이다.

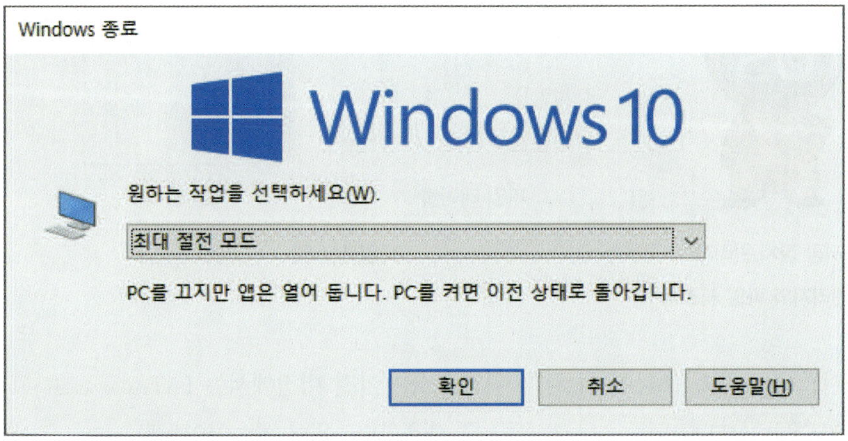

그림 9-33 최대 절전 모드

04 | 저장 장치 관리

1 파일과 디렉터리

컴퓨터 시스템에는 다양한 종류의 파일이 있으며, 파일은 하드디스크, SSD, USB 메모리, CD, DVD 같은 보조 저장 장치에 보관된다. 사용자가 직접 저장 장치의 파일에 접근하게 하면, 다른 파일을 훼손하거나 저장 장치 내부를 어지럽혀 문제를 일으킬 수 있다. 이를 막기 위해 운영체제는 사용자가 저장 장치의 특정한 위치에 파일을 보관하는 것을 막는다. 또한 접근 권한을 확인하여 권한이 없는 사용자가 파일에 접근하는 것을 막는다. 사용자는 파일 시스템을 통하여 파일의 생성, 수정, 읽기, 쓰기, 삭제 작업을 수행한다.

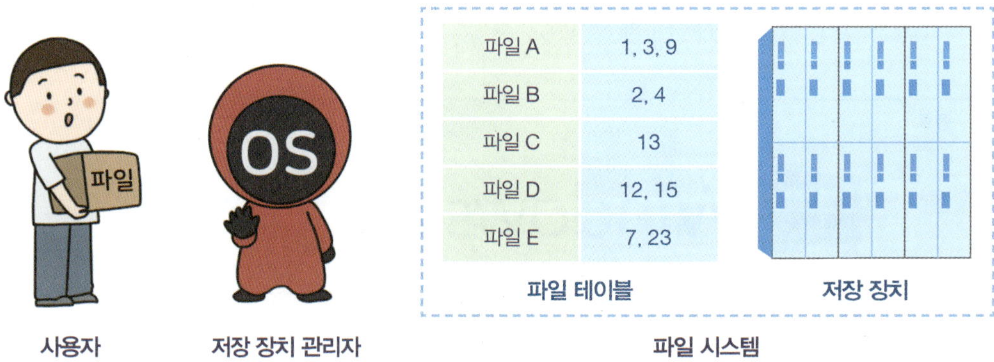

그림 9-34 저장 장치 관리자와 파일 시스템

운영체제마다 파일 시스템 종류가 조금씩 다른데, 윈도우 XP 이전 버전에서는 FAT File Allocation Table를 사용했고, 현재 윈도우는 NTFS New Technology File System를 사용한다. 유닉스는 아이노드 Inode(Index node)라는 파일 시스템을 사용한다. 파일 시스템은 파일 테이블을 사용하여 파일을 관리한다. **파일 테이블** file table에 저장 장치에서의 파일 이름, 파일의 위치, 파일의 종류, 파일 접근 권한 등의 파일 속성이 명시되어 있다.

파일의 단위

메모리는 바이트 단위로 나뉘고 주소도 바이트 단위로 부여된다. 일반적으로 메인메모리는 수 GB 이지만 하드디스크는 수 TB로 메모리보다 수백 배 이상 크다. 수 TB의 저장 장치를 바이트 단위로 나누고 주소를 부여하려면, 매우 큰 주소 체계가 필요하다. 또한 1B의 크기를 가진 파일은 많지 않기 때문에 저장 장치의 주소 체계에서는 좀 더 큰 단위를 사용한다.

저장 장치에서는 파일을 일정 크기로 묶어서 관리하는데 이를 블록block이라 부른다. 따라서 메모리의 단위는 바이트이지만, 저장 장치의 단위는 블록이 된다. 다시 말해 블록은 저장 장치에서 사용하는 가장 작은 단위이다. 한 블록에 주소 하나가 할당되고, 운영체제와 저장 장치 사이에는 블록 단위로 데이터가 전송된다.

[그림 9-35]는 파일 테이블과 블록 번호의 관계를 나타낸다. (a)의 파일 테이블에는 각 파일이 (b)의 저장 장치에서 어떤 블록에 저장되어 있는지에 대한 정보가 기록되어 있다. 파일 A가 1·3·9번 블록에, 파일 B는 2·4번 블록에, 파일 C는 13번 블록에, 파일 D는 12·15번 블록에, 파일 E는 7·23번 블록에 저장되어 있다. 파일 시스템에 파일 A를 읽어 올 것을 명령하면 1·3·9번 블록의 데이터를 차례로 읽어서 사용자에게 전달한다. 반대로 파일 F를 저장할 것을 명령하면 빈 블록에 나뉘어 저장되고 파일 테이블에는 저장된 블록 번호가 기록된다.

이름	블록 번호
파일 A	1, 3, 9
파일 B	2, 4
파일 C	13
파일 D	12, 15
파일 E	7, 23

(a) 파일 테이블

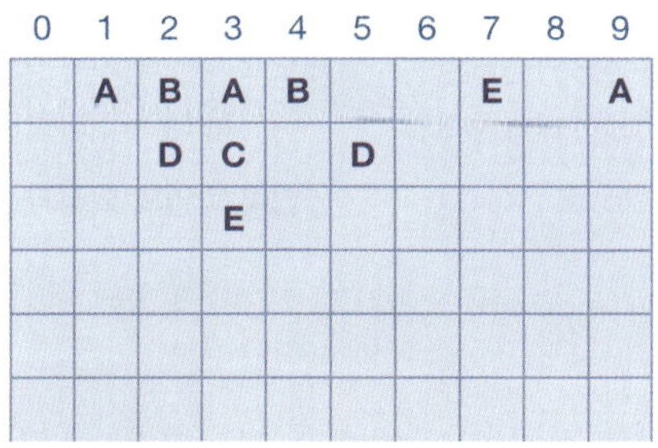

(b) 저장 장치

그림 9-35 파일 테이블과 블록 번호

파일의 종류

모든 파일은 0과 1의 비트 패턴bit pattern으로 이루어진다. 운영체제 입장에서 파일은 크게 실행 파일과 데이터 파일로 나뉜다. 실행 파일은 운영체제가 메모리로 가져와 CPU를 이용하여 작업을 하는 파일이다. 다시 말해 실행 파일은 사용자가 실행을 요청했을 때 프로세스가 된다. 데이터 파일은 실행 파일이 작업하는 데 필요한 데이터를 모아 놓은 파일이다. 이미지 뷰어 프로그램의 사진 파일, 음악 재생 프로그램의 음악 파일, 문서 편집 프로그램의 문서 파일 등이 모두 데이터 파일이다. 데이터 파일은 스스로 프로세스가 될 수 없다. 모든 데이터 파일은 0과 1로 이루어진 데이터 덩어리일 뿐이다. 이를 그림, 음악, 문서로 인식하는 것은 응용 프로그램의 몫이다.

모든 파일 이름에는 확장자가 붙는다. 홍길동이라는 이름을 가진 사람이 여러 명일 때 '홍길동.서울', '홍길동.성북', '홍길동.제주'와 같이 명명하면 구별할 수 있듯이 파일에 확장자를 붙이면 파일의 종류를 알 수 있다. 이미지 확장자에는 bmp, jpg, gif, png, webp 등이 있고, 음악 파일 확장자에는 wav, mp3, ogg, aac, flac 등이 있다.

현재 많이 사용되는 파일의 확장자를 [표 9-1]에 정리했다. 실행 파일을 제외한 나머지는 모두 데이터 파일의 확장자이다. 윈도우의 실행 파일은 exe나 com과 같이 확장자가 정해져 있으나 유닉스에서는 실행 파일에 정해진 확장자가 없다.

표 9-1 파일의 종류와 확장자

파일	확장자	설명
실행 파일	exe, com	유닉스에는 실행 파일 확장자가 없음
소스 코드 파일	c, cpp, pas, a, java	다양한 소스 코드의 확장자
라이브러리 파일	lib, a, dll	소스 코드를 위한 라이브러리의 확장자
배치 파일	bat, sh, csh	초기 배치 파일의 확장자
문서 파일	txt, doc, hwp, pdf, ps	문서 데이터 파일의 확장자
동영상 파일	avi, asf, mkv, mov, rmv	동영상 데이터 파일의 확장자
음악 파일	wav, mp3, ogg, flc, aac	음악 데이터 파일의 확장자
이미지 파일	bmp, gif, jpg, png, webp	이미지 데이터 파일의 확장자
압축 파일	rar, zip, arc, al	압축 파일의 확장자

파일 이름 규칙

대부분의 파일 이름은 '파일 이름.확장자'의 형태로 구성된다. 초창기 운영체제에서는 파일 이름은 여덟 글자, 확장자는 세 글자로 제한했다. 확장자는 꼭 세 글자가 아니어도 된다. 예를 들어 이미지 파일인 webp나 오디오 파일인 flac은 네 글자 확장자를 사용한다.

파일 이름에는 마침표(.)를 여러 번 사용할 수 있는데, 이때는 마지막 마침표 다음 글자를 확장자로 인식한다. 예를 들어 파일 이름이 'run.2017.10.avi'라면 마지막 avi를 확장자로 인식한다. 파일 이름과 관련하여 유의할 사항은 다음과 같다.

- 파일은 경로를 포함하여 최대 255자이다. 경로path란 파일이 있는 디렉터리의 위치 정보이다.
- 파일 이름에는 영문자, 숫자, 붙임표(−), 밑줄(_), 마침표(.)를 사용할 수 있다.
- 유닉스와 윈도우의 파일 이름 규칙이 조금 다르다. 윈도우에서는 파일 이름에 공백 문자, &, ~ 등의 특수문자를 사용할 수 있다. 그러나 ₩, /, :, *, ?, ", 〈, 〉, | 등의 특수문자를 사용할 수 없다. 또한 윈도우에서는 대문자와 소문자를 구분하지 않는다.
- 유닉스에서는 파일 이름에 영문자, 숫자, 붙임표(−), 밑줄(_), 마침표(.)만 사용할 수 있다. 따라서 공백 문자를 포함하여 대부분의 특수문자를 사용할 수 없다. 또한 유닉스에서는 대문자와 소문자를 구별하므로 파일 이름을 만들 때 주의해야 한다.

파일 이름에는 다음 문자를 사용할 수 없습니다.

₩ / : * ? " < > |

그림 9-36 **윈도우의 파일 이름 오류 메시지**

윈도우에서 실행 파일을 더블클릭하면 프로세스가 된다. 반면 데이터 파일을 더블클릭하면 해당 파일을 사용하는 응용 프로그램이 실행된다. 이러한 프로그램을 연결 프로그램이라고 한다. 예를 들어 확장자가 hwp인 파일을 실행하면 아래아한글 프로그램이 실행되고, 운영체제가 해당 데이터 파일을 아래아한글 프로그램에 넘겨준다. 실행 파일과 데이터 파일은 둘 다 더블클릭하면 실행되기 때문에 데이터 파일을 실행 파일로 착각하기 쉽다. 그러나 데이터 파일이 필요로 하는 응용 프로그램을 운영체제가 실행하는 것이지 데이터 파일 자체가 실행되는 것은 아니다.

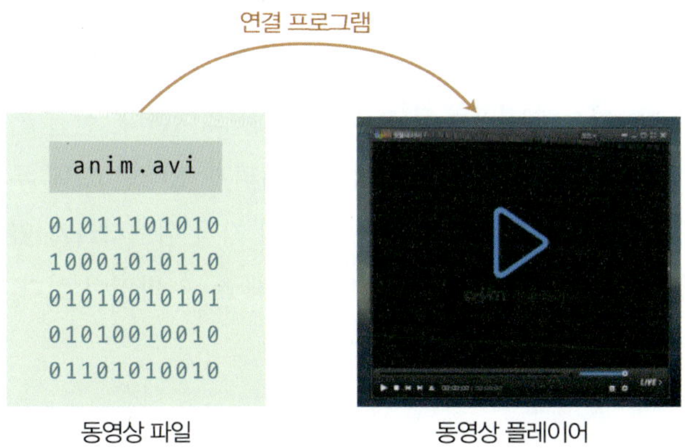

그림 9-37 **동영상 파일 실행**

디렉터리

여러 과일을 하나로 섞어 놓지 않고 같은 과일끼리 모아서 보관하면 원하는 과일을 찾기도 쉽고 관리하기도 편하다. 파일도 마찬가지이다. **디렉터리**directory는 관련 있는 파일을 모아 놓은 것이다. 예를 들어 수천 곡의 MP3 파일이 있다고 하자. 이를 한곳에 모아 놓으면 노래를 찾아 듣기가 어렵다. 한국 가요, 팝송, 재즈, 클래식 등 디렉터리를 만들고 분류하여 보관하면 노래를 찾기 편할 것이다. 디렉터리를 유닉스에서는 그대로 디렉터리라 부르고, 윈도우에서는 폴더라고 부른다. 따라서 디렉터리와 폴더는 같은 의미이며, 이 책에서는 주로 디렉터리라 표현한다.

디렉터리를 여러 층으로 구성할 수 있다. 가요가 너무 많다면 가요 디렉터리 아래에 힙합, 발라드, OST 디렉터리를 만들어 분류할 수 있다. 또한 도끼, 우원재, 산이, 창모처럼 디렉터리 아래에 가수별 디렉터리를 만들어 분류할 수도 있다. 디렉터리를 여러 개 만들 수 있기 때문에 디렉터리는 계층 구조를 가진다. 디렉터리의 계층 구조는 일반적으로 최상위에 있는 디렉터리를 시작으로 점점 퍼져 나가는 구조이다. 이때 최상위 디렉터리를 루트 디렉터리root directory라고 한다.

루트 디렉터리 자식 디렉터리

그림 9-38 디렉터리

[그림 9-39]는 디렉터리의 계층 구조 예시이다. 역슬래시(\)는 루트 디렉터리를 의미한다. 한글 키보드에서 ₩(원화 기호)를 눌러 역슬래시를 쓸 수 있다. C 드라이브에 디렉터리가 있다면 C:₩ 루트 디렉터리가 된다. 루트 디렉터리 아래에는 문서, 영화, 음악이라는 이름의 자식 디렉터리가 있으며, 음악 디렉터리 아래에는 가요 디렉터리가 있고, 가요 디렉터리에 우원재.mp3 파일이 있다. 또한 dido.mp3 파일은 음악 디렉터리 아래의 팝송 디렉터리에 있다.

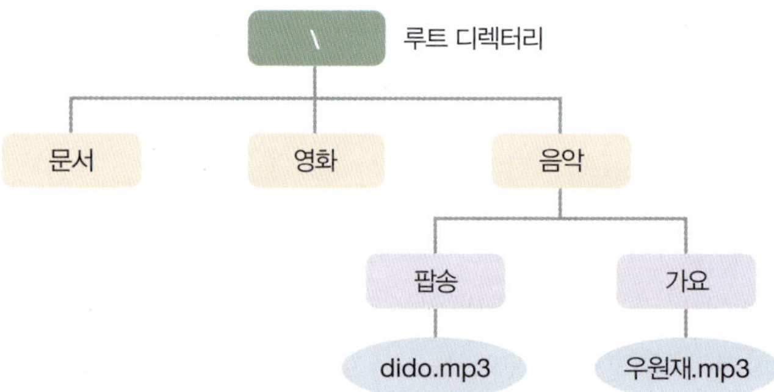

그림 9-39 디렉터리 계층 구조

2 파일 시스템

파티션

하드디스크나 SSD와 같은 대용량 저장 장치를 통째로 사용할 수도 있지만 2개나 3개로 나누어 사용하기도 한다. 저장 장치를 2개 이상의 묶음으로 나누는 것을 파티션을 나눈다고 한다. **파티션**partition은 논리적으로 구분된 저장 장치 영역을 의미한다.

하나의 논리적 저장 장치에는 하나의 파일 시스템이 탑재된다. 윈도우에서 각 파티션에 이름을 부여할 때는 첫 파티션에 C: 드라이브, 다른 파티션에 D: 드라이브처럼 알파벳순으로 이름을 부여하여 파티션을 구분한다. [그림 9-40]은 저장 장치와 파티션의 관계를 보여준다. 가장 왼쪽과 같이 윈도우가 설치된 컴퓨터에 저장 장치가 2개 있다면 2개의 파티션, 즉 2개의 논리적인 저장 장치로 보인다.

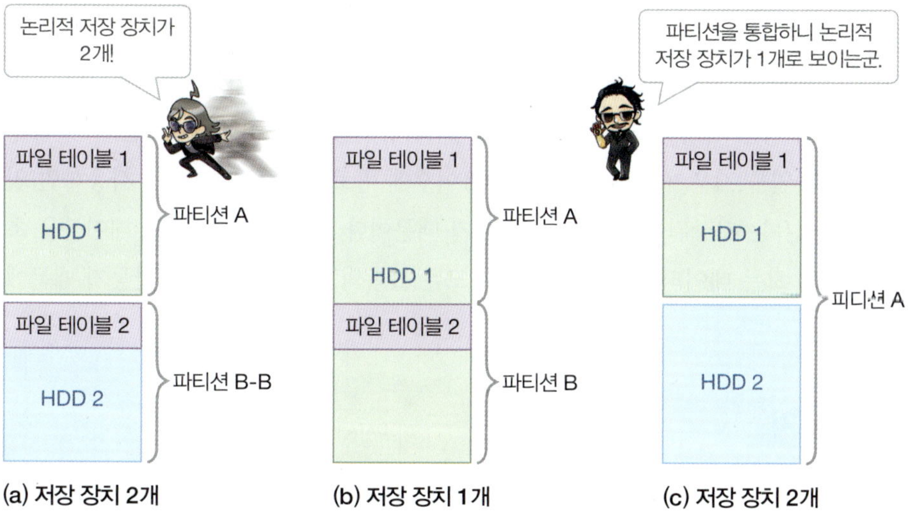

그림 9-40 디스크와 파티션의 관계

대용량 저장 장치를 여러 개로 나누어 사용하면 관리하기 편리하다. 그림의 중앙과 같이 저장 장치가 하나인 경우에도 파티션을 분리하면 논리적인 저장 장치가 2개로 보인다. 윈도우의 경우, 저장 장치는 하나이지만 C:와 D:로 분리된다. 논리적인 저장 장치가 2개로 보이는 이유는 분리된 파티션마다 파일 시스템이 탑재되기 때문이다. 파일 테이블은 탑재된 파티션의 영역에 저장된 파일만을 관리한다.

윈도우와 같이 파티션을 나누어서 관리하는 것은 매우 불편하다. 예를 들어 어떤 서버가 100개의 하드디스크를 동시에 사용한다고 가정해보자. 윈도우의 경우, C:부터 Z:까지 해도 파티션을 22개까지만 처리할 수 있다. 23번째 파티션부터는 AA:나 AB:와 같이 처리해야 한다. 각 파티션을 외우기도 어려울뿐더러, 파티션을 관리하는 일이 복잡해진다.

유닉스는 [그림 9-40]의 (c)와 같이 여러 개의 파티션을 통합하여 이 문제를 해결한다. 여러 개의 파티션을 하나로 통합한다는 것은 저장 장치의 개수나 파티션 개수에 상관없이 하나의 파일 시스템만 가진다는 의미이다. 저장 장치가 100개일지라도 파일 시스템이 하나이기 때문에 1개의 저장 장치처럼 보인다. 사용자는 C:나 D:와 같은 파티션 구분 없이 저장 장치를 사용할 수 있게 되어 편리하다. 유닉스에서 여러 개의 파티션을 하나로 통합하는 기능을 마운트mount라 부른다.

빠른 포맷과 느린 포맷

디스크 포맷disk formatting은 저장 장치의 파일 시스템을 초기화하는 작업이다. 줄여서 포맷이라고 말하기도 한다. 디스크를 포맷할 때 파일 테이블이 없는 저장 장치에는 파일 테이블을 새로 탑재한다. 기존의 파일 테이블이 있는 경우, 파일 테이블을 초기화하여 아무것도 저장되지 않은 처음 상태로 만든다.

디스크 포맷은 빠른 포맷과 느린 포맷으로 나뉜다. 빠른 포맷은 데이터는 그대로 둔 채 파일 테이블만 초기화한다. 따라서 기존 데이터가 저장 장치에 그대로 남아 있지만 사용자에게는 보이지 않는다. 하드디스크에서 파일을 지우거나 빠른 포맷을 한 이후에 바로 복구 프로그램을 사용하면 일부 파일이 되살아나는 이유는 저장된 데이터가 남아 있기 때문이다. 느린 포맷은 파일 테이블을 초기화할 뿐 아니라 블록의 모든 데이터를 0으로 만든다. 모든 블록의 데이터를 0으로 만들기 때문에 시간이 오래 걸린다.

저장 장치의 블록 크기

디스크를 포맷할 때 블록의 크기를 지정할 수 있다. [그림 9-41]은 윈도우의 NTFS 파일 시스템의 디스크 포맷 설정 화면이다. [할당 단위 크기]에서 블록 크기를 설정한다. 포맷할 때는 시스템이 정한 기본 블록 크기를 사용할 수도 있고, 사용자가 블록 크기를 512B에서 2048KB까지 직접 지정할 수 있다.

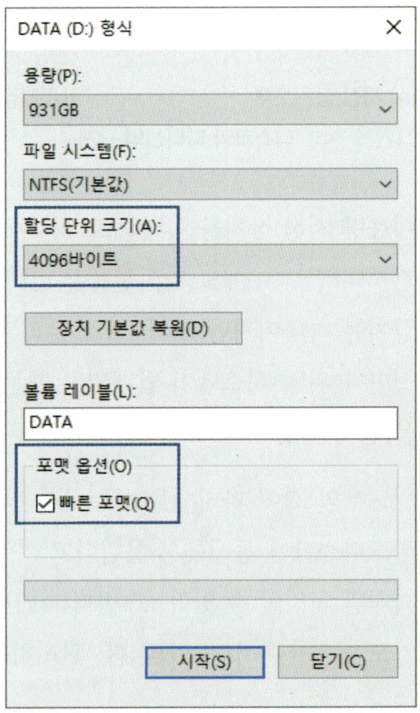

그림 9-41 윈도우 NTFS 파일 시스템의 포맷 화면

블록 크기가 1KB일 때와 8KB일 때를 비교해보자. 블록 크기가 8KB이면 1KB일 때보다 주소 수가 8분의 1로 줄어든다. 그런데 각 블록에 8KB보다 작은 파일을 저장하면 낭비되는 공간이 생긴다. 따라서 블록 하나의 크기를 크게 잡으면 적은 주소로 많은 양의 데이터를 관리할 수 있지만 낭비되는 공간이 생기며, 반대로 블록 하나의 크기를 작게 잡으면 블록 주소가 많이 필요하다.

[그림 9-42]는 윈도우의 C: 드라이브 속성 창이다. 실제

로 C: 드라이브에 있는 전체 파일의 크기는 62.4GB이다. 그러나 파일에 할당된 저장 장치(디스크)의 크기는 54.5GB이므로 차이가 약 8GB이다. 이 차이는 블록보다 작은 파일을 저장하여 낭비되는 공간의 크기이다.

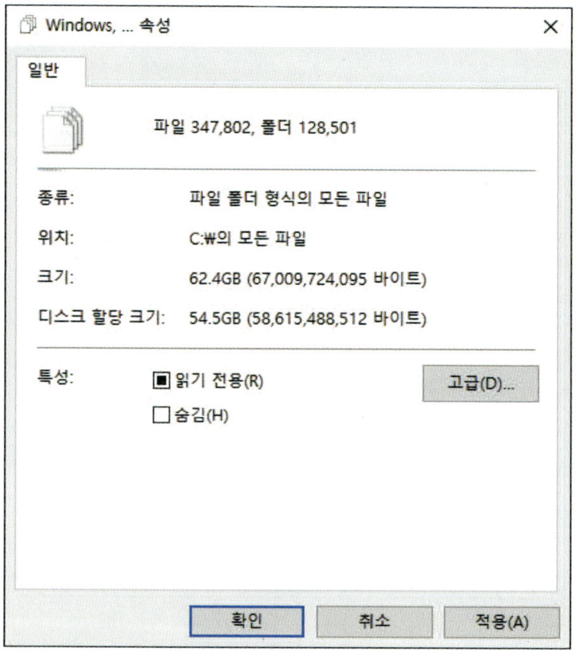

그림 9-42 디스크 내부 단편화

파일 테이블의 데이터 저장 방식

파일 테이블의 구성을 살펴보자. [그림 9-43]은 윈도우의 파일 제어 테이블과 파일 할당 테이블(FAT)의 구조를 나타낸다. FAT에는 각 파일을 구성하는 데이터가 어떤 블록에 연결되어 있는지 나타내는 블록 번호가 있다. 그림에서 파일 B의 전체 데이터를 찾아보자.

왼쪽의 파일 제어 테이블은 파일 정보와 함께 파일의 시작 블록 정보를 가지고 있다. 이 테이블에서 파일 B에는 숫자 2가 함께 저장되어 있는데, 이는 디스크의 두 번째 블록부터 파일 B가 시작된다는 의미이자 FAT의 두 번째 열에 다음 블록 정보가 저장되어 있다는 의미다. 이러한 식으로 FAT 열을 따라가면 파일 B의 전체 데이터 위치를 알 수 있다. 두 번째 열 다음에 네 번째 열을 따라가고, 네 번째 열 다음에 열두 번째 열을 따라가고, 널(null)을 만나면 파일이 끝난다. 결국 파일 B의 데이터는 저장 장치의 2, 4, 12, 8번 블록에 있다. 같은 방법으로 파일 C는 저장 장치의 0, 3, 10, 6, 9, 7, 11, 14번 블록에 있음을 알 수 있다.

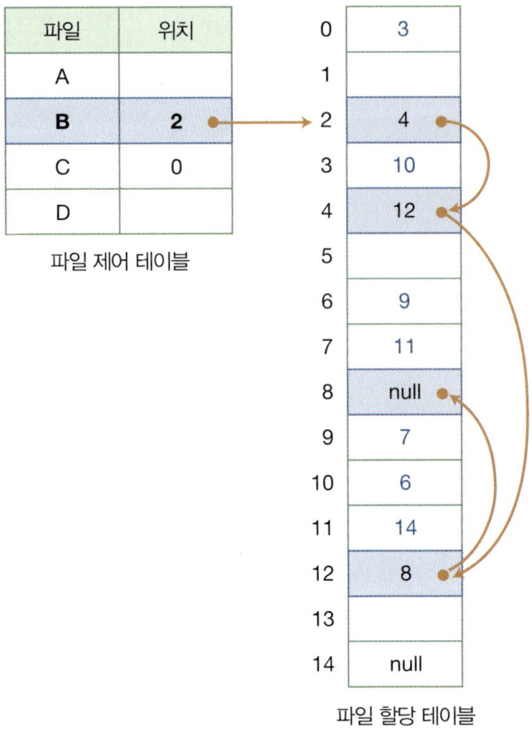

그림 9-43 FAT 파일 시스템의 구조

윈도우는 파일 시스템으로 FAT32 또는 NTFS를 사용한다. FAT32는 32GB까지 지원하고 파일 하나의 크기가 4GB로 한정된다. USB 메모리는 대부분 FAT32를 사용한다. USB 메모리에 4GB보다 큰 파일을 저장하려고 하면 빈 공간이 있어도 '빈 공간 없음'이라는 메시지를 표시한다. 이는 FAT32가 4GB 이상의 파일을 지원하지 않아 발생하는 문제로, FAT32를 NTFS 파일 시스템으로 바꾸면 해결할 수 있다.

빈 공간 관리

디지털 포렌식digital forensic 기술은 PC나 스마트폰 같은 디지털 기기에 들어 있는 데이터를 수집·추출한 후, 이를 바탕으로 범죄 단서와 증거를 찾아내는 과학 수사 기법이다. 최근 들어 TV나 신문에서 경찰이 압수한 범죄자의 스마트폰에서 통화 내역이나 문자 메시지 등을 복구하여 증거로 삼았다는 뉴스를 자주 접할 것이다. 이러한 복원 기술이 디지털 포렌식이다. 포렌식forensic의 사전적 의미는 법의학이지만, 범죄에 관한 과학 수사라는 포괄적 의미로 더 많이 사용한다. 따라서 디지털 포렌식은 모든 디지털 기기 및 시스템 관련 범죄에 대한 과학적 수사를 의미한다. 어떤 원리로 이것이 가능한지 살펴보자.

디스크에 저장된 데이터들은 파일 시스템으로 관리한다고 설명했다. 디스크에 파일을 저장할 때 모든 테이블을 뒤져 빈 공간을 찾는 것은 비효율적이다. 빈 공간을 효율적으로 관리하기 위하여 파일 시스템은 빈 블록 정보만 모아 놓은 **빈 공간 리스트**free block list를 유지한다.

[그림 9-44]는 파일 B를 실행할 때의 빈 공간 리스트와 파일 B를 삭제한 후의 빈 공간 리스트이다. 파일 B를 삭제하기 전에는 빈 공간 리스트에 1, 5, 13번 블록이 있고, 파일 B를 삭제한 후에는 파일 B가 사용한 2, 4, 12, 8번 블록이 빈 공간 리스트에 추가된다.

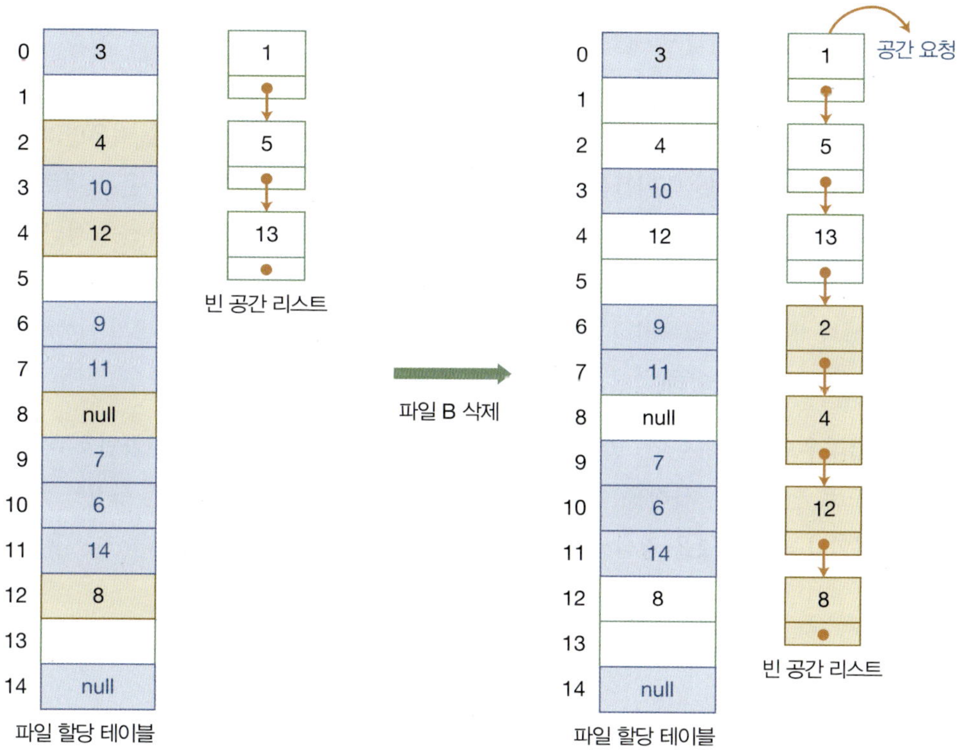

그림 9-44 파일 B를 삭제하기 전후 빈 공간 리스트의 변화

주의할 점은 파일 B가 사용한 2, 4, 12, 8번 블록의 내용이 지워지지 않았는데도 빈 공간 리스트에 삽입된다는 것이다. 파일이 사용한 공간을 일일이 비우려면 시간이 오래 걸린다. 파일 시스템에서는 파일 테이블의 내용을 삭제하고 사용한 블록을 빈 공간 리스트에 등록하는 것을 파일이 삭제된 것으로 간주한다. 빠른 포맷을 할 때도 마찬가지다. 빠른 포맷은 데이터를 그대로 남겨 둔 채 파일 테이블만 초기화하는 방식이다.

블록 내용을 지우지 않고 빈 공간 리스트에 삽입하기 때문에 해당 블록에 새로운 데이터를 덮어쓰지 않는 한 원래 데이터를 복구할 여지가 있다. 또한 빈 공간 리스트를 보고 새로운 블록을 할당할 때는 리스트에 먼저 들어온 블록부터 할당한다. 어떤 데이터를 지우고 새로운 데이터를 디스크에 넣을 때는 방금 지운 블록에 할당하는 것이 아니라 리스트에 있던 블록 중 맨 앞에 있는 블록에 할당한다. 이러한 특징 때문에 휴지통에서 완전히 삭제한 파일을 복구하거나 빠른 포맷을 한 이후에 데이터를 되살릴 수 있는 것이다.

TIP 만약 빈 공간 리스트에 나중에 들어온 블록부터 할당한다면 하드디스크의 특정 섹터만 계속 사용하게 될 것이다.

삭제된 파일을 복구할 수 있는 이유

파일 시스템의 빈 공간 관리 방식을 이해했다면 개인 사진이 유출되는 이유를 이해할 수 있을 것이다. 컴퓨터에 파일을 저장하거나 디지털카메라로 사진을 찍었다고 가정하자. 그리고 그 파일을 보는 즉시 삭제했다. 그러나 불행하게도 파일은 사용자 눈에서만 사라진 것이다. 파일을 지우면 파일 내용이 사라지는 것이 아니라 파일 테이블의 파일 정보만 삭제된다. 다시 말해 내용물은 그대로 남긴 채 목록에서 이름만 사라지는 것이다. 그 후에 새로운 사진을 찍더라도 새로운 사진을 방금 지운 사진 위에 덮어쓰는 것이 아니다. 앞의 빈 공간을 다 채운 이후에 가장 마지막에 데이터를 덮어쓴다. 이러한 상태에서 메모리를 잃어버리고 누군가가 악의적으로 파일 복구 프로그램을 실행하면 삭제했던 파일을 다시 되살릴 수 있다.

또한 스마트폰은 클라우드를 사용한다. 클라우드 소프트웨어는 스마트폰에 있는 전화번호부, 사진, 파일을 클라우드로 전송한다. 사진을 찍고 바로 삭제하더라도 클라우드로 전송한 사진이 삭제되기까지는 시간 차이가 있다는 것을 명심하길 바란다.

요약

01 운영체제는 컴퓨터 자원을 효율적으로 관리하는 소프트웨어이다. 운영체제의 핵심적인 기능을 모은 것이 커널이며, 사용자 인터페이스는 커널에 명령을 내리고 그 결과를 알려준다. 장치 드라이버는 커널과 하드웨어 사이의 인터페이스이다.

02 메모리 오버레이는 프로그램의 크기가 물리 메모리보다 클 때 프로그램을 적당한 크기로 잘라 가져오는 기법이다. 이때 프로그램의 일부만 메모리에 올라와도 실행할 수 있다. 메모리가 모자라서 쫓겨난 프로세스는 저장 장치의 스왑 영역에 모아둔다.

03 부팅은 운영체제가 메모리로 올라오는 과정이다. 부팅 중 운영체제를 실행하기 위한 작은 코드를 부트스트랩이라 부른다.

04 API는 응용 프로그램이 자신과 연관된 프로그램을 만들 수 있도록 제공하는 인터페이스이다. SDK는 프로그램 개발자를 위하여 API, 코드 편집기, 에뮬레이터 등을 묶어서 배포하는 개발 툴이다.

05 프로그램이 실행을 위해 메모리에 올라온 동적인 상태가 프로세스이다. 프로세스는 생성, 준비, 실행, 대기, 완료 상태를 거친다. 실행 상태의 프로세스는 일정 시간 동안 CPU를 사용할 권리를 갖는다. 대기 상태는 입출력 요청이 있을 때 작업의 효율을 높인다.

06 가상 메모리 시스템은 물리 메모리의 크기와 상관없이 충분한 논리 주소 공간을 제공한다. 가상 메모리의 크기는 '물리 메모리의 크기 + 스왑 영역의 크기'이다.

07 파일 시스템은 파일 테이블을 사용하여 파일과 디렉터리를 관리한다. 저장 장치에서는 파일을 일정한 크기로 묶어서 관리하는데 이를 블록이라 부른다.

08 파티션은 논리적으로 구분된 저장 장치 영역이다. 저장 장치를 2개 이상의 묶음으로 나눌 때 파티션을 나눈다고 부른다. 마운트란 유닉스에서 여러 파티션을 하나로 통합하는 기능이다.

09 파일 시스템은 빈 공간 리스트를 사용하여 저장 장치 공간을 효율적으로 관리한다.

연습문제

01 다음 중 운영체제의 역할과 가장 거리가 먼 것은 무엇인가?

① 인터페이스 제공 ② 컴퓨터 자원 보호
③ 그래픽 사용 ④ 입출력 관리

02 다음 중 운영체제의 구성 요소가 아닌 것은 무엇인가?

① 유틸리티 ② GUI ③ 드라이버 ④ 커널

03 다음 중 컴퓨터 전체를 관리하고 소프트웨어의 실행 환경을 만들어 주는 것은 무엇인가?

① 응용 프로그램 ② 운영체제
③ 유틸리티 ④ 문서 작성 소프트웨어

04 컴퓨터도 계산 기능이 있는 기계이지만 계산기와 구별된다. 다음 중 그 이유와 가장 관련 있는 것은 무엇인가?

① 통신 ② 인터페이스 ③ 입출력 ④ 프로그래밍

05 다음 중 나머지 셋과 뿌리가 다른 것을 찾으시오.

① Android ② Window ③ BSD ④ LINUX

06 다음 중 안드로이드와 같은 커널을 사용하는 운영체제는 무엇인가?

① Mach ② System V ③ BSD ④ LINUX

07 다음 중 개인용 컴퓨터에 적합하도록 변형한 유닉스는 무엇인가?

① Mach ② System V ③ BSD ④ LINUX

08 다음 중 나머지 셋과 종류가 가장 다른 것을 찾으시오.

① 장치 드라이버 ② GUI
③ 사용자 인터페이스 ④ 문자 기반 인터페이스

09 **다음 중 운영체제의 역할에 대한 설명으로 틀린 것은 무엇인가?**

① 운영체제가 있는 기계는 기능을 추가하거나 성능을 높일 수 있다.

② 응용 프로그램이 컴퓨터 하드웨어 자원을 사용하는 것을 막는다.

③ 사용하기 편리한 인터페이스를 제공한다.

④ 비정상적인 작업으로부터 컴퓨터 자원을 보호한다.

10 **운영체제에 대한 설명으로 틀린 것은 무엇인가?**

① 운영체제는 사용자에게 편리한 인터페이스를 제공하고 자원을 효율적으로 관리하는 소프트웨어이다.

② CPU 성능도 낮고 메모리 크기도 작아 시스템에 내장할 수 있도록 만든 운영체제를 임베디드 운영체제라고 한다.

③ 운영체제는 핵심 기능을 담당하는 커널과 사용자에게 작업 지시를 받고 결과를 알려 주는 장치 드라이버로 구성된다.

④ 커널은 프로세스 관리, 메모리 관리, 저장 장치 관리 등 운영체제 핵심 기능을 모아 놓은 것이다.

11 **다음 중 저장 장치에 존재하지만 메모리 관리 시스템이 관리하는 영역의 이름은 무엇인가?**

① 메모리 오버레이 ② 페이징 ③ 세그먼테이션 ④ 스왑

12 **메모리가 모자라서 쫓겨난 프로세스를 저장 장치의 특정 공간에 모아 두는데, 이 공간을 무엇이라고 하는가?**

① 스왑 ② 디렉터리 ③ 블록 ④ 섹터

13 **다음 중 스왑 영역에 대한 설명으로 틀린 것은 무엇인가?**

① 스왑 영역은 저장 장치 관리자가 담당한다.

② 메모리가 모자라서 쫓겨난 프로세스를 모아 놓는 저장 장치의 특정 공간이다.

③ 가상 메모리의 크기는 실제 메모리 크기에 스왑 영역의 크기를 더한 것이다.

④ 윈도우에서 최대 절전 모드를 사용하면 메모리 내용을 스왑 영역으로 옮긴다.

14 **다음 중 운영체제의 핵심 기능과 거리가 먼 것은 무엇인가?**

① 프로세스 관리 ② 저장 장치 관리 ③ 메인 메모리 관리 ④ 사용자 관리

15 다음 중 물리 메모리의 크기보다 더 큰 프로그램을 실행할 수 있는 것과 관련 있는 기법은 무엇인가?

① 메모리 오버레이 ② 페이징
③ 빈 공간 리스트 ④ 스왑

16 다음 중 운영체제의 핵심적인 기능을 모아 놓은 것을 의미하는 단어는 무엇인가?

① 유틸리티 ② 사용자 인터페이스
③ 장치 드라이버 ④ 커널

17 다음 중 응용 프로그램이 자신과 연관된 프로그램을 만들 수 있도록 제공하는 인터페이스를 가리키는 단어는 무엇인가?

① interface ② API ③ GUI ④ kernel

18 다음 중 프로그램 개발자를 위하여 API, 코드 편집기, 에뮬레이터 같은 각종 개발용 응용 프로그램까지 하나로 묶어서 배포하는 개발 툴을 가리키는 단어는 무엇인가?

① SDK ② FAT ③ driver ④ kernel

19 다음 중 커널과 하드웨어 사이의 인터페이스를 가리키는 단어는 무엇인가?

① SDK ② FAT ③ driver ④ API

20 하드웨어와 컴퓨터가 상호 작용하는 데 필요한 컴퓨터 프로그램은 무엇인가?

① 커널 ② 사용자 인터페이스
③ 장치 드라이버 ④ 시스템 호출

21 컴퓨터의 전원을 켠 후 운영체제를 메모리로 올리는 과정을 나타내는 단어는 무엇인가?

① BSB ② BIOS ③ booting ④ FSB

22 바이오스의 맨 마지막 단계에서 실행되어 운영체제의 필수 프로그램을 메모리에 올리는 조그만 코드를 가리키는 단어는 무엇인가?

① 부트스트랩 ② MBR ③ 부팅 ④ FSB

23 부트스트랩 코드가 위치하는 저장 장치의 맨 앞부분을 가리키는 단어는 무엇인가?

① MBR ② SDK ③ AP ④ FSB

24 리누스 토르발스가 개인용 컴퓨터에 이식한 유닉스의 이름은 무엇인가?

① System V ② BSD ③ 리눅스 ④ 안드로이드

25 다음 중 나머지 3개와 가장 관련이 없는 것은 무엇인가?

① GNU ② GPL ③ copyright ④ copyleft

26 다음 중 프로그램이 실행을 위해 메모리에 올라온 동적인 상태를 가리키는 단어는 무엇인가?

① 소스 코드 ② 프로세스 ③ 프로그램 ④ 부팅

27 프로세스가 CPU를 사용할 순서가 되기 전에 기다리고 있다. 어떤 상태인가?

① 실행 상태 ② 준비 상태 ③ 대기 상태 ④ 생성 상태

28 프로세스가 입출력을 요청하면 컴퓨터의 효율성을 높이기 위하여 이 상태로 이동한다. 어떤 상태인가?

① 실행 상태 ② 준비 상태 ③ 대기 상태 ④ 생성 상태

29 실행 상태의 프로세스가 CPU를 사용할 권리를 갖는 일정 시간을 의미하는 단어는 무엇인가?

① swap in ② partition ③ time slice ④ format

30 현재 대기 상태인 프로세스가 요청했던 입출력이 완료되면 이 상태로 이동한다. 어떤 상태인가?

① 실행 상태 ② 준비 상태 ③ 완료 상태 ④ 생성 상태

31 현재 실행 상태인 프로세스가 시간을 다 사용하고도 작업이 끝나지 않아 이 상태로 이동한다. 어떤 상태인가?

① 완료 상태 ② 준비 상태 ③ 대기 상태 ④ 생성 상태

32 CPU 스케줄러가 프로세스를 디스패치하여 이 상태로 이동시킨다. 어떤 상태인가?

① 준비 상태 ② 대기 상태 ③ 완료 상태 ④ 실행 상태

33 다음 중 가상 메모리 시스템에 대한 설명으로 틀린 것은 무엇인가?

① 실제 메모리 크기에 신경 쓰지 않고 프로그래밍할 수 있게 한다.
② 실제 메모리 크기와 상관없이 프로세스에 커다란 메모리 공간을 제공한다.
③ 프로세스가 저장 장치의 어느 위치에 저장되어 있는지 신경 쓰지 않아도 된다.
④ 프로세스가 올라갈 메모리 위치를 신경 쓰지 않고 프로그래밍할 수 있다.

34 실제 메모리 크기와 상관없이 커다란 주소 공간을 제공하는 기법과 가장 관련 있는 단어는 무엇인가?

① 파티션 ② 가상 메모리 시스템
③ 포맷 ④ 파일 시스템

35 다음 중 나머지 3가지와 종류가 가장 다른 한 가지를 찾으시오

① FAT ② swap ③ NTFS ④ Inode

36 다음 중 유닉스에서 사용하는 파일 시스템의 이름은 무엇인가?

① FAT ② partition ③ NTFS ④ Inode

37 다음 중 파일 시스템에서 파일을 관리하는 기본 단위는 무엇인가?

① 블록 ② 파티션 ③ 디렉터리 ④ 루트

38 다음 중 여러 파일을 한곳에 보관하는 개념과 가장 관련 있는 단어는 무엇인가?

① 블록 ② 파티션 ③ 디렉터리 ④ 포맷

39 다음 중 윈도우에서 나머지 3가지와 가장 다른 종류의 파일 확장자를 찾으시오.

① exe ② webp ③ cpp ④ asf

40 디스크에 파일 시스템을 탑재하고 디스크 표면을 초기화하여 사용할 수 있는 상태로 만드는 작업은 무엇인가?

① 파티션 ② 디렉터리 ③ 프로세스 ④ 디스크 포맷

41 다음 중 실행 파일의 확장자는 무엇인가?

① cpp ② exe ③ doc ④ ps

42 다음 중 파일 이름 규칙으로 틀린 것을 찾으시오.

① 영문자, 숫자, 붙임표(–), 밑줄(_), 마침표(.)를 주로 사용한다.

② 윈도우 파일 시스템은 파일 이름의 대소문자를 구별한다.

③ 파일 이름에 마침표(.)가 여러 개일 때 마지막 마침표 다음 문자가 확장자이다.

④ ₩, /, :, *, ?, ", 〈, 〉, | 등의 특수문자를 사용할 수 없다.

43 파일의 이름, 종류, 크기, 만든 시간, 접근 권한은 어디에 명시되는가?

① 파티션 ② 파일 테이블

③ 빈 공간 리스트 ④ 디렉터리

44 다음 중 파일 관리에 대한 설명으로 틀린 것은 무엇인가?

① 디스크 포맷은 디스크에 파일 시스템을 탑재하고 디스크 표면을 초기화하여 사용할 수 있는 형태로 만드는 작업이다.

② 하드디스크 같은 저장 장치의 저장 단위는 섹터이고, 운영체제와 저장 장치 간 데이터 전송 단위는 트랙이다.

③ 저장 장치의 빈 공간은 빈 공간 리스트가 관리한다.

④ 파일의 종류를 나타내는 것이 파일 확장자이다.

45 다음 중 논리적으로 구분된 저장 장치 영역을 가리키는 단어는 무엇인가?

① 파티션 ② 디렉터리

③ 디스크 포맷 ④ 확장자

46 다음 중 저장 장치의 파일 시스템을 초기화하는 작업은 무엇인가?

① 파티션 ② 파일 속성

③ 디스크 포맷 ④ 프로세스

47 다음 중 빈 블록의 정보만 모아 놓은 것을 가리키는 단어는 무엇인가?

① 파일 테이블 ② 파일 속성

③ 빈 공간 리스트 ④ 확장자

CHAPTER 10

데이터베이스

학습목표

- 데이터베이스의 개념과 특징, 필요성을 이해한다.
- 다양한 정보 시스템의 예시를 알아본다.
- 여러 가지 관계 데이터베이스 관리 시스템에 대해 파악한다.
- 데이터베이스 추상화의 개념을 이해하고 모델링 과정을 살펴본다.

Preview

사람, 데이터, 사물 등 모든 것이 연결된 초연결 사회인 오늘날에는 실시간으로 어마어마한 데이터가 생성되면서 빅데이터 기술이 주목받고 있다. 데이터를 데이터베이스에 체계적으로 정리하고 가공하면 정보로 활용할 수 있다. 이 장에서는 슈퍼마켓을 예로 들어 데이터베이스가 필요한 이유를 이해하고, 현실의 데이터가 어떤 과정을 거쳐 데이터베이스가 되는지 알아본다.

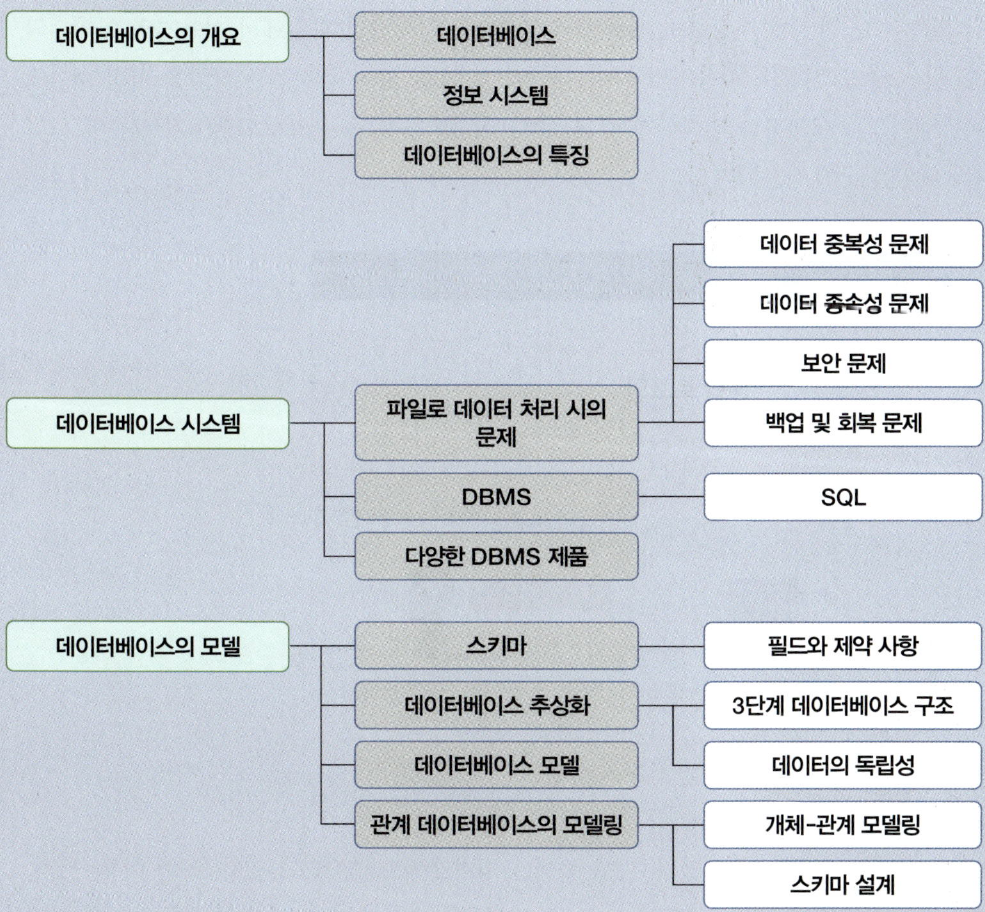

01 | 데이터베이스의 개요

1 데이터베이스

데이터베이스에는 대용량의 데이터가 쌓여 있다. 웹사이트에 아이디와 비밀번호로 로그인할 수 있는 것은 가입한 사용자들의 아이디와 비밀번호가 데이터베이스에 저장되어 있기 때문이다. 물론 아이디와 비밀번호를 파일에 저장하여 사용할 수도 있다. 그러려면 파일에서 사용자의 아이디와 비밀번호를 찾는 작업, 새로운 사용자의 아이디와 비밀번호를 넣거나 지우는 작업을 직접 해야만 한다. 데이터베이스는 데이터를 편리하게 검색·삽입·삭제하도록 돕는 프로그램이기 때문에 로그인뿐 아니라 다양한 곳에 사용된다.

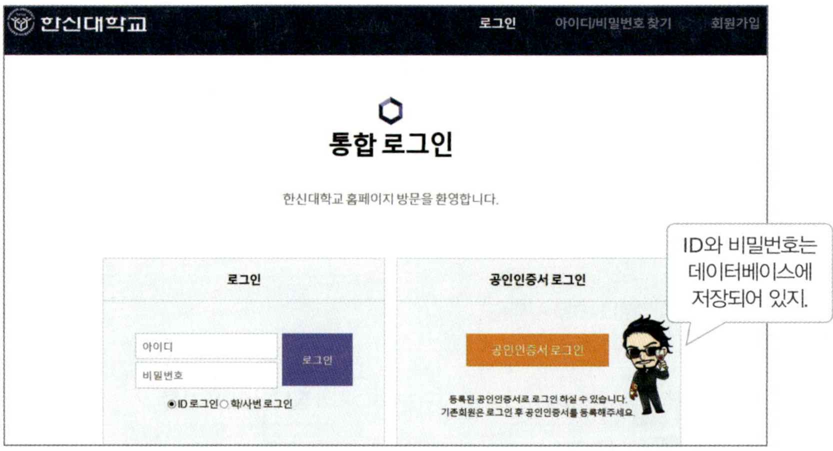

그림 10-1 **로그인 페이지**

데이터와 정보

일상생활 곳곳에서 데이터를 볼 수 있다. 예를 들어 슈퍼마켓에도 데이터가 있다. 물건 이름, 가격, 용량, 단가, 재고량, 하루 판매량, 이익이 모두 데이터이다. **데이터**data는 현실 세계에서 얻은 사실이나 측정된 값이다. 그런데 모든 데이터가 유용한 것은 아니다. 콜라 가격은 콜라를 자주 마시는 사람에게 중요한 데이터이지만, 콜라를 마시지 않는 사람에게는 중요하지 않은 데이터이다. 그리고 슈퍼마켓 주인에게는 콜라 한 병을 팔았을 때 남는 이익이 더 중요한 데이터이다. 어떤 데이터가 유용한지 아닌지는 사용자나 상황에 따라 변할 수 있다.

데이터가 많아지면 이를 관리하는 시스템이 필요하다. 과거에는 슈퍼마켓에서 물건의 수량, 판매량, 단가를 장부에 손으로 적었다. 하루 동안 콜라를 얼마나 판매했는지, 창고에 얼마나 남아 있는지를 일일이 셌다. 월별 사이다 판매량을 알고 싶으면 마찬가지로 일일이 계산했다. 이와 같이 가공하지 않은 데이터는 관리하기가 무척 어렵다. 반면 컴퓨터를 사용하면 일일 판매량이나 재고량을 파악하기 쉽다. 또한 데이터를 그래프로 시각화하여 한눈에 알아보기 좋게 만들 수 있다. 일별, 월별, 계절별 판매 변화를 볼 수 있으며, 재고 상태가 어느 정도여야 적당한지 추정할 수도 있다. 이렇게 데이터를 가공하면 유용한 **정보**information가 된다.

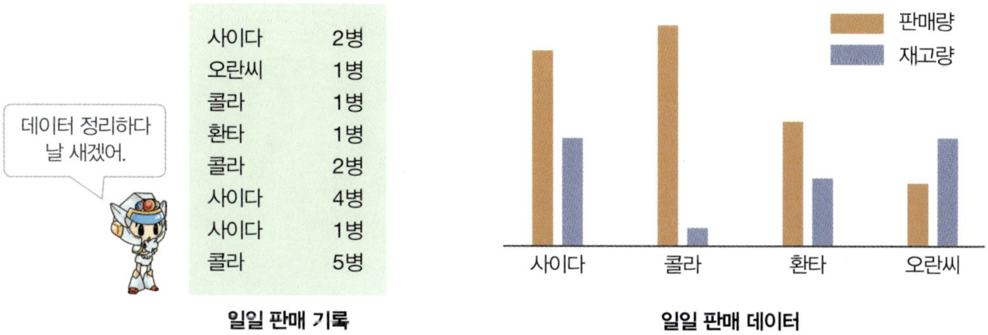

(a) 장부에 손으로 기록하는 경우

(b) 데이터베이스에 체계적으로 정리하는 경우

그림 10-2 데이터를 관리하는 방식

데이터베이스의 정의

정보는 데이터를 데이터베이스에 체계적으로 정리해야 가공할 수 있다. 베이스base는 기초가 되는 장소나 위치를 가리킨다. 따라서 데이터베이스를 직역하면 데이터가 축적된 곳이라는 의미이다. 데이터베이스라는 용어는 1963년에 데이터 관련 심포지엄에서 처음 소개되었다. **데이터베이스**database는 여러 사용자가 공유하고 통합하여 운영하는 데이터의 집합이다.

핵심 **데이터베이스의 정의**

여러 사용자가 공유하고 통합하여 운영하는 데이터의 집합

슈퍼마켓의 데이터를 [그림 10-3]과 같이 엑셀 프로그램을 사용하여 정리했다면 이것은 데이터베이스일까? 엑셀을 사용하면 장부를 사용할 때보다 데이터를 체계적으로 관리할 수 있다. 또한 재고를 파악하거나 새로운 상품 데이터를 삽입하기도 쉽다. 그러나 엑셀은 개인이 데이터를 관리하기에는 유용하지만, 슈퍼마켓의 모든 직원이 데이터를 공유하기 어렵다. 그래서 엑셀을 데이터베이스라 부르지 않는다.

TIP 슈퍼마켓에서 직원들이 각자 엑셀 파일을 사용한다면 데이터를 복사하여 사용할 수는 있겠지만 가공된 데이터를 실시간으로 공유할 수 없다.

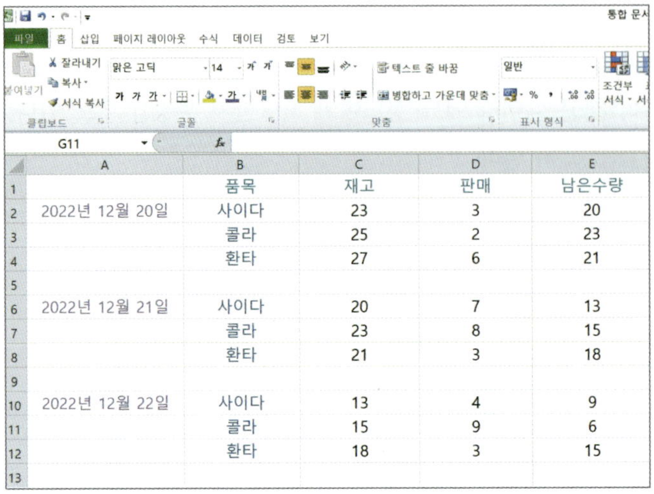

	A	B	C	D	E
1		품목	재고	판매	남은수량
2	2022년 12월 20일	사이다	23	3	20
3		콜라	25	2	23
4		환타	27	6	21
5					
6	2022년 12월 21일	사이다	20	7	13
7		콜라	23	8	15
8		환타	21	3	18
9					
10	2022년 12월 22일	사이다	13	4	9
11		콜라	15	9	6
12		환타	18	3	15
13					

그림 10-3 엑셀에 기록된 데이터

2 정보 시스템

데이터베이스를 사용하면 데이터를 가공하여 정보를 얻을 수 있다. 정보가 곧 힘이기 때문에 정보의 이동은 권력의 이동을 의미한다.

정보와 권력 이동

슈퍼마켓 계산대 앞 진열대는 손님에게 가장 많이 노출되는 공간이다. 세계 최초로 면도기를 개발한 질레트는 과거에 자사 제품을 계산대 앞 진열대나 출입구 바로 앞에 진열하지 않으면 그 슈퍼마켓에 납품하지 않았다. 질레트 면도기는 잘 팔렸기 때문에 슈퍼마켓 주인들은 매출을 잃지 않기 위하여 질레트의 요구대로 제품을 진열했다.

그런데 정보통신 기술이 발달하면서 판매 시점 관리Point Of Sale, 약어로 POS 시스템이 하나둘씩 도입되기 시작했다. 여러분도 상품의 바코드를 읽어 자동으로 가격을 계산해 주는 POS 기기를 본 적이 있을 것이다. POS 시스템이 도입되면서 가격을 빠르게 계산하고 재고를 관리할 수 있게 되었다. 이뿐만 아니라 슈퍼마켓 주인이 다양한 정보를 얻을 수 있었다. 데이터를 축적하니 날씨에 따라 어떤 상품이 잘 팔리는지, 어떤 상품을 계산대 앞에 진열하면 이익이 극대화되는지를 한눈에 파악할 수 있게 되었다. 가게에서 가장 잘 보이는 자리에 질레트 면도기 대신 다른 상품을 놓을 수 있게 된 것이다. 판매 정보가 생산자에서 판매자에게로 넘어오면서 상품 진열에 대한 권력을 슈퍼마켓 주인이 가지게 되었다.

(a) 슈퍼마켓 계산대 앞 진열대

(b) POS

그림 10-4 POS를 도입한 슈퍼마켓

정보 시스템

데이터베이스를 통하여 데이터를 유용한 정보로 바꾸면 다양한 분야에서 정보를 이용할 수 있다. 이렇게 데이터베이스를 통하여 정보를 처리하는 시스템을 **정보 시스템**information system이라 한다. 정보 시스템을 사용하는 주된 이유는 의사결정을 위해서이다. 슈퍼마켓 주인이 콜라를 주문하려면 재고량과 판매 추이라는 정보를 살펴봐야 한다. 또한 겨울에 호빵 주문량을 늘린다거나, 잘 팔리지 않는 음료수를 진열대에서 뺀다는 결정을 할 때 정보 시스템을 근거로 활용할 수 있다. POS 시스템도 판매를 위한 정보 시스템이다.

TIP POS 시스템은 데이터베이스를 사용하여 판매와 관련한 데이터를 관리하고 정보를 수집하여 부가가치를 높이는 정보 시스템이다. POS 시스템을 도입하여 판매 데이터에 대한 저장 및 분석을 자동으로 할 수 있게 되었다.

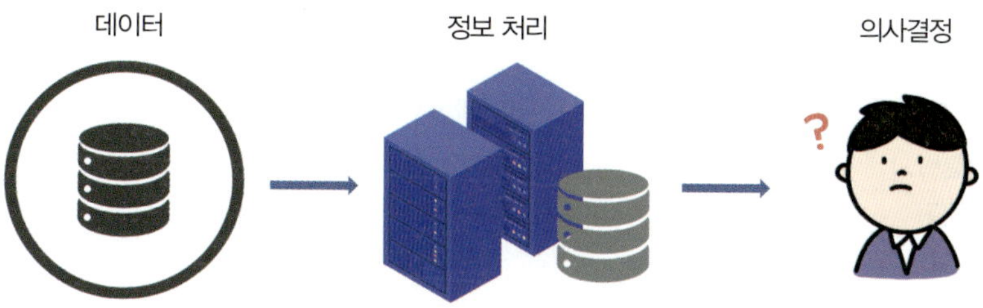

그림 10-5 정보 시스템의 구성

- **경영 정보 시스템**Management Information System(MIS): 기업의 경영 관리에 필요한 정보를 수집하고 가공하여 생산성과 수익성을 높이는 시스템이다. 기업이 생산하는 어떤 제품이 잘 팔리는지, 생산 라인의 어느 곳에 얼마큼 인력이 부족한지를 파악할 수 있다.
- **의사결정 지원 시스템**Decision Support System(DSS): 정보를 분석하고 도식화하여 제공하는 정보 시스템이다. 기업의 경영자나 정책 결정자가 효과적으로 의사결정을 하도록 돕는다.

- **콘텐츠 관리 시스템**Contents Management System(CMS): 문서, 이미지, 동영상 등 다양한 종류의 콘텐츠를 생성·보관·관리하는 정보 시스템이다. 기업의 다양한 문서를 관리할 뿐 아니라 문서의 이력도 관리하여 외부 유출이나 불법적인 복사를 막는다.
- **교육 관리 시스템**Learning Management System(LMS): 교육과 학습에 사용하는 정보 시스템이다. 각 학생의 학습 진도 관리뿐 아니라 교육 콘텐츠를 생성하거나 활용하는 데도 사용할 수 있다.

데이터 마이닝과 빅데이터

데이터에서 유용한 정보를 추출하는 기술을 **데이터 마이닝**data mining이라고 한다. 예를 들어 데이터 마이닝으로 제품 판매량 데이터로부터 날씨와 음료수 판매량의 관계, 기온과 과자 판매량의 관계 같은 정보를 추출할 수 있다. 데이터 마이닝 기술을 이용하여 엄청나게 큰 데이터에서 유용한 정보를 추출하는 것을 빅데이터big data 기술이라고 한다.

앞서 9장에서 데이터를 정형 데이터, 비정형 데이터, 반정형 데이터로 구분했다. 정형 데이터란 형식을 가지는 데이터이고, 비정형 데이터는 그림, 영상, 음성과 같이 형식이 일정하지 않은 데이터이다. 반정형 데이터란 비정형 데이터와 유사하게 형식이 일정하지 않지만, 의미를 알려주는 태그를 포함하고 있어 정보를 추출할 수 있는 데이터이다.

예를 들어 '서울특별시, 홍길동, 삼성'은 비정형 데이터이다. 컴퓨터는 '서울특별시, 홍길동, 삼성'에서 각 문자가 의미하는 바를 알 수가 없다. 그러나 '〈주소〉서울특별시〈/주소〉', '〈이름〉홍길동〈/이름〉', '〈직장〉삼성〈/직장〉'과 같이 태그를 붙이면 컴퓨터는 문자가 의미하는 바를 찾을 수 있다. 이렇게 태그를 붙여 만들어진 문서가 HTML이며, 이를 확장한 것이 XML이다.

표 10-1 비정형 데이터와 반정형 데이터

구분	비정형 데이터	반정형 데이터
예시	서울특별시 홍길동 삼성	〈주소〉서울특별시〈/주소〉 〈이름〉홍길동〈/이름〉 〈직장〉삼성〈/직장〉
의미	컴퓨터가 의미를 알지 못한다.	컴퓨터가 의미를 알 수 있다.

3 데이터베이스의 특징

데이터베이스에는 다양한 특징이 있지만 이 책에서는 실시간 접근, 최신 데이터 유지, 동시 공유, 내용 참조를 소개한다.

- **실시간 접근**: 데이터베이스는 실시간으로 데이터에 접근할 수 있어야 한다. 만약 데이터베이스가

사용자 요구에 응답하는 시간이 길어지면 사용자가 고장이라고 판단하거나 사용자가 시스템을 떠날 수 있다. 예를 들어 아이디와 비밀번호를 입력하여 로그인하려는데 반응이 없다면 사용자는 해당 웹사이트가 먹통이 되었다고 생각할 것이다. 따라서 허용되는 시간 안에 응답해야 한다.

- **최신 데이터 유지**: 데이터베이스는 최신 데이터를 유지할 수 있어야 한다. 예를 들어 방금 비밀번호를 바꾸었다고 하자. 다시 로그인했는데 이전 비밀번호로 접속할 수 있다면 이는 데이터베이스가 고장 난 것이다. 따라서 데이터베이스는 데이터 삽입, 삭제, 수정이 가능해야 하고, 항상 최신 데이터를 유지해야 한다.
- **동시 공유**: 데이터베이스는 여러 사용자가 동시에 공유할 수 있어야 한다. 큰 슈퍼마켓에 계산대가 여러 대 있다고 하자. 한 계산대를 사용하는 동안 다른 계산대에서도 계산할 수 있어야 한다. 마찬가지로 공동으로 사용하는 데이터베이스에는 동시에 여러 사람이 접근할 수 있어야 한다. 동시 공유의 측면에서 스마트폰 전화번호부는 데이터베이스가 아니다. 스마트폰 전화번호부를 여러 사람과 공유하지 않기 때문이다.
- **내용 참조**: 데이터베이스의 내용 참조는 데이터 접근 방식의 문제이다. 컴퓨터에서는 메모리에 데이터를 가져오거나 저장 장치에 데이터를 저장할 때는 주소로만 데이터에 접근할 수 있다. 그러나 데이터베이스는 내용을 참조하여 데이터에 접근할 수 있어야 한다. 예를 들어 '최고 매출의 음료수', '재고량이 10개 이하인 식품', '매출이 100만 원 이상인 과자'처럼 내용을 참조하여 데이터에 접근할 수 있어야 한다.

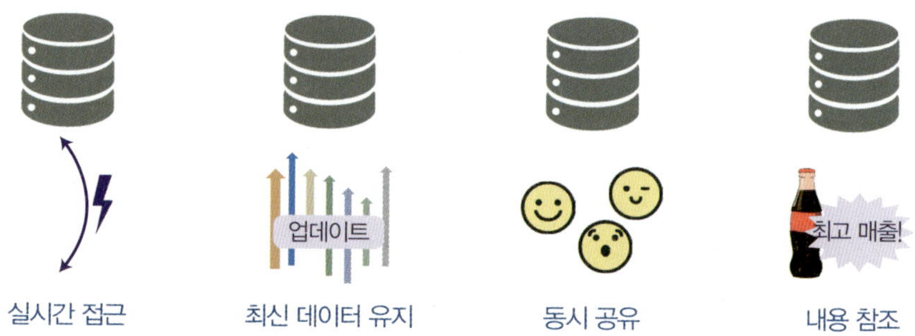

그림 10-6 데이터베이스의 특징

02 데이터베이스 시스템

1 파일로 데이터 처리 시의 문제

데이터베이스의 특징을 이해하기 위하여 응용 프로그램이 데이터베이스를 사용하지 않고 파일로 데이터를 처리할 때 어떤 문제가 발생하는지 생각해보자. 슈퍼마켓에서 판매 프로그램과 재고 프로그램을 사용한다고 가정하며, 두 프로그램은 각각 파일에 데이터를 기록한다. 판매 프로그램은 [No, 품목, 용량, 판매가, 재고] 순으로 데이터를 기록하고, 재고 프로그램은 [No, 품목, 판매가, 원가, 재고] 순으로 기록한다고 가정한다.

데이터 중복성 문제

슈퍼마켓에서 판매하는 콜라의 가격이 1,000원에서 2,000원으로 변경되었다. 따라서 판매 프로그램에 있는 판매가를 1,000원에서 2,000원으로 변경한다. 여기서 작업이 끝나는 것이 아니라 재고 프로그램에 있는 콜라 데이터를 찾아서 함께 수정해야 한다. 판매가가 변동된 품목이 100개라면 재고 프로그램에서 100개의 품목을 모두 찾아서 수정해야 한다. 이러한 현상은 같은 데이터를 여러 프로그램에서 중복으로 사용하기 때문에 발생하는데, 이를 데이터 중복성 문제라고 한다. 데이터 중복성의 문제는 판매 프로그램과 재고 프로그램이 같은 파일을 공유하도록 변경하면 해결할 수 있다.

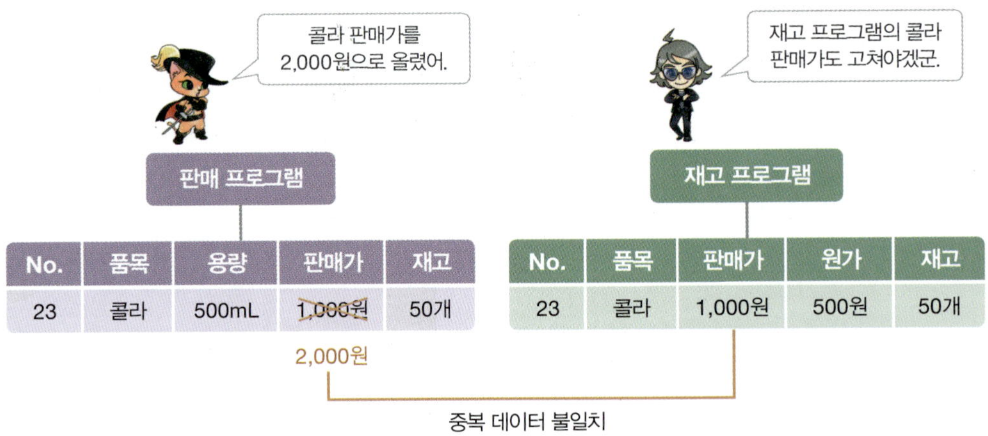

그림 10-7 데이터 중복성 문제

데이터 종속성 문제

판매 프로그램과 재고 프로그램이 같은 파일을 공유할 때 데이터 중복성은 사라지지만 다른 문제가 발생할 수 있다. 데이터 파일에 할인율이라는 새로운 데이터를 추가했다고 하자. 재고 프로그램은 데이터가 [No., 품목, 용량, 판매가, 원가, 재고] 순으로 기록되어 있다고 알고 있는데, '재고' 자리 앞에 '할인율'이라는 새로운 칸이 생겼다. 따라서 새로운 파일 구조에 맞도록 재고 프로그램을 고쳐야 한다. 만약 납품 프로그램도 파일을 공유하고 있었다면 납품 프로그램까지 뜯어고쳐야 한다. 이와 같이 데이터의 추가, 삭제, 순서 변경에 따라 프로그램을 수정해야 하는 문제를 데이터 종속성 문제라고 한다. 한마디로 프로그램의 내부 구조가 데이터의 구조에 종속되는 문제이다.

그림 10-8 데이터 종속성 문제

보안 문제

파일을 공유하는 경우 또 다른 문제가 발생할 수 있다. 계산대에서 일하던 아르바이트 직원이 판매 프로그램을 사용하면서 원가를 봤다고 가정하자. 이를 동네방네 떠들고 다니면 슈퍼마켓은 곤란할 것이다. 원래 원가는 일부 직원에게만 공개하는 데이터이다. 그러나 여러 프로그램이 파일을 공유하면 권한이 없는 사람도 정보에 접근하는 문제가 발생한다. 허가받은 응용 프로그램이나 사용자만 특정 데이터에 접근하도록 하는 보안 대책이 필요하다. 이를 보안 문제라고 한다.

그림 10-9 보안 문제

백업 및 회복 문제

재고 프로그램을 사용하는 직원이 실수로 모든 데이터를 지웠다고 가정하자. 데이터를 백업해 두었다면 과거의 데이터를 복구할 수 있을 것이다. 그러나 백업하지 않았다면 소중한 데이터가 사라져버린다. 누구에게 백업을 지시할지, 얼마나 자주 백업을 할지 결정하는 일은 쉽지 않다. 이러한 문제를 백업 및 회복 문제라고 한다.

그림 10-10 백업 및 회복 문제

지금까지 살펴보았듯이 응용 프로그램이 데이터를 파일로 처리할 때 데이터 중복성, 데이터 종속성, 보안, 백업 및 회복의 문제가 발생할 수 있다. 이러한 문제를 데이터베이스가 해결한다.

2 데이터베이스 관리 시스템

데이터베이스에 데이터를 체계적으로 모아 놓는다고 해서 반드시 유용한 정보가 되는 것은 아니다. 데이터베이스를 이용하여 특정한 작업을 수행해야만 가치 있는 정보를 얻을 수 있다. 음식 재료를 아무리 많이 가지고 있어도 조리하지 않으면 요리가 되지 않는 것과 마찬가지이다. 데이터베이스를 관리하고 작업을 통해 의미 있는 정보를 생성할 수 있는 시스템을 **데이터베이스 관리 시스템**DataBase Management System, 약어로 DBMS라 한다.

슈퍼마켓에서 음료수 판매가를 변경하거나 묶음으로 판매하는 행사를 진행할 수 있다. 음료수 제품별로 몇 달 치 평균 판매량을 비교하여 어떤 제품은 더 구매하고, 어떤 제품은 반품할 수도 있다. 이런 의사결정을 위해서는 데이터베이스에서 새로운 데이터를 삽입하거나 쓸모없는 데이터를 삭제하고 필요한 정보를 찾아야 한다. 이럴 때 데이터베이스에 쌓인 데이터에서 삽입·삭제·검색을 쉽게 할 수 있게 만든 시스템이 DBMS이다.

DBMS는 운영체제와 닮았다. 운영체제는 컴퓨터 자원을 숨김으로써 컴퓨터를 보호한다. 대신 인터페이스를 사용하여 응용 프로그램에 컴퓨터 자원을 나눠준다. DBMS는 사용자가 DBMS를 통하여 데이터베이스에 접근하도록 함으로써 데이터베이스를 보호한다. 사용자는 데이터가 어떤 형식으로 저장되었는지 알 수 없고, 알 필요도 없다. DBMS에 부탁하여 데이터를 저장하거나 가져오면 된다. DBMS를 사용하면 앞서 파일을 사용하여 데이터를 처리할 때의 여러 문제가 해결된다.

DBMS는 데이터의 중복을 막을 수 있고, 데이터를 독립적으로 사용할 수 있고, 프로그램이나 사용자의 접근 권한을 설정하며 자동 백업과 회복 기능을 수행한다.

컴퓨터에 작업 명령을 내릴 때는 프로그래밍 언어를 사용하듯이 DBMS에서도 정해진 언어를 사용하여 데이터를 처리해야 한다. 데이터베이스에 저장된 데이터를 처리하는 언어가 **SQL**Structured Query Language이다. SQL을 사용하여 형식에 맞는 질문query을 하면 DBMS가 응답한다.

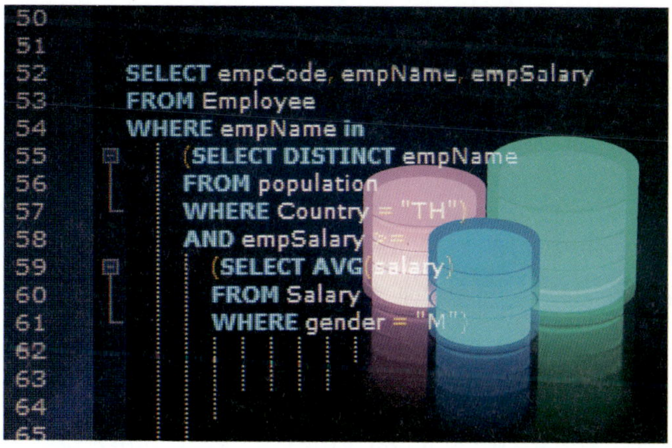

그림 10-11 SQL

[그림 10-12]는 DBMS의 구성을 나타낸 것이다. DBMS은 데이터를 저장하는 데이터베이스와 그 데이터베이스를 관리하는 시스템을 합쳐서 부르는 말이다. 또한 DBMS는 프로그램이나 사용자가 입력한 SQL을 해석하여 응답하고, 데이터베이스에 저장된 데이터가 훼손되지 않도록 관리 및 백업한다.

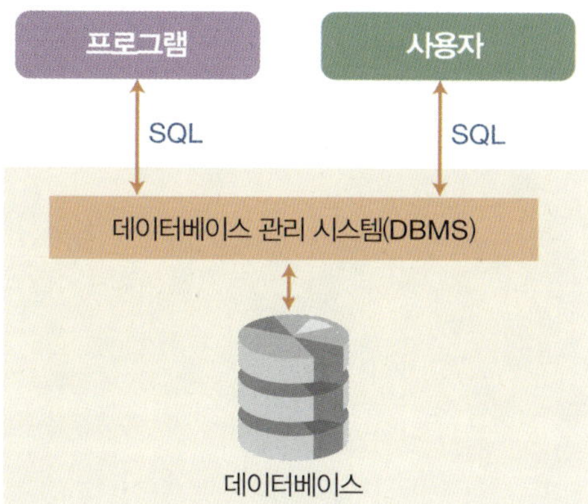

그림 10-12 DBMS의 구성

3 다양한 DBMS 제품

DBMS 제품이 다양하므로 데이터의 종류와 목적에 맞는 제품을 선택하여 사용한다.

- **오라클 데이터베이스**: 상업용 DBMS로 가장 성공한 제품이다. 현재 오라클Oracle사는 상업용 DBMS 분야의 1위 기업이다. 오라클 데이터베이스는 IBM의 DB2와 마이크로소프트의 데이터베이스를 합한 것보다도 더 많이 판매되었다. 시장에서의 막대한 영향력 때문에 매우 비싸게 판매된다.
- **MySQL**: 오픈 소스 DBMS 중 1위는 1995년에 발표된 MySQL이다. 대부분의 리눅스 배포판에 포함되는 DBMS이다. 최초의 MySQL 제작사는 2008년 자바를 만든 썬마이크로시스템즈에 인수되었고, 2010년 오라클에서 썬마이크로시스템즈를 인수했다. 따라서 현재 MySQL의 실질적인 소유주는 오라클이다.
- **MariaDB**: 오라클사에서 MySQL을 소유함에 따라 MySQL을 사용하는 사용자들의 불안감이 커졌다. 상용 DBMS를 만드는 오라클이 오픈 소스 정책에 호의적이지 않을 것이라는 시각이 팽배했기 때문이다. 그래서 오픈 소스 진영에서 MySQL을 기반으로 하여 새로 만든 DBMS가 MariaDB이다. 대부분의 리눅스 배포판에는 MySQL과 MariaDB가 둘 다 기본으로 제공된다.
- **SQL 서버**: 마이크로소프트에서 판매하는 상업용 DBMS가 SQL 서버SQL Server이다. 일반적으로 윈도우 계열 웹 서버를 구축하는 경우 SQL Server를 함께 사용한다.
- **액세스**: 마이크로소프트에서는 개인용 컴퓨터에서 사용할 수 있는 액세스Access라는 DBMS도 제공한다.
- **SQLite**: 안드로이드와 같은 스마트폰 운영체제에서 사용할 수 있도록 작게 만든 DBMS로 SQLite가 있다. SQLite는 오픈 소스 DBMS이자 경량화된 DBMS이지만 몇 가지 사용상의 제약이 따른다. 동시에 여러 명이 데이터베이스에 접근할 수 없으며 대용량의 데이터를 처리하지 못한다는 단점이 있다.

03 | 데이터베이스의 모델

1 스키마

데이터베이스에서 데이터는 이미 만들어진 틀에 저장된다. 데이터베이스에 저장할 데이터의 구조, 데이터와 데이터의 관계, 제약 조건을 정의한 것이 **스키마**schema이다. 스키마는 데이터베이스의 설계도와 같은 역할을 하기 때문에 처음에 스키마를 제대로 만들지 않으면 데이터베이스를 사용할 때 문제가 발생한다.

필드와 제약 사항

[그림 10-13]은 1절에서 소개한 판매 프로그램이 사용하는 스키마를 그대로 가져온 것이다. [No., 품목, 용량, 판매가, 재고] 순으로 데이터를 저장하도록 정했다. 스키마에서 하나의 데이터를 저장할 수 있는 영역을 **필드**field라 부른다. 다시 말해 스키마는 필드 여러 개의 집합이다. 스키마에는 각 필드의 제약이 명시되어 있다. 예를 들어 품목 필드 아래에는 char(10)이라 되어 있는데 이는 문자 10개를 의미한다. 또한 용량과 판매가 아래의 int는 정수를 가리킨다. 따라서 이 데이터베이스에는 10글자가 넘어가는 품목을 저장할 수 없고, 소수점 아래 값이 있어 실수형인 용량을 저장할 수 없다.

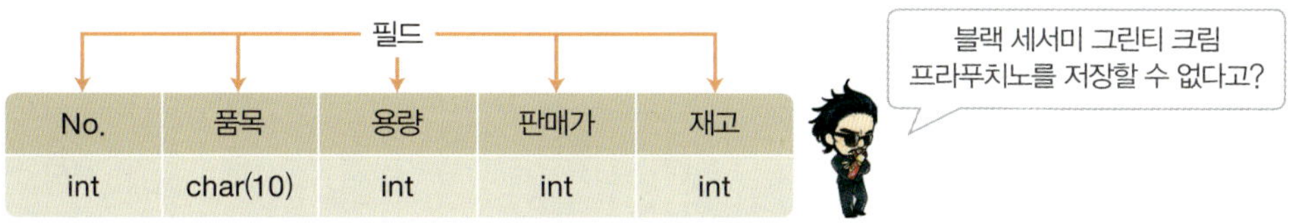

그림 10-13 필드와 제약 사항

슈퍼마켓에서 파는 상품 중 '블랙 세서미 그린티 크림 프라푸치노'라는 음료수가 있다면 10글자를 넘어간다. 그러니 이 스키마는 설계가 잘못된 것이다. 또한 100.5mL짜리 음료수가 있는 경우에도 스키마 설계가 잘못된 것이다. 그렇다고 해서 품목을 무작정 100글자로 넉넉히 늘려 버리면 저장 공간을 낭비하게 된다. 따라서 데이터베이스 설계자는 다루려는 데이터를 관찰한 후에 스키마를 세심하게 설계해야 한다.

여기서 잠깐 **슈퍼마켓 데이터베이스의 제약 사항**

이해를 돕기 위해 [그림 10-7]부터 [그림 10-10]까지의 슈퍼마켓 데이터베이스에서는 용량, 판매가, 재고 필드에 각각 'mL, 원, 개'라는 단위를 붙였다. 실제로는 필드의 제약 사항에 따라 정수형 데이터가 저장된다.

레코드

스키마를 설계하고 나면 구조에 맞게 데이터베이스에 데이터를 집어넣는다. 스키마 구조에 맞추어 저장된 데이터 묶음 1개를 **레코드**record라고 한다. 레코드는 모든 필드가 채워진 한 개의 데이터 집합을 의미한다. [그림 10-14]에서 23번 레코드는 콜라이고, 980번 레코드는 맥콜이다. 레코드 여러 개를 채우면 하나의 **파일**file이 된다. 파일 1은 판매 레코드로 이루어진 판매 파일이며, 파일 2는 재고 레코드가 채워진 재고 파일이다. 데이터베이스는 관련 있는 파일 여러 개를 묶어 하나의 데이터 묶음처럼 관리한다. 따라서 데이터베이스는 판매 파일과 재고 파일로 구성된다.

그림 10-14 **레코드**

2 데이터베이스 추상화

데이터베이스의 설계·구축·관리는 매우 복잡하다. 그런데 데이터베이스를 보는 관점에 따라 추상화하면 복잡한 내부 구조를 숨기기 편하다. 미국국가표준협회 ANSI/SPARC에서는 3단계로 추상화된 데이터베이스 구조를 제안했는데, 이를 3단계 데이터베이스 구조3-level-database architecture라고 한다. 3단계 데이터베이스 구조는 사용자의 관점, 조직의 관점, 시스템의 관점에 따라 데이터베이스를 외부 단계, 개념 단계, 내부 단계로 나눈다.

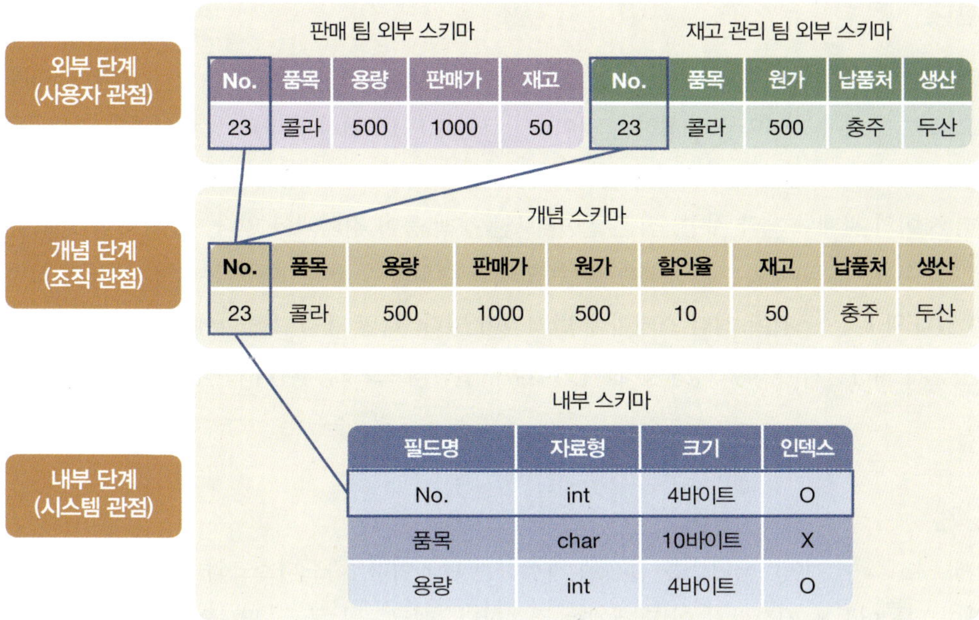

그림 10-15 3단계 데이터베이스 구조

외부 단계

외부 단계external level는 사용자 관점에서 보이는 데이터베이스이다. 사용자 또는 프로그램에 보이는view 단계이므로 뷰 단계view level라고도 한다. 슈퍼마켓에 판매 팀과 재고 관리 팀이 있다고 가정하자. 판매 팀에는 전체 스키마 중 [No., 품목, 용량, 판매가, 재고]가 보이고, 재고 관리 팀에는 [No., 품목, 원가, 납품처, 생산]이 보인다. 전체 데이터베이스를 모든 사람이 볼 수 있으면 위험하다. 예를 들어 직원의 월급 데이터를 모든 사람이 보면 안 된다. 이렇듯 전체 스키마 중에서 각 직원이나 팀에 필요하다고 생각되는 스키마를 새로 구성하여 보여주는 단계가 외부 단계이다. 이때 만든 스키마를 **외부 스키마**external schema라고 한다. 또는 전체 스키마 중 일부 스키마만 보여주기 때문에 서브 스키마sub-schema라고도 한다. 전체 스키마에서 외부 스키마를 여러 개 생성할 수 있다.

개념 단계

개념 단계concept level는 조직 전체의 관점에서 바라보는 데이터베이스이다. 슈퍼마켓에서 사용할 전체 스키마를 구현하는 단계다. 판매 팀, 재고 관리 팀, 인사 팀이 사용하는 모든 외부 스키마를 통합하여 하나의 스키마로 구성할 수 있는데, 이를 **개념 스키마**concept schema라고 한다. 개념 스키마를 구성하려면 슈퍼마켓 업무 전반을 파악하고, 그에 따라 필요한 스키마를 설계해야 한다. 또한 개념 단계는 개인이나 팀에 어떤 외부 스키마를 보여 줄지, 보안과 접근 권한은 어떻게 할지 결정하는 단계이다. 전체 시스템에서 사용할 업무와 권한이 개념적으로 정해지는 단계이기 때문에 개념 단계라고도 한다.

외부 스키마는 여러 개 만들 수 있지만, 개념 스키마는 데이터베이스 내에 1개만 있다. 개념 스키마를 기준으로 하여 외부 스키마를 구성하는 것이다. [그림 10-15]에서 콜라의 상품 번호(No.)는 23번이며, 개념 스키마의 23번 레코드에서 필요한 것만 뽑아 외부 스키마를 구성한다. 개념 스키마에는 데이터 사이의 관계나 제약 사항, 접근 권한, 보안 정책 등이 정의되어 있다. 예를 들어 '월급은 인사팀만 볼 수 있다', '판매팀은 납품처를 볼 수 있지만 수정할 수 없다', '원가는 부장 이상의 직원만 볼 수 있다'와 같은 조건이 개념 스키마에 반영되어 있다. 다만 개념 스키마에는 데이터를 물리적으로 어떻게 저장할지 정하는 정보는 없다. 따라서 일반적으로 스키마라고 하면 개념 스키마를 가리킨다.

내부 단계

내부 단계internal level는 데이터베이스를 실제로 저장하는 단계이다. 하드디스크와 같은 저장 장치에 데이터베이스를 어떻게 저장할지 이 단계에서 결정한다. 레코드의 구조, 필드의 종류와 크기, 인덱스 사용 여부처럼 저장·접근하는 방식을 결정하는 것이다. 이때 만들어지는 스키마를 내부 스키마internal schema라고 한다. [그림 10-15]에서 상품 번호를 나타내는 'No.'는 정수형(int)이며, 4바이트 크기에 인덱스를 사용하도록 정의했다. 모든 필드와 레코드는 내부 스키마가 정의하는 구조에 맞게 저장된다.

데이터의 독립성

데이터베이스를 3단계로 추상화하고 단계별로 스키마를 구성하는 이유는 데이터의 독립성data independency 때문이다. 외부 스키마, 개념 스키마, 내부 스키마의 변경이 서로 영향을 미치지 않고 독립적으로 움직인다는 의미이다.

예를 들어 판매팀에서 [No., 품목, 용량, 판매가, 재고] 순으로 저장된 데이터에서 용량과 판매가 필드의 위치를 바꾸어 달라고 요청했다. 이러한 요청은 개념 스키마나 내부 스키마에 영향을 미치지 않는다. 개념 스키마로부터 외부 스키마를 만들 때 순서만 바꾸면 된다.

데이터베이스 관리자가 개념 스키마에 '할인가'라는 새로운 필드를 추가하려고 한다. 그래도 외부 스키마에 영향이 없다. 내부 스키마는 새로운 스키마를 추가할 뿐 기존 스키마를 변경하지 않으므로 내부 스키마에도 영향이 없다. 내부 스키마에서 'No.' 데이터의 크기를 4바이트에서 8바이트로 바꾸는 경우도 개념 스키마나 외부 스키마에 영향을 미치지 않는다. 이처럼 각 스키마의 변경이 다른 스키마에 영향을 미치지 않기 때문에 스키마 구조를 변경하기가 쉽다. 데이터의 독립성은 데이터베이스가 추구하는 궁극적인 목표이며, 우리가 데이터베이스를 사용하려는 이유이다.

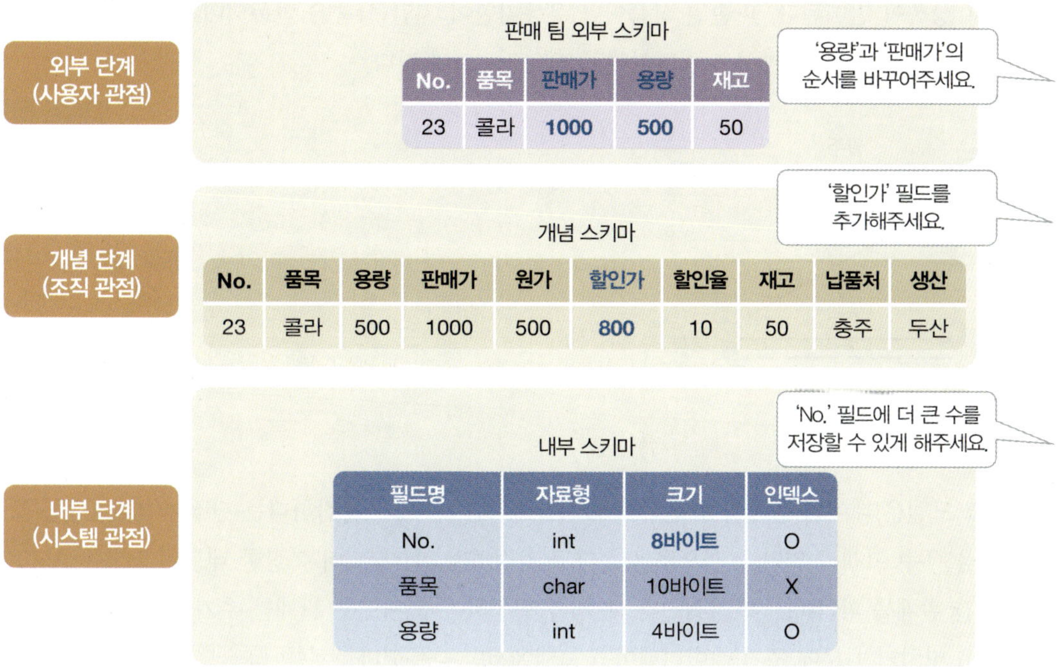

그림 10-16 데이터의 독립성

3 데이터베이스 모델

데이터베이스 모델은 데이터베이스에 데이터 사이의 관계를 나타내려고 정의된 구조이다. 데이터베이스 모델의 종류로 계층 모델, 네트워크 모델, 관계 모델, 객체 모델, NoSQL 모델 등이 있다.

계층형 모델

초기 데이터베이스는 데이터 사이의 관계에 계층 구조를 사용했다. 계층 구조는 맨 위쪽 계층부터 맨 아래쪽 계층까지 선으로 연결한 구조이다. 초기 데이터베이스가 이러한 모델을 사용했다. 계층구조로 모든 데이터의 관계를 표현하기에는 한계가 있다. 따라서 계층형 모델hierarchial model은 데이터의 관계를 표현하기가 어렵다.

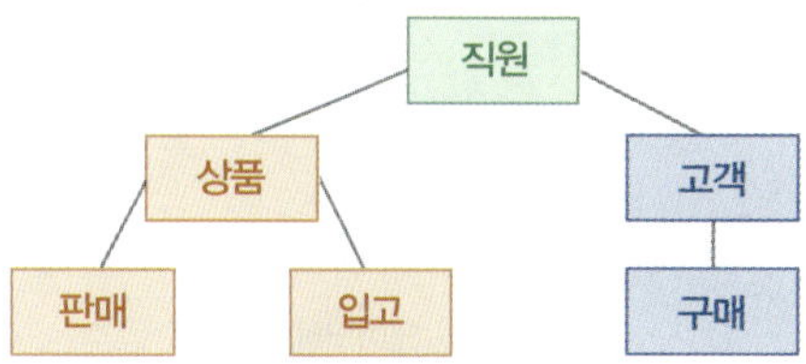

그림 10-17 계층형 모델

네트워크 모델

네트워크 모델network model은 데이터 관계를 선 여러 개로 연결한 구조이다. 예를 들어 직원은 생산자에게 상품을 발주하고, 생산자는 이를 승인한다. 생산자가 상품을 입고한 상태에서 고객이 상품을 주문하고 상품이 판매된다. 파손된 상품이나 유통기한이 지난 상품은 반품되며, 생산자는 고객의 AS를 책임진다. 이러한 관계를 도식화하면 [그림 10-18]과 같다.

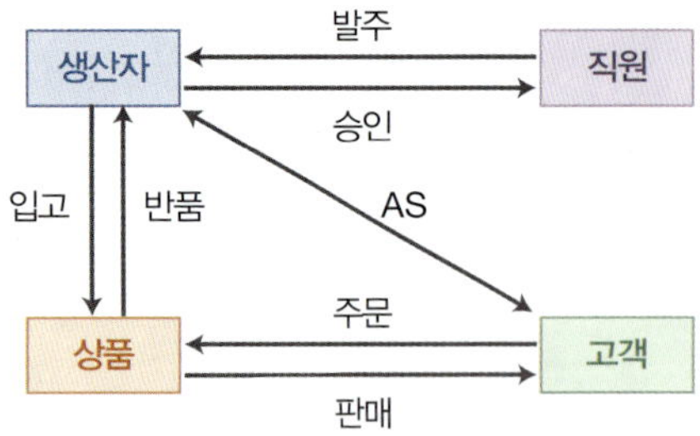

그림 10-18 네트워크 모델

네트워크 모델은 데이터 관계를 표현하기에 적합하지만, 구조가 복잡하다는 단점이 있다. 예를 들어 고객을 우수 고객과 일반 고객으로 나눈다고 가정하자. 이때는 더 복잡한 네트워크가 구성되고 데이터 간 관계를 파악하기 어려워진다. 관계를 변경하거나 새로운 관계를 추가하려면 전체 관계에 영향을 미치기 때문에 초기 데이터베이스 모델에서만 사용했다.

관계형 모델

계층 모델이나 네트워크 모델은 1세대 데이터베이스 시스템이다. 1980년부터 사용하기 시작한 2세대 데이터베이스는 관계형 모델relational model을 사용하며, 관계 데이터베이스 관리 시스템을 RDBMSRelation DataBase Management System라 부른다. 관계형 모델은 사용하기 쉽고 구조가 간단하여 많은 데이터베이스에서 사용한다. 그래서 오라클을 비롯한 대부분의 DBMS는 RDBMS이다.

관계 모델에서 데이터는 테이블table 형태로 구성된다. 구성된 테이블들은 서로 간의 키key를 중심으로 여러 관계를 형성한다. 예를 들어 1,000원에 판매하는 콜라의 제품 고유번호는 23번이다. 제품 데이터베이스에서 23번 키를 가진 제품을 찾아보면 입고가와 유통기한을 확인할 수 있다.

키를 통해 레코드 간 관계 형성

판매 데이터베이스

No.	품목	용량	판매가	재고
23	콜라	500	1000	50

제품 데이터베이스

No.	품목	용량	입고가	유통 기한
23	콜라	500	500	2

그림 10-19 관계형 모델

객체 모델

객체 모델은 관계 데이터베이스 이후에 등장했다. 객체object 모델을 사용하는 객체 데이터베이스는 객체 언어처럼 데이터와 그 데이터를 처리하는 함수를 하나의 객체 형태로 구성한 데이터베이스이다.

관계 데이터베이스의 스키마에는 필드의 제약 사항이 있다. 예를 들어 품목은 10글자를 넘으면 안 된다. 또 판매가는 음수를 가질 수 없다. 판매가가 음수라는 이야기는 물건을 팔면서 돈도 같이 주었다는 의미다. 기존의 관계 데이터베이스에서 제약 사항의 처리는 SQL 단계에서 이루어진다. SQL 단계에서 품목 필드에 입력한 값이 10글자를 넘지 않았는지, 판매가는 음수가 아닌지 일일이 검사해야 한다. 데이터베이스 설계자가 검사하는 것을 깜빡 잊어버렸다면 틀린 값이 입력되어도 확인할 수 없다. 반면 객체 모델에서는 스키마를 설계할 당시에 이러한 제약 사항을 함께 구성한다. 데이터와 그 데이터를 처리하는 데 필요한 함수를 하나로 묶어 객체로 만드는 것이다. 객체 모델에서는 값을 입력할 때마다 자동으로 검사하기 때문에 일일이 입력 내용을 검사할 필요가 없다.

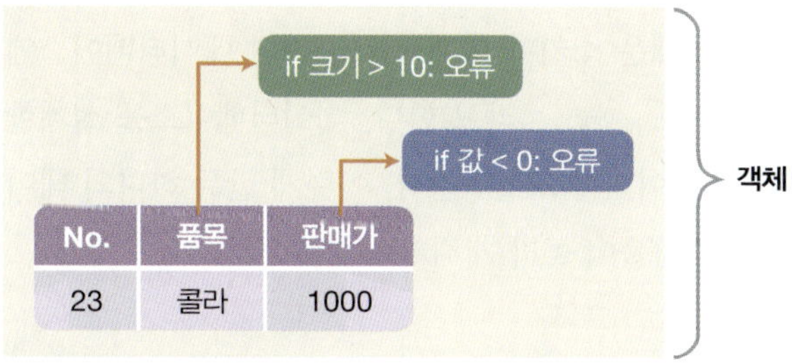

그림 10-20 **객체 모델**

NoSQL 모델

객체 모델 이후에 소개된 데이터베이스가 NoSQL이다. NoSQL은 음악이나 사진처럼 비정형 데이터를 처리하는 데이터베이스다. 기존 DBMS는 소리나 사진 등 비정형 데이터를 처리하기 어려웠다. 예를 들어 '비트가 빠른 음악을 찾으시오'라거나 '바닷가에서 수영하는 사진을 찾으시오' 같은 질문으로 데이터를 찾을 수 없었다. 따라서 비정형 데이터를 처리하려고 만든 데이터베이스가 NoSQL이다. NoSQL 데이터베이스는 일부 기업이나 연구소에서 사용할 뿐이고 현재까지는 관계형 데이터베이스가 주류이다.

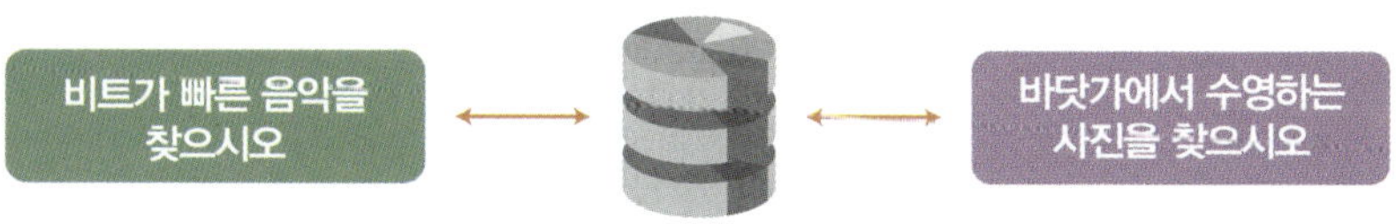

그림 10-21 **NoSQL 모델**

4 관계 데이터베이스의 모델링

현실의 대상물을 데이터베이스에 저장할 수 있는 데이터 형태로 변환하는 과정을 데이터 모델링이라고 한다. 콜라에 대한 다양한 표현으로 '검은색 탄산음료', '톡 쏘는 맛의 음료수', '붉은색 병에 담긴 음료수' 등이 있을 수 있다. 그러나 슈퍼마켓 주인에게는 음료수의 맛보다는 용량, 원가, 생산자의 데이터가 중요하다.

개체-관계 모델링

콜라에서 슈퍼마켓 주인에게 필요한 특징들을 뽑아내 보자. '콜라라는 이름의 음료수는 350ml 용기에 담겼고 1,000원에 판매하고 원가는 500원이며 두산이 생산한다.' 이렇게 현실의 대상물에서 데이터를 뽑아내는 것을 **개념 모델링**conceptual modeling이라고 한다. 개념 모델링이 끝나면 데이터베이스에 담을 수 있는 형태로 변환한다. 데이터를 앞서 배운 스키마 형태로 가공하면 데이터베이스에 담을 수 있다. 이렇게 만들어진 스키마를 **논리 스키마**logical schema라고 한다. 데이터베이스를 설계할 때는 개념 모델링과 논리 스키마의 두 단계를 거쳐 데이터를 모델링한다. 이렇게 만든 하나의 테이블을 개체라고 한다. [그림 10-22]에서 만든 최종 결과물이 콜라 개체가 된다.

음료수의 이름은 '콜라'
용량은 500mL
1,000원에 판매
원가는 500원
두산이 생산

품목	용량	판매가	원가	생산
콜라	500	1000	500	두산

현실 → 개념 모델링 → 논리 스키마

그림 10-22 콜라의 데이터 모델링

관계형 데이터베이스는 개체와 개체의 관계를 연결한 데이터베이스이다. 예를 들어 슈퍼마켓 주인과 콜라는 판매라는 관계로 연결되어 있다. 또 생산자와 콜라는 납품이라는 관계로 연결되어 있고, 소비자와 콜라는 구매라는 관계로 연결되어 있다. 이렇게 다양한 관계를 말로 설명하기는 어렵다. 그래서 구조화된 데이터와 제약 조건을 그래프로 표현할 때 **개체-관계 모델링**Entity-Relationship Modeling(ERM)을 사용한다. 개체-관계 모델링에 개체, 속성, 관계의 세 가지 요소를 사용하며, 개체-관계 모델링의 결과물을 개체-관계 다이어그램Entity-Relationship Diagram(ERD)이라고 한다. 개체-관계 모델에서 개체entity는 직사각형, 속성attribute은 타원, 관계relationship는 마름모로 표시한다.

표 10-2 개체-관계 모델링

구성 요소	설명	개체-관계 다이어그램
개체	현실 세계를 구성하는 사람이나 사물처럼 구별이 가능한 모든 것을 말한다. 예: 콜라, 사이다, 사장, 직원, 생산자, 소비자	
속성	개체 고유의 특성을 말한다. 예: 고객 개체의 속성은 고객 이름, ID, 연락처	
관계	개체-관계 모델링에서 가장 중요한 요소로, 개체와 개체가 맺는 연관성을 말한다. 예: 고객 개체와 콜라 개체의 관계는 구매	

[그림 10-23]에서 고객 개체와 콜라 개체는 구매라는 관계로 연결된다. 구매 관계에도 속성이 있는데, 구매 일자와 결제 방식이다. 콜라 개체와 생산자 개체는 납품이라는 관계로 연결된다. 콜라 개체는 용량, 판매가, 원가 속성을, 고객은 이름, 주소, 성별 속성을, 생산자는 이름, 위치, 연락처 속성을 가진다. 그림에서는 생략했지만, 납품도 납품 일자와 결제 방식 같은 속성을 가진다. 이렇듯 개체 사이의 관계를 시각적으로 나타낼 수 있는 도구가 개체-관계 모델링이다.

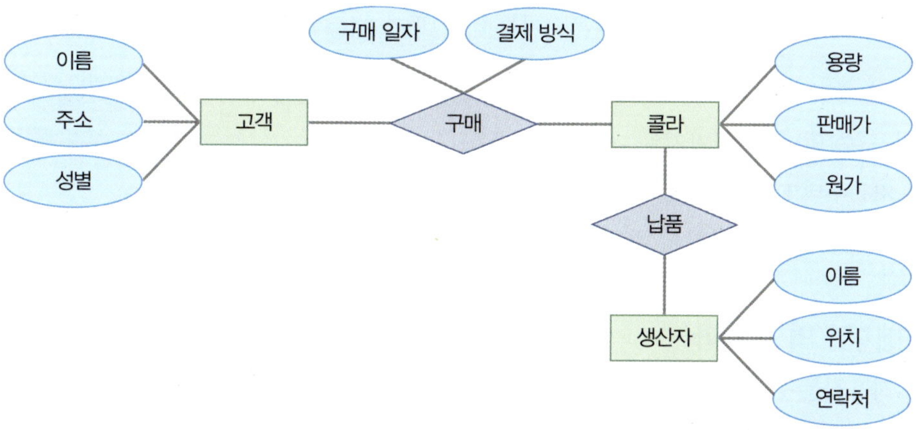

그림 10-23 개체-관계 다이어그램

스키마 설계

개체-관계 모델링이 끝나면 각 개체의 스키마를 설계한다. 스키마는 개체가 가진 속성과 관계를 고려하여 만든다. 예를 들어 고객 개체의 스키마는 [고객 ID, 이름, 주소, 이메일] 필드로 구성된다. 상품 개체의 스키마는 [제품 ID, 종류, 재고, 생산자 ID] 필드로 구성된다. 여기서 중요한 것은 각 스키마의 맨 처음 필드인 ID 필드이다. ID 필드는 여러 레코드 중 특정한 레코드에 접근할 수 있는 대푯값이다.

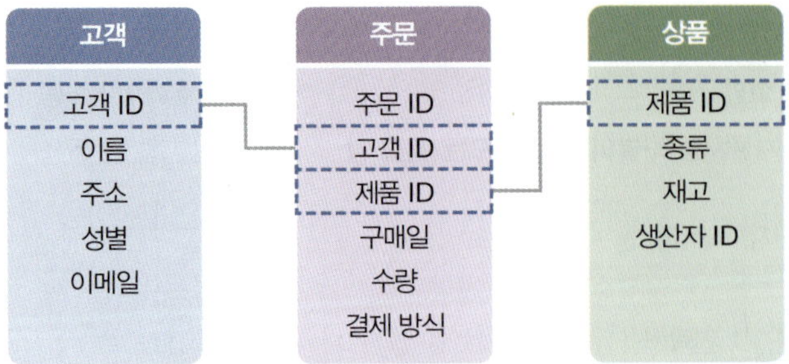

그림 10-24 개체 테이블

예를 들어 고객 개체 안에 '김명순'이라는 이름이 두 번 나타난다고 가정하자. 두 김명순은 고객 ID로 구별된다. 대한민국 국민이 주민등록번호를 부여받듯이 데이터베이스에서 ID가 각 레코드를 구별한다. 이렇게 레코드를 구별하는 값을 키key라고 한다. 데이터베이스는 특정 레코드에 접근하는 데 언제나 키를 사용한다.

어떤 고객이 콜라를 1개 구매했다. 이를 반영할 수 있는 주문 개체는 어떻게 구성할까? '어느 날 고객 데이터베이스에 있는 누군가가 제품 데이터베이스에 있는 물건을 몇 개 구매하고 카드로 결제했다'를 표현하는 필드로 구성할 것이다. 따라서 주문 개체를 [주문 ID, 고객 ID, 제품 ID, 구매일, 수량, 결제 방식] 필드로 구성한다. 고객 ID는 주문자를 나타내고, 제품 ID는 콜라를 나타낸다.

데이터베이스에서 가장 중요한 단계가 개체-관계 모델링과 스키마 설계이다. 설계도가 잘못되면 집을 제대로 지을 수 없다. 마찬가지로 데이터베이스도 잘못 설계하면 처음부터 다시 시작해야 한다. 그래서 스키마를 설계할 때 고려해야 할 사항이 매우 많다.

실제 데이터베이스의 스키마

어떤 시스템이 사용하는 데이터베이스 구성이나 스키마의 필드 구성을 확인하기는 어렵다. 예를 들어 네이버 내부의 데이터베이스 관리 직원이 아니라면 네이버의 데이터베이스가 어떻게 구성되어 있는지 알 수 없다. 또한 파이썬 정도를 막 배운 사람이 SQL이라는 복잡한 언어를 배우는 것도 쉽지 않다. 그래서 지금부터는 실제 웹사이트에서 데이터베이스의 필드를 유추하며 데이터베이스와 스키마가 어떻게 활용되는지 살펴볼 것이다.

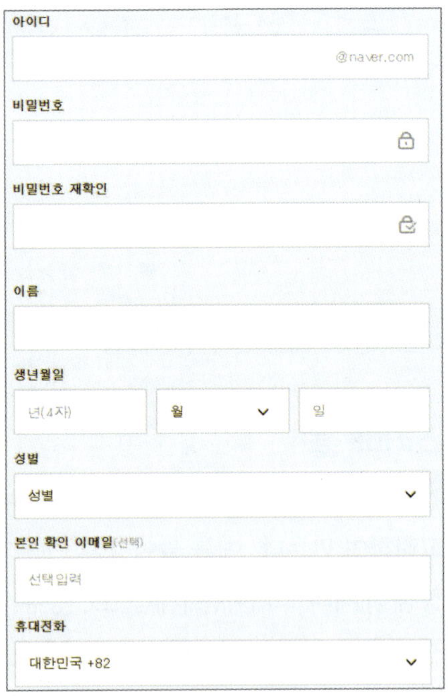

그림 10-25 네이버 회원 가입 화면

[그림 10-25]는 네이버의 회원 가입 페이지이다. 회원

가입 화면에 보이는 필드는 사용자 스키마의 필드 구성과 같다. 따라서 네이버 사용자 스키마의 필드는 [아이디, 비밀번호, 이름, 생년월일, 성별, 이메일, 휴대전화]로 구성되어 있을 것이다.

모든 필드를 다 채운 후 〈회원 가입〉 버튼을 누르면 SQL이 작동하여 사용자 스키마에 삽입된다. 내 정보는 네이버의 사용자 데이터베이스에서 하나의 레코드가 된다.

회원 ID	아이디	비밀번호	이름	생년월일	성별	이메일 주소	휴대전화
21248	SHCho	********	조성호	2004.09.09	남	zoch@hs.ac.kr	017-234-21

그림 10-26 사용자 스키마의 레코드

네이버에 정상적으로 회원 가입하면, 네이버에서는 내가 로그인할 때마다 데이터베이스에서 내 레코드의 아이디와 비밀번호를 조회하여 일치하는지 확인할 것이다. 또한 이메일을 보내거나 물건을 구매할 때마다 이메일 데이터, 구매 데이터가 데이터베이스에 쌓인다. [그림 10-27]은 네이버쇼핑에서 '시디즈' 제품을 구매한 화면이다. 화면을 보면서 구매 스키마의 구성을 유추해보자.

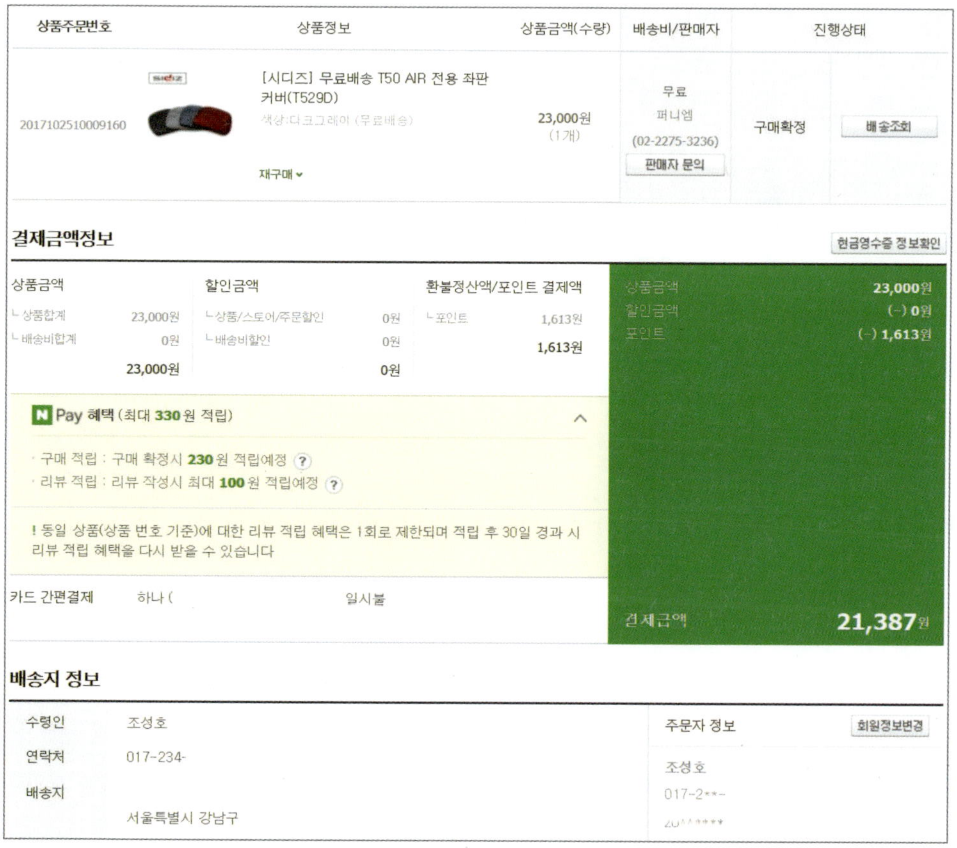

그림 10-27 상품 구매 화면

구매 스키마는 주문 ID, 고객 ID(조성호), 상품 ID(시디즈), 수량(1), 구매 날짜(2017-10-25), 결제 방식(카드)으로 구성되었을 것이다. 상품 가격은 상품 데이터베이스의 가격 필드에서 가져오면 되고, 배송지 정보도 고객 데이터의 주소 필드에서 받아오면 된다. 따라서 구매 스키마는 [주문 ID, 고객 ID, 상품 ID, 수량, 구매일, 결제 방식]으로 구성된다.

주문 ID	회원 ID	상품 ID	수량	구매일	결제 방식
201710	21248	7062345	1	2017.10.25	카드 간편결제

회원 ID	아이디	비밀번호	이름	생년월일	성별	이메일 주소	휴대전화
21248	SHCho	********	조성호	2004.09.09	남	zoch@hs.ac.kr	017-234-21

그림 10-28 상품 스키마와 회원 스키마의 레코드

회원 가입하여 이용하는 모든 웹사이트는 크든 작든 데이터베이스를 사용하고 있다. 이러한 방법으로 여러분이 자주 사용하는 웹사이트에서 데이터베이스의 스키마를 파악할 수 있을 것이다.

요약

01 여러 사용자가 공유하고 통합해서 운영하는 데이터의 집합을 데이터베이스라고 하며, 데이터베이스를 이용하여 정보를 처리하는 시스템을 정보 시스템이라고 한다.

02 데이터베이스는 실시간 접근, 최신 데이터 유지, 동시 공유, 내용 참조의 특징이 있다.

03 파일을 사용하여 데이터를 처리할 때 데이터 중복성의 문제, 데이터 종속성의 문제, 보안의 문제, 백업과 회복의 문제가 발생할 수 있다.

04 데이터베이스 관리 시스템(DBMS)은 데이터베이스를 관리하고 작업을 통해 의미 있는 정보를 생성하는 시스템이다. SQL은 데이터베이스에 저장된 데이터를 처리하는 언어이다.

05 스키마는 데이터베이스에 저장되는 데이터 구조와 제약 조건을 정의한 것이다. 스키마 구조에 맞추어 저장된 데이터 묶음 1개를 레코드라고 한다.

06 데이터 독립성을 위하여 3단계 데이터베이스 구조를 사용한다.

- 외부 단계: 사용자 관점에서 보이는 단계
- 개념 단계: 조직 전체 관점에서 바라보는 단계로, 하나의 스키마를 구성하는 단계
- 내부 단계: 데이터가 실제로 저장되는 단계로, 저장에 필요한 정보들을 결정하는 단계

07 데이터베이스 모델은 계층형 모델, 네트워크 모델, 관계형 모델, 객체 모델, NoSQL 모델이 있다. 가장 많이 사용되는 모델은 관계형 모델이고 이러한 데이터베이스를 RDBMS라 부른다.

08 RDBMS에서 레코드 사이 관계의 핵심이 되는 값이 키이며, 키로 레코드를 구별할 수 있다.

09 관계형 데이터베이스에서 구조화된 데이터와 제약 조건을 그래프로 표현하는 방법으로 개체-관계 모델링을 사용한다. 개체-관계 모델링은 개체, 속성, 관계 세 가지 요소로 구성된다.

연습문제

01 데이터에 대한 설명으로 틀린 것은 무엇인가?

① 데이터는 현실 세계에서 얻은 사실이나 측정값을 의미한다.
② 데이터베이스는 대용량의 데이터를 쌓아 놓은 것이다.
③ 데이터를 가공하면 정보가 된다.
④ 데이터는 언제나 유용하다.

02 다음 중 현실 세계에서 얻은 사실이나 측정값을 의미하는 것은 무엇인가?

① 데이터 ② 정보 ③ 데이터베이스 ④ 정보 시스템

03 다음 중 여러 사용자가 공유하고 통합하여 운영하는 데이터의 집합은 무엇인가?

① 데이터 ② 정보 ③ 데이터베이스 ④ 정보 시스템

04 다음 중 데이터를 가공하여 만들어지는 것은 무엇인가?

① 디렉터리 ② 정보 ③ 데이터베이스 ④ 정보 시스템

05 다음 중 각 학생의 학습 진도 관리뿐 아니라 교육 콘텐츠 생성 및 활용에 사용하는 정보 시스템은 무엇인가?

① 경영 정보 시스템(MIS) ② 의사결정 지원 시스템(DSS)
③ 콘텐츠 관리 시스템(CMS) ④ 교육 관리 시스템(LMS)

06 다음 중 정보를 분석하고 도식화하여 기업 경영층에 제공함으로써 효과적으로 의사결정할 수 있게 하는 정보 시스템은 무엇인가?

① 경영 정보 시스템(MIS) ② 의사결정 지원 시스템(DSS)
③ 콘텐츠 관리 시스템(CMS) ④ 교육 관리 시스템(LMS)

07 다음 중 문서, 이미지, 동영상 등 다양한 데이터를 생성, 보관, 관리하는 정보 시스템은 무엇인가?

① 경영 정보 시스템(MIS) ② 의사결정 지원 시스템(DSS)
③ 콘텐츠 관리 시스템(CMS) ④ 교육 관리 시스템(LMS)

08 다음 중 기업의 경영 관리에 필요한 정보를 수집하고 가공함으로써 기업의 생산성과 수익성을 높이는 정보 시스템은 무엇인가?

① 경영 정보 시스템(MIS) ② 의사결정 지원 시스템(DSS)
③ 콘텐츠 관리 시스템(CMS) ④ 교육 관리 시스템(LMS)

09 데이터에서 유용한 정보를 추출하는 기술을 가리키는 단어는 무엇인가?

① 데이터베이스 ② 스키마
③ 데이터 마이닝 ④ 데이터베이스 관리 시스템

10 정해진 구조에 따라 저장된 데이터를 의미하는 단어는 무엇인가?

① 정형 데이터 ② 반정형 데이터
③ 비정형 데이터 ④ 논리 데이터

11 정해진 구조 없이 저장된 데이터를 의미하는 단어는 무엇인가?

① 정형 데이터 ② 반정형 데이터
③ 비정형 데이터 ④ 논리 데이터

12 구조와 데이터를 함께 저장한 데이터는 무엇인가?

① 정형 데이터 ② 반정형 데이터
③ 비정형 데이터 ④ 논리 데이터

13 다음 중 정형 데이터의 예에 가장 가까운 것은 무엇인가?

① 스마트폰 전화번호부 ② 페이스북 게시물
③ HTML ④ 트위터 게시물

14 다음 중 비정형 데이터의 예에 가장 가까운 것은 무엇인가?

① 스마트폰 전화번호부 ② 수첩에 손으로 쓴 메모
③ HTML ④ XML

15 데이터베이스는 허용되는 시간 범위 내에서 응답할 수 있어야 한다. 이는 데이터베이스의 특징 중 무엇에 해당하는가?

① 실시간 접근 ② 최신 데이터 유지
③ 동시 공유 ④ 내용 참조

16 방금 비밀번호를 바꾼 경우 변경된 비밀번호로만 시스템에 접근할 수 있어야 한다. 이는 데이터베이스의 특징 중 무엇에 해당하는가?

① 실시간 접근 ② 최신 데이터 유지
③ 동시 공유 ④ 내용 참조

17 데이터베이스 내 데이터는 여러 컴퓨터에서 사용 가능해야 한다. 이는 데이터베이스의 특징 중 무엇에 해당하는가?

① 실시간 접근 ② 최신 데이터 유지
③ 동시 공유 ④ 내용 참조

18 데이터베이스 내 이익이 제일 높은 음료수, 재고가 10개 이하로 남은 식품 같은 검색이 가능해야 한다. 이는 데이터베이스의 특징 중 무엇에 해당하는가?

① 실시간 접근 ② 최신 데이터 유지
③ 동시 공유 ④ 내용 참조

19 파일을 사용하여 데이터를 처리할 때, 판매가를 변경하려고 프로그램 10개에 있는 판매가를 모두 찾아서 변경했다. 어떤 문제가 발생한 것인가?

① 데이터 중복성의 문제 ② 데이터 종속성의 문제
③ 보안의 문제 ④ 백업과 회복의 문제

20 파일을 사용하여 데이터를 처리할 때, 할인율이라는 새로운 항목이 생기면 프로그램 10개를 이것에 맞게 수정했다. 어떤 문제가 발생한 것인가?

① 데이터 중복성의 문제 ② 데이터 종속성의 문제
③ 보안의 문제 ④ 백업과 회복의 문제

21 파일을 사용하여 데이터를 처리할 때, 아르바이트 직원이 제품 원가를 외부인에게 공개했다. 어떤 문제가 발생한 것인가?

① 데이터 중복성의 문제　　② 데이터 종속성의 문제
③ 보안의 문제　　④ 백업과 회복의 문제

22 직원의 실수로 데이터가 사라져 복구할 수가 없다. 어떤 문제가 발생한 것인가?

① 데이터 중복성의 문제　　② 데이터 종속성의 문제
③ 보안의 문제　　④ 백업과 회복의 분제

23 나머지 세 개와 다른 종류의 DBMS는 무엇인가?

① SQLite　　② MySQL　　③ MariaDB　　④ 오라클

24 다음 중 데이터베이스에 저장되는 데이터 구조와 제약 조건을 정의한 것은 무엇인가?

① SQL　　② 스키마　　③ 레코드　　④ 파일

25 다음 중 데이터베이스에 저장된 데이터를 처리하려고 만든 언어는 무엇인가?

① SQL　　② 스키마　　③ 레코드　　④ 파일

26 다음 중 스키마 구조에 맞추어 저장된 데이터 묶음 1개를 의미하는 단어는 무엇인가?

① SQL　　② DBMS　　③ 레코드　　④ 파일

27 3단계 데이터베이스 구조 중 조직 전체의 관점에서 바라보는 단계는 무엇인가?

① 외부 단계　　② 내부 단계　　③ 개념 단계　　④ 저장 단계

28 3단계 데이터베이스 구조 중 사용자 관점에서 보이는 데이터베이스를 의미하며, 뷰 단계라고도 하는 단계는 무엇인가?

① 외부 단계　　② 내부 단계　　③ 개념 단계　　④ 저장 단계

29 3단계 데이터베이스 구조 중 데이터베이스를 실제로 저장하는 단계로, 저장에 필요한 정보들이 결정되는 단계는 무엇인가?

① 외부 단계　　② 내부 단계　　③ 개념 단계　　④ 저장 단계

30 3단계 데이터베이스 구조 중 조직 전체 관점에서 바라보는 단계는 무엇인가?

① 외부 단계　② 내부 단계　③ 개념 단계　④ 저장 단계

31 3단계 데이터베이스 구조 중 전체 스키마를 하나로 통합하는 단계는 무엇인가?

① 외부 단계　② 내부 단계　③ 개념 단계　④ 저장 단계

32 다음 데이터베이스 모델 중 맨 위쪽 계층부터 맨 아래쪽 계층까지 선으로 연결한 구조로, 초기 데이터베이스에서 사용했던 모델은 무엇인가?

① 계층 모델　② 객체 모델　③ 관계 모델　④ 네트워크 모델

33 다음 데이터베이스 모델 중 데이터 관계를 선 여러 개로 연결한 구조로, 구조가 복잡하다는 단점이 있어 거의 사용하지 않는 모델은 무엇인가?

① 계층 모델　② 객체 모델　③ 관계 모델　④ 네트워크 모델

34 다음 데이터베이스 모델 중 테이블 형태로 구성되며, 키를 중심으로 연결하는 방식으로 현재 대부분의 데이터베이스에서 사용하는 모델은 무엇인가?

① 계층 모델　② 객체 모델　③ 관계 모델　④ 네트워크 모델

35 다음 데이터베이스 모델 중 데이터와 그 데이터를 처리하는 함수를 하나로 묶어서 만드는 모델은 무엇인가?

① 계층 모델　② 객체 모델　③ 관계 모델　④ 네트워크 모델

36 다음 데이터베이스 모델 중 비정형 데이터를 위해 만든 모델은 무엇인가?

① NoSQL 모델　② 객체 모델　③ 관계 모델　④ 네트워크 모델

37 다음 중 데이터 및 데이터베이스에 대한 설명으로 틀린 것은 무엇인가?

① 여러 사용자가 공유하고 통합해서 운영하는 데이터의 집합을 데이터베이스라고 한다.
② 정형 데이터는 정해진 구조에 따라 저장된 데이터를 의미한다.
③ 비정형 데이터는 정보를 추출하기가 쉽다.
④ 반정형 데이터는 구조와 데이터를 같이 저장하는 데이터이다.

38 **다음 중 데이터베이스의 객체-관계 모델링과 가장 거리가 먼 단어는 무엇인가?**

① 개체　　② 스키마　　③ 속성　　④ 관계

39 **다음 중 데이터베이스에 대한 설명으로 틀린 것은 무엇인가?**

① SQL은 데이터베이스에 저장된 데이터를 처리하려고 만든 언어다.

② 스키마 구조에 맞추어 저장된 데이터의 묶음 1개를 파일이라고 한다.

③ 스키마는 데이터베이스에 저장되는 데이터 구조와 제약 조건을 정의한 것이다.

④ 개체-관계 모델링은 개체, 속성, 관계 세 가지로 구성된다.

40 **다음 중 데이터베이스의 구조에 대한 설명으로 틀린 것은 무엇인가?**

① 데이터베이스를 3단계로 추상화하고, 단계별로 스키마를 만드는 것은 데이터의 독립성 때문이다.

② 3단계 데이터베이스 구조 중 사용자 관점에서 보이는 데이터베이스를 의미하며, 뷰 단계라고도 하는 단계는 외부 단계이다.

③ 3단계 데이터베이스 구조 중 데이터베이스가 실제로 저장되는 단계로, 저장에 필요한 정보들을 결정하는 단계는 저장 단계이다.

④ 3단계 데이터베이스 구조 중 조직 전체의 관점에서 바라보는 단계로, 하나의 스키마를 구성하는 단계는 개념 단계이다.

41 **다음 중 데이터베이스 모델에 대한 설명으로 틀린 것은 무엇인가?**

① 데이터베이스 모델 중 객체 모델은 테이블 형태로 구성되며, 키(key)를 중심으로 연결하는 방식으로 현재 대부분의 데이터베이스에서 사용한다.

② 데이터베이스 모델 중 계층 모델은 맨 위쪽 계층부터 맨 아래쪽 계층까지 선으로 연결한 구조로, 초기 데이터베이스에서 사용했다.

③ 데이터베이스 모델 중 네트워크 모델은 데이터 관계를 선 여러 개로 연결한 구조로, 복잡하다는 단점이 있어 거의 사용하지 않는다.

④ 데이터베이스 모델 중 NoSQL 모델은 비정형 데이터를 위해 만들었다.

PART 04

네트워크와 보안

CONTENTS

CHAPTER 11

컴퓨터 네트워크

학습목표

- 통신과 컴퓨터 네트워크, 인터넷, 프로토콜에 대해 알아본다.
- 통신의 분류 체계를 파악하고 계층 모델의 특징을 살펴본다.
- 물리 계층, 데이터링크 계층, 네트워크 계층, 전송 계층의 역할을 이해한다.

Preview

이제는 인터넷이 없는 생활을 상상할 수조차 없다. 온라인상에서 비대면 수업을 듣고, 과제에 필요한 자료를 검색 엔진으로 찾으며, 여가 시간도 인터넷에 접속하여 보낸다. 통신은 컴퓨터와 컴퓨터를 연결하는 기술을 넘어 인간을 서로 연결하는 기술이 되었다. 이 장에서는 통신의 발전 과정을 되짚어보고, 컴퓨터를 이용한 통신에 대해 알아본다. 또한 컴퓨터 네트워크를 설명하는 계층 모델을 살펴보고, 각 계층의 역할과 특징을 이해한다.

01 | 컴퓨터 네트워크의 개요

1 통신의 개요

통신의 사전적 의미는 의사, 감정, 사고를 한쪽에서 다른 쪽으로 전달하는 것이다. 통신의 수단으로는 언어나 문자가 대표적이며 그 밖에 몸짓, 표정, 소리 등으로 전달할 수 있다. 넓은 의미로 보면 인간의 의사를 다른 사람에게 전달하는 것도 통신이지만 컴퓨터가 다른 컴퓨터에 데이터를 전달하는 것도 통신이다. 따라서 IT에서 **통신**communication이란 한쪽의 데이터를 다른 쪽으로 전달하는 것으로 정의할 수 있다.

통신의 발전 과정

전기가 개발되기 전으로 거슬러 올라가 보자. 대화는 가까운 거리에 있는 사람들의 통신 수단이다. 그러나 대화는 멀리 있는 사람에게 정보를 전달하는 데 한계가 있다. 그래서 멀리 있는 사람에게 정보를 전달하기 위해 편지를 사용했다. 이렇게 원격지에 있는 사람에게 정보를 전달하기 위해 만들어진 통신 시스템이 **우편**mail이다.

우편의 가장 큰 단점은 정보의 전달 속도가 느리다는 것이다. 서울에서 부산까지 말을 타고 달려도 편지가 도착하기까지 수일씩 걸렸다. 적이 쳐들어왔다거나 큰 재앙이 발생한 경우, 이를 빠르게 전달할 통신 수단이 필요했다. 이러한 목적으로 개발된 것이 봉화이다. 봉화는 연기를 피워 원격지의 정보를 빠른 속도로 전달하는 통신 시스템이다.

표 11-1 전기 발명 이전의 통신

근거리 통신	원거리 통신	

대화	우편	봉화

전기가 발명되면서 멀리 있는 사람과의 의사소통이 빠르고 쉬워졌다. 최초로 전기를 이용한 통신

시스템은 **모스 부호**Morse code **전신**이다. 모스 부호는 긴 음과 짧은 음을 조합하여 알파벳, 숫자, 특수 기호를 미리 정해 놓은 것이다. 모스 부호 통신 시스템에서는 연결된 전선을 통하여 긴 음과 짧은 음을 전송하여 정보를 전달한다. 예를 들어 'SOS'는 '삐삐삐(S) 삐이–삐이–삐이–(O) 삐삐삐(S)'를 전송한다. 모스 부호는 먼 거리까지 정보를 실시간으로 전달할 수 있다는 장점이 있었다. 그러나 문자를 신호로 바꾸어 전달하기 때문에 단위 시간당 전송할 수 있는 정보량은 많지 않았다.

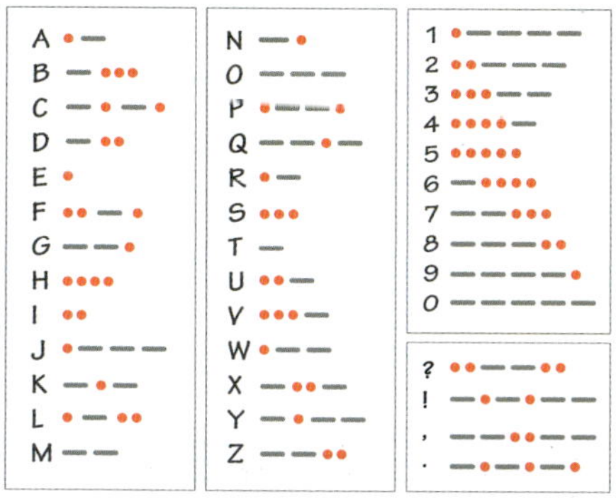

(a) 모스 부호

(b) 모스 부호 전신기

그림 11-1 **모스 부호 전신**

기술은 주어진 문제를 해결하는 방향으로 발전한다. 우편 시스템의 느린 속도를 해결하기 위해 봉화가 만들어졌듯이, 모스 부호 전신의 적은 정보량을 해결하는 통신 시스템이 개발되었다. 전선을 통해 모스 부호 대신 사람의 목소리를 전달할 수 있게 되었는데 이것이 바로 **전화**telephone이다.

그림 11-2 **초기의 전화기**

'tele'는 '멀리'라는 뜻이며 'phone'은 '음성'을 가리킨다. 따라서 전화는 전기를 이용하여 멀리까지 사람의 음성을 전달하는 통신 시스템이다. 전화는 모스 부호와 같이 문자를 신호로 바꾸는 과정이 필요 없어 누구나 쉽게 사용할 수 있었다. 이러한 편리함 때문에 전화는 가장 대중적인 통신 시스템이 되었다. 전화기의 보급으로 많은 사람이 멀리까지 정보를 쉽게 전달하게 되었다.

무선통신의 발전

모스 부호나 전화와 같은 통신 시스템의 단점은 통신이 필요한 곳을 전선으로 연결해야 한다는 것이다. 또한 유선통신 시스템에 사용되는 통신기기는 이동이 어렵다는 단점도 있다. 이러한 문제들 개선하여 무선통신 시스템이 발전했으며 다양한 무선통신 기기가 만들어졌다.

최초의 무선통신 시스템은 무전기이다. 초기 무전기는 걸으면서 말을 할 수 있다는 뜻으로 워키토키wakie-talkie라고도 불렸다. 무전기는 양방향으로 통신할 수 있지만, 특정 시점에는 한쪽으로만 통신할 수 있다. 그래서 자신의 이야기가 끝나면 '오버over'라는 메시지를 보내 정보 전달이 끝났음을 알려야만 한다.

사람들에게 가장 친숙한 통신기기는 **방송**brodcasting 시스템이다. 가장 먼저 보급된 방송 시스템은 라디오radio이다. 안테나가 달린 상자에서 사람의 음성이나 노래가 흘러나오니 많은 사람이 즐거워했다. 이후 영상까지 전송하는 흑백 TV가 개발되었고, 곧 컬러 TV로 발전했다. TV는 'Television'의 약자인데 멀리tele까지 영상을 보여주는vision 기기라는 뜻이다. MBC, KBS, SBS, TBN과 같이 일반적인 방송국 이름에 들어가는 B는 'broadcasting(방송)'의 약자이다.

(a) 무전기 (b) 라디오 (c) TV

그림 11-3 무선통신 기기

방송 시스템과 전화 시스템에는 몇 가지 차이가 있다. 전화 시스템에서는 전화를 건 사람(발신자)과 전화를 받은 사람(수신자)이 일대일로 통신한다. 반면 방송 시스템은 발신자가 신호를 보내면 불특정 다수가 신호를 받는다. 또한 방송은 방송국에서 라디오나 TV 수신기 쪽으로 전송되는 단방향 통신 시스템이다. 그래서 발신자(방송국)는 누가 방송 신호를 수신하는지 알 수 없다.

무선통신의 한계

무선 신호를 멀리 보내기 위해서는 커다란 안테나를 사용해야 한다. 서울 남산에 우뚝 솟은 남산타워가 방송용 송신탑이다. 또한 무선 신호를 수신하기 위해서도 커다란 안테나를 사용해야 한다. 그런데 안테나를 사용하더라도 날씨나 지형지물에 따라 수신하는 신호의 크기가 달라서 방송 품질이 제각각이었다. 이러한 문제는 케이블 TV가 해결했다. 무선 안테나 대신 케이블(전선)을 각 가정까지 설치하고 케이블을 통하여 방송 데이터를 전송함으로써 안정적으로 방송을 볼 수 있었다.

방송 시스템의 또 다른 문제는 시간 제약성이다. 각 방송국은 정해진 프로그램에 따라 방송을 송출한다. 따라서 방송 콘텐츠를 보려면 정해진 시간에 라디오나 TV 앞에 있어야만 한다. 케이블 TV도 정해진 시간에 방송을 송출하는 것은 기존의 방송 시스템과 다르지 않다. 인터넷의 발달로 시간적인 제약을 극복했는데 이것이 바로 주문형 비디오Video On Demand, 약어로 VOD이다. VOD는 인터넷에 연결된 단말기를 통하여 시간 제약 없이 비디오 데이터를 수신하는 시스템이다.

현재는 VOD뿐 아니라 자체 제작한 콘텐츠까지 제공하는 OTTOver The Top 서비스가 대중화되었다. 셋톱박스(top)를 넘어서라는 의미의 OTT는 인터넷을 통하여 방송 영상뿐 아니라 영화, 오락, 교육 등 다양한 콘텐츠를 제공한다. OTT 서비스는 개인용 컴퓨터뿐 아니라 스마트폰에서도 볼 수 있기 때문에 시간과 공간의 제약이 없어 급속도로 보급되고 있다. 대표적으로 넷플릭스와 유튜브 오리지널이 있으며, 국내 OTT 서비스로 티빙, 왓챠, 웨이브가 있다.

2 데이터 통신과 프로토콜

지금까지 실생활에서 쉽게 접할 수 있는 통신 시스템에 대하여 살펴보았다. 사람과 마찬가지로 컴퓨터나 기기도 데이터를 주고받는 통신을 한다. 이를 **데이터 통신**data communication이라 부른다.

지금은 회의 자료, 사진, 과제물을 이메일이나 메신저로 주고받는다. 인터넷 이전에는 자료를 플로피 디스크에 담아 전달했다. 컴퓨터에서 다른 컴퓨터로 데이터를 옮길 때에는 한쪽에서 플로피 디스크에 데이터를 저장한 후 이를 다른 쪽으로 가져가서 다시 읽어야 했다. 자료를 플로피 디스크에 담는 일도, 플로피 디스크를 읽어서 자료를 확인하는 일도 번거로웠다.

컴퓨터 네트워크의 시작

저장 장치를 이용하는 통신은 시간도 오래 걸리고 절차도 불편했다. 이러한 불편을 해결하기 위하여 컴퓨터를 전선으로 연결하고 전선에 데이터를 보냈는데, 이것이 최초의 데이터 통신이다.

그림 11-4 **데이터 통신**

데이터 통신 초창기에는 컴퓨터 2대를 일대일로 연결했지만, 나중에는 컴퓨터 여러 대가 서로 데이터를 주고받을 수 있게 되었다. 이렇게 컴퓨터 여러 대가 데이터를 주고받는 통신 시스템을 **컴퓨터**

네트워크computer network라 부른다. 네트워크network는 그물을 뜻하는 'net'과 작업을 뜻하는 'work'의 합성어로 여러 기기가 연결된 것을 의미한다. 다시 말해 컴퓨터 네트워크는 그물처럼 연결된 컴퓨터들이 데이터를 주고받는 통신망을 가리킨다.

아파트에 설치된 인터폰은 집 안과 밖을 연결한 통신장치이지만 두 곳만 연결하기 때문에 네트워크는 아니다. 그러나 전화기는 여러 사람이 서로 통신할 수 있어 '전화기 네트워크' 혹은 '전화망'이라 부른다. 이제부터 이 책에서 네트워크라고 하면 컴퓨터 네트워크를 가리키며 '–망'도 네트워크를 의미한다.

프로토콜

컴퓨터를 선으로 연결하는 것만으로는 통신이 이루어지지 않는다. 통신을 하려면 누가 먼저 데이터를 보낼지, 얼마나 빠른 속도로 데이터를 보낼지를 정해야 한다. 통신을 위한 약속을 **프로토콜**protocol이라 한다. 프로토콜을 우리말로 옮기면 통신 규약이다.

종이컵 전화를 생각해보자. 두 사람 사이를 종이컵과 선으로 연결했다고 해서 통신이 이루어지지 않는다. 한쪽이 종이컵에 대고 말을 할 때는 다른 한쪽이 종이컵을 귀에 대고 있어야 한다. 둘 다 종이컵을 입에 대고 말하거나 둘 다 종이컵을 귀에 대고 있으면 통신이 이루어지지 않는다.

정리하면 컴퓨터 네트워크에서 데이터를 전송하기 위하여 두 가지 요소가 충족되어야 한다. 하나는 통신연결이고, 또 하나는 데이터를 전송하기 위한 약속인 프로토콜이다. 다시 말해 네트워크가 구성되려면 물리적인 연결(통신연결)이 있어야 하며, 통신을 위한 약속(프로토콜)을 지켜서 데이터를 주고받아야 한다.

유선 전화망을 이용하여 전화를 걸려면 통신사의 전화 서비스에 가입하여 전화선을 연결한 후 전화기를 설치해야 한다. 이것을 통신 연결이라 부른다. 그러나 통신 연결만으로는 통신이 되지 않고, '전화 프로토콜'을 사용해야 한다. 전화 프로토콜에서는 수화기를 들고 전화번호를 누르면 상대방에게 신호가 전달되고, 상대방이 수화기를 들면 통신이 시작된다. 전화 프로토콜이 지켜지지 않거나 순서가 바뀌면 통화가 되지 않는다. 예를 들어 상대방이 먼저 수화기를 들고 있으면 통화할 수 없다.

컴퓨터를 선으로 연결했던 데이터 통신 초기로 돌아가 보자. 컴퓨터와 컴퓨터를 선으로 연결하고, 파일을 전송하는 프로토콜을 만들었다. 이것이 파일 전송 프로토콜File Transfer Protocol이다. 이 프로토콜의 첫 글자를 따서 FTP라 부른다. 즉 FTP는 파일을 전송하기 위한 컴퓨터 간의 약속이다.

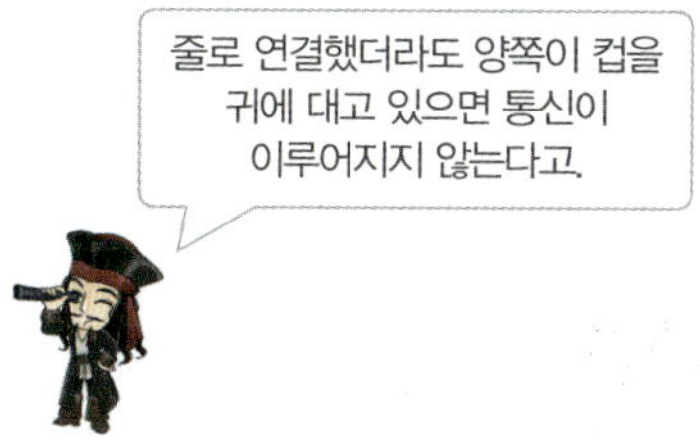

그림 11-5 프로토콜을 지키지 않아 통신이 이루어지지 않는 경우

핵심 **네트워크의 구성 요소**

통신 연결과 프로토콜

8장에서 살펴봤던 웹 관련 용어들을 떠올려 보자. 대부분이 P로 끝날 것이다. 웹 페이지를 방문할 때 사용하는 HTTP, 인터넷을 이용할 때 사용하는 TCP와 IP도 모두 프로토콜의 P로 끝난다. 그러므로 네트워크를 배운다는 것은 통신 기기가 어떻게 연결되는지와 함께 여러 종류의 프로토콜을 배우는 것이다.

근거리 네트워크 LAN

초기의 컴퓨터 통신은 가까운 거리를 연결하는 수준이었다. 한 건물 내에 있는 컴퓨터를 연결하거나 기껏해야 수백 미터 떨어진 컴퓨터를 연결했다. 이렇게 가까운 거리에 연결된 네트워크를 LAN이라 부른다. LAN_{Local Area Network}이란 짧게는 수 미터에서 길게는 1킬로미터 내의 컴퓨터를 연결하는 근거리 네트워크이다. 여러분이 사용하는 컴퓨터에는 랜카드_{LAN card}가 있어 LAN 선으로 공유기와 연결하여 사용할 것이다. LAN 선을 사용하는 이유는 공유기에서 컴퓨터까지의 거리가 길어봐야 수백 미터이기 때문이다. 한편 노트북은 주로 무선 공유기와 연결하여 사용한다. 무선 공유기란 LAN 선 대신 무선으로 연결한다는 의미이며 무선으로 연결되는 LAN을 와이파이_{WiFi} 또는 무선 LAN이라 부른다.

장거리 네트워크 WAN

국가 전체를 연결하거나 국가 간을 연결하는 네트워크는 WAN이라 부른다. WAN_{Wide Area Network}이란 수백 킬로미터 이상을 연결하는 장거리 네트워크라는 의미이다. 통신사의 인터넷 서비스에 가입하면 외부에서 집까지 전선을 연결해 주는데, 이 전선이 WAN 선이다.

집에서 사용하는 네트워크 공유기의 뒷면을 보자. 외부에서 들어오는 선을 꽂는 포트에 WAN이라 쓰여 있다. 그리고 컴퓨터나 노트북과 같이 집이나 사무실의 기기를 꽂는 포트에는 LAN이라 쓰여 있다. 공유기는 외부로부터 들어온 WAN을 집 안에 있는 LAN 기기들에 나누어 준다. 공유기가 무선을 지원하는 경우(와이파이) 무선 공유기가 된다.

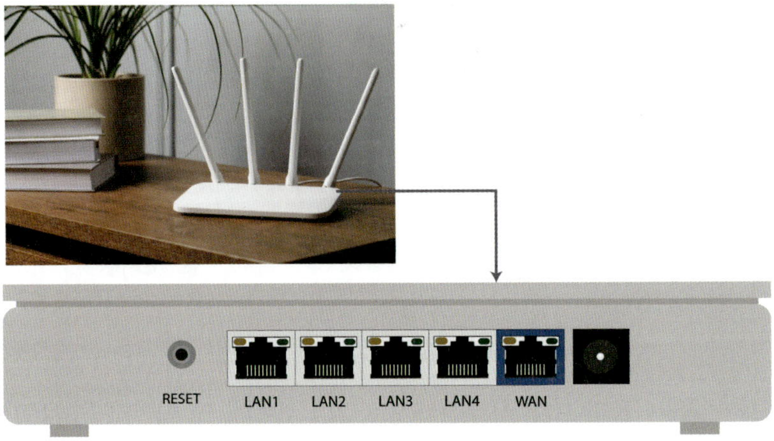

그림 11-6 네트워크 공유기 뒷면

중거리 네트워크, 개인 네트워크, 초근거리 네트워크

근거리 네트워크인 LAN과 장거리 네트워크인 WAN 사이에는 MAN이 있다. 중거리 네트워크인 MAN Metropolitan Area Network은 대도시 간을 연결하는 네트워크이다. LAN보다도 가까운 거리를 연결하는 네트워크도 있다. 블루투스 bluetooth와 같이 가까운 거리에 있는 기기들끼리 연결하는 것을 PAN이라 부른다. 개인 네트워크 PAN Personal Area Network은 이어폰, 키보드, 마우스와 같이 가까운 거리에 있는 주변 장치들을 연결한다. 또한 수 센티미터 거리에서 통신하는 네트워크를 초근거리 네트워크 혹은 NFC Near Field Communication라 부른다. 따라서 네트워크를 거리에 따라 분류하면 [표 11-2]와 같다.

표 11-2 거리에 따른 네트워크의 분류

구분	범위
장거리 네트워크(WAN)	100km 이상
중거리 네트워크(MAN)	1~100km
근거리 네트워크(LAN)	10m~1km
개인 네트워크(PAN)	1~10m
초근거리 네트워크(NFC)	1m 이내

3 인터넷

인터넷의 보급으로 우리는 많은 문화·경제적 혜택을 누리고 있다. 인터넷이 연결되지 않은 컴퓨터로는 할 수 있는 일이 거의 없을 정도로 많은 사람이 인터넷 속에서 생활한다. 이 책에서는 **인터넷**internet을 네트워크를 하나로 묶는 기술이라고 정의한다. 인터넷의 정의를 이해하려면 먼저 네트워크의 발전 과정을 살펴봐야 한다.

LAN 토폴로지

LAN은 컴퓨터 사이에 데이터를 편리하게 전송할 수 있어 급속도로 보급되었다. 그러나 규격이 제각각이고 프로토콜 간에 호환성이 없어 문제가 되었다. 표준 없이 여러 회사에서 각자 다른 규격의 LAN을 출시한 것이다. 마치 지금의 노트북 어댑터가 서로 달라 호환이 되지 않는 것과 같다.

컴퓨터를 연결하는 LAN의 구조를 토폴로지topology(위상 배치)라고 한다. LAN이 각기 다르다는 것은 토폴로지가 다르다는 의미이다. 대표적인 LAN 토폴로지 종류에는 스타형, 링형, 버스형이 있다. 스타형star topology은 중앙에 네트워크를 관장하는 시스템을 두고 시스템에서 뻗어나가는 모양으로 기기를 연결한다. 링형ring topology은 모든 기기를 원형으로 연결한다. 버스형bus topology은 중앙에 데이터가 흐르는 버스를 두고 여기에 기기를 붙여 네트워크를 구성한다.

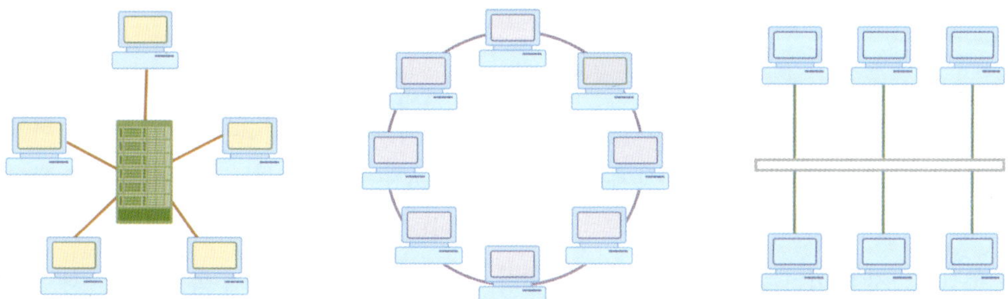

(a) 스타형 (b) 링형 (c) 버스형

그림 11-7 LAN 토폴로지의 종류

아파넷

1960년대에 미국 국방부에서도 LAN의 호환성 문제로 골머리를 앓았다. 군사 통신에서는 일관된 정보 전달이 생명인데 육군, 해군, 공군이 서로 호환되지 않는 LAN을 구축했기 때문에 효율적으로 명령을 전달하기가 어려웠다. 그래서 미국 국방부에서는 서로 호환되지 않는 LAN을 묶어 하나의 네트워크로 만드는 연구인 ARPAAdvanced Research Project Agency 프로젝트를 진행했다. 이 연구의 결과로 새로운 구조의 네트워크가 1969년에 발표되었는데, 이것이 아파넷이다. 아파넷ARPAnet은 각기 다른 종류의 LAN들을 선으로 연결한 네트워크이다.

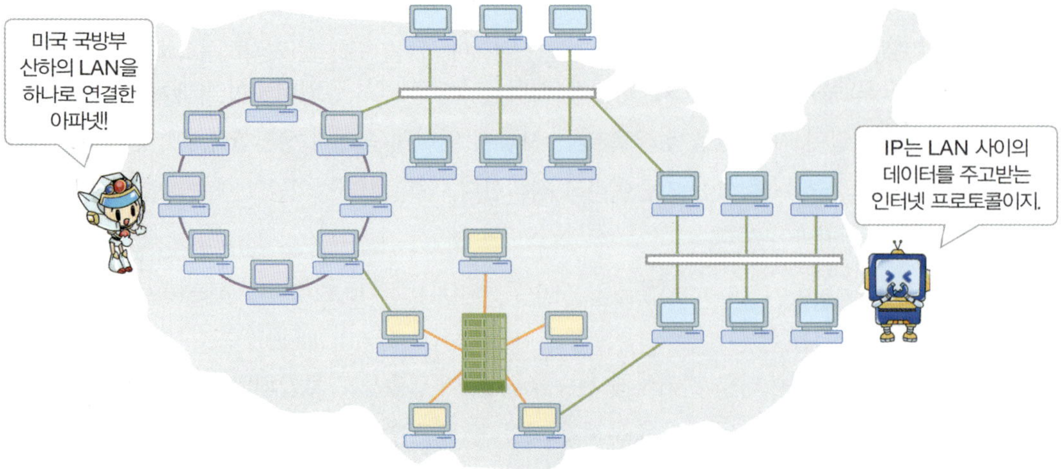

그림 11-8 다양한 네트워크를 연결한 아파넷

앞서 설명했듯이 하드웨어 연결만으로는 네트워크를 구축할 수 없다. 그래서 아파넷은 선으로 LAN을 연결했을 뿐 아니라 서로 다른 네트워크끼리 어떻게 데이터를 주고받을 것인지에 대한 통신규약(프로토콜)을 만들었다. 이것이 바로 TCP/IP다. 성공적으로 네트워크를 연결한 아파넷은 처음에는 대학에서 연구용으로만 사용되다가 나중에 일반인에게 공개되었는데, 이것이 인터넷의 시작이다. 지금까지의 설명을 종합하면 인터넷은 '네트워크를 하나로 묶는 기술'이라 정의할 수 있다.

TCP/IP

아파넷 초기에는 프로토콜로 IP만 사용했다. IP Internet Protocol는 네트워크 사이 inter-network에서 데이터를 주고받는 규칙을 정한 프로토콜이다. 세상에는 수만 가지의 LAN이 섞여 있다. 어떤 LAN은 오래되어 느리고 자주 고장 나며, 어떤 LAN은 독특한 규격의 데이터만 전송한다. 그래서 수많은 LAN을 통과하여 목적지까지 데이터를 보내는 일은 쉽지 않다. IP를 처음 만들 당시에 목적지까지 데이터를 보내는 데는 성공했으나, 데이터가 사라지거나 순서가 뒤바뀌거나 일부가 훼손되는 일이 발생했다. 따라서 데이터가 원상태로 도착하는지를 감시하는 프로토콜이 필요하게 되었다.

TCP Transmission Control Protocol는 우리말로 전송 제어 프로토콜이다. TCP는 데이터를 전송할 때 생기는 오류를 바로잡고, 데이터를 목적지 프로그램에 전달하는 창구 역할을 하는 프로토콜이다. 그래서 인터넷을 이용할 때는 TCP/IP를 같이 사용한다.

TCP/IP로 데이터를 전송하는 과정은 택배 배송과 닮았다. TCP는 택배 접수처, IP는 배송 트럭이라고 생각하면 된다. 송신 측(보내는 쪽) TCP는 데이터를 전송하기 적당한 크기로 잘라 번호표를 붙인 후 IP에 전달한다. IP는 LAN 여러 개를 지나 목적지까지 데이터를 전달한다. 데이터는 수신 측(받는 쪽) TCP에 전달된다. 수신 측 TCP는 데이터가 순서대로 도착했는지, 훼손된 부분이 없는지 확인한다. 모든 데이터가 이상 없이 도착했다면, 송신 측 TCP가 최종 데이터를 목적지 프로그램에 전달한다. 인터넷에서는 이 과정이 계속 반복된다.

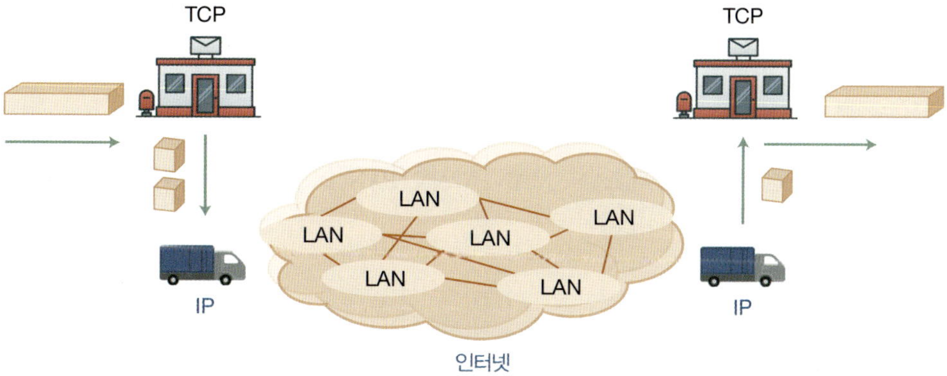

그림 11-9 **TCP/IP를 이용하여 데이터를 전송하는 과정**

인터넷에서 데이터 전송의 책임은 TCP에 있다. IP는 여러 LAN을 통과하여 목적지까지 데이터를 전달하는 일만으로도 빠듯하다. TCP는 IP를 도와 데이터를 접수하고, 빠진 데이터는 없는지 확인하여 문제가 있다면 송신 측 TCP에 연락하여 데이터를 다시 보내달라고 요청한다.

02 | 컴퓨터 네트워크의 기초

1 통신의 분류

1절에서는 네트워크를 통신 거리에 따라 LAN, MAN, WAN, PAN, NFC로 나누었다. 이외에도 다양한 방식으로 네트워크를 분류할 수 있다.

통신 방향에 따른 분류

통신이 이루어지는 방향에 따라 단방향 통신, 반양방향 통신, 양방향 통신으로 나눌 수 있다. **단방향 통신**simplex은 통신이 한쪽으로만 이루어지는 방식이다. 모스 부호 전신, 라디오나 TV와 같은 방송 시스템이 단방향 통신에 해당한다. **양방향 통신**duplex 또는 full-duplex의 경우 통신이 양쪽에서 동시에 이루어지는 방식이다. 전화와 인터넷을 비롯한 대부분의 통신이 양방향 통신에 해당한다. 단방향 통신과 양방향 통신의 중간 형태로 반양방향 통신이 있다. **반양방향**half-duplex 통신은 양쪽으로 통신할 수 있지만 특정한 순간에는 한 방향으로만 통신할 수 있다. 무전기가 대표적인 반양방향 통신이다. 무전기는 양방향으로 사람의 음성을 전송할 수 있지만 양쪽이 동시에 말할 수는 없다.

표 11-3 통신 방향에 따른 네트워크의 분류

구분	설명	예
단방향 통신	한쪽으로만 통신 가능	모스 부호, 방송
양방향 통신	양쪽으로 동시에 통신 가능	대부분의 통신 시스템
반양반향 통신	양방향 통신이지만 어느 한순간에는 단방향	무전기

통신 대상에 따른 분류

컴퓨터 네트워크는 말 그대로 통신기기들이 그물망 형태로 연결된 구조이며 다수가 다수에게many-to-many 데이터를 전송할 수 있다. 이를 네트워크 구조 또는 메시mesh구조라 부른다. 네트워크에서 통신이 이루어질 때 통신 대상에 따라 네트워크를 분류할 수 있다.

유니캐스트unicast는 일대일one-to-one 또는 point-to-point 통신을 가리키며 가장 일반적인 통신 방식이다. 유니캐스트에서는 통신을 보내는 쪽과 받는 쪽이 각각 한 대씩 연결된다. 대표적으로 유선 전화와 웹 시스템이 있다. 웹 페이지를 본다는 것은 서비스를 요청하는 클라이언트와 요청을 처리하는 서버가 일대일 통신한다는 의미이다.

브로드캐스트와 멀티캐스트는 일대다one-to-many 통신 방식이다. **브로드캐스트**broadcast는 방송을 가리킨다. 방송 시스템에서는 송신자가 신호를 보내면 불특정 다수가 동시에 수신한다. 방송 시스템에서 송신자는 수신자를 지정할 수 없다. **멀티캐스트**multicast는 일대다 통신 방식이지만, 송신자를 특정할 수 있다는 점이 브로드캐스트와 다르다. 대표적인 예로 그룹 화상회의가 있다. 집단 화상회의에서 여러 대상자 중에서 회의 대상자를 지정하여 신호를 보냄으로써 회의가 진행된다.

표 11-4 통신 대상에 따른 네트워크의 분류

구분	유니캐스트	브로드캐스트	멀티캐스트
설명	일대일 연결	보내는 기기 한 대와 불특정 다수를 연결	보내는 기기 한 대와 받는 기기 여러 대를 연결
예	전화	방송	집단 화상회의
형태	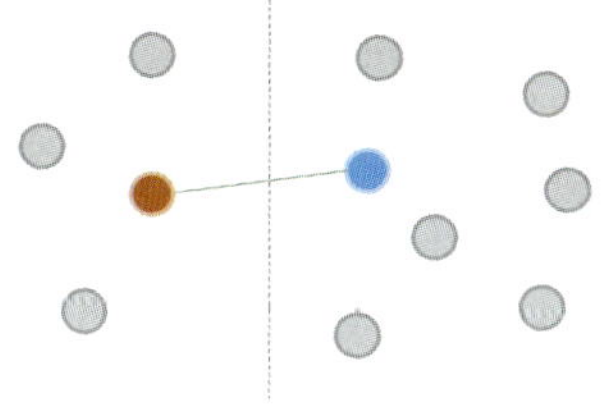	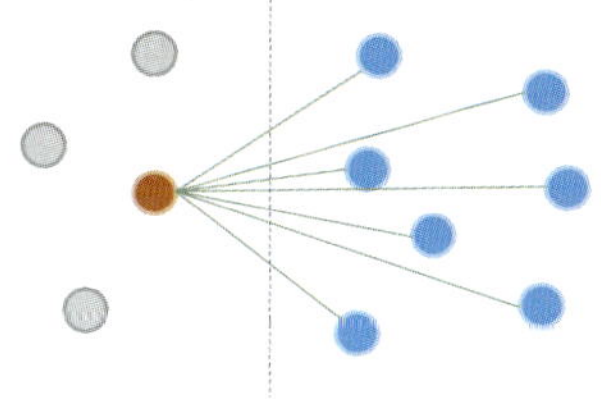	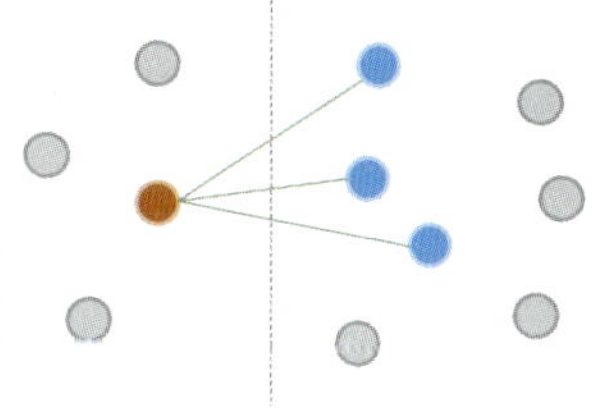

2 계층 모델

네트워크의 발전과정에서 살펴보았듯이 LAN이 보급된 이후에 LAN들을 연결하는 인터넷이 개발되었다. 따라서 네트워크는 좁은 지역을 연결하는 LAN과 여러 LAN을 연결하여 하나의 네트워크를 구성한 인터넷, 2개의 **계층**layer으로 나눌 수 있다.

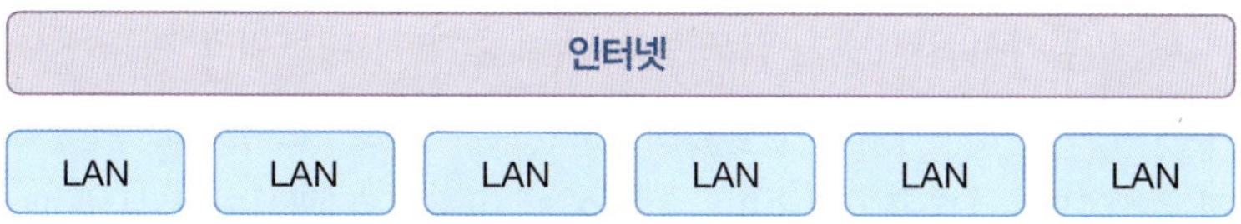

그림 11-10 LAN 계층과 인터넷 계층

앞서 네트워크를 구성하기 위해서는 통신 연결과 프로토콜이 필요하다고 했다. 따라서 LAN 계층은 통신기기를 물리적으로 연결하는 계층과 흐름을 제어하고 오류를 처리하는 프로토콜이 있는 계층의 두 부분으로 나눌 수 있다. 인터넷 역시 연결된 LAN들 사이에서 데이터를 전송하는 계층과 흐름을 제어하고 오류를 처리하는 계층으로 나눌 수 있다. 웹 브라우저나 채팅 프로그램과 같이 네트워크를 사용하는 응용 프로그램까지 고려하면 전체 네트워크는 다섯 계층으로 나뉜다.

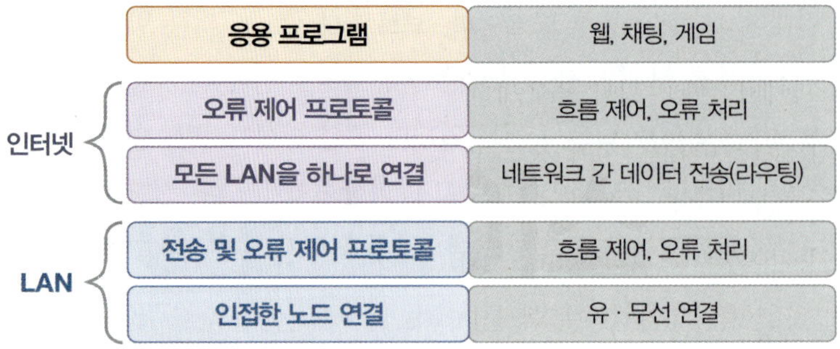

그림 11-11 **네트워크 통신의 다섯 계층**

지금의 인터넷은 한 번에 만들어진 것이 아니라, LAN부터 발전하여 통합되었기 때문에 이러한 계층이 만들어졌다. 다섯 계층은 서로 연관되어 있으며 일반적으로 다음과 같은 이름을 붙인다. 맨 밑에서부터 1번은 물리 계층Physical layer, 2번은 데이터 링크 계층Data link layer, 3번은 네트워크 계층Network layer, 4번은 전송 계층Transport layer, 5번은 응용 계층Application layer이라 부른다.

각 계층의 역할

네트워크의 다섯 계층은 비슷한 역할을 하는 단계를 하나로 묶은 것이다. 각 계층의 역할과 특징은 다음과 같다.

- **물리 계층**: LAN에서 통신기기의 연결을 담당하는 계층이다. 따라서 인접한 노드를 유선 또는 무선으로 연결하는 역할이다.
- **데이터 링크 계층**: 인접한 기기 간에 오류 없이 데이터를 전송하기 위한 계층이다. 데이터 링크 계층에서는 얼마나 빠른 속도로 데이터를 보내고 받을 것인지 결정하고, 받은 데이터에 오류가 없는지를 살펴본다. LAN에서 물리 계층을 통하여 데이터를 주고받을 때 데이터 링크 계층에서 데이터를 제어함으로써 인접한 기기 간의 통신이 이루어진다.
- **네트워크 계층**: 여러 LAN을 하나로 묶어서 인터넷을 만드는 핵심 계층이다. 네트워크 계층은 여러 LAN을 지나 출발지로부터 목적지까지 데이터를 전송한다. 네트워크 계층에는 속하는 다양한 프로토콜이 있는데, 그중 가장 중요한 프로토콜이 IP이다. 한국에서 미국으로 데이터를 보낼 때, 일본을 거쳐서 미국에 갈 수도 있고, 중국을 거쳐서 미국에 갈 수도 있다. 네트워크 계층은 어떤 경로route를 통하여 데이터를 보낼지를 결정한다. 이를 경로 배정 혹은 라우팅routing이라 부르는데, 네트워크 계층의 가장 중요한 역할은 라우팅이다.
- **전송 계층**: 네트워크 계층에서 목적지까지 데이터를 보내주기는 하지만 확실히 도착한다는 보장이 없다. 서로 다른 LAN을 묶어서 인터넷을 만들었기 때문에 데이터가 중간에서 사라지기도 하고 원래 크기에서 잘려나가기도 한다. 이러한 오류를 전송 계층에서 보정한다. 전송 계층은 받은 데이터를 검사하여 오류가 있는지를 살펴본다. 다시 말해 인터넷에서 오류 없는 데이터 전송을

담당한다. 전송 계층에 있는 유명한 프로토콜이 TCP이다. 데이터 링크 계층이 사용하는 제어와 오류 처리 방식이 전송 계층에서도 사용된다. 또한 전송 계층은 상위의 응용 프로그램이 인터넷을 사용할 수 있도록 인터페이스를 제공하며, 연결 설정과 해제를 지원한다.

- **응용 계층**: 인터넷을 사용하는 각종 응용 프로그램이 위치하는 계층이다. 응용 계층의 가장 유명한 프로토콜로 웹 페이지를 방문할 때 사용하는 HTTP가 있다. 웹 브라우저를 사용하여 특정 웹 페이지를 방문한다는 것은 응용 계층의 HTTP가 전송 계층의 TCP가 제공하는 인터페이스를 사용하여 서버에 있는 홈페이지의 데이터를 가져오는 것이다.

각 계층은 자신보다 상위 계층의 작업을 알지 못한다. 따라서 개념적으로 보면 각 계층은 같은 계층끼리만 통신한다. 국가 간 중요 논의를 할 때 한쪽 국가의 대통령이 다른 쪽 국가의 말단 직원과 회담하지 않는 것과 같다. 예를 들어 전송 계층에 도착한 데이터가 잘못되었을 경우 재전송을 요청하면 보내는 쪽의 전송 계층이 데이터를 다시 보낸다. 전송 계층 이하의 계층에서는 지금 보내는 데이터가 다시 전송하는 데이터인지 새로운 데이터인지를 알지 못한다. 이와 같이 각 계층은 독립적이다.

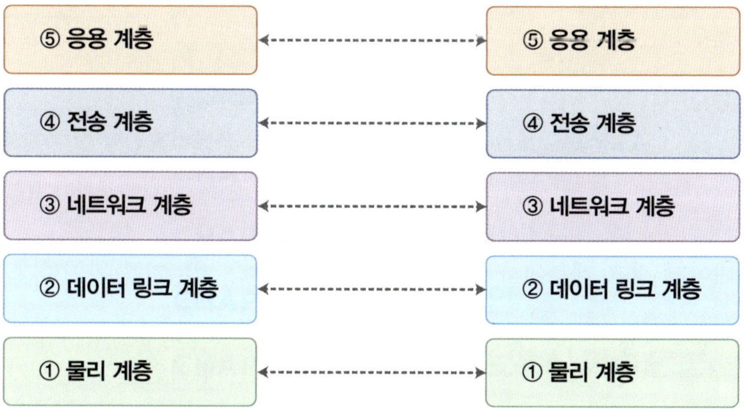

그림 11-12 계층 모델에서 각 계층의 독립성

헤더

통신 기기 A에 있는 응용 프로그램이 인터넷을 통하여 통신 기기 B에 있는 응용 프로그램에 데이터를 보낸다고 가정하자. 가장 먼저 기기 A의 응용 프로그램은 데이터를 전송 계층에 보낸다. 전송 계층은 전달받은 데이터에 추가적인 정보를 삽입해야 한다. 예를 들어 기기 B에 있는 여러 개의 응용 프로그램 중 누구에게 데이터를 보낼 것인지, 보내는 데이터의 크기가 얼마인지와 같은 내용을 기입한다. 또한 데이터의 크기가 큰 경우, 한 번에 보낼 수 있는 크기로 잘라서 순서를 적기도 한다. 이렇게 데이터 전송을 위해 추가되는 자료구조를 **헤더**header라 부른다. 마치 전송할 물건을 포장하고 겉면에 물건에 대한 설명을 기입하는 것과 같다. 전송 계층은 데이터에 헤더를 붙인 후 네트워크 계층으로 내려보낸다.

네트워크 계층은 전송 계층으로부터 받은 데이터에 헤더를 또 붙인다. 받는 쪽의 IP 주소와 보내는 쪽의 IP 주소를 헤더에 기록해야 목적지까지 데이터를 전송하고 작업의 결과를 받을 수 있다. 마치 포장된 물건을 택배 상자에 담고 겉면에 보내는 사람 주소와 받는 사람 주소를 적는 것과 같다. 이렇게 이중으로 포장한 데이터(헤더를 붙인 데이터)를 데이터 링크 계층으로 내려보낸다.

데이터 링크 계층도 헤더를 붙인다. 택배를 상자째 새 상자에 담는 것과 같다. 이렇게 만들어진 데이터를 물리 계층으로 보내고 물리 계층에서는 헤더가 붙은 데이터를 통신 기기 B에게 전송한다.

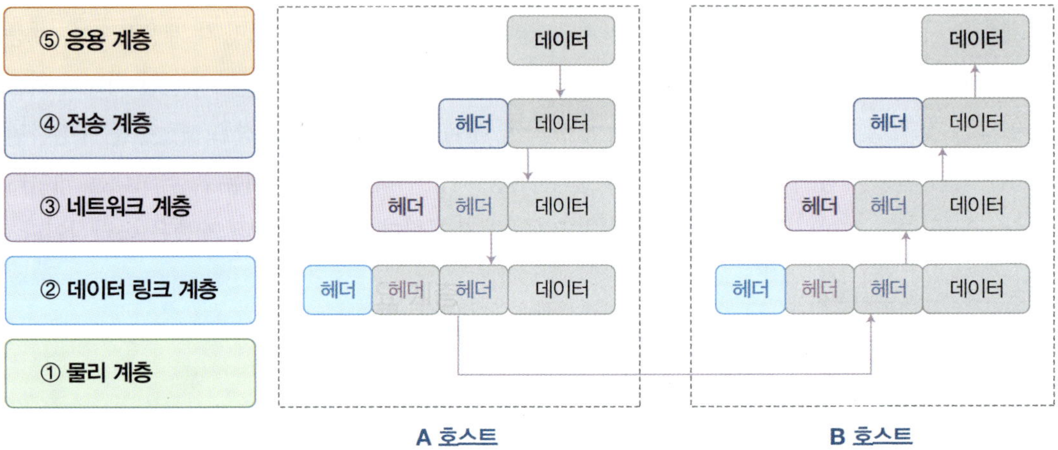

그림 11-13 계층과 헤더의 관계

데이터를 전달받은 기기 B는 데이터 링크 계층에서 헤더를 참조하여 오류가 없는지를 확인한다. 전달받은 데이터에 문제가 없으면 데이터 링크 헤더를 떼고 나머지를 네트워크 계층으로 올려보낸다. 네트워크 계층에서는 IP 주소를 확인하여 올바른 통신기기로 전달되었는지 확인한다. 문제가 없다면 네트워크 헤더를 떼고 데이터를 전송 계층으로 올려보낸다. 전송 계층에서는 데이터의 크기가 맞는지와 보낸 데이터가 순서대로 도착했는지를 확인한다. 문제가 없다면 전송 계층 헤더를 떼고 데이터만 응용 계층으로 올려보낸다.

보내는 쪽의 각 계층에서 데이터에 헤더를 붙이면 하나의 데이터 단위가 만들어진다. 네트워크 계층에서 다루는 데이터 단위를 **패킷**packet이라 부른다. 휴대폰 음성 통신 요금은 시간 요금제를 사용하는 데 비하여 데이터 통신 요금은 패킷 요금제를 사용한다. 이는 인터넷을 사용할 때 패킷 한 개에 얼마씩 요금을 부과한다는 의미이다.

OSI 7계층 모델

국제 표준화 기구International Organization for Standardization(ISO)는 다양한 분야의 표준을 개발하는 국제기구이다. ISO에서 네트워크 모델로 개발한 것이 OSI 참조 모델Open Systems Interconnection Reference Model이며, 이

를 OSI 7계층 모델이라 부른다. OSI 7계층 모델은 지금까지 설명한 계층 모델과 비슷하나, 응용 계층을 3개로 분리했다. 분리된 3개의 계층은 응용 계층, 세션 계층, 표현 계층인데, 세션 계층과 표현 계층은 다른 계층만큼 자주 사용되지 않아 5계층 모델만으로도 네트워크를 충분히 설명할 수 있다.

- **세션 계층**Session Layer: 세션이란 작업의 큰 단위를 가리킨다. 예를 들어 네이버에 로그인하여 메일을 읽는다고 가정하자. 여러분이 메일 작업을 마치고 네이버에서 빠져나올 때까지가 하나의 세션이다. 11번가에 로그인하여 물건을 구매하고 로그아웃할 때까지도 하나의 세션이다. 이러한 세션을 관리하는 것이 세션 계층의 역할이다.
- **표현 계층**Presentation Layer: 데이터 암호화가 표현 계층의 주요 역할이다. HTTP는 데이터를 암호화하지 않고 그대로 보낸다. 따라서 해커에게 정보가 노출될 가능성이 있다. 이를 방지하기 위하여 암호화를 지원하는 HTTP가 HTTPS이다. HTTPS의 규격이 표현 계층에 존재한다.

TCP/IP 모델

네트워크의 계층 모델 중 현재 가장 많이 사용되는 것은 TCP/IP 모델이다. 인터넷의 주요 프로토콜인 TCP와 IP를 중심으로 아래에는 LAN 계층이 있고, 위로는 HTTP나 FTP가 있다. TCP 계층과 IP 계층에는 TCP와 IP 이외에도 인터넷을 구축하는 데 필요한 여러 프로토콜이 있다.

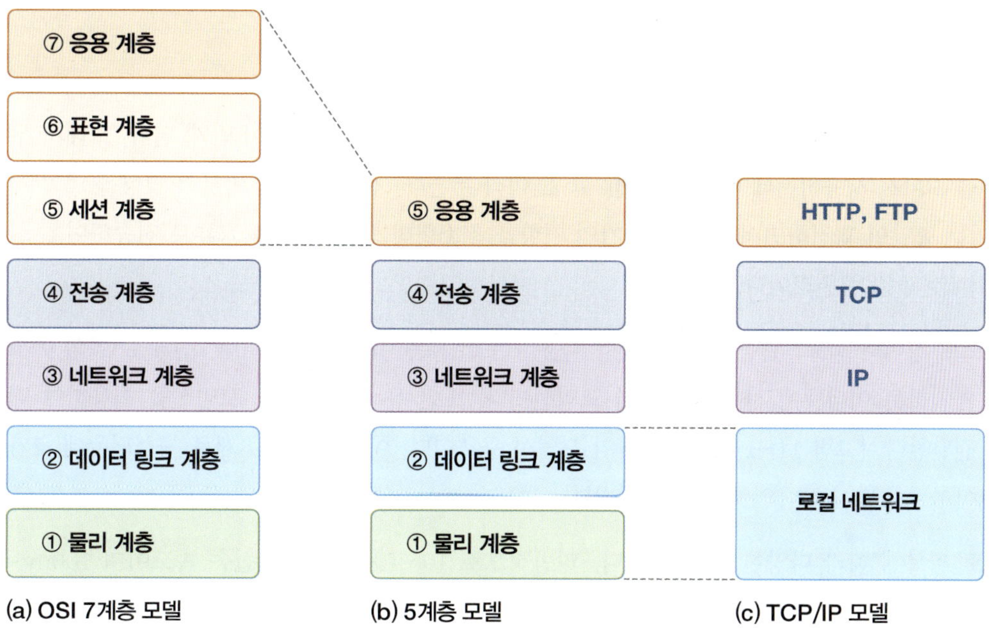

그림 11-14 세 가지 계층 모델 비교

03 | 네트워크 계층 모델의 주요 계층

1 물리 계층

5계층 모델의 1번인 물리 계층은 인접해 있는 기기 간 데이터 전송을 담당한다. 전송 매체transmission media는 신호를 한쪽에서 다른 쪽으로 전달하는데 사용되는 물질을 가리킨다. 전송 매체는 크게 유선 전송매체와 무선 전송매체로 구분된다. 무선 신호의 전송 매체는 공기이다. 사람이 대화할 때 성대에서 만들어진 파동(음성 신호)이 공기를 통하여 상대방의 귀로 전달된다. 한편 유선 전송 매체인 **통신선**communication line에는 다양한 종류가 있다. 통신선으로 가장 많이 사용되는 것은 구리선이고, 최근에는 구리선보다 가벼우면서 많은 양의 데이터를 전송하는 광섬유도 사용한다.

통신선은 외부의 영향을 덜 받으면서도 최대한 멀리까지 신호를 전송해야 한다. 통신선이 길어질수록 신호의 세기는 감소한다. 전선 자체의 저항 때문에 멀리 갈수록 신호가 점점 줄어들기 때문이다. 또한 통신선을 흐르는 신호는 외부의 힘에 간섭을 받는다. 통신선 주변의 강한 전기나 자력이 신호를 변형할 수 있다. 따라서 통신선은 얼마나 신호 감소가 적고 외부 간섭에 강한지가 중요하다.

꼬임선

전선이나 스피커 선과 같이 선을 평행하게 배치하면 외부로부터 간섭을 많이 받게 된다. 그래서 두 개의 선을 꼬아서 사용하는데 이를 **꼬임선**twisted pair이라 부른다. 전선을 꼬면 외부의 영향을 덜 받게 된다. 이는 총알이 회전하면서 날아가 공기의 저항을 최소화하거나, 전기를 교류로 전송하여 손실을 줄이는 것과 같은 원리이다.

일반적으로 집이나 학교, 관공서, 회사에서 사용하는 LAN은 이더넷ethernet이다. 전체 LAN의 95% 이상을 차지하는 이더넷에 사용하는 선이 꼬임선이다. 또한 유선 전화기도 꼬임선을 이용하여 데이터를 전달한다. [그림 11-15]는 이더넷의 꼬임선 구조이다. 이더넷 선은 8개로 구성되는데, 2가닥씩 꼬아서 총 4쌍이 하나의 이더넷 선이 된다.

꼬임선도 피복에 따라 다양한 종류가 있다. 일반적으로 10~100Mbps의 전송 속도이며 100m~1km까지 연결한다. 1Gbps 속도로 데이터를 전송하는 꼬임선도 개발되었다. 꼬임선은 다음으로 설명할 다른 통신선에 비하여 외부 영향에 취약하다. 또한 도청이 쉽다는 것도 단점이다.

(a) 꼬임선의 구조

(b) 이더넷 단자

그림 11-15 꼬임선

동축선

동축선coaxial cable에는 +와 −를 담당하는 두 개의 선이 같은 축으로 묶여 있다. 그래서 이름이 동축선이다. [그림 11-16]과 같이 중앙에 구리선이 있고 이를 내부 피복으로 감싼 구조이다. 그리고 외부 구리선이 내부 피복 주변을 그물망처럼 감싸고, 외부 피복이 가장 바깥쪽에서 모든 선을 감싼다. 동축선은 TV의 안테나를 연결하거나 케이블 TV를 설치할 때 볼 수 있다. 동축선의 연결 단자인 BNC 단자는 중앙의 구리선이 삐져나온 독특한 구조이다. 단자를 연결하거나 분리할 때는 나사를 돌리듯이 회전시켜야 한다.

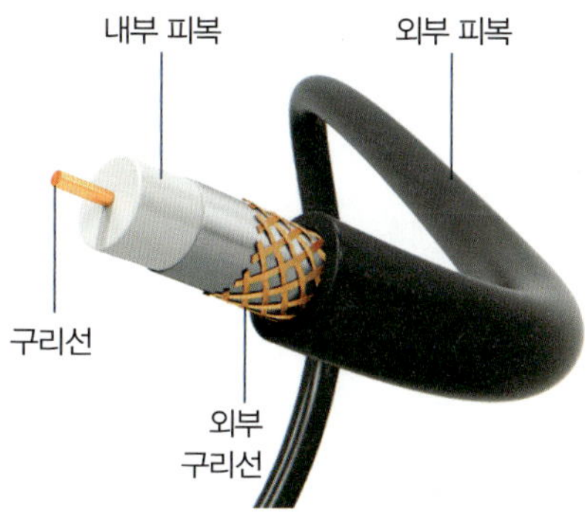

(a) 동축선의 구조

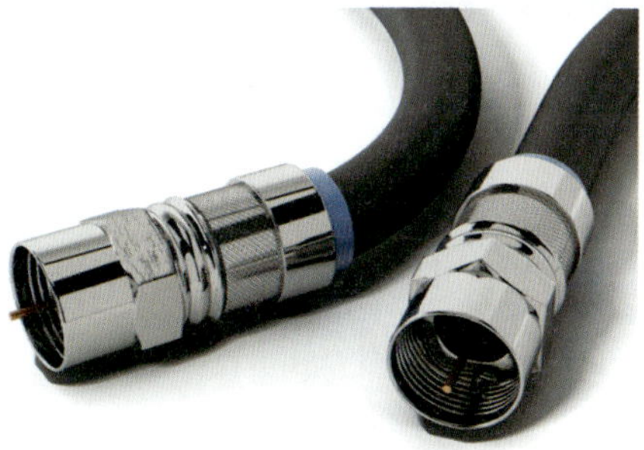

(b) BNC 단자

그림 11-16 동축선

꼬임선과 비교하여 동축선은 구조가 복잡하여 만들기 어렵고, 값이 비싸며, 선이 두껍고 무겁다는 단점이 있다. 그러나 외부 구리선이 안쪽의 구리선을 보호하는 형태이기 때문에 꼬임선보다 외부 영향에 강하고 더 멀리까지 데이터를 보낼 수 있다. 케이블 TV의 경우 동축선 하나로 수백 개의 방송을 수신하면서 인터넷과 연결한다. 동축선은 10Mbps~1Gbps의 속도로 1~10km까지 데이터를 전송한다.

광섬유

광섬유optical fiber는 머리카락보다 가느다란 선에 빛을 이용하여 데이터를 전송하는 유선 매체이다.

광섬유 선 하나가 수 기가바이트의 데이터를 수백 킬로미터까지 전송할 수 있다. 가볍고 작은 선으로도 멀리까지 데이터를 전송할 수 있어 국가 간의 데이터 전송이나 해저 케이블에 광섬유가 사용된다. 요즘 TV나 인터넷 서비스를 신청하면 광섬유를 사용하여 연결한다.

광섬유는 빛을 이용하기 때문에 도청이 어렵다. 구리를 이용하는 꼬임선이나 동축선은 중간에 선을 이어 붙이면 신호를 가로챌 수 있다. 그러나 광섬유는 빛의 굴절을 이용하므로 중간에 다른 광섬유를 이어 붙이기 어렵기 때문에 도청이 어렵다.

광섬유의 단면은 [그림 11-17]과 같이 유리 코어와 유리 코어를 감싸는 유리 피복, 외부 피복으로 이루어져 있다. 광섬유는 유리 코어가 끝에서 끝까지 매끈하게 하나로 이어져 있어야 통신할 수 있는 구조이다. 따라서 생산 단가가 비싸고 선을 연결하는 비용이 많이 든다는 단점이 있다.

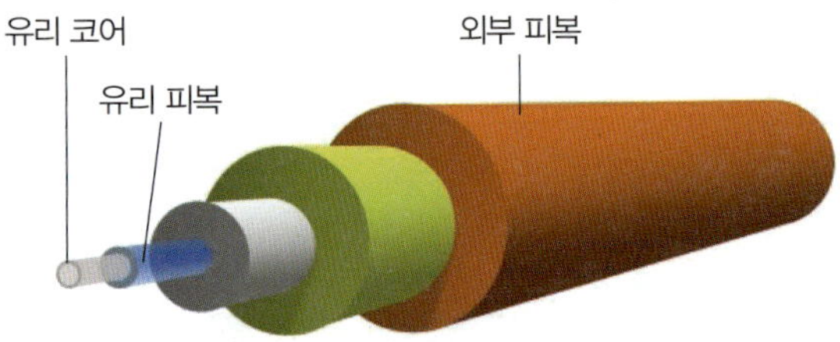

(a) 광섬유의 구조

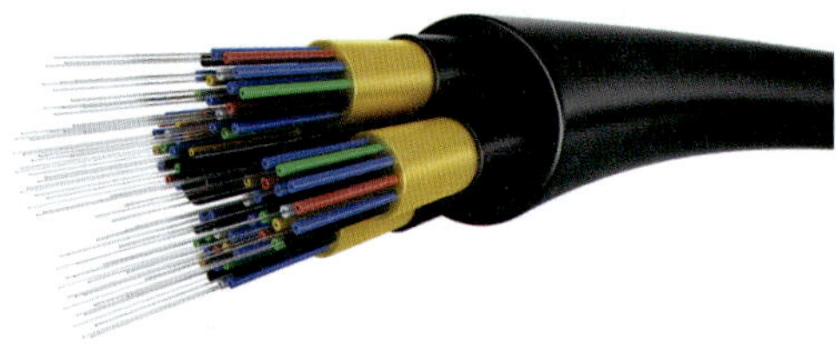

(b) 광섬유 케이블

그림 11-17 광섬유

[표 11-5]는 주요 통신선을 비교한 표이다. 다만 표의 전송 속도와 전송 거리는 절대적인 값이 아닌 일반적인 비교이고, 예외가 있을 수 있다. 예를 들어 동축선보다 높은 대역폭을 전송할 수 있는 꼬임선도 개발되었다.

표 11-5 주요 통신선 비교

선	대역폭	전송 거리	외부 간섭에 강한 정도	도청
꼬임선	10~100Mbps	100m~1km	약함	가능
동축선	10Mbps~1Gbps	1~10km	꼬임선보다 강하고 광섬유보다 약함	가능
광섬유	2~200Gbps	10~100km	강함	불가능

2 데이터 링크 계층

5계층 모델의 2번인 데이터 링크 계층은 LAN에 있는 인접한 노드 간 데이터 전송에 오류가 없도록 처리한다. 물리 계층의 유·무선 전송 매체에서 외부 잡음에 의해 신호가 왜곡되거나 사라질 수 있다. 따라서 송신 측의 데이터 링크 계층은 같은 LAN에 속한 노드에 오류 없이 데이터를 송신하도록 흐름을 제어하고 오류를 처리한다.

송신 측의 데이터 링크 계층은 네트워크 계층이 보내온 패킷에 데이터 링크 계층이 사용하는 헤더를 붙인다. 이렇게 만들어진 데이터 단위를 **프레임**frame이라 부른다. 따라서 프레임은 '데이터 링크 헤더 + 패킷'의 형태이다. LAN을 넘어서 데이터를 전송하는 일은 IP가 속한 네트워크 계층이 담당한다. 따라서 수신 측의 데이터 링크 계층은 네트워크 계층에서 내려온 패킷을 LAN 안에 있는 특정 호스트까지 전달하는 역할을 한다.

2.1 IP 주소와 MAC 주소

영희에게 전화를 걸려면 전화번호가 필요하고, 철수에게 편지를 보내려면 주소가 필요하다. 마찬가지로 LAN에서 기기 간 통신을 하려면 주소가 필요하다. 데이터 링크 계층에서 사용하는 주소는 MACMedia Access Control 주소 혹은 물리적 주소라고 하는데, 제조사에서 통신 기기에 부여하는 고유한 주소이다. 인터넷에서 사용하는 주소를 IP 주소IP address라고 한다. 따라서 인터넷을 사용하는 모든 통신 기기는 MAC 주소와 IP 주소를 가지고 있다. 데이터가 LAN 안에서만 움직일 때는 MAC 주소를 사용하고, LAN을 빠져나와 인터넷을 돌아다닐 때는 IP 주소를 사용한다. 국가에서 준 ID는 주민등록번호이지만, 회원가입을 할 때는 주민등록번호 대신 휴대폰 번호로 인증하는 것과 같은 이치이다. MAC 주소는 주민등록번호처럼 한번 만들면 바꿀 수 없는 값이고, IP 주소는 상황에 따라 바뀔 수 있는 값이다.

[그림 11-18]은 윈도우 운영체제에서 IP 주소와 MAC 주소를 확인하는 화면이다. IP 주소는 4바이트로 구성되며 일반적으로 '192.168.50.153'과 같이 10진수로 표시한다. MAC 주소는 6바이트로 구성되며 '8C-EC-4B-70-B4-97'과 같이 16진수로 표시한다.

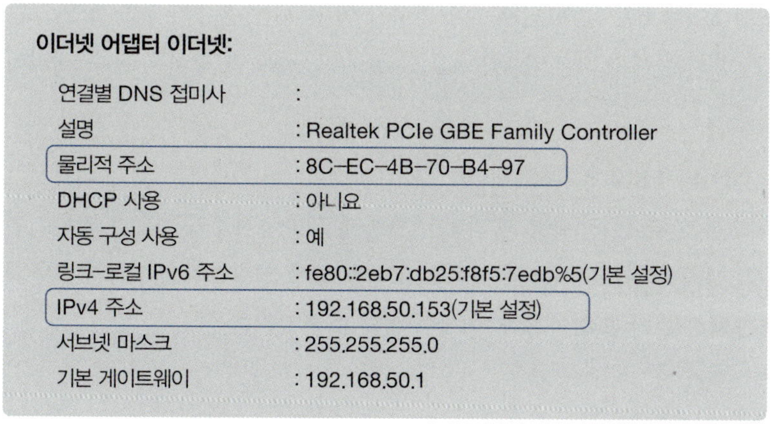

그림 11-18 IP 주소와 MAC 주소

2.2 오류 처리 코드

네트워크를 통해 전달된 데이터가 원래의 데이터와 같은지 어떻게 알 수 있을까? 전달된 데이터의 크기가 원본과 같다고 할지라도 데이터 일부가 0이 1로, 1이 0으로 바뀌었을 수도 있다. 이렇게 특정 비트의 값이 변하는 것을 단일 오류single-bit error라 부른다. 더 큰 문제는 데이터가 연속적으로 변하는 것이다. 이를 연속 오류burst error라 부른다.

오류가 한 개 발생했든지 여러 개 발생했든지 수신 측에서는 오류가 발생했다는 사실을 알아야 한다. 그래야 오류가 난 프레임을 버리고 송신 측에 재전송을 요청할 수 있다. 오류를 찾을 때 사용하는 코드를 **오류 탐색 코드**error detection code 또는 **오류 검출 코드**라 부른다. 오류 탐색 코드의 종류로는 패리티 비트, CRC 코드, 체크섬checksum이 있다.

오류 보정 코드error corection code는 오류를 찾을 뿐만 아니라 원래의 값으로 보정하는 코드이다. 오류 보정 코드로 허밍 코드humming code가 대표적이다. 오류 보정을 위해서는 추가 데이터(오버헤드)가 많이 필요하다. 따라서 오류 탐색 코드보다 오버헤드가 큰 오류 보정 코드는 특별한 경우에만 사용한다.

표 11-6 오류 처리 코드

방식	종류	설명
오류 탐색 코드	패리티 비트, 체크섬, CRC 코드	오류를 찾는다.
오류 보정 코드	허밍 코드	오류를 찾고 보정한다. 오버헤드가 크다.

패리티 비트

가장 간단한 오류 탐색 코드는 **패리티 비트**parity bit이다. 패리티 비트 방식은 보내려는 데이터에 1비트를 추가한다. 추가된 비트에 `1`이나 `0`을 넣어 전체 1의 개수가 짝수 혹은 홀수가 되도록 만드는 방식이다. 1의 개수가 짝수인 방식은 짝수 패리티 비트even parity bit이고, 홀수인 방식은 홀수 패리티 비트odd parity bit이다.

[그림 11-19]에서 보내려는 데이터 `1110`에 1이 3개이다. 짝수 패리트 비트에서는 추가 비트로 `1`을 넣어 1의 개수가 4개가 되도록 한다. 수신 측은 패리티 비트까지 포함하여 1의 개수가 짝수이면 오류가 없다고 판단한다. 홀수 패리티 비트에서는 추가 비트로 `0`을 넣어 전체 1의 개수가 3개가 되도록 하여 보내고, 수신 측은 1의 개수가 홀수인 경우 이상이 없다고 생각한다.

그림 11-19 패리티 비트

패리티 비트 방식은 간단하지만, 연속 오류에 취약하다. 패리티 비트에서 오류가 짝수 개 발생하면 오류를 찾지 못한다. [그림 11-20]의 오른쪽과 같이 보내려는 데이터 중 두 개가 동시에 바뀐 경우를 보자. 짝수 패리티 비트에서는 1의 개수가 여전히 짝수이고, 홀수 패리티 비트에서는 1의 개수가 여전히 홀수이다. 따라서 패리티 비트는 오류가 짝수 개일 때 오류를 찾지 못한다.

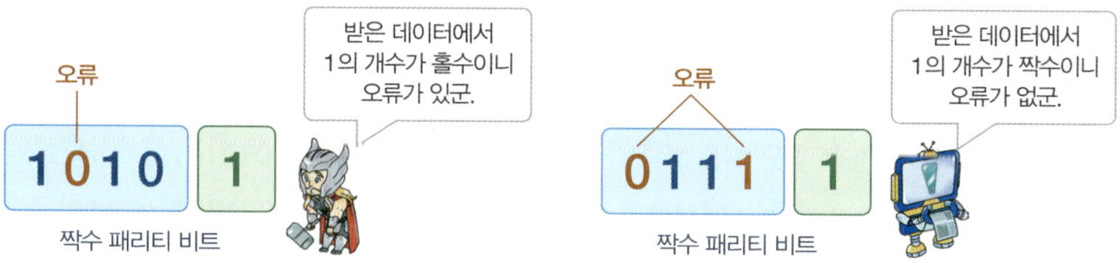

그림 11-20 짝수 패리티 비트 방식에서 오류가 발생하는 경우

네트워크에서 오류가 발생했다면 연달아 데이터가 바뀌는 연속 오류일 가능성이 높다. 따라서 패리티 비트가 짝수 개의 오류를 찾을 수 없다는 것은 치명적인 단점이다. 일반적으로 패리티 비트는 1비트를 추가할 때마다 1개의 오류를 더 찾을 수 있다.

CRC 코드

CRC 코드는 패리티 코드보다 강력한 오류 탐색 코드이다. **CRC 코드**Cyclic Redundancy Checks code는 적은 오버헤드로도 많은 오류를 찾을 수 있어 현재 가장 많이 사용된다.

CRC 코드의 작동원리는 간단하다. 보내는 쪽과 받는 쪽에서 똑같은 CRC 코드 값을 알고 있다. 보내는 쪽에서는 데이터에 숫자를 추가하여 보내는데, 숫자를 추가한 데이터를 CRC 코드 값으로 나누었을 때 0이 되도록 한다. [그림 11-21]에서는 CRC 코드가 9이다. 보내려는 데이터는 12이고, 여기에 CRC 계산을 위하여 한자리를 추가한다. 추가된 1의 자리에 9로 나누었을 때 나머지가 0이 되는 126을 전송한다. 받는 쪽에서 오류를 찾는 방법은 단순하다. 받은 데이터를 서로 알고 있는 CRC 코드인 9로 나누어 0이 되는지만 확인하면 된다. 오류 없이 126이 그대로 도착했다면 126 ÷ 9의 나머지는 0이므로 오류가 없다. 만약 오류로 129가 도착했다면 129 ÷ 9는 나머지가 3

이므로 오류이다.

그림 11-21 CRC 코드

체크섬

체크섬checksum 혹은 **검사합** 방식은 CRC보다 좀 더 간단한 오류 탐색 방식이다. CRC 코드 방식은 나눗셈을 사용하는 반면 체크섬 방식은 덧셈을 사용한다. 체크섬 방식에서는 보내려는 데이터를 일정 크기로 자르고 이를 모두 더하여 오류 탐색 코드를 만든다.

[그림 11-22]는 체크섬의 연산 과정이다. 보내려는 데이터가 0111011010010101이고 4비트씩 자르기로 정했다. 보내려는 데이터를 뒤에서부터 4비트씩 자르면 0111, 0110, 1001, 0101의 4개의 덩어리가 만들어진다. 이렇게 만들어진 비트 덩어리를 1의 보수 방식으로 표현되었다고 생각하고 모두 더한다. 1의 보수 방식에서 첫 번째 비트는 부호를 나타내고 나머지 3비트는 숫자를 나타내므로 십진수로 변환하면 0111은 7, 0110은 6, 1001은 −1, 0101은 5이다. 비트 덩어리를 더할 때는 부호에 주의해야 한다. 1의 보수 방식에서 1001은 음수이므로 1001을 더하지 않고 부호를 제외한 001을 뺀다. 이렇게 네 덩어리를 모두 더하면 10001이 만들어진다.

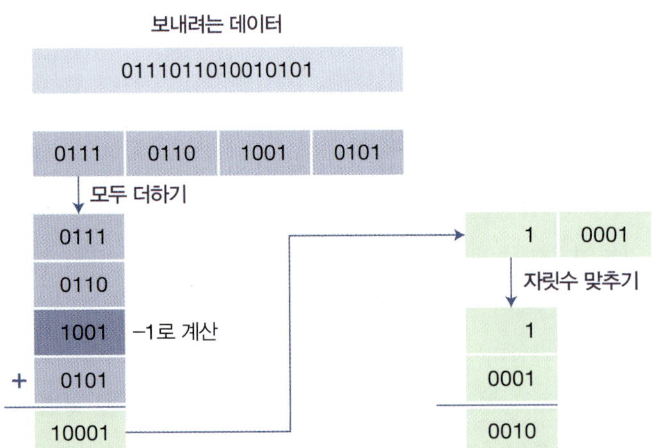

그림 11-22 체크섬의 연산 과정

체크섬 방식에서 4비트씩 잘라 더한 결과가 10001처럼 4비트보다 클 수 있다. 이때 결과를 다시 잘라서 4비트로 맞춰야 한다. 덧셈 결과를 다시 뒤에서부터 4비트씩 자른 후 더하여(0001 + 0001) 4비트가 되도록 자릿수를 맞춘다. 그 결과 체크섬 코드 값으로 0010을 얻고 이것을 데이터와 함께 전달한다. 받는 쪽에서도 같은 과정으로 연산하여 결과가 0010이 나오면 오류가 없는 것으로 간주한다.

CRC 방식은 나눗셈 연산 때문에 회로가 복잡해진다. 반면 체크섬 방식은 일정 크기로 잘라 1의 보수의 덧셈만 하기 때문에 회로가 단순해지고 연산이 빠르다는 장점이 있다. 인터넷 프로토콜인 IP나 TCP는 체크섬 방식으로 오류를 검출한다. 그래서 체크섬을 인터넷 체크섬internet checksum이라고도 부른다.

패리티 비트와 CRC 코드 비교

CRC 코드가 강력한 이유는 적은 오버헤드로 많은 수의 오류를 찾을 수 있기 때문이다. 앞서 [그림 11-21]에서처럼 CRC 코드가 9인 경우, 9로 나누어 나머지가 0이 아닌 모든 수가 오류이므로 찾을 수 있는 오류의 개수는 8개이다.

오류 보정을 위하여 8비트를 추가하는 경우를 생각해보자. 패리티 비트는 추가하는 비트 1개당 1개의 오류를 찾을 수 있으므로 많아야 8개의 오류를 찾을 수 있다. 그런데 CRC 코드에서 2^8, 즉 256을 CRC 코드 값으로 사용한다면 00000000부터 11111111까지의 8비트 2진수 중에서 00000000을 제외한 나머지가 오류이다. 따라서 추가되는 8비트로 찾을 수 있는 오류의 개수는 $2^8 - 1$인 255개이다.

8비트의 두 배인 16비트를 추가하는 경우 패리티 비트로는 오류 16개를 찾을 수 있지만, CRC의 경우 $2^{16} - 1$인 65,535개를 찾을 수 있다. 데이터에 단 2바이트를 추가하는 것으로 6만 개 이상의 오류를 찾을 수 있다. 이를 일반화하면 오류 탐색을 위해 k비트를 추가할 때 패리티 비트는 오류를 k개 찾을 수 있지만 CRC 코드는 오류를 $2^k - 1$개 찾을 수 있다.

CRC 코드 값은 표준으로 정해져 있으며 CRC-16, CRC-32, CRC-64 등이 사용된다. CRC-16이란 오류를 검출하기 위해 추가하는 비트가 16비트라는 의미이다. 따라서 CRC-32는 32비트, CRC-64는 64비트를 추가한다.

CRC 코드는 통신 이외에도 다양한 곳에서 사용된다. 동영상 포맷인 MPEG-2나 그림 파일인 PNG의 헤더에도 CRC-32가 사용된다. 만약 이러한 파일에 이상이 있는 경우 운영체제가 오류 메시지를 보여준다. 마찬가지로 PKZIP과 같은 압축 파일이 깨진 경우에도 CRC 코드 오류 메시지가 나타난다.

CRC 코드와 체크섬 비교

CRC와 체크섬을 비교해보자. 오류 탐색을 위해 추가되는 비트가 16비트일 경우, CRC와 체크섬이 찾을 수 있는 오류의 개수가 같아 보인다. CRC의 경우 16비트로 나눈 나머지가 0이 아니면 모두 오류이기 때문에 찾을 수 있는 오류의 개수는 $2^{16}-1$개이다. 체크섬도 모든 데이터를 더한 값이 체크섬 코드와 다를 때 오류이기 때문에 찾을 수 있는 오류의 개수가 $2^{16}-1$개처럼 보인다.

그러나 체크섬의 특성상 특정 블록의 변형된 값이 다른 블록의 변형된 값과 상쇄되면 오류를 찾을 수 없다. 다시 말해 변형되어 우연히 합이 같게 된 경우 오류를 찾을 수 없다. 예를 들어 각 덩어리가 10진수로 7, 6, −1, 5인 데이터에 오류가 생겨 5, 7, −2, 7로 바뀌었다면 더한 값은 17이기 때문에 오류를 찾을 수 없다. 따라서 체크섬이 찾을 수 있는 오류의 개수는 CRC 코드보다 적다. 이러한 이유로 새로운 프로토콜을 설계할 때 CRC 방식을 선호하는 추세이다.

3 네트워크 계층

5계층 모델의 3번 네트워크 계층은 아래쪽으로 데이터 링크 계층(2번)과 물리 계층(1번)이 있고, 위로는 전송 계층(4번)이 있다. 데이터 링크 계층과 물리 계층을 하나로 묶으면 LAN이다. 앞서 TCP/IP 계층 모델에서는 TCP/IP를 기준으로 하부 계층을 LAN으로 묶었다. 이런 LAN 여러 종류를 묶은 네트워크를 인터넷이라 부른다. 네트워크 계층을 대표하는 프로토콜인 IP는 인터넷에서 여러 LAN을 지나 데이터를 전달한다. IP가 전달하는 하나의 데이터 단위를 패킷이라 부른다.

네트워크 계층의 가장 중요한 역할은 전송 계층에서 전달받은 데이터를 패킷에 넣어 목적지까지 전달하는 것이다. LAN에서 물리 계층은 유·무선 매체를 통해 인접한 노드에 데이터를 전달하는 문제를 다루었다. 데이터 링크 계층은 물리 계층에서 발생할 수 있는 오류를 보정했다. 인터넷에서도 비슷한 구조이다. IP를 사용하는 네트워크 계층은 인터넷에서 출발지부터 목적지까지 패킷을 보내는 계층이다. TCP를 사용하는 전송 계층은 네트워크 계층에서 발생할 수 있는 오류를 보정한다.

3.1 라우팅

네트워크 계층이 출발지에서 목적지까지 패킷을 전송하는 것은 화물차로 상품을 운송하는 것과 같다. 화물차가 서울에서 부산까지 간다고 생각해보자. 경부고속도로, 중부고속도로, 국도 등 여러 길 중에서 경로를 선택할 수 있다. 일반적으로 고속도로가 빠르겠지만, 언제나 고속도로가 빠른 것은 아니다. 고속도로에서 사고가 났거나 긴 정체가 있다면 국도가 더 빠를 수도 있다.

그림 11-23 빠른 경로 찾기

내비게이션을 사용하면 부산까지 가는 가장 빠른 길을 안내해준다. 그러나 운전하는 사이에 상황이 바뀔 수 있으므로 내비게이션은 주기적으로 길을 다시 탐색하여 안내한다. 네트워크 계층이 패킷을 전달할 때도 마찬가지이다. 서울에 있는 컴퓨터에서 부산에 있는 컴퓨터까지 여러 개의 패킷을 보낼 경우, 모든 패킷이 하나의 길로만 가지 않는다. 그 대신에 매 순간 가장 빠르다고 생각되는 길로 패킷이 이동한다. 어떤 길로 패킷을 보낼지를 결정하는 것이 **라우팅**routing 혹은 **경로 배정**이라 부른다. 경로를 결정하는 방법을 라우팅 알고리즘으로 정해 놓는다. 또한 인터넷에서 LAN과 LAN을 연결하는 기기를 라우터라 부른다. **라우터**router는 우리말로 경로 배정 장치인데, 패킷을 어느 쪽 네트워크로 보낼지를 결정하는 통신 장비이다.

[그림 11-24]는 라우터 ㉮, ㉯, ㉰, ㉱, ㉲, ㉳가 연결된 인터넷의 구조이다. A 호스트에서 B 호스트까지 데이터를 보낸다고 가정하자. 네트워크 계층에서 다루는 패킷의 크기는 한정되어 있다. 따라서 큰 데이터는 한 번에 보내지 못하고 0번에서 4번까지 5개의 패킷으로 나누어 보낸다.

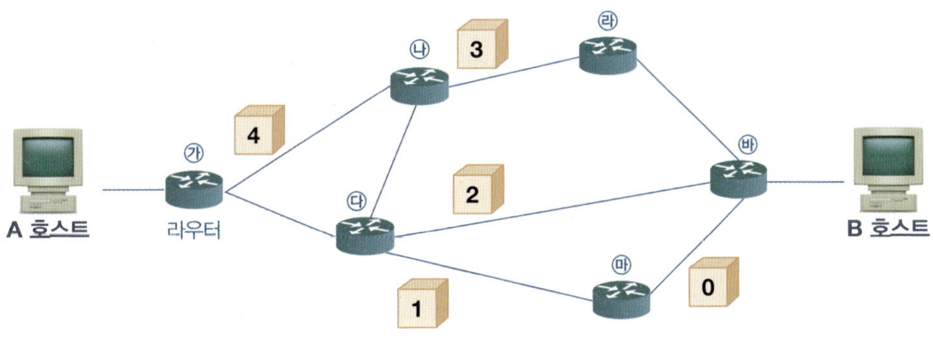

그림 11-24 인터넷과 라우팅

라우터와 네트워크 상태는 수시로 바뀐다. 1시간 전까지 잘 돌아가던 라우터가 갑자기 먹통이 될 수도 있고, 반대로 죽어 있던 라우터가 살아나기도 한다. 또한 한가하던 네트워크 선이 갑자기 폭주하여 느려지기도 하고, 느렸던 선이 한가해지기도 한다. 라우팅의 목표는 목적지까지 빠르게 데이터를 전송하는 것이다. 수시로 변하는 라우터와 네트워크 선의 상태를 고려하여 가장 빠르다고 생각되는 경로로 패킷을 전송한다. 각 라우터는 패킷을 받은 시점에 가장 빨리 보낼 수 있는 라우터에 패킷을 전달한다.

A 호스트로부터 ㉮ 라우터에 패킷이 전달되면 ㉮는 네트워크 상태에 따라 ㉯ 또는 ㉰ 라우터에 패킷을 전달한다. 그림에서 ㉮ 라우터는 0번, 1번, 2번 패킷을 ㉰ 라우터에 보낸다. 그 이후 ㉰ 보기에 연결된 통신선이 너무 붐벼서 3번과 4번 패킷은 ㉯ 라우터에 보낸다. ㉰ 라우터는 0번과 1번 패킷은 ㉲ 라우터로 보냈지만, 2번 패킷은 ㉳ 라우터로 보낸다. 이와 같이 패킷은 라우터가 보기에 가장 빠른 길로 전달된다. 다시 말해 모든 패킷이 같은 경로를 따라가는 것이 아니라 네트워크의 사정에 따라 서로 독립적으로 움직인다.

이렇다 보니 먼저 보낸 패킷이 더 늦게 도착하기도 하고, 어떤 패킷은 길을 잘못 들어 목적지에 도착하지 못한다. 그래서 IP의 특징을 'Best efforts, not guarantee'라 표현한다. 노력하지만 온전한 패킷 전송을 보장하지는 않는다는 뜻이다. 이렇게 뒤바뀌거나 사라진 패킷을 원래대로 맞추는 일을 전송 계층에 있는 TCP가 담당한다. 그래서 인터넷 통신에 IP와 TCP를 함께 사용한다.

3.2 IP

IP가 하는 일이 많기 때문에 주소 이외에도 설정할 항목이 많다. 일반적으로는 모든 항목이 자동으로 할당되기 때문에 자세한 값을 살펴볼 일이 없다. 설정 항목과 값의 의미를 이해함으로써 IP의 주요 작업을 알아보자.

[그림 11-25]의 왼쪽은 윈도우의 네트워크 설정 화면이다. [IP 설정]의 [IP 할당]이 '자동(DHCP)'으로 되어 있다. 여기서 〈편집〉 버튼을 누르면 [IP 설정 편집] 화면이 나타난다. 여기에서 [IPv4]를 '켬'으로 바꾸면 그림의 오른쪽과 같이 수동으로 IPv4 주소를 설정할 수 있다. 설정이 잘못되면 네트워크가 멈출 수 있으니 설정을 바꾸지 말고 눈으로만 확인하는 것이 좋다. 그림에서 IPv4 주소는 192.168.50.153이고, 기본으로 설정된 **DNS**domain name server 주소는 168.126.63.1이다. 참고로 IPv4는 IP 버전 4를 의미한다.

그림 11-25 네트워크 설정 화면

전화를 걸 때 상대방의 전화번호가 필요하듯이 IP를 사용하여 패킷을 전송하기 위해서는 받는 쪽의 IP 주소가 필요하다. 데이터 링크 계층에서 LAN에 속한 노드들이 사용하는 주소는 6바이트의 MAC 주소였다. LAN에서는 노드가 많아야 수백 대 정도 연결되기 때문에 다른 노드들의 MAC 주소를 전부 알 수 있었다.

인터넷을 설계할 당시에 MAC 주소를 그대로 사용하려고 보니 문제가 있었다. 인터넷에 연결되는 통신 기기는 수억 개이다. 무작위로 배정된 MAC 주소를 인터넷에서 사용하려면 통신기기가 상대방의 MAC 주소와 위치를 모두 기억하고 있어야 한다. 예를 들어 비슷한 MAC 주소가 중국, 미국, 영국, 태국에 있다면 모든 MAC 주소의 위치를 기억하고 있어야 원하는 기기와 통신할 수 있다. 수억 개에 이르는 통신 기기가 서로의 위치와 주소를 기억하기는 불가능하다. 따라서 위치를 반영한 새로운 주소 체계가 필요해졌다.

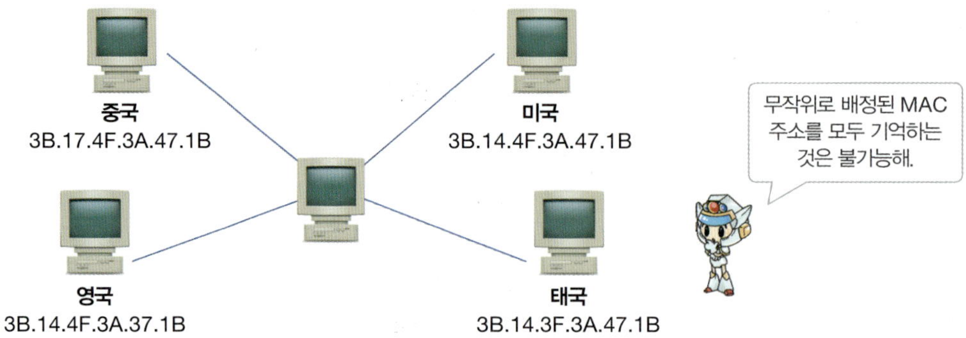

그림 11-26 **MAC 주소의 복잡성**

지역 코드 체계

지역 코드local code 체계는 우리가 잘 알고 있는 방식이며 대표적으로 전화번호가 있다. 유선전화의 전화번호는 국가 코드-지역 코드-개별 번호로 이루어진다. 한국의 국가 코드는 82이며 서울의 지역 코드는 02, 경기도는 031이다. 서울 안에서 강남구는 개별 번호가 5로 시작하며 성북구는 9로 시작한다. 따라서 서울 강남구에 있는 회사의 전화번호는 82-02-5xx-xxxx일 것이다. 마찬가지로 성북구에 있는 회사는 82-02-9xx-xxxx이다.

IP 주소는 4바이트로 구성된다. 따라서 각 자리의 주소는 0에서 255까지의 10진수 값이다. IP 주소 체계는 전화번호와 똑같지는 않지만, 전화번호처럼 지역 코드를 도입했다. 예를 들어 IP 주소 4바이트 중 첫 번째 자리가 1일 때 미국, 82일 때 한국이라 생각해보자. 또한 한국이면서 두 번째 자리가 1일 때 서울, 2일 때 경기도, 3일 때 인천이고, 서울이면서 세 번째 바이트가 5일 때 강남, 9일 때 강북이라면 82.1.5.54는 서울 강남에 있는 컴퓨터의 IP 주소일 것이다.

그림 11-27 **IP 주소의 구성**

이와 같이 지역 코드 체계가 있는 IP 주소를 사용하면 MAC 주소를 사용하는 것보다 라우팅이 편리하다. 한국에 있는 ㉮ 라우터가 [표 11-7]과 같은 네트워크 주소가 적힌 패킷을 받았다고 가정하자. IP 주소의 첫 번째 자리가 1이면 나머지 주소를 읽을 필요 없이 미국 방향으로 가는 라우터에 패킷을 전달하면 된다. 첫 번째 자리가 82이면 두 번째 자리의 1을 읽어 서울 방향의 라우터에 패킷을 보낸다.

표 11-7 IP 주소의 지역 코드

패킷을 보낼 네트워크 주소	다음 라우터
1. 2. 12. 46	미국
82. 2. 5. 54	대한민국 서울시
82. 31. 3. 36	대한민국 경기도 용인시

IP 주소 체계가 지금까지 설명한 것과 완전히 일치하는 것은 아니다. 예를 들어 그렇다는 뜻이다. 일반적으로 사용하는 IP 주소에서 전체 4바이트 중 앞의 3바이트는 네트워크 주소이고 마지막 1바이트가 네트워크에 속한 개별 호스트를 나타낸다. A 대학교에서 한 교실에 30대의 컴퓨터가 있다고 가정해보자. 그러면 이 교실에 있는 모든 컴퓨터는 IP 주소의 앞의 3자리가 똑같다. 컴퓨터 30대의 주소에서 다른 부분은 4번째 자리뿐이다. 4번째 자리는 각 컴퓨터를 구분하는 개별 주소, 즉 호스트 주소이다.

그림 11-28 같은 교실에 있는 컴퓨터의 IP 주소

IPv4와 IPv6

지금까지 설명한 4바이트의 주소 체계를 IPv4(버전 4) 주소 체계라 부른다. 인터넷 초기에는 이 주소 체계로 문제가 없었으나 스마트폰과 같이 움직이는 기기에서도 인터넷에 연결할 수 있게 되면서 문제가 발생했다. 서울에서 부산으로 이사하면 지역 코드가 바뀌기 때문에 유선 전화의 전화번호를 변경해야 한다. 마찬가지로 노트북이나 스마트폰이 움직이면 지역 코드가 변경되어 IP 주소를 수시로 변경해야 한다.

게다가 이제는 컴퓨터뿐 아니라 스마트폰과 다양한 가전제품까지 인터넷과 연결된다. 수많은 기기를 4바이트 주소 체계로는 모두 수용할 수 없게 되었다. 그래서 IPv6(버전 6) 주소 체계가 새로 만들어졌다.

IP 주소 자동 할당

대부분의 컴퓨터는 IP 설정이 자동으로 할당되는 DHCP Dynamic Host Configuration Protocol를 사용한다. 자동으로 할당받아 사용하는 IP 주소를 유동 IP라고 한다. 반면 사용자가 직접 입력하여 사용하는 IP 주소는 고정 IP라고 한다. 유동 IP를 사용하면 다른 컴퓨터를 해킹하거나 불법적인 행위를 해도 들키지 않는다고 착각할 수 있다. 그러나 누가 언제 어떤 IP를 사용했다는 정보를 인터넷 서비스 제공자가 보관하기 때문에 쉽게 추적할 수 있다.

원래는 IP 주소를 직접 입력하여 사용하는 방식이었는데 자동 할당으로 바꾼 것은 사용자의 불법적인 행위를 막기 위해서이다. 초고속 인터넷 서비스를 시작한 초기에는 사용자에게 고정 IP 주소를 나누어 주었다. 그러다 보니 일부 사용자가 불법적으로 서버를 개설했다. 개인이 집에다 서버를 설치하여 음악, 영화, 동영상 파일을 올린 후 돈을 받고 팔기 시작한 것이다. 개인 서버에서 파일을 공유하면 저작권 침해도 문제이지만, 개인이 설치한 서버가 폭주하여 주변의 네트워크까지 느려진다. 사람이 많이 몰리는 백화점이나 놀이공원 주변에 차가 막히는 것과 같은 이치이다.

초고속 인터넷 서비스를 제공하는 회사로서는 비용을 들여 구축한 초고속 네트워크가 느려진다면 막대한 손해이다. 그래서 개인의 서버 설치를 막을 방법을 고안했다. 서버를 설치하려면 IP 주소를 알아야 하므로 IP 주소를 자동으로 할당한 것이다. 또한 사용자가 자신에게 할당된 IP 주소를 찾아내어 서버를 설치하는 것을 방지하기 위해 일정 시간이 지나면 강제로 IP 주소를 변경한다.

3.3 도메인

인터넷에서 통신하기 위해서는 IP 주소가 필요하다. 그러나 인간은 4바이트 IP 주소와 같이 숫자를 나열한 값을 잘 기억하지 못한다. 여러분은 몇 명의 전화번호를 외우고 있는가? 많아 봐야 수십 명일 것이다. 자주 통화하는 사람의 전화번호도 기억하기 어려운데, 방문하는 모든 웹사이트의 IP 주소를 외우기는 매우 힘들 것이다.

이러한 문제를 해결하는 방법은 간단하다. 휴대폰의 전화번호부에는 외우기 쉬운 이름이나 별명을 붙여 전화번호를 저장한다. 전화를 걸 때는 전화번호 대신 이름을 검색한다. IP 주소도 마찬가지이다. IP 주소 옆에 기억하기 쉬운 이름을 붙여주면 복잡한 숫자를 외우지 않아도 된다. 이렇게 인터넷에 있는 IP 주소에 이름을 부여한 것이 **도메인 네임** domain name이다.

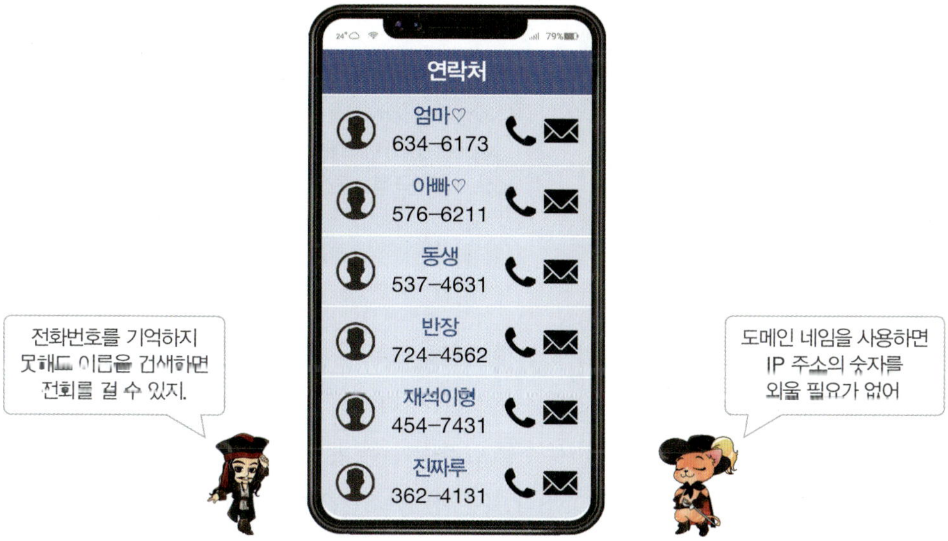

그림 11-29 휴대폰의 전화번호부와 도메인 네임

naver.com, google.com, samsung.co.kr은 각각 네이버, 구글, 삼성 서버의 도메인 네임이다. 기업에서는 외우기 쉬운 상품명을 만들듯이, 쉬운 도메인 네임을 만들기 위하여 노력한다. 도메인 네임이 어려우면 일반인이 접근하기 어렵기 때문이다.

도메인 네임 규칙

도메인 네임에는 규칙이 있는데, 대체로 '이름.종류.국가' 순이다. 마지막의 국가 자리에 한국은 kr, 일본은 jp, 영국은 uk, 프랑스는 fr을 사용한다. 그렇다면 미국은? 인터넷을 미국에서 만들었기 때문에 치사하게도 미국 웹사이트의 도메인 네임에는 국가명을 생략한다. 도메인 네임 중간에는 기관의 종류를 표시한다. 회사는 co, 학교는 ac, 비영리 기관은 or, 연구소는 re, 국가기관은 go이다. 미국은 도메인에 국가명을 쓰지 않기 때문에 기관의 종류를 도메인 네임 마지막에 3글자로 표시한다. 회사는 com, 비영리 기관은 org, 국가기관은 gov이다. 그리고 도메인 네임 맨 앞에는 회사명, 상호, 조직명과 같은 이름을 나타낸다.

'이름.종류.국가' 규칙을 따르지 않은 도메인 네임도 많다. 예를 들어 LG전자 홈페이지의 도메인 네임은 lge.co.kr이지만 삼성전자 홈페이지의 도메인 네임은 samsung.com이다. 또한 한신대학교 홈페이지의 도메인 네임은 hs.ac.kr이지만 일본 와세대대학교 홈페이지의 도메인 네임은 waseda.jp이다.

표 11-8 도메인 네임의 예

'이름.종류.국가' 규칙을 따른 도메인 네임	'이름.종류.국가' 규칙을 따르지 않은 도메인 네임
lge.co.kr(LG전자)	samsung.com(삼성전자)
hs.ac.kr(한신대학교)	waseda.jp(와세다대학교)
kisa.or.kr(한국인터넷진흥원)	kiice.org(한국정보통신학회)

도메인 네임 시스템

도메인 네임은 IP 주소를 외우지 않아도 서버에 쉽게 접근하도록 만든 별명이다. 그러나 실제로 인터넷에서 웹사이트에 접속할 때는 IP 주소를 사용해야 한다. 따라서 사용자가 도메인 네임을 입력하면 누군가가 그 도메인 네임에 해당하는 IP 주소를 알려줘야 한다. 이런 일을 담당하는 컴퓨터를 **도메인 네임 서비스**Domain Name Service, 약자로 DNS라 부른다. DNS는 도메인 네임과 IP 주소를 테이블 형태로 모아놓은 서버이다.

[그림 11-30]은 인터넷을 이용할 때 DNS가 어떤 역할을 하는지를 나타낸다. 사용자가 웹 브라우저에서 도메인 네임을 입력하면 웹 브라우저는 DNS 서버에 접속하여 IP 주소를 받아온다. 이렇게 받아온 주소를 사용하면 웹사이트에 접속할 수 있다. 따라서 DNS 서버는 인터넷을 시작할 때 한 번만 접속하게 된다. 만약 DNS를 사용하지 않고 싶다면 방문하는 사이트의 도메인 네임 대신 IP 주소를 외워서 입력하면 된다. naver.com의 IP 주소인 223.130.200.107을 웹 브라우저 주소창에 입력하면 네이버 홈페이지가 열릴 것이다.

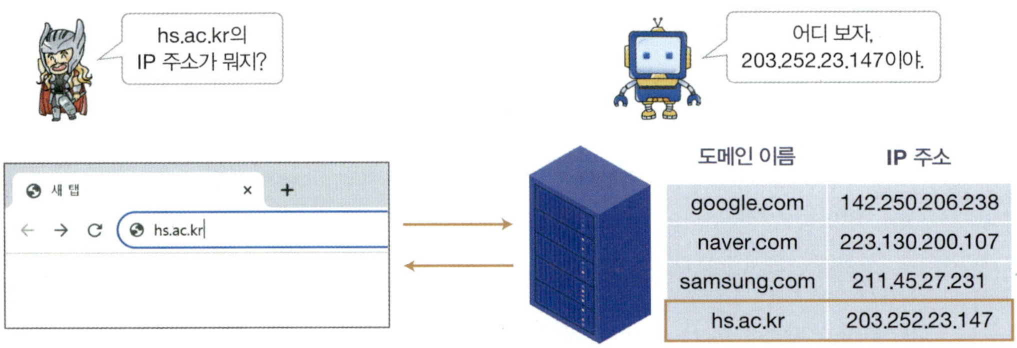

그림 11-30 DNS의 역할

DNS의 내부 구조를 살펴보면 도메인 네임과 IP 주소가 테이블 형태로 들어 있다. 외부로부터 도메인 네임이 들어오면 해당 도메인 네임을 DNS 테이블에서 검색하여 IP 주소를 돌려준다. DNS는 매우 간단한 서버이면서 매우 중요한 서버이기도 하다. 흔하지 않은 일이지만, 만약 DNS가 고장 나서 작동하지 않으면 IP 주소를 받을 수 없어 인터넷이 멈춘 것처럼 보인다.

도메인 네임 시스템의 계층 구조

DNS의 구조는 계층적이다. 루트 DNSroot DNS 서버는 전 세계의 모든 도메인 네임과 IP를 가지고 있다. 루트 DNS는 각 대륙에 하나씩 있다. 그런데 대륙 전체에 DNS가 단 1개만 있으면 대륙의 모든 컴퓨터가 인터넷을 시작할 때마다 같은 DNS에 접속할 것이다. 그렇게 되면 루트 DNS의 작업이 너무 많아지므로 국가별로 루트 DNS보다 작은 DNS를 따로 유지한다. 우리나라에서는 한국통신(KT)에서 DNS를 유지한다.

또한 나라 전체에 DNS가 단 1개만 있다면 해당 서버의 작업이 너무 많을 것이다. 그래서 각 지역에도 하나씩 DNS를 유지하는데 이를 지역 DNSlocal DNS라 부른다. 지역 DNS는 컴퓨터의 저리 용량이나 크기가 루트 DNS 서버에 비하여 매우 작다. 따라서 지역 DNS 서버는 일부 도메인 네임만 가지고 있다. 더 정확히는 네트워크에서 자주 사용하는 DNS 데이터만 가지고 있다.

일반적으로 자주 방문하는 구글이나 네이버 주소는 지역 DNS 서버가 가지고 있다. 그러나 한국의 사용자가 우간다 정부 홈페이지를 방문하려고 하면 지역 DNS에는 IP 주소가 없을 수 있다. 이렇듯 지역 DNS에 도메인 정보가 없는 경우, 루트 DNS에 주소를 물어본다. 이러한 특징 때문에 자주 방문하지 않은 사이트를 방문할 때는 루트 DNS 서버까지 갔다가 돌아오기 때문에 웹 브라우저가 조금 늦게 반응하는 것처럼 느낄 수 있다.

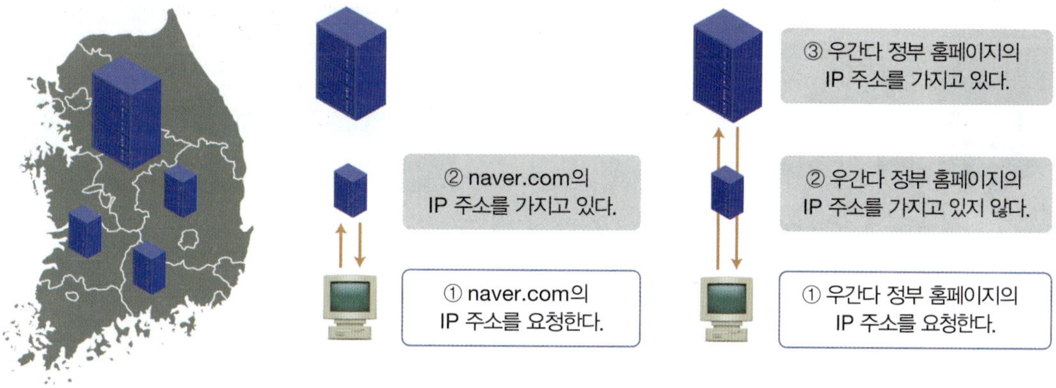

그림 11-31 DNS의 계층 구조

도메인 네임 서비스와 경찰청의 경고 웹 페이지

인터넷을 서핑하다가 [그림 11-32]와 같은 경고 웹 페이지(warning.or.kr)를 본 경험이 있을 것이다. 경찰청의 경고 웹 페이지는 사용자가 마약이나 도박을 비롯한 불법 웹사이트를 방문하려고 시도할 때 경고하는 페이지이다. DNS의 작동 원리를 이해했다면 어떻게 경고 홈페이지가 나타나는지 쉽게 알 수 있을 것이다.

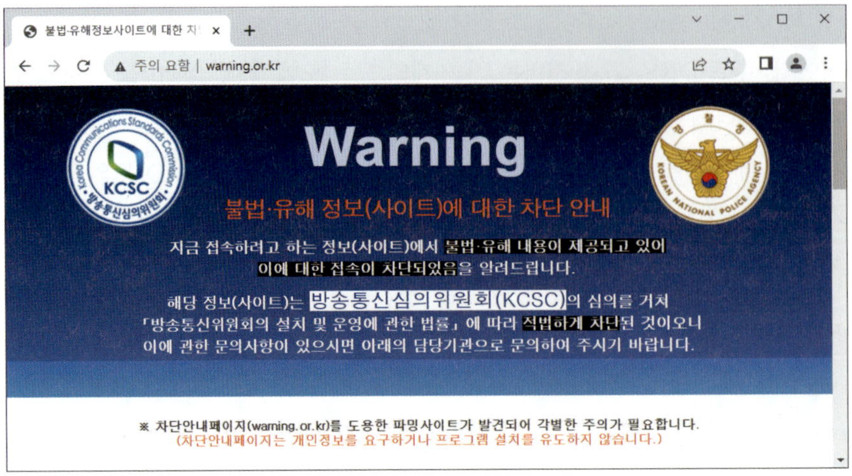

그림 11-32 경찰청의 경고 홈페이지

경찰청의 경고 웹 페이지 IP 주소는 121.189.57.82이다. 경찰청에서 불법 웹사이트를 발견하면 해당 도메인 네임의 IP 주소를 강제로 바꿔버린다. [그림 11-33]에서 불법 사이트 xx.com과 yy.net은 원래의 IP 주소 대신에 warning.or.kr의 IP 주소로 변경된다. 사용자가 불법 사이트를 방문하려 시도하면 DNS는 해당 사이트 주소 대신 경고 웹 페이지의 IP 주소를 알려준다.

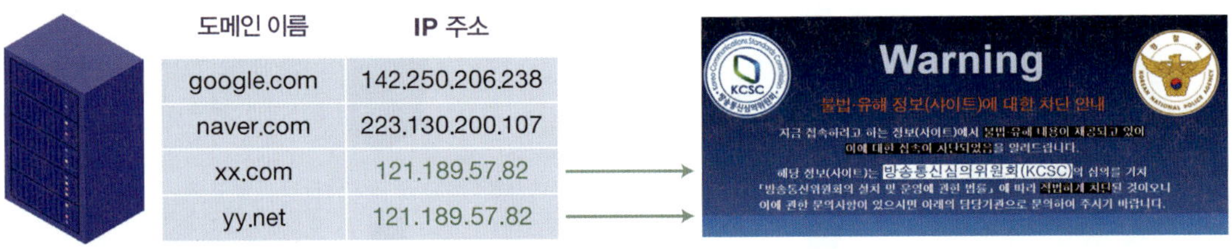

그림 11-33 DNS와 경찰청의 경고 웹 페이지

4 전송 계층

전송 계층은 네트워크 계층 위에서 작동하는 계층으로, 주요 프로토콜로 TCP를 사용한다. TCP의 첫 번째 역할은 네트워크 계층에서 올라온 데이터를 정리하는 것이며, 두 번째 역할은 데이터를 프로그램에 전달하는 것이다. IP를 사용하는 네트워크 계층에서 패킷이 사라지거나 순서가 뒤바뀌어 올 수 있다. 이를 방지하기 위해 데이터를 보낼 때 TCP가 일련번호serial number를 매겨 패킷을 전송한다. 받는 쪽의 TCP는 도착한 패킷들을 보고 순서대로 정리한다. 그리고 도착하지 않은 패킷이 있으면 다시 보내라고 요청한다.

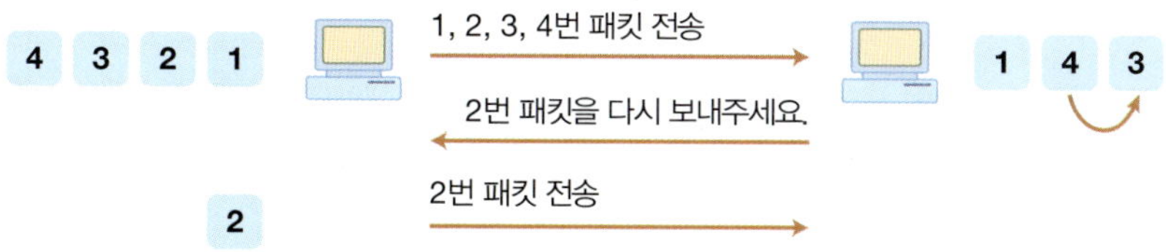

그림 11-34 패킷 재전송 요청 과정

포트

송신 측의 전송 계층은 IP 계층으로부터 올라온 데이터를 프로그램에 전달한다. 반대로 수신 측의 전송 계층은 프로그램으로부터 데이터를 받아 목적지 호스트까지 전달한다. 이를 위해서는 전송 계층만의 주소가 필요하다. 예를 들어 아이파크 아파트 203동의 어느 집에서 중국집 진짜루에 짜장면 배달을 주문했다고 가정하자. 거의 같은 시각에 아이파크 아파트 203동의 다른 집에서도 짬뽕 배달을 주문했다. 그러면 진짜루의 배달 기사는 두 집 모두 배달을 할 수가 없다. 호수를 말하지 않았기 때문이다.

그림 11-35 아파트 한 동의 두 집에서 음식을 주문한 경우

IP 주소는 인터넷에 연결된 특정 컴퓨터까지 데이터를 보내는 데 사용된다. 마치 아파트의 동 번호와 같다. 그런데 컴퓨터에는 네트워크를 사용하는 여러 개의 프로그램이 있다. 카카오톡과 크롬 브라우저를 같이 실행했다고 가정하면 이들의 IP 주소는 모두 같다. 데이터를 카카오톡에 보낼지 아니면 크롬 브라우저에 보낼지를 결정하려면 아파트 호수의 역할을 하는 주소가 필요하다. 이와 같이 응용 프로그램들을 구분하기 위하여 전송 계층이 사용하는 주소를 포트$_{port}$라 부른다.

포트 번호

원래 'port'는 항구에서 배의 화물을 싣거나 내리는 선착장을 의미한다. 항구에는 선착장이 여러 개 있으며, 배가 들어오면 항구 관리자는 사용할 수 있는 빈 선착장을 배에 할당한다. 그러면 배는 할당받은 선착장에 정박하여 작업을 진행한다.

컴퓨터도 마찬가지이다. 포트 번호의 크기는 16비트이므로, 각 컴퓨터에는 0에서 65535까지의 포트가 있다. 운영체제는 네트워크를 사용하려는 프로그램에 0에서 65535까지의 포트 번호 중 비어 있는 것 하나를 준다. 프로그램은 할당받은 포트를 사용하여 원격지의 호스트와 데이터를 주고받는다. 따라서 포트는 전송 계층이 여러 프로그램에 제공하는 주소인 동시에 멀티 인터페이스이다.

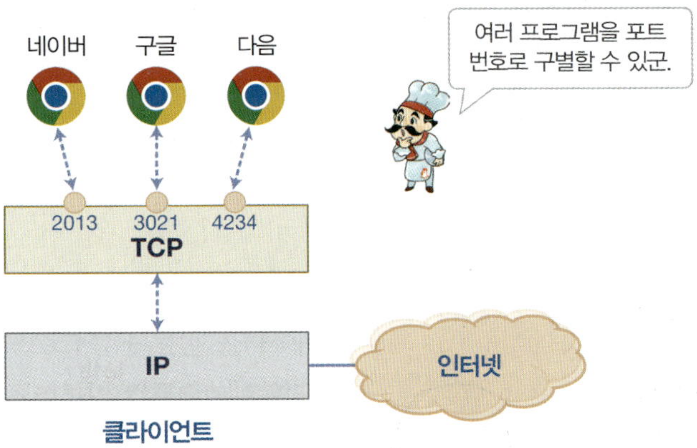

그림 11-36 포트 번호

TIP 포트라는 용어는 하드웨어적으로도 사용된다. 네트워크 공유기에서 LAN을 연결할 수 있는 단자가 4개가 있다면 4포트 공유기라 부른다. 동시에 컴퓨터 4대에 연결하여 작업할 수 있다는 의미이다.

잘 알려진 포트

크롬 웹 브라우저에서 네이버, 구글, 다음 홈페이지를 동시에 방문하는 경우를 보자. [그림 11-36]의 왼쪽과 같이, 운영체제는 첫 번째 크롬에서 세 번째 크롬까지 포트 번호 2013, 3021, 4234번을 각각 할당한다. 각 크롬은 네이버, 구글, 다음 서버에 접속할 때 자신의 포트 번호를 알려준다. 응답 데이터를 보낼 때 해당 포트 번호를 사용하라는 의미이다.

네이버, 구글, 다음 서버가 전송한 HTML 데이터가 클라이언트에 도착한다. 각 데이터의 목적지를 보면 IP 주소는 같지만, 포트 번호는 다르다. 네이버 서버로부터 온 데이터는 2013번 포트로, 구글에서 온 것은 3021번 포트로, 다음에서 온 것은 4234번 포트로 전송된다. 이렇듯 운영체제가 임의로 부여한 포트 번호는 전송 계층을 사용하는 여러 프로그램을 구분하는 주소로 사용된다.

서버를 보자. 서버에는 웹 데몬인 HTTPD뿐 아니라 파일 데몬(FTPD)이나 이메일 데몬(SMTPD)도 설치되어 있을 수 있다. 데몬도 전송 계층을 이용하여 서비스하기 때문에 포트 번호를 사용한다. 따라서 클라이언트가 웹 데몬과 처음 통신할 때, 웹 데몬의 포트 번호를 알아야 통신할 수 있다. 만약 웹 데몬의 포트 번호가 운영체제에 의해 임의로 할당된다면, 매번 서버에 포트 번호를 물어봐야 한다. 이러한 불편함을 없애기 위해서 자주 사용하는 데몬이나 중요한 프로그램의 포트 번호를 전 세계적으로 합의하여 고정했다. 이를 **잘 알려진 포트**well-known port라 부른다.

잘 알려진 포트는 0번부터 1023번까지 있다. 대표적으로 웹 데몬의 포트 번호는 80번이다. 우리가 사용하는 웹 주소는 URLUniform Resource Locator 형식이다. 네이버 홈페이지를 방문하기 위하여 웹 브라우저 주소창에 naver.com을 입력하면 저절로 http://naver.com으로 바뀌어 접속되는데, 이것이 URL이다. 더 정확하게 말하면 URL 형식은 '프로토콜://도메인 네임:포트 번호'이다. 따라서 http://naver.com:80이 정확한 URL이다. 그런데 HTTPD가 제공하는 HTTP는 기본적으로 80번 포트를 사용하므로 :80을 생략할 수 있다. 반대로 웹 브라우저 주소창에 naver.com:80을 입력하면 네이버 홈페이지에 접속될 것이다. http://naver.com 대신 naver.com만 입력해도 네이버에 접속할 수 있는 것과 마찬가지이다.

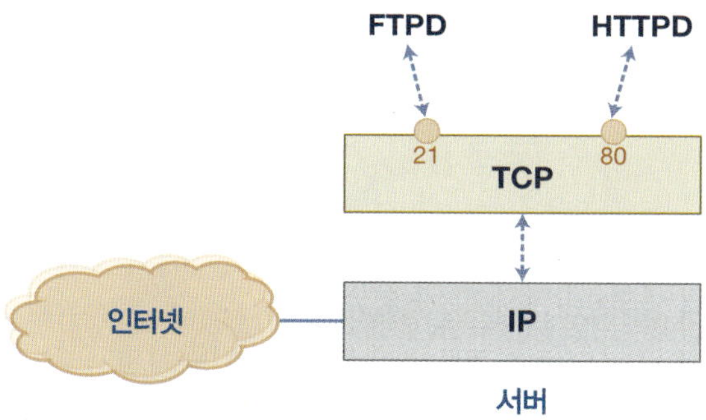

그림 11-37 잘 알려진 포트

UDP

전송 계층의 TCP는 프로그램에서 데이터를 받아 전송하고, 들어온 데이터를 정리하여 프로그램에 전달한다. 빠지거나 손상된 데이터가 있다면 재전송을 요청하여 기다리기 때문에 데이터 전달이 지연되는 경우가 있다. 이러한 TCP 작업이 때로는 불편할 수 있다. 예를 들어 유튜브에서 동영상을 스트리밍한다고 하자. 끊기지 않고 동영상을 재생하려면 데이터를 빠르게 전송해야 한다. 또 동영상 데이터에서 데이터가 몇 개 빠지거나 순서가 뒤바뀌어도 전체 흐름에는 큰 지장이 없다. 이런 경우에 TCP를 대신하여 사용하는 프로토콜이 UDPUser Datagram Protocol이다.

UDP/IP를 사용하면 IP에서 올라온 데이터를 특별한 작업 없이 프로그램에 전달한다. 물론 데이터가 사라지거나 뒤바뀔 수는 있지만, 처리 속도가 매우 빠르다는 장점이 있다. 그래서 IPTV, 인터넷 전화는 TCP/IP 대신 UDP/IP를 사용한다.

[그림 11-38]은 온라인 게임 〈스타크래프트〉의 배틀넷 접속 화면이다. 배틀넷에는 UDP 옵션이 있는데, 이는 인터넷으로 게임을 연결할 때 UDP 프로토콜을 사용한다. 요즘은 인터넷이 발달하여 데이터 손실이 거의 없기 때문에 UDP로도 충분하다.

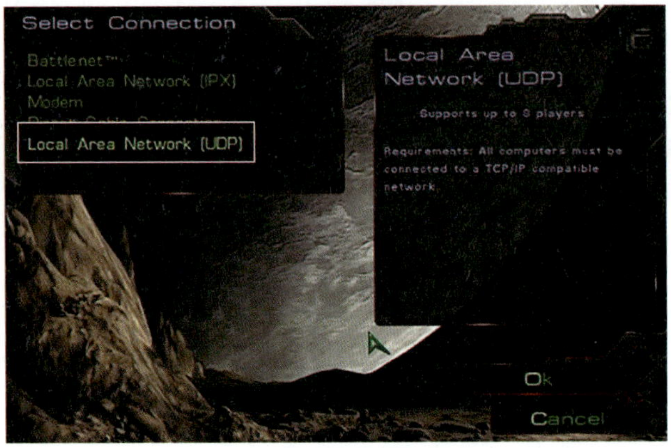

그림 11-38 스타크래프트 배틀넷 접속 화면

요약

01 통신이란 한쪽의 데이터를 다른 쪽으로 전달하는 것이다. 컴퓨터 네트워크는 기기 간의 연결과 통신을 위한 약속, 즉 프로토콜로 구성된다.

02 네트워크를 거리에 따라 분류하면 근거리 네트워크인 LAN, 장거리 네트워크인 WAN, 주변 장치를 연결하는 PAN, 초근거리 네트워크인 NFC로 나눌 수 있다.

03 인터넷은 네트워크를 하나로 묶는 기술이다. IP로 LAN을 통과하여 데이터를 주고받으면 데이터가 사라지거나, 순서가 뒤바뀌거나, 훼손되기도 한다. TCP는 이를 바로잡는 프로토콜이다.

04 네트워크를 방향에 따라 분류하면 양방향 통신, 단방향 통신, 반양방향 통신으로 나뉜다. 네트워크를 대상에 따라 분류하면 유니캐스트, 브로드캐스트, 멀티캐스트로 나뉜다.

05 통신의 5계층 모델은 네트워크에서 비슷한 역할을 하는 단계를 하나로 묶어 설명한다.

- 1번 물리 계층은 인접한 노드를 유·무선으로 연결한다.
- 2번 데이터 링크 계층은 인접한 기기 간에 오류 없이 데이터를 전송하기 위한 계층이다.
- 3번 네트워크 계층은 여러 개의 LAN을 하나로 묶어서 인터넷을 구성하는 계층이다.
- 4번 전송 계층은 받은 데이터를 검사하여 오류가 있는지를 살펴본다.
- 5번 응용 계층은 인터넷을 사용하는 각종 응용 프로그램이 위치하는 계층이다.

06 오류 탐색 코드 중 패리티 비트는 1의 개수가 짝수 또는 홀수인지 검사하는 방식이다. 체크섬은 데이터를 일정 크기로 자른 후 더한 값을 검사하는 방식이다. CRC 코드는 데이터를 코드 값으로 나누어 나머지가 0이 되는지 검사하는 방식이다.

07 라우팅은 어떤 경로로 패킷을 보낼지 결정하는 작업이며, 라우터는 네트워크 계층에서 LAN과 LAN을 연결하는 기계이다. 도메인 네임을 IP 주소로 바꿔주는 서비스의 이름은 DNS이다.

08 전송 계층에서 포트 번호가 주소 역할을 한다. 웹 서버(80), FTP 서버(21)처럼 자주 사용하는 데몬이나 중요한 프로그램에 할당된 포트를 잘 알려진 포트라고 한다.

연습문제

01 한쪽의 데이터를 다른 쪽으로 전달하는 것을 의미하는 단어는 무엇인가?

① 문자 ② 통신 ③ 데이터 ④ 언어

02 통신의 분류가 나머지 3가지와 가장 다른 것을 찾으시오.

① 무전기 ② 유선 전화기 ③ 라디오 ④ TV

03 통신의 분류가 나머지 3가지와 가장 다른 것을 찾으시오

① 모스 부호 전신 ② 라디오 ③ 전화기 ④ TV

04 다음 중 전기를 이용한 최초의 유선통신 시스템을 찾으시오.

① 모스 부호 전신 ② 라디오 ③ 전화기 ④ TV

05 나머지 3개와 다른 것은 무엇인가?

① LAN ② WAN ③ MAN ④ WiFi

06 다음 중 통신을 위한 약속이라는 뜻을 가진 용어는 무엇인가?

① broadcasting ② protocol ③ communication ④ information

07 같은 건물 안의 컴퓨터를 연결하거나 수 킬로미터 안에 있는 컴퓨터를 연결하는 네트워크는 무엇인가?

① LAN ② WAN ③ MAN ④ NFC

08 다음 중 국가 전체를 연결하거나 국가 간을 연결하는 컴퓨터 네트워크는 무엇인가?

① LAN ② WAN ③ MAN ④ NFC

09 다음 중 도시와 도시 정도로 수십 킬로미터 이내의 기기를 연결하는 컴퓨터 네트워크는 무엇인가?

① LAN ② WAN ③ MAN ④ NFC

10 다음 중 1~10m 이내의 개인용 기기를 연결하는 컴퓨터 네트워크는 무엇인가?

① LAN ② PAN ③ WAN ④ NFC

11 다음 중 1m 이내의 초근거리를 연결하는 컴퓨터 네트워크는 무엇인가?

① LAN ② PAN ③ WAN ④ NFC

12 다음 중 네트워크 전송 속도의 단위는 무엇인가?

① bps ② Hz ③ LAN ④ IP

13 다음 중 무선으로 데이터를 주고받는 LAN과 가장 관련 있는 단어는 무엇인가?

① NFC ② WAN ③ MAN ④ WiFi

14 LAN 토폴로지 중 네트워크를 관장하는 장치를 두고 방사형으로 기기를 연결하는 방식은 무엇인가?

① 버스형 ② 스타형 ③ 링형 ④ 매스형

15 LAN 토폴로지 중 모든 기기를 하나의 원으로 연결하는 방식은 무엇인가?

① 버스형 ② 스타형 ③ 링형 ④ 매스형

16 LAN 토폴로지 중 중앙에 데이터가 오가는 버스가 있으며, 이 버스에 컴퓨터를 붙여서 네트워크를 구성하는 방식은 무엇인가?

① bus ② star ③ ring ④ mass

17 다음 중 인터넷을 통하여 목적지까지 데이터를 보내는 과정과 가장 관련 있는 프로토콜의 이름은 무엇인가?

① IP ② HTTP ③ TCP ④ UDP

18 다음 중 인터넷을 지난 데이터가 원래 상태로 도착하는지를 감시하는 프로토콜의 이름은 무엇인가?

① IP ② HTTP ③ TCP ④ UDP

19 다음 중 컴퓨터와 컴퓨터를 직접 선으로 연결하는 데이터 통신에서 파일을 전송하는 데 사용하는 프로토콜 이름은 무엇인가?

① IP ② HTTP ③ TCP ④ FTP

20 다음 중 하이퍼텍스트를 전송하는 데 사용하는 프로토콜 이름은 무엇인가?

① IP ② HTTP ③ TCP ④ FTP

21 다음 중 양방향으로 통신을 할 수 있으나, 일정 시점에는 한쪽으로만 통신이 가능한 방식의 네트워크를 나타내는 단어는 무엇인가?

① duplex ② half-duplex ③ full-duplex ④ simplex

22 네트워크를 통신 방향에 따라 분류할 때 라디오 방송은 어디에 속하는가?

① 유니캐스트 ② 반양방향 통신 ③ 멀티캐스트 ④ 단방향 통신

23 네트워크를 통신 방향에 따라 분류할 때 무전기는 어디에 속하는가?

① 유니캐스트 ② 반양방향 통신 ③ 브로드캐스트 ④ 양방향 통신

24 네트워크를 통신 대상에 따라 분류할 때 기기가 일대일로 연결되는 것은 무엇인가?

① 브로드캐스트 ② 단방향 통신 ③ 유니캐스트 ④ 양방향 통신

25 네트워크를 통신 대상에 따라 분류할 때 기기 한 대가 불특정 다수와 통신하는 것은 무엇인가?

① multicast ② bus ③ duplex ④ broadcast

26 네트워크를 통신 대상에 따라 분류할 때 기기 한 대가 특정 다수와 통신하는 것은 무엇인가?

① 멀티캐스트 ② 반양방향 통신 ③ 유니캐스트 ④ 메시 구조

27 네트워크를 통신 대상에 따라 분류할 때 화상회의는 어디에 속하는가?

① 멀티캐스트 ② 반양방향 통신 ③ 유니캐스트 ④ 메시 구조

28 네트워크를 통신 대상에 따라 분류할 때 전화는 어디에 속하는가?

① 멀티캐스트 ② 반양방향 통신 ③ 유니캐스트 ④ 메시 구조

29 네트워크를 통신 대상에 따라 분류할 때 공중파 TV는 어디에 속하는가?

① 멀티캐스트 ② 메시 구조 ③ 양방향 통신 ④ 브로드캐스트

30 인터넷은 여러 개의 LAN으로 구성된다. 통신의 5계층 모델에서 LAN에 관련된 내용이 정의된 계층은 무엇인가?

① 전송 계층 ② 네트워크 계층 ③ 데이터 링크 계층 ④ 응용 계층

31 통신의 5계층 모델에서 인터넷을 사용하기 위한 프로토콜이 정의된 계층은 무엇인가?

① 물리 계층 ② 네트워크 계층 ③ 데이터 링크 계층 ④ 응용 계층

32 통신의 5계층 모델에서 인접한 노드 간의 유·무선 연결을 규정하는 계층은 무엇인가?

① 전송 계층 ② 네트워크 계층 ③ 데이터 링크 계층 ④ 물리 계층

33 통신의 5계층 모델에서 인접한 기기 간 오류 없이 데이터를 전송하기 위해 필요한 계층은 무엇인가?

① 전송 계층 ② 네트워크 계층 ③ 데이터 링크 계층 ④ 물리 계층

34 통신의 5계층 모델에서 여러 LAN을 지나 목적지까지 데이터를 전송하는 것이 핵심인 계층은 무엇인가?

① 전송 계층 ② 네트워크 계층 ③ 데이터 링크 계층 ④ 물리 계층

35 통신의 5계층 모델에서 인터넷을 통하여 오류 없이 데이터를 전송하는 데 필요한 계층의 이름은 무엇인가?

① 전송 계층 ② 네트워크 계층 ③ 데이터 링크 계층 ④ 물리 계층

36 통신의 5계층 모델에서 IP가 속한 계층은 무엇인가?

① 전송 계층 ② 네트워크 계층 ③ 데이터 링크 계층 ④ 물리 계층

37 통신의 5계층 모델에서 TCP가 속한 계층은 무엇인가?

① 전송 계층 ② 네트워크 계층 ③ 데이터 링크 계층 ④ 물리 계층

38 통신의 5계층 모델에서 HTTP가 속한 계층은 무엇인가?

① 전송 계층 ② 네트워크 계층 ③ 데이터 링크 계층 ④ 응용 계층

39 네트워크의 특정 계층에서 정확한 데이터 전송을 위해 추가되는 자료구조는 무엇인가?

① 헤더 ② 포트 ③ 인터페이스 ④ 패킷

40 라우터는 통신의 5계층 모델에서 어느 계층에 속하는 장비인가?

① 전송 계층 ② 네트워크 계층 ③ 데이터 링크 계층 ④ 물리 계층

41 MAC 주소는 통신의 5계층 모델에서 어느 계층이 사용하는 주소인가?

① 전송 계층 ② 네트워크 계층 ③ 데이터 링크 계층 ④ 물리 계층

42 포트 번호는 통신의 5계층 모델에서 어느 계층이 사용하는 주소인가?

① 전송 계층 ② 네트워크 계층 ③ 데이터 링크 계층 ④ 물리 계층

43 OSI 7계층 모델 중 세션을 관리하는 계층은 무엇인가?

① 세션 계층 ② 응용 계층 ③ 표현 계층 ④ 전송 계층

44 OSI 7계층 모델에서 데이터 암호화에 관여하는 계층은 무엇인가?

① 세션 계층 ② 응용 계층 ③ 표현 계층 ④ 전송 계층

45 OSI 7계층 모델에서 암호화 프로토콜인 HTTPS 프로토콜이 속한 계층은 무엇인가?

① 물리 계층 ② 표현 계층 ③ 응용 계층 ④ 전송 계층

46 통신의 5계층 모델에서 동영상 스트리밍에 사용하는 UDP 프로토콜이 속한 계층은 무엇인가?

① 표현 계층 ② 응용 계층 ③ 네트워크 계층 ④ 전송 계층

47 통신의 5계층 모델에서 MAC 주소와 관련 있는 계층은 무엇인가?

① 물리 계층 ② 데이터 링크 계층 ③ 네트워크 계층 ④ 전송 계층

48 통신의 5계층 모델에서 동축선, 꼬임선, 광섬유의 규격을 규정하는 계층은 무엇인가?

① 물리 계층 ② 데이터 링크 계층 ③ 네트워크 계층 ④ 전송 계층

49 통신의 5계층 모델에서 경로 배정과 가장 관련 있는 계층은 무엇인가?

① 물리 계층 ② 데이터 링크 계층 ③ 네트워크 계층 ④ 전송 계층

50 통신의 5계층 모델에서 DNS와 가장 관련 있는 계층은 무엇인가?

① 물리 계층 ② 데이터 링크 계층 ③ 네트워크 계층 ④ 전송 계층

51 통신의 5계층 모델에서 하나의 컴퓨터에 응용 프로그램이 여러 개 작동할 때 사용하는 포트 번호와 가장 관련 있는 계층 이름은 무엇인가?

① 물리 계층 ② 데이터 링크 계층 ③ 네트워크 계층 ④ 전송 계층

52 통신의 5계층 모델에서 도메인 네임을 IP 주소로 변환하는 과정과 가장 관련 있는 계층 이름은 무엇인가?

① 물리 계층 ② 데이터 링크 계층 ③ 네트워크 계층 ④ 전송 계층

53 유선 매체 중 선을 2개 꼬아서 만든 선은 무엇인가?

① 꼬임선 ② 스피커선 ③ 동축선 ④ 광섬유

54 유선 매체 중 가운데에 구리선이 지나가고 이를 피복으로 감싸며, 외부 구리선이 피복에 그물망처럼 감싸는 형태인 것의 이름은 무엇인가?

① 꼬임선 ② 스피커선 ③ 동축선 ④ 광섬유

55 유선 매체 중 빛을 이용하여 데이터를 전송하는 선은 무엇인가?

① 꼬임선 ② 스피커선 ③ 동축선 ④ 광섬유

56 다음 유선 매체 중 도청이 가장 까다로운 선은 무엇인가?

① 꼬임선 ② 스피커선 ③ 동축선 ④ 광섬유

57 MAC 주소는 몇 바이트로 구성되는가?

① 4바이트 ② 5바이트 ③ 6바이트 ④ 7바이트

58 IPv4 주소는 몇 바이트로 구성되는가?

① 4바이트 ② 5바이트 ③ 6바이트 ④ 7바이트

59 총 4자리인 IP 주소에서 한 자리의 최댓값은 무엇인가?

① 8 ② 16 ③ 255 ④ 256

60 다음 오류 탐색 코드 중 오버헤드 비트가 같을 때 가장 많은 오류를 찾을 수 있는 것은 무엇인가?

① 패리티 비트 ② 허밍 코드 ③ 체크섬 ④ CRC

61 오류 탐색 코드 중 1의 개수를 짝수 혹은 홀수로 맞추어 보내는 방식은 무엇인가?

① 패리티 비트 ② 허밍 코드 ③ 체크섬 ④ CRC

62 오류 탐색 코드 중 데이터를 일정 크기로 자른 후 모두 더하여 검사하는 방식은 무엇인가?

① 패리티 비트 ② 허밍 코드 ③ 체크섬 ④ CRC

63 오류 탐색 코드 중 데이터를 나누어 나머지가 0인지 검사하는 방식은 무엇인가?

① 패리티 비트 ② 허밍 코드 ③ 체크섬 ④ CRC

64 CRC 코드 13을 보내는 쪽과 받는 쪽이 모두 알고 있다. 찾을 수 있는 오류는 몇 개인가?

① 1 ② 3 ③ 12 ④ 13

65 CRC-16 방식에서 찾을 수 있는 오류는 몇 개인가?

① 15 ② 16 ③ $2^{16}-1$ ④ 2^{16}

66 같은 교실 내에 있는 컴퓨터 IP 주소는 앞쪽부터 몇 번째 자리까지 같은 값인가?

① 첫 번째 ② 두 번째 ③ 세 번째 ④ 네 번째

67 도메인 네임을 IP 주소로 바꾸어 주는 서버는 무엇인가?

① DNS 서버 ② 웹 서버 ③ FTP 서버 ④ 이메일 서버

68 웹 서버의 포트 번호는 얼마인가?

① 21 ② 35 ③ 80 ④ 90

69 오류를 감수하고서라도 빠르게 데이터를 전송하는 데 사용하는 프로토콜은 무엇인가?

① TCP ② FTP ③ IP ④ UDP

CHAPTER 12

무선통신과 모바일

학습목표

- 주파수에 따른 파동의 특성을 이해한다.
- 주파수 대역별 통신 기기의 특징을 이해한다.
- 이동통신 시스템의 종류를 파악하고 WiFi, 블루투스, RFID의 특징을 이해한다.
- 다중 접속 기술의 종류를 파악하고 CDMA의 작동 방식을 살펴본다.

Preview

길에서나 지하철에서 이어폰을 귀에 꽂고 있는 사람을 흔히 볼 수 있다. 요즘에는 스마트폰에서 무선 인터넷으로 내려받은 음악을 블루투스 이어폰에 전송하여 듣는다. 우리는 라디오, 와이파이, 교통카드, GPS, 리모컨 등 무선 신호로 작동하는 다양한 기기를 사용하고 있다. 이 장에서는 이러한 무선통신 시스템에 대해 알아보고 휴대폰의 작동 원리를 이해한다.

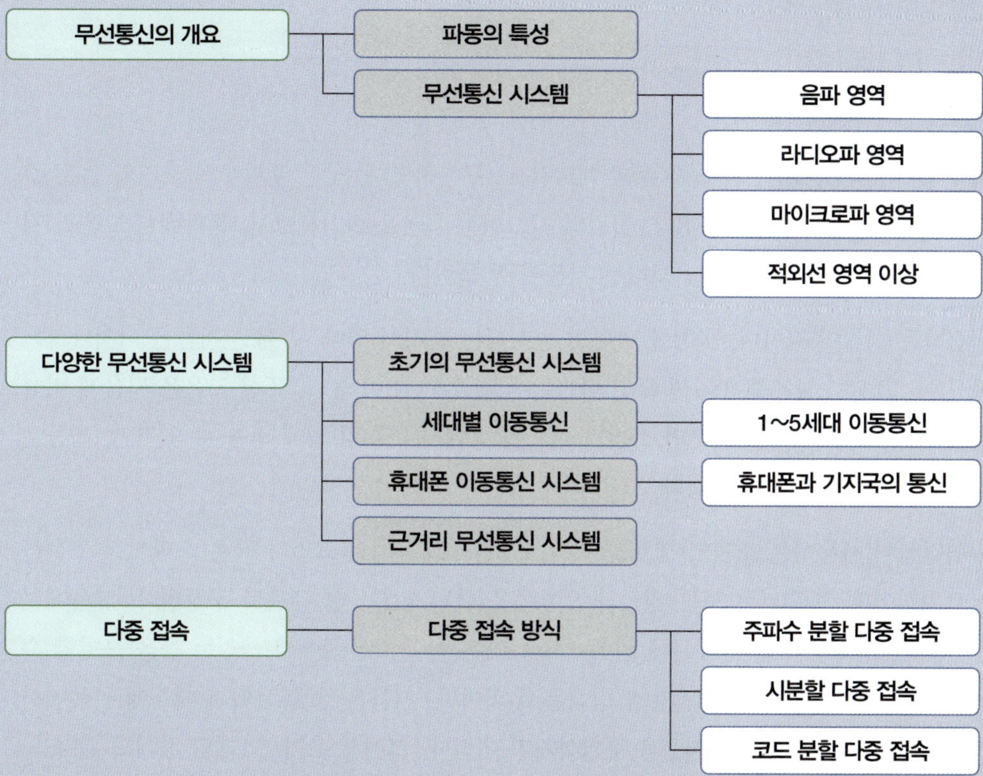

01 | 무선통신의 개요

1 파동의 특성

유선통신은 통신 기기를 선으로 연결해야 하는 불편함이 있다. 이를 해결하기 위해 개발된 것이 무선통신이다. 무선통신을 이해하기 위해서는 먼저 주파수를 가진 신호, 즉 파동wave의 특성을 이해해야 한다.

고음과 저음

앞서 소리를 낮은 주파수(저음)와 높은 주파수(고음)로 구분하였다. 낮은 주파수의 소리와 높은 주파수의 소리는 서로 다른 특징을 가진다. 클럽의 시끄러운 음악을 상상해보자. 문밖에서 고음과 저음 중 어느 것이 더 잘 들리는가? 고음보다는 저음이 잘 들린다.

고음은 직진하는 성질이 강하며, 물체를 만나면 반사되는 특징이 있다. 반대로 저음은 퍼져나가는 성질(확산성)이 강하며, 물체를 만나면 뚫고 나가는 성질(투과성)이 높다. 또한 고음은 저음에 비하여 정보량이 많다. 박수 소리를 들으면 소리가 어느 방향에서 나는지 쉽게 찾을 수 있지만, 천둥은 어느 방향에서 시작했는지 찾기 어렵다.

컴퓨터에 연결하여 사용하는 스피커 세트를 보자. [그림 12-1]에서 크기가 작은 스피커는 고음을 담당하는 트위터이다. 트위터는 보통 왼쪽과 오른쪽을 나눠 2개가 한 세트로 구성된다. 고음에는 방향성이 있으며, 정보량이 많기 때문에 왼쪽에서 들리는 음과 오른쪽에서 들리는 음을 구별할 수 있다. 가운데의 커다란 스피커는 저음을 담당하는 우퍼이다. 저음은 잘 확산되기 때문에 왼쪽에서 들리는 저음과 오른쪽에서 들리는 저음을 구별하기가 어렵다. 그래서 우퍼는 1개만 있어도 된다.

그림 12-1 스피커 세트

주파수가 높은 신호와 주파수가 낮은 신호

무선통신 시스템은 낮은 주파수를 사용하는 것부터 높은 주파수를 사용하는 것까지 다양하게 분포한다. 같은 조건에서 낮은 주파수를 사용하는 통신 시스템이 높은 주파수보다 신호를 더 멀리까지 보낼 수 있다. 예를 들어 AM 라디오는 FM 라디오보다 낮은 주파수를 사용한다. AM은 보통 KHz 단위의 낮은 주파수를 사용하고, FM은 MHz 단위의 높은 주파수를 사용한다. 깊은 산 속에서 FM 라디오보다는 AM 라디오가 더 잘 잡히는데, 낮은 주파수를 사용하여 상대적으로 투과성이 좋기 때문이다.

그러나 높은 주파수를 사용하는 것이 불리하지만은 않다. 높은 주파수는 투과성이 나쁜 대신에 많은 양의 정보를 전달할 수 있다는 장점이 있다. [그림 12-2]와 같이 주파수가 높이 올라가면 1, 낮게 떨어지면 0을 전달한다고 가정하자. 낮은 주파수는 단위 시간당 1과 0 한 개씩만 전달할 수 있지만 높은 주파수는 5배 이상 많은 데이터를 전달할 수 있다. 높은 주파수는 단위 시간당 데이터를 많이 전송할 수 있어서 정보량이 많다.

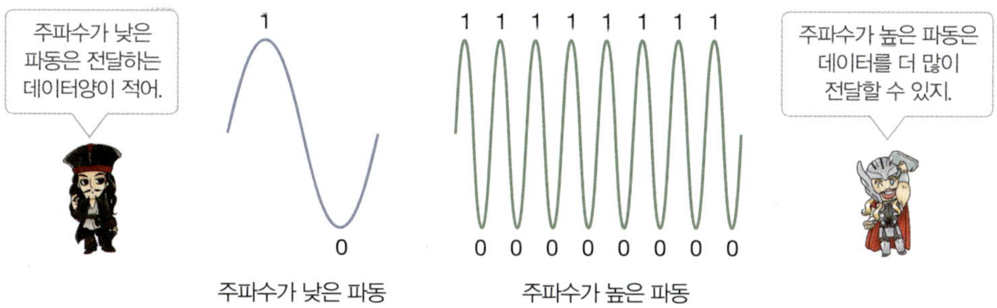

그림 12-2 주파수와 데이터 전송량

고음은 탬버린 소리, 바이올린 소리, 트럼펫 소리와 같이 다양한 악기의 음색을 구분할 수 있다. 저음은 정보량이 적어 북소리만 듣고 북의 크기를 알아내기 어렵다. 라디오도 마찬가지이다. 낮은 주파수의 AM은 정보량이 적어 음질이 떨어진다. 그래서 스테레오 AM 라디오는 없다. 높은 주파수의 FM 라디오는 정보량이 많기 때문에 음질도 좋고 스테레오도 가능하다. 주파수에 따른 파동의 특성을 요약하면 [표 12-1]과 같다.

표 12-1 주파수의 높낮이에 따른 파동의 특성

구분	주파수가 낮은 파동	주파수가 높은 파동
방향성	방향성 없이 퍼져나간다.	한 방향으로 직진한다.
장애물	투과성이 강하여 장애물을 뚫고 나간다.	장애물을 만나면 반사된다.
데이터양	전송할 수 있는 데이터양이 적다.	전송할 수 있는 데이디양이 많다.

2 주파수 대역별 무선통신 시스템

무선통신 기기에는 라디오, 휴대폰, 블루투스, TV, 와이파이, GPS 등 다양한 종류가 있다. 각 통신 기기는 사용하는 주파수 대역이 다르다. [그림 12-3]은 전체 **주파수 스펙트럼** frequency spectrum을 나타낸다. 왼쪽이 가장 낮은 주파수이며 오른쪽으로 갈수록 주파수가 높아진다. 주파수 스펙트럼의 각 영역에는 이름이 붙어 있다. 가장 낮은 주파수 영역은 음파acoustic 영역이다. 그보다 높은 주파수 영역으로 라디오파radio wave 영역, 마이크로파microwave 영역, 적외선infrared 영역, 가시광선visible light 영역, 자외선ultraviolet 영역, 엑스선X-ray 영역이 있다.

자외선 영역 이상에는 무선통신 장치가 없다. 만약 엑스선 영역의 주파수를 사용하는 통신 시스템이 있다면 매우 빠른 속도로 데이터를 전송할 수 있을 것이다. 그러나 인체에 해롭기 때문에 자외선 이상의 영역은 통신에 사용되지 않는다. 자외선만 하더라도 피부에 해가 되기 때문에 자외선 차단제를 사용한다. 하물며 엑스선은 방사선이므로 인체에 치명적이다.

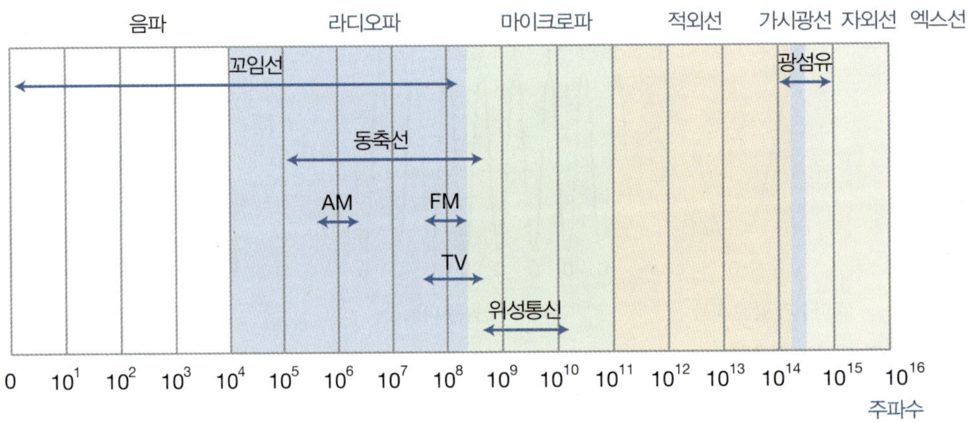

그림 12-3 주파수 스펙트럼

일반적으로 자외선, 가시광선, 적외선을 하나로 묶어 빛이라 하며, 그중 가시광선은 눈에 보이는 빛이다. 우리가 사용하는 라디오는 라디오파 영역 주파수를 사용하는 통신 장비이다. 전자레인지는 영어로 마이크로웨이브 오븐microwave oven인데, 마이크로파 주파수를 사용하여 음식을 가열하는 가전기기라는 뜻이다. 이렇게 알게 모르게 우리는 주파수와 관련된 단어들을 사용해왔다.

주파수와 유선통신 매체

11장에서 설명한 유선통신 매체 중 꼬임선은 음파 영역부터 라디오파 영역까지 걸치는 신호를 전송하고, 동축선은 라디오파 영역의 신호를 전송한다. 동축선은 AM, FM 외에도 TV의 주파수 영역을 커버할 수 있어 케이블 TV 선으로 사용된다. 한편 광섬유는 자외선, 가시광선, 적외선의 주파수 영역을 모두 사용한다. 통신 기기가 사용하는 주파수에서는 가장 높은 주파수 대역이다. 따라서 광섬유는 통신선 중에서 단위 시간당 가장 많은 데이터를 전송할 수 있다.

2.1 음파 영역

음파 영역, 다른 말로 가청 주파수 대역은 인간이 들을 수 있는 소리의 영역이다. 음파 영역은 주파수 스펙트럼에서 앞쪽에 위치하며, 음파 영역보다 높은 주파수를 초음파라 부른다.

음파 영역 신호를 사용하는 무선통신 시스템은 없다. 만약 무선통신 기기가 소리 영역을 사용한다면 우리 귀에 신호가 들려 매우 시끄러울 것이다. 유선 전화는 음파 영역 신호를 전기 신호로 바꾸어 전선을 통해 다른 전화기에 전송한다. 팩스를 사용할 때 나는 '삐-' 소리는 디지털 신호를 소리 신호로 변환할 때 나는 소리이다. 이와 같은 소리가 계속 들린다고 상상해보자. 짜증 나는 일이다.

2.2 라디오파 영역

라디오파는 통상적으로 1Hz~300MHz 주파수를 가리킨다. 많은 통신 기기가 라디오파 영역 주파수를 사용하며, 대표적으로 AM·FM 라디오가 있다. AM과 FM은 통신 방식을 의미한다. 또한 교통카드나 출입 카드에는 RFID가 부착되어 있다. RFID는 라디오 주파수(RF Radio frequency)를 사용하여 사물을 식별(ID)하는 장치이다. 자동차의 스마트키, 무선 조종기로 움직이는 장난감 자동차와 로봇도 라디오 주파수를 사용한다.

(a) RFID (b) 스마트키 (c) 무선 조종 장난감 자동차

그림 12-4 라디오파 영역의 주파수를 사용하는 통신 기기

2.3 마이크로파 영역

마이크로파는 라디오와 적외선 영역 사이의 주파수를 가지는 전자기파이다. 마이크로파는 통상적으로 300MHz에서 30GHz 사이의 주파수를 가리킨다. 이동통신, GPS, 위성통신, 무선 LAN 등이 사용하는 주파수 대역이다.

이동통신

전파는 국가의 귀중한 자원이다. 그래서 허가 없이 마음대로 무선통신 기기를 제작하거나 판매할 수 없다. 또한 방송국도 국가의 허가를 받아야 방송을 송출할 수 있다. SKT, KT, LG와 같은 이동통신 서비스 제공사는 연간 2,400억 원에 육박하는 사용료를 국가에 지불한다. 또한 주파수 대역을 할당받는 경매 비용이 따로 4,000억에서 1조 원까지 든다. 따라서 휴대폰 서비스는 국가에 막대한 금액을 지불하고 사용하는 것이다. 휴대폰이 사용하는 주파수는 통신사와 기종별로 다 다르며, 800MHz부터 2.5GHz대까지 다양하게 퍼져 있다. 자신이 사용하는 휴대폰이 사용하는 주파수를 알고 싶다면 웹사이트(http://willmyphonework.net)를 방문해 보자. [그림 12-5]와 같이 기기와 통신사를 입력하면 사용하는 주파수 대역을 알려준다. 그림은 아이폰 11과 통신사 KT를 사용할 때의 주파수 대역이다.

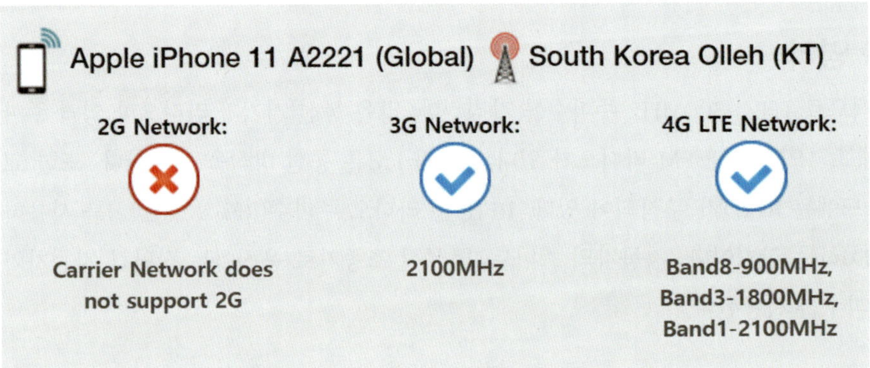

그림 12-5 이동통신 주파수 확인

국가에서 전파 전체를 돈을 받고 팔면 중소기업은 무선통신 기기를 제작하여 판매하기 어려울 것이다. 따라서 국가는 자유롭게 무선통신 기기를 제작할 수 있는 주파수 영역을 만들어 주었다. 대표적인 대역이 2.4GHz와 5GHz이다. 2.4GHz 대역은 일반인에게도 친숙한 마이크로파 영역 안에 있다. 전자레인지는 2.4GHz의 마이크로파를 강하게 쏘아 음식을 데운다.

무선 LAN

마이크로파 영역에 있는 유명한 무선통신 장비로 와이파이가 있다. 와이파이WiFi는 LAN을 무선으로 구현한 것이며 2.4GHz 대역을 사용한다. 최신 와이파이 제품은 5GHz도 지원한다. 신호의 주파수가 높을 때 더 많은 데이터를 전송한다. 따라서 2.4GHz보다는 5GHz 와이파이 제품을 사용해야 같은 시간 동안 더 많은 데이터를 전송할 수 있다.

위성통신

위성통신satellite communication이란 인공위성으로 전파를 쏘고 이를 지상에 있는 안테나로 받는 통신으로, 마이크로파 영역의 주파수를 사용한다. 과거에 위성통신을 이용하는 TV 방송 서비스인 '스카이라이프'가 있었다. 그러나 위성에서 전파를 쏘고 수신할 때까지는 시간이 몇 초씩 걸리며, 구름이 끼거나 수신기가 터널에 있을 때는 수신할 수 없고, 커다란 안테나를 설치해야 하는 불편함이 있었다. 인터넷의 발달로 이제 위성 TV 방송은 거의 사용하지 않는다.

GPS

요즘에는 위성을 이용하는 GPS를 많이 사용한다. 범지구 위치 확인 시스템, 즉 **GPS**Global Positioning System는 인공위성이 쏘는 전파를 수신하여 자신의 위치를 찾는 시스템이다. GPS를 지리 정보와 결합하여 자동차 내비게이션, 실시간 친구 위치 찾기, 커피 주문, 호텔이나 맛집 찾기와 같은 다양한 서비스를 제공한다.

3개의 GPS 위성이 동시에 보낸 신호가 도달하는 시간의 차이로 자신의 위치를 찾을 수 있다. 신호가 도달하는 시간을 매우 정밀하게 측정한 후, 삼각 측량법을 이용하여 사용자가 어느 위성에 얼마나 가까이 있는지 계산한다. 현재 GPS의 최소 오차는 1m 정도이고, 시간의 오차를 줄이기 위하여 4개 이상의 GPS로부터 신호를 받아 계산한다.

그림 12-6 인공위성과 GPS

2.4 적외선 영역 이상

우리는 적외선을 사용하는 통신 장비를 한 가지 사용하고 있다. 바로 리모컨이다. 리모컨의 앞부분에는 적외선 전구가 달려 있다. 이 전구에서 적외선을 발사하여 전자 제품과 통신한다. 앞서 낮은 주파수의 신호는 투과성이 좋고, 높은 주파수의 신호는 직진성이 좋아 반사된다고 했다. 리모컨이 사용하는 적외선은 주파수가 높으므로 직진성이 강하기 때문에 엉뚱한 방향을 보고 리모컨을 누르거나, 리모컨과 전자 제품 사이에 벽이 있으면 통신할 수 없다. 반면 자동차의 스마트키는 라디오파 영역의 신호를 사용하기 때문에 스마트키와 자동차 사이에 벽이 있어도 문을 열 수 있다.

그림 12-7 리모컨

02 | 다양한 무선통신 시스템

1 초기의 무선통신 시스템

인터넷이 보급되기 이전에 가장 대중적인 통신 수단은 전화였다. 전화에는 두 가지 불편한 점이 있었다. 첫째, 전화기가 유선으로 연결되어야만 했다. 산꼭대기든 섬이든 상관없이 모든 전화기를 선으로 연결해야만 했기 때문에 비용이 많이 들었다. 둘째, 전화를 걸거나 받으려면 전화기가 설치된 곳까지 사람이 직접 가야 했다. 다시 말해 전화기는 이동성이 없어 차를 타고 이동하다가 전화를 걸고 싶으면 공중전화기를 찾아야 했다. 그러나 무선통신 시스템의 등장으로 이러한 전화의 단점이 해결되었다. 선을 직접 연결하지 않아도 전화를 걸 수 있고, 이동 중에도 연락을 받을 수 있다. 현재와 같은 5세대 이동통신이 보급되기 이전에도 다양한 무선통신 시스템이 있었다. 무선통신 시스템의 발전 과정을 살펴보자.

무선 호출기

최초의 무선통신 시스템은 무선 호출기이다. 일명 '삐삐'라 불렸던 무선 호출기pager는 일정량의 숫자만 전송할 수 있는 단방향 무선통신 시스템이다. 문자는 전송할 수 없고, 숫자를 수신한 사람은 유선 전화기에서 음성 메시지를 확인했다.

요즘은 삐삐를 사용하는 사람을 보기 어렵지만, 유사한 시스템이 여전히 사용되고 있다. 커피숍이나 패스트푸드 식당에서 주문한 음식이 준비되면 진동으로 알려주는 진동 벨이 무선 호출기이다. 삐삐와 커피숍 무선 호출기의 차이점은 '통신이 가능한 거리'뿐이다.

(a) 과거의 무선 호출기

(b) 진동 벨

그림 12-8 무선 호출기

과거 무선 호출기는 일종의 족쇄였다. 숫자만 전송할 수 있었기 때문에 내용을 확인하려면 전화나 공중전화기를 찾아야만 했다. '8282'나 '4444'라도 찍혀 있으면 급한 마음이 더했다. 이동통신이 보급되기 이전에 집이나 회사가 아닌 외부에서 다른 사람에게 연락할 수 있는 유일한 수단은 공중전화였다. 그래서 길거리의 공중전화에는 언제나 긴 줄이 늘어 서 있었다. 무선 호출기가 보급되면서 외부에서 연락할 일이 더 많아졌다. 그래서 공중전화의 수요는 폭발적으로 증가했다.

초기의 휴대폰

한국에서 개인 무선 휴대전화 서비스, 일명 이동통신 서비스는 1984년부터 시작되었다. 회사의 중역들은 차에 설치된 카폰car phone이나 비서가 가방에 넣고 다니는 커다란 휴대폰을 사용했다. 초기의 휴대폰은 기계도 비싸고 요금도 비쌌다. 그래서 대부분의 사람들은 여전히 무선 호출기와 유선 전화를 이용했다. 공중전화에서 오랫동안 수화기를 붙들고 있는 사람과 급하게 연락해야 하는 사람 사이에 실랑이가 벌어지는 일이 다반사였다.

(a) 카폰

(b) 휴대폰

그림 12-9 무선통신 초기의 휴대폰

1997년에 새로운 통신 서비스가 시작되었는데, 발신 전용 전화인 시티폰이다. 시티폰은 공중전화 옆에 설치된 무선 안테나를 통해 전화를 걸 수 있는 무선 전화기였다. 시티폰을 서비스하기 전에 주식을 일반인들에게 공모했는데, 공중전화기에 줄을 서지 않고서도 전화를 걸 수 있다는 장점이 부각되어 높은 경쟁률을 기록했다.

그런데 실제 시티폰 서비스가 시작되고 보니, 생각한 만큼 인기를 끌지 못했다. 시티폰은 발신 전용 단방향 통신 시스템이다. 다시 말해 전화를 걸 수는 있어도 받을 수는 없었다. 또한 지금의 이동통신과 달리 이동하면서 전화를 걸 수도 없었다. 공중전화 옆에 설치된 안테나의 100m 안쪽에서만 전화를 걸 수 있었기 때문이다. 버스를 타고 이동하는 중간에 무선 호출기로 연락을 받으면 버스에서 내려 공중전화 안테나를 찾아다녀야만 했다. 생긴 건 휴대폰과 똑같이 생겼는데, 무선호출로 연락을 받고 안테나를 찾아야만 하는 시티폰은 너무 불편했다.

시티폰이 소개된 지 1년이 채 지나지 않아 1997년 말에 PCS 휴대폰이 보급되기 시작했다. PCS는 일반 휴대폰보다 통신 품질은 조금 떨어지지만 수신, 발신, 문자 서비스까지 되는 완전한 휴대폰이었다. PCS는 요금도 저렴했기 때문에 빠르게 보급되었다. 반대로 시티폰은 서비스를 시작한 지 3년 만에 1,000억 원 이상의 적자를 내고 사업을 접었다.

지금과 같은 이동통신 서비스는 SKT가 먼저 시작했다. 1997년에 PCS 통신 사업자로 KT와 LG가 선정되었다. PCS는 1.8GHz대의 높은 주파수를 사용했으나, SKT는 800MHz 대역의 낮은 주파수를 사용했다. 더 낮은 주파수를 사용하는 SKT의 휴대폰은 건물이나 승강기 안에서 문제가 없었던 반면에 PCS는 그러지 못했다. 이러한 문제를 PCS는 건물 안을 비롯하여 많은 곳에 중계기를 설치하여 해결했다. 지금은 이동통신사에 따라 통화 품질이나 데이터 전송량에 큰 차이가 없다.

2 세대별 이동통신

최초로 서비스된 휴대폰은 아날로그 신호를 사용하여 음성을 전달했다. 이 시기의 이동통신 서비스를 1세대 무선 전화망, 흔히 1G Generation 이동통신 서비스라 부른다. 2세대 이동통신부터는 아날로그 신호 대신 디지털 신호를 사용했다. 특히 우리나라는 전 세계에서 처음으로 코드 분할 방식(CDM)을 사용한 이동통신 기술을 상용화했고, CDMA의 종주국이 되었다.

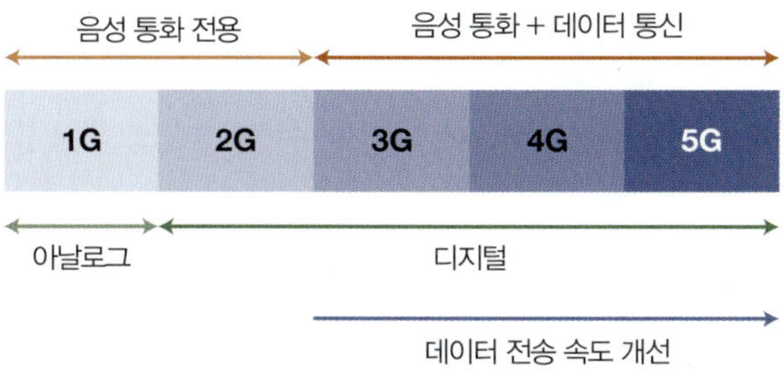

그림 12-10 세대별 이동통신 서비스의 특징

2세대 이동통신 서비스가 보급된 후 전 세계적으로 인터넷이 열풍이 불었다. 이에 따라 휴대폰에서 인터넷을 지원하는 이동통신망이 개발되었다. 기존의(음성망) 전화 기능에 데이터 통신(데이터망) 기능을 추가한 것인데, 이를 3세대(3G) 이동통신이라 부른다. 3세대 이동통신 서비스가 개발되면서 휴대폰으로 무선 데이터 통신이 가능해졌기 때문에 걸어 다니면서 인터넷에 접속할 수 있었다. 이후 데이터의 전송 속도를 높인 4세대 이동통신이 개발되었다. 현재는 초고속 무선통신이 가능한

5세대 이동통신이 사용되고 있다. 2019년 4월 3일 밤 11시, 세계 최초로 한국이 5G 상용화 서비스에 성공했다.

1세대 이동통신

1세대(1G) 이동통신은 AM/FM 라디오와 같은 아날로그 방식을 사용하여 음성을 전송했다. 최대 속도는 2kbps를 약간 넘는 수준이었다. 통신사업을 먼저 시작한 SKT는 황금주파수라고 불리는 800MHz 주파수 대역을 선점하여 사용했다. 이 대역은 주파수 도달 거리가 멀고 통화품질이 우수하여 산속이나 지하에서도 잘 터지는 특성이 있다. 반면 PCS(KT, LGT) 이동통신이 사용하는 1.8GHz대의 주파수 영역은 직진성이 강해 장애물을 만나면 반사되어 버리기 때문에 통화 불가 지역이 많이 발생했다. 지금은 많은 수의 중계기가 설치되고 다양한 통신 대역을 사용하기 때문에 이동통신 3사의 통화 품질에 차이가 거의 없다.

2세대 이동통신

2세대(2G) 이동통신은 아날로그 방식을 디지털로 바꾼 것이다. 음성 신호를 디지털 신호로 압축하여 보내기 때문에 용량이 작고 주파수를 효율적으로 쓸 수 있었다. 전송 속도는 최대 200Kbps로 빨라졌으며, 기존의 단문 메시지 서비스 이외에 멀티미디어 메시지 서비스Multimedia Message Service(MMS)와 텍스트 수준의 인터넷이 가능해졌다.

3세대 이동통신

3세대(3G) 이동통신은 최대 2Mbps까지 전송할 수 있는 무선통신망이다. 휴대폰에 유심 칩이 탑재되었으며, 빨라진 통신 속도 덕분에 영상 통화도 가능해졌다. 3세대 이동통신은 과거에 사용하던 011, 017, 018 대신 010으로 시작하는 번호를 사용해야만 서비스에 가입할 수 있었다. 그래서 많은 사람이 010 전화번호로 이동했다.

3세대 이동통신 초기에도 컴퓨터와 같은 수준으로 휴대폰에서 인터넷을 사용할 수 있었다. 그러나 통신사와 휴대폰 제조사가 결탁하여 휴대폰의 와이파이 접속을 막았다. 휴대폰으로 인터넷에 접속할 때 이동통신망을 사용하도록 유도하여 비싼 데이터 요금을 받기 위함이었다. 2007년 애플이 아이폰을 출시했는데, 아이폰은 와이파이를 통하여 인터넷을 이용할 수 있는 최초의 휴대폰이었다. 이후에 휴대폰에서 인터넷을 통하여 다양한 작업을 할 수 있게 되어, 휴대폰이 아니라 스마트폰이라고 부른다. 스마트폰은 걸어다니며 사용하는 컴퓨터이다. 스마트폰의 보급으로 음성통화보다는 데이터 통신이 휴대폰에서 더 중요한 기능이 되었다.

4세대 이동통신

2013년부터 서비스가 시작된 4세대(4G) 이동통신은 100Mbps 이상의 전송 속도로 인터넷 접속, IP 전화, 게임 서비스 및 멀티미디어 스트리밍을 제공한다. 3세대 이동통신과 5세대 이동통신은 각각 3G와 5G라 부르는데 4세대만 LTE라 부른다. 4세대로 넘어오면서 스마트폰이 대중화되었고, 사용자들은 인터넷, 이메일, 유튜브, 카카오톡과 같은 서비스를 활발하게 이용했다. 따라서 음성통화보다는 데이터 통신이 더 많이 사용되었다. 통신사 입장에서 기존의 3세대 음성 통화 장비를 없애고 4세대로 교체하려니 비용이 많이 들고 이익은 적었다. 따라서 음성 통화는 3세대 장비를 그대로 사용하고, 데이터 통신망의 속도만 높여서 제공하기 시작했다. 이는 4세대 이동통신의 국제 표준을 충족하지 못했기 때문에 온전히 4G라 부를 수 없었다. 대신 3G와 구별하여 LTE$_{\text{Long Term Evolution}}$라 불렀다. 각국 통신사에서는 개별적으로 LTE를 4G라고 부르기도 한다.

5세대 이동통신

5세대(5G) 이동통신은 최대 20Gbps로 전송할 수 있으며, 4세대보다 응답 지연을 혁신적으로 줄였다. 많은 양의 데이터를 보내는 것과 응답 지연을 줄이는 것은 서로 다른 문제이다. 예를 들어 기차에서 승객을 많이 수송하려면 객차의 수를 늘리면 된다. 그러나 승객을 빨리 이동시키기 위해서는(이동 시간을 줄이기 위해서는) KTX와 같은 고속철도를 이용해야 한다. 다시 말해 전송량을 늘리려면 기존의 장비에서 대역폭을 늘리면 되지만, 응답 지연을 줄이기 위해서는 데이터를 빠르게 전송하는 시스템으로 교체해야 한다.

4차 산업혁명 사회로 전환되면서 수억 대의 기기들이 사물 인터넷으로 연결되고 있으며 앞으로는 더 많은 기기가 연결될 것이다. 이때 기기를 모두 선으로 연결하기 어렵기 때문에 이동통신망을 사용하게 된다. 이러한 상황에서 이동통신의 대역폭도 중요하지만, 응답 지연도 매우 중요하다. 만약 응답 지연이 길면 자율주행 자동차에 사고가 날 수도 있다. 자율주행과 같은 4차 산업혁명의 기술을 수용하려면 지금보다도 응답 지연이 짧으면서 대용량인 네트워크가 뒷받침되어야 한다.

3 휴대폰 이동통신 시스템

휴대폰 시스템에서 기지국 하나가 담당하는 영역을 셀$_{\text{cell}}$이라 부른다. 다시 말해 셀은 기지국의 전파가 닿는 지역이다. 휴대폰은 영어로 '셀룰러 폰$_{\text{cellular phone}}$'인데, 말 그대로 셀에서 통신이 가능한 전화라는 뜻이다. [그림 12-11]에서 육각형으로 표현한 영역이 셀이다. 일반적으로 기지국의 전파가 닿는 영역은 원에 가깝다. 그러나 셀을 원으로 그리면 빈 공간이 생기거나 겹치기 때문에 셀을 육각형으로 표시했다.

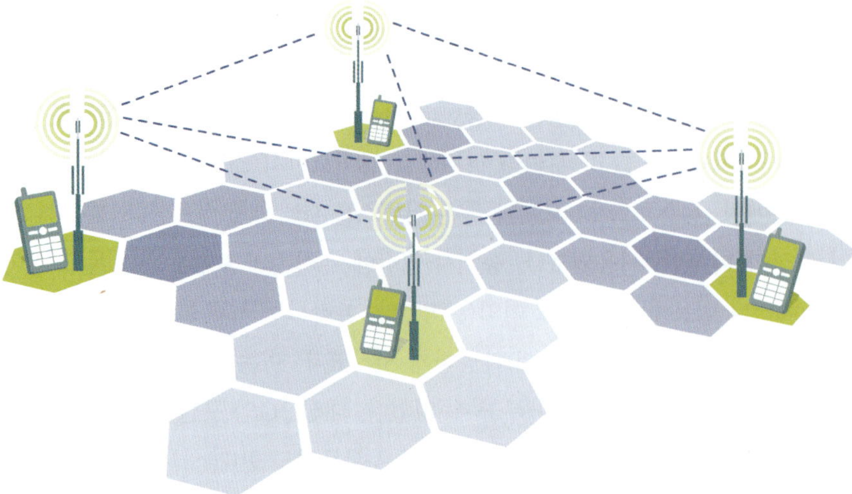

그림 12-11 **휴대폰과 셀**

핸드오버

시티폰과 휴대폰의 차이점을 생각해보자. 시티폰은 발신 전용인 데 반하여 휴대폰은 수신·발신할 수 있을 뿐 아니라 문자 메시지까지 주고받는다. 그러나 가장 큰 차이는 이동성이다. 휴대폰은 전파의 세기를 통하여 사용자의 이동을 감지한다. 시티폰은 안테나가 설치된 셀 안에서만 통신할 수 있지만, 휴대폰은 차를 타고 이동해도 전화가 끊기지 않는다. 사용자가 이동하여 하나의 셀에서 다음 셀로 넘어가는 것은 핸드오버라 부른다. **핸드오버**hand-over 혹은 **핸드오프**hand-off란 휴대폰이 현재의 셀에서 다른 셀로 이동할 때 데이터를 빠른 속도로 다음 기지국에 넘겨주는 기능이다. 따라서 시티폰은 핸드오버 기능이 없는 이동통신 시스템이고, 휴대폰은 핸드오버 기능이 있는 이동통신 시스템이다.

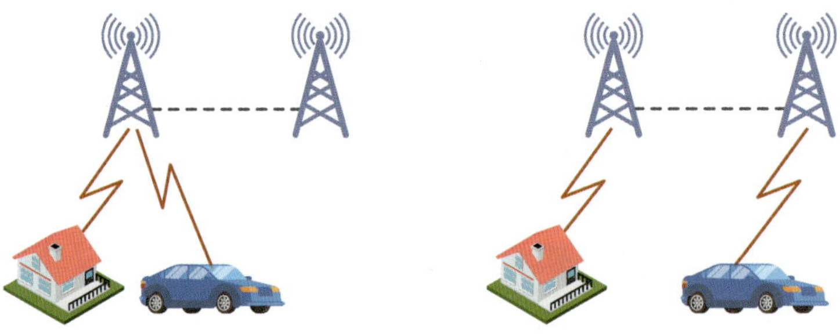

그림 12-12 **핸드오버**

휴대폰과 기지국의 통신

친구가 전화를 걸면 서울의 집에 있든 수원의 학교에 있든 전화를 받을 수 있다. 어떻게 전화 신호가 내 위치를 알고 도달하는지 살펴보자. 모든 휴대폰에는 기본 기지국이 있다. **기본 기지국**base station이란 그 휴대폰이 등록된 기지국이다. 일반적으로는 자신의 집이나 휴대폰을 처음 개통한 곳에 가까운 기지국이 기본 기지국이다. 가장 통신이 자주 일어나는 곳의 기지국에 휴대폰이 등록되어 기본 기지국이 된다. 등록된 기기가 이동하면 기본 기지국이 이를 추적하여 사용자가 현재 어느 기지국 셀에 머무는지를 파악한다. 누군가 당신에게 전화를 걸면 데이터가 기본 기지국으로 전송된다. 기본 기지국이 데이터를 받아서 사용자가 머무는 셀의 기지국으로 넘겨줌으로써 통신이 이루어진다. 전화를 걸거나 받지 않을 때도 휴대폰과 기지국은 주기적으로 통신을 한다. 그래야만 사용자의 현재 위치를 파악할 수가 있기 때문이다.

그림 12-13 휴대폰의 통신 과정

휴대폰은 현재 머무는 셀의 기지국과 다양한 데이터를 주고받는다. 사용자가 전화기를 켜면 휴대폰이 깨어남wake up 신호를 가까운 기지국에 보낸다. 현재 위치의 기지국에 휴대폰을 등록하는 것이다. 깨어남 신호를 받은 기지국은 현재 시각을 포함하여 몇 가지 정보를 휴대폰에 보내준다. 휴대폰의 시계는 자체적으로 돌아가는 것이 아니라 기지국으로부터 받은 시간이다. 휴대폰의 시계가 제각각이라면 과금에 문제가 생기기 때문에 항상 기지국과 시간을 맞추록 되어 있다. 그래서 로밍 서비스를 신청했다면 휴대폰을 가지고 외국에 나갈 때 현지 시각으로 설정할 필요가 없다. 반대로 로밍 서비스를 신청하지 않고 휴대폰을 외국에 가져가면 시계가 바뀌지 않는다.

휴대폰의 전원을 끌 때도 기지국과 데이터를 주고받는다. 휴대폰이 꺼짐 신호die를 보내고 기지국으로부터 OK 신호를 받은 후에야 휴대폰이 꺼진다. 기지국이 휴대폰 꺼짐을 감지하고 있을 때 전화가 오면 상대방은 '전화기가 꺼져 있어…'와 같은 음성 안내를 듣게 된다.

전화를 사용하지 않을 때도 휴대폰은 주기적으로 기지국과 통신을 한다. 휴대폰을 사용하지 않은 상태에서 차를 타고 빠른 속도로 이동하면 사용자의 현재 위치를 놓쳐버릴 수도 있다. 이 경우, 전화를 받을 수 없게 된다. 따라서 휴대폰은 주기적으로 살아있음alive 신호를 기지국으로 보내고 기지국으로 OK 신호를 받는다.

(a) 휴대폰을 켤 때 (b) 휴대폰을 끌 때 (c) 주기적으로

그림 12-14 휴대폰과 가까운 기지국의 통신

이러한 특징 때문에 깊은 산속이나 동굴과 같이 전파 신호가 미약한 곳에서는 휴대폰 배터리가 빨리 소모된다. 휴대폰이 주기적으로 살아있음 신호를 기지국에 보낼 수 없거나, OK 신호를 받지 못하면 더 세게, 더 자주 통신을 시도하게 된다. 따라서 전화기를 사용하지 않아도 배터리가 쉽게 없어지니 신호가 미약한 곳에서는 전화기를 꺼두는 것이 좋다.

4 근거리 무선통신 시스템

근거리에서 기기를 인터넷에 연결하거나 여러 기기를 연결하는 데 다양한 무선통신 시스템이 사용된다. 실생활에서 많이 쓰이는 근거리 무선통신 시스템에 대하여 알아보자.

와이파이

와이파이(WiFi)는 와이파이얼라이언스Wi-Fi Alliance라는 기관에서 붙여주는 인증 상표이며, LAN을 무선으로 연결한 근거리 무선통신 시스템을 말한다. 무선 공유기는 LAN을 여러 대의 컴퓨터, 노트북, 프린터가 무선으로 공유하도록 만든 장치이다.

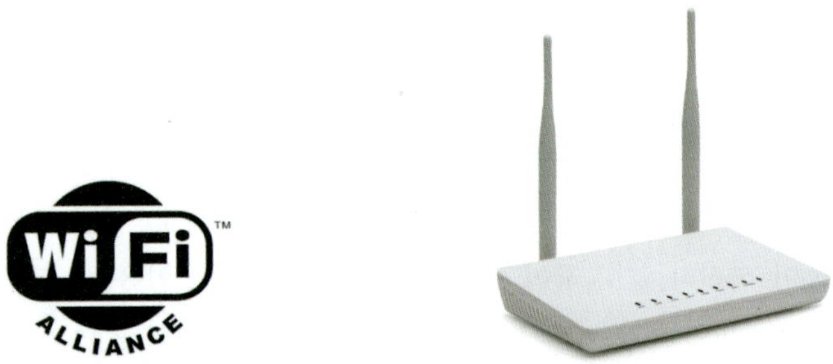

(a) 와이파이얼라이언스 로고 (b) 유·무선 공유기

그림 12-15 와이파이

와이파이가 대중화되면서 컴퓨터뿐 아니라 다양한 주변기기가 와이파이로 연결되어 편의성이 향상

되었다. 대표적으로 프린터가 있다. 프린터를 와이파이로 연결하면 컴퓨터 옆에 붙여두지 않아도 출력할 수 있다. 또한 여러 대의 컴퓨터가 프린터를 공유하거나 스마트폰에서 문서를 바로 출력할 수 있다.

무선 공유기에 하드디스크나 USB 드라이브를 연결하여 파일 서버로 사용하는 기능도 추가되었다. 가정이나 회사에서 여러 대의 컴퓨터에 흩어져 있던 파일을 하나로 모아 공유할 수 있다. 최신 제품은 인터넷을 이용하여 LAN 외부에서 업로드나 다운로드를 할 수 있도록 지원한다.

와이파이는 그 규격이 IEEE의 802.11에 명시되어 있기 때문에 802.11 호환 무선 LAN이라고 부른다. 와이파이는 마이크로파의 2.4GHz 대역을 사용하며, 5GHz 대역을 지원하는 제품도 있다. 전송 속도는 11Mbps에서부터 최대 3.7Gbps까지 지원하는 제품도 선보이고 있다.

표 12-2 와이파이의 규격과 특징

구분	IEEE 규격	특징
WiFi 1	802.11b	2.4GHz 사용, 속도는 11Mbps
WiFi 2	802.11a	5GHz 사용, 속도는 54Mbps
WiFi 3	802.11g	2.4GHz 사용, 최대 속도는 54Mbps, 스마트폰과 노트북에 탑재
WiFi 4	802.11n	a/b/g 호환, 2.4GHz와 5GHz 사용, 최대 속도는 600Mbps
WiFi 5	802.11ac	차세대 와이파이, 5GHz만 사용, 최대 속도는 3.7Gbps
WiFi 6	802.11ax	802.11ac의 후속 표준

와이파이는 무선으로 통신하기 때문에 전파 범위 안의 모든 기기가 통신 내용을 확인할 수 있다. 중요한 정보가 노출되거나 허가받지 않은 기기가 와이파이를 사용하는 것을 방지하기 위하여 다양한 암호화 기술을 채택하고 있다.

블루투스

무선 개인 통신망Wireless Personal Area Network(WPAN)은 개인의 작업 공간에 장치를 연결하기 위한 컴퓨터 네트워크이다. 무선 LAN은 약 100m까지 통신이 가능한 반면 무선 개인 통신망은 약 10m 안에서 통신이 가능하다. 무선 개인 통신망의 대표적인 통신 규격으로 블루투스가 있다. 블루투스Bluetooth는 기기 간의 간단한 연결을 위해 만들어진 무선통신 시스템이다. 블루투스는 와이파이와 같은 2.4GHz 대역을 사용한다. 무선 장치에서는 배터리 소모가 가장 중요한 문제이다. 따라서 블루투스는 저전력으로 설계되어 전파의 강도가 약하며 약 10m 안에서만 통신할 수 있다. 블루투스 관련 정보는 기술 웹사이트(http://www.bluetooth.com/ko-kr)에서 확인할 수 있다.

블루투스 이전에는 컴퓨터의 모든 주변 장치를 선으로 연결해야 했기 때문에 여러 장치를 사용하기 복잡했다. 블루투스가 개발된 이후에는 주변 장치를 무선으로 연결하여 훨씬 편리하게 사용하고 있다. 블루투스를 사용하는 컴퓨터 주변 장치로는 마우스와 키보드가 있다. 스마트폰에도 블루투스 스피커나 블루투스 이어폰을 연결하여 음악을 들을 수 있다.

(a) 블루투스 로고 (b) 무선 키보드 (c) 무선 이어폰

그림 12-16 블루투스

블루투스가 네트워크를 구성하는 방식을 애드혹이라 부른다. 애드혹Ad-hoc은 기존의 LAN이나 인터넷에 연결하지 않고 기기들이 네트워크를 구성하는 방식이다. 블루투스는 1개의 마스터master와 여러 대의 슬레이브slave 방식으로 네트워크가 구성된다. 블루투스 기기를 처음 연결할 때는 페어링paring을 해야 한다. 페어링은 마스터master 기기와 슬레이브slave 기기를 쌍으로 묶는 작업이다. 여기서 마스터는 주 노드, 슬레이브는 종속 노드를 의미한다. 예를 들어 스마트폰에 무선 이어폰을 연결하는 경우, 스마트폰은 마스터가 되고 무선 이어폰은 슬레이브가 된다. 페어링을 통해 한번 연결된 기기는 이후에 자동으로 연결된다.

블루투스 네트워크는 연결하는 범위가 작고 연결되는 기기 수가 많지 않기 때문에 아주 작은 네트워크라는 의미로 피코넷piconet이라 부른다. 피코넷은 최대 8대의 기기로 구성되는데, 1대는 마스터이고 나머지는 슬레이브가 된다. 여기서 슬레이브가 최대 7개라는 것은 활성active 기기만을 의미한다. 등록은 되어 있지만 쉬고 있는 파크park 상태 기기는 최대 256개까지 둘 수 있다.

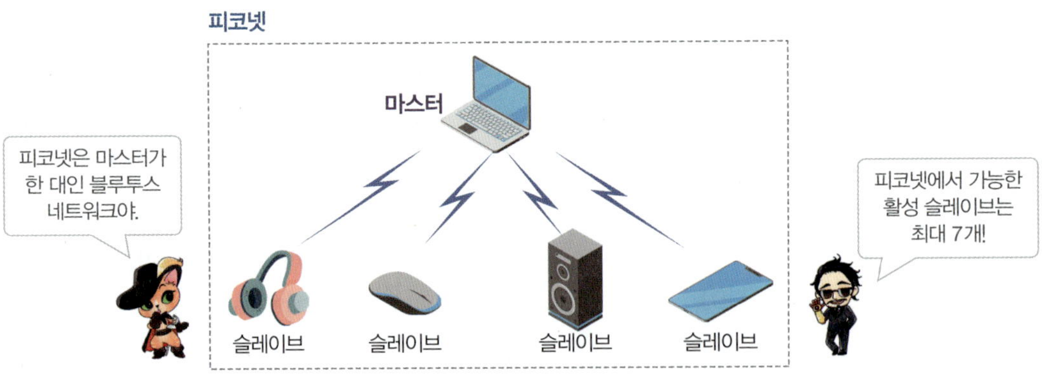

그림 12-17 블루투스 네트워크

지그비

지그비zigbee는 유니캐스트, 멀티캐스트, 브로드캐스트를 모두 지원하는 무선통신 기술이다. 지그비는 2.4GHz 대역을 사용하며 전송 속도는 최대 250Kbps이다. 지그비는 전송 속도는 덜 중요하지만 긴 배터리 수명과 높은 보안 수준을 요구하는 분야에서 사용된다. 특히 주기적·간헐적으로 단순한 신호를 전달하는 네트워크에 적합하다. 그래서 무선 조명 스위치, 전력량계, 교통관제 시스템, 산업용 센서 등에 사용된다.

사물 인터넷이 발달하면서 각종 센서와 기기가 인터넷에 연결되기 시작했다. 이미 집안의 장치들을 스마트폰으로 제어할 수 있다. 현관문에 달린 잠금장치만 하더라도 외부에서 스마트폰으로 문이 열린 상태를 확인하거나 손을 대지 않고 문을 열 수 있다. 자동차끼리 통신하는 무인 자동차의 시대도 다가오고 있다. 사물 인터넷의 센서와 기기는 높은 주파수를 사용하지 않아도 된다. 그러나 배터리 교체 없이 장기간 사용할 수 있어야 하고 응답 지연은 짧아야 한다. 또한 기기들이 넓은 지역에 흩어져 있기 때문에, 멀리까지 데이터를 전송하면서도 에너지를 적게 소비하는 통신 시스템이 필요하다. 이러한 조건을 만족하는 기술이 지그비이다.

그림 12-18 지그비 로고

무선통신 시스템 비교

지금까지 설명한 무선통신 시스템을 비교해보자. 각각의 무선통신 시스템은 만들어진 배경이 다르다. 와이파이는 LAN에 사용하던 유선 LAN을 무선으로 대체하기 위하여 만들어졌다. 또한 블루투스는 컴퓨터 주변 장치를 무선으로 연결하기 위하여 만들어졌다. 블루투스를 지원하는 키보드, 마우스, 이어폰, 스피커들이 선보이고 있다. 지그비는 사물 인터넷이 발달하면서 저전력으로 센서나 기기를 연결하기 위하여 만들어진 통신 기술이다.

사용 목적이 다르기 때문에 전송 속도와 전파 거리도 각각 다르다. 와이파이는 전송 속도가 11Mbps부터 최대 3.7Gbps까지로 높다. 또한 전파 거리도 100m에 이른다. 이에 비해 블루투스는 1m 안에서 통신하고, 전송 속도는 블루투스 4.0 기준으로 24Mbps이다. 지그비는 전송 속도가 250Kbps로 낮지만 전파 거리가 100m에 이른다.

와이파이, 블루투스, 지그비의 공통점은 2.4GHz 대역을 사용한다는 것이다. 와이파이는 추가로 5GHz 대역도 사용한다. 전력 소비량은 지그비가 가장 낮은데 이는 센서에 있는 배터리로 오래 통신할 수 있도록 설계되었기 때문이다.

표 12-3 무선통신 시스템 비교

구분	와이파이	블루투스	지그비
활용	무선 공유기	케이블을 대체	모니터링과 제어
전송 속도	11Mbps~3.7Gbps	24Mbps	250kbps
전파 거리	~100m	~10m	~100m
주파수	2.4GHz 또는 5GHz	2.4GHz	2.4GHz
표준	IEEE 802.11	IEEE 802.15.1	IEEE 802.15.4
전력 소비	높음	중간	낮음

비콘

블루투스를 응용한 기술로 비콘이 있다. 블루투스 비콘이라고도 불리는 **비콘**beacon은 스마트폰과 같은 기기를 자동으로 인식하여 데이터를 전송하는 장치이다. 블루투스는 페어링한 이후에 작동되기 때문에 양방향으로 통신이 이루어져야 한다. 그런데 단방향 모드를 사용하는 비콘은 페어링 없이 스마트 기기에서 블루투스 기기로 데이터를 보낼 수 있다. 따라서 비콘은 페어링하기 위하여 대기할 필요가 없다는 장점이 있다. 그러나 사용자가 인식하지 못하는 사이에 데이터가 전송되므로 사생활 침해의 문제가 남아 있다. 비콘 기기에서 나의 정보를 얻는 것이 신경 쓰인다면 스마트폰 설정에서 특정 앱의 블루투스 접근 권한을 차단하면 된다. 이렇게 차단해도 블루투스 이어폰을 사용하는 데는 지장이 없다.

일방적인 데이터 전송은 다음에 설명할 NFC로도 가능하다. 그러나 NFC는 10cm 안에서만 작동하는 데 반하여 비콘은 10m까지 송수신할 수 있어 활용 분야가 다르다. 예를 들어 학교에서 자동 출석 시스템에 비콘을 사용한다. 교실에 비콘 단말기를 설치하면 학생의 스마트폰이 교실 안에 있을 때만 비콘이 인식되기 때문에 출석 여부를 쉽게 알 수 있다. 또한 백화점 매장에 비콘을 설치하여 손님이 어떤 브랜드에 관심을 가지는지 파악할 수 있다.

RFID

ID 코드identification code는 사물을 구별하기 위해 만들어진 정보 체계이다. 대표적으로 주민등록번호는 국가에서 국민을 구별하기 위하여 부여하는 ID 코드이다. 상품을 생산·유통·판매할 때 각 상품의 ID 코드를 관리하는 일은 매우 중요하다. 이전에는 이런 작업을 모두 수기로 했으나, 컴퓨터를 사용하며 제품 관리가 자동화되었다.

상품의 ID 코드로 가장 먼저 사용된 것은 바코드이다. 바코드barcode는 숫자로 이루어진 코드를 바코드 리더로 읽어 데이터를 사용하는 방식이다. 다만 바코드 자체는 데이터를 가지고 있지 않다. 슈퍼마켓에서 계산할 때 바코드 리더로 바코드를 읽으면 해당 숫자가 서버로 전송된다. 서버에서 해당 숫자에 해당하는 계산 정보를 계산대로 다시 보내면 계산이 완료된다. 따라서 서버가 없으면 바코드만으로 계산이 안 된다. 또한 바코드 리더로 바코드를 읽을 때 위치와 방향이 어긋나면 데이터를 읽을 수 없다는 문제가 있다.

바코드를 개선하여 코드에 제한된 양의 데이터를 담을 수 있는 QR 코드Quick Response code도 선보였다. QR 코드는 그 자체에 데이터가 있기 때문에 상품 관리뿐 아니라 홈페이지의 연결, 개인 정보 제공과 같은 곳에 사용된다.

바코드와 QR 코드의 가장 큰 문제는 보안성이다. 바코드와 QR 코드에 있는 데이터를 누구나 볼 수 있고 쉽게 복사할 수 있다. 따라서 바코드나 QR 코드는 상품의 분류나 간단한 정보 제공과 같이 보안의 문제가 없는 경우에만 사용할 수 있다. 신용카드나 출입 카드와 같이 보안에 민감한 곳에는 사용하지 않는다.

(a) 바코드 (b) QR 코드

그림 12-19 ID 코드

보안에 민감한 곳에 사용하기 위하여 만들어진 ID 코드가 RFID이다. **RFID**radio-frequency identification는 라디오 주파수 대역을 사용하여 ID 정보를 전달하는 시스템이며, 일명 전자 태그electronic tag로 불린다. RFID는 RFID 태그와 RFID 리더로 구성된다. RFID 태그 안의 작은 칩에 암호화한 데이터가 담겨있다. 이때 데이터는 최대 1MB까지 담을 수 있다.

RFID 태그의 종류는 능동형, 수동형, 반수동형의 3가지로 나눌 수 있다. 능동형 RFID 태그는 기존의 통신 기기와 마찬가지로 자체 배터리를 사용하여 통신한다. 배터리를 사용하려면 제품의 크기를 작게 만들기 어렵고, 배터리를 작게 만들면 자주 교환하거나 충전해야 해서 불편하다. 반면 수동형 RFID 태그에는 자체 배터리가 없고 전원 공급이 필요 없다. 반수동형 RFID 태그는 능동형과 수동형의 장점을 합친 형태이다.

배터리를 포함하지 않는 수동형 RFID 태그는 전자기 유도를 이용하여 통신한다. RFID 태그에는 칩 주위로 가늘고 기다란 안테나가 달려 있다. RFID 리더가 전파를 쏘면 태그의 안테나가 전파를 받아서 전기를 만들고 데이터를 전송한다. 이러한 특징 때문에 멀리서도 태그를 읽을 수 있으며, 리더와 태그 사이에 물체가 있어도 이를 통과하여 데이터를 보낼 수 있다.

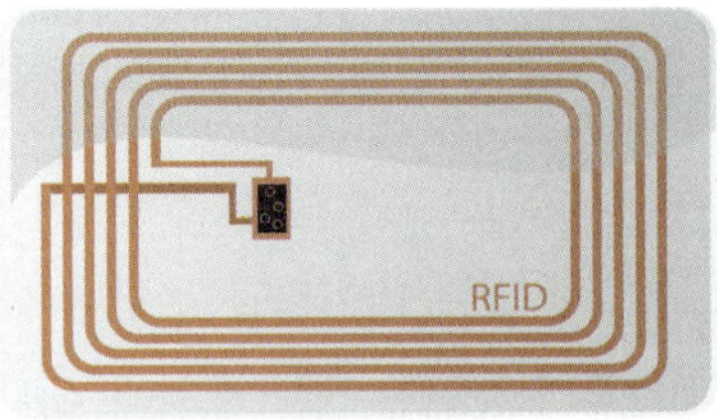

(a) 수동형 RFID 태그의 구조

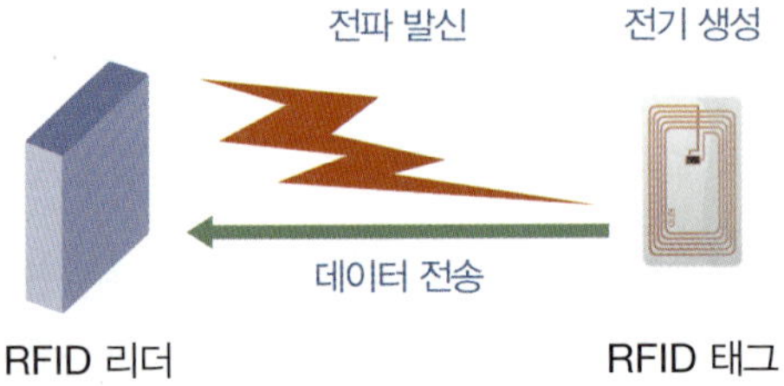

(b) 수동형 RFID 태그의 통신

그림 12-20 수동형 RFID 태그

여기서 잠깐 **전자기 유도의 활용**

전자기 유도를 활용한 제품을 실생활에서 흔히 볼 수 있다. 휴대폰과 전동 칫솔은 전자기 유도를 이용하기 때문에 충전기에 올려놓기만 해도 충전된다.

RFID는 전파를 이용하기 때문에 많은 양의 데이터를 전송할 수 있어 다양한 곳에 활용된다. 도서관의 도서 대출 시스템이나 아파트의 주차 관리 시스템에 RFID가 있다. 하이패스라 불리는 고속도로 통행 카드도 RFID 태그를 사용한다. 상단의 리더가 전파를 쏘면 태그가 순간적으로 반응하여 데이터를 보낸다. 원래 RFID는 10cm 정도 거리에서 작동하지만, 하이패스는 단말기가 RFID 신호를 증폭시키기 때문에 자동차가 100km로 달리는 순간에도 데이터 전송이 가능하다.

RFID 태그에 담는 데이터는 암호화할 수 있다. 그래서 회사의 출입 카드나 신용카드처럼 보안이 중요한 곳에 사용된다. 도난 방지 시스템에도 RFID가 사용된다. 슈퍼마켓이나 대형 상점의 입구에 [그림 12-21]과 같이 커다란 판을 세워놓은 것을 본 적 있을 것이다. 이 판이 RFID 리더이다. 고객이 물건을 계산하지 않고 가지고 나가면 리더가 RFID를 읽어 경고음을 울린다.

(a) 하이패스

(b) 건물 출입 카드

그림 12-21 RFID의 활용

RFID 태그는 전파를 수신해야만 전기를 만들어 데이터를 보낼 수 있기 때문에 환경에 따라 완벽하게 동작하지 못하기도 한다. 은박지로 태그를 감싸면 은박지가 전파를 차단하여 태그에 있는 데이터를 읽을 수 없다. 또한 RFID 리더와 태그가 정면으로 마주 보아야만 전파가 전기를 생성할 수 있다. 만약 도서 대출기에 책이 3권 이상 쌓여 있으면 맨 아래 책의 RFID는 읽을 수 없다. 전파가 두꺼운 책을 통과하기 어렵기 때문이다.

NFC

NFC Near Field Communication은 13.56MHz 대역의 주파수를 사용하는 초근거리 무선통신 기술이다. NFC를 지원하는 스마트폰은 신용카드를 대신하여 결제하거나 데이터를 다른 스마트폰으로 전송할 수 있다. 현재 지원되는 통신 속도는 424Kbps이며, P2P 네트워크이다.

앞에서 설명한 RFID도 13.56MHz 대역 등의 주파수를 사용한다. 일반적으로 NFC가 RFID를 기반으로 만들어졌다고 본다. 따라서 NFC가 RFID에 포함된다. 그러나 RFID와 NFC가 같은 기술은 아니다. 우선 NFC는 수신 범위가 고작 10cm 정도로 짧고, RFID는 수신 범위를 그보다 크게 할 수 있다. 가장 큰 차이점은 RFID는 단방향 통신이고 NFC는 양방향 통신이라는 점이다. RFID는 태그와 리더 역할이 고정되어 있다. 예를 들어 교통카드는 태그로서 정보를 내주는 역할(출력)만 수행하고, 버스에 부착된 RFID 리더는 정보를 읽는 역할만 수행한다. 반면 NFC는 상황에 따라 태그와 리더 역할을 변경할 수 있다. NFC 기능이 내장된 스마트폰이 신용카드 모드일 때는 태그 역할이고, 스마트폰을 NFC 태그에 갖다 대거나 다른 교통카드의 잔액을 확인할 때는 리더 역할이다.

03 | 다중 접속

비싸고 귀중한 전파 자원을 한 번에 한 사람씩만 이용하면 낭비이다. 특정 주파수 대역에서 여러 명이 동시에 사용하려면 특별한 기술이 필요하다. 동일한 주파수 대역에서 다수의 사용자가 서비스에 접속할 수 있도록 하는 기술이 **다중 접속**multiple access이다.

다중 접속 방식으로는 주파수를 나누는 주파수 분할 다중 접속, 시간을 나누어 사용하는 시분할 다중 접속, 코드를 나누어 사용하는 코드 분할 다중 접속이 있다. 특히 코드 분할 다중 접속(CDMA) 기술은 우리나라가 전 세계에서 처음으로 상용화했다. 한국은 CDMA 종주국으로서 운용 기술을 수출하여 많은 외화를 벌어들였다.

주파수 분할 다중 접속

가장 먼저 살펴볼 다중 접속 방식은 **주파수 분할 다중 접속**Frequency Division Multiple Access, 약어로 FDMA이다. 이 방식은 사용할 수 있는 전체 대역폭을 잘게 쪼개어 사용자에게 나누어 주는 것이다. 마치 스트링치즈 하나를 찢어 여러 줄로 만드는 것과 같다. 이렇게 나누어진 작은 대역폭 한 개의를 채널channel이라 부른다. [그림 12-22]의 (b)는 전체 대역폭을 나누어 A, B, C에 할당한 모습이다.

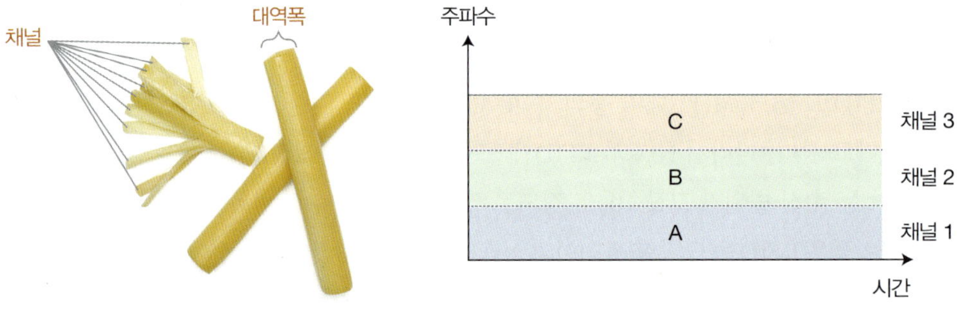

(a) 대역폭과 채널 (b) 주파수 분할

그림 12-22 주파수 분할 다중 접속

FDMA를 사용하는 대표적인 통신 기기가 라디오와 TV이다. 라디오는 전체 라디오 방송 대역폭을 나누어 SBS, KBS, TBN이 각자 할당된 주파수 대역으로 방송을 송출한다. FDMA는 케이블 TV에서도 사용한다. 집에 케이블 TV를 설치하면 100여 개가 넘는 채널을 감상할 수 있다. 동축선의 대역폭을 여러 방송이 잘게 쪼개어 데이터를 전송하기 때문에 가능한 것이다.

FDMA는 주로 아날로그 데이터를 전송할 때 사용했으며, 1세대 이동통신에서도 사용했다. 그런데 FDMA는 한 사람이 채널 하나를 독점하기 때문에 주고받는 데이터가 없는 동안에도 채널을 공유하지 못한다. 따라서 대역폭의 낭비가 발생할 수 있다.

시분할 다중 접속

두 번째 다중 접속 방식은 **시분할 다중 접속**Time Division Multiple Access, 약어로 TDMA이다. 이 방식은 하나의 채널을 여러 사람이 나누어 쓰는 방식으로 디지털 신호에만 적용할 수 있다. [그림 12-23]과 같이 A, B, C 3명이 번갈아 가면서 짧은 시간 동안 데이터를 전송하는 방식이다. A가 0.1초 동안 데이터를 보내면, 그다음 B가 0.1초 동안 데이터를 보내고, 그다음은 C가 0.1초 동안 데이터를 보낸다. 이렇게 3명이 번갈아 가면서 데이터를 보내면 기존의 주파수 분할 방식보다 3배 많은 사람이 동시에 사용할 수 있다.

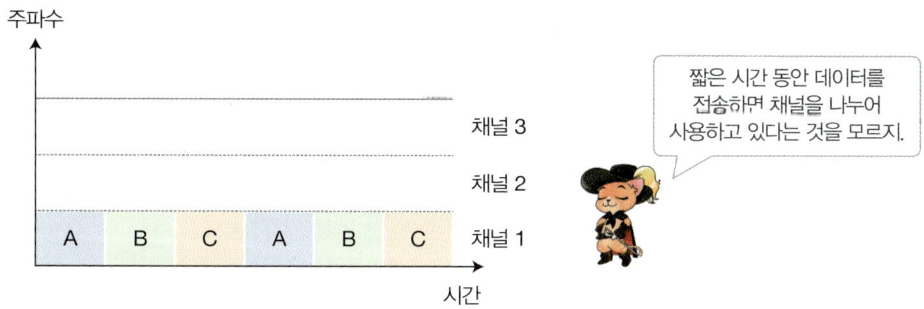

그림 12-23 시분할 다중 접속

TDMA에서 사람 목소리가 끊겨서 들리지 않을까 걱정하지 않아도 된다. A, B, C가 0.1초씩 데이터를 보낼 경우, 다시 자기 차례로 돌아오는 데 걸리는 시간은 0.3초뿐이다. 0.3초는 매우 짧기 때문에 A, B, C는 자신이 같은 채널을 나누어 사용하고 있다는 것을 거의 느끼지 못한다. 이는 운영체제의 시분할 시스템과 같은 원리이다. CPU가 한 개인 컴퓨터에서 여러 프로그램을 동시에 돌려도 끊김 없이 작동한다. CPU가 사용 시간을 잘게 쪼개어 나눠주기 때문에 여러 개의 소프트웨어가 동시에 돌아가는 것처럼 보인다. TDMA는 유럽의 표준 이동통신 시스템인 GSMGlobal System for Mobile Communications에서도 사용하는 방식이다.

코드 분할 다중 접속

마지막으로 살펴볼 다중 접속은 **코드 분할 다중 접속**, 약어로 CDMA이다. CDMA는 지금까지의 방식과 매우 다른 독특한 구조인데 하나의 데이터 덩어리를 여러 명이 공유하여 보내는 방식이다.

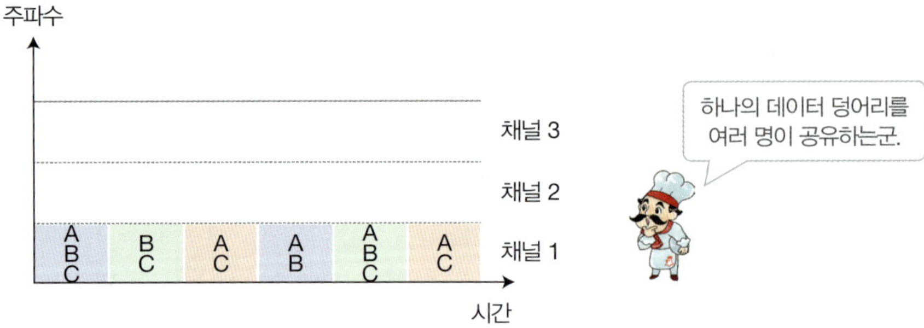

그림 12-24 코드 분할 다중 접속

CDMA를 설명하려면 수식이 많이 필요하기 때문에 일반인들이 이해하기 어렵다. 이 책에서는 칩 모형을 이용하여 CDMA가 어떻게 동작하는지를 설명한다. A, B, C 세 사람은 '칩'이라 불리는 같은 크기의 판을 가지고 있다. 여기서 칩은 감자 칩과 같은 하나의 덩어리를 의미한다. 각자의 칩에는 구멍이 뚫려 있다. CDMA의 핵심은 **칩에 있는 어떤 구멍도 다른 칩과 겹치지 않는다**는 것이다.

데이터를 보낼 때를 살펴보자. [그림 12-25]에서 A, B, C는 각자 구멍 뚫린 칩을 대고 보내려는 데이터를 한곳에 쓴다. 강조했다시피 겹치는 구멍이 없기 때문에 데이터를 하나의 덩어리에 작성해도 데이터가 겹치는 일은 없다. 이렇게 세 사람의 데이터 작성이 완료되면 데이터를 송신한다.

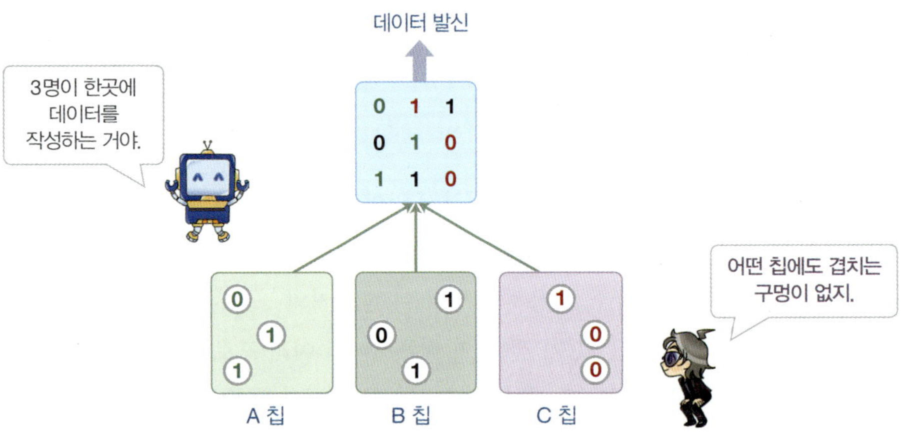

그림 12-25 코드 분할 다중 접속에서 데이터의 발신

데이터를 수신하는 경우를 생각해보자. [그림 12-26]과 같이 세 사람 모두에게 같은 데이터가 전달된다. 받은 데이터 중 자신의 데이터를 알기 위해서는 칩을 사용해야 한다. 데이터에 칩을 겹쳐서 구멍으로 보이는 것이 자신의 데이터이다. 칩이 없다면 자신의 데이터 내용을 확인할 수 없다.

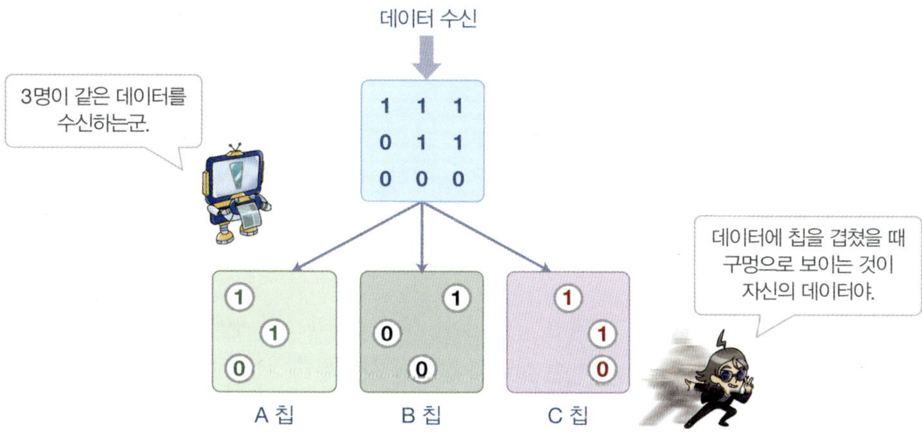

그림 12-26 CDMA 방식에서 데이터의 수신

국내뿐 아니라 전 세계적으로 많은 나라에서 이동통신에 CDMA 방식을 사용한다. 같은 공간에서 같은 통신사를 사용하는 모든 스마트폰에 같은 데이터가 전달된다. 받은 데이터에서 자신의 것만을 사용할 뿐이다. 이렇게 여러 사람이 동시에 데이터를 주고받을 수 있다.

CDMA의 가장 큰 장점은 보안이다. 모든 사람에게 같은 데이터가 전달되지만, 칩의 구멍 위치를 모를 경우 개인의 데이터를 알 수 없다. 따라서 칩의 구멍 위치만 노출되지 않는다면 도청이 불가하다. 또한 TDMA보다 많은 사용자를 수용할 수 있다.

실제로 CDMA에서 칩의 구멍 역할을 하는 2진수 코드를 **칩 시퀀스**chip sequence라 부른다. 칩 시퀀스는 모두에게 전달된 데이터에 결합했을 때 자신의 데이터만 보이도록 만든 특수한 값이다. 여러분은 각자의 유심Universal Subscriber Identity Module(USIM) 칩을 가지고 있을 것이다. 유심 칩을 꽂으면 어떤 휴대폰이든 자신의 휴대폰으로 사용할 수 있다. 이것이 가능한 이유는 유심 칩 안에 칩 시퀀스가 저장되어 있기 때문이다. 그래서 유심 칩을 분실했을 때 누군가 칩을 복사하여 범죄에 악용할 수 있다. 따라서 휴대폰이나 유심 칩을 잃어버렸다면 통신사에 전화하여 기존의 유심 칩을 해지하고 새로운 유심 칩을 발급받는 것이 좋다.

그림 12-27 유심과 칩 시퀀스

요약

01 무선통신 시스템은 주파수에 따라 상대적인 특징을 가진다. 주파수가 높은 파동은 직진하는 성질이 강하고 정보량이 많다. 주파수가 낮은 파동은 확산성과 투과성이 강하고 정보량이 적다.

02 파동을 음파, 라디오파, 마이크로파, 적외선, 가시광선, 자외선, 엑스선 영역으로 나눌 수 있다. 각 무선통신 시스템은 목적에 적합한 주파수 대역의 신호를 사용한다.

03 1세대 이동통신은 음성을 아날로그 신호로 전달했다. 2세대 이동통신부터는 디지털 신호를 사용했다. 3세대 이동통신부터 기존 음성망에 데이터망까지 추가로 제공했다. 고속 데이터 통신망인 4세대 이동통신을 지나 초고속 데이터 통신망인 5세대 이동통신까지 발전했다.

04 휴대폰 이동통신 시스템에서 기지국 하나가 담당하는 영역을 셀이라고 한다. 휴대폰이 현재의 셀에서 다음 셀로 넘어갈 때 데이터를 다음 기지국에 넘겨주는 기능을 핸드오버라고 한다. 그리고 휴대폰이 등록되어 있는 기지국을 기본 기지국이라고 한다.

05 와이파이는 하나의 무선 LAN에 여러 대의 컴퓨터, 노트북, 프린터를 공유하도록 만든 것이다. 10m의 짧은 거리를 연결하는 무선 개인 통신망의 대표적인 규격이 블루투스이다.

06 초근거리 무선통신(NFC)은 PAN보다 더 짧은 거리에서 통신하며, 대표적인 규격은 RFID이다.

07 다중 접속은 주파수 대역을 여러 사용자가 동시에 이용하기 위한 기술이다.

- 주파수 분할 다중 접속은 대역폭을 여러 채널로 쪼개 사용자에게 나누어 주는 방식이다.
- 시분할 다중 접속은 하나의 채널을 여러 사람이 짧은 시간 동안 번갈아 쓰는 방식이다.
- 코드 분할 다중 접속은 하나의 데이터 덩어리를 여러 명이 공유하여 보내는 방식이다. 데이터를 서로 겹치지 않는 코드 형태로 바꾸는 데는 특수한 2진수 값인 칩 시퀀스를 이용한다.

연습문제

01 주파수에 따른 파동의 특성에 대한 설명으로 틀린 것은 무엇인가?

① 주파수가 높은 파동은 직진하는 성향이 강하다.
② 주파수가 낮은 파동은 퍼져 나가는 성질이 강하다.
③ 저음은 물체를 만나면 반사되는 성질이 강하다.
④ 고음은 왼쪽에서 들리는 것과 오른쪽에서 들리는 것을 구분할 수 있다.

02 다음 중 국가의 허가를 받지 않고 자유롭게 통신 기기를 제작할 수 있는 주파수는 무엇인가?

① 1GHz ② 2GHz ③ 2.4GHz ④ 2.8GHz

03 다음 중 위성통신을 이용하는 통신 시스템은 무엇인가?

① GPS ② 와이파이 ③ 리모컨 ④ FM 라디오

04 다음 중 적외선 영역의 신호를 이용하는 기기는 무엇인가?

① GPS ② 광섬유 ③ 리모컨 ④ FM 라디오

05 엑스선을 무선통신에 사용하지 않는 이유는 무엇인가?

① 보낼 수 있는 정보량이 적다.
② 통신 기기 제작이 어렵다.
③ 다른 통신과 간섭 현상이 심하다.
④ 인체에 해롭다.

06 주파수가 낮은 파동과 비교하여 주파수가 높은 파동의 성질은 무엇인가?

① 직진하는 성향이 강하다.
② 퍼져나가는 성질이 강하다.
③ 투과성이 높다.
④ 정보량이 적다.

07 다음 중 자외선 영역의 신호를 이용하는 기기는 무엇인가?

① GPS ② 광섬유 ③ 리모컨 ④ FM 라디오

08 주파수가 낮은 파동과 비교하여 주파수가 높은 파동의 성질은 무엇인가?

① 깊은 산속에서도 잘 잡힌다.
② 정보량이 많다.
③ 투과성이 높다.
④ 방향성이 없다.

09 주파수가 낮은 파동과 비교하여 주파수가 높은 파동의 성질은 무엇인가?

① 직진하는 성향이 강하다.
② 정보량이 많다.
③ 투과성이 높다.
④ 물체를 만나면 반사되는 성질이 강하다.

10 다음 중 주파수가 가장 낮은 영역은 무엇인가?

① 마이크로파 ② 음파 ③ 라디오 ④ 가시광선

11 다음 중 주파수가 가장 높은 영역은 무엇인가?

① 마이크로파 ② 음파 ③ 라디오파 ④ 가시광선

12 다음 중 인체에 해로워 무선통신 시스템이 사용하지 않는 영역은 무엇인가?

① 마이크로파 ② 음파 ③ 라디오파 ④ 엑스선

13 다음 중 자동차의 스마트키가 사용하는 주파수 영역은 무엇인가?

① 마이크로파 ② 음파 ③ 라디오파 ④ 가시광선

14 다음 중 전자레인지로 음식을 데우는 데 사용하는 주파수 영역은 무엇인가?

① 마이크로파 ② 음파 ③ 라디오파 ④ 가시광선

15 다음 중 교통카드가 사용하는 주파수 영역은 무엇인가?

① 마이크로파 ② 음파 ③ 라디오파 ④ 빛

16 다음 중 와이파이가 사용하는 주파수 영역은 무엇인가?

① 마이크로파 ② 음파 ③ 라디오파 ④ 빛

17 다음 중 GPS가 사용하는 주파수 영역은 무엇인가?

① 마이크로파 ② 음파 ③ 라디오파 ④ 빛

18 다음 중 리모컨이 사용하는 주파수 영역은 무엇인가?

① 마이크로파 ② 음파 ③ 라디오파 ④ 빛

19 다음 중 아날로그 신호를 사용하는 이동통신 세대는 무엇인가?

① 1G ② 2G ③ 3G ④ 4G

20 음성망과 데이터망을 모두 사용하기 시작한 이동통신 세대는 무엇인가?

① 1G ② 2G ③ 3G ④ 4G

21 다음 중 최대 속도가 20Gbps인 이동통신 세대는 무엇인가?

① 2G ② 3G ③ 4G ④ 5G

22 다음 중 휴대폰 시스템에 대한 설명 중 틀린 것은 무엇인가?

① 사용자가 이동하여 하나의 셀에서 다음 셀로 넘어가는 것을 핸드오프라고 한다.
② 셀은 자신의 집이나 휴대폰을 처음 개통한 곳에 있는 기지국을 가리킨다.
③ 휴대폰을 켜면 휴대폰이 깨어남 신호를 기지국으로 보내 현재 위치정보를 등록한다.
④ 휴대폰이 꺼진다는 신호를 보내고 기지국에서 OK 신호를 받은 후에야 휴대폰이 꺼진다.

23 다음 중 이동통신 기지국이 커버하는 지역을 나타내는 단어는 무엇인가?

① 셀 ② 핸드오버 ③ 기본 기지국 ④ 살아있음 신호

24 다음 중 휴대폰이 이동하여 데이터를 다른 셀로 넘겨주는 기능을 가리키는 단어는 무엇인가?

① 깨어남 신호 ② 핸드오버 ③ 기본 기지국 ④ 살아있음 신호

25 다음 중 휴대폰 정보가 등록되어 기기의 현재 위치로 신호를 중계해주는 곳을 가리키는 단어는 무엇인가?

① 깨어남 신호 ② 핸드오버 ③ 기본 기지국 ④ 살아있음 신호

26 다음 중 휴대폰이 처음 켜질 때 보내는 신호는 무엇인가?

① wake up 신호 ② 핸드오버 ③ die 신호 ④ alive 신호

27 다음 중 휴대폰을 끌 때 보내는 신호는 무엇인가?

① wake up 신호 ② 핸드오버 ③ die 신호 ④ alive 신호

28 다음 중 휴대폰이 주기적으로 기지국과 주고받는 신호는 무엇인가?

① wake up 신호 ② 핸드오버 ③ die 신호 ④ alive 신호

29 다음 중 휴대폰 이동통신 시스템에 대한 설명으로 틀린 것은 무엇인가?

① 휴대폰 시계는 자체적으로 현재 시각을 알 수 있다.
② 휴대폰은 전화를 사용하지 않을 때도 주기적으로 기지국과 통신한다.
③ 전파 신호가 미약한 곳에서 휴대폰 배터리가 빨리 소모된다.
④ 사용자가 전화기를 켜면 휴대폰이 깨어남 신호를 기지국으로 보낸다.

30 다음 중 LAN에 해당하는 대표적인 통신 규격은 무엇인가?

① GPS ② 와이파이 ③ 블루투스 ④ RFID

31 다음 중 개인 영역 네트워크에 해당하는 대표적인 통신 규격은 무엇인가?

① GPS ② 와이파이 ③ 블루투스 ④ RFID

32 다음 중 마우스나 키보드, 무선 이어폰과 같은 주변 장치를 컴퓨터와 연결하기 위해 만든 무선통신 규격은 무엇인가?

① GPS ② 와이파이 ③ 블루투스 ④ RFID

33 다음 중 블루투스 네트워크와 같이 작은 네트워크를 가리키는 단어는 무엇인가?

① 이더넷 ② 피코넷 ③ 버스 ④ 사물 인터넷

34 블루투스 통신을 시작하기 전에 블루투스 기기와 컴퓨터를 하나로 묶는 과정을 무엇이라 하는가?

① 스캐터넷 ② 피코넷 ③ 페어링 ④ 파크

35 다음 중 NFC와 가장 관련 있는 통신 규격은 무엇인가?

① GPS ② 와이파이 ③ 블루투스 ④ RFID

36 다음 중 라디오 주파수 대역을 사용하며 10cm 내외의 초근거리 통신에 이용되는 무선통신 규격은 무엇인가?

① 블루투스 ② 와이파이 ③ RFID ④ 지그비

37 다음 중 다중 접속 기술에 대한 설명으로 틀린 것은 무엇인가?

① 사용할 수 있는 전체 대역폭을 잘게 쪼개어 사용자에게 할당하는 방식을 FDMA라고 한다.
② 한 채널을 여러 사람이 짧은 시간 동안 돌아가며 쓰는 방식을 TDMA라고 한다.
③ 다중 접속 기술 중 TDMA를 한국에서 세계 최초로 상용화했다.
④ 다중 접속 기술 중 한 채널에서 보내는 데이터를 코드 형태로 바꾸는 방식을 CDMA라고 한다.

38 다중 접속 기술 중 전체 주파수를 여러 개의 채널로 쪼개 사용하는 방식은 무엇인가?

① FDMA ② CDMA ③ EDMA ④ TDMA

39 다중 접속 기술 중 유럽의 이동통신 표준 시스템인 GSM에서 사용하는 방식은 무엇인가?

① CDMA ② FDMA ③ TDMA ④ EDMA

40 다중 접속 기술 중 현재 우리나라 이동통신 시스템에서 사용하는 방식은 무엇인가?

① FDMA ② CDMA ③ EDMA ④ TDMA

41 다중 접속 기술 중 아날로그 방식에서 사용했던 방식을 찾으시오.

① CDMA ② FDMA ③ TDMA ④ EDMA

42 다중 접속 기술 중 채널 하나를 여러 사용자가 짧은 시간 동안 번갈아 사용하는 방식은 무엇인가?

① CDMA ② FDMA ③ TDMA ④ EDMA

43 다중 접속 기술 중 칩 시퀀스를 사용하는 방식은 무엇인가?

① FDMA ② CDMA ③ EDMA ④ TDMA

44 다음 중 코드 분할 다중 접속에서 데이터가 서로 겹치지 않도록 제작된 특수한 2진수를 가리키는 단어는 무엇인가?

① 칩 시퀀스 ② 시분할 ③ 유심 ④ GSM

45 무선 개인 통신망에 대한 설명으로 틀린 것은 무엇인가?

① RFID는 바코드나 QR코드와 같은 ID 코드이며, 초근거리 통신망의 대표적인 통신 규격이다.

② 개인 통신망보다 더 짧은 거리에서 통신하는 무선통신망을 WAN이라고 한다.

③ 블루투스는 대표적인 개인 영역 네트워크이다.

④ 개인의 작업 공간에서 장치를 연결하는 컴퓨터 네트워크를 PAN이라고 한다.

46 세대별 이동통신에 대한 설명으로 틀린 것은 무엇인가?

① 1세대 이동통신은 사람의 음성을 아날로그 신호로 전달했다.

② 2세대 이동통신은 디지털 신호를 주고받았다.

③ 4세대 이동통신부터 음성망과 데이터망을 모두 사용하기 시작했다.

④ 5세대 이동통신은 최대 속도가 20Gbps 속도이다.

47 다음 중 유 · 무선 통신에 대한 설명으로 틀린 것은 무엇인가?

① 광케이블은 적외선 영역의 주파수 신호를 전송한다.

② 와이파이와 전자레인지는 2.4GHz 주파수 대역을 사용한다.

③ GPS는 위성통신을 이용한다.

④ 한국에서 허가를 받지 않아도 자유롭게 통신 기기를 제작할 수 있는 주파수 대역은 마이크로파 영역에 있다.

48 **다음 중 블루투스에 대한 설명으로 적절한 것은 무엇인가?**

① LAN의 대표적인 통신 규격이다.

② NFC의 대표적인 통신 규격이다.

③ 100m 이상을 연결할 수 있는 무선통신 규격이다.

④ 10m 이내의 기기를 연결할 수 있는 통신 규격이다.

CHAPTER 13

정보 보안

학습목표

- 물리 보안과 정보 보안을 비교하여 이해한다.
- 악성 소프트웨어의 종류를 파악하고 피싱과 디도스 공격에 대해 알아본다.
- 정보 보안을 강화하는 인증 기술과 보안 소프트웨어를 살펴보고 암호화 알고리즘을 이해한다.

Preview

인터넷 사용자가 많아지고 서비스가 고도화되면서 보안과 관련된 다양한 문제가 발생했으며, 이와 동시에 보안 문제를 해결하기 위한 기술이 발전해왔다. 인터넷을 안전하게 사용하려면 컴퓨터를 위협하는 보안 문제를 파악하고, 이를 해결할 수 있는 기술과 프로토콜을 이해해야 한다.

01 | 보안의 개요

보안은 다양한 위협으로부터 신체나 재산을 지키는 일체의 행위를 의미한다. 정보통신 분야에서 보안 기술은 물리 보안과 정보 보안으로 나뉜다. 물리 보안은 물리적인 위협을 막는 기술이고, 정보 보안은 온라인에서 발생하는 위협을 막는 기술이다.

1 물리 보안

물리적 위협physical threat은 정보통신이 발달하기 이전부터 존재했다. 물리적 위협의 예로 돈을 훔치는 도둑질이나 사람을 위협하는 강도 등이 있다. 또한 컬러 복사기를 사용하여 지폐나 유가증권을 위조하는 행위, 10만 원짜리 수표를 1억 원짜리 수표로 고치는 등 변조하는 행위도 물리적인 위협이다. 소위 짝퉁이라 부르는 유사 제품을 제조 및 유통하는 행위, CD나 음반 등 저작물을 무단으로 복제하는 행위와 같은 저작권 침해도 물리적 위협이다.

다른 사람을 사칭하여 금품을 갈취하는 사기도 물리적인 위협인데, 사기행각 중 피싱phising이 근래 가장 유행하고 있다. 특히 전화를 이용하는 보이스 피싱은 은행, 검사, 경찰을 사칭하여 돈을 송금하게 하거나, 자녀가 납치된 것처럼 가장하여 몸값을 요구하거나, 특정 장소에 돈을 보관하게 하는 방법을 사용하여 금품을 착취한다. 검찰과 경찰이 보이스 피싱 범죄를 대대적으로 수사하고 있지만, 수법이 날로 발달하므로 주의해야 한다.

(a) 위조

(b) 보이스 피싱

그림 13-1 물리적 위협의 종류

물리적 위협의 유형은 대표적으로 공격, 위·변조, 저작권 침해, 사칭이 있다. 이러한 물리적 위협을 방지하는 **물리 보안**physical security은 다음과 같다.

- **공격 행위**: CCTV나 센서를 사용하여 외부 침입을 감시한다.
- **위·변조, 저작권 침해**: 위조 방지 기술을 사용하여 복제할 수 없게 하거나, 복제하더라도 원본과 달라 보이도록 복사 방지 기술을 사용한다.
- **사칭**: 직접 확인하는 방법 이외에 특별한 보안 기술이 없어 각자 주의해야 한다.

복사 방지 기술을 자세히 살펴보자. 흔히 볼 수 있는 복사 방지 기술 사례는 지폐이다. 위조 화폐가 유통되면 큰 혼란이 생기기 때문에, 국가 차원에서 위조를 방지하는 여러 가지 기술을 적용하여 관리한다. 지갑에서 지폐 한 장을 꺼내서 보자. 빛에 비추어야 보이는 그림, 보는 각도에 따라 변하는 그림, 형광 잉크를 입힌 그림, 복사하면 검은색으로 보이는 은선 등이 지폐에 사용된 복사 방지 기술이다.

(a) 형광 잉크 (b) 홀로그램 (c) 복사 방지용 은선

그림 13-2 지폐에 적용된 복사 방지 기술

신용카드에는 보안 기술로 마그네틱과 RFID를 사용한다. 그러나 이러한 기술은 오프라인에서만 사용할 수 있다는 한계가 있다. 온라인 쇼핑몰처럼 인터넷에서 신용카드를 사용하는 일이 빈번해졌다. 그러면서 카드 번호만으로 결제하는 상황이 늘어나 칩을 내장하는 것만으로는 보안을 담보할 수가 없게 되었다. 그래서 카드 만료일과 특수 숫자를 함께 사용한다. 특수 숫자는 신용카드 소유주만 알 수 있는 3~5자리의 숫자로, 신용카드 뒷면의 가운데에 있다.

(a) 마그네틱 선 (b) 암호화된 RFID 칩

그림 13-3 신용카드 보안 기술

2 정보 보안

정보통신 기술이 발달하면서 물리적 위협과 유사한 형태의 불법 행위가 온라인에서도 발생하고 있다. 온라인에서 흔히 발생하는 위협은 다음과 같다.

- 컴퓨터나 스마트폰 등 시스템을 공격하여 파괴하는 행위
- 다른 사람의 데이터를 가로채는 행위
- 데이터를 위조하거나 다른 사람의 데이터를 도용하여 무단으로 사용하는 행위
- 기업이나 기관을 사칭하여 개인 정보를 입력하도록 유도하고 이를 다른 범죄에 악용하는 행위
- 데이터를 불법 복제하는 행위
- 비방이나 인식 공격 등 비윤리적 행위

오프라인의 물건을 복제하는 것과 달리 디지털 데이터는 마우스 클릭만으로 쉽게 복제할 수 있다. 실제로 물건을 훔치는 것은 누군가에게 들킬 수 있지만 디지털 복제는 들킬 염려가 없다는 생각 때문에 불법 복제가 줄지 않고 있다. 더 나아가 소셜 미디어 이용이 늘어나면서 비대면으로 의사 전달이 가능해져 비방이나 인신공격과 같은 비윤리적 행위도 늘어났다.

온라인에서 발생하는 위협으로부터 자산을 보호하는 보안 기술을 **정보 보안**information security이라고 한다. 대표적인 정보 보안으로는 시스템 보안, 네트워크 보안, 콘텐츠 및 정보 유출 방지, 인증 기술이 있다. 또한 개인이 이용할 수 있는 정보 보안으로는 백신, 방화벽, 인증이 있다.

핵심 **정보 보안의 정의**

수집 및 가공한 정보를 송수신하거나 저장하는 과정에서 발생하는 훼손, 변조, 유출 등의 불법적인 행위를 차단하는 기술

물리 보안과 정보 보안은 서로 융합하여 발전하고 있다. 예를 들어 CCTV로 대상을 감시할 때 사람이 24시간 지켜보려면 상당히 번거롭다. 이를 해결하기 위하여 움직임을 감지하는 CCTV, 사람 얼굴을 인식하여 범죄자를 자동으로 찾는 CCTV 기술이 개발되었다. 교통 단속 카메라는 자동차 번호판의 번호를 인식한다. 현대 보안 기술은 물리 보안과 정보 보안 영역을 따로 보지 않고 하나의 영역으로 본다. 이를 **융합 보안**convergence security이라고 한다.

해킹과 해커

물건을 훔치는 사람을 도둑이라 부르듯, 정보통신 기술을 이용하여 시스템을 파괴하거나 정보를 탈취하는 행위를 **해킹**hacking이라 부르고 이러한 행위를 하는 자를 **해커**hacker라 부른다. 해커뉴스

(http://thehackernews.com)의 기사에 따르면 2022년 2월에 해커가 세계 최대 그래픽카드 제조사인 엔비디아의 소스 코드를 유출하는 사건이 발생했다.

그림 13-4 해커뉴스의 기사

원래 해킹은 전자회로나 컴퓨터의 하드웨어, 소프트웨어, 네트워크, 웹사이트 등 각종 정보 체계가 본래의 의도와 달리 동작하도록 하는 행위를 가리킨다. 예를 들어 아이폰은 특정 앱을 통해서만 MP3 파일을 사용할 수 있는데, '탈옥' 프로그램을 사용하여 아이폰에 걸린 제한을 풀었다면 이 행위가 해킹이다. **크래킹**cracking은 불법적으로 시스템에 접근한다는 점이 해킹과 같으나, 이를 통해 시스템 또는 통신을 마비시키거나 파괴하는 행위까지 포함한다. 악성 소프트웨어는 사용자의 실수로 시스템에 침투하여 불법 행위를 일으키는 데 반하여, 크래킹은 시스템 외부로부터 침투하려는 모든 시도를 가리킨다.

여기서 잠깐 **해커, 크래커, 화이트 해커**

해커란 원래 컴퓨터 시스템이나 프로그래밍에 전문 지식을 가진 사람을 뜻한다. 컴퓨터 시스템을 파괴하는 자는 크래커(cracker)라 불렀다. 그러나 해커뉴스의 기사 제목에서도 나타나듯이 현재는 해커와 크래커를 구별하지 않으며, 해커라고 하면 범죄 행위를 하는 자로 받아들여진다. 그리고 크래커로부터 시스템을 지키는 보안 전문가를 따로 화이트 해커라 부른다.

02 | 공격의 유형

1 악성 소프트웨어

악성 소프트웨어malware는 악의적인 목적으로 만들어 유포하는 소프트웨어이다. 악성 소프트웨어에 감염되면 시스템이 느려지거나 파괴될 수 있다. 또한 개인 정보 유출, 설정 변경, 원치 않은 광고 노출 등 피해가 발생한다. 악성 소프트웨어는 그 종류와 감염 경로가 다양하다. 과거에는 소프트웨어를 복제하여 사용하다가 악성 소프트웨어에 감염되는 경우가 많았다. 그러나 최근에는 웹사이트 방문, 이메일의 첨부파일 다운로드, 스마트폰 메시지의 URL 클릭만으로도 감염된다.

컴퓨터 바이러스

대표적인 악성 소프트웨어로 컴퓨터 바이러스가 있다. **컴퓨터 바이러스**computer virus는 컴퓨터의 자료를 없애거나 시스템을 정지시키는 파괴적인 소프트웨어다. 또한 자기 자신을 복제하는 능력이 있어 주변 컴퓨터까지 감염시킬 수 있다. 따라서 집이나 직장 내 하나의 컴퓨터만 컴퓨터 바이러스에 감염되어도 전체로 확산된다. 컴퓨터 바이러스는 시스템 파일을 감염시키고, 파일들을 지우거나 하드디스크를 포맷해서 컴퓨터를 사용할 수 없게 만든다.

컴퓨터 바이러스에 감염되는 경로는 매우 다양하다. 대표적으로 네트워크에서 감염된 파일을 다운로드하거나 다른 컴퓨터에서 감염된 파일을 복사해올 때 바이러스가 침입한다. 요즘은 파일을 복사하기보다는 네트워크를 통하여 파일을 다운로드하는 경우가 많아서 주의해야 한다. 특히 불법 파일 공유 사이트를 이용하거나 토렌트와 같은 파일 다운로드 프로그램을 이용할 때 감염될 가능성이 높다. 비정상적인 경로를 통해 파일을 다운로드했는데 xx.exe나 yy.com과 같이 모르는 실행 파일이 있다면 절대로 실행해서는 안 된다. 컴퓨터 바이러스는 실행 파일로 감염되는 경우가 대부분이기 때문이다.

그림 13-5 악성 사이트 차단 메시지 창

또 한 가지 주의할 점은 안전하지 않은 사이트를 방문하는 것이다. 영화나 음악을 무료로 다운로드할 수 있다고 홍보하는 악성 사이트에 접속하면 [그림 13-5]와 같은 경고 메시지가 나타난다. 또한 다운로드 전에 〈허용〉 버튼을 누르라고 안내하는 경우 절대 누르면 안 된다. 버튼을 눌러야만 무료로 다운로드할 수 있는 것처럼 속이지만, 실제로는 소프트웨어 설치 버튼을 위장한 것이다. 〈허용〉 버튼을 누르면 바이러스나 이상한 프로그램이 컴퓨터에 설치되어 버린다. 따라서 검증된 웹사이트가 아니라면 절대로 〈허용〉 버튼을 누르면 안 된다.

트로이 목마

컴퓨터 바이러스보다는 조금 약하지만 **트로이 목마**Trojan horse도 악성 소프트웨어이다. 트로이 목마는 컴퓨터 바이러스와 달리 자기 복제 능력이 없어서 해당 컴퓨터만 감염시킨다. 트로이 목마라는 이름은 그리스 신화에서 따온 것인데, 그리스가 트로이와의 전쟁 중 목마에 군사를 숨겨 적지에 침투시킨 후 승리했다는 내용이다. 이와 비슷하게 트로이 목마는 대부분 유용해 보이는 소프트웨어에 몰래 숨어 있다. 포토샵, 아래아한글, MS 오피스 같은 소프트웨어를 구입하기 부담스러워 불법 복사본을 찾는 사람들이 있다. 트로이 목마는 소프트웨어의 복사 방지 장치를 깨는 크랙crack과 함께 배포된다. 즉 크랙에 악성 소프트웨어를 숨겨 놓는다. 따라서 정상적인 경로로 소프트웨어를 구매해야 컴퓨터를 트로이 목마로부터 보호할 수 있다.

그림 13-6 트로이 목마

매크로 바이러스

일반적인 악성 소프트웨어는 실행 파일에 포함하여 배포한다. 그러나 매크로 바이러스macro virus는 엑셀, 워드, 파워포인트 문서와 같은 데이터 파일에 포함하여 배포한다. 엑셀, 워드, 파워포인트 프로그램에는 외부 파일을 실행할 수 있는 매크로 기능이 있다. 파워포인트에 동영상을 삽입하여 실행한다거나 워드 문서에 음악 파일을 삽입하여 실행할 수 있는데, 이는 외부 소프트웨어를 불러오는 매크로 기능이 있기 때문이다. 매크로 바이러스는 매크로 기능을 악용하여 문서가 열리면 악성 코드를 실행한다. 실행 파일이 아니기 때문에 사용자가 비교적 안심하고 파일을 열 가능성이 높은데, 그 순간에 감염된다. 과제를 하려고 잘 모르는 웹사이트에서 다른 사람이 쓴 리포트를 다운로드하거나, 잘 모르는 사람에게 받은 이메일의 첨부파일을 다운로드하여 열면 매크로 바이러스에 감염될 수 있다. 따라서 의심 가는 파일은 데이터 파일이라도 열지 않는 것이 좋다.

랜섬웨어

영어 단어 'ransom'은 인질범이 요구하는 몸값을 의미한다. **랜섬웨어**ransomware는 해커에게 돈을 지불해야만 컴퓨터의 자료를 볼 수 있게 해주는 악성 소프트웨어이다. 랜섬웨어에 감염되면 컴퓨터

내 모든 파일이 암호가 걸려 파일을 열 수 없게 된다. 사진 파일이든 문서 파일이든 전혀 열리지 않고 몸값을 요구하는 해커의 메시지가 나타난다. 돈을 지불하지 않으면 데이터를 사용할 수 없다.

컴퓨터의 역사에서 초기에는 해커들이 자기 실력을 자랑하기 위해서 악성 소프트웨어를 만들었다. 악성 소프트웨어로 다른 사람의 시스템을 파괴한다고 해도 해커에게 금전적 이득이 없었다. 그러나 해커가 돈을 벌 수 있는 랜섬웨어가 점점 많이 퍼지고 있다. 또한 몸값으로 비트코인과 같은 암호화폐를 요구하기 때문에 계좌를 추적할 수 없으니 더욱 기승을 부린다.

그림 13-7 **랜섬웨어에 감염된 컴퓨터**

랜섬웨어는 개인의 피해도 크지만, 회사의 경우 업무가 마비될 뿐만 아니라 중요한 정보가 다 사라지기 때문에 피해 규모가 엄청나다. 실제로 2017년 6월에 국내 웹 호스팅 업체인 나야나의 서버 153대가 랜섬웨어에 감염되는 사태가 발생했다. 나야나는 다른 회사의 웹사이트를 관리하는 업체였기 때문에 관련된 모든 웹사이트가 작동을 멈추었다. 나야나에서 해커에게 13억 원을 지불하고 나서야 정상적으로 업무를 할 수 있게 되었다. 이 외에도 돈을 받고 암호를 해제한 크고 작은 사건들이 있었다.

기타 악성 소프트웨어

바이러스나 트로이 목마만큼 위험하지는 않지만 사용자의 동의 없이 설치되는 **애드웨어**adware나 **스파이웨어**spyware도 악성 소프트웨어로 분류된다. 애드웨어의 'ad'는 광고를 의미하는데, 화면이나 웹사이트에 사용자의 동의 없이 광고를 띄운다. 어떤 애드웨어는 웹 브라우저의 시작 페이지를 강제로 협찬사 페이지로 바꾸기도 한다.

그림 13-8 **애드웨어**

스파이웨어는 사용자의 동의 없이 방문하는 사이트, 사용 패턴, 개인 정보 등을 훔치는 프로그램이다. 주로 마케팅 목적으로 사용되는 소프트웨어이지만 원치 않는 개인 정보가 유출된다는 점에서 악성 소프트웨어로 분류된다.

악성 소프트웨어 예방

- **백신 프로그램**: 악성 소프트웨어를 예방하기 위해서는 백신을 설치해야 한다. 단순히 백신을 설치하는 것뿐만 아니라 소프트웨어 업데이트도 매번 해야 한다. 그래야 최신 악성 소프트웨어까지 막을 수 있다. 또한 의심이 가는 경로로 프로그램이나 파일을 구하는 것은 위험한 일이다. 의심이 가는 파일을 다운로드했다면 백신 프로그램을 사용하여 검사한 후 실행해야 한다.
- **소프트웨어 설치 시**: [그림 13-9]는 팟플레이어를 설치하는 화면으로, 무심코 〈다음〉 버튼을 연속으로 눌러 설치하기 쉽다. 그런데 설치 중간에 스크롤바를 내려 보면 특정 웹사이트를 시작 페이지로 설정하고, 각종 알리미와 클리너를 설치하도록 되어 있다. 체크박스를 해제하지 않고 바로 〈다음〉 버튼을 누르면 웹 브라우저 시작 화면이 자신도 모르게 특정 웹사이트로 바뀐다. 또한 무엇을 하는 프로그램인지 모르는 부가 프로그램도 설치하게 된다. 팟플레이어를 제거하더라도 부수적으로 설치한 프로그램은 컴퓨터에 그대로 남는다. 그래서 부가 프로그램은 일일이 따로 제거해 주어야 하는 불편함이 있다. 따라서 무료 소프트웨어를 설치할 때는 추가 설정이나 부가 프로그램이 있는지 꼼꼼히 살펴보아야 한다.

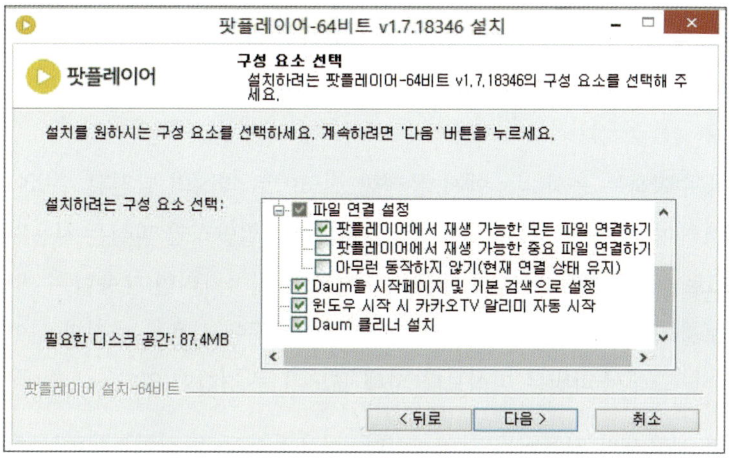

그림 13-9 팟플레이어 부가 프로그램 설치 설정

2 피싱

사기 행위 중 근래 가장 유행하는 것이 피싱이다. **피싱**phishing은 개인private과 낚시fishing의 합성어이다. 정보통신을 이용한 피싱은 가짜 이메일 주소나 가짜 웹사이트를 이용하여 돈을 요구하거나 개인 정보를 탈취한다. 사용자를 가짜 웹사이트로 이동시킨 뒤 계좌이체를 유도하거나 아이디, 비밀번호, 계좌 비밀번호 등을 입력하게 하는 식이다. 요즘은 개인 정보보호법이 강화되어 어떤 은행이나 정부 기관도 웹사이트에서 주민등록번호 13자리 전체를 요구하거나 비밀번호를 요구하지 않는다. 따라서 개인 정보 입력을 유도하는 사이트가 있다면 의심할 필요가 있다.

그림 13-10 **가짜 웹사이트를 이용하는 피싱**

피싱 수법 중에는 개인의 이메일 주소와 똑같은 이메일 주소로 "당신의 컴퓨터가 해킹되어 당신의 은밀한 동영상을 가지고 있으며, 돈을 보내지 않으면 동영상을 인터넷에 유포하겠다."라는 이메일을 보내는 것도 있다. 이러한 이메일을 받으면 해킹을 당했다고 믿을 수 있으나, 사실 보낸 사람 이메일 주소는 변조할 수 있다. 따라서 피싱 이메일을 받으면 바로 신고하고 삭제해야 한다.

파밍

파밍pharming은 씨를 뿌려 한 번에 수확하는 농사farming에서 유래한 신조어로 피싱의 발전된 수법이다. 파밍은 네트워크 정보를 변조하여 가짜 사이트로 유도하는 기법이다. 일반적인 피싱은 사용자를 현혹하여 스스로 가짜 사이트로 이동하게끔 만들기 때문에 사용자가 알아차리면 대응할 수 있다. 그러나 파밍은 네트워크 정보를 변조하여 가짜 사이트로 유도하기 때문에 사용자는 진짜 사이트라고 믿고 정보를 입력하게 된다. 그래서 파밍은 피싱보다 피해 규모가 큰 경향이 있다.

파밍에서는 바이러스를 사용하여 사용자의 컴퓨터를 감염시킨다. 사용자가 특정 사이트를 방문하려 할 때 DNS 정보를 가짜 사이트의 주소로 변경한다. 사용자는 DNS의 정보가 변경되었다는 사실을 모른 채 가짜 사이트를 이용하기 때문에 개인 정보를 쉽게 노출하게 된다.

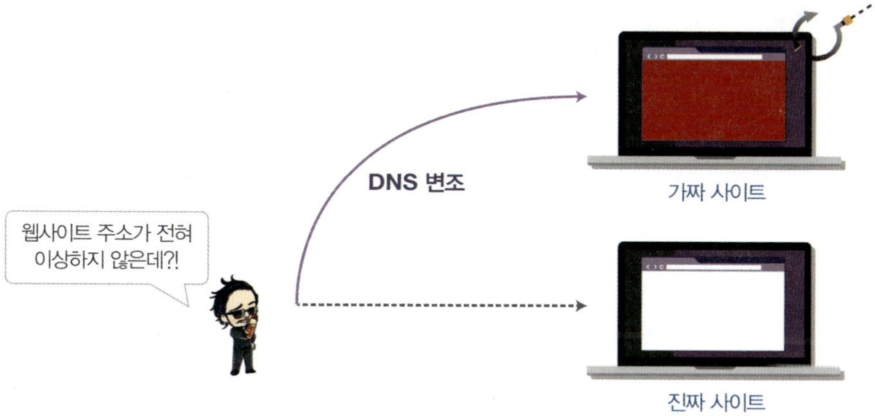

그림 13-11 파밍

표 13-1 피싱과 파밍의 비교

구분	피싱	파밍
수법	사용자를 속여 직접 가짜 웹사이트에 접속하도록 유도한다.	DNS 정보를 변경하여 간접적으로 가짜 웹사이트에 연결한다.
수단	이메일 발송	DNS 변조
피해	사용자가 자각하면 피해를 막을 수 있다.	사용자가 자각할 수 없어 피해 규모가 크다.

TIP 영어 단어 'spoof'는 '속이다, 사기를 치다'라는 뜻이다. 스푸핑(spoofing)은 여러 의미로 사용된다. 가짜 웹사이트를 만들어 방문을 유도하는 행위도 스푸핑이고, TCP/IP의 구조적 결함을 이용하여 사용자의 정보를 탈취하는 해킹 기법도 스푸핑이다. DNS를 변경하는 행위는 DNS 스푸핑이라고 한다.

스미싱과 비싱

스미싱SMShing은 문자 메시지SMS와 피싱phishing을 결합한 피싱 기법이다. 주로 스마트폰의 문자 메시지를 이용하여 가짜 사이트로 유도한다. 사용자가 문자 메시지에 포함된 URL을 클릭할 때 가짜 사이트로 이동시켜 개인 정보를 입력하게 하거나, 스마트폰에 해킹용 소프트웨어를 설치하여 개인 정보를 탈취한다. 스미싱의 메시지는 [그림 13-12]와 같이 사용자가 URL을 누르지 않고는 못 배기도록 날로 지능화하고 있다. 검증되지 않은 전화번호로부터 메시지를 받는 경우, 해당 메시지에 포함된 URL은 절대로 클릭하면 안 된다.

스미싱과 유사하게 인터넷 전화VoIP를 이용하여 사용자의 개인 정보를 탈취하는 피싱 수법을 **비싱**vishing이라 부른다.

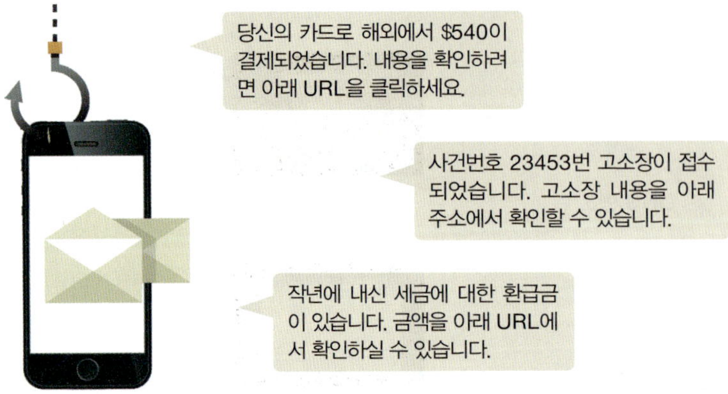

그림 13-12 **스미싱**

3 해킹

해킹으로 큰 피해를 본 사례는 2018년 10월 미국에서 있었다. 페이스북이 해킹되어 3,000만 명에 달하는 개인 정보가 유출된 사고였다. 과거에는 시스템을 공격하여 서비스하지 못하도록 하는 해킹이 대부분이었다면, 요즘은 시스템에 침투하여 개인 정보를 빼내거나 가상화폐를 훔쳐 오는 해킹이 많다. 페이스북 사건이 발생하기 4개월 전인 2018년 6월에는 국내 가상화폐 거래소인 빗썸이 해킹되어 약 190억 원의 가상화폐를 도난당하는 일이 있었다. 2018년 9월에는 일본의 가상화폐 거래소인 자이프가 해킹 공격을 받아 약 670억 원의 가상화폐를 도난당했다.

해킹의 기본은 특정한 시스템을 공격하는 것이다. 해커는 서버나 네트워크의 약한 부분을 공격하여 시스템에 침투하거나 비밀번호를 탈취하여 시스템을 장악한다. 최근에는 IP 카메라나 노트북의 카메라를 해킹하여 개인의 사생활이 담긴 동영상을 인터넷에 유포하는 사건이 발생했다. 이런 문제를 막기 위하여 사용하지 않을 때는 카메라의 전원을 원천적으로 차단하는 노트북도 등장했다.

컴퓨터 운영체제가 점점 안정화되고 방화벽이나 침입 탐지 시스템 등 보안 소프트웨어가 만들어짐에 따라 해커가 외부로부터 침입하기가 점점 어려워지고 있다. 해킹은 직접적인 침입 시도보다는 바이러스나 이메일의 첨부파일을 이용하여 시스템 내부의 사용자 정보를 불법 취득하는 방향으로 바뀌고 있다. 조직 내부에서 단 한 명의 정보를 획득하면, 해당 아이디로 컴퓨터에 침입하여 시스템을 파괴하는 일이 더 쉬워지기 때문이다. 또한 시스템을 직접적으로 공격하는 방법 이외에도 악성 소프트웨어를 이용하거나 가짜 사이트를 만들어 개인의 정보를 탈취하기도 하고, 디도스 공격으로 시스템을 마비시키거나 랜섬웨어에 감염시켜 돈을 요구하는 것과 같이 해킹의 기법이 발전하고 있다.

디도스 공격

해킹 중 가장 잘 알려진 방법은 디도스 공격이다. 클라이언트-서버 구조의 가장 큰 단점은 서버 과부하가 발생하기 쉽다는 것이다. 도스Denial of Service(DoS)라 불리는 서비스 거부 공격은 서버 쪽에 많은 양의 패킷을 보내 다른 사람이 서버를 이용하지 못하도록 막는다. 도스 공격은 공격하는 컴퓨터가 몇 대 되지 않기 때문에 해당 컴퓨터만 차단해 버리면 공격이 종료된다.

도스의 한계를 해결한 공격 방식이 **디도스**Distributed DoS(DDoS), 즉 분산형 서비스 거부 공격이다. 디도스 공격자는 일반인의 컴퓨터를 감염시켜 자신이 조종할 수 있는 컴퓨터로 만든다. 이렇게 감염된 컴퓨터들 좀비 컴퓨터라고 한다. 수백 대의 좀비 컴퓨터가 감염되면 공격자는 같은 시간에 한 서버를 공격하도록 명령을 내린다. 도스와 달리 디도스는 여러 곳에서 공격하기 때문에 이를 방어하기가 매우 어렵다.

그림 13-13 디도스 공격

2016년 10월에 디도스 공격으로 아마존, 트위터, 넷플릭스 등 미국의 웹사이트 1,200여 개가 마비되는 사건이 있었다. 국내에서도 아프리카TV와 같은 유명 웹사이트가 디도스 공격을 받았다. 또한 서아프리카의 라이베리아에서는 디도스 공격에 국가의 인터넷 전체가 마비되기도 했다. 2022년 2월 러시아가 우크라이나를 침공하자 국제적인 해커 단체인 어나니머스anonymous는 러시아의 주요 웹사이트에 디도스 공격을 가했다. 디도스 공격이 점점 지능화함에 따라 보안 업체에서는 트래픽을 차단하거나 디도스 대피소로 시스템을 옮기는 등 디도스 공격을 회피하는 기술을 선보이고 있다.

03 | 보안 기술

1 인증 기술

인증은 사용자가 본인임을 입증하는 보안 기술이다. 인터넷에서 금융 업무를 처리하거나 개인 정보를 다루는 경우가 많아지면서 간편하면서 안전한 인증 수단들이 등장했다.

비밀번호 인증

대표적인 인증 기술인 비밀번호는 본인임을 입증하는 가장 기본적인 방법이다. 비밀번호는 대문자, 소문자, 숫자, 특수 기호를 조합하여 알아내기 어렵게 만들어야 한다. 요즘은 대문자, 소문자, 숫자, 특수 기호 중 3가지 이상을 조합해야만 비밀번호를 사용할 수 있게 하는 웹사이트가 늘어나는 추세이다. 또한 비밀번호는 해킹에 대비하여 6개월에 한 번씩은 바꾸는 것이 좋다. 현재 사용하는 비밀번호가 노출되었는지 확인할 수 있다. 구글 크롬의 [설정]–[보안 및 개인 정보 보호] 페이지에서 유출된 비밀번호를 확인할 수 있다.

그림 13-14 비밀번호 인증

개인이 아무리 노력한다고 해도, 웹사이트가 해킹되어 개인 정보가 노출되거나 악성 소프트웨어에 의해 개인 정보가 노출되는 경우 비밀번호도 같이 노출될 수 있다. 이러한 문제를 해결하는 방법으로 일정 시간만 쓰고 버리는 비밀번호가 도입되었다. 이를 OTPOne Time Password라 부른다.

OTP를 가장 흔하게 볼 수 있는 곳이 은행 거래이다. 은행 거래는 돈이 오가기 때문에 다른 어떤 사이트보다 인증이 중요하다. 과거에는 무작위로 만들어진 번호를 여러 개 출력하여 개인에게 카드 형태로 나눠주었다. 그런데 보이스 피싱에 속아 카드에 있는 내용을 모두 알려주는 사고가 빈번히 일어나 OTP가 도입되었다. OTP는 배터리를 이용하여 일정한 알고리즘에 따라 암호를 생성한다.

스마트폰에서 작동하는 OTP 앱도 선보이고 있는데, 구글 OTP가 유명하다.

(a) 카드형 OTP (b) OTP 앱

그림 13-15 OTP

바이오 인증

비밀번호를 기반으로 하는 인증이 바이오 인증 형태로 대체되고 있다. 바이오 인증은 지문 인식, 안면 인식, 홍채 인식처럼 신체를 이용하여 인증하는 방식이다. 바이오 인증 방식은 OTP처럼 특수한 장치를 따로 휴대할 필요가 없고, 복사가 어려워 미래 기술로 주목받는다. 금융과 관련한 기술을 금융financial과 기술technology을 합쳐 핀테크fintech라고 한다. 바이오 인증 분야는 핀테크 기술의 핵심 기술로 여겨진다.

바이오 인증 관련 기술은 지속 성장할 것이다. 스마트폰은 이미 지문 인식 센서와 카메라를 장착했고, 홍채 인식이나 안면 인식 시스템도 도입했다. 국내 은행 웹사이트뿐 아니라 해외 대형 은행들도 바이오 인증을 도입했으며, 그 수는 지속적으로 늘어나고 있다.

(a) 지문 인식 (b) 안면 인식

그림 13-16 바이오 인증 기술

공동인증서

공동인증서(구 공인인증서)는 인터넷뱅킹, 주식 거래, 인터넷 결제에 주로 사용된다. 공인인증서는 은행 등 공인된 기관에서 인증한 개인용 전자서명이다. 공인인증서 관련 소프트웨어를 설치할 때 액티브X를 이용해야만 했다. 그래서 국내에서는 액티브X를 지원하는 마이크로소프트의 익스플로러가 웹 브라우저 중에서 절대적인 위치를 차지했었다. 현재는 특정 브라우저에 의존하지 않는 형태의 인증방식이 개발되었으며 과거의 공인인증서가 공동인증서로 변경되었다. 따라서 공동인증서도 사설 기관으로부터 암호화된 인증을 받아 사용되는 개인용 전자서명이다.

미국과 같은 선진국에서는 HTTPS라는 보안 기술을 웹사이트에 적용하여 비밀번호와 OTP만 있으면 거래할 수 있다. 반면 우리나라는 웹사이트에서 거래하기 위하여 개인 컴퓨터에 암호화 관련 소프트웨어를 설치하고, 인증서도 개인이 발급받아 관리하는 기형적인 구조이다. 한류 열풍이 불어 외국인이 국내 웹사이트에서 거래하고 싶어도 공동인증서가 없어 거래가 어려운 현상이 발생한다. 공동인증서의 또 다른 문제점은 웹 서비스 제공자가 관리해야 하는 보안의 책임을 개인에게 전가한다는 것이다.

그림 13-17 공인인증서

2014년 전자금융거래법이 개정되면서 공인인증서의 의무화 조항을 삭제했지만, 기업들은 여전히 공인인증서를 요구했다. 그러던 중 크롬이 실행 파일을 지원하지 않고 마이크로소프트에서도 액티브X를 지원하지 않는 엣지 브라우저를 출시함으로써 공인인증서만으로 인증하기 어려워졌다. 그래서 은행들은 공인인증서의 이름을 공동인증서로 바꾸는 한편, HTML5를 이용하여 웹 브라우저에서 안전하게 인증서를 보관하는 브라우저 인증서를 새로 개발했다. 따라서 현재는 브라우저 인증서 또는 공동인증서를 사용할 수 있는 환경으로 바뀌었다.

2 보안 소프트웨어

사용자가 실수로 악성 소프트웨어를 설치하더라도 보안 소프트웨어를 적절히 활용하면 위협을 방어할 수 있다.

백신

백신vaccine은 악성 소프트웨어로부터 자신의 컴퓨터나 스마트폰을 지키기 위하여 사용하는 프로그램이다. 백신은 컴퓨터 내부에 바이러스에 감염된 파일이 있는지 찾아보고 감염된 파일이 있으면 치료하거나 삭제한다. 요즘 백신에는 다운로드 중인 파일을 검사하거나, 방문하는 사이트의 위험성을 파악하여 차단하는 기능도 있다. 따라서 백신은 컴퓨터에 꼭 설치해야 하는 소프트웨어이다. 개인 사용자의 경우, 우리나라 최초의 백신인 V3를 비롯하여 무료로 배포하는 프로그램을 사용할 수 있다. 자신이 사용하는 백신의 성능을 확인하고 싶다면 AV-TEST(http://av-test.org)와 같은 보안 평가 웹사이트를 방문해보자. [그림 13-18]과 같이 백신 성능 평가 결과를 확인할 수 있다.

그림 13-18 AV-TEST 웹사이트

해킹이나 악성 소프트웨어는 지속적으로 발전하고 있으며 공격 방법이 지능적으로 변하고 있다. 요즘 바이러스는 컴퓨터에 침투하여 백신 프로그램부터 무력화한다. 따라서 백신과 운영체제는 자주 업데이트해야 하며, 특별한 이유 없이 백신이 업데이트되지 않는다면 바이러스 감염을 의심해야 한다.

여기서 잠깐 **V3**

안랩(Ahnlab)의 안철수가 의사로 일했을 때 컴퓨터에 있던 중요한 데이터가 사라졌다. 지인으로부터 빌려온 플로피 디스크가 바이러스에 감염되어 있었기 때문이다. 그가 컴퓨터 바이러스 문제를 해결하기 위하여 만든 프로그램이 우리나라 최초의 백신 프로그램인 V3이다.

방화벽

방화벽firewall은 미리 정의된 보안 규칙을 사용하여 네트워크에서 전송되는 데이터를 점검하고 제어하는 네트워크 보안 시스템이다. 방화벽이라는 용어는 원래 건물 내 화재가 번지는 것을 막기 위해 설치된 방벽을 의미한다. 방화벽의 역할은 신뢰 수준이 낮은 네트워크(보통의 경우 인터넷)로부터 오는 해로운 트래픽이 신뢰 수준이 높은 네트워크(내부 망)로 들어오지 못하게 막는 것이다. 또한 시스템 내부에 있는 정보가 불법적으로 외부로 나가지 못하게 막는 기술도 포함하고 있다. 따라서 방화벽을 넓게 정의하면 서로 다른 네트워크를 오가는 데이터를 검열하여 차단하는 하드웨어 혹은 소프트웨어이다.

그림 13-19 **방화벽**

초창기 방화벽은 패킷 자체만을 살펴보고 미리 설정한 규칙에 따라 허용 또는 거부를 결정하는 패킷 필터 방식이었다. 이때는 대상이 패킷이기 때문에 네트워크의 TCP/IP 계층에서 동작했다. 패킷 필터 방식의 방화벽은 방화벽 관리자가 네트워크에 적용할 규칙을 설정한다. 여기서 규칙은 특정한

IP로 오가는 패킷을 허용 또는 거부하거나 특정한 포트를 허용 또는 거부하는 것이다. 공격 패턴이 점차 발달하여 일상적인 패킷과 구별하기 어려워지면서, 해로운 트래픽이 방화벽을 통과하여 시스템을 공격하는 경우가 발생했다. 따라서 패킷 필터 방식에서 더 나아가 패킷이 응용 프로그램에 미칠 영향을 분석하는 방화벽도 출현했다.

윈도우에도 방화벽이 기본으로 설치되어 있다. [그림 13-20]과 같이 [방화벽 및 네트워크 보호]에서 자신만의 규칙을 만들어 시스템을 보호할 수 있다.

그림 13-20 윈도우 10의 방화벽 설정 화면

가상 키보드

우리가 키보드로 내용을 입력하면 일정량이 버퍼에 모였다가 프로그램에 전달된다. 바이러스나 트로이목마 같은 악성 소프트웨어는 키보드 버퍼를 훔쳐보고 아이디, 비밀번호, 계좌 정보와 연관된 데이터를 해커에게 전달하려 한다.

금융 거래를 할 때 입력하는 비밀번호나 계좌 정보는 매우 민감한 데이터이다. 이것이 노출되면 금전적으로 커다란 피해를 볼 수 있다. 그래서 컴퓨터에서 금융 사이트를 이용할 때 TouchEN과 같은 키보드 보안 프로그램이 설치된다. 키보드 보안 프로그램은 악성 프로그램으로부터 키보드 버퍼를 보호하는 소프트웨어이다.

다른 방식의 키보드 보안 기술도 있다. 인증서 암호를 입력할 때 컴퓨터와 연결된 키보드를 대신하여 [그림 13-21]과 같이 가상 키보드를 제공하기도 한다. 가상 키보드는 소프트웨어적으로 보안이 강화된 키보드이다.

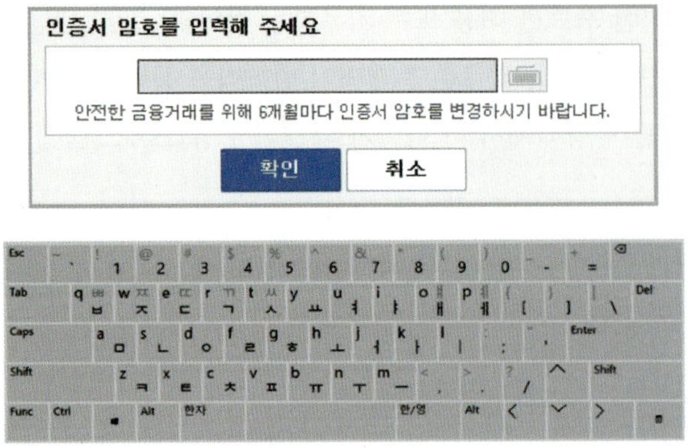

그림 13-21 가상 키보드

3 콘텐츠 유출 방지 기술

디지털 데이터는 쉽게 복제하거나 전송할 수 있다. 그래서 민감한 문서의 유출이나 창작물의 권리 침해가 흔히 일어난다. 이를 방지하는 기술을 살펴보자.

DRM

DRM Digital Rights Management이라고 하는 디지털 권리 관리는 디지털 콘텐츠의 무단 사용을 막는 기술이다. 간혹 복사 방지 기술과 혼동하는데, 복사 방지 기술이 DRM의 일부분이다. 복사 방지 기술은 디지털 콘텐츠의 복사 자체를 막는 기술이고, DRM은 적법한 콘텐츠 사용만 허락하고 그 외의 사용을 막는 기술이다.

DRM은 기업에서 문서를 관리하는 데 많이 적용된다. 기업의 문서는 외부로 반출할 수 있는 문서부터 기밀 사항을 다룬 문서까지 다양하다. 문서에 권한이 있는 사용자를 구분하여 문서 작업을 제한하는 것이 DRM이다. 예를 들어 어느 회사에서 A 문서의 열람 권한, 수정 권한, 복사 권한, 삭제 권한을 구분하여 사용자를 제한하려 한다고 가정하자. DRM은 누구에게는 해당 문서를 자유자재로 사용할 수 있도록 제공하고, 다른 사람에게는 문서를 열어볼 수 없게 닫아버린다. 이렇게 권한을 관리하여 중요한 자원의 유출을 방지하는 기술이 DRM이다.

멀티미디어 데이터에도 DRM을 사용한다. 인터넷에서 구매한 음악 파일이나 영화 파일에는 DRM 기술이 적용되기 때문에 허가하지 않은 컴퓨터나 기기에서는 볼 수 없다. 또 복사를 막거나 볼 수 있는 횟수를 제한하기도 한다. 이러한 제약이 불편하다면 'DRM free' 콘텐츠를 구매하면 된다.

디지털 워터마크

DRM이나 복사 방지 기술은 콘텐츠 유통 자체를 차단한다. 그러나 이미지 파일은 유출을 막기가 어렵다. 예부터 그림에는 창작자를 알리는 서명이나 낙관을 사용해왔다. 그런데 사진이나 그림이 디지털화되면서 서명이나 낙관을 훼손하여 유통하는 일이 많아졌다. 또한 사진 편집 프로그램을 사용하여 사진을 약간 변형하여 유통하기도 한다.

그림 13-22 **피카소의 그림에 있는 서명**

이처럼 사진이나 그림이 불법적으로 도용되었을 때 자신이 원작자임을 증명할 수 있는 기술이 워터마크이다. **디지털 워터마크**watermark는 사진, 그림, 오디오 등 멀티미디어 파일에 저작권을 식별할 수 있도록 특수하게 삽입된 패턴이다. 디지털 워터마크는 육안으로는 워터마크를 삽입했는지 확인할 수 없다는 특징이 있다. 특수한 프로그램으로 재생하면 삽입된 워터마크가 나타난다. 어릴 적 종이에 물로 글씨를 쓰고 말린 다음 불을 쪼여 글씨가 나타나게 하는 장난을 한 적이 있을 것이다. 물로 쓴 글씨처럼 평상시에는 보이지 않다가 특수한 처리를 하면 나타나는 표시라는 의미로 워터마크라고 부른다.

4 암호화 알고리즘

암호화encryption는 원본 데이터를 풀기 어려운 패턴으로 변형하여 허가받은 사용자 외에는 볼 수 없게 하는 기술이다. 반대로 **복호화**decryption는 암호화된 데이터를 원본 데이터로 돌리는 기술이다. 암호화 알고리즘에서 암호화하거나 복호화하는데 사용하는 열쇠를 키key라고 부른다.

4.1 치환 암호

치환 암호substitution cipher는 문자를 어떤 규칙에 따라 다른 문자로 대치하는 암호이다. 치환 암호는 규칙의 종류에 따라 덧셈 암호, 코드북 암호, 키워드 암호 등으로 구분된다.

덧셈 암호

덧셈 암호additive cipher 혹은 **시프트 암호**shift cipher는 치환 암호 중에서 가장 단순한 방식의 암호이다. 'LOVE'라는 문자를 암호화하는 경우를 예로 살펴보자. L, O, V, E를 알파벳순에 5씩 더한 문자로 치환하면 'QTAJ'가 되는데, 여기서 +5가 이것이 치환 암호의 암호화 키이다. 평문 'LOVE'를 암호문 'QTAJ'로 만들 때 덧셈연산(+5)을 사용했기 때문에 이를 덧셈 암호라 부른다. 또는 같은 문자표에서 위치만 이동하므로 시프트 암호라고도 부른다.

덧셈 암호를 만드는 방법은 간단하다. 가장 먼저 알파벳 A부터 Z까지 26글자에 [그림 13-23]과 같이 0부터 25까지의 숫자를 배정한다. 그리고 평문에서 각 문자에 해당하는 숫자를 찾는다. 그 숫자에 +5를 더한 값에 대응하는 문자가 암호문이다. 이때 21 이상의 숫자에 5를 더한 값은 문자표를 벗어나기 때문에, 대신 26으로 나눈 나머지를 취한다. 그러면 V의 21에 5를 더해 26이지만 26으로 나눈 나머지가 0이어서 A로 변환된다. 마찬가지로 W는 B로 변환된다. 덧셈 암호의 복호화는 암호화의 반대로 이루어진다. 암호문에서 −5를 연산하면 평문을 얻는다.

TIP 어떤 수로 나눈 나머지를 취하는 연산을 나머지 연산이라고 한다. 수학에서는 mod로 표기하고, 프로그래밍 언어에서 연산자는 %이다.

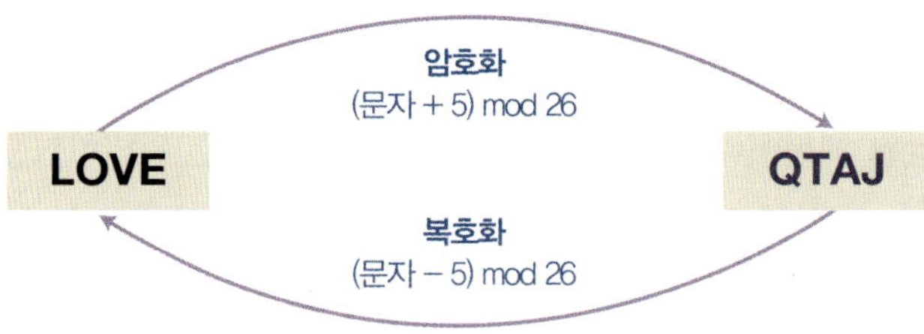

A	B	C	D	E	F	G	H	I	J	K	L	M	N	O	P	Q	R	S	T	U	V	W	X	Y	Z
0	1	2	3	4	5	6	7	8	9	10	11	12	13	14	15	16	17	18	19	20	21	22	23	24	25

그림 13-23 덧셈 암호

덧셈 암호는 역사가 오래된 암호이며, 로마의 황제였던 줄리어스 시저Julius Caesar가 사용하여 유명해졌기 때문에 시저 암호라고도 불린다.

코드북 암호

덧셈 암호보다 풀기 어려운 치환 암호로 **코드북 암호**code book ciper가 있다. 코드북 암호는 [그림 13-24]와 같이 무작위로 만든 코드북을 보내는 쪽과 받는 쪽이 공유하여 암호화하거나 복호화하는 방식이다. 그림의 코드북을 사용하여 평문 'LOVE'를 암호화하면 'VRXN'이 된다. 코드북을 모른다면 암호를 풀기는 상당히 어렵다. 그러나 코드북이 일단 노출되면 쉽게 암호가 풀린다는 단점이 있다.

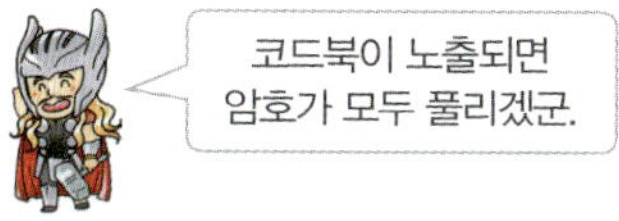

A	B	C	D	E	F	G	H	I	J	K	L	M	N	O	P	Q	R	S	T	U	V	W	X	Y	Z
O	P	H	T	N	A	I	E	D	W	Q	V	B	X	R	G	M	C	L	S	F	X	K	Y	J	U

그림 13-24 코드북 암호

키워드 암호

코드북 방식을 보완하는 다양한 치환 암호가 개발되었다. **키워드 암호화**keyword cipher는 양쪽이 아는 키워드를 사용하여 문자를 암호화하는 방식이다. 키워드 암호화는 코드북을 따로 만들 필요가 없다는 장점이 있다. [그림 13-25]는 'NETWORK'를 키워드로 사용하는 문자표이다. 맨 앞에 키워드 NETWORK를 배치하고, 나머지는 A부터 알파벳을 채운다. 그래서 일반적으로 같은 문자가 중복되지 않는 단어를 키워드로 사용한다. 그림의 문자표를 사용하여 'LOVE'를 암호문으로 만들면 'FIUO'이다.

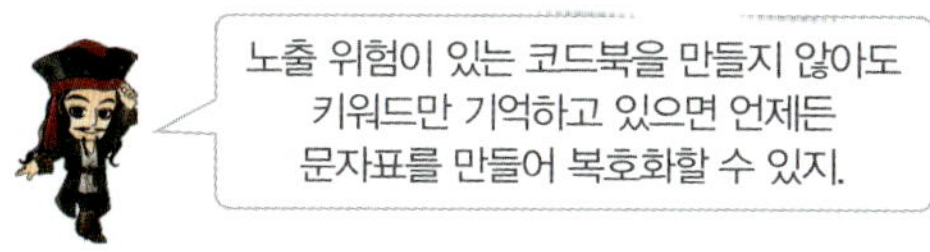

A	B	C	D	E	F	G	H	I	J	K	L	M	N	O	P	Q	R	S	T	U	V	W	X	Y	Z
N	E	T	W	O	R	K	A	B	C	D	F	G	H	I	J	L	M	P	Q	S	U	V	X	Y	Z

그림 13-25 키워드 암호

서로 다른 치환 암호를 섞어서 사용하는 방법도 있다. 예를 들어 평문의 0, 2, 4와 같은 짝수번째 문자는 NETWORK를 사용하는 키워드 암호를 사용하고, 1, 3, 5와 같은 홀수 번째 문자는 +5 덧셈 암호를 사용한다. 이러한 방식으로 암호문을 만들면 'LOVE'는 'QIAO가 된다.

4.2 전치 암호

전치 암호transposition cipher는 문자의 위치를 변경하여 암호를 만드는 방식이며, 위치 암호라고도 부른다. 전치 암호에서 키는 위치 변경 정보이다. [그림 13-26]은 평문 COMPUTERSCIENCE를 5글자씩 나누어 전치 암호로 암호화했다가 복호화하는 과정을 나타낸다. 먼저 글자를 5글자씩 나누고, 글자의 위치를 그림과 같이 변경한다. 하나의 블록(5글자)에서 1번은 3번으로, 2번은 5번으로, 3번은 1번으로, 4번은 2번으로, 5번은 4번으로 옮긴다. 이렇게 COMPUTERSCIENCE를 암호화하면 MPCUORSTCENCIEE가 된다. 복호화하려면 글자를 5글자씩 잘라서 바뀐 위치를 원래대로 되돌린다.

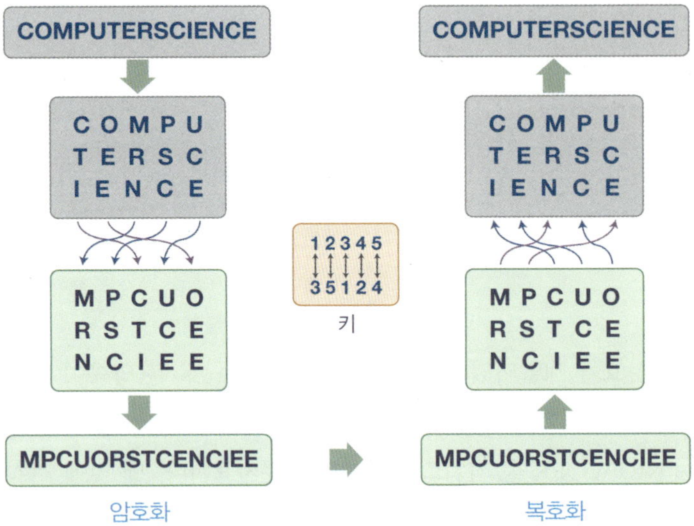

그림 13-26 **전치 암호**

4.3 대칭키 암호화와 비대칭키 암호화

지금까지 살펴본 암호화 알고리즘은 비교적 간단하기 때문에 암호가 쉽게 풀린다는 문제가 있다. 현대의 암호화 기술은 알고리즘을 복잡하게 하기보다는 복잡한 키를 생성하는 방향으로 발전하고 있다. 즉 어떻게 암호화했고 어떻게 복호화할지까지 알아도 키 없이는 암호를 풀 수 없다. 암호화는 암호를 푸는 키를 나눠주는 방식에 따라 대칭키 암호화와 비대칭키 암호화로 나뉜다.

대칭키 암호화

하나의 키로 암호화와 복호화 둘 다 하는 방식을 **대칭키 암호화**symmetric key encryption 혹은 **단일키 암호화**single key encryption라고 한다. 대표적인 대칭키 암호화 방법으로 DESData Encryption Standard가 있다. DES는 1977년 미국에서 국가 표준으로 지정한 방식이며, 56비트 키를 사용한다. DES는 2000년도에 더 강력한 단일키 암호화 방식인 AESAdvanced Encryption Standard로 대체되었다. AES 방식은 128비트 키를 사용하며, 전 세계 표준으로 활용된다.

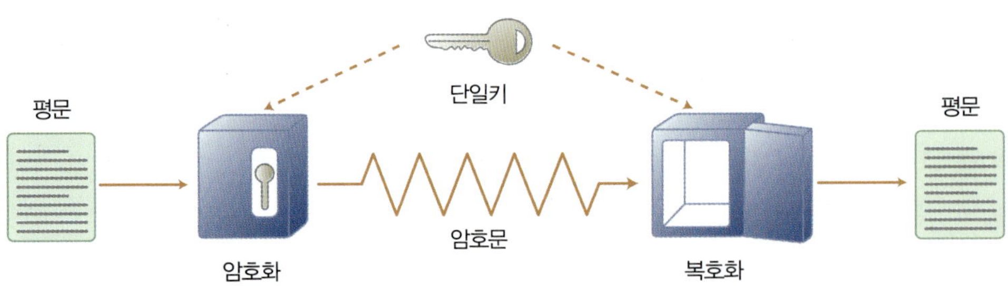

그림 13-27 **대칭키 암호화**

대칭키 암호화 방식의 가장 큰 단점은 암호로 만든 결과물과 함께 키도 같이 전달해야 한다는 것이다. 암호를 해독하려면 당연히 키를 상대방에게 전달해야 하는데, 이 과정에서 키가 다른 사람에게 노출되면 암호가 풀릴 수 있다. 코드북 암호화도 대칭키 암호화에 속하기 때문에 키인 코드북이 노출되면 암호가 풀린다. 또한 키를 소유한 사람이 나쁜 마음을 먹는다면 해당 키를 다른 암호문을 해독하는 데 사용할 수도 있다. 이러한 문제를 해결하는 방법이 비대칭키 암호화이다.

비대칭키 암호화

비대칭키 암호화asymmetric key encryption 혹은 **공개키 암호화**public key encryption에서는 공개키와 비밀키의 쌍으로 키를 구성한다. 공개키는 암호문을 만들려는 사람에게 공개하는 키이다. 공개키는 암호를 만들 때 사용할 수 있지만 암호를 해독할 수는 없다. 비밀키로만 암호를 해독할 수 있다. 따라서 공개키가 노출되거나 탈취되어도 암호를 해독하지 못한다는 장점이 있다. 대표적인 비대칭 암호화 알고리즘으로 RSA가 있다. RSA는 전자서명 등에 광범위하게 활용한다.

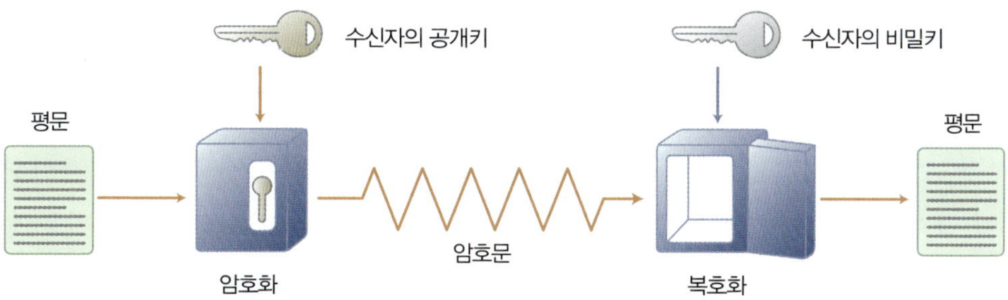

그림 13-28 비대칭키 암호화

5 보안 프로토콜

원래 웹은 연구자들이 연구 결과를 공유하거나 정보를 교환할 목적으로 만들어졌다. 따라서 모든 데이터를 암호화할 필요성이 없었다. 그래서 HTTP를 사용하는 모든 사이트에서 오가는 데이터는 쉽게 그 내용을 확인할 수 있다. 인터넷 초기에는 이것이 큰 문제가 되지 않았다. 그런데 인터넷이 발달하면서 웹을 이용한 다양한 서비스들이 개발되었다. 웹을 통하여 계좌에서 돈을 입출금하거나, 물건을 구매하기 위하여 카드 결제를 한다. 암호화되지 않은 상태에서 데이터를 주고받다 보니 계좌 정보, 비밀번호, 결제 정보와 같은 중요한 개인 정보가 위험에 노출되었다.

인터넷에 연결된 컴퓨터는 해킹이나 바이러스와 같은 위협 이외에도 네트워크상에서 개인 정보가 탈취될 위험에 노출된다. 이러한 문제를 해결하는 가장 좋은 방법은 네트워크를 분리하는 것이다. 실제로 금융전산망은 인터넷과 별도의 네트워크로 관리된다. 그러나 일반인이 분리된 망을 사용하여 서비스를 이용하는 데는 한계가 있다. 따라서 보안 프로토콜을 사용하여 전체 네트워크의 안전을 지키는 추세로 보안 기술이 발전하고 있다.

SSL과 TLS

공개키 암호화를 사용하여 사용자를 인증하고, 데이터를 암호화하는 프로토콜이 SSL이다. **SSL**Secure Sockets Layer은 1995년 넷스케이프에서 제안한 암호화 기반 인터넷 보안 프로토콜이다. SSL은 버전 3.0까지 개발되었으나 1996년 이후 업데이트되지 않았다.

1999년 IETFInternet Engineering Task Force에서 SSL의 업데이트 버전을 개발했는데 이 보안 프로토콜의 이름이 TLS이다. **TLS**Transport Layer Security는 SSL보다 강화된 보안 프로토콜이다. 최신 웹 브라우저는 대부분 SSL을 지원하지 않고, 대신 최신 암호화 프로토콜인 TLS를 지원한다. SSL은 오랫동안 업데이트되지 않았기 때문에 보안 전문가들은 SSL 사용을 중단하라고 권장한다. 그러나 SSL이 보안 프로토콜의 시초였으며, 많은 사람이 아직도 SSL을 표준으로 알고 있다. 그래서 실제로는 TLS가 표준이지만 웹 암호화 프로토콜을 TLS 대신 SSL이라 부르기도 하고 SSL/TLS와 같이 둘 다 표시하기도 한다.

SSL의 특징은 암호화, 데이터의 무결성, 서버인증으로 요약할 수 있다. SSL은 사용자와 웹 서버 사이를 이동하는 모든 데이터를 암호화하여, 누군가 데이터를 가로채더라도 전체 데이터를 확인할 수 없게 한다. 또한 SSL은 웹 서버를 인증함으로써 가짜 웹사이트로 개인 정보를 탈취하는 일을 예방한다. SSL은 또한 데이터 무결성을 위하여 데이터에 전자서명을 부여하여 데이터가 수신자에 도착하기 전에 조작되지 않았음을 확인시킨다.

HTTPS

HTTPSHTTP with Secure 혹은 HTTP with SSL는 HTTP를 보안 프로토콜 위에 구축하여 안전하게 웹을 사용하는 기술이다. 웹에서 HTTPS의 역할은 다음과 같다.

- **통신 암호화**: HTTPS는 모든 데이터를 비대칭키로 암호화하여 송출한다. 참고로 HTTP는 전송하는 데이터를 암호화하지 않기 때문에 해커가 모든 데이터를 확인할 수 있다. 따라서 HTML 데이터뿐 아니라 웹사이트에 입력하는 아이디, 비밀번호, 계좌 정보와 같은 개인 정보가 해커에게 노출될 수 있다.
- **데이터 무결성 확인**: HTTPS는 전자서명을 교환함으로써 데이터의 무결성을 확인한다. 웹 서버는 불특정 다수의 클라이언트와 데이터를 주고받는다. HTTP에서는 서버가 A 클라이언트와 통신하는 도중에 해커가 끼어들어 마치 A 클라이언트가 보낸 데이터인 것처럼 패킷을 서버에 전송할 수 있다. HTTPS는 그 데이터를 정말 A 클라이언트가 보냈는지 서버가 확인할 수 있다.

- **서버 인증**: 사용자가 방문한 웹사이트가 개인 정보를 탈취하는 가짜 사이트일 수 있다. HTTPS를 사용하면 신뢰할 수 있는 사이트임을 확인하는 인증서를 서버와 클라이언트가 교환한다. 인증서의 발급은 신뢰할 수 있는 사설 인증 기관certificate authority, 약어로 CA가 담당한다. CA에서는 해당 사이트가 신뢰할 수 있는 사이트라는 인증서를 발급하고, 서버는 발급된 인증서를 클라이언트에 전달한다. 클라이언트는 해당 인증서를 CA에 보내 인증서가 진짜인지 확인한 후에야 통신을 시작한다.

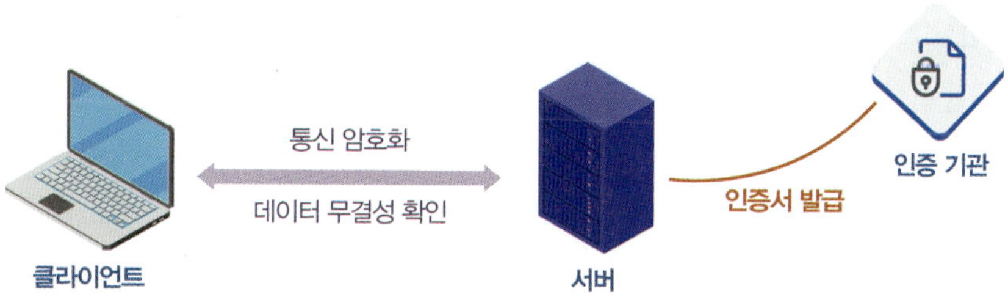

그림 13-29 **HTTPS의 역할**

많은 웹사이트가 HTTP보다 안전한 HTTPS로 바뀌는 추세이다. 만약 HTTP를 사용하는 웹사이트에 방문하는 경우, 웹 브라우저는 [그림 13-30]과 같이 경고 메시지를 띄워 아이디나 비밀번호를 해커가 탈취할 수 있음을 알린다.

그림 13-30 **HTTP 웹사이트의 경고 메시지**

요약

01 정보 보안은 수집 및 가공한 정보를 송수신하거나 저장하는 과정에서 발생하는 훼손, 변조, 유출 등의 불법적인 행위를 차단하는 기술이다.

02 악성 소프트웨어는 시스템에 침투하여 불법 행위를 일으키는 악의적인 소프트웨어이다. 컴퓨터 바이러스는 컴퓨터의 자료를 없애거나 시스템을 정지시키며, 주변 컴퓨터도 감염시킨다. 트로이 목마에는 자기 복제 능력이 없다. 매크로 바이러스는 데이터 파일에 포함되어 배포된다. 랜섬웨어에 감염되면 모든 파일에 암호가 걸리며 돈을 지불해야만 해제된다. 애드웨어는 사용자 화면이나 웹사이트에 사용자 동의 없이 광고를 띄운다. 스파이웨어는 방문하는 웹사이트, 사용 패턴, 개인 정보를 훔쳐 간다.

03 피싱은 가짜 이메일 주소나 가짜 웹사이트를 이용하는 사기 행위이다. 파밍은 네트워크 정보를 변조하여 가짜 사이트로 유도한다. 스미싱은 문자 메시지, 비싱은 인터넷 전화를 이용한다.

04 크래킹 혹은 해킹은 시스템 외부에서 침투하려는 시도이다. 해킹 방법 중 디도스 공격은 좀비 컴퓨터 여러 대에서 동시에 엄청난 양의 패킷을 서버로 보냄으로써 다른 사람이 서버를 이용하지 못하게 한다.

05 대표적인 보안 소프트웨어로 백신과 방화벽이 있다. 백신은 악성 소프트웨어를 차단하고 치료한다. 방화벽은 네트워크에서 온 데이터를 검사하여 악성 소프트웨어나 해킹을 막는다.

06 DRM은 디지털 콘텐츠를 무단으로 유통하고 사용하는 것을 막는 기술이다. 디지털 워터마크는 멀티미디어 파일이 불법적으로 도용되었을 때 자신이 원작자임을 증명할 수 있는 기술이다.

07 대칭키 암호화는 암호화할 때와 복호화할 때 같은 키를 사용하는 방식이다. 이때 암호문과 함께 키를 전달해야 한다. 비대칭키 암호화는 암호화와 복호화에 키를 따로 사용한다.

08 HTTPS는 데이터를 암호화하여 전송하는 기술이다. 디지털 서명을 교환하여 데이터의 무결성을 확인하고, CA에서 발급한 인증서를 교환하여 신뢰할 수 있는 사이트임을 확인한다.

연습문제

01 보안 기술은 물리 보안과 정보 보안으로 나뉜다. 다음 중 물리적인 위협이 아닌 행위는 무엇인가?

① 다른 사람의 물건을 훔치는 행위

② CD나 음반 등 저작물을 무단으로 복제하는 행위

③ 전화를 이용한 보이스 피싱

④ 기업이나 기관을 사칭하여 개인 정보를 입력하도록 유도하는 피싱

02 다음 중 정보 보안과 가장 거리가 먼 것은 무엇인가?

① 시스템 보안 ② 네트워크 보안

③ 인증 기술 ④ 홀로그램

03 다음 중 컴퓨터 속의 자료를 없애거나 시스템을 정지하고 주변을 감염시키는 악성 소프트웨어는 무엇인가?

① 랜섬웨어 ② 컴퓨터 바이러스

③ 매크로 바이러스 ④ 트로이 목마

04 다음 중 크랙과 함께 배포되며 자기 복제 능력이 없는 악성 소프트웨어는 무엇인가?

① 매크로 바이러스 ② 컴퓨터 바이러스

③ 트로이 목마 ④ 랜섬웨어

05 다음 중 엑셀, 워드, 파워포인트 같은 데이터 파일에 포함하여 배포되는 악성 소프트웨어는 무엇인가?

① 랜섬웨어 ② 컴퓨터 바이러스

③ 트로이 목마 ④ 매크로 바이러스

06 다음 중 컴퓨터 내 모든 파일에 암호가 걸려 돈을 지불하지 않으면 데이터를 사용할 수 없게 하는 악성 소프트웨어는 무엇인가?

① 랜섬웨어 ② 트로이 목마

③ 컴퓨터 바이러스 ④ 매크로 바이러스

07 다음 중 사용자 화면이나 웹사이트에 사용자 동의 없이 광고를 띄우는 악성 소프트웨어는 무엇인가?

① 랜섬웨어 ② 애드웨어 ③ 스파이웨어 ④ 매크로 바이러스

08 다음 중 사용자 동의 없이 방문하는 웹사이트, 사용 패턴, 개인 정보를 훔쳐 가는 악성 소프트웨어는 무엇인가?

① 랜섬웨어 ② 애드웨어 ③ 스파이웨어 ④ 매크로 바이러스

09 다음 중 악성 소프트웨어 예방법으로 적절하지 않은 것은 무엇인가?

① 다른 컴퓨터에서 파일을 복사할 때 바이러스 검사를 한다.
② 네트워크를 이용하여 다운로드한 파일을 백신 프로그램으로 검사한다.
③ 이메일 첨부 파일을 함부로 열어 보지 않는다.
④ 소프트웨어를 설치할 때 크랙을 사용한다.

10 이메일로 사용자를 속여 가짜 사이트에 개인 정보를 입력하도록 유도하는 것으로, 사용자가 자각하면 대응할 수 있는 온라인상의 공격은 무엇인가?

① 피싱 ② 스미싱 ③ 파밍 ④ 비싱

11 문자 메시지를 이용하여 사용자를 가짜 사이트로 유도하는 온라인상의 공격은 무엇인가?

① 피싱 ② 스미싱 ③ 파밍 ④ 비싱

12 다음 중 DNS 스푸핑과 가장 관련 있는 단어는 무엇인가?

① 피싱 ② 스미싱 ③ 파밍 ④ 비싱

13 악성 소프트웨어에 대한 설명으로 올바르지 않은 것은 무엇인가?

① 바이러스는 실행 파일로만 전파된다.
② 불법 복제 소프트웨어에 바이러스가 포함되어 있을 가능성이 높다.
③ 랜섬웨어는 해커가 돈을 벌 수 있고 추적하기는 어렵기 때문에 유행하고 있다.
④ 토렌트 같은 파일 공유 프로그램을 사용할 때 감염될 가능성이 높다.

14 다음 중 좀비 컴퓨터 여러 대에서 엄청난 양의 데이터를 서버로 보냄으로써 다른 사람이 서버를 이용하지 못하게 하는 해킹 기법은 무엇인가?

① 도스 ② 랜섬웨어 ③ 디도스 ④ 방화벽

15 다음 중 네트워크로 전송되는 데이터를 검사하여 악성 소프트웨어나 해킹이 내부로 침투하지 못하게 막는 소프트웨어는 무엇인가?

① 도스 ② 백신 ③ 디도스 ④ 방화벽

16 다음 중 일정 시간만 쓰고 버리는 비밀번호를 가리키는 단어는 무엇인가?

① 디지털 워터마크 ② DRM ③ OTP ④ 공동인증서

17 다음 중 기관에서 인증한 전자서명을 가리키는 단어는 무엇인가?

① 디지털 워터마크 ② DRM ③ OTP ④ 공동인증서

18 디지털 콘텐츠의 적법한 사용만 허락하고, 무단 유통과 무단 사용을 막는 기술은 무엇인가?

① 디지털 워터마크 ② DRM ③ OTP ④ 공동인증서

19 보안에 대한 설명으로 올바르지 않은 것은 무엇인가?

① 보안은 다양한 위협으로부터 신체나 재산을 지키는 일체의 행위이다.
② 물리 보안과 정보 보안은 보안 접근 방식이 달라 서로 독립적이다.
③ 정보통신 분야에서 보안 관련 기술은 물리 보안과 정보 보안으로 나뉜다.
④ 정보 보안이란 수집 및 가공한 정보를 송수신하거나 저장하는 과정에서 발생하는 불법 행위를 차단하는 방법이다.

20 악성 소프트웨어에 대한 설명으로 올바르지 않은 것은 무엇인가?

① 트로이 목마는 주변 컴퓨터를 감염시킨다.
② 매크로 바이러스는 엑셀, 워드, 파워포인트 같은 데이터 파일에 포함하여 배포된다.
③ 컴퓨터 바이러스는 컴퓨터의 자료를 없애거나 시스템을 정지시키는 파괴적인 소프트웨어이다.
④ 랜섬웨어에 감염되면 컴퓨터의 모든 파일에 암호가 걸리며, 돈을 지불해야 암호를 풀 수 있다.

21 **사진이나 그림이 불법적으로 도용되었을 때 자신이 원작자임을 증명할 수 있는 기술은 무엇인가?**

① 디지털 워터마크 ② DRM ③ OTP ④ 공동인증서

22 **악성 소프트웨어에 대한 설명으로 올바르지 않은 것은 무엇인가?**

① 랜섬웨어는 해커가 인질범처럼 몸값을 요구하는 악성 소프트웨어이다.

② 애드웨어는 사용자 화면이나 웹사이트에 동의 없이 광고를 띄우는 소프트웨어이다.

③ 스파이웨어는 사용자의 동의 없이 방문하는 웹사이트, 사용 패턴, 개인 정보를 훔쳐 간다.

④ 악성 소프트웨어는 외부에서 침투하려는 모든 시도를 가리킨다.

23 **다음 중 해킹과 보안 기술에 대한 설명으로 올바르지 않은 것은 무엇인가?**

① 디도스 공격은 컴퓨터 한 대에서 엄청난 양의 데이터를 서버로 보냄으로써 다른 사람이 서버를 이용하지 못하게 하는 해킹 기법이다.

② 방화벽은 시스템 내부의 정보가 불법적으로 외부로 나가지 못하게 막는다.

③ 비밀번호는 가장 단순한 인증 방법으로, 숫자와 문자를 조합하여 본인임을 입증할 수 있다.

④ 일정 시간만 쓰고 버리는 비밀번호를 OTP라고 한다.

24 **보안 기술에 대한 설명으로 올바르지 않은 것은 무엇인가?**

① 지문 인식, 안면 인식, 홍채 인식처럼 신체를 이용하는 인증을 바이오 인증이라고 한다.

② 디지털 워터마크는 디지털 콘텐츠를 무단으로 유통하거나 사용하는 것을 막는 기술이다.

③ 공동인증서는 기관에서 인증한 전자서명이다.

④ 백신은 악성 소프트웨어를 차단하고 찾아서 치료하는 소프트웨어이다.

25 **다음 중 올바르지 않은 것은 무엇인가?**

① 하나의 키로 암호화와 복호화 둘 다 하는 암호화 방식은 대칭키 암호화이다.

② 단일키 암호화는 암호로 만든 결과물과 함께 키를 전달해야 한다.

③ 암호를 만드는 키와 암호를 푸는 키를 쌍으로 구성하는 암호화 방식은 비대칭키 암호화이다.

④ 공개키 암호화는 공개키로 암호를 해독한다.

26 다음 중 나머지 3개와 가장 거리가 먼 것을 찾으시오.

① 비대칭키 암호화 ② 공개키 ③ 단일키 암호화 ④ 개인키

27 다음 중 비대칭키 암호화에서 평문을 암호문으로 만들 때 사용하는 키는 무엇인가?

① 단일키 ② 공개키 ③ 대칭키 ④ 개인키

28 다음 중 비대칭키 암호화에서 암호문을 평문으로 복호화할 때 사용하는 키는 무엇인가?

① 단일키 ② 공개키 ③ 대칭키 ④ 개인키

29 다음 중 나머지 3개와 가장 거리가 먼 것을 찾으시오.

① 덧셈 암호 ② 키워드 암호 ③ 전치 암호 ④ 코드북 암호

30 문자로 된 평문에서 알파벳 순서에 7씩 더하여 암호문을 만들었다. 어떤 암호화 방식을 사용한 것인가?

① 시프트 암호 ② 키워드 암호 ③ 전치 암호 ④ 코드북 암호

31 다음 중 문자로 된 평문에서 문자의 위치를 변경하는 암호화는 무엇인가?

① 시프트 암호 ② 키워드 암호 ③ 전치 암호 ④ 코드북 암호

32 다음 중 나머지 3개와 가장 거리가 먼 것을 찾으시오.

① HTTPS ② SSL ③ TLS ④ DNS

CHAPTER 14

최신 정보통신 기술 동향

학습목표

- 컴퓨팅 환경의 변화를 이해하고 클라우드 컴퓨팅의 특징을 살펴본다.
- 사물 인터넷의 대표적 활용 분야인 자율주행 자동차에 대해 알아본다.
- P2P, 블록체인, 대체 불가능 토큰에 대해 알아본다.
- 정보통신 기술의 발전에 어떻게 대비하고 있는지 알아본다.

Preview

강력한 네트워크와 보안 기술을 기반으로 많은 데이터를 빠르고 안전하게 주고받을 수 있게 되었다. 클라우드 컴퓨팅, 사물 인터넷, 블록체인과 대체 불가능 토큰처럼 기존의 기술을 융합한 최신 정보통신 기술이 새로운 가치를 창출하고 있다. 이 장에서는 일상생활 속의 최신 정보통신 기술과 그 한계를 살펴보고 발전 방향을 모색한다.

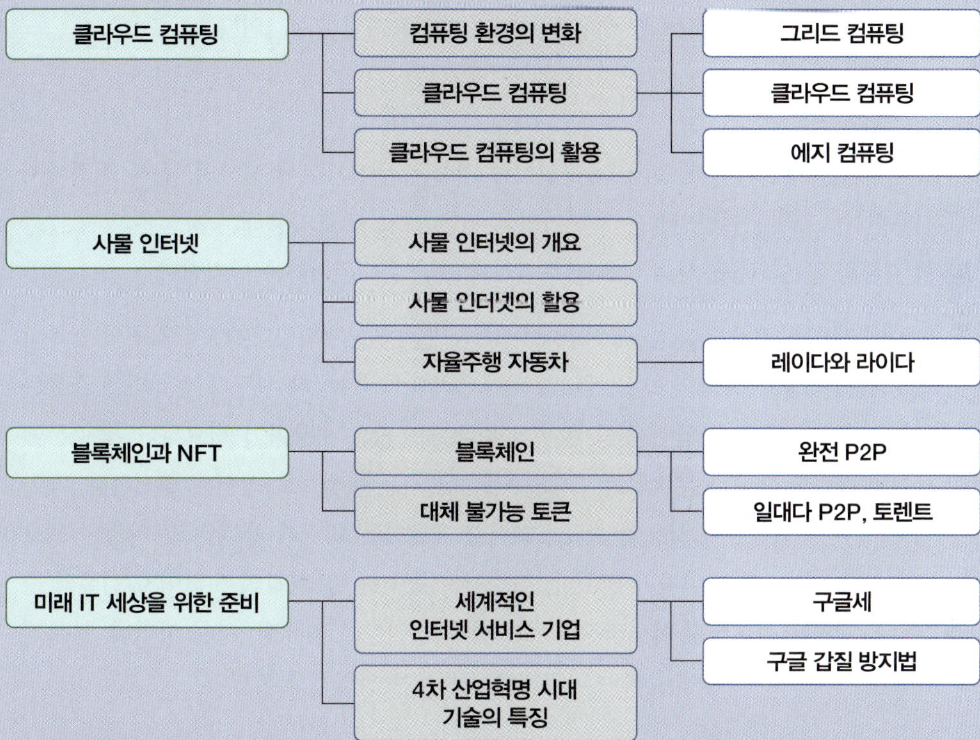

01 | 클라우드 컴퓨팅

1 컴퓨팅 환경의 변화

컴퓨터는 처음에 군수품으로 만들어졌고 은행, 회계 업무, 과학 연구 등 계산이 많이 필요한 분야에 급속도로 퍼졌다. 그러나 이때의 컴퓨터는 여전히 전문가들만이 작동시킬 수 있는 기계였고, 일반인들과는 거리가 멀었다. 이러한 값비싼 대형 컴퓨터가 **메인프레임**mainframe이다.

플랫폼

최초의 무선통신 기기는 무전기이다. 지금도 군인이나 경찰은 무전기로 통신하며, 공사 현장에서도 무전기를 사용한다. 그러나 일반인들은 무전기의 존재만 알고 있지 사용해본 경험은 많지 않을 것이다. 그래서 지금과 같은 이동통신의 시초를 무전기가 아닌 휴대폰이라 이야기한다.

1977년 6월 10일에 **개인용 컴퓨터**personal computer 애플 II가 세상에 공개되었다. 세계 최초의 컴퓨터인 에니악이 1947년에 작동을 시작했으니, 에니악 이후 30년이 지나서야 누구나 컴퓨터를 소유하고 사용할 수 있게 되었다. 특정 산업이 꽃을 피우기 위해서는 많은 사용자가 필요하다. 플랫폼에 많은 사람이 모이면 다양한 요구가 분출되고, 그 요구를 해결하는 방향으로 산업이 발전한다. 개인용 컴퓨터 시장이 열리자 일반인이 사용할 소프트웨어를 개발하는 회사가 생겨났고, 다양한 프로그램이 개발되면서 컴퓨터는 만능 상자가 되었다. 따라서 애플 II는 IT 환경의 시작이자 컴퓨터 플랫폼의 시작점이다. 개인용 컴퓨터뿐 아니라 앞으로 소개할 클라우드 컴퓨팅, 사물 인터넷, 블록체인도 이러한 과정을 거쳐 우리 생활에 깊숙이 파고들었고 새로운 산업을 꽃피웠다.

분산 시스템

슈퍼컴퓨터는 CPU 1,000개 이상을 하나로 묶은 컴퓨터이다. 가격도 수백억 원을 호가하여 아무나 접근할 수 없다. 그런데 개인용 컴퓨터가 늘어나면서 새로운 시도를 할 수 있게 되었다. 개인용 컴퓨터도 각각 CPU를 사용하기 때문에 수천 대를 네트워크로 묶어서 슈퍼컴퓨터처럼 사용할 수 있다. 이와 같이 작업을 여러 개로 쪼개고 개인용 컴퓨터에 분산시켜 처리하는 시스템을 **분산 시스템**distributed system이라 한다. 분산 시스템은 인터넷에 연결된 여러 컴퓨터의 처리 능력을 이용하여 작업을 처리하고 그 내용이나 결과를 서로 교환한다. 분산 시스템은 중앙 처리 시스템과 반대되는 개념이다. 앞으로 소개할 클라이언트-서버, P2P, 그리드 컴퓨팅, 클라우드 컴퓨팅도 일종의 분산 시스템이다.

분산 시스템이 처음 나왔을 당시에 각 컴퓨터가 독립적으로 작동하는 완전한 분산 시스템을 구현하는 데 한계가 있었다. 작업 도중에 한 컴퓨터가 꺼지면 다른 컴퓨터로 작업을 옮겨야 했고, 작업이 끝난 후에는 전체 작업 결과를 합쳐서 하나로 만들어야 했기 때문이다. 또한 네트워크가 불안하고 컴퓨터의 성능이 우수하지 않아서 작업을 분산하여 처리하기가 어려웠다.

그림 14-1 분산 시스템

클라이언트-서버 시스템

완전한 분산 시스템의 대안으로 개발된 것이 **클라이언트-서버 시스템**이다. 완전한 분산 시스템과 달리 클라이언트-서버 시스템에서는 모든 컴퓨터가 동일한 지위를 갖지 않는다. 클라이언트-서버 시스템은 작업을 요청하는 클라이언트와 요청에 응답하는 서버의 이중 구조이다. 웹 시스템이 보급된 이후 클라이언트-서버의 구조가 대중에게 알려졌다.

클라이언트-서버 구조의 가장 큰 단점은 서버 과부하이다. 사용자의 트래픽을 소화할 수 있는 네트워크와 충분한 용량의 서버를 확보하지 못하면 웹 페이지가 열리지 않는다. 우리는 웹사이트에 접속할 수 없을 때 '서버가 다운되었다'라고 말한다. 준비된 서버와 네트워크 용량을 넘어서는 경우 서버가 다운된 것처럼 느낀다. 그래서 인터넷 기업들은 서버 과부하를 해결하기 위하여 비싼 네트워크와 고성능 서버를 사용하고, 이를 유지·관리하는 데 천문학적 비용을 사용한다.

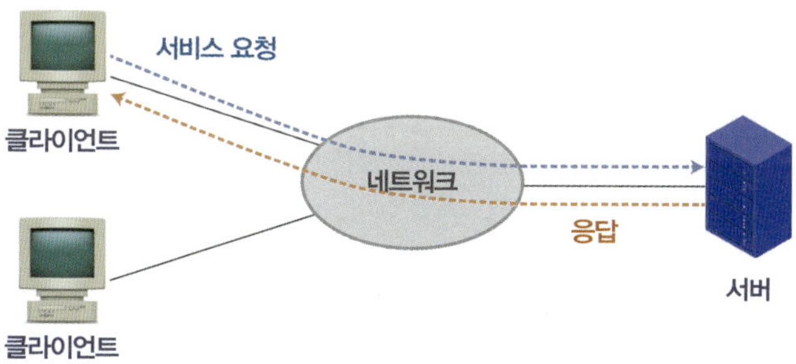

그림 14-2 클라이언트-서버 시스템

P2P 시스템

1990년대 말에 미국 대학생 숀 패닝Shawn Fanning이 전 세계에 퍼진 MP3 파일을 모아 다운로드하는 서비스를 개발했다. 그런데 시스템을 설계할 당시 큰 문제에 봉착했다. MP3 파일 1개의 크기는 4MB에서 10MB 정도인데, 이는 웹 페이지보다 수백 배 이상 크다. 이러한 파일을 서버에 올려놓는다면 서버 과부하는 불 보듯 뻔했다.

숀 패닝은 클라이언트-서버 시스템의 서버 과부하 문제를 해결할 새로운 시스템을 구상했다. 새로운 시스템에서 서버는 각 사용자가 가진 MP3 파일의 목록만 가지고 있다. MP3 파일을 얻고자 하는 사용자는 서버에서 파일의 위치 데이터만 얻는다. 원하는 MP3 파일을 누가 가지고 있는지 알게 되면, 실제로 파일을 다운로드할 때는 서버를 거치지 않고 파일을 보유한 사람에게서 직접 받는다. 이 시스템에서 서버는 중재만 하고 파일을 받을 사용자peer가 파일을 가진 사용자peer와 직접 통신하기 때문에 **P2P**Peer-to-Peer 시스템이라 한다.

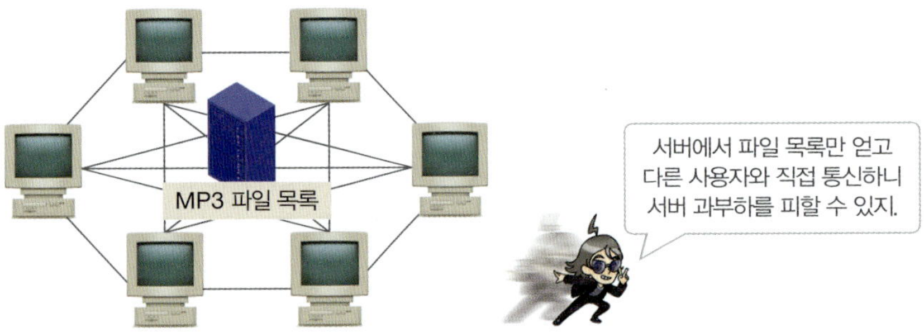

그림 14-3 P2P 시스템

이렇게 만든 MP3 파일 공유 서비스가 '냅스터'이며, 우리나라에서 이를 따라 만든 시스템이 '소리바다'이다. 냅스터나 소리바다는 저작권법에 저촉되어 현재는 사라졌다. 그러나 P2P 시스템은 다른 분야에서 활발하게 사용된다. 현재도 사용하는 P2P 시스템으로 메신저가 있다. MSN과 같은 메신저에서는 수천, 수만 명이 동시에 채팅하고 파일을 보낸다. 이러한 메신저를 클라이언트-서버 구조로 만들면 서버와 네트워크가 데이터 전송량을 감당할 수 없다. 그래서 메신저 서버에는 사용자 인증 관련 데이터와 채팅하려는 상대방의 위치 데이터만 있다. 사용자는 서버에서 인증을 마친 후 P2P로 상대방과 직접 연결한다. P2P 시스템의 메신저는 개인용 컴퓨터뿐 아니라 스마트폰에서도 사용하도록 발전했다. 대표적인 모바일 메신저가 카카오톡이다.

2 클라우드 컴퓨팅

네트워크 기술이 발전하기 전에는 특정한 영역에서만 분산 시스템을 사용했다. 그러다가 대량의 계산을 처리하는 일이 많아지면서 그리드 컴퓨팅이 등장했다. 무선통신망이 대중화 되면서 그리드 컴퓨팅은 클라우드 컴퓨팅으로 발전했다.

그리드 컴퓨팅

그리드 컴퓨팅grid computing은 여러 곳에 흩어진 컴퓨팅 파워나 소프트웨어를 하나로 묶어 컴퓨터 한 대처럼 사용하는 기술이다. 서로 다른 기종의 컴퓨터나 운영체제를 묶어 사용한다. 그래픽 작업이 많은 애니메이션을 제작하거나, 인간의 DNA를 분석하거나, 암호화 알고리즘을 개발할 때는 큰 컴퓨팅 파워가 필요하다. 그때마다 값비싼 슈퍼컴퓨터를 살 수는 없으나, 그리드 컴퓨팅을 이용하면 흩어진 컴퓨팅 자원을 묶어 많은 계산을 처리할 수 있다.

클라우드 컴퓨팅

초고속 통신망과 5G 등 무선통신망의 발달로 대용량 데이터를 손쉽게 전송하는 세상이 되었다. 과거에는 데이터 1GB를 다운로드하는 데 1시간 이상 걸렸지만, 지금은 몇 분이면 충분하다. 컴퓨터, 저장 장치, 소프트웨어를 들고 다니지 않아도 작업할 수 있다. 하드웨어와 소프트웨어를 중앙의 클라우드에 숨기고, 사용자가 필요한 서비스만 그때그때 이용하는 컴퓨팅 환경을 클라우드 컴퓨팅이라고 한다. **클라우드 컴퓨팅**cloud computing은 유·무선 네트워크를 통하여 정보통신 기기, 소프트웨어, 정보통신 인프라infrastructure를 일관된 방식으로 필요한 만큼 유연하게 이용할 수 있는 정보 처리 시스템이라고 정의할 수 있다.

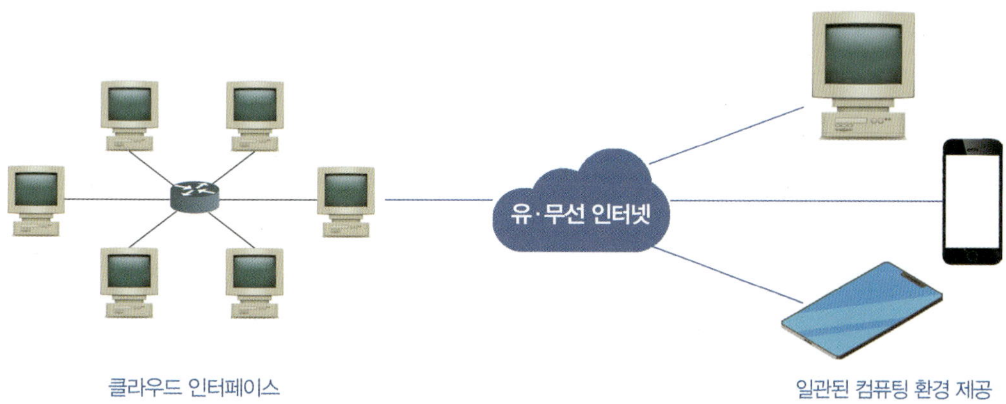

그림 14-4 클라우드 컴퓨팅

그리드 컴퓨팅과 클라우드 컴퓨팅의 차이를 이해하기 어려울 것이다. 클라우드 컴퓨팅을 구현할 때 하드웨어적으로 그리드 기술을 사용하기 때문에 많은 부분이 겹치지만, 클라우드 컴퓨팅은 서비스 중심적인 측면이 강하다. 클라우드 컴퓨팅의 목적은 언제 어디서나 컴퓨팅 파워나 소프트웨어에 접근할 수 있는 유연한 컴퓨터 환경이다. 사용자가 외부에서 스마트폰을 사용하든 집에서 PC를 사용하든 하드웨어와 소프트웨어에 일관되게 접근할 수 있는 환경을 만들어 준다. 서비스 제공자 관점에서 보면 하드웨어, 소프트웨어, 네트워크의 용량, 보안 문제를 신경 쓰지 않고 지속적으로 인터넷 서비스를 제공할 수 있는 환경을 제공한다.

클라우드 컴퓨팅 서비스 모델

클라우드 컴퓨팅은 서비스 모델에 따라 SaaS, PaaS, IaaS로 구분할 수 있다.

- **SaaS**Software as a Service: 인터넷에서 쓴 소프트웨어 사용량에 따라 과금하는 모델이다. 과거에 기업에서 회계 관리를 할 때는 회계 관리 프로그램을 구매하고 사내 컴퓨터에 설치하여 사용했다. 요즘은 인터넷에서 회계 관리 프로그램을 사용한 후 사용한 만큼 요금을 지불한다. 이렇게 빌려 쓰는 소프트웨어 서비스가 SaaS이다.
- **PaaS**Platform as a Service: 애플리케이션을 구축, 테스트, 설치할 수 있도록 통합 환경을 제공하는 모델이다. 예를 들어 빅데이터를 다루는 새로운 응용 프로그램을 만들려면 성능 좋은 하드웨어뿐 아니라 대용량 데이터베이스 같은 고가의 소프트웨어가 필요하다. 이때 비싼 하드웨어와 소프트웨어를 구매하여 사용하는 대신 이러한 환경을 갖춰둔 플랫폼을 임대하여 프로그램을 개발한다. 그리고 사용한 만큼 요금을 지불한다.
- **IaaS**Infrastructure as a Service: 서버, 스토리지, 네트워크를 가상화 환경으로 만들어 필요에 따라 자원을 사용하는 모델이다. 과거에 온라인 쇼핑몰을 구축할 때는 컴퓨터를 구매하고 네트워크 및 소프트웨어를 설치하여 서버를 구축하고 관리했다. 그러나 현재는 모든 환경을 빌려 쓰고 사용한 만큼 요금을 지불하는 환경으로 바뀌었다. 이렇게 서버, 스토리지, 네트워크를 통합하는 인프라 서비스 환경이 IaaS이다.

에지 컴퓨팅

클라우드 컴퓨팅은 성공적인 컴퓨팅 모델이지만 여러 가지 문제점을 안고 있다. 가장 큰 문제점은 클라이언트-서버 구조의 가장 큰 특징인 서버 과부하다. 사물 인터넷 기기가 늘어나면서 서버 쪽으로 몰리는 트래픽이 기하급수적으로 늘어날 것이 분명하다. 그러나 무작정 서버 용량을 늘리는 데는 비용의 한계가 있다.

또한 네트워크가 불안정하면 서비스에 문제를 일으킬 수 있다. 5세대 초고속 통신망을 보급한다고는 하지만, 만약 네트워크가 중단되면 서비스 중단으로 이어질 수 있다. 자율주행 자동차가 하루에 만들어 내는 데이터의 양이 100GB를 넘어설 것으로 예상된다. 많은 양의 데이터를 무선으로 전송하는 것도 문제이지만, 네트워크 중단이 일어날 경우 자동차에 탄 사람이 위험에 빠질 수 있다.

에지 컴퓨팅은 이러한 문제점을 완화하려고 만든 컴퓨팅 환경이다. 기술의 발달로 스마트폰만 하더라도 개인용 컴퓨터에 육박하는 컴퓨팅 파워를 가지고 있다. 또한 사물 인터넷 기기의 성능도 점점 좋아진다. **에지 컴퓨팅**edge computing은 클라우드와 단말기 사이에 컴퓨터를 삽입하여 네트워크와 데이터 처리를 분산한다. 네트워크의 가장자리에서edge 개별 기기에 대부분의 계산을 맡겨 네트워크와 클라우드 서버의 부하를 줄일 수 있다. 한마디로 컴퓨터끼리 작업을 나누어 가지는 방식이다.

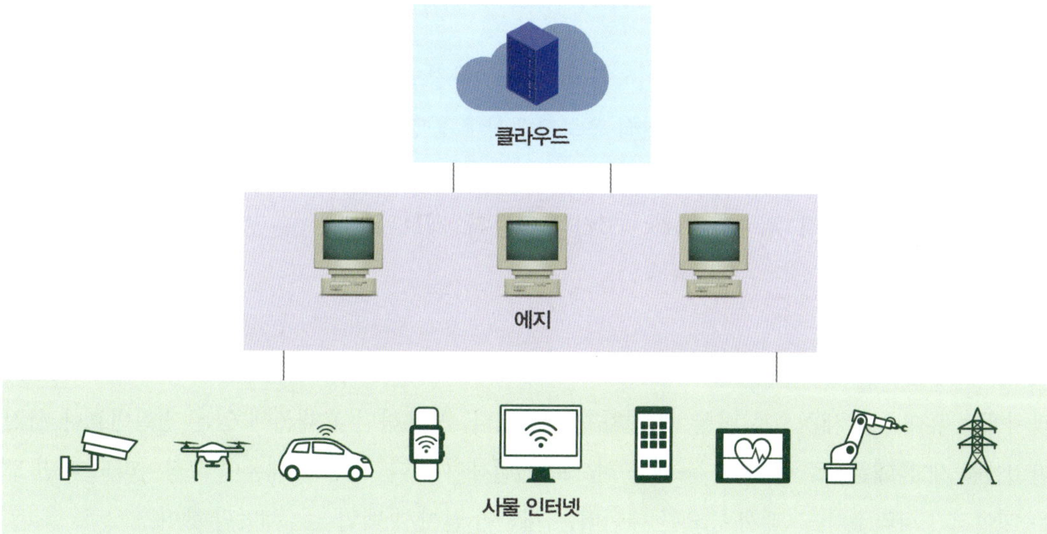

그림 14-5 **에지 컴퓨팅**

3 클라우드 컴퓨팅의 활용

무선 통신망의 발달로 PC 뿐 아니라 스마트폰이나 태블릿과 같은 다양한 장치에서 작업이 이루어짐에 따라 클라우드 환경은 다양하게 활용되고 있다.

소프트웨어 사용

과거에는 돈을 주고 윈도우 운영체제를 사면 설치용 CD와 설명서를 받았다. 현재 윈도우 11은 정품 라이선스 키를 구입한 후 설치 파일을 다운로드하여 인터넷으로 바로 설치할 수 있다. 스마트폰에서 사용하는 대부분의 앱도 무선통신을 이용하여 자동으로 설치한다. 이제는 소프트웨어를 CD나 USB 드라이브에 담아 배포하지 않는 세상이 되었다.

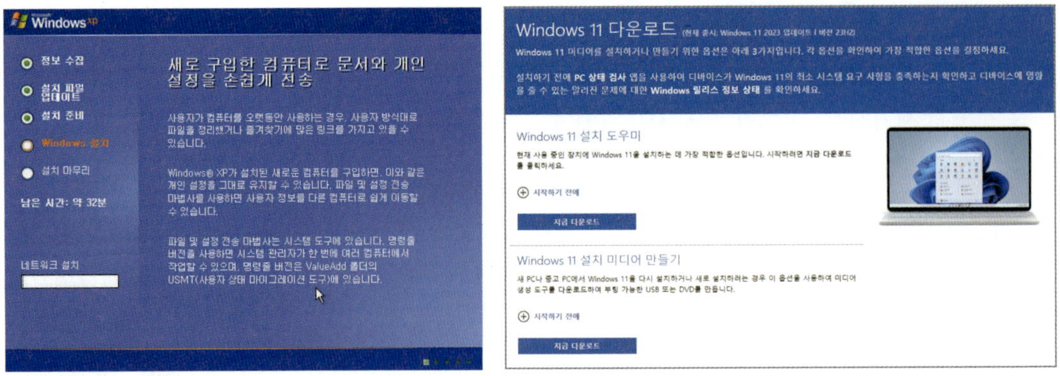

(a) 윈도우 XP (b) 윈도우 11

그림 14-6 윈도우 설치 화면

USB 드라이브에 저장하여 옮기던 데이터를 클라우드 환경으로 옮겨 오면서 더 이상 들고 다닐 필요가 없어졌다. 포토샵과 같은 사진 편집 프로그램이나 동영상 편집 프로그램도 스마트폰에 설치하면 간단하게 사용할 수 있고, 사용한 만큼 요금을 지불하면 된다. 사용자는 더 이상 저장 장치가 어떻게 구성되어 있는지, 컴퓨팅 파워는 얼마나 되는지, 네트워크 용량은 충분한지 고민하지 않아도 된다.

데이터 백업

과거에는 휴대폰을 새것으로 바꿀 때 절차가 복잡했다. 사용하던 휴대폰에 있는 전화번호나 사진 파일들을 새 휴대폰으로 옮길 때 두 대를 선으로 연결해야 했다. 또한 휴대폰이 고장이라도 나면 모든 데이터가 사라졌다. 그래서 중요한 데이터는 개인이 알아서 백업backup해야만 했다.

현재 전화번호, 사진, 환경 설정 등 스마트폰에 있는 모든 데이터를 클라우드에 저장할 수 있다. 새로운 스마트폰을 구매했을 때 클라우드에서 자료를 내려받기만 하면 이전 스마트폰과 데이터뿐 아니라 설정까지 똑같은 상태로 만들 수 있다. 설령 스마트폰을 분실하거나 고장 나더라도 데이터는 사라지지 않는다. 따라서 개인이 데이터를 따로 백업할 필요가 없다. 크롬 브라우저도 클라우드 환경으로 진화했다. 자신의 아이디로 로그인만 어디에 있든 상관없이 똑같은 설정으로 맞춰진다. 예를 들어 집에 있는 컴퓨터에서 새로 찾은 홈페이지를 북마크 했다. 회사 컴퓨터에서 크롬에 로그인하면 집에서 추가한 북마크가 그대로 보인다. 크롬의 다른 설정도 마찬가지이다. 클라우드 컴퓨팅은 언제 어디서든 같은 환경에서 컴퓨터를 사용할 수 있는 환경을 만들어 준다.

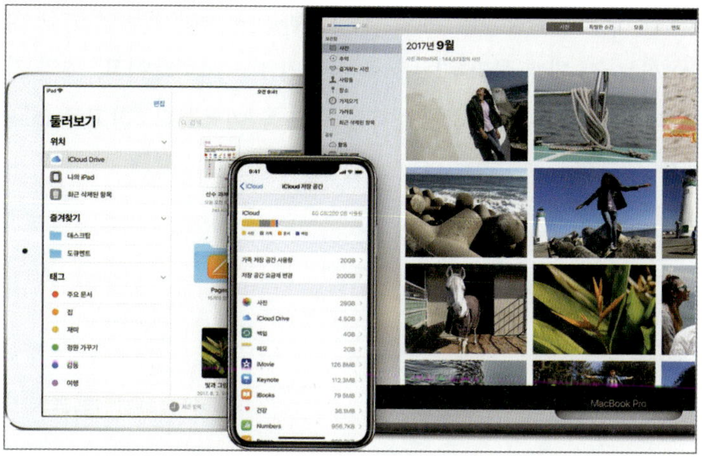

그림 14-7 애플의 클라우드 서비스

클라우드 웹 서비스

웹 서비스도 클라우드 환경으로 변해 간다. 과거에는 회사 웹사이트나 온라인 쇼핑몰을 서비스할 때 다양한 하드웨어가 필요했다. 서버용 컴퓨터를 구매하여 운영체제, 데이터베이스, 웹 서버용 소프트웨어를 설치하고 설정한 후 인터넷 선을 연결해서 웹 서비스를 시작했다. 서비스 시작 이후에도 서버와 네트워크를 지속적으로 관리해야 했으며, 보안 시스템도 설치해야만 했다. 사실 웹 페이지를 만드는 것보다 서버와 네트워크 관리하는 일이 더 어렵다.

서버를 회사에 두는 경우, 정전이라도 발생하면 웹사이트가 먹통이 된다. 이러한 문제를 해결하려고 만든 것이 인터넷 데이터 센터internet data center(IDC)이다. 인터넷 데이터 센터는 인터넷 서비스 서버를 모아 놓은 곳이다. 인터넷 서비스를 제공하려는 기업들은 서버를 구매하여 IDC에 두고 정전이나 해킹 등 외부 요소로부터 서버를 보호한다.

그러나 IDC를 이용하더라도 서버 관리를 기업이 담당해야 한다는 불편함이 있었다. 그래서 요즘은 웹 서비스를 위하여 클라우드 환경을 사용한다. 웹 페이지를 만들어 클라우드 업체에 보내기만 하면 바로 웹 서비스를 시작할 수 있다. 어떤 하드웨어를 사용하는지 웹 서비스 제공 기업은 알 필요가 없다. 서버나 네트워크를 관리할 필요도 없다. 서버 용량과 네트워크 용량에 맞게 계약하고 달마다 이용료만 지불하면 된다. 이러한 편리함 때문에 많은 웹 서비스가 클라우드로 옮겨 가고 있다.

아마존의 클라우드 웹 서비스인 AWSAmazon Web Service는 세계 최초의 IaaS이다. 아마존 온라인 쇼핑몰에는 1억 종류 이상의 상품이 등록되어 있다. 따라서 고객 데이터, 구매, 결제, 배송 관리를 위하여 막대한 규모의 서버와 네트워크를 구축했다. 아마존에서는 모든 업무가 365일 쉬지 않고 자동으로 돌아가는 시스템을 구축하는데 막대한 자본을 쏟아부었다. 그래서 세계 최고 수준의 전산 시스템을 보유하게 되었다. 어느 날 아마존에서는 이 막강한 시스템을 외부에 개방하여 돈을 벌기로 했는데 이것이 바로 AWS이다. AWS는 누구나 사용료를 내고 웹 시스템을 구축하기 위한 전산 시스템을 빌릴 수 있는 서비스이다. AWS는 전 세계 클라우드 IaaS 시장의 1등 서비스이고, 해외 기업뿐 아니라 국내의 LG, 11번가, 인터파크와 같은 유명 기업에서 AWS를 이용한다. 참고로 IaaS 시장의 2등은 마이크로소프트의 애저Azure이다.

aws Microsoft Azure

그림 14-8 클라우드 웹 서비스

컴퓨팅 환경의 통합

알파고가 이세돌 9단과 대결했을 때 대국 현장에는 작은 컴퓨터 한 대뿐이었다. 알파고의 모든 계산은 미국에 있는 구글 클라우드에서 하고, 계산 결과만 한국으로 전송했다. 이제는 컴퓨터를 들고 다니지 않아도 모든 작업이 가능한 세상이 되었다. 또 다른 클라우드 컴퓨팅 사례를 보자. 2022년 미국 공군은 최신 기술이 집약된 스텔스 폭격기 B-21 레이더Raider를 발표했다. 폭격기가 비행하고 목표물을 공격하려면 막대한 연산을 해야 한다. 그래서 과거에는 컴퓨터를 비행기에 탑재했다. B-21 레이더는 무선통신으로 데이터를 클라우드에 보내고 결과를 받는다. 클라우드에 연산을 맡김으로써 기체는 가볍게 하면서 더 많은 작업을 빠르게 할 수 있게 되었다.

그림 14-9 B-21 레이더

빅데이터 분석이나 딥러닝에는 커다란 컴퓨팅 파워가 필요하다. 여러 대의 GPU를 탑재한 컴퓨터에 연산을 맡길 수도 있다. 그러나 이러한 시스템 구축에는 막대한 비용과 시간이 든다. 대안은 클라우드에 마련된 인터페이스를 사용하는 것이다. 대부분의 클라우드 시스템이 딥러닝, 블록체인, 빅데이터 분석, 사물 인터넷을 위한 클라우드 인터페이스를 제공한다.

구글에서는 딥러닝, 블록체인, 빅데이터 분석, 사물 인터넷을 위한 클라우드 인터페이스뿐 아니라 다양한 라이브러리도 제공한다. 텐서플로TensorFlow는 구글이 2015년에 오픈 소스로 공개한 파이썬 기반 기계학습 라이브러리이다. 딥러닝과 기계학습 관련 개발을 할 때, 일반인들도 쉽게 구글의 클라우드 인터페이스를 활용할 수 있다.

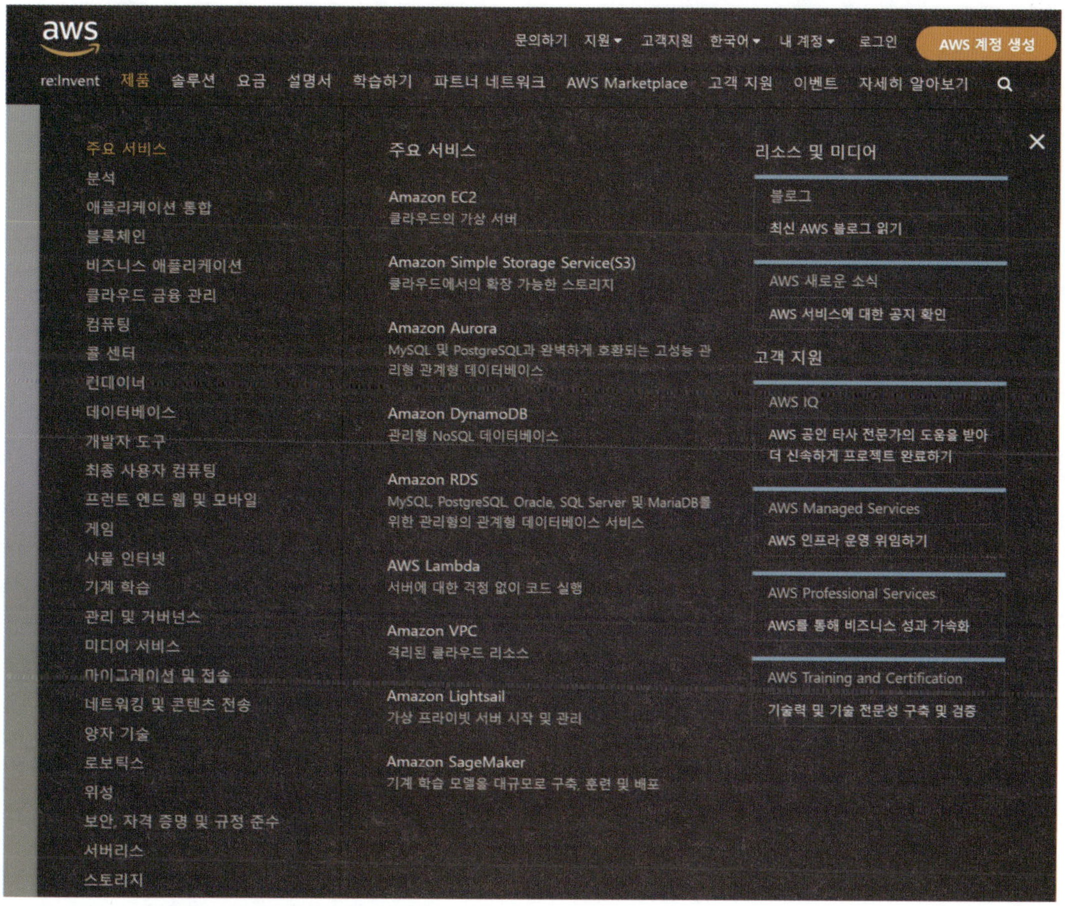

그림 14-10 아마존 클라우드의 주요 서비스

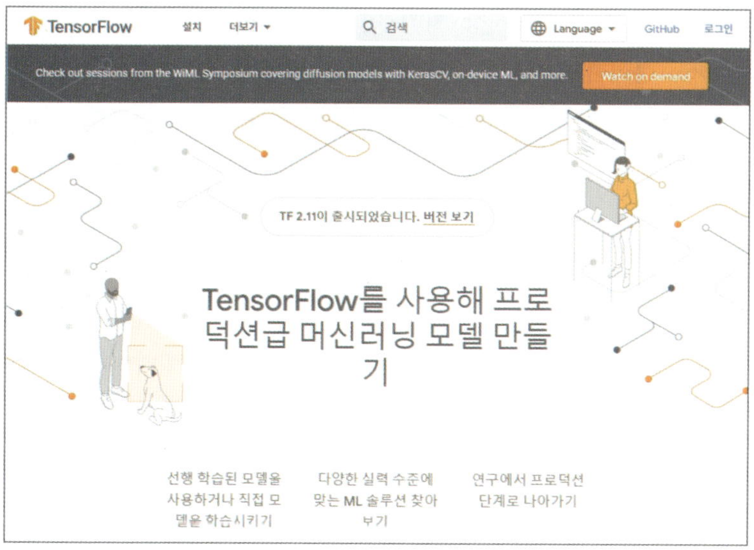

그림 14-11 구글 텐서플로

02 | 사물 인터넷

1 사물 인터넷의 개요

현대를 초연결 사회라고 한다. 과거는 인터넷이 컴퓨터와 스마트폰들을 연결하던 세상이었다면, 지금은 자동차, 냉장고, 세탁기 등 사물도 인터넷에 연결되어 새로운 서비스를 창출하는 세상이다. 사물 인터넷Internet of Things, 약어로 IoT는 센서와 통신 기능을 내장한 다양한 사물things이 스스로 통신하여 지능적으로 서비스를 제공하는 기술이라고 정의할 수 있다. 사물 인터넷을 구성하는 세부 기술은 통신, 센서, 인터페이스이다.

- **통신**: 사물 인터넷이 사용하는 유·무선 통신 기술로는 무선 개인 네트워크(WPAN), 와이파이, 3G/4G/LTE, 블루투스, 이더넷, 위성통신 등이 있다. 또한 사물 인터넷에 참여하는 개체들은 근거리에서 스스로를 식별하기 위하여 RFID를 사용한다. 또 네트워크에서는 IP 주소를 사용하는데, 기존 IPv4로는 모든 기기를 나타낼 수 없어 IPv6를 만들었다.
- **센서**: 사물 인터넷의 장치는 주변 변화를 감지하기 위하여 인간의 청각, 미각,후각, 촉각, 시각을 대신하는 센서를 사용한다. 예를 들어 CCTV에 이미지 인식 기술을 사용하여 집 안에 들어오는 사람이 누구인지 판단하고 모션 감지 센서로 침입자를 감지한다. 자율주행 자동차의 경우 레이다로 차간 거리를 계산하고, 적외선 센서로 야간에 끼어든 사람이나 동물을 감지하여 차량을 세운다.
- **인터페이스**: 사물 인터넷의 인터페이스는 정보를 저장·처리·변환한다. 각종 센서 등을 이용하여 얻은 막대한 양의 정보를 저장하고 분석하여 처리하는 빅데이터 기술이 여기에 포함된다. 또 현재의 정보를 분석하고 처리하는 것은 물론 과거부터 축적된 데이터에서 가치 있는 정보를 추출하는 데이터 마이닝 기술 또한 여기에 속한다.

사물 인터넷과 보안

사물 인터넷으로 연결된 현관문이 편리하다는 것은 여러분도 알고 있을 것이다. 그러나 문제점도 쉽게 생각해 볼 수 있다. 스마트폰을 잃어버리면 어떻게 할까? 누가 스마트폰을 해킹하여 현관문을 마음대로 열 수 있게 된다면 어떻겠는가? 더 나아가 집에 설치된 카메라를 누군가 해킹하여 속옷 차림으로 집 안을 돌아다니는 장면을 몰래 본다면 어떻게 할 것인가? 지디넷의 2022년 12월 21일 기사에 따르면 아파트 거실에 설치된 월패드를 해킹하여 불법 촬영한 영상을 해외 인터넷 사이트에 판매하려던 해커가 경찰에 검거되었다. 지난해 8월부터 11월경까지 전국 638개 아파트 단지의 월패드 관리 서버와 40만 가구의 월패드를 해킹하여 영상을 몰래 촬영하고 영상 일부를 유출했다. 다양한 사물들이 연결된 사물 인터넷 환경에서 보안은 반드시 해결해야 할 숙제이다.

2 사물 인터넷의 활용

사물 인터넷은 일상생활에서 쓰는 사물에 센서를 부착한 형태로, 거의 모든 분야에서 다양하게 활용되고 있다.

교통 안내판

가장 흔하게 볼 수 있는 사물 인터넷의 예는 버스 정류장과 전철역의 안내판이다. 버스가 언제 도착하는지, 전철이 얼마큼 왔으며 어느 칸이 혼잡한지 실시간으로 보여 준다. 버스나 전철 같은 사물을 인터넷에 연결하여 새로운 서비스를 창출한 결과이다.

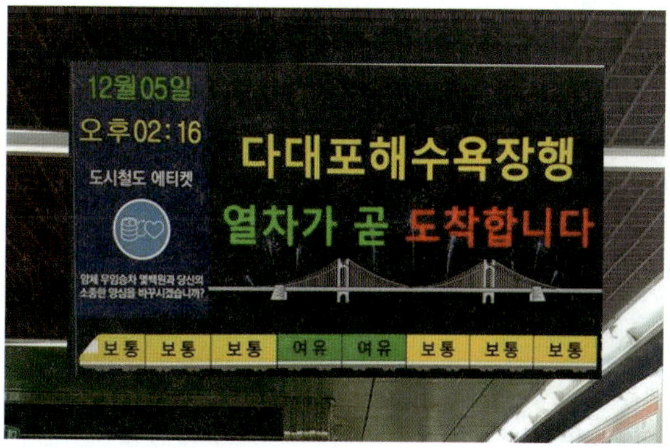

그림 14-12 **전철 도착 안내판**

스마트 홈

가정에서도 사물 인터넷 기술이 적용된 제품을 볼 수 있다. 현관문과 스마트폰을 연결하면 다양한 서비스가 가능하다. 예를 들어 현관문이 열릴 때마다 스마트폰으로 알림을 받고, 집을 비웠을 때 가스 검침원이나 정수기 관리원이 방문해도 현관문을 열어 줄 수 있다. 문밖에 카메라를 설치하면 누가 방문했는지 동영상으로 확인할 수 있다. 집 안에 카메라를 달면 집에 누가 들어왔는지, 창문을 넘어 도둑이 들어온 것은 아닌지, 우리 집 고양이가 집을 어지럽히지는 않은지 확인할 수 있다. 이렇게 사물 인터넷으로 연결된 집을 스마트 홈이라고 한다.

그림 14-13 스마트 홈

스마트 워치

통신이 가능한 스마트 워치도 대중화되었다. 스마트 워치는 스마트폰과 연동하여 전화나 문자 메시지가 온 것을 알려준다. 또한 스마트 워치에서 직접 메시지를 주고받을 수도 있다. 이외에도 운동 중 혈압과 심박수를 재고, 운동의 강도를 측정한다. GPS를 이용하여 골프장에서 거리를 재는 데 특화된 스마트 워치도 있다.

(a) 운동 상태를 측정하는 스마트 워치 (b) 골프에 특화된 스마트 워치

그림 14-14 스마트 워치

스마트 칫솔과 수면 측정 매트

무선 인터넷 기술은 생각하지 못한 곳까지 영향을 미친다. 이제는 전동 칫솔도 사물 인터넷 기술을 이용한다. 센서를 적용한 필립스의 스마트 전동 칫솔을 사용하고 나면 치아가 잘 닦인 부분과 제대로 닦이지 않은 부분을 스마트폰에 표시한다. 또 위딩스의 수면 측정 매트를 매트리스 밑에 놓고 잠을 자면 언제 잠들고 깼는지, 몇 시간이나 깊게 잤는지 등의 수면 정보가 스마트폰에 전송된다.

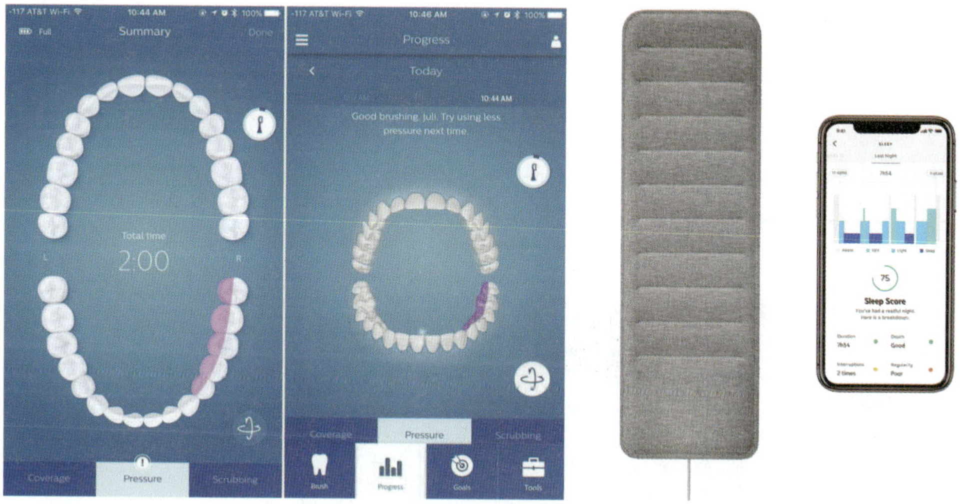

(a) 스마트 전동 칫솔 전용 앱

(b) 수면 측정 매트와 전용 앱

그림 14-15 사물 인터넷의 예

무인 슈퍼마켓

사물 인터넷 기술을 유통에도 이용하고 있다. 대표적인 사례가 무인 슈퍼마켓이다. 한국의 대형 슈퍼마켓 중에도 고객이 스스로 계산하는 무인 점포가 있으나 아마존고는 차원이 다르다. 아마존에서 운영하는 오프라인 무인 슈퍼마켓인 아마존고Amazon Go는 신용카드를 등록한 고객이 상품을 들고 나오기만 하면 자동으로 값을 계산하는 시스템이다. 사물 인식 기술과 가상 장바구니라는 개념을 도입하여 별도의 계산 과정 없이도 쇼핑할 수 있다.

그림 14-16 아마존고

스마트 빌딩

건물에서도 사물 인터넷 기술을 활용한다. 주차장의 각 층에 주차 공간이 얼마나 비어 있는지는 물론 어떤 자리가 비어 있는지 램프로 표시된다. 또한 엘리베이터 앞에 가서 버튼을 누르지 않아도 원격으로 엘리베이터를 호출할 수 있으며, 사람이 나타나면 자동으로 움직이는 엘리베이터도 있다. 건물 각 층의 온도, 습도, 밝기와 실내 대기질까지 알아서 조절된다.

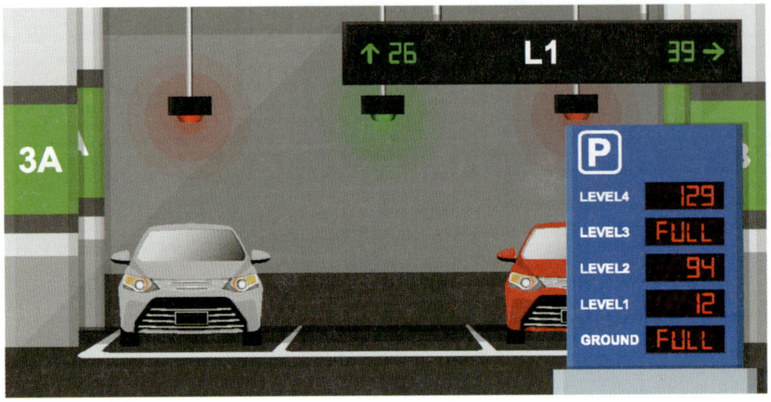

그림 14-17 사물 인터넷 주차장

스마트 그리드

전기 계량기와 전봇대도 사물 인터넷으로 연결된다. 전기 계량기에 통신 모듈을 달면 직접 들여다보지 않아도 전기 사용량을 알 수 있다. 더 나아가 독거노인의 전기 사용량이 갑자기 줄어들면 자동으로 사회복지사에게 이 사실을 통보하여 확인하도록 하는 돌봄 시스템도 설치되어 있다. 전봇대에 센서를 부착하여 전력 데이터를 분석할 뿐 아니라, 지진이나 이상 신호를 감지하는 시스템도 구축 중이다. KT에서는 전봇대 센서로 관측한 대기질을 분석하는 시스템을 구축했다. 이렇게 전기와 정보통신 기술을 접목한 지능형 전력망을 **스마트 그리드**smart grid라고 한다.

스마트 시티

스마트 주차장, 스마트 자동차, 스마트 그리드, 스마트 건물 등 모든 물건을 유기적으로 연결하는 도시가 스마트 시티이다. **스마트 시티**smart city는 연결된 사물을 통하여 다양한 데이터를 수집하고 자산과 자원을 효율적으로 관리하는 도시를 가리킨다. 스마트 시티에서는 주차장 정보를 공유함으로써 자동차를 분산해서 주차할 수 있도록 조절하고, 교통량에 따라 신호등을 제어한다. 또한 빅데이터를 분석하여 붐비는 지역에 버스와 기차를 집중적으로 배치하거나 전력, 수도, 가스를 적정하게 공급하여 자원을 효율적으로 관리한다.

3 자율주행 자동차

자동차가 인터넷과 연결되어 원격으로 시동 걸기, 통행료 자동 결제, 긴급 상황 자동 알림, 출동 서비스, 주변 교통 상황 전송 등 다양한 서비스를 제공한다. 또한 자동차 안의 모니터가 스마트폰과 연동되어 스마트폰의 기능을 그대로 자동차에서 사용할 수 있게 되었다. 현재 자동차 기술은 자동차 한 대에 컴퓨터 20대를 장착하는 수준에 이르렀다. 자동차 스스로가 외부 환경에 적응하고 동작하고 자율주행도 가능한 세상이 되었다. **자율주행 자동차**autonomous vehicle란 운전자의 조작 없이 스스로 움직이는 자동차를 의미한다. 2016년에 국제자동차기술자협회에서 자율주행 시스템을 0단계에서 5단계까지 총 6개 단계로 나누었다.

표 14-1 자율주행 6단계

<table>
<tr><th>단계</th><th>0단계</th><th>1단계</th><th>2단계</th><th>3단계</th><th>4단계</th><th>5단계</th></tr>
<tr><td>명칭</td><td>무자율주행</td><td>운전자 지원</td><td>부분 자동화</td><td>조건부 자동화</td><td>고도 자동화</td><td>완전 자동화</td></tr>
<tr><td>운전자</td><td colspan="3">항시 주시하고 핸들을 잡고 있어야 함</td><td>핸들을 잡을 필요가 없고 비상시에만 직접 운전</td><td>자동화 구간 내에서 불필요, 비상시에도 자율주행</td><td>전 구간에서 불필요</td></tr>
<tr><td>자동화 구간</td><td>없음</td><td colspan="4">고속도로나 자동차 전용 도로 등 특정 구간</td><td>전 구간</td></tr>
</table>

0~2단계는 소프트웨어가 주행을 보조하는 수준이라서 주행하고 조작하는 주체는 여전히 운전자이다. 0단계에서는 운전자가 자동차의 모든 조작을 담당한다. 1단계에서는 자동차가 운전자를 지원하여 차로를 유지하거나 속도를 유지한다. 2단계에서는 고속도로와 같은 특정한 구간에서 자동차가 차로를 유지하면서 가속·감속을 담당한다. 고속도로는 신호등이나 보행자와 같은 돌발 상황이 적어서 자율주행을 하기에는 좋은 조건이다.

3~5단계는 운전자의 개입이 없는 자율주행이다. 3단계는 고속도로와 같은 특정한 구간에서 자동차가 제어권을 가지고 주행한다. 테슬라 등 현재 판매되는 자동차가 이 단계에 도달했다. 4단계에서는 일반 도로에서 자동차 스스로 주행한다. 운전자는 차량의 주행에 신경 쓰지 않고 전방을 주시하지 않아도 된다. 다만 안개나 폭설과 같은 악천후에는 운전자가 개입한다. 5단계는 완벽한 자율주행으로 운전자가 필요 없다. 차량 제어를 위한 핸들, 가속 페달, 브레이크가 필요 없으며 악천후를 포함한 모든 상황에서 자동차 스스로 움직인다.

우리나라에서도 4단계 자율주행 서비스를 개시했다. 2022년 11월 25일부터 서울 종로구 청계천 일대에서 자율주행 버스가 시범운행을 시작했다. 청계광장의 자율주행 버스는 운전자가 없이 정해진 노선을 자율주행한다.

그림 14-18 **서울 청계천 일대에서 운행 중인 자율주행 버스** © 대한민국 정책브리핑

자율주행 자동차의 센서 기술

자율주행 자동차의 센서는 차량을 둘러싼 공간 정보들을 수집하여 장애물을 피하거나 경로를 찾는다. 안전한 주행을 위하여 바퀴를 제어하는 휠 센서, 에어백을 터뜨리기 위한 충격 감지 센서, 자동차의 현재 위치를 확인하는 GPS 센서 등 다양한 센서가 사용된다. 그중에서도 핵심은 눈 역할을 하는 센서이며, 크게 레이다, 라이다LiDAR, 카메라로 나눌 수 있다.

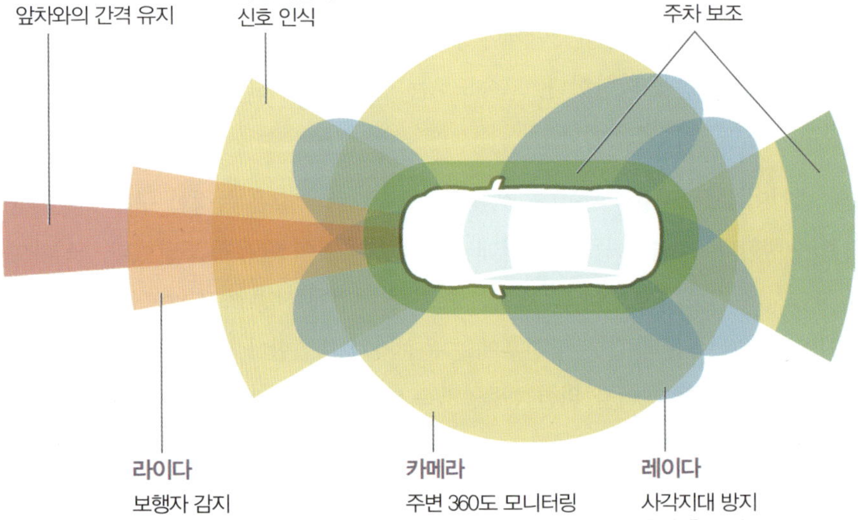

그림 14-19 **자율주행 자동차에 사용되는 센서**

- **레이다**radio detection and ranging(RADAR): 전자파를 쏘아 목표물에 맞고 되돌아오는 시간을 측정하여 사물의 형태, 크기, 거리 등을 파악한다. 전쟁 영화나 드라마에서 레이다를 이용하여 상대 전투기의 움직임을 파악하는 장면을 보았을 것이다.

TIP 표면에 특수한 도료를 입히거나 특수한 모양을 사용하여 비행기가 레이다에 잡히지 않게 하는 기술을 스텔스라 부른다. 앞서 본 B-21도 스텔스 기능이 있는 비행기이다.

- **라이다**light detection and ranging(LiDAR): 레이다와 비슷한 방식으로 작동하지만, 전자파 대신 고출력 레이저를 이용한다. 최첨단 라이다는 한 번에 레이저 여러 개를 발사하여 사물의 형태와 거리뿐 아니라 높낮이와 폭까지 인식할 수 있다. 또한 주변 환경을 세밀한 지도로 만들 수 있다. 라이다가 레이다보다 훨씬 정밀하게 사물을 파악하기 때문에 안전이 중요한 자율주행 자동차의 필수 센서로 여겨진다.
- **카메라**: 테슬라의 자율주행 자동차는 레이다와 카메라를 함께 사용한다. 카메라는 라이다처럼 정밀하게 사물을 인식하지 못한다. 테슬라에서는 정확도를 보충하기 위하여 카메라가 찍은 이미지를 딥러닝 기술로 처리하지만, 이러한 방식의 사물 인식은 완벽하지 않다. 앞서 소개한 것처럼 네 발로 기어가는 사람을 개로 인식하거나, [그림 14-20]과 같이 달을 신호등의 노란불로 인식하는 문제가 발생했다. 테슬라에서는 인공지능에 더 많은 데이터를 학습시키면 문제가 해결될 것으로 예상하고 있다.

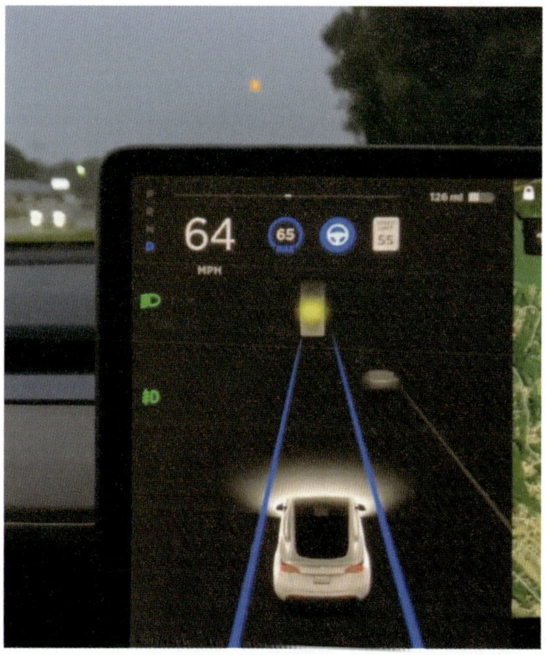

그림 14-20 달을 신호등의 노란불로 인식 © 조던 넬슨

레이다와 라이다의 비교

자율주행 자동차에서 레이다와 라이다 중 무엇이 더 효율적인가를 놓고 논쟁이 이어지고 있다. 테슬라의 CEO인 일론 머스크는 라이다가 필요 없다고 주장하며 레이다와 카메라만으로 자율주행 자동차를 완성하려 한다. 반대로 구글은 라이다가 자율주행에 꼭 필요한 센서라고 주장한다. 레이다와 라이다의 가장 큰 차이는 사물을 인식하는 방법이다. 레이다는 전파를 사용하는 반면에 라이다는 레이저(빛)를 이용한다. 발사한 전파 또는 레이저가 물체에 맞고 돌아오는 데이터를 분석하여 물체의 거리, 속도, 방향을 파악한다.

주파수의 높낮이에 따른 파동의 특성을 다시 떠올려보자. 전파는 레이저보다 주파수가 낮다. 따라서 전파는 레이저에 비해 물체에 닿았을 때 흡수되는 정도가 적어 외부 환경의 방해를 덜 받는다. 그래서 레이다는 라이다에 비해 비나 안개에 강하다. 날씨가 좋지 않으면 라이다의 성능은 떨어진다. 이것이 레이다가 악천후에도 작동해야 하는 전투기에 사용되는 이유이다. 또한 주파수가 높은 신호는 주파수가 낮은 신호보다 정보량이 많다. 따라서 정밀도 면에서는 라이다가 앞선다. 라이다는 거리를 포함하여 사물의 폭과 높낮이까지 측정하여 대상을 3차원으로 인식할 수 있다. 이것이 라이다가 자율주행자의 이미지 센서로 주목받는 이유이다.

여러 가지 장점에도 자율주행 자동차 업계에서 라이다가 환영받지 못하는 것은 비싼 가격 때문이다. 민간 기업의 자율주행 자동차 프로젝트가 시작된 2010년 당시 라이다 센서 한 개가 약 8,000만 원이었다. 지금은 10만 원대의 라이다 센서도 있지만 여전히 라이다가 레이다보다 비싸다. 또한 날씨의 영향을 크게 받는다는 문제도 남아있다. 라이다와 레이다에 장단점이 있기 때문에, 자율주행 자동차를 개발하려는 기업은 레이다, 카메라, 라이다 기술에 모두 투자하고 있다.

03 | 블록체인과 NFT

1 블록체인

P2P 시스템은 일부 기능을 서버에 구현한 **중앙 집중식 P2P**centralized P2P와 서버가 없는 **완전 P2P**pure P2P로 나눌 수 있다. 메신저는 사용자 인증과 출석 정보, 과거 데이터 보관을 위하여 중앙 집중식 P2P를 사용한다. 완전 P2P 시스템으로 파일 공유 프로그램인 토렌트와 비트코인으로 유명해진 블록체인이 있다.

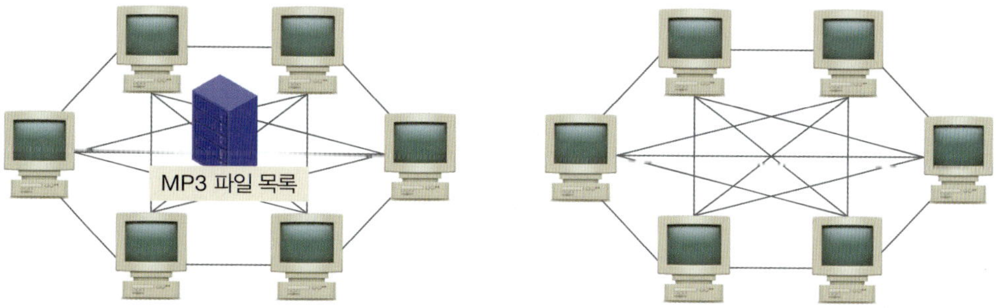

(a) 중앙 집중식 P2P (b) 완전 P2P

그림 14-21 중앙 집중식 P2P와 완전 P2P

완전 P2P

화폐를 유통하려면 누가 얼마큼 돈을 가졌으며 돈을 누구에게 주었는지 알아야 한다. 이러한 기록을 모아 놓은 것이 거래 장부이다. 일반적인 통화는 은행에서 일어나는 모든 거래가 중앙 컴퓨터의 데이터베이스에 보관된다. 그런데 비트코인은 인터넷상에만 존재하는 가상화폐이다. 실물이 없기

(a) 중앙 집중형 네트워크 (b) 블록체인형 네트워크

그림 14-22 블록체인 기술

때문에 비트코인의 거래 장부를 누가 관리할지 정할 수 없다. 만약 관리자를 정한다 해도 누군가가 장부를 조작하거나 없애면 화폐의 가치가 사라져버릴 것이다. 이에 비트코인은 블록체인 기법을 사용하여 서버가 없는 완전한 P2P 방식으로 거래 장부의 문제를 해결했다.

블록체인의 특징

중앙에 장부를 보관하려면 이를 관리하는 컴퓨터(서버)가 있어야 한다. 중앙에 있는 장부는 모든 해커의 공격 대상이 된다. 그래서 인터넷뱅킹 전에 보안 소프트웨어를 많이 설치해야 한다. 반면 비트코인은 개인 간 거래이며 누구에게도 통제받지 않는다. 비트코인은 거래 내역을 전체에 나누어 주고 체인으로 묶어버렸다. 이렇게 체인으로 묶인(블록) 거래 장부가 **블록체인**block chain이다. 블록체인의 특징을 익명성과 안전성으로 요약할 수 있다.

- **익명성**: 채굴하거나 거래로 얻은 비트코인을 보관하려면 전자지갑을 만들어 블록(거래 기록)을 보관하면 된다. 따라서 전자지갑은 은행의 통장과 역할이 같다. 전자지갑은 익명으로 운영되기 때문에 누가 소유하고 있는지 알 수 없다. 일반적인 은행 거래는 추적이 가능하지만 블록체인 거래는 추적이 불가능하다. 블록체인은 이러한 익명성 때문에 마약 거래나 랜섬웨어를 이용한 갈취, 불법 자금의 유통 등 검은 거래의 온상이 되었다.
- **안전성**: 은행 거래, 보험, 카드 결제와 같은 금융 거래 정보는 중앙의 컴퓨터에 저장되어 있기 때문에 항상 해킹의 위험에 노출되어 있다. 이러한 중요한 데이터를 블록체인 형태로 묶어서 관리하면 해킹에 자유로울 수 있다. 블록체인 기술은 보안성을 인정받아 온라인 은행의 거래정보, 의료 관련 개인정보의 관리, 의약품 관리 및 추적, 계약서 관리 등에 블록체인 기술이 활용되고 있다.

블록체인과 해킹

블록체인 기술이 주목받는 가장 큰 이유는 해킹에 안전하기 때문이다. 비트코인을 해킹하려면 전체 블록체인(거래 기록)의 51%에 해당하는 장부를 거의 동시에 바꾸어야 한다. 다시 말해 비트코인이 있는 금고 키를 모두에게 나누어준 상황인데, 몰래 그 문을 열기 위해서는 51%의 키를 거의 동시에 돌려야 한다. 따라서 현재 기술로는 해킹이 불가한 것으로 알려져 있다.

그런데도 가상화폐가 해킹당했다는 기사를 본 적이 있을 것이다. 블록체인 자체가 해킹된 경우는 아직 없다. 가상화폐 해킹은 거래소를 해킹하여 전자지갑을 가져간 것이다. 전자지갑은 익명으로 운영되기 때문에 누군가 가져가 버리면 되찾을 방법이 없다. 다시 말해 은행을 털어 돈을 가져간 것이지 블록체인을 해킹하여 가상화폐가 사라진 것은 아니다.

2014년 일본의 가상화폐 거래소인 마운트곡스가 해킹을 당해 85만 비트코인을 잃어버렸다. 당시 손해액은 약 4,000억 원이었는데, 현재 가치로는 17조 원이 사라진 것이다. 실제로는 마운트곡스가 해킹당한 금액은 50만 비트코인이고 35만 비트코인은 마운트곡스 사장이 전자지갑을 몰래 빼내어 현금화했다는 의심이 있다. 우리나라에서도 가상화폐 거래소들이 해킹 피해를 입었다. 2017년 12월 20일에 유빗이 해킹 때문에 파산했다. 또한 빗썸에서는 개인정보가 유출되어 일부 금액이 사라졌다. 2018년 1월에는 일본의 가상화폐 거래소 코인체크에서 가상화폐가 사라졌는데, 피해액이 5,600억 원인 것으로 알려져 있다. 2014년부터 3년 동안 집계한 전 세계 가상화폐의 해킹 피해액은 1조 원이 넘는다.

일대다 P2P

과거에 냅스터는 사용자를 일대일로 연결했다. 일대일point-to-point P2P에서는 데이터를 보내는 쪽에서 프로그램을 중단하면 데이터를 받는 데 어려움이 있었다. MP3 파일처럼 크기가 작은 파일은 괜찮지만, 동영상처럼 크기가 큰 파일을 1시간 내내 받았는데 겨우 10초 남겨 놓고 상대방이 컴퓨터를 꺼 버리면 낭패였다.

요즘은 P2P가 일대다point-to-many로 연결된다. 특정 파일의 소유자 정보를 여러 컴퓨터가 공유함으로써 컴퓨터 한 대가 사라지더라도 데이터 공유에 문제가 없도록 만들었다. 예를 들어 특정한 파일을 받을 때 파일의 소유자 모두에게서 조금씩 나누어 받는다. 이 방식에서는 그 파일을 가진 사람이 많으면 그만큼 빠르게 데이터를 받는다는 장점이 있다. 또 몇몇 소유자가 중단하더라도 다른 컴퓨터에서 나머지 파일을 받을 수 있기 때문에 중단 없는 데이터 전송이 가능하다. 이러한 구조의 프로그램이 토렌트Torrent이다.

[그림 14-23]의 대용량 파일 공유 P2P 시스템에서는 같은 파일을 가진 여러 사람으로부터 데이터를 나누어 받는다. 예를 들어 K.avi라는 동영상을 받는다면 K.avi를 가진 여러 사용자로부터 조금씩 나누어 받아 하나의 파일을 완성한다. 10명에게 데이터를 받는다면 1명에게 데이터를 받을 때보다 속도가 10배 빠를 뿐 아니라, 데이터를 받는 도중에 한두 명이 프로그램을 중단해도 다른 사람에게 나머지를 받을 수 있다.

토렌트 시스템에서 원본 파일을 가진 컴퓨터를 시드라고 한다. 시드seed는 씨앗이라는 의미이며, 시드 파일은 최초 배포 컴퓨터의 위치 정보를 포함하는 파일을 말한다. 시드에서 데이터가 전송되어 여러 사람이 원본 파일과 같은 파일을 가지면 시드가 계속 늘어난다. 새로운 컴퓨터가 시드에 파일을 요청하면, 파일을 가진 모든 컴퓨터에서 조금씩 나누어 데이터를 받는다. 토렌트 시스템에서는 데이터 수신과 배포가 동시에 이루어진다. [그림 14-23]에서 맨 아래에 있는 컴퓨터는 여러 시드에서 점선을 따라 데이터를 나누어 내려받는 동시에 실선을 따라 다른 컴퓨터에 데이터를 나누어 준다.

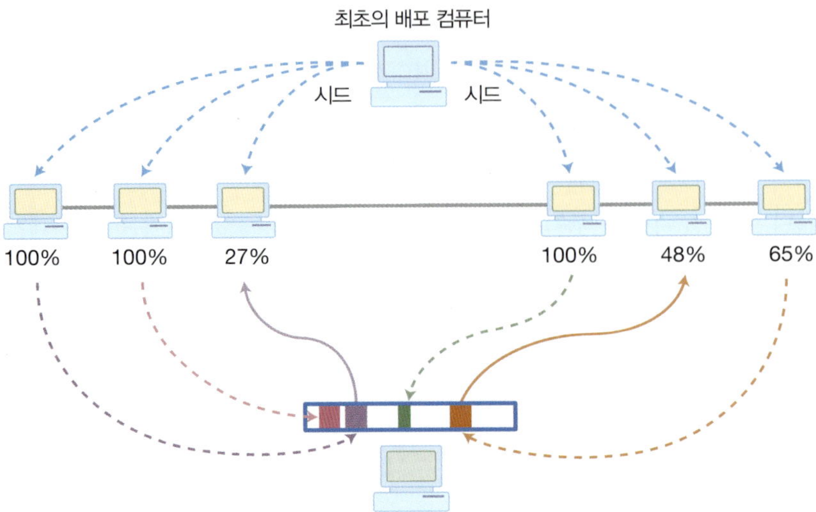

그림 14-23 토렌트의 구조

토렌트는 마치 바이러스가 퍼지듯이 급속도로 데이터를 공유할 수 있다는 장점이 있다. 그래서 실제로 악의적인 해커가 바이러스를 유포하는 수단으로 이용하기도 한다. 음란물 배포 및 저작권 침해의 문제도 있어 토렌트 관련 웹사이트는 불법으로 간주된다.

2 대체 불가능 토큰

금융뿐 아니라 위·변조 방지, 유통 시스템의 안정성 확보와 같은 다양한 분야에 블록체인이 응용되고 있다. 더 나아가 디지털 인증에 블록체인 기술이 사용된다. 앞서 이야기했듯이 디지털 형태의 데이터는 쉽게 복제할 수 있다. 디지털 음악이나 그림이 여러 개 복제되었을 때 원본을 증명하기 위하여 블록체인 기술이 사용된다. 이를 **대체 불가능 토큰**Non-Fungible Token, 약어로 **NFT**라 부른다. 누군가 디지털로 그림을 하나 그렸다고 가정하자. 처음 만들어진 그림에 고유번호가 새겨진 증명서를 부여할 수 있다. **토큰**token이라 불리는 이 증명서는 블록체인 기술을 사용했기 때문에 복사하거나 위조할 수 없다. 이와 같이 디지털 데이터에 부여되는, 위조할 수 없는 증명서가 바로 대체 불가능 토큰이다.

NFT는 가상화폐와 무엇이 다른지 생각해보자. 가상화폐에서 내가 가진 1비트코인과 다른 사람이 가진 1비트코인은 같다. 기존의 블록체인 기술은 내가 1비트코인을 가졌다는 사실을 증명할 뿐이다. 내가 가진 비트코인이 언제 만들어졌는지, 누구로부터 받은 것인지는 알 수 없다. 나의 비트코인은 다른 사람의 비트코인으로 대체할 수 있다. 반면 NFT는 디지털 그림이 언제 만들어진 것인지, 현재 누구의 소유인지를 증명한다. 따라서 원본과 복사본의 값어치가 다르기 때문에 대체할 수 없다. 그래서 대체 불가능 토큰이라 부른다.

크립토키티

NFT를 부여한 디지털 음악, 그림 등의 창작물이 활발하게 거래되고 있다. 또한 메타버스 속 부동산과 같은 가상 자산의 거래에 NFT가 사용되며, 게임의 아이템 거래에도 사용된다. 최초의 NFT 거래 웹사이트인 크립토키티Cryptokitties를 보자. 이 사이트에서는 NFT가 부여된 고양이를 분양한다. 고양이를 어떻게 키우고 꾸몄는지에 따라 가격이 천차만별이며 가장 비싼 고양이는 1억 원이 넘는다. 이곳에서 돈을 주고 22번 고양이를 분양받았다고 가정하자. 22번 고양이를 열심히 키워 비싼 값에 팔 때, 해당 고양이 사진이 원래의 22번 사진임을 증명해주는 것이 NFT이다. 다른 사람들이 고양이 사진을 아무리 많이 복사해간다고 해도 NFT가 나에게 있는 한 22번 고양이는 나만 거래할 수 있다.

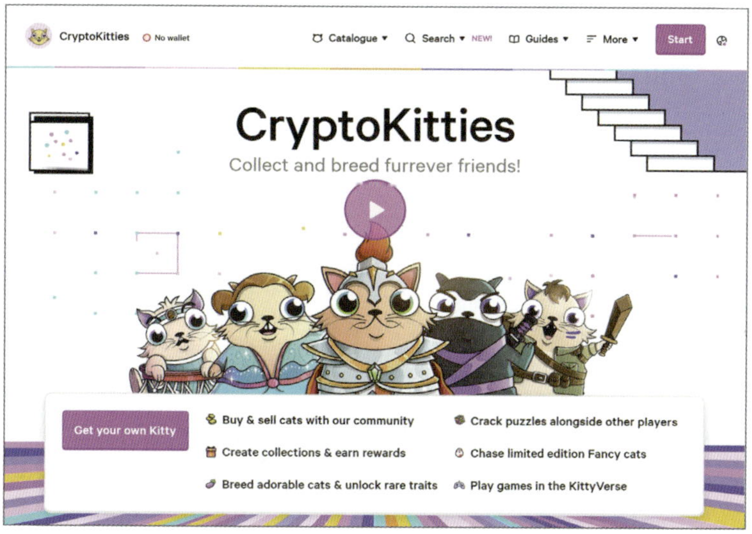

그림 14-24 크립토키티

NFT가 등장하기 이전에도 창작물에는 저작권이 있었다. 현실 세계의 저작권과 사이버의 대체 불가능 토큰의 효력은 매우 다르다. 저작권은 국가로부터 권리를 보호받는 데 비하여, 대체 불가능 토큰은 참여자 사이의 약속일 뿐이다. NFT 발행자가 하나의 저작물에 대하여 서로 다른 종류의 NFT를 생성하여 판매한다고 해도 이를 막을 방법이 없다.

04 | 미래 IT 세상을 위한 준비

1 세계적인 인터넷 서비스 기업

구글에서 검색 광고 및 타깃 광고의 매출이 가장 크고, 유튜브 광고 수익이 그 다음이다. 2006년에 구글이 유튜브를 약 2조 원에 인수했다. 당시만 해도 유튜브는 수익이 거의 나지 않는 웹사이트였기 때문에 사람들은 구글이 유튜브를 사들인 것을 의아해했다. 그러나 구글의 선택은 옳았다. 2018년 유튜브의 가치는 180조 원으로 올랐고, 2020년 이후 기업가치는 200조 이상으로 추정된다. 또한 2022년 유튜브의 광고 매출은 35조 원에 이르렀다. 2조 원에 산 회사가 매년 35조 원씩 매출을 내고 있다. 구글과 같이 세계적인 인터넷 서비스 기업이 성장하면서 형평성 문제가 발생했다.

구글세

인터넷 서비스 기업은 제조업처럼 고정적인 사업장을 운영하지 않는다. 구글은 본사가 미국에 있으면서 네트워크를 통해 소비자와 직접 연결되기 때문에 과세의 문제가 있다. 네이버가 돈을 받고 광고를 띄우는 경우 광고료 수익에 대한 세금을 낸다. 그러나 미국 기업과의 거래이기 때문에 한국 기업으로부터 광고료를 받은 구글은 한국에 세금을 내지 않는다. 이는 사실상 탈세이다.

초고속 통신망은 국가적인 자원이다. 이 통신망을 이용하기 위해서는 비용을 지불해야 한다. 예를 들어 우리나라에서 네이버는 통신사에 돈을 내고 네트워크를 빌려서 서비스를 제공한다. 구글 검색 엔진이나 유튜브가 한국 사람에게 데이터를 전송하기 위하여 초고속 통신망을 사용하지만 통신사에 사용료를 내지 않는다. 구글은 한국의 통신망을 사용하면서도 통신망 사용료는 전혀 내지 않고 무임승차를 하고 있다.

한국뿐 아니라 전 세계 여러 나라에서 구글에 이와 비슷한 문제를 제기했다. 유럽 연합은 구글이 유럽에서 벌어들이는 수익 일부를 유럽에 세금으로 내도록 하는 세법을 도입하려 한다. 이를 구글세Google Tax 혹은 디지털세Digital Tax라 부른다.

구글 갑질 방지법

아이폰을 제외한 스마트폰에는 대부분 안드로이드 운영체제가 설치되어 있다. 안드로이드 운영체제 스마트폰에서 앱을 설치하기 위해서는 무조건 구글 플레이를 이용해야 한다. 대부분 카카오톡과 같은 무료 앱을 사용하기 때문에 아무리 많은 사용자가 구글 플레이에서 앱을 설치해도 돈이 될 것 같지 않다. 그러나 게임에서 아이템을 구매하거나 유료 앱을 구매할 때는 이야기가 달라진다. 사용자가 안드로이드 앱에서 지불하는 모든 돈은 구글이 제공하는 결제 시스템을 거쳐야 한다. 이를 인앱in-app 결제라 부른다. 게임 회사나 유료 앱 회사가 자신만의 결제 시스템을 가지고 있어도 사용할 수 없다. 무조건 구글의 결제 시스템으로만 결제할 수 있도록 만들어 놓았기 때문이다.

그림 14-25 구글 플레이

문제는 수수료이다. 보통 카드 수수료는 3% 이내인데 구글 플레이의 수수료는 최대 30%이다. 만약 사용자가 인앱결제로 만 원을 결제하면 3천 원은 구글이 가져가고 나머지를 앱 개발사에 준다. 구글이 한국에서 2011년부터 10년간 벌어들인 수수료만 해도 8조 5천억 원이다. 전 세계적으로는 더욱 어마어마한 금액을 벌어들인 것이다.

높은 수수료의 문제는 다른 나라에서도 마찬가지이다. 이러한 문제를 완화하기 위하여 우리나라에서는 전기통신사업법을 개정하여 2022년 3월 15일부터 시행했다. 이 법에서는 인앱 결제 이외에도 다양한 결제 수단을 지원하도록 하고 있다. 다시 말해 앱 개발자가 구글의 결제 시스템이 아닌 자신이 구축한 결제 시스템을 사용할 수 있도록 했다. 그래서 개정된 전기통신사업법은 전 세계 최초로 마련된 '구글 갑질 방지법'이라 부른다.

2 4차 산업혁명 시대 기술의 특징

4차 산업혁명 관련 기술이 독립적으로 발전하지 않고 서로 연결되어 있다는 점이 중요하다. 예를 들어 지능형 사물 인터넷 서비스를 개발하는 과정을 생각해 보자. 센서 수천 개로 구성된 사물 인터넷에서 엄청난 양의 데이터가 생성된다. 생성된 데이터를 빅데이터 기술로 처리하여 유용한 정보를 추출한다. 또한 데이터를 인공지능 알고리즘에 학습시켜 지능형 시스템을 만든다. 빅데이터를 활용하려면 대용량의 컴퓨터가 필요하기 때문에 클라우드 환경을 이용한다. 이렇게 개발한 서비스는 클라우드를 통하여 사용자에게 제공한다. 이와 같이 정보통신 기술은 서로 강한 연결 고리를 가지며 새로운 방향으로 발전해 나간다.

요약

01 개인용 컴퓨터의 대중화는 IT 환경의 시작이자 컴퓨터 플랫폼의 시작점이다.

02 분산 시스템은 작업을 여러 개로 쪼개고 개인용 컴퓨터에 분산시켜 처리하는 시스템이다. 클라이언트-서버 시스템은 완전한 분산 시스템의 대안이며 웹 시스템에서 사용한다. P2P 시스템은 클라이언트-서버 시스템의 서버 과부하를 해결한 시스템이다.

03 그리드 컴퓨팅은 여러 곳에 흩어진 컴퓨팅 파워 또는 소프트웨어를 하나로 묶어 컴퓨터 한 대처럼 사용하는 기술이다. 클라우드 컴퓨팅은 하드웨어와 소프트웨어를 클라우드에 숨기고, 네트워크를 통하여 사용자가 필요한 서비스만 그때그때 이용하는 방식의 컴퓨팅 환경이다.

04 에지 컴퓨팅은 클라우드와 단말기 사이에 컴퓨터를 삽입하여 네트워크와 자료 처리를 분산하는 기술이다.

05 사물 인터넷은 센서와 통신 기능을 내장한 사물이 스스로 통신하여 지능적인 서비스를 제공하는 기술이다.

06 자율주행 자동차는 운전자의 조작 없이 스스로 움직이는 자동차이다. 자율주행 자동차의 핵심 센서는 레이다, 라이다, 카메라이다. 레이다는 전파를 발사하고 라이다는 레이저를 발사하여 물체에 맞고 돌아오는 데이터로 물체의 거리, 속도, 방향을 파악한다.

07 가상화폐 거래 기록을 여러 사람에게 나누어 주고 체인으로 묶는 기술을 블록체인이라고 한다. 블록체인은 해킹에 안전하다.

08 대체 불가능 토큰은 디지털 데이터가 여러 장 복제되었을 때 원본을 증명하는 증명서이다.

09 구글세란 구글이 유럽에서 벌어들이는 수익 일부를 유럽에 세금으로 내도록 하는 세법이다. 2022년 3월 15일부터 시행된 개정 전기통신사업법은 전 세계 최초의 '구글 갑질 방지법'이다.

연습문제

01 특정 서비스나 하드웨어에 많은 사용자가 모인 것을 기점으로 다양한 산업이 추가되어 발전하는 형태를 가리키는 단어는 무엇인가?

① 에지 컴퓨팅 ② 클라이언트-서버
③ P2P ④ 플랫폼

02 IT 환경의 시작점은 어떤 사건인가?

① 에니악 대중화 ② 웹 브라우저 출시
③ GPU 출시 ④ 개인용 컴퓨터 대중화

03 다음 중 나머지 3가지를 포괄하는 단어를 찾으시오.

① 분산 시스템 ② 그리드 컴퓨팅
③ 클라우드 컴퓨팅 ④ 클라이언트-서버

04 클라이언트-서버 시스템의 서버 과부하를 해결하기 위하여 만들어진 시스템은 무엇인가?

① 에지 컴퓨팅 ② 그리드 컴퓨팅
③ 클라우드 컴퓨팅 ④ P2P

05 웹 시스템의 구조와 가장 관련 있는 단어를 찾으시오.

① P2P ② 그리드 컴퓨팅
③ 클라우드 컴퓨팅 ④ 클라이언트-서버

06 클라우드 컴퓨팅 개념의 시작과 같은 기술로, 여러 곳에 흩어진 컴퓨팅 파워나 소프트웨어를 하나로 묶어 컴퓨터 한 대처럼 사용하는 기술은 무엇인가?

① 클라이언트-서버 ② 그리드 컴퓨팅
③ 에지 컴퓨팅 ④ P2P

07 하드웨어와 소프트웨어를 중앙에 숨기고, 사용자가 필요한 서비스만 그때그때 이용하는 방식의 컴퓨팅 환경은 무엇인가?

① P2P ② 분산 시스템
③ 클라우드 컴퓨팅 ④ 클라이언트-서버

08 파일 공유 서비스인 냅스터와 가장 가까운 단어를 찾으시오.

① 클라이언트-서버 ② 그리드 컴퓨팅
③ 클라우드 컴퓨팅 ④ P2P

09 클라우드 컴퓨팅의 서비스 모델 중 서버, 스토리지, 네트워크를 가상화 환경으로 만들어 필요에 따라 자원을 사용할 수 있게 하는 것은 무엇인가?

① SaaS ② IaaS ③ PaaS ④ XaaS

10 클라우드 컴퓨팅의 서비스 모델 중 애플리케이션을 구축, 테스트, 설치할 수 있도록 통합 환경을 제공하는 것은 무엇인가?

① SaaS ② IaaS ③ PaaS ④ XaaS

11 클라우드 컴퓨팅의 서비스 모델 중 사용자가 인터넷에서 쓴 소프트웨어 사용량에 따라 요금을 과금하는 것은 무엇인가?

① SaaS ② IaaS ③ PaaS ④ XaaS

12 빅데이터 분석을 위하여 하드웨어와 소프트웨어를 구매하는 대신 플랫폼을 임대했다. 이때 사용한 클라우드 컴퓨팅의 서비스 모델은 무엇인가?

① SaaS ② IaaS ③ PaaS ④ XaaS

13 사진 편집 프로그램을 구매하는 대신에 사용한 만큼 돈을 내는 편집 소프트웨어를 사용한다. 이때 사용한 클라우드 컴퓨팅의 서비스 모델은 무엇인가?

① SaaS ② IaaS ③ PaaS ④ XaaS

14 다음 중 컴퓨팅 환경에 대한 설명으로 올바르지 않은 것은 무엇인가?

① 분산 시스템은 작업을 여러 개로 쪼개 개인용 컴퓨터에 분산시켜 처리하는 시스템이다.

② 그리드 컴퓨팅은 여러 곳에 흩어진 컴퓨팅 파워나 소프트웨어를 하나로 묶어 사용하는 기술이다.

③ 하드웨어와 소프트웨어를 중앙 시스템에 숨기고 사용자가 필요한 서비스만 그때그때 이용하는 방식의 컴퓨팅 환경을 클라우드 컴퓨팅이라고 한다.

④ 분산 시스템은 언제 어디서나 컴퓨팅 파워나 소프트웨어에 접근할 수 있는 유연한 컴퓨팅 환경이다.

15 다음 중 클라우드와 단말기 사이에 컴퓨터를 삽입하여 네트워크와 자료 처리를 분산시키는 기술은 무엇인가?

① 사물 인터넷　② 에지 컴퓨팅　③ 블록체인　④ 빅데이터

16 다음 중 센서와 통신 기능을 내장한 사물이 스스로 통신하여 지능적인 서비스를 제공하는 기술은 무엇인가?

① 사물 인터넷　② 에지 컴퓨팅　③ 인공지능　④ 빅데이터

17 다음 중 사물 인터넷의 구성 요소가 아닌 것은 무엇인가?

① 인터페이스　② 자동차　③ 센서　④ 통신

18 자율주행 6단계 중 운전자의 개입이 없는 자율주행 단계를 찾으시오.

① 0단계　② 1단계　③ 2단계　④ 3단계

19 자율주행 6단계 중 자동차가 운전자를 지원하여 차로를 유지하거나 속도를 유지하는 단계를 찾으시오.

① 0단계　② 1단계　③ 3단계　④ 4단계

20 자율주행 6단계 중 운전자가 차량의 주행에 신경 쓰지 않고 전방을 주시하지 않아도 되는 단계를 찾으시오.

① 0단계　② 1단계　③ 3단계　④ 4단계

21 다음 중 자율주행 자동차의 눈에 해당하는 핵심 센서가 아닌 것은 무엇인가?

① GPS ② 라이다 ③ 레이다 ④ 카메라

22 자율주행 자동차의 눈에 해당하는 핵심 센서 중 전파를 사용하는 것은 무엇인가?

① GPS ② 라이다 ③ 레이다 ④ 카메라

23 자율주행 자동차의 눈에 해당하는 핵심 센서 중 레이저를 사용하는 것은 무엇인가?

① GPS ② 라이다 ③ 레이다 ④ 카메라

24 목표물에 맞고 되돌아오는 시간을 측정하는 센서 중 해상도가 가장 높은 것은 무엇인가?

① GPS ② 라이다 ③ 레이다 ④ 카메라

25 목표물에 맞고 되돌아오는 시간을 측정하는 센서 중 악천후에 강한 것은 무엇인가?

① GPS ② 라이다 ③ 레이다 ④ 카메라

26 체인으로 묶인 거래 장부를 의미하는 단어는 무엇인가?

① 핀테크 ② 블록체인 ③ 토렌트 ④ 라이다

27 파일 공유 P2P의 대표적인 소프트웨어는 무엇인가?

① 핀테크 ② 블록체인 ③ 토렌트 ④ 대체 불가능 토큰

28 블록체인 기술을 이용하는 디지털 자산의 증명서는 무엇인가?

① 핀테크 ② P2P ③ 토렌트 ④ 대체 불가능 토큰

29 다음 중 클라우드 컴퓨팅 서비스에 대한 설명으로 올바르지 않은 것은 무엇인가?

① 인터넷에서 회계 관리 프로그램을 사용하고, 사용한 만큼 돈을 지불하는 서비스는 IaaS 이다.

② SaaS는 사용자가 인터넷에서 쓴 소프트웨어 사용량에 따라 과금하는 모델이다.

③ PaaS는 애플리케이션을 구축, 테스트, 설치할 수 있도록 통합 환경을 제공하는 모델이다.

④ IaaS는 서버, 스토리지, 네트워크를 가상화 환경으로 만들어 필요에 따라 사용하는 모델 이다.

30 **다음 중 비트코인과 가장 관련 있는 단어를 찾으시오.**

① P2P ② 블록체인 ③ 토렌트 ④ 라이다

31 **다음 중 최신 정보통신 기술에 대한 설명으로 올바르지 않은 것은 무엇인가?**

① 에지 컴퓨팅은 클라우드와 단말기 사이에 컴퓨터를 삽입하여 네트워크와 자료 처리를 분산시키는 기술이다.

② 사물 인터넷은 센서와 통신 기능을 내장한 사물이 스스로 통신하여 지능적인 서비스를 제공하는 기술이다.

③ 사물 인터넷 기술은 크게 유·무선 통신 기술, 센서 기술, IoT 인터페이스 기술로 나뉜다.

④ 4차 산업혁명 관련 기술은 독립적으로 발전하여 각자의 영역을 만들었다.

32 **인터넷 기업이 벌어들이는 수익의 일정 부분을 세금으로 내도록 하는 내용으로, 유럽에서 도입하려 하는 세법을 가리키는 단어는 무엇인가?**

① 구글 갑질 방지법 ② 스마트 그리드

③ 대체 불가능 토큰 ④ 구글세

33 **앱 마켓에서 고객이 결제 수단을 선택할 수 있어야 한다는 내용이며, 2022년 3월 15일부터 시행된 개정 전기통신사업법을 다른 말로 무엇이라 부르는가?**

① 구글 갑질 방지법 ② 반독점법

③ 인플레이션 감축법 ④ 구글세

찾아보기